CRIMINOLOGIA E CINEMA

SEMÂNTICAS DO CASTIGO

Coleção Direito, Transdisciplinaridade & Pesquisas Sociojurídicas – vol. 5
Coordenador: Bruno Amaral Machado

CRIMINOLOGIA E CINEMA

SEMÂNTICAS DO CASTIGO

CRIMINOLOGIA E CINEMA
SEMÂNTICAS DO CASTIGO

BRUNO AMARAL MACHADO
CRISTINA ZACKSESKI
EVANDRO PIZA DUARTE

Coordenadores

Autores

Alberto Carvalho Amaral ▪ Anna Becker ▪ Antonio Henrique Graciano Suxberger
Bruna Portella de Novaes ▪ Bruno Amaral Machado ▪ Camilla de Magalhães Gomes
Carmen Hein de Campos ▪ Carolina Costa Ferreira ▪ Cristina Zackseski
Diego Pessanha Silveira ▪ Edi Alves de Oliveira Neto ▪ Edileuza Penha de Souza
Ela Wiecko V. de Castilho ▪ Elisa Martins Silva ▪ Evandro Piza Duarte
Fernanda Lima da Silva ▪ Gabriel Haddad Teixeira ▪ Gilsileide Souza de Oliveira Piauilino
Guadalupe Leticia García García ▪ Jeferson De ▪ José Geraldo de Sousa Junior
Kárita Rachel Pedroso Bastos ▪ Lucas Gabriel de Matos Santos
Lucas Villa ▪ Luciana Lombas Belmonte Amaral
Luciana Souza Borges Herkenhoff ▪ Manuela Abath Valença ▪ Marcela Aedo Rivera
Marcelo Berdet ▪ Marcelo Coelho ▪ Marcos Queiroz ▪ Marilia Montenegro Pessoa de Mello
Míriam Coutinho de Faria Alves ▪ Moysés Pinto Neto ▪ Paulo Rios Matos Rocha
Pedro Paulo Gastalho de Bicalho ▪ Rodrigo Ghiringhelli de Azevedo
Samuel Silva da Fonseca Borges ▪ Silvio Cuneo Nash ▪ Soraia da Rosa Mendes
Tarsila Flores ▪ Thales Cassiano Silva ▪ Victor Martins Pimenta ▪ Welliton Caixeta Maciel

Fundação Escola
BRASÍLIA-DF

Marcial Pons
MADRI | BARCELONA | BUENOS AIRES | SÃO PAULO

Coleção Direito, Transdisciplinaridade & Pesquisas Sociojurídicas – vol. 5

Criminologia e cinema: Semânticas do castigo

Autores: Alberto Carvalho Amaral / Anna Becker / Antonio Henrique Graciano Suxberger / Bruna Portella de Novaes / Bruno Amaral Machado / Camilla de Magalhães Gomes / Carmen Hein de Campos / Carolina Costa Ferreira / Cristina Zackseski / Diego Pessanha Silveira / Edi Alves de Oliveira Neto / Edileuza Penha de Souza / Ela Wiecko V. de Castilho / Elisa Martins Silva / Evandro Piza Duarte / Fernanda Lima da Silva / Gabriel Haddad Teixeira / Gilsileide Souza de Oliveira Piauilino / Guadalupe Leticia García García / Jeferson De / José Geraldo de Sousa Junior / Kárita Rachel Pedroso Bastos / Lucas Gabriel de Matos Santos / Lucas Villa / Luciana Lombas Belmonte Amaral / Luciana Souza Borges Herkenhoff / Manuela Abath Valença / Marcela Aedo Rivera / Marcelo Berdet / Marcelo Coelho / Marcos Queiroz / Marilia Montenegro Pessoa de Mello / Míriam Coutinho de Faria Alves / Moysés Pinto Neto / Paulo Rios Matos Rocha / Pedro Paulo Gastalho de Bicalho / Rodrigo Ghiringhelli de Azevedo / Samuel Silva da Fonseca Borges / Silvio Cuneo Nash / Soraia da Rosa Mendes / Tarsila Flores / Thales Cassiano Silva / Victor Martins Pimenta / Welliton Caixeta Maciel

Coordenadores
Bruno Amaral Machado / Cristina Zackseski / Evandro Piza Duarte

Produção e Editoração eletrônica
Ida Gouveia / HBLYZ / Oficina das Letras®

Imagens da Capa: cartazes de divulgação dos filmes *O.J. Simpson, Broder, Mississipi em chamas, Taxi driver, Território restrito, Laranja mecânica e Malévola* (Pixabay free).

CIP-Brasil. Catalogação na Publicação.
Sindicato Nacional dos Editores de Livros, RJ

A512c

Criminologia e cinema : semânticas do castigo / Alberto Carvalho Amaral, Anna Becker... [et alii]; coordenação Bruno Amaral Machado, Cristina Zackseski, Evandro Piza Duarte. – 1. ed. – São Paulo: Marcial Pons ; Brasília: Fundação Escola Superior do Ministério Público do Distrito Federal e Territórios, 2018.

(Direito, Transdisciplinaridade & Pesquisas Sociojurídicas – vol. 5)

Inclui bibliografia
ISBN 978-85-45572-00-8

1. Direito penal 2. Processo penal 3. Criminologia. I. Machado, Bruno Amaral. II. Zackseski, Cristina. III. Duarte, Evandro Piza. IV. Título. V. Série.

16-30339 CDU: 343.1(81)

Fomento: FESMPDFT – Fundação Escola Superior do Ministério Público do Distrito Federal e Territórios.
Colaboração: ALPEC – Associação Latino-Americana de Direito Penal e Criminologia, Grupo de Pesquisa Política Criminal (Uniceub-UnB), Programas de Pós-Graduação em Direito do Uniceub e da UnB.

© EDIÇÕES DA FUNDAÇÃO ESCOLA SUPERIOR DO MINISTÉRIO PÚBLICO DO DISTRITO FEDERAL E TERRITÓRIOS
SCRS Quadra 502, Bloco A, Loja 55, Asa Sul, CEP 70330-510 Brasília-DF
☎ 55+ (61) 3226.4643 www.escolamp.org.br – escolamp@escolamp.org.br

© MARCIAL PONS BRASIL
Av. Brigadeiro Faria Lima, 1461 Torre Sul, 17/8, Jardim Paulistano CEP 01452-002 São Paulo-SP
☎ 55+ (11) 3192.3733 www.marcialpons.com.br – contato@marcialpons.com.br

Impresso no Brasil

"Através da distração, como ela nos é oferecida pela arte, podemos avaliar, indiretamente, até que ponto nossa percepção está apta a responder a novas tarefas. E, como os indivíduos se sentem tentados a esquivar-se a tais tarefas, a arte conseguirá resolver as mais difíceis e importantes sempre que possa mobilizar as massas. É o que ela faz, hoje em dia, no cinema. A recepção através da distração, que se observa crescentemente em todos os domínios da arte e constitui o sintoma de transformações profundas nas estruturas perceptivas, tem no cinema o seu cenário privilegiado. E aqui, onde a coletividade procura a distração, não falta de modo algum a dominante tátil, que rege a reestruturação do sistema perceptivo."

(Walter Benjamin, *A obra de arte na era de sua reprodutibilidade técnica*, 1955)

APRESENTAÇÃO

Bruno Amaral Machado

Cristina Zackseski

Evandro Piza Duarte

A criminologia cultural, recentemente, incorporou em seu campo de interesse a imagem como objeto de estudo para compreender e sensibilizar sobre as variadas manifestações do desvio, das estratégias de controle penal e das realidades do castigo.[1]

As manifestações artísticas, e particularmente o cinema, também produzem discursos sobre o crime (criminologias populares).[2] Cogitamos, inclusive, que as imagens e as representações veiculadas pelo cinema, e mais recentemente pelas *TV series*, possuem um alcance social maior que aquelas difundidas pelas "criminologias acadêmicas". Parece-nos produtiva, como frente de pesquisa, observar as produções cinematográficas a partir das lentes das criminologias acadêmicas. A maneira como diferentes temas são levados ao grande público sugere um amplo repertório de visões sobre questões que se tornaram historicamente temas de interesse das criminologias. O cinema tanto

---

1. HAYWARD, Keith; PRESDEE, Mide. *Framing the Image*: Cultural Criminology and the Image. London: Routledge, 2010. YAR, Majid. Screening Crime: Cultural Criminology goes to the Movies. In: HAYWARD, Keith; PRESDEE, Mide. *Framing the Image*: Cultural Criminology and the Image. London: Routledge, 2010, pp. 68-82.
2. RAFTER, Nicole; BROWN, Michelle. *Criminology goes to the Movies*: Crime Theory and Popular Culture. NY: NY Press, 2011. RAFTER, N. *Shots in the Mirror: Crime Films and Society*. 2nd Edition. New York: Oxford University Press, 2006.

pode *reificar* estereótipos e afirmar preconceitos que circulam socialmente quanto nos despertar para as iniquidades das relações de poder, para as estruturas e os interesses ocultos subjacentes às estratégias de controle e de dominação.

Essas questões, direta ou indiretamente, interpelam os pesquisadores no campo criminológico. Pensar o cinema como artefato cultural supõe considerar as múltiplas interfaces entre discursividades, orientadas a partir de lógicas distintas, com implicações mútuas e inúmeras possibilidades de observação. A linha de Pesquisa Criminologia e Arte é hoje uma das mais destacadas do grupo de pesquisa Política Criminal (UnB/UNICEUB), em atividade há onze anos, e tem sido desenvolvida no âmbito dos programas de pós-graduação e de outros grupos de pesquisa dos quais participamos. Nela situamos este projeto da série *Criminologia e Cinema*, que originou outros dois volumes, um *e-book* e outro físico, este último pela Editora Marcial Pons em parceria com a Fundação Escola Superior do MPDFT, e que integra a coleção *Direito, Transdisciplinaridade e Pesquisas Sociojurídicas.*

Este volume apresenta o exercício empreendido por nós e por pesquisadores-(as) parceiros-(as), de desafiar os limites da escrita acadêmica pelo diálogo sobre as manifestações artísticas cinematográficas. Cuidaremos, neste volume, da punição, mais especificamente, das semânticas do castigo. Os discursos criminológicos contemporâneos não se ocupam exclusivamente da punição institucionalizada, e sim do sofrimento de todos os dias, dos castigos autoimpostos, de suas peculiaridades, consequências e formas de constituir os mundos em que transitamos, sejam eles reais ou ficcionais. Em uma leitura fenomenológica, devemos considerar que a experiência do castigo recomenda ir além do visível e explicitado. Pensar as semânticas do castigo supõe levar em conta extenso repertório de práticas e atitudes construídas a partir do compartilhamento de sentidos atribuídos a rituais, contextos sociais e instituições. Supõe considerar o castigo como categoria plural, com variações locais relevantes, nem sempre de fácil cognição ou descrição. Abrir-se a esse caleidoscópio de imagens e discursos é um convite que fazemos a quem nos acompanha nesta viagem pelos cinemas e pelas criminologias.

Na primeira parte, intitulada Experiências do Castigo, reunimos os artigos que abordam múltiplas vivências da punição, assim como as circunstâncias que orientam a aplicação das penas ou a exclusão de determinados setores sociais do controle punitivo.

O tema central do desejo de vingança é explorado por Pedro Paulo Bicalho, Diego Pessanha Silveira, Elisa Martins Silva, Anna Becker e Lucas Gabriel de Matos Santos em *Django livre, da tela à cena: ressentimento e vingança no sistema de justiça criminal.* Os autores trazem à tona, também, casos do *Escritório da Cidadania*, projeto de extensão interdisciplinar em que atuam na UFRJ, no Rio de Janeiro, para discutirem o que é a vingança e os processos que levam à judicialização da vida. Ao discutir como o Judiciário toma a centralidade na resolução de conflitos cotidianos, apoiando-se, para tanto, em dispositivos legais que se sustentam por um regime disciplinador da verdade, o texto permite estabelecer relações entre os pedidos de vinganças registrados nos excertos dos casos com a trama do filme. O espírito de vingança é analisado em seu processo de formação a partir de uma vontade de potência que objetiva a dominação. Diante da realidade social do Rio de Janeiro, da narrativa cinematográfica e da reação de seus espectadores, o texto estrutura-se a partir da pergunta: "Seria Django um símbolo para pensarmos o 'homem do ressentimento', de Nietzsche, num reflexo da contemporaneidade e da vingança como sinônimo de justiça?"

Por que não ser cruel? Laranja mecânica e as aporias da razão penal, de Lucas Villa e Bruno Amaral Machado, faz uma releitura do filme *Laranja Mecânica*, dirigido por Stanley Kubrick, e do livro homônimo que o inspirou, escrito por Anthony Burguess. Nesta proposta, o enredo da obra é analisado sob as lentes das teorias da personalidade e das teorias da pena. Os autores sustentam que a obra promove clara tensão entre as perspectivas da psicanálise e do behaviorismo, bem como das teorias retributiva e da prevenção especial positiva. O diagnóstico acerca das funções manifestas da pena que emana da obra é de viés pessimista, sendo compatível com a perspectiva agnóstica da pena. O final proposto por Burguess remete a distintas versões do abolicionismo penal.

O texto *Prisões, simulacros e punição: Goffman e as semânticas do castigo em "A Experiência"*, de Alberto Carvalho Amaral e Luciana Lombas Belmonte Amaral, analisa o filme *A Experiência* (2001), inspirados pela abordagem de Erving Goffman sobre as instituições totais. Como explicam os autores, o filme "narra uma pesquisa, na qual os voluntários são selecionados para, durante duas semanas e mediante pagamento, conviverem em um ambiente semelhante a uma prisão, alguns deles como guardas, outros como prisioneiros, sendo que estes últimos teriam diversas restrições de direitos durante o experimento". Os autores exploram, a partir das imagens do filme e da escrita de Goffmann, os processos de desculturação e aculturação, semelhantes aos que ocorrem em estabelecimentos prisionais, os quais ultrapassam o caráter fictício da prisão simulada e afetam as identidades dos sujeitos da pesquisa.

Criminologia e populismo punitivo em Macbeth: de Shakespeare a Roman Polanski, de Míriam Coutinho de Faria Alves, analisa *Macbeth*, obra de Shakespeare adaptada por Roman Polanski para a sétima arte. A obra, explica a autora, traz possibilidades de reflexão acerca do imaginário criminológico estético da punição. Sob o viés das teorias do controle e interações com a perspectiva de gênero objetiva-se investigar a noção de populismo punitivo nas interfaces entre criminologia, literatura e cinema. Para tanto, utiliza-se de revisão bibliográfica, trazendo à tona as articulações entre castigo e democracia para investigar o clamor público da punição em *Macbeth*.

White bear: a cultura punitiva que há em nós, de Carolina Costa Ferreira, analisa as imagens e os discursos sobre o castigo presentes no segundo episódio da segunda temporada da série britânica *Black Mirror*, intitulado *White Bear* (Urso Branco). Resume a autora que a "perseguição a Victoria, uma mulher sem memórias ou identidade, é uma poderosa história para que reflitamos sobre os sentidos da pena, da punição e da cultura punitiva modernos".

Marcelo Borba Berdet recupera o clássico *Doze homens e uma sentença* dando ao texto o subtítulo: *a indiferença, o preconceito e a moral na operação da punição legal*. Segundo Berdet: "O filme tem três elementos narrativos: 1) a deliberação sobre sentenciar um jovem à pena capital; 2) a tomada de decisão do grupo e de cada jurado individualmente; 3) e a consequência da decisão final". O autor explora todos esses aspectos e nos faz refletir sobre a (ir) racionalidade dos procedimentos da justiça, nem sempre vistos ou percebidos pelas pessoas que participam ou acompanham julgamentos. É curioso como um sistema de justiça criminal que demorou tanto tempo para atingir seu estágio atual possa ser desvelado pela narrativa cinematográfica em seus aspectos mais cruéis, e apesar disso banalizados. É um excelente material para pensarmos nos propósitos da punição e da necessidade desta para a justiça. Esta que é uma significativa aflição que percebemos nas pessoas descontentes com as respostas não violentas aos conflitos.

Billions: Seletividade sem máscaras da justiça criminal, de Antonio H. G. Suxberger, analisa a série televisiva *Billions* (2016-2017). O autor explicita o que identifica como "razões da seletividade do sistema de justiça criminal" e evidencia que, no mercado de capitais, em especial os fundos *hedge*, "a atuação usual de seus operadores muito se aproxima ou se confunde com as figuras penais de regulação do Direito Penal econômico. Seus temas se prestam ao aprendizado e à discussão sobre os limites e problemas da discricionariedade acusatória e dos acordos penais, que bem caracterizam a conformação do sistema de justiça norte-americano".

Victor Martins Pimenta e Cristina Zackseski analisam uma experiência de monitoração eletrônica e suas consequências no texto *Corpo delito: monitoração eletrônica para além da (des)ilusão*. O documentário abordado, *Corpo Delito*, mostra o impacto do uso deste tipo de controle na vida das pessoas e nos permite confrontar os relatos nele contidos com os dados apresentados em pesquisas quantitativas sobre monitoração e sistema prisional e debater teoricamente sobre o que esse controle significa no âmbito do sistema da justiça criminal. Também podemos pensar a partir deste trabalho o que os controles eletrônicos representam nas sociedades que o admitem. Nesta abordagem o castigo está preso ao próprio corpo do condenado e o sistema não se responsabiliza mais pela sua existência, pois ele fica restrito à vida que se consegue levar na sua área de restrição.

Na segunda parte, intitulada O CASTIGO – ENTRE GÊNERO, RAÇA E CLASSE SOCIAL, reunimos as contribuições que exploram diferentes significados sobre o castigo sob perspectivas de gênero, de raça ou classe social.

Em *O silêncio como castigo*, Soraia da Rosa Mendes analisa o filme *O Silêncio do Céu*, ou *Era El Cielo,* título em espanhol da produção brasileira e uruguaia. A autora, inspirada pela criminologia feminista, explicita o significado do silêncio para uma mulher vítima de estupro. Tendo como ponto de partida as experiências das vítimas de violência sexual, Soraia analisa o "aparentemente incompreensível silêncio de Diana (personagem secundária da película, mas aqui considerada em protagonismo)", apresentada como o "norte para a reflexão sobre a revitimização promovida pelo Sistema de Justiça Criminal e, sobretudo, o medo e a culpa que assombram a mente e a alma do corpo feminino violado, encarcerando a vítima em si mesma".

O castigo de malévola, de Cristina Zackseski, trata de dimensões ocultas ou invisibilizadas da punição, oriundas da repetição e naturalização de histórias e fantasias a partir do filme *Malévola.* Além de servirem como mote para a discussão sobre o castigo, as histórias infantis retratadas nos filmes em geral são vistas pela autora como reprodutoras de narrativas que naturalizam a posição das mulheres numa condição de fragilidade, mas ela também explora o fato de que o recontar dessas histórias nos traz outras perspectivas para os mesmos enredos numa série de temas bastante atuais, delicados e vitais. O que está subentendido no texto é o fato de que a punição também representa uma carga (ou um castigo?) para quem pune, muitas vezes traduzida em arrependimento, outras vezes em violência mesmo. A conexão com a perspectiva criminológica se dá pela via do interacionismo simbólico e pelo conteúdo político e econômico que o filme permite discutir, ainda que de maneira discreta. O componente de maior atualidade que o texto apresenta diz respeito à "cultura do estupro" e a certas maneiras de com ela romper.

Kárita Rachel Pedroso Bastos, no artigo *Abuso sexual, reação social e punição no filme "A caça*", trata de um importante problema, que é o abuso sexual infantil, enfatizando a percepção de que ele é um problema de saúde pública em razão dos diversos danos provocados às vítimas que são, grande parte das vezes, mulheres. Para além disso, a autora nos conduz pelo universo das versões sobre um suposto crime, fazendo-nos pensar sobre os elementos que cercam a cena deste crime e os possíveis equívocos a que se possa chegar a partir de nossas concepções morais e percepções da realidade. Ela nos fala, portanto, dos perigos do castigo quando imposto descuidadamente e explora conceitos centrais da Criminologia como os de reação social e estigmatização.

Ao discutir a misoginia dos discursos criminológicos desde a Inquisição, Carmen Hein de Campos e Luciana Souza Borges Herkenhoff apresentam contribuições sobre o controle do corpo feminino pelos sistemas prisionais e médico-psiquiátricos, bem como sobre as semânticas do castigo (ou do autopunição) no artigo *Entre as múltiplas semânticas do castigo: Prenda-me!* As autoras mapeiam os motivos do desejo do encarceramento da personagem que pretende confessar o assassinato de seu marido violentador, horas antes que o crime prescreva. Por meio de uma análise dos diálogos entre a personagem principal e a policial que resiste em registrar a ocorrência, Campos e Herkenhoff apresentam "os dilemas entre as esferas privada e pública, entre a confissão e o segredo, entre a prisão e a liberdade, e, por fim, entre a culpa a sua expiação" e, desse modo, intentam "submergir na subjetividade da protagonista dessa história para indagar sobre sua incessante busca pela punição".

Welliton Caixeta Maciel e Paulo Rios Matos Rocha nos trazem uma abordagem sócio-criminológica do filme *Noces* no texto *Da violência da tradição à cultura do feminicídio*. O filme é baseado em fatos reais ocorridos na Bélgica, já no século XXI, e retrata o problema da violência, e especialmente dos "crimes de honra", como forma de afirmação e manutenção dos costumes de imigrantes (paquistaneses neste caso) no país de destino. Os autores do texto desenvolvem, então, análise do feminicídio, mostrando como as mulheres são frequentemente vitimizadas e como a justificativa da violência sofrida reside na "tradição", que ainda hoje obriga muitas mulheres a terem seus corpos e sua atividade sexual controlados e a se submeterem a casamentos impostos pelos homens da família, frequentemente por interesses econômicos.

O texto *Entre Vera Cruz e Agrado: questões sobre corpo e castigo para a criminologia crítica*, de Camilla de Magalhães Gomes, analisa a personagem Vicente/Vera Cruz em *A Pele que Habito*, de Pedro Almodóvar e guiada por Agrado, personagem de *Tudo sobre minha mãe*, e indaga "a criminologia: que relações ainda realizamos entre corpo e castigo? Como essas relações incluem o gênero e promovem variações sobre o castigo a partir do gênero? Como a raça entra nessa equação entre corpo, gênero e castigo?" Analisa a autora que pensar o castigo na criminologia crítica precisa ser mais que focalizar os efeitos por ele produzidos nos corpos e implica pensá-lo no contexto de uma matriz de raça e de gênero que, além de ler de modo diverso os corpos que seleciona, a eles nega humanidade. E finaliza que: "tê-lo como categoria nos exige buscar nas formas de resistência destas e destes selecionadas os caminhos para nossas pesquisas e propostas de fazer criminologia".

A violência contra as mulheres praticada por ordens religiosas com a conivência de agentes públicos no enclausuramento forçado de pessoas por razões "morais" e utilitárias é abordado por Ela Wiecko Volkmer de Castilho no texto *Violência contra mulheres em nome de Deus*. O filme *Em Nome de Deus* permite que a autora adentre pelos meandros das práticas e justificativas de uma grave violação de direitos que foi por muito tempo naturalizada em nossa própria cultura e em tantas outras, como é o caso da Irlanda, país onde a narrativa do filme se desenvolve. Segundo a autora as violências são "resultado de uma ideologia misógina que, no curso dos séculos, justificou uma ordem sociossexual patriarcal e mecanismos de controle do corpo e da mente das mulheres. Essa ordem começa a ser desmontada apenas no século XX".

Marília Montenegro Pessoa de Mello, Fernanda Lima da Silva e Manuela Abath Valença trabalham entre o passado e o presente em *Quanto vale ou é por quilo? As releituras da escravidão a partir das novas colonizações brasileiras* para discutir as diversas formas assumidas pelo sistema punitivo e o racismo no Brasil. O jogo contínuo entre passado e atualidade perpassa toda a análise e é explorado para a construção de uma visão racializada sobre as formas de controle e representação do corpo negro. Ao explorar a pergunta presente ao longo de todo o filme "quanto vale?", as autoras analisam diferentes narrativas que se situam no século XVIII e a atualidade construídas a partir de conjunções de extratos literários e de memórias arquivistas, o que levanta a dúvida sobre a ficcionalidade/realidade das histórias contadas, ao mesmo tempo em que mantém o foco sobre a pergunta do valor das vidas negras para o sistema punitivo.

Em *Primeiro carnaval, primeiro pelourinho também: anotações sobre o poder punitivo em 'Ó paí, ó'*, Bruna Portella de Novaes e Marcelo Coelho se lançam sobre as relações representadas pelo filme entre personagens do Pelourinho, em Salvador, e o poder punitivo em suas variadas dimensões, pública, subterrânea, privada e público-privada. Para tal fim, os autores partem de momentos elencados como primordiais para pensar a ordem disciplinadora, como o carnaval e sua colocação de momento de transgressão, a vida cotidiana das relações sociais do Pelourinho e os tensionamentos do fim da narrativa com o assassinato de duas crianças. As cenas do filme ilustram os encontros entre o poder punitivo e as personagens como representações do genocídio negro que atua por diferentes vias: o assassinato, a negação à saúde, à moradia ou o acesso à cidade. Os autores retomam o espaço como palco da vida e das resistências sociais, ao mesmo tempo em que demonstram a permanência das fronteiras racializadas da gestão desse espaço e da punição. *Ó Paí, ó* é a demonstração teatralizada de histórias reais e cotidianas de violência, assassinatos, mas também de luta por poder existir.

O entrelaçamento entre a visibilização das relações sociais das periferias brasileiras e a discussão sobre ausência estatal possibilitado em Bróder é tematizado por Edileuza Penha de Souza, Gilsileide Souza de Oliveira Piaulino e Jeferson De em *Bróder, erros e castigos: Estado e políticas públicas em disputa*. As diferentes possibilidades de construção de afetos e de sentimentos de pertencimento são exploradas pelas territorialidades presentes no filme em uma busca da quebra da imagem de violência associada à população negra, ao mesmo tempo em que debate as contradições de viver num local precarizado pelas ações estatais. A ausência de políticas públicas nos espaços periféricos e a falta de responsabilização do Estado são tematizadas pelas histórias dos personagens, que encontram possibilidades de viver dentro de um cenário de conflito envolvendo políticas sociais deficitárias ou inexistentes, uma reprodução de interesses capitalistas e a articulação do racismo como construtor da política de encarceramento da juventude negra.

Evandro Piza Duarte, Marcos Queiroz, Thales Cassiano Silva, em *Missisipi em chamas e os paradoxos da justiça: as garantias processuais, a luta pelos direitos civis e o encarceramento em massa nos Estados Unidos*, relacionam os vínculos entre punição, processo e procedimentos de investigação. A constitucionalização e desconstitucionalização da regra da exclusão da prova ilícita, nos casos em que direitos fundamentais são violados pela polícia, é contraposto à segregação racial e a luta pelos direitos civis representadas no filme *Mississippi em Chamas*. Os autores propõem pensar essas representações a partir de duas temporalidades. A década de 1960, epicentro das disputas sociais produzidas na esfera pública negra estadunidense no século XX e da narrativa do filme, quando houve o fortalecimento de conquistas constitucionais na Suprema Corte, como no caso de Mapp *v.* Ohio, em que há o auge da constitucionalização da *exclusionary rule*. E, em seguida, a década de 1980, época de produção de *Mississippi em Chamas*, em que há a virada rumo ao encarceramento, com a transição para a desconstitucionalização, iniciada no caso Calandra, em 1974. Para os autores, *Mississippi em Chamas,* como veículo dos anseios da agenda política dos anos 1980, articula o seguinte falsete: ao representar uma época de ascensão dos debates sobre os direitos humanos, estrutura a ideia de que esses mesmos direitos humanos só podem ser garantidos com a sua respectiva violação, tendo como uma de suas faces a desconstrução das garantias processuais. Portanto, legitima a própria construção silenciosa do processo como pena e como castigo, como local de institucionalização da violência penal arbitrária.

Tarsila Flores, em *Branco sai, preto fica: cenas sobre punição e genocídio negro no Distrito Federal*, constrói etnografia documental sobre o filme e as relações envolvendo racismo, punitivismo e resistência cultural no espaço urbano do Distrito Federal. O texto evidencia o Baile Black do Quarentão, popular festa de Ceilândia, cidade-satélite do Distrito Federal, nos anos 1980, enquanto foco de resistência, de celebração e de alimentação da identidade negra na época, e narra uma de suas cenas de repressão policial. A ação policial, ao marcar tragicamente as vidas daquelas pessoas, representa uma reação do Estado ao ambiente de fortalecimento da comunidade negra e uma proibição da organização da juventude. Dessa forma, a autora aproxima o documentário-fábula-ficção com o presente, denunciando as cenas de violência policial como expressões do genocídio da população negra. Por sua vez, a cultura, a arte, a música etc., como sugere a contranarrativa inscrita no filme, surge, apesar da violência estatal, como resistência coletiva e inscrição daquela luta na memória social.

No texto *O. J. Simpson: Made in America – a não punição como punição social* Edi Alves de Oliveira Neto explora o premiado documentário *Made in America*, que trata do famoso caso O. J. Simpson, chamado até mesmo de "o processo do século". O astro do futebol americano da década de 1970 foi inocentado depois de um conturbado julgamento no qual ele respondia pela acusação de ter matado duas pessoas brancas, a ex-mulher e um homem que estava com ela, com quem era possível que tivesse um relacionamento amoroso. Oliveira Neto enfrenta teoricamente o argumento do diretor do documentário de que a absolvição de acusado só foi possível por significar a revanche dos negros dos Estados Unidos pela violência e preconceito que sofrem naquele país, ao passo que restam impunes muitas vezes os policiais acusados de extermínio da população negra. O não castigo também pode ter, então, conotação de castigo/retribuição, neste caso pelo mal causado para uma população inteira.

Na terceira parte, PARA ALÉM DO CASTIGO: TRADIÇÃO, DISTOPIAS E GLOBALIZAÇÃO DO CASTIGO, os autores recuperam diferentes visões sobre o castigo, as quais permitem confrontar tanto os resquícios do debate sobre o castigo na modernidade quanto os efeitos da globalização sobre as novas tecnologias do castigo.

A história de Qiu Ju – a administração de conflitos entre tradição e modernidade, de Rodrigo Ghiringhelli de Azevedo, analisa o conflito entre o direito moderno e as formas tradicionais de administração de conflitos, tendo como base *A História de Qiu Ju*. Dirigido por Zhang Yimou. O filme narra a tentativa de Qiu Ju obter a retratação do chefe da aldeia por ter agredido seu marido, Qinglai. Explica o autor que o "percurso de Qiu Ju por instâncias da burocracia policial e judicial chinesa apresenta o processo de racionalização e burocratização do direito promovido pelo Estado chinês pós-revolução, e o distanciamento em relação aos mecanismos tradicionais de administração de conflitos, e permite discutir as categorias propostas por Weber para a compreensão do Estado moderno". Ao final o autor discute os dilemas entre a formalização e a informalização da justiça, assim como o contraste entre a aplicação de uma pena e a busca de mecanismos alternativos para a administração de conflitos.

Guadalupe Leticia García García percorre o caminho dos imigrantes que passam pelo seu país rumo aos Estados Unidos no texto *La invisibilidad de la victimización del migrante en su tránsito por México*. A autora analisa a política criminal mexicana tendo por base o filme La Jaula de Oro e revela vários aspectos nem sempre percebidos de um processo de controle e descontrole do movimento de pessoas em situação de vulnerabilidade que buscam oportunidades em outro país. Nesse sentido são apresentados pela autora dados e fatos relacionados como o problema da violência sofrida pelos próprios imigrantes, a corrupção das próprias autoridades e também o fato de haver uma inócua lei de proteção.

O filme *Sicário* inspirou Samuel Silva da Fonseca Borges a escrever o texto *Ambiguidades da guerra às drogas em Sicário: imperialismo, poder e corrupção.* O texto discute a política proibicionista e seus desdobramentos mais perversos. O filme reforça a ideia de que a guerra às drogas só pode ser vencida pela violência, mas ao mesmo tempo mostra as ambiguidades "morais e legais" existentes nas ações dos funcionários públicos, que seriam os responsáveis pela lei e pela ordem. O texto apresenta contribuições importantes para a discussão porquanto relaciona fatos históricos e elementos da geopolítica da região para problematizar a persistência do proibicionismo e as consequências em termos de aumento da violência e da severidade dos castigos, formal e informalmente impostos.

Território restrito: o pertencimento precário dos imigrantes nos Estados Unidos é o texto de Gabriel Haddad Teixeira, no qual o filme Território Restrito é explorado pelo autor a partir de conceitos teórico-criminológicos que permitem refletir sobre os sentidos do castigo no sistema de justiça criminal. As sociedades contemporâneas acabaram criando tecnologias de controle e procedimentos adicionais nos quais a lógica punitiva invade campos outrora mais livres, como é o caso da prisão provisória, da prisão virtual (tornozeleiras), da restrição espacial dos imigrantes (e as ameaças de deportação), que podem ser vistas, em certo sentido, como zonas intermediárias entre a prisão e a liberdade, cada qual com níveis distintos de confinamento, mas todas nos lembram que o controle existe e produz alguns efeitos, nem sempre declarados. O autor utiliza o conceito de "crimigração" para falar da facilidade com que se usam procedimentos administrativos para neutralizar pessoas indesejáveis. Ele percebe uma forma de castigo que é a própria situação de insegurança dos imigrantes, que podem ou não ser deportados dos Estados Unidos. É nessa expansão do controle que Gabriel percebe a "flexibilização de direitos e garantias em nome da segurança da sociedade".

Em *Plasticidade destrutiva e cancelamento do futuro em Taxi Driver*, Moysés Pinto Neto relaciona o desejo de limpeza da cidade de toda a sua "imundície" sentido pelo personagem central do filme com o nascimento de ideias fascistas. Ao apresentar a distância de Travis em relação ao mundo a sua volta, seja pelo isolamento de relações humanas ou pela repulsa frente à sujeira que o permeia (ou que ele identifica no mundo), é possível perceber o florescimento de um pensamento punitivo neoconservador, como indicado por Loïq Wacquant. Ao expor o contexto da película, Moysés relaciona o ressentimento social impulsionado pela construção de um neoconservadorismo que se colocava como contraponto à contracultura estética, cultural e revolucionária dos anos 1970 e alimentava uma posição punitivista pautada.

O desejo de castigar advindo do ressentimento frente à existência do "Outro" estrutura a narrativa do personagem Travis. O seu "despertar político" pretende conferir ordem à sua anterior vida de sonambulismo e à desordem do mundo, mesmo que operando por uma lógica de destruição de seu ambiente e de si mesmo. Travis, porém, não encarnaria a figura dos "empresários morais da Lei e Ordem na mídia, na academia e na política", mas um "lado ainda mais obscuro da cultura do castigo, um fascismo que iria além até mesmo da forma totalitária de Estado", ou seja, "desterritorializado da subjetivação por meio do qual soldado – funcionário do Estado – torna-se uma máquina de guerra". Como conclui Moysés: "Essa máquina de guerra não vê outra função senão a própria guerra, tornando-se um cancelamento integral, um niilismo molecular e suicidário. Sua errância no alvo a destruir não é ocasional, porque o alvo, a rigor, é irrelevante. A ideologia e o discurso são o menos importante. Para além do controle político que se baseia no castigo como cerimônia de purgação e sacrifício do bode expiatório que apazigua o ressentimento social, dispara-se, nesse instante, uma linha incontrolável que já não se guia mais por nenhum sentido que não seja o simples desejo de aniquilação de todo sentido. Um além do castigo."

O texto *Los sistemas de responsabilidad penal adolescente en América Latina y 'los 400 Golpes' de Francois Truffaut: algunas reflexiones criminológicas desde el curso 'cine y derecho penal' en Valparaíso,* de Marcela Aedo Rivera e Silvio Cuneo Nash, recupera o projeto *Cinema e direito* da Escuela de Derecho de la Universidad de Valparaíso, Chile. Além disso, os autores analisam o filme *Los 400 Golpes* de Francois Truffaut, e debatem sobre as imagens e discursos relacionados ao desvio juvenil e respectivo castigo. Os autores rememoram a transição do modelo tutelar ao modelo de responsabilidade e apresentam dados em relação ao uso das medidas aplicadas ao adolescente infrator. Inspirados pela obra de Truffaut, indagam sobre os efeitos do uso crescente da pena privativa de liberdade nos sistemas de responsabilidade juvenil na América Latina.

José Geraldo de Sousa Júnior apresenta a ligação entre *Cinema e direitos humanos* no texto que tem por subtítulo: *A construção social do humano e a semântica do castigo em "o vento será sua herança".* Ele cuida da liberdade nas ciências e na pedagogia, o que é muito oportuno em tempos obscuros como os vividos hoje em nosso país, com falsos discursos anti-ideológicos. Além disso, o julgamento do filme simboliza a espetacularização da justiça que também temos vivido. A partir desta contribuição, sugere o autor, que herança receberão aqueles que perturbam hoje a liberdade e a igualdade duramente conquistadas?

Acreditamos que os temas tratados, as abordagens e os filmes selecionados podem interpelar o(a) leitor(ra) para a polissemia do castigo, independentemente de compartilhar ou não os nossos argumentos e as nossas conclusões. Esta apresentação, certamente, apenas anuncia a diversidade das questões debatidas pelos-(as) autores-(as), reunidos-(as) neste projeto editorial entre Marcial Pons e Fundação Escola Superior do MPDFT. O projeto editorial foi viabilizado pelo envolvimento de pesquisadores-(as) de distintas instituições de ensino superior, tanto aqueles-(as) que integram o conselho editorial quanto os-(as) colaboradores-(as) neste volume.

SUMÁRIO

EXPERIÊNCIAS DO CASTIGO

1

DJANGO LIVRE, DA TELA À CELA: RESSENTIMENTO E VINGANÇA NO SISTEMA DE JUSTIÇA CRIMINAL

Pedro Paulo Gastalho de Bicalho[1]

Diego Pessanha Silveira[2]

Elisa Martins Silva[3]

Anna Becker[4]

Lucas Gabriel de Matos Santos[5]

Resumo: No contexto escravocrata que antecede a guerra civil norte-americana, mais especificamente no sul dos Estados Unidos da América, surge Django, herói-escravo. Seus antigos senhores são criminosos procurados pela lei e Django é um dos únicos que pode reconhecê-los. Django conhece o caçador de recompensas Dr. Schulz

---

1. Psicólogo, especialista em Psicologia Jurídica, mestre e doutor em Psicologia. Professor Associado do Instituto de Psicologia, do Programa de Pós-graduação em Psicologia e do Programa de Pós-graduação em Políticas Públicas em Direitos Humanos da Universidade Federal do Rio de Janeiro. Bolsista de produtividade em pesquisa (CNPq) – ppbicalho@ufrj.br.

2. Discente do curso de graduação em Psicologia da Universidade Federal do Rio de Janeiro. Bolsista PIBIC-CNPq – didpss@gmail.com.

3. Discente do curso de graduação em Psicologia da Universidade Federal do Rio de Janeiro. Bolsista PROFAEX-UFRJ – martinsselisa@gmail.com.

4. Discente do curso de graduação em Psicologia da Universidade Federal do Rio de Janeiro – annabeckerbr@gmail.com.

5. Discente do curso de mestrado em Psicologia da Universidade Federal do Rio de Janeiro. Bolsista CNPq – lucasgabrieldematos@gmail.com.

e este, de maneira peculiar, o torna livre após um acordo de parceria. Django descobre o talento de atirar com pistolas, o que rende à parceria boas recompensas em dinheiro ao longo do inverno. No entanto, quando sua história é revelada e compreendemos o modo como Django foi separado de seu grande amor, começa a se desenhar um enredo de vingança e brutalidade do qual somos rapidamente capturados. O que realmente significa a liberdade para Django? De que forma estamos presos, confinados ao conceito de liberdade? De que modo é possível que nos identifiquemos com o herói, a ponto de compreendermos e até justificarmos seu ódio e ressentimento? O que nos faz esperar pela vingança e até rir com as cenas de violência exagerada? Como são feitas as articulações que nos fazem desejar vingança e, de certa forma, torcer pela mesma? Seria Django um símbolo para pensarmos o "homem do ressentimento", de Nietzsche, num reflexo da contemporaneidade e da vingança como sinônimo de justiça?

Palavras-chave: Ressentimento – Vingança – Justiça – Liberdade.

INTRODUÇÃO

O sistema jurídico, tal qual conhecemos, é majoritariamente compreendido como a instância capaz de conduzir (e, assim, resolver) impasses de naturezas cada vez mais diversas, geralmente reduzidas a uma noção adversarial. As relações sociais e os conflitos que podem surgir produzem demandas por intervenção do judiciário cada vez com maior frequência, o que colabora para a morosidade de um sistema que não consegue dar conta dos processos existentes, mas que garante o sentimento de justiça (não para todos) frente às soluções alcançadas dos impasses. O "sentimento de justiça" é o que move a máquina judicial, e, neste paradigma, outras forças podem ser analisadas, como aquelas que movem o homem do ressentimento e o espírito de vingança, fazendo surgir outras questões, como a justiça pelas próprias mãos na figura do justiceiro, a pretensa liberdade a partir do decreto da justiça, o modo-indivíduo que se opera nas verdades que ali são produzidas. Violência e dominação constituem-se como forma de estruturação social e originária do sistema de justiça, dos direitos e obrigações. Como pontua Foucault (1979):

> "Enfim, a questão é que a crueldade, a violência, a chamada barbárie, está inescapavelmente entre nós e em nossas instituições e sistemas de regras; a guerra e os jogos de dominação não foram substituídos por contratos em tempo algum. A humanidade não progride lentamente, de combate em combate, até uma reciprocidade universal, em que as regras substituiriam para sempre a guerra; ela instala cada uma de suas violências em um sistema de regras, e prossegue assim de dominação em dominação." (p. 25)

Nosso objetivo, neste capítulo, é analisar forças que se operam por ressentimento, sobretudo as que movem e são movidas por vingança no sistema de justiça criminal. Para tanto, são trazidos conceitos nietzscheanos e foucaultianos para nos ajudar a compreender o que se deseja quando se pede justiça e como tem funcionado o sistema jurídico, a partir da mesma lógica que o torna imprescindível no contexto contemporâneo.

E, transversalizado aos conceitos, o filme *Django livre*. A trama é contextualizada no sul dos Estados Unidos da América, no período escravocrata que antecede a guerra civil norte-americana. O filme justamente foi escolhido não somente por retratar episódios construídos pelo ressentimento, mas por nos colocar expectantes pela vingança. O que nos faz torcer para que a vingança aconteça? Como é construída a produção do desejo de vingança em nós? O que produz e legitima, na história, o processo violento? De que modo emerge a barbárie que habita em nós e que afetos são esses que nos mobilizam? E o que existe, de *Django Livre*, no nosso pedido cotidiano por justiça?

> "Isso quer dizer que, para Nietzsche [...], a fonte originária do sentimento de justiça, o mais remoto cânon da justiça e da equidade, formou-se a partir de uma transposição da matriz obrigacional do crédito e do débito, que passou a funcionar como princípio regulador das relações entre as formas mais incipientes da ordenação comunitária." (REIS, 2013, p. 42)

Serão utilizados também, como metodologia de análise, excertos de três casos atendidos entre os anos de 2011 e 2016 no Escritório da Cidadania, projeto de extensão da Universidade Federal do Rio de Janeiro (UFRJ), que compõe o Núcleo Interdisciplinar de Ações a Cidadania (NIAC), programa de extensão universitária localizado no campus da ilha do Fundão, estrategicamente construído para facilitar o acesso de moradores do Complexo de Favelas da Maré e regiões adjacentes. O Escritório da Cidadania é orientado para a defesa dos direitos da população, buscando estratégias de acesso à justiça e a promoção de direitos humanos. Os casos, atendidos interdisciplinarmente por estudantes dos cursos de Direito, Serviço Social e Psicologia, produzem acompanhamentos e encaminhamentos a partir das demandas por justiça provenientes da população. Tais excertos, extraídos dos relatos dos casos, foram utilizados de maneira que nos ajudem a reconhecer e exemplificar as forças que emergem e que estão em ação quando se identifica o que seria vingança ou quando se pede por justiça.

Vianna (1999) aponta que não somente as pessoas recorrem cada vez mais ao Judiciário a fim de que se cumpram as leis, como também há uma expansão da capacidade normativa do sistema jurídico com a criação de leis que traduzam os interesses – individuais ou de grupos – em direitos. Estes produzem argumentos para que o Judiciário, cada vez mais, utilize meios e modos para um maior exercício de intervenção na vida da população, inclusive no âmbito privado. Consideramos importante frisar que o termo judicialização é comumente utilizado para definir a expansão do judiciário nas práticas cotidianas da vida.

A JUDICIALIZAÇÃO DA VIDA

Assistimos e construímos o que pode ser chamado atualmente de judicialização da vida, isto é, uma certa construção subjetiva que implanta a lógica do julgamento, da punição, do uso da lei e da justiça como parâmetro de organização do modo de viver (NASCIMENTO, 2014). Entrecruzamentos cada vez mais naturalizados não somente nos grandes estabelecimentos, mas no cotidiano da vida social, nas micropolíticas das relações interpessoais que nos atravessam todos os dias.

> "Como salientou Foucault [em *Vigiar e Punir*], o que ocorre é que políticas punitivas são importantes estratégias de controle e de inscrição do poder no corpo da população. Nesse sentido, não devem ser confundidas com estratégias de melhoria da vida em sociedade, mesmo porque individualizar culpas e imputar castigos podem servir para alimentar o prazer da vingança, mas não para produzir alterações significativas na proliferação de mecanismos de poder, sejam estatais ou não." (REIS, 2013, p. 99)

Cabe lembrarmos que a judicialização encontra-se em conformidade com o que Wacquant (1999) definiu como uma escalada crescente em curso, em favor da diminuição do "estado de bem-estar social" e do aumento das intervenções policiais e penitenciárias. O autor denomina Estado Penal neoliberal o resultado do grande paradoxo onde se aposta em um "mais Estado" policial e penitenciário em função justamente de um "menos Estado" econômico e social em função da produção de insegurança generalizada. Tal segurança não seria atenuada, mas agravada pela intervenção policial no Brasil, chamada força de ordem, onde manter a ordem de classe se confunde com ordem pública.

Com esse movimento de substituição das políticas públicas de assistência pelas de confronto, pretende-se eliminar a insegurança social produzida pelas estatísticas criminais e disseminada pela mídia (também criminal e, por vezes, criminosa). As questões sociais são tratadas no âmbito penal e policial e o modelo judiciário é eleito como modo de intervir sobre a realidade e as relações interpessoais cotidianas. Assim, insegurança, medo, judicialização e ação policial pautam a política de segurança escolhida pelo Estado penal no controle da vida (BICALHO, KASTRUP & REISHOFFER, 2012) e na produção de uma certa governamentalidade.

Segundo Scheinvar (2009, 2012), a efervescência de leis ao longo do século XX foi e ainda é a grande expectativa de transformação das relações instituídas e conflituosas em nossa sociedade, em âmbito local, nacional ou internacional. Para que a sociedade e o Estado prosperem, cresçam, gerem lucro e renda, é preciso haver regras comuns e não haver desvios. A lei, como parâmetro universal, está sempre acima das pessoas (Foucault, 2003). Sua violação é um crime, e o violador um inimigo social, que se transforma em um devedor da sociedade.

A relação entre credores e devedores, em meio a qual a dívida se constrói para ser paga com uma espécie de castigo ou punição, deu início à prática de se medir uma pessoa com outra, de imaginar equivalências, valores e possibilidades de trocas. Para Nietzsche (1998) uma prática referendada em um cálculo de poder. "A partir de então, logo um pensamento passou a ser generalizado: 'cada coisa tem seu preço; tudo pode ser pago' – o mais velho e ingênuo cânon moral da justiça, o começo de toda 'bondade', toda 'equidade', toda 'boa vontade', toda 'objetividade' que existe na terra" (NIETZSCHE, 1998, §8, p. 60).

Em uma economia de mercado como a capitalista, estruturada sob a condição de liberdade, de grande circulação – necessária ao seu funcionamento –, os mecanismos de controle atualizam-se e a lei passa a ser o objeto de obediência, uma referência universal e uma forma de poder por inibir atitudes. Constroem-se mecanismos para reivindicar e garantir relações seladas como direitos em nome do conforto e da tranquilidade de todos: são encaminhadas situações para a dita justiça, sob a ótica de que, estando em "boas mãos", o "bem" será feito e a dita verdade prevalecerá (DECOTELLI, CUNHA & BICALHO, 2016).

A judicialização é possível porque acredita-se na lei, como instância única (e oficial) para a promoção de justiça. Não exatamente a lei, operada como regra para uma melhor convivência, construída singular e regionalmente, a partir da cultura e dos processos subjetivos. Acredita-se n'A Lei. Ela se torna a referência para atuar, dificultando encaminhamentos singulares e criativos. E assim, "(...) nos tempos atuais, criaram toda uma máquina jurídica: os juízes, soberanos vitalícios, os promotores nos tribunais e o Ministério Público são instâncias que a todo o momento podem ser acionadas" (NASCIMENTO, 2012, p. 43). As leis são construídas para serem utilizadas com rigor, e em geral são vistas como sendo poucas ou insuficientes. A demanda é que outras sejam criadas, para melhor gerirem a vida.

O projeto político do Legislativo tem por objetivo a busca da felicidade, através da negação da barbárie e da afirmação da civilização. Muitas vezes nesse processo se aponta como elemento fundamental para a realização deste propósito a segurança. Assim, teoricamente, os homens em troca de segurança optam por limitar sua liberdade, alienando certo domínio ao repositório comum denominado Estado (BICALHO, 2016).

Porém, mais do que isso, a máquina jurídica se multiplica nas ações cotidianas. Cada vez menos os protagonistas das histórias de suas vidas são alçados à condição de protagonistas da resolução de seus conflitos e, deste modo, verifica-se que "a gênese da ideia de justiça se relaciona com a necessidade de intercâmbio, troca e busca de equilíbrio nas relações de poder, como forma de preservar sua própria potência e a de uma comunidade" (REIS, 2013, p. 23).

Os dispositivos legais inscrevem-se em regimes de verdade, podendo ser utilizados das mais variadas formas e em nome de diversas práticas (MARAFON, 2010). Isso possibilita uma interferência direta na vida da população, pois, a partir dos códigos, o Estado tem como rastrear, por exemplo, quais indivíduos, pertencentes a quais grupos sociais, não cumprem uma determinada norma. Tem-se um mapa contendo os elementos críticos, desviantes ou "em vias de desviar", que permitem punir ou regular todos os fatores de conjunto que possam ocasionar uma subtração das forças da população e, consequentemente, do Estado (CALIMAN, 2001). É através, por exemplo, das estatísticas de determinada região, que se opta por implantar determinadas políticas em certas comunidades e outras em locais diferentes. Esses dispositivos são fundamentais na implementação da biopolítica,[6] a qual permite aproximar setores da realidade relacionados com a vida, a natureza e o conhecimento, cujas mudanças ao longo do tempo são provocadas pela indústria, pela ciência, pela tecnologia.

Nos tempos atuais, desejar proteção é promover segurança e justiça. Foucault (2008) apresenta a sociedade de segurança como aquela em que há um investimento no controle dos riscos como parâmetro de sustentação do sistema do capital contemporâneo. Como um bem absoluto e necessário, em nome das ditas ações de proteção e cuidado, toda e qualquer prática que regulamenta a vida ganha legitimidade.

Para que os mecanismos de segurança sejam implantados, é necessário um conjunto cada vez mais gigantesco de "[...] medidas legislativas, dos decretos, dos regulamentos, das circulares [...] vocês vão ver que há uma verdadeira inflação legal, inflação do código jurídico-legal para fazer esse sistema de segurança funcionar" (FOUCAULT, 2008, p. 11).

São os mecanismos de segurança que sustentam o *corpus* disciplinar. No entanto, para se manter a segurança (ou a sensação dela), faz-se necessária a criação de dispositivos como técnicas de vigilância encarnadas. Ao localizar as tecnologias de segurança em meio aos mecanismos jurídico-legais e aos mecanismos disciplinares, Foucault (2008) afirma que aquelas tecnologias não superam, mas reativam e transformam (e complexificam) as técnicas jurídico-legais e disciplinares. Assim, não há uma sucessão em que a lei vem

---

6. Conceito entendido pela "maneira como se procurou, desde o século XVIII, racionalizar os problemas postos à pratica governamental pelos fenômenos próprios de um conjunto de viventes constituídos em população: saúde, higiene, natalidade, longevidade, raças..." (FOUCAULT, 2008, p. 431).

antes da disciplina e esta antes da segurança. Esta última é um mecanismo que atualiza velhas estruturas da lei e da disciplina. Em Foucault, as tecnologias de segurança estão para além das penalidades instituídas no código penal, pois elas emergem tanto no interior de mecanismos que promovem o controle social (penalidade) como nos mecanismos que visam à modificação no destino biológico da espécie. E, para fazer funcionar tais tecnologias, emergem como mecanismo prioritário a judicialização da vida.

O GOVERNO DA SEGURANÇA

> "O que acontece hoje, portanto? A relação de um Estado com a população se dá essencialmente sob a forma do que se poderia chamar de 'pacto de segurança'. (...) O que o Estado propõe como pacto à população é: 'Vocês estarão garantidos'. Garantidos contra tudo o que pode ser incerteza, acidente, dano, risco." (FOUCAULT, 1977, p. 385)

Em nossas sociedades, a economia do poder está atravessada pela segurança. O dispositivo de segurança insere o delito em uma série de acontecimentos prováveis, os quais serão inscritos na realidade. De acordo com Foucault (2008), ao atuar sobre a estrutura do poder, o acontecimento modifica suas práticas, suas formas de governar. Dessa forma, o dispositivo conecta-se à realidade para regulá-la e, apoiado em dados materiais, passa a atuar no sentido preventivo.

> "Seguindo a genealogia nietzscheana, assim foi construída a ideia de justiça: um acordo feito de boa vontade entre homens de poderes semelhantes. Quanto àqueles de poderes não equivalentes, cabia aos mais poderosos fazer avaliações e forçar compromissos, muitas vezes com o uso de violência, visando o bem estar ou a preservação da comunidade." (REIS, 2013, p. 43)

Assim, um planejamento de segurança passa a levar em consideração o que pode vir a acontecer, para preservar a sociedade da ordem. A constituição da noção de população é fundante nesse contexto, porque é sobre essa multiplicidade que o dispositivo atua. Os comportamentos farão com que cada indivíduo seja entendido e aceito como membro da população. Logo, o comportamento é o fundamento do governo. Quem se comporta de modo diferente da população é considerado desviante e desajusta o sistema. Nesse sentido, a lei, como forma de contrato social, é que organiza a população enquanto tal, desde o momento em que regula comportamentos. O contrato social, assim, cria o sujeito coletivo.

> "[...] e todo indivíduo que aceita as leis do seu país assina um contrato social, aceita-o e o revalida a cada instante em seu próprio comportamento, enquanto aquele que, ao contrário, viola as leis, rasga o contrato social, este toma-se estrangeiro em seu próprio país e, por conseguinte, cai sob as leis penais que vão puni-lo, exilá-lo, de certo modo matá-lo. O delinquente em

relação a esse sujeito coletivo criado pelo contrato social rasga esse contrato e cai do lado de fora desse sujeito coletivo." (FOUCAULT, 2008, p. 58)

As leis apareceriam, de forma essencializada, como instrumento capaz não simplesmente de regular a prática, mas de punir aqueles que a cometem, apoiado na lógica protetiva do direito e engendrando, de acordo com Coimbra e Scheinvar (2012), subjetividades punitivo-penais. Nestas, as relações, das mais diversas ordens, passam a ser operadas por comportamentos circunscritos cada vez mais em uma normativa jurídica, sendo passíveis de julgamento e pena.

A penalização passa a ser naturalizada como elemento primordial no controle social, no que tange à manutenção da ordem e do convívio interpessoal. E, ainda, condição *sine qua non* para a promoção da cidadania, ajustando-se com precisão ao jogo da judicialização. Acreditamos e tememos as leis, de sorte que a sensação de justiça é gerada e ganha força para atuar onde, além de determinar o que é lícito e o que é ilícito, regula as funções do corpo social. E este processo atravessa toda a cidade, produzindo em nós demandas por vingança. E constitui todos nós, produzindo homens e mulheres do ressentimento, operados por um espírito de vingança que, como efeito, coloca o outro sob o jugo de uma dívida infinita.

> "Portanto, o clamor por justiça torna-se máscara de um desejo de vingança quando o foco é menos a reparação de um dano sofrido, do que uma disposição doentia sempre disposta a fazer pagar. Estamos nos referindo a homens que anseiam por ser carrascos, que sentem prazer em julgar e punir; em lançar injúrias contra todos os que não são iguais a eles. São vingativos mascarados de juízes; onanistas morais e 'autogratificadores'." (NIETZSCHE, 1998, §14, p. 129)

A VINGANÇA COMO DEMANDA DE JUSTIÇA, DE ONDE "A ESPERANÇA NÃO VEM DO MAR, NEM DAS ANTENAS DE TV"[7]

A Maré é uma região que margeia a baía de Guanabara e se estende desde a Fundação Oswaldo Cruz até o Aeroporto Internacional Tom Jobim, localizada entre a Avenida Brasil e a Linha Vermelha, no Rio de Janeiro. Por ser originariamente um local onde a vegetação era composta por manguezais e pântanos – que foram sendo progressivamente aterrados pelo poder público a partir da década de 1940 – a população local, juntamente com o governo, cunhou o local sob o nome "Maré", que se refere ao fenômeno natural que afligia os moradores locais (SILVA, 2006).

A região foi ocupada desde o início do período colonial, quando exercia um importante papel econômico tanto no escoamento de produtos através dos

---

7. Referência a *Alagados* (Paralamas do Sucesso), composição de Herbert Viana, Bi Ribeiro e João Barrone.

portos localizados nas suas proximidades quanto no aproveitamento da geografia local com os mangues. A criação das ferrovias no século XIX e o deslocamento da importância dos portos para a estação ferroviária da Leopoldina fez com que este lugar entrasse em declínio, havendo apenas na década de 1940 a retomada de um certo desenvolvimento, com a abertura da avenida Brasil e a criação de indústrias na região. Devido à facilidade de transporte e proximidade dos locais de trabalho, a região passou a ser ocupada por trabalhadores, registrando uma aglomeração de casas construídas com palafitas – pedaços de madeira ou estacas usadas para sustentar habitações em ambientes alagadiços (SILVA, 2006).

O Complexo da Maré abriga mais de 130 mil habitantes, divididos em 16 comunidades, entre favelas originais e conjuntos residenciais construídos para abrigar a população removida das antigas palafitas. O território, força que atravessa os sujeitos e que produz certos modos de ser e estar no mundo, também produz modos de se requerer justiça.

> "Portanto, não é difícil concluir como muitas vítimas acabam presas desse engodo e desse envenenamento – que aqui identificamos com o termo nietzscheano de espírito de vingança, que as coloca sempre à espera de que os outros venham a lhes restituir um passado, uma dívida não paga ou a cura de uma dor." (REIS, 2013, p. 166)

Segundo Vilhena (2002), o território, entendido enquanto "um campo de construção da vida social onde se entrecruza, no tempo plural do cotidiano, o fluxo de acontecimentos" (p. 50), é um importante agenciador de subjetividades. De acordo com Reis (2013):

> "Há os que defendem a ideia de um juízo terapêutico, isto é, de uma decisão judicial que faça as vezes de uma terapia curativa para o sofrimento da vítima, por meio de uma compensação de seu sofrimento através da punição do criminoso, tanto mais satisfatória, quanto mais intensa e cruel." (p. 168)

Desde sua fundação, em 2007, o Escritório da Cidadania da Universidade Federal do Rio de Janeiro já atendeu mais de 1300 pessoas e contribuiu com a formação de mais de 300 estudantes dos cursos de Psicologia, Direito e Serviço Social. Os atendimentos são numerados e colocados em pastas, localizadas em arquivos no interior do escritório. Para este capítulo foram analisados os registros do caso 900 até o 1300, cuja pesquisa gerou a escolha de três excertos, a seguir descritos.

Caso 1056

N. recebeu uma intimação de ação pedindo a modificação da cláusula de acordo de guarda, visitação e alimentos. A ação fora aberta pelo ex-marido na intenção de obter a guarda dos filhos, os quais já moravam com o pai com a permissão de N., sendo que N. supria grande parte das necessidades dos filhos e ficando com eles nos finais de semana. A relação com o ex-marido era amigável até receber a ação: *"se ele quer guerra, vai ter guerra"* (sic). N. então acusa o pai de ser usuário de drogas a partir de testemunho de terceiros (não conta aos filhos), de morar em um lugar perigoso para os filhos por conta dos tiroteios recorrentes (a casa era dos dois, com a separação ela sai da casa sem pedir sua parte na divisão de bens) e de sofrer ameaças do ex-marido com a separação. Segundo N., os filhos já demonstraram interesse em morar com ela, mas o pai "faz chantagem emocional", dizendo para os filhos que nunca mais se encontrarão caso eles se mudem, então os mesmos recuam.

Caso 1118

M. chega ao Escritório da Cidadania buscando acompanhamento psicológico, por estar em sofrimento devido a um processo judicial. Relata que trabalha como costureira e, devido à cobrança de uma dívida, acabou se envolvendo em uma confusão com uma cliente. O conflito gerou uma briga física entre as duas, e, no episódio, a cliente bateu a cabeça no meio-fio após uma queda provocada por M. e veio a falecer oito dias depois. M. explicou que não teve a intenção, o que foi corroborado pela mãe e uma irmã da cliente – presentes no momento – que relataram a frágil situação de saúde em que se encontrava a falecida, em detrimento do uso de *crack* e outras substâncias. A família próxima da falecida possuía boa relação com M. Porém uma outra irmã, que morava em outro município, veio para o Rio de Janeiro em busca de vingança e a denunciou, fazendo com que fosse indiciada por homicídio. Conforme foi constatado nos acompanhamentos psicológicos, M. não apresentava sentimento de culpa pelo óbito, mas trazia angústias e sofrimentos decorrentes do acontecimento e, mais especificamente, do processo judicial e a aproximação da audiência, assim como não saber exatamente o que iria acontecer com seu futuro.

Caso 1131

V. compareceu ao Escritório da Cidadania procurando por atendimento psicológico em detrimento de sofrimento psíquico. Relata que já buscava esse auxílio em diversos segmentos, como igrejas e clínicas sociais, desde 2010. Em 2013, V. retoma contato com seu primo D., que se dizia psicanalista, advogado e que era vinculado à uma igreja. Em um episódio de crise, V. contacta D. e este vai até sua casa. Seu esposo, S., não concorda com a vinda dele, mas cede posteriormente. D. receita, ilegalmente, para V., ansiolítico e antidepressivo. Após esse acontecimento, a mesma compra e faz uso dos medicamentos, que resultam em uma melhora significativa em suas crises. Por conta deste acontecimento, V. começa a admirar mais seu primo, o que gerou envolvimento físico e emocional entre os dois. Depois de um certo tempo, S. e a esposa de

D. passam a ter conhecimento do caso, no que resulta em conflitos familiares, escândalos e agressões. Nesta época descobrem que D. não é psicanalista e que os psicotrópicos receitados serviam para dopá-la. Por conta desta descoberta, V. perde sua confiança em D. e eles não fazem mais contato. Além disso, V. diz que S. está se vingando através de seus 3 filhos, fazendo com que eles não queiram mais se aproximar dela. Ela conta que não é mais bem vista por sua família e na comunidade onde reside, no Complexo da Maré.

OS EXCERTOS E A VIDA

Os excertos de casos atendidos, trazidos para este texto, visibilizam ressentimentos e vinganças que, no cotidiano, por vezes se colocam no plano dos invisíveis. As demandas de atendimento, seguindo a mesma lógica, também retratam pedidos de vingança, ou acolhimentos a partir de sofrimento psíquico, gerado por ressentimentos, traduzidos no plano legal como justiça. Os saberes *psi* nasceram e se fortaleceram por meio de práticas jurídicas e, no mundo contemporâneo, ambos, Psicologia, Serviço Social e Direito, continuam a se servir uns dos outros para conquistarem maiores espaços de poder e formas de gestão e condução de condutas. E aos especialistas que habitam esse lugar, pedem-se não apenas verdades e normas, mas também julgamentos e punições moralistas, ainda que sob a forma de aconselhamentos, recomendações e conclusões técnicas, a serem obtidas por meio de saberes socialmente legitimados, aliados a investigações quase policialescas (REIS, 2013).

No Ocidente partiu-se da antiga ideia de vingança para o espírito de vingança, com o objetivo de colocar o outro sob o jugo de uma dívida infinita. Essa é a peculiaridade do que Nietzsche (1998) chamou de espírito de vingança: uma cobrança infinita que difere de outras disposições vingativas imediatas, de tal modo que a questão não reside simplesmente em poder ou não vingar-se, em poder ou não reivindicar para si um direito, mas sim em que medida tal reivindicação deixa de ser justa, nobre, circunscrita e finita, para tornar-se desmesurada, arrogante, infindável, venenosa e envenenante (REIS, 2013). Em suma, o problema está em saber quando uma vontade de potência, própria de um *ethos* nobre, torna-se uma vontade desmedida de poder, um insaciável querer dominar. Quando essa transformação ocorre, já estamos no domínio do espírito de vingança, já entramos no registro do homem do ressentimento. "Sacralizar a vingança sob o nome de justiça – como se no fundo a justiça fosse apenas uma evolução do sentimento de estar ferido – e depois promover, com a vingança, todos os afetos reativos" (NIETZSCHE, 1998, §11, p. 62).

Em nome da vingança e do ressentimento foram colocados em funcionamento, em múltiplas instituições (e não somente nos sistemas de justiça criminal), tribunais permanentes, que se constituem úteis não somente ao judiciário, mas também ao exercício de poderes sociais, econômicos e políticos, uma vez que o poder epistemológico advindo com as práticas da vigilância e do exame, que extraem saberes dos indivíduos, facilitou sobremaneira a prescrição e a condução de condutas. "O homem do ressentimento precisa primeiro conceber o inimigo como mau, ou melhor, como o mau, e a partir disso ele elabora a imagem equivalente do que seria bom, o bom, ou seja, ele mesmo" (NIETZSCHE, 1998, §10, p. 29-31).

> "[...] podemos considerar que a tipologia do homem do ressentimento não está somente relacionada ao anseio de vingança, mas também encontra grande ressonância no modo liberal-empresarial de funcionamento da máquina judiciária. Isso porque [...] o homem do ressentimento faz continuamente o cálculo dos seus lucros, está sempre a farejar pequenos benefícios, já que se coloca na ordem da falta, do atraso, da dívida, da frustração." (REIS, 2013, p. 157)

E, deste modo, os sistemas de justiça procuram alimentar o espírito de vingança na sociedade, como *Django Livre* também o produz no espectador. E, assim, são forjados constrangimentos, combinados com promessas de reparações e compensações para os que são capazes de "jogar com as regras do jogo".

> "Não seriam os pequenos fascismos cotidianos também uma expressão desse espírito de vingança? Não seriam eles a expressão niilista de um desejo de destruição do outro, visto como causador do seu sofrimento? Como disse Foucault [em *Anti-Édipo: uma introdução à vida não-fascista*], essa espécie de fascismo é nosso maior adversário. Não se trata do fascismo histórico de Hitler ou Mussolini, que souberam como ninguém manipular as massas, mas sim do fascismo que está em todos nós, que assombra nossos espíritos e nossas condutas cotidianas, o fascismo que nos faz amar o poder, desejar essa coisa mesma que nos domina e nos explora." (REIS, 2013, p. 164)

Quais estratégias, para um *Django* – de fato – *livre*?

Problematizemos, como pontua Bicalho (2005), a partir do que nos sugerem Deleuze e Guattari:

> "[...] nossas máquinas de guerra, que significam a ousadia de colocar em análise algumas produções de subjetividades [...] que forjam uma certa fisionomia [...] e que nos possam alertar para que não nos acostumemos com práticas cotidianas de violações dos mais diferentes direitos, fazendo com que não percamos nossa capacidade de estranhamento e, portanto, de indignação, acreditando na possibilidade de experimentação de ferramentas que afirmem diferentes potências de vida." (p. 104)

Se, segundo Aguiar e Rocha (2007), afeto é lugar de encontro, indeterminado e impessoal, produzindo nos corpos que atravessam entrelaçamentos, onde corpo e mundo se conjugam, construídos a partir de múltiplos laços afetivos, estes precisam nos afetar.

Ao concentrar suas análises nas práticas que, historicamente, construíram determinadas condições de possibilidade e formas de experiência, Foucault "[...] tenta examinar mais detalhadamente o funcionamento daquelas práticas em que figuram normas morais e verdades acerca de nós próprios, submetendo-as à análise crítica" (RAJCHMAN, 1987, p. 77). Questiona o pressuposto de que o poder funciona primordialmente através de uma mistificação ou falsificação de uma verdadeira, ou racionalmente fundamentada, experiência. O poder, para Foucault, opera produzindo verdades.

Quando Nietzsche (1998) nos apresentou à arte da memória e do esquecimento, a ser elaborada, continuamente, por meio da genealogia, da interpretação, da avaliação e da criação, ele nos indicou uma importante ferramenta de intervenção no real, que nos permite transpor resignações e ressentimentos; que nos faz combater silenciamentos venenosos e, ao mesmo tempo, construir memórias que sejam ponte para a produção de diferenças, para a busca de desvios para longe daquilo que não mais nos interessa, de tudo aquilo que nos rouba potência (REIS, 2013).

> "Nietzsche [em *Genealogia da Moral*] quis destacar como o espírito de vingança está associado a cobranças infinitas, e como aquele que está tomado por tal espírito tende a considerar-se bem acima do devedor, como se a dívida (nunca saldada em definitivo) atribuísse ao credor um direito extensivo sobre a pessoa do devedor." (REIS, 2013, p. 182)

Django, aqui, é a materialização do nosso homem do ressentimento. Mas também nós, espectadores, porque desejamos, com ele e por ele, a vingança. Ao longo do texto colocou-se em análise *Django Livre,* associado a extratos de casos atendidos em um projeto interdisciplinar de extensão universitária. Mais do que a vingança que se demanda (e se produz) a partir do sistema de justiça que temos, conclui-se que tais discussões são úteis para pensarmos "o homem do ressentimento" que temos nos tornado, e com o qual temos pleiteado por justiça.

REFERÊNCIAS BIBLIOGRÁFICAS

AGUIAR, K.F. & ROCHA, M.L. Micropolítica e o Exercício da Pesquisa-intervenção: Referenciais e Dispositivos em Análise. *Psicologia: Ciência e Profissão*, 27 (4), p. 648-663, 2007.

BICALHO, P.P.G. Da execução à construção das leis: a psicologia jurídica no legislativo brasileiro. In Brandão, E.P. (Org.). *Atualidades em Psicologia Jurídica.* Rio de Janeiro: Nau Editora, p. 17-34, 2016.

______. *Subjetividade e abordagem policial: por uma concepção de direitos humanos onde caibam mais humanos.* Tese (Doutorado em Psicologia) – Universidade Federal do Rio de Janeiro, Rio de Janeiro, 2005.

BICALHO, P.P.G., KASTRUP, V. & REISHOFFER, J.C. Psicologia e Segurança Pública: invenção de outras máquinas de guerra. *Psicologia e Sociedade*, 24, p. 56-65, 2012.

CALIMAN, L.V. *Dominando corpos, conduzindo ações: genealogias do biopoder em Foucault.* Dissertação (Mestrado em Saúde Coletiva), Universidade do Estado do Rio de Janeiro, Rio de Janeiro, 2001.

Coimbra, C.M.B. & Scheinvar, E. Subjetividades punitivo-penais. In Batista, V.M. (Org.). *Loïc Wacquant e a questão penal no capitalismo neoliberal.* Rio de Janeiro: Revan, p. 59-68, 2012.

Decotelli, K.C.M.; Cunha, T.C. & Bicalho, P. P. G. Criminalização da Vida Escolar: entre policiais, (in)segurança e conflitos emergem os processos de medicalização e judicialização. In Lemos, F.C.; Galindo, D.; Bicalho, P.P.G.; Ferreira. E.T.A.; Cruz. B.A.; Nogueira, T.S.; Barros-Neta, F.T. & Aquime, R.H.Z. (Org.). *Práticas de Judicialização e Medicalização dos Corpos, no Contemporâneo.* Curitiba: CRV, p. 194-212, 2016.

Foucault, M. *O Nascimento da Biopolítica.* São Paulo: Martins Fontes, 2008.

______. *A verdade e as formas jurídicas.* Rio de Janeiro: Nau Editora, 2003.

______. Nietzsche, a Genealogia e a História. In *Microfísica do poder.* Rio de Janeiro: Edições Graal, 1979.

______. *La sécurité et l'État.* In DE2, Tribune socialiste, 24-30 de novembro de 1977.

Marafon, G. Judicialização da vida escolar e reivindicação de direitos: o que se apresenta e o que pode ser reinventado? *Anais do XI Simpósio Internacional IHU: O (Des)Governo Biopolítico da Vida Humana.* São Leopoldo-RS, 2010.

Nascimento, M.L. Pelos caminhos da judicialização: Lei, denúncia e proteção no contemporâneo. *Psicologia em Estudo,* Maringá, 19 (3), p. 459-467, 2014.

______. Abrigo, pobreza e negligência: percursos de judicialização. *Psicologia e Sociedade*, 24 (n.spe), p. 39-44, 2012.

Nietzsche, F. *Genealogia da Moral: uma polêmica.* São Paulo: Companhia das Letras, 1998.

Rajchman, J. *Foucault: liberdade da filosofia.* Rio de Janeiro: Jorge Zahar Editor, 1987.

Reis, E.F. *O que se quer quando se pede por Justiça? Sobre o Espírito de Vingança e a atualidade do Homem do Ressentimento.* Tese (Doutorado em Psicologia) – Universidade Federal Fluminense, Niterói-RJ, 2013.

Scheinvar, E. Conselho tutelar e escola: a potência da lógica penal no fazer cotidiano. *Psicologia e Sociedade,* 24 (n.spe.), p. 45-51, 2012.

______. *O feitiço da política pública: Escola, sociedade civil e direitos da criança e do adolescente.* Rio de Janeiro: Lamparina/FAPERJ, 2009.

Silva, C.L.R. *Maré: a Invenção de um Bairro.* Trabalho de conclusão de curso – CPDOC, Fundação Getúlio Vargas, Rio de Janeiro, 2006.

Vianna, L.W. *A democracia e os três poderes no Brasil.* Belo Horizonte: ed.UFMG, 1999.

Vilhena, J. Da cidade onde vivemos a uma clínica do território. Lugar e produção de subjetividade. *Pulsional Revista de Psicanálise*, XV (163), p. 48-54, 2002.

Wacquant, L. *Prisões da Miséria.* Rio de Janeiro: Zahar, 1999.

■

2

POR QUE NÃO SER CRUEL? *LARANJA MECÂNICA* E AS APORIAS DA RAZÃO PENAL

LUCAS VILLA[1]

BRUNO AMARAL MACHADO[2]

RESUMO: O artigo faz uma leitura do filme *Laranja Mecânica*, dirigido por Stanley Kubrick, e do livro homônimo que o inspirou, escrito por Anthony Burguess, e pretendendo analisar o enredo da obra sob as lentes das teorias da personalidade e das teorias da pena. Foi utilizada a metodologia de revisão bibliográfica e cinematográfica, tendo nos permitido concluir que a obra promove clara tensão entre as perspectivas da psicanálise e do behaviorismo, bem como das teorias retributiva e da prevenção especial positiva. O diagnóstico acerca das funções manifestas da pena que emana da obra é de viés pessimista, sendo

---

1. Lucas Villa é doutorando em Direito pelo Centro Universitário de Brasília – UNICEUB, Mestre em Filosofia pela Universidade Federal do Piauí, Especialista em Ciências Criminais pelo CEUT, Bacharel em Direito pela Universidade Federal do Piauí. Advogado e professor adjunto do curso de Direito do Centro Universitário UNINOVAFAPI e de diversos programas de pós-graduação. Vice-Presidente da Ordem dos Advogados do Brasil, Secção Piauí – OAB/PI.

2. Professor da Graduação e dos Programas de Mestrado e Doutorado em Direito e Políticas Públicas do Centro Universitário de Brasília – UNICEUB. Doutor em Direito, na especialidade sociologia jurídico-penal (Universidade de Barcelona). Pós Doutorado em Sociologia (Universidade de Brasília/John Jay-NY). Promotor de Justiça em Brasília.

compatível com as perspectivas agnósticas da pena. O final proposto por Burguess remete a distintas versões do abolicionismo penal.[3]

PALAVRAS-CHAVE: *Laranja Mecânica* – Teorias da pena – Psicanálise – Behaviorismo – Abolicionismo penal.

INTRODUÇÃO

O debate sobre o potencial da arte na hermenêutica jurídica tem despertado o interesse de pesquisadores na área. Assim como as ciências sociais (sociologia, criminologia, antropologia, psicanálise, ciência política), a literatura, a música e o cinema propiciam vasto arsenal de artefatos semânticos para repensarmos a teoria e a prática do direito.[4] O repertório conceitual das teorias jurídicas, estabilizado pela produção teórica dos juristas, dedicados à racionalização das categorias jurídicas, é inequivocamente necessário. Não menos relevante é a argumentação construída de forma heterorreferente, cognitivamente aberta à complexidade do entorno (LUHMANN, 2005, p. 457).

Em recente obra dedicada aos discursos da criminologia no cinema, consideramos que a linguagem cinematográfica está em mutação, viva e exposta a erros (CARRIÈRE, 2006, p. 30). A evolução da linguagem cinematográfica pressupõe a adaptação de elementos temporais e espaciais às suas necessidades e alterações. O cinema, como "caixa de mágica", permite a transgressão constante dos padrões de normalidade. O espaço é transportado, as eras misturadas, mesclando-se em um único tempo passado (CARRIÈRE, 2006, p. 118).

Trata-se de uma arte heterogênea, marcada por combinações semânticas (significação tempo-espacial) e sintáticas (formas de comunicação pela disposição de seus elementos). Geram-se múltiplos gêneros, escrituras, narrativas, influenciados pelo contexto produtivo da obra e pelas relações sociais nos processos de produção e distribuição do produto final. Uma forma de gênero secundário, transformado, que perde relação com uma suposta realidade existente e com a realidade de enunciados alheios.

Configura-se um jogo significante de representações da realidade. Na acepção predominante entre os teóricos da Escola de Bakhtin, contrapondo-se aos formalistas, o cinema não apresenta uma realidade. Esta é construída por um recorte, uma visão (GONÇALVES; ROCHA, 2011, p. 1-2). O crime e o

---

3. Uma versão ampliada deste artigo foi publicada na *Revista de Estudos Criminais*, ano XVI, n. 67, 2017.

4. A arte constitui-se em manancial importante de significantes para outras áreas, como as ciências sociais. Sobre direito e literatura, ver (POSNER, 1992, p. 181-195). Sobre as interconexões entre cinema e criminologia, ver (MACHADO, ZACKSESKI, PIZA, 2016).

castigo vêm ocupando os roteiros dos filmes e parecem provocar fascínio e as mais diferentes reações no público. O jogo de representação da realidade interpela teorias penais e criminológicas, produz imagens e remete aos enunciados das ciências e do direito, os quais são apropriados seletivamente, segundo programas próprios do sistema cinético (MACHADO; ZACKSESKI; PIZA, 2016).

Nesse cenário que remete ao potencial da arte e à heterogeneidade da linguagem cinematográfica, o presente artigo tem por objetivo analisar, sob a ótica das teorias da pena, o filme *Laranja Mecânica*, dirigido por Stanley Kubrick, e, indiretamente e a título de complementação, o livro homônimo que o inspirou, de autoria de Anthony Burguess, bem como discutir o potencial das obras para pensar o abolicionismo penal e a teoria agnóstica das penas.

A metodologia utilizada será, basicamente, a bibliográfica e cinematográfica, tendo como fontes principais os supracitados filme e livro. Por entender pertinente para o debate sobre as penas, pretendemos dialogar com a psicanálise (Freud e Lacan) e com o behaviorismo (desde suas origens em Pavlov até as formulações de Watson e Skinner). No âmbito da teoria da pena e da penalogia, nosso foco dirige-se às teorias retributivas e da prevenção geral negativa (séc. XIX), e a teoria da prevenção especial positiva (correcionalista) do século XX. Ao final sugerimos que a obra remete à teoria agnóstica da pena e às abordagens abolicionistas. As referências, por óbvio, cumprem apenas o papel de marcos balizadores da nossa escrita, pois seria impossível esgotá-las em tão poucas linhas.

1. O enredo

O livro *Laranja Mecânica* (*Clockwork Orange*) foi escrito por Anthony Burguess e publicado em 1962 e, em 1972, adaptado ao cinema por Stanley Kubrick. Trata-se de obra que pode ser classificada como parte da tríade distópica composta, também, por *1984*, de George Orwell, e *Admirável Mundo Novo* (*Brave New World*), de Aldous Huxley. Passa-se em uma Inglaterra retrofuturista dominada por gangues de jovens que praticam a ultraviolência com altos graus de erotização (uma espécie de "pornoterrorismo"). As imagens, tanto no filme como no livro, são carregadas do componente da psicodelia, muito presente nas artes das décadas de 60 e 70, e de grande apelo sexual e onírico. Além disso, Burguess inova criando um novo vocabulário (também usado à exaustão na adaptação de Kubrick às telas), as gírias empregadas pelas gangues de jovens, por ele apelidadas *nadsat*, em muito inspiradas no russo.

Laranja Mecânica narra a trajetória de Alex (curiosamente, no latim, *a-lex* poderia ser traduzido como "sem lei"), um jovem membro de uma gangue de adolescentes que acaba caindo nas malhas do sistema penal. O enredo inicia-se com um grupo de jovens, liderados por Alex, agredindo violentamente um idoso morador de rua, após terem feito uso de substâncias entorpecentes – no

"Korova Lactobar" os jovens tomavam leite (Moloko) servido com substâncias alucinógenas ou estimulantes (Velocet, Drencrom etc.). Logo após, saem dirigindo em alta velocidade, perigosamente, na autoestrada até encontrarem uma residência, que invadem violentamente, após conseguirem autorização para ingresso, supostamente, para utilizar o telefone, sob a justificativa de que teriam sido vítimas de acidente de trânsito. A casa pertence a um escritor idoso, a quem os jovens agridem e o obrigam a assistir atentamente a cena em que Alex estupra sua jovem e bela esposa, cantarolando o clássico *Singing in the rain*.

Os jovens Dim, Pete e George, sob os comandos de seu "*droog and leader*" Alex, praticam os mais diversos crimes até o momento em que se instaura no grupo uma disputa por poder e liderança. É nesse contexto de questionamento da posição privilegiada de Alex que se dá o grande *turning point* do enredo: após Alex invadir um *spa* e assassinar uma senhora que lá reside, é agredido por um de seus companheiros e abandonado por todos, ao chão, incapaz de fugir, para que seja encontrado pela polícia, o que de fato ocorre e redunda em sua prisão. Para a infelicidade de seu tutor, Mr. Deltoid (uma espécie de agente de condicional), Alex é condenado por homicídio e enviado à penitenciária, onde é submetido ao cumprimento de pena e a uma filosofia retribucionista tanto do diretor do presídio quanto dos agentes penitenciários. Ocorre que Alex acaba sendo escolhido (e, de certo modo, propriamente se voluntariando) para ser submetido a um novo método científico-tecnológico para tratamento e "cura" dos criminosos, o método "Ludovico". O aludido método behaviorista consistia em condicionamento das respostas do organismo do infrator por meio de associação de estímulos independentes. Eram introduzidas no organismo de Alex substâncias que lhe causavam náuseas (soro 133) e, posteriormente, obrigavam-no a assistir filmes com imagens de violência e sexo. Seu organismo, então, passou a associar violência e sexo à sensação de náusea e desejo de morte.

Assim, se supõe que o Estado encontrou a solução científica para o problema da criminalidade e que Alex está "curado": ele agora, assim como as pessoas "normais", sente asco e repulsa pela violência, sendo biologicamente incapaz de praticá-la. É posto de volta na sociedade, onde, inadaptado, acaba sofrendo em retorno (como uma espécie de carma) inúmeras violências praticadas justamente por aqueles que outrora praticara atos de violência e frente a quem, agora, em virtude do método Ludovico, tornara-se indefeso: seus pais, o mendigo idoso, os antigos parceiros de gangue, o velho escritor. Inicialmente de forma indesejada, mas posteriormente de forma consciente, o tratamento com o método Ludovico acabou, também, por condicionar Alex contra a maior de suas paixões, sua obra musical favorita, a nona sinfonia de Beethoven, de quem era incondicional admirador. Submetido de modo contínuo a esta melodia pelo escritor que antes houvera violentado, Alex decide tirar a própria vida, falhando, entretanto, em sua tentativa de suicídio.

Em um hospital, recuperando-se da frustrada tentativa de suicídio, passa a ser usado politicamente pelos adversários dos governantes. Alex é transformado pela mídia de algoz a vítima do sistema, passando a ser visto como a pobre cobaia de uma tecnologia desumana de tratamento dos infratores, o que muda, em relação a si, até a opinião de seus pais, que o haviam desprezado após seu retorno ao convívio social. É então que lhe visita o Ministro do Interior e propõe "comprar" seu apoio, no sentido de que o mesmo se apresentasse publicamente como "amigo" do governo. Além disso, Alex reaparece "curado" (uma segunda cura ou cura da cura) dos condicionamentos do método Ludovico, sendo novamente capaz de lidar com a violência, com a sexualidade e, é claro, com a nona sinfonia de Ludwig van Beethoven.

O epílogo evidencia descompasso entre o filme de Kubrick e a obra de Burguess. Em Kubrick, o filme termina quando Alex, ainda no hospital, ouve a nona sinfonia de Beethoven e se imagina praticando sexo na presença de um grande número de pessoas e, ao invés de sentir-se nauseado, sente regozijo. Ele, então, lança a última frase do filme: "*I'm cured!*". Já no livro de Burguess, após a "cura" percebida por Alex no hospital, temos uma espécie de *flash forward* e nos deparamos com Alex novamente no "Korova Lactobar", liderando nova gangue de *droogies*. Ele, porém, se revela enfastiado com a nova vida, deixa o bar, reflexivo, e encontra antigo amigo, agora casado, na presença de sua esposa. Isso o faz pensar e concluir que estava cansado daquela vida vazia de ultraviolência. Percebe que crescera, amadurecera, fizera 18 anos e agora já era um adulto, que desejava encontrar uma esposa, ter filhos, constituir uma família e uma vida responsável. Um final, de certo modo, otimista que destoa de todo restante da obra e que parece propor que a origem dos comportamentos desviados de Alex era, apenas, a juventude (BURGUESS, 2012, p. 273-274).

O tema é controverso. Circulam versões de que esse final teria sido acrescentado por Burguess, a contragosto, na obra, como condição da editora para que o livro pudesse ser publicado – motivo pelo qual a obra, nos EUA, não conta com este capítulo final e, também, a razão pela qual Kubrick o teria ignorado em sua tão feliz adaptação ao cinema (DO VALLE, 2014). Essa versão, no entanto, é abertamente desmentida pelo próprio Burguess, em nota por ele escrita em 2004 para acompanhar sua recém produzida versão de *Laranja Mecânica* para o teatro.[5]

---

5. "Desde que publiquei *Laranja Mecânica*, em 1962, fui perseguido pelo fato de terem sido, na verdade, dois livros – um norte-americano, outro para distribuição mundial. A edição britânica tem 21 capítulos, enquanto a edição norte-americana, até recentemente, tinha apenas 20. Meu editor norte-americano não gostou do final; disse que era britânico demais, ameno demais. Ou seja, ele tinha visto algo implausível – ou, talvez, meramente invendável – em minha noção de que a maioria dos adolescentes inteligentes inclinados à violência e ao vandalismo sem sentido superava isso quando pressentia a chegada da maturidade. A juventude tem energia, mas raramente sabe o que fazer com ela. A juventude não foi ensinada – e tem sido ensinada cada vez menos – a canalizar essa energia a serviço

Assim, aparentemente, Burguess identificava potencial criminógeno na juventude, chegando a afirmar, como vimos, que "violência é coisa de criança" – o que nos remete à primeira formulação de Freud acerca da perversão, em seus *Três ensaios sobre a sexualidade*, em 1905, onde afirma que "a criança é um perverso polimorfo" (FREUD, 1996, p. 119). No campo da sociologia urbana (e criminal) o tema encontrou terreno fértil no transcorrer do século XX. A Escola de Chicago propicia amplo repertório para a discussão sociológica dos comportamentos desviados (particularmente dos jovens). Das teorias da desorganização social às teorias da associação diferencial, das teorias da subcultura às técnicas de neutralização (ANITUA, 2005; MACHADO, 2012). As teorias do *labelling approach*, ao tratarem do etiquetamento no processo de criminalização secundária, tem nos chamado a atenção sobre como é comum a existência de um componente etário no estereótipo do criminoso padrão (a juventude, em geral, é identificada com o mal) (BECKER, 2008). Certamente todas as abordagens referidas encontram eco em Laranja Mecânica. Neste texto, contudo, decidimos investir nas abordagens no campo da psicologia, que ocupam, particularmente, os cenários estrategicamente montados por Kubrick.

2. Teorias da personalidade em *Laranja Mecânica*

Tanto no filme de Kubrick quando na obra de Burguess é possível perceber deliberada intenção de suscitar tensão entre duas abordagens em psicologia e teoria da personalidade: a psicanálise e a psicologia comportamental (behaviorismo). Os cenários oníricos e cheios de objetos fálicos e referências sexuais do filme de Kubrick deixam patente a intenção de submergir o espectador em uma atmosfera freudiana. A figura do protagonista Alex, tanto no livro como no filme, encarna claramente o modelo de um jovem com estrutura perversa da personalidade, guiado absolutamente pelas pulsões sexuais e violentas (*Eros* e *Thanatos*), e em permanente desmentido (*Verleugnung*) da castração. No *turning point* do filme, momento em que Alex assassina a senhora professora de Yoga, percebe-se que se reúnem símbolos de todas as fases (anal, oral e fálica) do desenvolvimento da sexualidade infantil que, segundo Freud, estruturam a personalidade: Alex usa como arma (no filme) uma escultura que, de um lado é um pênis, de outro um ânus e, com ela, atinge a vítima em sua boca, causando-lhe a morte (enquanto a

---

da criação (escrever um poema, construir a Catedral de Salisbury com palitos de fósforo, aprender engenharia de computação). Sendo assim, os jovens só conseguem usar essa energia para espancar, chutar, esfaquear, estuprar, destruir. Nossas cabines telefônicas operadas por cartão são um monumento aos piores instintos da juventude. Ao final desta peça, você verá o jovem Alex crescendo, se apaixonando, contemplando a possibilidade da paternidade – em outras palavras, tornando-se um homem. Ele enxerga que a violência é coisa de criança. Meu editor norte-americano não gostou desse final. Stanley Kubrick, quando fez seu filme baseado na edição norte-americana, naturalmente não sabia que ele existia. Foi por esse motivo que o filme intrigou os leitores europeus do livro. Você precisa decidir por conta própria qual é o seu final preferido" (BURGUESS, 2012, p. 340-341).

vítima, por sua vez, tenta se defender portando um sintomático busto de Ludwig van Beethoven, ídolo musical de Alex, cuja paixão por música parece ser o único elemento humanizante do personagem).

Por outro lado, o tratamento Ludovico apresenta-se como método de condicionamento respondente de natureza claramente behaviorista, no sentido proposto por Watson, Skinner e, até mesmo, Pavlov (CLONINGER, 1999). O behaviorismo entende que o comportamento humano não é outra coisa que não uma resposta a um estímulo exterior e que é possível condicionar estas respostas de maneira a praticar-se uma espécie de engenharia comportamental – o termo é exaustivamente utilizado, por exemplo, por Skinner, em *Walden II* (SKINNER, 1978). Aceita a premissa teórica de que o homem é programável, poder-se-ia pensar o sistema penal com peculiar caixa de Skinner. Povoada não por ratos, mas por criminosos que devem ser reeducados (ressocializados) por meio de técnicas de engenharia comportamental que os disciplinariam, reconfigurariam e "curariam" seus comportamentos violentos. Alguns fragmentos são memoráveis. O discurso do Ministro do Interior constitui-se como defensor de um estado capaz de aplicar a engenharia comportamental como mecanismo configurador do comportamento (um exercício biopolítico de disciplina e biopoder, no sentido foucaultiano).

O antagonismo entre as vozes do Ministro do Interior, que sustenta o uso da engenharia comportamental como forma de melhorar a vida em sociedade, e a do Capelão do Presídio, que defende a desumanidade do tratamento Ludovico por retirar dos "pacientes" o livre-arbítrio e, com isso, sua condição de seres humanos e pessoas, é idêntico ao antagonismo entre os personagens Frazier e Castle, no romance *Walden II*, de B. F. Skinner (1978), e reflete uma das críticas recorrentes ao behaviorismo: a mitigação da liberdade humana pelo uso de técnicas científicas de condicionamento (domesticação). Sobre a questão, da liberdade, o próprio Burguess procura esclarecer o sentido de sua obra:

> "Mas homens não são máquinas, afinal, e o limite entre um impulso humano e outro é sempre difícil. (...)
>
> O que tentei argumentar, com o livro, era o fato de que é melhor ser mau a partir do próprio livre-arbítrio do que ser bom por meio de lavagem cerebral científica. Quando Alex tem o poder da escolha, opta apenas por violência. Entretanto, existem outras áreas de escolha, como ilustra seu amor pela música." (BURGUESS, 2012, p. 300-301)

Esses impulsos violentos, entretanto, são atribuídos por Burguess a suposta origem libidinal, como sustentaria a psicanálise: "ele [Alex] tem tanta fé na indestrutibilidade de sua própria libido que se considera mais do que um desafio para os especialistas em comportamento do Estado" (BURGUESS, 2012, p. 300), o que desvela sua pretensão, bem explorada por Kubrick no filme, de evidenciar a tensão entre a teoria psicanalítica e o behaviorismo.

3. Semânticas da pena em *Laranja Mecânica*

O debate psicanálise x behavorismo remete às construções teóricas sobre a personalidade e repercutem na discussão sobre o castigo. Nesse ponto a obra convida o espectador a pensar as supostas finalidades das penas. Entrevemos na escrita de Burgess e na lente de Kubrick o antagonismo entre a teoria retributiva da pena e a teoria da prevenção especial positiva.

Para a teoria retributiva, proposta, entre outros, por Kant e Hegel (MARQUES, 2016, p. 125-130), a função primordial da pena seria retribuir o mal causado com outro mal de igual proporção – *punitur quia peccatum est*. A visão reflete-se de maneira clara no posicionamento do diretor da instituição prisional para onde Alex é inicialmente levado, inclusive quando ele, antes de liberar Alex para o tratamento Ludovico, diz claramente que não acredita na função ressocializadora da pena, mas somente no poder da retribuição. O desejo de retribuição, presente no diretor, mas também no agente penitenciário – tão caricaturalmente representado no filme de Kubrick com movimentos extremamente plásticos, uniforme militar impecável e um curioso bigode, em clara referência a Hitler – assume feições verdadeiramente sádicas – tanto é que, após restar claro o sofrimento infligido a Alex quando da apresentação pública dos resultados do tratamento Ludovico a ele aplicado, o agente penitenciário, em um ato falho, acaba por entusiasticamente aplaudir o resultado daquela técnica que ele tanto abominava.

Por outro lado, a teoria da prevenção especial, proposta inicialmente por Von Liszt no programa de Marburgo (MARQUES, 2016, p. 156-157), sustenta ser a função primordial da pena a correção do comportamento do infrator, para que este não volte a delinquir, ou seja, a ressocialização – *punitur ut ne peccetur*. Uma teoria de claro viés behaviorista e que está sujeita, portanto, às mesmas críticas que se pode lançar ao behaviorismo: o desprezo da liberdade individual como direito da pessoa humana, em detrimento de uma lavagem cerebral e de uma reprogramação comportamental científica que usurpa do indivíduo sua identidade, agindo, nos termos de Foucault, disciplinarmente sobre os corpos dos penalizados, domesticando-os, tornando-os dóceis, úteis e submissos (FOUCAULT, 1987).

Não raro o senso comum penal reproduz discurso maniqueísta que trata as teorias retributivas como perversas e a teoria da prevenção especial positiva como benigna: a retribuição é má, pois se identifica com a vingança. A ressocialização é boa, pois se preocupa com o apenado. "Laranja Mecânica" tem como um de seus principais méritos desnudar o aspecto perverso e atentatório aos direitos da pessoa que subjaz nas teorias da prevenção especial, demonstrando quanto sofrimento se pode causar ao outro em nome da ressocialização.

Por fim, ao retornar à sociedade, devidamente "curado" de seus instintos criminosos pelo tratamento Ludovico, Alex experimenta também outro momento do discurso penalógico: o paradigma da vingança privada, que costumeiramente se atribui às sociedades tribais pré-escrita, mas que permeia a grande maioria dos discursos penalógicos modernos. É comum, nos discursos que procuram fundamentar a pena estatal, a defesa do dogma da inevitabilidade da pena: se não houver poder de punir estatal a sociedade se dissolverá em vingança privada generalizada (ALAGIA, 2013). Este desejo de vingança que perspassaria os cidadãos parece se desenhar no momento em que, vulnerável, Alex é vítima da vingança privada de todos aqueles para quem fez mal: seus pais, o velho mendigo, os seus antigos *droogies*, o idoso escritor "subversivo".

Ao fim, o que a obra parece trazer à tona é que a pena, seja ela vista como retribuição de um conflito confiscado da vítima pelo Estado, seja como método de ressocialização (domesticação), seja como vingança privada, nada mais é do que um exercício de poder político sempre violento e irracional, uma forma de fazer sofrer o outro. *Laranja Mecânica* pode levar a crer que é mais razoável responder de maneira agnóstica à pergunta sobre qual a função da pena, como sugere Zaffaroni (ZAFFARONI, 2012). Para que serve a pena? Não se sabe ao certo sobre suas finalidades/funções positivas (declaradas), mas é possível perceber que possui funções não manifestas que sugerem descrevê-la como exercício irracional e violento de um poder meramente político que deve ser reduzido, em respeito ao Estado de Direito e à lógica dos direitos humanos.

4. Uma visão agnóstica da pena

Certamente, direito penal, política criminal e os pensamentos criminológicos não são áreas estanques, pois remetem a implicações recíprocas. O direito penal (normativo e dogmático-penal) produz o saber que tem por finalidade embasar as decisões judiciais segundo programa idealmente definido pela política-criminal, o qual, por sua vez, imagina-se, em sua concepção do século XIX, concebido com base nos dados e diagnósticos propostas pelas criminologias. Um saber penal que se pretenda alienado das tramas do poder (política) e dissociado dos dados da realidade social será sempre um saber fantasioso, uma ilusão ou mesmo uma alucinação.

As teorias construídas no campo da dogmática penal (direito penal) não podem se refugiar na absoluta abstração do "dever ser", pois o "dever ser", por definição, é algo que (ainda) "não é". Pretender fundamentar uma ciência sobre aquilo que "não é" é fundamentá-la sobre crenças, baseá-la em dados sociais falsos ou duvidosos. Zaffaroni, de forma crítica, aponta ser este o caso das tradicionais teorias da pena. O argumento atinge, obviamente, a tradicional teoria do delito, vez que seu programa deve ser traçado a partir do que se entenda que seja a função (alcançável) da pena. Assim, cada teoria da pena traça um paradigma ao saber penal. As tradicionais teorias, atribuindo alguma função positiva (preventiva) à pena, acabam por racionalizar o poder punitivo, pretendendo legitimá-lo. Dizer, por exemplo, que (a) a função da pena é ressocializar o infrator ou (b) evitar o crime, é partir do pressuposto de que a pena é capaz de ressocializar e de evitar o crime.

Ocorre que essas proposições, típicas do "preventivismo", não se fundamentam em quaisquer bases científicas. As afirmativas de que "a pena ressocializa" ou "a pena evita o crime" se assentam em dados sociais falsos ou inventados, pois as pesquisas nas áreas das ciências sociais têm demonstrado exatamente o oposto: as penas, particularmente na nossa realidade marginal latino-americana, não são capazes nem de ressocializar os infratores, nem de evitar que os delitos ocorram. É inevitável que todas as teorias positivas da pena, então, constituem-se em "generalizaciones arbitrarias de casos particulares de eficácia, jamás pueden afirmarse en todos los casos y ni siquiera en um número significativo de ellos" (ZAFFARONI, 2011, p. 44). É o perigo de, a partir de dados sociais questionáveis, se pretender fundamento ilusório ou mesmo alucinatório para o saber penal:

> "Las penas más graves disminuyen el número de delitos"; "Penando a los ladrones se tutela la propriedad"; "Los locos son peligrosos"; "El reincidente es más peligroso que el primario"; "La pena disuade"; "La ejecución penal resocializa"; "Todos son iguales ante la ley"; "El único que establece penas es el legislador"; "La intervención punitiva tiene efecto preventivo"; "La prisión preventiva no es una pena"; "Si se tipifica una conducta disminuye su frecuencia"; "El consumidor de tóxicos es un traficante en potencia"; "La pena estabiliza el derecho". Todas estas proposiciones acerca de la realidad del comportamiento humano no están sometidas a verificación, pero se las suele dar por verdaderas en el derecho penal, sin ese requisito elemental de relativa certeza científica, no como mero complemento periférico del discurso sino como fundamento mismo de éste. (...) Esta es la mejor demostración del error metodológico que consiste en inventar datos sociales falsos como proprios del saber jurídico y rechazar los datos sociales verdaderos, argumentando que son sociológicos, recurso que lleva, en definitiva, a subordinar al juez a cualquier arbitraria invención del mundo que haga un legislador ilusionado o alucinado." (ZAFFARONI, 2011, p. 23)

Ocorre que, se a pena não cumpre suas funções manifestas, atinge funções latentes, sendo a principal delas exercer papel configurador da sociedade ou, utilizando o vocabulário *foucaultiano*, um poder disciplinar que incide sobre os corpos, tornando-os dóceis, úteis e submissos (FOUCAULT, 1987). Esse poder configurador da vida é exercido de forma muito mais simbólica do que real, ultrapassando as paredes das "instituições de sequestro" (prisões) e atuando como um mecanismo verticalizado de controle social das maiorias.

Na leitura proposta pelo penalista argentino, o verdadeiro poder do sistema penal não é aquele exercido quando as agências de controle processam e condenam um indivíduo acusado da prática de um crime. Esse poder, exercido muito eventualmente e de maneira extremamente seletiva, é quase nada em face do poder de controle que as agências do sistema penal exercem sobre todas as condutas públicas e privadas por meio da internalização da vigilância disciplinar e de uma espécie de "panoptismo social" (FOUCAULT, 1987). A pena e o sistema penal são incapazes de solucionar conflitos, tendo a função de apenas temporariamente suspendê-los. Ao contrário dos modelos sancionatórios da reparação ou restituição, o sistema penal expropria da vítima o seu conflito por meio do confisco de sua legitimidade ativa processual pelo Soberano ou pelo Estado. Assim, Zaffaroni propõe um conceito negativo e agnóstico da pena, definindo-a como "(a) uma coerção, (b) que impõe uma privação de direitos ou uma dor, (c) que não repara nem restitui (d) nem tampouco detém lesões em curso ou neutraliza perigos iminentes" (ZAFFARONI, 2011, p. 45).

Pode-se dizer, então, que o conceito zaffaroniano de pena é negativo por duas razões: (a) não atribui à pena nenhuma função positiva e (b) é obtido por exclusão. Por meio deste conceito negativo de pena Zaffaroni sustenta o que chama de Teoria Agnóstica da Pena, ou seja, uma teoria que assume desconhecer a função da pena (já que nega sua capacidade de solucionar conflitos ou de preveni-los).

Nesse caminho, várias sanções que tradicionalmente não seriam consideradas de natureza penal passam a sê-lo: as medidas de segurança aplicadas aos doentes mentais e aos adolescentes, as prisões preventivas, quando não aplicadas para neutralizar lesões em curso ou iminentes, bem como uma série de outras situações que tomam curso no "sistema penal subterrâneo" às quais se poderia atribuir a natureza de penas ilícitas (torturas, execuções sem processo, maus tratos carcerários, etc.). Assim, devem passar a ser consideradas penas pelo fato de que são capazes de infligir dor e inaptas a solucionar conflitos. A pena, portanto, resta reduzida a um ato de poder que só tem explicação política. A consciência da pena enquanto ato de poder político, como o próprio Zaffaroni faz questão de enfatizar em suas obras, aparecia já no século XIX no pensamento do jurista brasileiro Tobias Barreto, da Escola de Recife, para quem a pena é um conceito político e não jurídico. Assim, "Quem estiver em busca do fundamento jurídico da pena deve também buscar, se já não o encontrou, o fundamento jurídico da guerra" (BARRETO, *apud* ZAFFARONI, 2012, p. 203).

A Teoria Agnóstica da Pena proposta por Zaffaroni, portanto, é o primeiro passo para, a partir dela, se pensar uma teoria do delito comprometida com a realidade do sistema penal e assume abertamente as premissas de que: (a) a pena não possui fundamentos jurídicos conhecidos, senão que (b) é um ato de poder político (c) que opera de forma seletiva (e estigmatizante) e (d) é incapaz de cumprir com as funções manifestas a ela atribuídas pelo discurso oficial. Além disso, sustenta a necessidade de: (d) ampliar o que se entende por pena por meio de um conceito negativo (por exclusão), (e) desmascarar as funções latentes da pena (principalmente seu aspecto disciplinar-configurador) e (f) tomar em conta a existência de um "sistema penal subterrâneo" (que opera mediante delitos praticados pelos próprios operadores das agências do sistema penal).

Laranja Mecânica nos denuncia tanto a impossibilidade de sucesso das funções manifestas da pena como faz saltar aos olhos suas funções latentes. Na trama entre a trajetória de Alex, os discursos científicos e as múltiplas respostas institucionais, emergem retratos multifacetados e negativos das penas. Na hipérbole projetada por Kubrick, o telespectador é desafiado à reflexão crítica radical do sistema penal como a que é feita, por exemplo, pelo abolicionismo penal.

5. O abolicionismo penal e a repulsa à crueldade

Diante das recorrentes denúncias sobre a irracionalidade do encarceramento e da ausência de sustentação teórica dos dogmas que povoam o discurso jurídico-penal, o que leva a sociedade contemporânea a insistir na pena privativa de liberdade?[6] O questionamento indaga a construção de novos horizontes de sentido que podem vir da reflexão filosófica. Se se observa que a pena estatal surge como universalização do trato sacrificial primitivo e que, como todo sacrifício, não é outra coisa que o ato de fazer sofrer um bode expiatório em situação de vulnerabilidade, pode-se perceber que o discurso jurídico-penal e o próprio direito penal, enquanto saber-poder, poderia ser definido como a racionalização da crueldade.

É por meio do trato cruel que a sociedade deseja reparação pelo abalo à ordem, gerado pela conduta tida por criminosa. É aqui que se impõe a grande questão que já havia sido antecipada por Nietzsche (2007, p. 55): "como pode fazer sofrer ser uma reparação?". A ideia de Nietzsche é que a crueldade faz parte do próprio homem e não há possibilidade de dissociá-la de certo tipo de prazer:

> "Ver-sofrer faz bem, fazer-sofrer mais bem ainda – eis uma frase dura, mas um velho e sólido axioma, humano, demasiado humano, que talvez até os símios subscrevessem: conta-se que na invenção de crueldades bizarras eles já anunciam e como que 'preludiam' o homem. Sem crueldade não há festa: é o que ensina a mais antiga e mais longa história do homem – e no castigo também há muito de festivo!" (NIETZSCHE, 2007, p. 56)

Na escrita do filósofo alemão, é essa vontade de crueldade que impulsiona o homem rumo à festa do castigo, "o ser cruel desfruta o supremo gozo do

---

6. Não ignoramos o enorme debate no campo da sociologia das penas. Especialmente vale revistar a interpretação de que o castigo na modernidade cumpre diferentes papéis sociais, tanto simbólicos quanto instrumentais. Trata-se, certamente, de complexa instituição social. Conferir, especialmente: GARLAND, David. *Punishment and Modern Society: A Study in Social Theory*. Chicago: University of Chicago Press/ Oxford University Press, 1990; GARLAND, D. *The culture of control: crime and social order in contemporary society*. Oxford: Oxford University Press, 2001.

sentimento de poder" (NIETZSCHE, 2004, p. 24-25). Ocorre que a crueldade, como também adverte Nietzsche, não se projeta apenas em direção ao outro, mas também e sobretudo a si próprio:

> "Nisso devemos pôr de lado, naturalmente, a tola psicologia de outrora, que da crueldade sabia dizer apenas que ela surge ante a visão do sofrimento alheio: há também um gozo enorme, imensíssimo, no sofrimento próprio – e sempre que o homem se deixa arrastar à autonegação no sentido religioso, ou à automutilação, como entre os fenícios e astecas, ou à dessensualização, descarnalização, compunção, às convulsões de penitência puritanas, à vivissecção de consciência e ao *sacrifizio dell'intelletto pascaliano*, ele é atraído e empurrado secretamente por sua crueldade, por esses perigosos frêmitos da crueldade voltada contra ele mesmo." (NIETZSCHE, 2007, p. 122)

Em Nietzsche, esse gozo (*Genuss*[7]) no trato cruel exercido sobre o outro e sobre si marca a própria natureza do homem como estrutura desejante, enquanto vontade de poder (*Wille zur Macht*) e multiplicidade de forças (em conflito). É à psicanálise, entretanto, que se deve atribuir a mirada mais detalhada sobre esse gozo na crueldade contra o outro e contra si. Desde 1920, Freud adverte que, movendo a psique humana, há algo além do princípio de prazer (FREUD, 1996). Pelo princípio de prazer, a libido tende a buscar sua satisfação imediata e total, porém, no caminho ela se choca com o princípio da realidade, que atua como censor moral, "domesticando" os impulsos e canalizando-os para o prazer artístico, científico, enfim, pelos caminhos da civilização. É o mecanismo da sublimação: boa parte das pulsões sexuais ou agressivas transforma-se e se coloca a serviço do trabalho cultural. Outra parte, no entanto, é simplesmente reprimida, enterrando no inconsciente suas representações. Outra grande porção destas pulsões, porém, não é sublimada e nem reprimida, mas se volta contra si mesma na forma de medidas de autopunição.

Em *O mal-estar da civilização*, Freud divide as pulsões inconscientes (que emergem do Id) em duas: a pulsão de vida (*Eros*) e a pulsão de morte (*Thanatos*) (FREUD, 1996). A pulsão de vida expressa-se no amor, na criatividade e na construtividade, enquanto a de morte se manifesta no ódio e na destruição. Esse desejo de destruição, caso não seja sublimado, pode se voltar ao outro, como agressividade e violência, ou pode se direcionar ao próprio "eu", em forma de medidas inconscientes de autopunição impostas pelo superego (herdeiro do complexo de Édipo e timoneiro do complexo de castração). Muito antes da existência de castigo público, o ser humano já castigava a si mesmo, inconscientemente, por meio do superego. Como sustenta Alagia, o sadismo do

---

7. Nietzsche, em distintos momentos de diversas obras, utiliza, para se referir a esse "gozo" cruel exercido sobre o outro e sobre si, o substantivo *Genuss* e o verbo *genießen*: "*es giebt einen reichlichen, überreichlichen Genuss auch am eignen Leiden* (...)" (NIETZSCHE, 1999, p. 30).

Id e o masoquismo do superego se complementam e explicam o gozo punitivo que advém do trato punitivo sacrificial público (ALAGIA, 2013, p. 173-174). A figura ambivalente do pai é projetada, coletivamente, no Estado, e o superego encontra seu correspondente na lei penal. O par antitético sadismo-masoquismo parece, então, se apresentar como possível resposta para a pergunta sobre o motivo que leva a sociedade moderna a enjaular seres humanos: para que, por meio do trato cruel punitivo, o homem moderno possa sofrer e fazer sofrer.

No entanto, parece haver algo mais além desse gozo punitivo, diagnosticado por Alagia. Há outro par antitético que merece atenção se se pretende compreender a função da pena na sociedade moderna, principalmente tendo em mente, como sugere Foucault, que a melhor maneira de defini-la é como sociedade de controle. Trata-se do binômio exibicionismo-voyeurismo. Se as prisões não servem para reabilitar, senão que funcionam como verdadeiras fábricas da delinquência, parece necessário admitir que gerar delinquentes pode ser uma de suas funções. Mas por que é preciso gerar delinquentes? Seria razoável lançar a questão: sem o temor que o discurso da ameaça da delinquência incita, é impossível justificar o modelo de sociedade de controle e as agências panópticas de vigilância, como a polícia. E por que é necessário que existam as agências de vigilância? Não teria o homem moderno encontrado peculiar prazer em ver e ser visto, um gozo panóptico em vigiar e ser vigiado – muito evidente, aliás, na era dos *reality shows,* das redes sociais e da invasão/evasão de privacidade que elas proporcionam? O trato cruel é, então, revestido de um discurso teórico racionalizador, fundado em discutíveis dogmas, para justificar a existência de instituições que permitem ao homem moderno gozar sofrendo e fazendo sofrer mas, sobretudo, gozar vigiando e sendo vigiado.

Na lente abolicionista,[8] as abordagens tradicionais (liberais) do sistema penal baseiam-se em objetivos muitas vezes opostos e contraditórios: a ressocialização, a prevenção geral, a defesa social, o castigo e a dissuasão coletiva. O abolicionismo penal, surgido dos movimentos sociais do final da década de 1960, questiona as perspectivas liberais pelo argumento de que, na prática, o sistema de justiça penal e do encarceramento em quase nada contribuem para a proteção dos indivíduos e para o controle dos delitos. Nas palavras de Willem de Haan, abolicionista holandês, o cárcere "é

---

8. O Abolicionismo Penal é uma perspectiva sociológica e política que analisa a justiça e os sistemas penais como problemas sociais que, em lugar de reduzir os delitos e seus impactos, os intensificam. A partir desta perspectiva, o encarceramento (objeto inicial dos estudos abolicionistas) atua de modo a reforçar as construções ideológicas dominantes sobre o delito, reproduzindo divisões sociais e tirando o foco dos delitos cometidos pelas camadas mais favorecidas da sociedade (crimes de "colarinho branco"). Os abolicionistas, além de promover a mais extrema crítica da legitimidade do sistema penal, propõem a transformação radical (abolição) do aparelho carcerário e sua substituição por estratégias reflexivas e integradoras que lidem com as situações-problema que se costuma chamar crimes fora da lógica do castigo, da vingança e da crueldade.

contraproducente, difícil de controlar, e constitui, em si mesmo, um grande problema social" (HAAN, 1991, p. 206-207). O delito deve ser visto como um fenômeno complexo, construído socialmente. Essa construção social, em geral, "serve para preservar as relações de poder políticas e confere legitimidade aos aparatos de controle e a intensificação da vigilância" (HAAN, 1991, p. 207).

Um ponto comum entre os teóricos do abolicionismo é a postura crítica ante a aceitação cega das políticas públicas de reforma carcerária propostas pelos liberais. Para boa parte dos abolicionistas, entre eles Thomas Mathiesen (HAAN, 1991), a reforma carcerária nunca pode ter um efeito positivo, já que fortalece falsa crença no sistema e em sua legitimidade, perpetuando os processos de brutalização dos encarcerados. Em lugar da reforma dos cárceres, investe na implementação de "reformas negativas", com potencial para questionar e socavar o sistema e, assim, no futuro, fazer desaparecerem os cárceres. Seria necessário, então, um sistema que trate o delito como um fenômeno construído socialmente, respondendo a ele não com um aparelho baseado na exclusão punitiva, mas na inclusão reflexiva e participativa, baseada no tratamento, nas políticas sociais, na reciprocidade e na solidariedade: "o objetivo é a compensação, mais que as represálias; a reconciliação, mais que a alocação de culpa" (HAAN, 1991, p. 211-212). Assim, conforme René van Swaaningen, o abolicionismo "implica em uma crítica negativa das falências fundamentais da justiça penal que representam um impedimento à justiça em si mesma, oferecendo tanto uma alternativa de pensar o delito como uma abordagem radical à reforma penal" (SWAANINGEN, 1997, p. 117).

De outro ângulo, o abolicionismo penal não existe como movimento teórico e político homogêneo. Apresenta diversas variantes em distintas culturas.[9] Foi, inicialmente, fenômeno principalmente europeu, mas mesmo na Europa desenvolveram-se distintas correntes no movimento, com marcada diferença entre os representantes da Europa continental e da Grã Bretanha. Os primeiros abolicionistas, como Thomas Mathiesen, Nils Christie e Louk Hulsman, propunham visão alternativa da política de justiça penal – Mathiesen

---

9. Existem, segundo Louk Hulsman, dois tipos de posturas abolicionistas: o abolicionismo enquanto movimento social e o abolicionismo acadêmico. O abolicionismo enquanto movimento social tem um caráter similar a movimentos sociais históricos para a abolição da escravatura, da perseguição às bruxas e hereges, da discriminação racial e de gênero. É um movimento que nega a legitimidade das atividades desenvolvidas no âmbito da justiça criminal e que entende que o sistema penal não é uma resposta legítima para situações-problema, senão que se apresenta, ele mesmo, como um problema público. De outro lado, há a postura a partir da qual se pretende a abolição de uma maneira de olhar para a justiça criminal e de descrevê-la. Este tipo de abolicionismo concentra-se em organizações que se encontram por trás da justiça criminal: as universidades ou, mais especificamente, seus departamentos de direito. Há uma relação de dependência e complementaridade entre essas duas formas de abolicionismo: "a linguagem prevalecente sobre a justiça criminal tem de ser desconstruída e a justiça criminal aparecerá como um problema público em vez de uma solução para problemas" (HULSMAN, 2003, p. 197-198).

com um marco teórico marxista; Christie, a partir de uma perspectiva fenomenológico-historicista, propondo um abolicionismo que, posteriormente, tenderia ao minimalismo penal; Hulsman defendendo a necessidade de uma revolução na linguagem utilizada para lidar com as situações-problema que costumamos chamar crimes. Os neoabolicionistas, ou abolicionistas de segunda geração, aceitam muitos dos princípios dos originários do movimento, como o rechaço ao conceito de delito e à pena como "metáfora última da justiça" (SWAANINGEN, 1997). No entanto, os neoabolicionistas britânicos (entre eles Box-Grainger, Ryan, Ward, Hudson e Joe Sim) também advogam por um trabalho intervencionista destinado a propor uma

> "(...) criminologia a partir de baixo, que ao utilizar um complexo conjunto de discursos rivais, contraditórios e opostos e brindar apoio sobre o terreno aos reclusos e suas famílias, desafia a hegemonia ao redor do cárcere que tem unido, no mesmo terreno pragmático e ideológico, a funcionários públicos, agrupamentos partidários de reformas tradicionais e numerosos acadêmicos." (SIM, 1994, p. 275/276)

O modelo de abolicionismo penal aqui delineado remete a outras abordagens, não necessariamente da tradição jurídica ou criminológica, como a antropologia política, a psicanálise e a filosofia pós-metafísica. A antropologia política questiona a concepção de que, sem poder punitivo estatal, as sociedades estejam condenadas à violência de todos contra todos e à dissolução em vingança privada generalizada. Igualmente, a psicanálise pode lançar luzes às funções latentes da pena e auxiliar, por meio do estudo dos pares antitéticos do sadismo-masoquismo e do exibicionismo-voyeurismo, a compreensão daquilo que se denominou "gozo punitivo" e "gozo panóptico". Os modelos de filosofia pós-metafísica permitem o encontro entre filosofia e criminologia, que se distanciaram radicalmente desde o século XIX. Há que se reconhecer o fechamento das criminologias aos modelos de filosofia pós-nietzscheanos, especialmente no terreno da ética. Como experimento, convidamos o leitor a saltar do discurso jurídico-penal ao terreno da ética para tentar responder a uma última pergunta: Por que não ser cruel, afinal? Ou, posta a mesma pergunta em outros termos, por que ser abolicionista? No cenário pós-moderno de consumação do niilismo, de ausência de fundamento forte do pensamento e de superação da metafísica e das verdades últimas, Richard Rorty parece estar correto quando adverte:

> "Não há resposta para a pergunta 'por que não ser cruel?' – nenhum respaldo teórico não-circular para a convicção de que a crueldade é terrível. (...) Qualquer um que pense existirem respostas teóricas bem fundamentadas para perguntas dessa natureza – algoritmos para a resolução de dilemas morais desse tipo – ainda é, no fundo, um teólogo ou um metafísico. Acredita numa ordem fora do tempo e do acaso, que determine o significado da vida humana e estabeleça uma hierarquia de responsabilidades." (RORTY, 2007, p. 18-19)

O fato de que não haja teoria capaz de superar esta contingência, no entanto, não significa que se deva abraçar nem a pequena crueldade (praticada por um indivíduo contra o outro) nem a grande crueldade (praticada pelo Estado contra o indivíduo).[10] A resposta abolicionista, que pretende o abandono do trato cruel punitivo (exemplo maior da grande crueldade), ajusta-se a um modelo de solidariedade pós-metafísica que, embora não se pretenda absoluto e universal, certamente parece desejável. A solidariedade, como oposição ao trato cruel, não é algo que precisa ser desvendado e desvelado das ocultas profundezas de um saber ontológico, não é algo que precisa ser descoberto, senão que deve ser criado. É preciso forjar a solidariedade nas contingências da linguagem. Essa solidariedade, como sugere Rorty, "é criada pelo aumento de nossa sensibilidade aos detalhes particulares da dor e da humilhação de outros tipos não familiares de pessoas. Essa maior sensibilidade torna mais difícil marginalizar pelo pensamento as pessoas diferentes de nós" (RORTY, 2007, p. 20).

CONSIDERAÇÕES FINAIS

Em nossa análise anterior sobre as interconexões entre cinemas e criminologias, sugerimos que a narrativa do cinema pode reproduzir estereótipos, padrões sexistas ou racialmente orientados, com a força dos "saberes poderes" dos discursos científicos (Machado, 2016). Insistimos no potencial do cinema pode reproduzir preconceitos e reafirmar moral hegemônica. A forma como o cinema captura, apropria-se e transforma os discursos da criminologia supõe compreender a lógica e racionalidade da produção artística, interesses econômicos envolvidos, organizações, produtores, atores.

Obras de arte como *Laranja Mecânica*, muitas vezes são mais úteis que tratados de criminologia ou pesquisas científicas sobre as funções da pena. A literatura e o cinema dialogam diretamente com o grande público, com relação a quem em épocas de "pós-modernidade" e de verdades líquidas, parece mais útil e prático seduzir do que argumentar. Nesses momentos, arte e filosofia retomam sua primazia diante de um discurso científico que tende ao esgotamento sem que tenha sido capaz de atingir os movimentos sociais e as grandes camadas da população, despertando nelas a reflexão sobre as crueldades do sistema penal.

Certamente, a obra propicia valioso arsenal para repensar a fragilidade das teorias racionalizadoras da pena. É nessa denúncia radical que "Laranja Mecânica" se torna uma obra monumental para um aporte crítico radical como aquele promovido pelo abolicionismo penal. Instiga seus leitores e espectadores

---

10. Sobre a redescrição rortyana da crueldade, cf. FONTENELE, Edinalva Melo. *Por que não ser cruel?* – a redescrição rortyana da crueldade/ Edinalva Melo Fontenele – 2010. Disponível em <http://www.ufpi.br/subsiteFiles/eticaepistemologia/arquivos/files/Edinalva%20Melo%20Fontenele%20Disserta%C3%A7%C3%A3o%20de%20Mestrado.pdf>.

a indagarem se sistema penal não acabou personificando a crueldade, em relação simbiótica com as teorias penais, em clara imbricação com os discursos científicos que investem e justificam a racionalização do trato cruel.

REFERÊNCIAS BIBLIOGRÁFICAS

ALAGIA, Alejandro. *Hacer sufrir*. Buenos Aires: Ediar, 2013.

ANITUA, Gabriel Ignacio. *Historia de los pensamientos criminológicos*. Buenos Aires: Del Puerto, 2005.

BECKER, Howard S. *Outsiders*: estudos de sociologia do desvio. Rio de Janeiro: Zahar, 2008.

BURGUESS. Anthony. *Laranja Mecânica*. São Paulo: Aleph, 2012.

CARRIÈRE, Jean-Claude. *A linguagem secreta do cinema*. Rio de Janeiro: Nova Fronteira, 2006, p. 30.

CHRISTIE, Nils. *Uma razoável quantidade de crime*. Rio de Janeiro: Revan, 2011.

CLONINGER, Susan C. *Teorias da personalidade*. São Paulo: Martins Fontes, 1999.

FONTENELE, Edinalva Melo. *Por que não ser cruel?* – a redescrição rortyana da crueldade/ Edinalva Melo Fontenele – 2010. Disponível em <http://www.ufpi.br/subsiteFiles/eticaepistemologia/arquivos/files/Edinalva%20Melo%20Fontenele%20Disserta%C3%A7%C3%A3o%20de%20Mestrado.pdf>.

FOUCAULT, Michel. *Vigiar e punir: nascimento da prisão*. Petrópolis: Vozes, 1987.

FREUD, Sigmund. *Obras psicológicas completas*. 24 Volumes. Rio de Janeiro: Imago, 1996.

GARLAND, David. *Punishment and Modern Society: A Study in Social Theory*. Chicago: University of Chicago Press/ Oxford University Press, 1990.

______. *The culture of control: crime and social order in contemporary society*. Oxford: Oxford University Press, 2001.

GONÇALVES, Elizabeth Moares; ROCHA, Rosa E. O mundo discursivo do cinema: a construção de sentidos. *Razón y Palabra*, n. 76, maio-jul. 2011.

HAAN, Willem. Abolitionism and crime control: a contradiction in terms. In K. Stenson and D. Cowell (Eds.). *The Politics of Crime Control*. London: Sage, 1991

HULSMAN, Louk. Temas e conceitos numa abordagem abolicionista criminal. Verve, 3: 190-210, 2003.

KUBRICK, Stanley (direção e produção). *Laranja Mecânica*. Intérpretes: Malcolm McDowell; Patrick Magee; Adrienne Corri; Miriam Karlin; Godfrey Quigley; Anthony Sharp; Warren Clarke. Roteiro inspirado em "A Clockwork Orange" de Anthony Burgess. Reino Unido: Warner Bros., 1971. 1 DVD (137 min), son., color. Título original: Clockwork Orange

LUHMANN, Niklas. *El derecho de la sociedad*. Trad.: Javier Torres Nafarrate. Cidade do México: Herder, 2005, p. 457.

MACHADO, Bruno. Discursos criminológicos sobre o crime e o direito penal: comunicação e diferenciação funcional. *Revista de Estudos Criminais*, n. 45, abr.-jun. 2012, pp. 77-116.

MACHADO, Bruno Amaral; ZACKSESKI, Cristina; PIZA, Evandro C. *Cinema e criminologia: narrativas sobre a violência*. São Paulo: Marcial Pons, 2016.

MARQUES, Oswaldo H. Duek. *Fundamentos da pena*. 3. ed. São Paulo: WMF Martins Fontes, 2016.

NIETZSCHE, Friedrich. *A genealogia da moral*. São Paulo: Companhia das Letras, 2007.

______. *Além do bem e do mal*. São Paulo: Companhia das Letras, 2007.

______. *Aurora*. São Paulo: Companhia das Letras, 2004.

______. *Sämtliche Werke: Kritische Studienausgabe in 15 Bänden*, V, Berlin: de Gruyter, 1999.

POSNER, Richard A. Remarks on Law and Literature. *Loyola University Law Journal*, 23, p. 181-195, 1991-1992.

RORTY, Richard. *Contingência, ironia e solidariedade*. São Paulo: Martins, 2007.

SIM, Joe. The abolitionist approach: a British perspective. In: *Penal Theory and Practice: Tradition and Innovation in Criminal Justice*, Manchester: Manchester University Press, 1994.

SKINNER, Burrhus Frederic. *Walden II: uma sociedade do futuro*. São Paulo: EPU, 1978.

SWAANINGEN. René van. *Critical Criminology: Visions from Europe*. Londres: Sage, 1997.

VALLE, Gabrielle Stricker do. *Ultraviolência: crítica à prevenção especial em Laranja Mecânica*. Disponível em: <http://www.academia.edu/2973563/Ultraviolencia – acessado em 10/07/2014>.

ZAFFARONI, Eugenio Raúl. *Derecho Penal: parte general* / Alejandro Alagia; Alejandro W. Slokar; Eugenio Raúl Zaffaroni. Buenos Aires: Ediar, 2011.

______. *Em busca das penas perdidas: a perda da legitimidade do sistema penal*. Rio de Janeiro: Revan, 2012.

■

3

PRISÕES, SIMULACROS E PUNIÇÃO: GOFFMAN E AS SEMÂNTICAS DO CASTIGO EM *A EXPERIÊNCIA*

ALBERTO CARVALHO AMARAL[1]

LUCIANA LOMBAS BELMONTE AMARAL[2]

RESUMO: O objetivo deste artigo é analisar o filme *A experiência* (2001), a partir da formulação teórica sobre as instituições totais, de Erving Goffman. A película narra uma pesquisa, na qual os voluntários são selecionados para, durante duas semanas e mediante pagamento, conviverem em um ambiente semelhante à uma prisão, alguns deles como guardas, outros como prisioneiros, sendo que estes últimos teriam diversas restrições de direitos durante o experimento. Pelas dramaticidade e narrativa são vislumbradas as consequências deletérias do encarceramento, para os prisioneiros, após o recrutamento e seleção, resultando na mortificação do eu e na recomposição identitária na prisão pelo sistema de privilégios, castigos e ajustamentos secundários. Os processos de desculturação e aculturação, semelhantes aos que ocorrem em estabelecimentos prisionais, ultrapassam o caráter fictício da prisão simulada e afetam as identidades dos sujeitos da pesquisa. Para os guardas, há a assunção de atos opressivos, emergindo opressão

---

1. Doutorando em Sociologia (UnB). Mestre em Direito e Políticas Públicas (UniCEUB). Especialista em Direito Processual (UniSUL). Especialista em Ciências Penais (UniSUL). Professor da EASJUR. Defensor Público no Distrito Federal.

2. Mestre em Direitos Humanos e Cidadania (UnB). Especialista em Direito Processual (UniSUL). Especialista em Prestação Jurisdicional (IMAG-DF). Professora Universitária. Advogada.

e racionalização de medidas para melhor operar a prisão simulada, com conivência dos atos abusivos pela cumplicidade e imersão no grupo pelo apreendimento do comportamento pela associação.

PALAVRAS-CHAVE: Aprisionamento simulado – Instituições totais – Mortificação do eu – Desculturação e aculturação – Teorias da pena.

1. INTRODUÇÃO

No interior de um táxi, Tarek Fahd (Moritz Bleibtreu) folheia um jornal com bastante atenção. Um anúncio em particular lhe chama a atenção. Veiculado de forma destacada, Fahd é fisgado por seu conteúdo. "Precisa-se de voluntários: 4 mil marcos por 14 dias de experiência numa prisão simulada" (*A experiência*, 2001).

Esse é o inicio do filme *A experiência* (*Das Experiment*, Alemanha, 2001),[3] com direção de Oliver Hirschbiegel e roteiro de Don Bohlinger, Christoph Darnstädt e Mario Giordano. Trata-se de uma adaptação do livro *Black Box*, deste último roteirista.[4]

Em 114 minutos, são contracenadas as interações dos participantes, por duas semanas em uma prisão simulada, alguns selecionados para atuarem como carcereiros/guardas; outros, como detentos/prisioneiros, ambos recebendo remuneração significativa, equivalente a R$ 7.530,00 em valores atuais, caso permanecessem durante todo o período do experimento.

Essa experiência é proposta por cientistas, que buscam pesquisar o comportamento dos sujeitos submetidos a uma condição (possivelmente) similar àquela vivenciada nas prisões. Sob a responsabilidade do professor Klaus Thon (Edgar Selge), uma equipe assistente acompanha, durante 24 horas e por intermédio de um sistema de câmeras, o desenvolvimento dessa pesquisa.

Na trama, centrada na experiência da prisão simulada, é também apresentado, por *flashbacks*, o breve e recente relacionamento amoroso vivenciado por Tarek Fahd com Dora (Maren Eggert), o qual se desenrola

---

3. Há uma versão norte-americana, nomeada "Detenção" (*The Experiment*, 2010), com direção e roteiro por Paul T. Scheuring, protagonizado por Adrien Brody e Forest Whitaker. Optamos pela versão alemã, mais densa, reflexiva.

4. O livro de Mario Giordano inspira-se, com certa liberdade, nos eventos ocorridos na Universidade de Stanford, em 1971, quando o professor Philip Zimbardo recrutou alunos para participarem de uma prisão simulada, construída no porão do Instituto de Psicologia da mencionada universidade, durante o período de recesso de verão. Essa experiência, que teve final prematuro e com consequências perturbadoras para os envolvidos, foi recentemente adaptada para o cinema no filme *O experimento de aprisionamento de Stanford* (*O experimento*, 2016).

durante o enredo. Esse será um mecanismo para, em diversos momentos, contrastar a realidade vivenciada por Tarek, naquela instituição, e sua vida extramuros.

A pergunta que parece motivar a narrativa principal do filme relaciona-se à pesquisa do comportamento dos sujeitos submetidos a condições e ambientes similares a uma prisão. Até que ponto, o ingresso e a submissão (voluntária) a regras e limitações no ir e vir em um ambiente prisional simulado podem afetar o comportamento e a personalidade dos participantes da pesquisa?

Em relação aos estabelecimentos prisionais reais, a resposta tende a ser afirmativa e constitui subsídio para interessantes reflexões teóricas. Erving Goffman (1999), ao analisar os efeitos de prisões, manicômios e outras instituições totais, explicou a degradação pessoal com a mortificação do eu e a construção identitária pela aprendizagem de um sistema de privilégios específicos. Os processos de desculturação e de aculturação, operantes nos aprisionados, típicos e essenciais para a sobrevivência nas instituições totais, impedem qualquer possibilidade de "ressocialização" – nega-se o discurso oficial da finalidade preventiva especial positiva da pena –, inserindo-se como marco teórico crítico relevante para esse tema (BARATTA, 2002; ANITUA, 2008; MACHADO; SLONIAK, 2015; CIRINO DOS SANTOS, 2017).

Neste artigo, buscamos tecer algumas considerações sobre o filme *A experiência*, articulando-o com os estudos sobre instituições totais de Erving Goffman (1999). Pretende-se refletir como a narrativa cinematográfica, ao descrever os fatos, interações e vivências de participantes em uma prisão simulada, dialoga com as contribuições teóricas de Goffman.

Ao trazer uma obra cinematográfica e confrontá-la a partir de determinadas perspectivas sociológicas, buscamos compreender os significados dessa espécie representacional, que é a da experiência de indivíduos em uma instituição total. Intentamos, ainda, aguçar a curiosidade do leitor, instigando-o a ter interesse no filme, assisti-lo e, talvez, este ser o ponto de partida para reflexões num contexto não ficcional, além de considerações sobre outras leituras e contextos propiciados pela película. Este texto, antes de ser conclusivo, é uma abertura, um convite para discussões. Por essa razão, não discorreremos sobre todos os fatos e ocorrências do filme, o que, em que pese trazer detalhismo para o texto, acabaria por expor a trama demasiadamente.

Nesse contexto, o tema do filme aborda as práticas e os ritos adotados em prisões, porém sob uma perspectiva diferente. Antes que retratar histórias, reais ou fictícias, sobre a vivência de presos, capturados pelo sistema justa ou injustamente, carcereiros abusivos ou não, em prisões legais ou ilegais como costuma acontecer em inúmeras películas,[5] em *A experiência* a prisão é simulada, os guardas e os prisioneiros são pessoas que voluntariamente se submeteram a essa pesquisa, estando monitorados por cientistas. Inter-relaciona-se, assim, com as discussões criminológicas sobre prisões, penas e sobre as funções simbólicas dessa opção punitiva.

Com esse objetivo, nos próximos tópicos, apresentaremos Erving Goffman, situando-o histórica e teoricamente. Em seguida, discutiremos os grandes eixos de interlocução da obra cinematográfica com a teoria de Goffman, quais sejam, o recrutamento, o local e as vivências, no experimento, de participantes prisioneiros e guardas. Por último, realizaremos algumas reflexões sobre as interações verificadas e outras discussões advindas do filme, a exemplo da questão ética na pesquisa social.

2. APRESENTANDO ERVING GOFFMAN – INFLUÊNCIAS E POSTURA TEÓRICA

Erving Goffman (1922-1982), sociólogo canadense, é considerado um dos principais expoentes do interacionismo simbólico (GUIDDENS, 2012), embora recusasse a afiliação a quaisquer das tradições sociológicas (MARTINS, 2011). A profundidade de suas reflexões, bem como sua trajetória intelectual e potencialidade criativa justificam o motivo pela qual o pensamento de Goffman tem sido, há mais de três décadas, uma importante influência teórica para a imaginação sociológica da contemporaneidade (MARTINS, 2011). Suas obras não só influenciaram cientistas sociais norte-americanos a partir da década de 1970, mas também despertaram o interesse de pensadores da escandinávia e, posteriormente, da comunidade acadêmica internacional. Suas contribuições teóricas se constituem como referência para as ciências sociais, sobretudo para a sociologia interpretativa (MARTINS, 2011).

A preocupação teórica quanto à chamada "ordem interacional" é o eixo norteador do pensamento de Goffman, contextualizado a partir de sua busca por um novo campo investigativo na sociologia. Divergindo das explicações sociológicas macroestruturais, que eram predominantes na época, Goffman demonstrava uma postura intelectual antidogmática, que primava pela liberdade e independência de pensamento, declarando-se, inclusive, contrário às classificações totêmicas orientadas pelas escolas de pensamento sociológico (MARTINS, 2011).

---

5. Há inúmeros filmes sobre a vida nas prisões, abusos, excessos, fugas, como, por exemplo, meramente ilustrativo de algumas películas interessantes: Memórias do cárcere (1984), O caso dos irmãos Naves (1967), O beijo da mulher aranha (*Kiss of the Spider-women,* 1985), Um sonho de liberdade (*The Shawshank Redemption,* 1994), A viagem (*Brokedown Palace,* 1999), Carandiru (2003), Estômago (2007), Felon (*Hunger,* 2008), Leonera (2008), Fome (2008), Cela 211 (*Celda 211,* 2009), Salve geral (2009), Encarcerado (*Starred Up,* 2014).

Com aporte nas reflexões de Jacobsen, Scheff, Jenkins e Branaman, Martins (2011) ressalta que as inquietações de Goffman se voltam a questionar a ausência de investigações na sociologia, quanto à dimensão das interações sociais, confrontando a ideia de que as estruturas, os processos e as regularidades da vida social fossem reduzidos a uma análise macrossocial. Nesse sentido, seria destacada a perspectiva heurística da ordem interacional, que concilia a articulação entre "a vida mental dos indivíduos e o padrões da estrutura social" (MARTINS, 2011, p. 234) e que está contextualizada na vida cotidiana dos indivíduos em interação, no face a face (MARTINS, 2011; NIZET; RIGAUX, 2016). Apesar de a ordem interacional constituir eixo central em Goffman, ele não pretendia realizar uma análise isolada do indivíduo, nem buscava imergir na psicologia social (MARTINS, 2011). Ao contrário, propunha a investigação do universo das interações sociais marcadas pela complexidade.

A performance pessoal, o reconhecimento, a identidade, além de demandarem um novo individualismo, seriam importantes questões refletidas por Goffman, havendo um valioso diálogo com outros sociólogos contemporâneos, a exemplo de Anthony Guiddens, Ulrich Beck e Zygmunt Bauman, segundo relembra Martins (2011).

Destaca-se, ainda, que suas influências teóricas são marcadas pela pluralidade de fontes intelectuais (MARTINS, 2011; NIZET; RIGAUX, 2016), oriundas de diferentes áreas do conhecimento como a sociologia, antropologia, psicanálise, fenomenologia, teoria literária, aliadas à influência de diferentes técnicas de escrita autobiográfica, jornalística, dramatúrgica, entre outras. Durkheim, Simmel, Cooley, Mead, Schutz, Blumer, Hughes, Baterson, Schelling e outros são importantes pontos de partida sociológicos em Goffman, cumulativamente às influências dos pensamentos de Kenneth Burke e de Luigi Pirandello, quanto ao modelo dramatúrgico; de Marcel Proust, em relação à técnica de observação e descrição do comportamento; e, por fim, de Jean-Paul Sartre, ao incorporar a perspectiva da liberdade humana na vida em sociedade.

A partir da complexidade das interações sociais, seu pensamento parte da premissa de que o indivíduo goza de certa liberdade, reconhecendo, entretanto, que o *self* é substancialmente construído nos processos sociais (MARTINS, 2011). A questão da preservação da imagem social, que é projetada pelos indivíduos (os atores) em determinadas interações sociais, é também um dos aspectos centrais de suas obras.

A esse respeito, a vida social seria uma "peça que os atores dramatizam em um palco – ou em muitos –, pois a maneira como agimos depende dos papéis que estamos desempenhando em um determinado momento" (GUIDDENS, 2012, p. 196). Haveria, portanto, uma administração da impressão dos indivíduos para que levem outros a agir de acordo com o que seria desejado, na qual as interações são compreendidas como representações teatrais (NIZET; RIGAUX, 2016).

Nas reflexões de Goffman há uma articulação de conceitos que adentram em diferentes fenômenos que, por sua vez, constituem-se a partir das interações sociais, das relações face a face. O caráter relacional é explícito em sua análise. Entre esses fenômenos, tem-se, por exemplo, a "apresentação do eu, preservação da fachada, engajamento facial, propriedades situacionais, manipulação da impressão, deferência, territórios do self, desatenção civil, instituição total, carreira moral (...)" (MARTINS, 2011).

A noção de instituições totais, que servirá de base norteadora da análise do filme "A Experiência", é desenvolvida por Goffman a partir de sua experiência na clínica psiquiátrica St. Elizabeth no subúrbio de Washington (EUA). Ao longo de um ano, o sociólogo imerge na vida desse hospital, que contava com mais de sete mil leitos, transitando entre os diferentes pavilhões, durante o dia e a noite, para observar o cotidiano dos internados (NIZET; RIGAUX, 2016), vestindo-se sem usar bata ou qualquer elemento identificador, pelo que poderia ser tomado como interno ou ajudante externo (ANITUA, 2008, p. 582).

Essa pesquisa foi descrita em sua obra "Manicômios, prisões e conventos", publicada em 1961. Nela, Goffman utiliza-se da ideia de instituições totais para se referir, não apenas aos manicômios, mas também a outros estabelecimentos fechados e administrados, tais como as prisões, quartéis e os conventos. Suas reflexões serviram, por conseguinte, para a reivindicação de reformas no sistema manicomial dos Estados Unidos da América do Norte, bem como para inspirar o movimento antipsiquiátrico na Europa, sem que, no entanto, Goffman estivesse envolvido nessas reformas (NIZET; RIGAUX, 2016).

Ainda sobre os estudos acerca das instituições totais, quando voltados para a análise dos estabelecimentos prisionais, são importante marco teórico, na medida em que negam frontalmente um dos fins do encarceramento, o da prevenção especial positiva,[6] deslegitimando a intervenção pela negativa do ideal reintegrador, o qual "dissimularia a estratégia disciplinadora das

---

6. As teorias ou finalidades da pena, intimamente correlacionadas à dogmática jurídico-penal, buscam justificar o poder punitivo estatal, legitimando-o, por serem suportes racionais da punição, que não se revestiria, apenas, de uma finalidade retributiva. Como critério de racionalidade, as teorias preventivas pretendem dotar a punição de instrumentalidade, como engenharia do Estado moderno (MACHADO; SLONIAK, 2015, p. 190), voltadas para a finalidade de prevenção geral negativa, pelo efeito dissuasório da punição, e prevenção geral positiva, com a reafirmação da validade da norma à coletividade, ambas de marcado efeito simbólico. A prevenção especial, voltada para o agente punido, possui suas vertentes negativa, objetivando a neutralização ou afastamento do agente pela punição; e positiva, "inspirada na possibilidade de reintegração social e que deu origem às variações das ideologias 're' (reabilitação, ressocialização, reintegração)" (MACHADO; SLONIAK, 2015, p. 190). Essas finalidades são apropriadas pelo discurso oficial da teoria jurídica da pena, que ressalta as funções declaradas, frustradas, e não se volta para o discurso crítico, que evidencia as funções reais da prisão e o êxito da instituição penitenciária (CIRINO DOS SANTOS, 2017, p. 3-5).

teorizações e práticas do sistema de justiça criminal (GOFFMAN, 1999, p. 16; FOUCAULT, 2007, p. 56)" (MACHADO; SLONIAK, 2015, p. 190).

3. RECRUTAMENTO, LOCAL DE APRISIONAMENTO E INGRESSO DOS PRISIONEIROS: UM PROCESSO INSTITUCIONAL DE MORTIFICAÇÃO DO *SELF*

> "Prof. Klaus Thon: Vocês sofrerão e farão pressão. Alguns de vocês serão privados de direitos civis por duas semanas. Não subestimem isso. Se alguém quiser desistir, esta é a última chance... Ótimo. A segurança de vocês é nossa prioridade. É proibido violência. Quem for violento está fora da experiência."

Antes da seleção dos participantes dessa experiência, há uma breve introdução da vida protagonista do filme.[7] Tarek Fahd é uma pessoa solitária, que exerce a profissão de taxista e possui estudos em Filosofia, Arquitetura e Sociologia. Na noite anterior ao seu ingresso na prisão simulada, inicia uma relação amorosa com Dora. Esse relacionamento, não obstante seja recente, é aparentemente profundo e será o elo psicológico entre Fahd e o mundo exterior enquanto permanecer segregado. As memórias das cenas de amor vivenciadas horas antes de seu aprisionamento constituem um valioso suporte emocional à Tarek, que, em diversos momentos da trama, buscará refúgio nessas lembranças, renovando suas forças para enfrentar os desafios vivenciados na experiência. Ademais, essas recordações parecem servir de contraponto para sua solidão, que é intensificada dentro do experimento.

Nos primeiros momentos do recrutamento, enquanto diversas pessoas aguardam em uma sala, uma mulher, Jutta Grimm (Andrea Sawatzki), vestindo jaleco branco e com um certo desdém autoritário ao falar, explica aos presentes sobre as características daquela pesquisa, apresentando-se como pesquisadora assistente. Destaca-se que todos os candidatos eram homens, muito embora o chamado não tenha realizado qualquer restrição à participação feminina.[8]

Ao anuírem participar na pesquisa, os candidatos escolhidos para encarnarem prisioneiros seriam destituídos de privacidade e de seus direitos civis, sendo esse um requisito para a participação no experimento. Nesse momento, é indagado aos participantes, sem grandes formalidades, se algum

---

7. Embora a trama opte por realizar *flashbacks* apenas de Tarek, notadamente o protagonista do filme, é possível que seus sentimentos sejam similares àqueles vivenciados por outros aprisionados. Ao se verem em um ambiente novo, hostil e delimitador de seus direitos, a fuga pela lembrança é uma tática para enfrentar essa nova realidade.

8. Aqui não parece existir uma exclusão sexista, pelo menos não deliberadamente. Parece, sim, uma simplificação, do livro ou do roteiro, que evita uma maior complexidade no experimento e na narrativa, já que o encarceramento misto poderia trazer outras complicações e dinâmicas, o que não obsta, contudo, uma crítica a essa opção simplista e que reproduz um contexto machista que afasta as mulheres.

deles teria problemas em relação a esse cerceamento de direitos. Nenhum dos participantes se manifesta, tendo a pesquisadora assistente entendido o silêncio como aceitação.

Antes de ingressarem na prisão simulada, os participantes são submetidos a diversos testes, físicos, mentais, inclusive um que consistia em mantê-los dentro de uma caixa preta. Fahd é submetido a esse teste, chamado de "teste de referência", que consistia em adentrar numa caixa preta e, devidamente monitorado, assistir imagens aleatórias, envolvendo cenas diversas, inclusive algumas mais fortes, de corpos mutilados ou atos violentos.

Em seguida, são selecionados 20 homens, sendo a maioria (12) constituída por prisioneiros. Estes deveriam permanecer, durante toda a experiência, no interior da prisão, submetidos a diversas regras, restrições e supervisões, enquanto os guardas (8) atuariam em plantões, podendo retornar para suas residências quando não estivessem atuando.

Desde o momento em que são recrutados e inseridos nessa prisão simulada, verifica-se na trama a encenação de diversas práticas sociais e rotinas que ensejarão, gradativamente, a mortificação do *self* dos prisioneiros.[9] A retirada de roupas pessoais (inclusive as íntimas), a ducha fria em ambiente inóspito e com exposição de sua nudez, a entrega de uniformes aos prisioneiros, a substituição de nomes por números marcam o início do ritual dessa mortificação, que é uma das características centrais das instituições totais (GOFFMAN, 1999).

As instituições totais[10] podem ser definidas como um local "de residência e trabalho onde um grande número de indivíduos com situação semelhante, separados da sociedade mais ampla por considerável período de tempo, levam uma vida fechada e formalmente administrada" (GOFFMAN, 1999, p. 11). O fechamento máximo, com cercas, vigilância, proibições, é característica importante. A mortificação do *self* representaria a desestruturação do indivíduo que se inicia desde seu ingresso nessas instituições (LIVRAMENTO; ROSA, 2016), aspecto que é verificado com nitidez na prisão simulada de *A experiência*.

O aspecto central das instituições totais é quebrantar a individualidade, o *self* do aprisionado, o antigo "eu", que, por sua vez, acaba por produzir um "eu" que se adapte a esse local, incorporando-se atributos e disposições que serão

9. Para Goffman, explicado por Anitua (2008, p. 582), a desestruturação do eu é um processo comum, afetando diversas pessoas quando atuam socialmente, mas é na instituição total que ela ganha relevo especial.

10. Goffman indica 5 diferentes tipos de instituições totais, voltadas para: a) cuidados de pessoas incapazes e inofensivas (cegos, velhos, órfãos e indigentes); b) pessoas incapazes de cuidar de si mesmas e que ameaçam a comunidade, não intencionalmente (tuberculoso, doentes mentais, leprosários); c) proteção contra perigos intencionais (prisão, cadeias, penitenciárias, campos de prisioneiros); d) realizar mais adequadamente alguma tarefa e somente por isso se justificam (quartéis, navios, escolas internas, colônias); e e) locais para refúgio do mundo (locais de instrução para religiosos) (GOFFMAN, 1999, p. 16/17).

representadas como indispensáveis à sobrevivência nesse espaço (SANTOS, 2009). Há, portanto, uma quebra de referências do indivíduo quanto a si mesmo e em relação a sua visão de mundo, que serão constantemente desqualificadas, ao longo do que Goffman denomina "carreira moral", constituída "pelas progressivas mudanças que ocorrem nas crenças que têm a seu respeito e a respeito dos outros que são significativos para ele" (GOFFMAN, 1999, p. 24), marcando uma cisão trágica com o mundo externo.

A mortificação do *self* do prisioneiro passa por um processo sistemático e institucional que é acionada pelos seguintes mecanismos: "a) barreira com o mundo externo; b) despojamento dos papéis sociais; c) processo de admissão; d) submissão a indignidades físicas e verbais; e) exposição contaminadora; e f) as fontes de mortificação menos diretas" (LIVRAMENTO; ROSA, 2016, p. 413/414). Esse processo institucional, que extirpa do indivíduo o senso de seu "eu", de sua identidade, acaba por dar ensejo a uma transformação identitária, dando lugar à identidade organizacional como prisioneiro. Essa circunstância articular-se-á a um atributo estigmatizante, que é estratégia fundamental nas instituições totais (BENELLI, 2004).

Em razão do velho "eu" estar parcialmente relacionado a coisas que são externas aos indivíduos (visual) e a suas posses (nome, vestimenta) (GOFFMAN, 1999), os mecanismos das instituições totais direcionam-se também para desestruturar essa dimensão identitária do indivíduo, forjando-se um novo "eu". A retirada de roupas e de outros pertences,[11] o corte de cabelo, a utilização de uniformes, a substituição de nomes por números, somados à imposição de regras, ao cerceamento de direitos, aos rebaixamentos e às humilhações, características essas que podem ser observadas ao longo da trama em análise, são mecanismos para a forja de uma nova identidade a partir da profanação do eu.[12]

---

11. Esse é o estojo de identidade, para Goffman (1999), composto por objetos e estratégias que diariamente utilizamos na apresentação social, eventos compartilhados, quais sejam, espelhos, pentes, roupas e outros itens utilizados na aparência física, a exemplo dos cosméticos. A "retirada" do estojo de identidade desarranja a regulação que o próprio indivíduo utiliza para administrar sua imagem social.

12. Os prisioneiros não se submeteriam integralmente aos processos de mortificação do eu, justamente por existir uma "busca pela recomposição identitária e essa reorganização pessoal é possível por meio das relações estabelecidas na prisão, que são mediadas por dois sistemas: o de privilégios e o de ajustamentos secundários. Em contraste com um conjunto formal de prescrições e proibições que regula a conduta dos detentos, prêmios e privilégios podem ser obtidos por meio da obediência à equipe dirigente. O mundo construído em torno desses privilégios é fundamental na cultura dos internos. Os castigos também estão ligados a esse sistema de privilégios e podem acontecer em virtude da desobediência às regras (Goffman, 2008). Quanto aos ajustamentos secundários, podem ser práticas que não desafiam a equipe dirigente, ao menos diretamente, e permitem aos internos obter satisfação pessoal. 'O uso que um indivíduo faz de um ajustamento secundário é, inevitavelmente, uma questão sociopsicológica, e com ele obtém satisfações que não conseguiria de outra forma'

Os atos de recrutamento ou de ingresso são essenciais para uma instituição total. Eles são o início de uma série de atos que atingem diretamente a concepção própria do aprisionado, exigindo que ele atue de forma diversa, adotando comportamentos próprios para aquela situação em que se encontra. A conformação e a codificação de indivíduos são institucionalmente modeladas nas instituições totais, verificando-se processos multifacetados de mortificação.

> "Geralmente, o processo de admissão também leva a outros processos de perda e mortificação. Muito frequentemente verificamos que a equipe dirigente emprega o que denominamos processos de admissão: obter uma história de vida, tirar fotografia, pesar, tirar impressões digitais, atribuir números, procurar e enumerar bens pessoais para que sejam guardados, despir, dar banho, desinfetar, cortar os cabelos, distribuir roupas da instituição, dar instruções quanto a regras, designar um local para o internado. Os processos de admissão talvez pudessem ser denominados 'arrumação' ou 'programação', pois, ao ser enquadrado, o novato admite ser conformado e codificado num objeto que pode ser colocado na máquina administrativa do estabelecimento, modelado suavemente pelas operações de rotina." (GOFFMAN, 1999, p. 25-26)

A nudez, por exemplo, é frequentemente associada ao ingresso inicial em um estabelecimento e representa uma espécie de ritual de limpeza, assepsia e/ou desinfetação. Inaugura-se, dessa maneira, o rompimento entre o externo e o interior, entre o vivido e as novas vivências, em um ambiente nada acolhedor, com pessoas estranhas, o que constitui um rito de passagem importante na imersão dentro de uma instituição total.

> "O processo de admissão pode ser caracterizado como urna despedida e um começo, e o ponto médio do processo pode ser marcado pela nudez. Evidentemente, o fato de sair exige uma perda de propriedade, o que é importante porque as pessoas atribuem sentimentos do eu àquilo que possuem.
>
> Talvez a mais significativa dessas posses não seja física, pois é nosso nome; qualquer que seja a maneira de ser chamado, a perda do nosso nome é uma grande mutilação do eu." (GOFFMAN, 1999, p. 27)

Por sua vez, as celas, constituídas por dormitórios e sanitários coletivos, congregados num mesmo espaço fechado, pintados em cores frias e com aparência duras, concreto e aço, aliado ao compartilhamento de outros espaços coletivos trancafiados, tais como o refeitório e o pátio, suscitam que, nessas instituições, há a quebra das barreiras que, socialmente, diversificam espaços lúdicos, laborativos e domésticos:

(Goffman, 2008, p. 168). São essas práticas que possibilitam aos detentos sentirem que ainda possuem autonomia para a realização de certas atividades, embora vivam em regime de controle" (LIVRAMENTO; ROSA, 2016, p. 414).

Uma disposição básica da sociedade moderna é que o indivíduo tende a dormir, brincar e trabalhar em diferentes lugares, com diferentes coparticipantes, sob diferentes autoridades e sem um plano racional geral. O aspecto central das instituições totais pode ser descrito como a ruptura das barreiras que comumente separam essas três esferas da vida (GOFFMAN, 1999, p. 17).

Essas barreiras são rompidas, pois (a) todos os aspectos vitais, domésticos e públicos, são realizados no mesmo ambiente, submetidos a uma única autoridade; (b) as atividades cotidianas são compartilhadas com diversas outras pessoas, que também estão obrigadas a realizar tarefas conjuntas; e (c) há uma sequência predeterminada e rígida de tarefas a serem executadas, impostas pela autoridade, como regras e fiscalizadas por funcionários (GOFFMAN, 1999, p. 17-18).

Por fim, ressalta-se que o ingresso voluntário numa instituição total, a exemplo do que é retratado pelo filme, implica afastamento mais facilitado do indivíduo do mundo doméstico, no qual o processo de mortificação é agilizado (GOFFMAN, 1999, p. 25). Acredita-se, também, que o distanciamento (anuído) do seu mundo doméstico enseja efeitos negativos da privação da liberdade de forma mais acelerada, tal como retratado na película.[13] Se os participantes se submetem voluntariamente a tais testes, ficando afastados da convivência de outras pessoas próximas por longo período, em um local que não assegura o respeito de seus direitos mínimos, é de se indagar se essa escolha se dá, exclusivamente, pela questão remuneratória.

4. OS PRISIONEIROS – HUMILHAÇÕES, SUBMISSÕES E RESTRIÇÕES DE DIREITOS

Prisioneiro 38: Tudo bem?

Prisioneiro 77: Sim, tudo.

Prisioneiro 38: Certeza?

Prisioneiro 77: É uma brincadeira, um jogo.

Prisioneiro 38: É esse o seu erro! Assim vai mal. Nunca é um jogo, compreenda.

---

13. Apesar de parecer exagerada a velocidade que, na trama, os guardas atuam de forma abusiva e os encarcerados começam a demonstrar sinais psicológicos e físicos de esgotamento, estresse e de descolamento da realidade exterior, no experimento realizado na Universidade de Stanford (EUA), pelo pesquisador Philip Zimbardo, com alunos que se submeteram aos papéis de guardas e presos, houve realização de atos humilhantes e de tortura já no primeiro dia, com danos psicológicos sérios para alguns estudantes, tendo sido cancelado apenas 6 (seis) dias após o seu início (*O experimento...*, 2016).

Após as práticas de humilhação para ingresso no estabelecimento – banhos com água fria, sem roupas e devendo utilizar um roupão desconfortável e com péssima aparência –, os prisioneiros conhecem suas celas, sendo que, em cada uma delas, três deveriam dividir o espaço.

Estão sujeitos a diversas regras, como atender apenas pelo número designado para cada um; comunicar-se com os guardas com o vocativo "senhor guarda"; não conversar após as luzes se apagarem; comer toda a comida oferecida; atender aos comandos dos guardas. Caso não cumpram a qualquer dessas regras, poderiam ser punidos.

A punição, contudo, não era claramente definida. Sabiam, apenas, que não poderia ocorrer violência, embora esse comando fosse contraditório, como se vê nas primeiras punições aplicadas, pois todas envolviam violências psicológicas, que afetam a personalidade. A própria submissão às regras sinalizam violências simbólicas (BOURDIEU, 1989) e reais, como se concretiza ao obrigar um interno a ingerir bebida, mesmo sendo alérgico a ela.

Como há resistência em aderir às determinações dos guardas, algumas tidas por arbitrárias pelos prisioneiros, punições são aplicadas, iniciando-se com flexões para as desobediências e, rapidamente, evoluindo para atos graves e lesivos. A violência psicológica é usada frequentemente, sendo que os limites do que seria violência física ficam estreitos.

O processo de mortificação do eu é acompanhado pela reconstrução identitária dentro do estabelecimento prisional, pelo aprendizado do sistema de privilégios, castigos e ajustamentos secundários, quando sua vida será reorganizada a partir de três elementos básicos: (a) seguimento das regras da casa, deveres e direitos naquele estabelecimento, inclusive rotinas diárias; (b) diminutos prêmios ou privilégios, fornecidos pela obediência e que acabam cooptando uma corrente de apoio; e (c) castigos severos pela desobediência das regras (GOFFMAN, 1999, p. 49-51). Nos ajustamentos secundários, há adoção de práticas que não desafiam os dirigentes e encarregados pela instituição total e que, em certa medida, fornecem satisfação pessoal para o encarcerado, pois "dão ao internado uma prova evidente de que é ainda um homem autônomo, com certo controle de seu ambiente" (GOFFMAN, 1999, p. 54).

Assim, há uma desculturação e uma aculturação pelos prisioneiros.

Estarão submetidos, agora, a um processo de desculturação, em que as condições para uma vida em liberdade são postas em segundo plano, desarticuladas, afastadas, ocorrendo a "redução do senso de realidade do mundo externo e a formação de uma imagem ilusória deste, o distanciamento progressivo dos valores e dos modelos de comportamento próprios da sociedade externa" (BARATTA, 2002, p. 184).

Ao lado do processo de desculturação, vê-se uma aculturação, uma prisionalização, em que elementos e valores característicos dessa subcultura carcerária serão apreendidos, com a assunção de atitudes e modelos comportamentais (BARATTA, 2002, p. 184).

Na trama verificamos isso. Alguns processos de humilhação reforçam, nos prisioneiros, o sentimento que aquele local é distinto do exterior, diverso do que estava acostumado. E que ele deveria, doravante, adotar posturas mais conectadas a essa realidade, inclusive com o respeito às normas, com atitudes subalternas. A infantilização de suas condutas, como, por exemplo, postar-se em fila, de mãos dadas, reiteram o estado de dependência, que é aliado à alta tensão psicológica que carregam.

Durante o desenvolvimento do filme, descobre-se, também, que nem todos os sujeitos da pesquisa ingressaram no experimento com finalidade primordial remuneratória. Tarek Fahd, em realidade, busca participar da experiência para retornar à sua atividade como jornalista investigativo, utilizando-se, inclusive, de artefatos para gravar as cenas ocorridas no interior da prisão simulada. Suas ações dentro do local de aprisionamento, ao menos no início, podem ter indicado uma propensão a causar caos para incrementar o valor "jornalístico" da matéria, como é apontado pelo prisioneiro n. 38 (Christian Berkel).

Mesmo para quem tinha ingressado naquele ambiente para obter uma matéria jornalística, com o reforço das práticas de humilhação, submissão e seguimento às regras, Tarek acaba por vivenciar essa mortificação. Em determinado momento, ele e os demais acabam agindo passivamente, aderente às regras, pois o processo de mortificação fez surgir uma nova identidade, preocupada em modificar a conduta do aprisionado, para não ser punido, e desenvolver estratégias de resistência (ANITUA, 2008, p. 583).

5. "SENHOR GUARDA DA PRISÃO": EMERGINDO NOS PAPÉIS REPRESSORES

> "Professor Klaus Thon: Sua função é manter a paz e a ordem, fazer com que obedeçam as normas. Levem a sério. O sucesso da experiência depende de vocês. Se vocês não fizerem seu trabalho direito e com responsabilidade, a experiência não fará sentido e será interrompida. Vocês não brincarão de guardas. Vocês são guardas. A primeira tarefa de vocês é explicar isso aos prisioneiros."

"Portanto, a participação numa entidade social impõe compromisso e adesão" (GOFFMAN, 1999, p. 148).

Desde o recrutamento, a posição dos guardas da prisão é diferenciada dos prisioneiros. Chamados inicialmente, são apresentados para a nova vestimenta, inclusive com algemas e cacetetes. São enaltecidos o valor de sua função e a necessidade de assegurar a ordem e a paz local. Como se premiados pelo acaso, já que a escolha teria sido aleatória,[14] os sentimentos de importância, relevância e, principalmente, que são pessoas diferentes dos prisioneiros irão, progressivamente, ser imputados e assimilados. Como já visto, isso não ocorre com os prisioneiros, que perdem seu senso identitário pelo despojamento de seus bens e caracteres pessoais.

Todos os prisioneiros devem seguir as normas e os guardas devem ser rigorosos ao exigir o cumprimento e punir o desidioso, sob pena de encerrar o projeto sem que sejam remunerados.

As regras, horários, vestimentas, tratamentos, linguagem, ocupação do espaço, são elementos que possibilitam distância e controle exercido pelos guardas, justificando porque é possível um número inferior deles controlar um número maior de segregados (GOFFMAN, 1999; COLOMBO, 2015, p. 39). A possibilidade de aplicação de penalidades é uma característica importante no processo de submissão.

Há um tensionando em dois polos, antagônicos e rivais, em que

> "(...) cada agrupamento tende a conceber o outro através de estereótipos, limitados e hostis (...) desenvolvem-se dois mundos sociais e culturais diferentes, que caminham juntos com pontos de contato oficial, mas com pouca interpenetração." (GOFFMAN, 1999, p. 20)

No início, após momentos de teste da autoridade por alguns prisioneiros, os guardas reforçam seu papel pela aplicação de penalidades. Para o controle, utilizam-se inicialmente de advertências verbais, que vão se transmudando em punições físicas para comportamentos que não sigam as regras.

Ao lidar com uma situação mais tensa, envolvendo deliberado descumprimento de ordens, ofensas e descréditos à função, eles atuam energicamente, conseguindo resolver a situação. A atitude enérgica envolve agressões morais e certo constrangimento físico e no direito de liberdade. Neste momento, são premiados novamente pelo pesquisador, dando a entender que o mais importante seria manter o funcionamento adequado da prisão. Os presos deveriam obedecer ou seriam punidos.

Como se veem nessa posição de autoridade, assumindo como relevante para a pesquisa a atuação enérgica, acabam por desvelar sentimentos de desdém dos aprisionados. Extrapola-se, sobremaneira, a utilização de atos de humilhação, rebaixamento, diminuição e profanações do eu.

Berus (Justus Von Dohnanyi), que se posiciona claramente como o antagonista do filme, após a primeira intervenção com mais rigor em face de um prisioneiro, assume um papel mais abusivo e repressivo, utilizando de seus

---

14. Pelo menos, assim é afirmado pela cientista que apresenta o experimento aos participantes, muito embora o filme mantenha certa penumbra, em diversos momentos, se houve predileção por papéis específicos para guardas e prisioneiros.

poderes naquele local para impingir outras humilhações aos detentos, com ares de satisfação pelo cumprimento desses deveres.

Outros guardas também irão manifestar atos de total desrespeito à integridade dos presos, mas o que é interessante notar é a presença de guardas que, embora demonstrem certo descontentamento com as práticas, não as denunciam, não recriminam, muito menos se retiram dos locais em que os abusos acontecem.

Mas por que os guardas não reagiram? Por que eles continuaram atuando, mesmo diante de ações que seriam flagrantemente ilegais ou abusivas? Talvez pela imersão no grupo, por pertencimento àquele conjunto e aos seus desideratos. Cohen (citado por BARATTA, 2002, p. 81) afirmaria que a "formação de uma subcultura é, ela mesma, provavelmente, a mais difusa e a mais eficaz das técnicas de neutralização, visto que nada permite uma tão grande capacidade de atenuar os escrúpulos e de procurar proteção contra os remorsos do superego, quanto o apoio enfático, explícito e repetido, e a aprovação por parte de outros pessoas".

Edwin Sutherland, com sua teoria das associações diferenciais (1983), volta-se primordialmente para a "análise das formas de aprendizado do comportamento criminoso, e da dependência desta aprendizagem das várias associações diferenciais que o indivíduo tem com outros indivíduos ou grupos" (citado por BARATTA, 2002, p. 71).

No contexto dos guardas, era enaltecida sua atuação, ainda que abusiva, para a manutenção da ordem da prisão, enquanto eram isolados os pleitos e reivindicações dos presos. A cumplicidade e o desempenho próximo de funções equiparadas são elementos importantes nesse contexto de aproximação e compartilhamento de pautas. Dessa forma, pela aproximação àqueles que praticavam abusos, houve o apreendimento do comportamento pela associação.[15]

6. CONSIDERAÇÕES FINAIS E PARA ALÉM DAS INSTITUIÇÕES TOTAIS

> "Thon: Após 5 dias, tivemos submissão à autoridade e menos violência.
>
> Jutta: Exato. Alcançamos nosso objetivo. Pare e apresente os resultados.
>
> Thon: Não! Temos um momento estável. Por ora, não está acontecendo nada fora do previsto. Não existem dados comparáveis em nenhum lugar do

15. "*The hypothesis of differential association is that criminal behavior is learned in association with those who define such criminal behavior favorably and in isolation from those who define it unfavorably, and that a person in an appropriate situation engages in such criminal behavior if, and only if, the weight of the favorable definitions exceeds the weight of the unfavorable definitions*" (SUTHERLAND, 1983, p. 240).

mundo. Temos mais 9 dias. Se pararmos agora, jogaremos fora uma chance única, entendeu?

Jutta: Talvez isto seja um erro."

As consequências do aprisionamento e seus possíveis efeitos deletérios são elementos que demandam reflexão, especialmente pela criminologia crítica e sua abordagem de estranhamento ao discurso oficial que justifica o aprisionamento como elemento essencial para um processo de ressocialização do desviante. No caso de aprisionamento simulado, vislumbra-se a importância teórica da análise, que muito diz a respeito do castigo, disciplina e efeitos deletérios para os aprisionados.

A visão apresentada, contudo, não esgota as possibilidades narrativas. Como expressão de arte e que interage com os espectadores, diversas semânticas podem ser extraídas do filme "A experiência". Teorias outras também dialogam com o filme. Como expressão artística, os significados extrapolam sobremaneira e permitem que as visões de mundo, real e ficcional, interajam. Neste artigo, enfocamos na compreensão da película a partir das teorias de Goffman sobre as instituições totais, o que nos parece confluir, positivamente, para a formulação de indagações sobre os efeitos reais que determinados ambientes, ainda que simulados, operam para aqueles que estão submetidos a eles.

O estudo de Goffman, quanto aos estabelecimentos prisionais, aponta para o insucesso da teoria da prevenção especial positiva, uma das finalidades oficiais/declaradas da punição e que seria critério racional, legitimador da punição como instrumento moderno de gestão estatal. Os processos de desculturação e aculturação negam o princípio ressocializador, com efeitos na reincidência e nas dificuldades de reintegração social após o aprisionamento.

Tivemos a oportunidade de refletir, em um ambiente de prisão simulada, como ela também poderia repercutir similarmente às formas degenerativas previstas na teoria das instituições totais de Erving Goffman. Se o simbólico opera com efeitos reais, a submissão, ainda que voluntária, também poderá desencadear processos negativos para os submetidos a essa restrição.

Viu-se, em síntese, que a submissão a uma instituição total, ainda que voluntária, repercutiu negativamente para os aprisionados, com a mortificação do eu e a reconfiguração de uma nova programação identitária, ao mesmo tempo em que instaurou espaços de abusos e ilegalidades pelos guardas.

A análise criminológica sobre prisões, considerando uma instituição total, faz questionar se aquilo a que se prestam esses estabelecimentos e as penas cumpridas em regime fechado, alcançam (ou pelo menos almejam alcançar) a ressocialização dos desviados, de fato ocorrem. Com o processo de mortificação do eu, pelo ingresso e vivência naquele local, quem sofre a penalidade é, essencialmente, diverso de quem cometeu o delito. A punição não alcança, efetivamente, quem deveria alcançar. Ao contrário do fim institucionalmente publicizado, "os institutos de detenção produzem efeitos contrários à reeducação e a reinserção do condenado, e favoráveis à sua estável inserção na população criminosa" (BARATTA, 2002, p. 183).

Essa contradição decorre da necessidade de o segregado educar-se para ser criminoso, já que está inserido naquela subcultura e será obrigado a seguir a hierarquia de forças do cárcere, bem como a organização informal daquele local, e a necessidade de educar-se para ser bom preso, evitando punições e retaliações das forças de controle (BARATTA, 2002).

Se, em Foucault (1987), questionou-se a utilidade da prisão como instrumento adequado para a punição,[16] em Goffman a criminologia encontra espaço para questionar, frontalmente, as teorias da ressocialização, da humanidade das penas, eis que a mortificação do eu e a reconstrução identitária e a reorganização pelos sistemas de privilégios, castigos e reajustes secundários modificam a essência do cumprimento da pena, pois "o recluso pode até adotar alguns comportamentos ajustados às normas da instituição, porque se vê constrangido a fazê-lo para sobreviver num ambiente em que sabe estar confinado" (LOUREIRO; CHAVES, 2017, p. 182).

Uma outra análise, que não pode passar despercebida e que merece ser relembrada neste trabalho, é a que toca a questão ética na realização de pesquisas envolvendo seres humanos. Pesquisadores devem sentir desconforto ao assistirem o filme e as decisões tomadas pela equipe científica que promove o experimento. A pesquisa é, para nossos padrões, claramente violadora dos preceitos básicos de ética e dos direitos humanos dos participantes, especialmente pela incursão e direcionamento propiciados pelo pesquisador, que não se preocupa com efeitos sérios e graves nas pessoas pesquisadas, voltando sua atenção, apenas, à confirmação de sua(s) hipótese(s).

Acredita-se que, nos moldes reproduzidos pela película – que, provavelmente, seguem os dizeres do livro que a motiva, considerando a presença do autor como um dos roteiristas –, desde o início, a pesquisa aponta para graves problemas éticos, a exemplo da não observância do princípio do consentimento totalmente informado (GIBBS, 2009, p. 23). A inexistência de clareza e de exatidão acerca do objeto de estudo, o alto valor de remuneração oferecido e vinculado à conclusão do experimento, bem como a impossibilidade da desistência, a qualquer momento, contrastam com a postura ética do pesquisador, o que pode ser visto na sua insistência pela manutenção

---

16. "O correlativo da justiça penal é o próprio infrator, mas o do aparelho penitenciário é outra pessoa; é o delinquente, unidade biográfica, núcleo de 'periculosidade', representante de um tipo de anomalia. E se é verdade que à detenção privativa de liberdade que o direito definiria a prisão acrescentou o 'suplemento' do penitenciário, este por sua vez introduziu um personagem a mais, que se meteu entre aquele que a lei condena e aquela que executa essa lei" (FOUCAULT, 1987, p. 213).

da pesquisa, mesmo com problemas de saúde de alguns participantes, e nas dificuldades para a saída voluntária do experimento.

Cardoso de Oliveira (2010, p. 27/28) aponta, ainda, três responsabilidades éticas, as quais podem ser aplicadas neste tipo de pesquisa e que foram violadas frontalmente, quais sejam, (a) compromisso com a verdade e a produção de conhecimento em consonância com os critérios de validade da comunidade de pesquisadores; (b) compromisso com os sujeitos da pesquisa; e (c) compromisso com a sociedade e a cidadania, pela publicação e defesa dos resultados da pesquisa.

Há questões outras interessantes, como a legalidade da supressão de direitos civis – ainda que haja aquiescência de seus participantes –, em face do pagamento de remuneração para a participação, o efeito "big brother" em relação ao pesquisador, que se afasta das pessoas investigadas; o sadismo e a objetificação dos estranhos à disposição dos guardas.

O filme, tecnicamente bem executado, com suas peculiares nuanças de som e luz, conseguiu conferir certa dramaticidade para o desenrolar da trama – as cenas de baixa iluminação, com close próximo, ou a da tentativa de fuga do estabelecimento, em ritmo frenético, música com batidas fortes. A atuação dos atores também sinaliza uma perfomance de excelência, conseguindo expressar distanciamento, terror, ojeriza e sadismo e demonstrando representações de papéis que aliam múltiplas facetas. O que poderia parecer um equívoco – a escolha binária de antagonista e protagonista, é uma construção narrativa propiciando que a estória vá além, para consequências extremas.

Além do entretenimento, vimos que *A experiência* permite compreender as interações teorizadas por Erving Goffman e também é mote para reflexões valiosas sobre o sistema prisional e como essa temática ainda é relevante, ainda mais se considerarmos o notável e indesejável crescimento de aprisionados no Brasil, em situações degradantes.

REFERÊNCIAS BIBLIOGRÁFICAS

ALVAREZ, Kyle Patrick (Direção). *O experimento de aprisionamento de Stanford*. Elenco: Billy Crudup, Ezra Miller, Michael Angarano. Estados Unidos: Universal Pictures, 2016. 1 DVD (122 min), NTSC, color. Título original: The Stanford Prison Experiment.

ANITUA, Gabriel Ignacio. *História dos pensamentos criminológicos*. Trad. Sérgio Lamarão. Rio de Janeiro: Revan, 2008.

ARAÚJO, Nathielly Darcy Ribeiro; LIMA, Antonio Marques Silva. Consumo cultural e estigmatização: uma breve análise das formas de violência dentro de um centro de internação provisória feminino em Recife. *Anais do Seminário Nacional de Sociologia da UFS*, ISSN 2526-3013, v. 1, 2017.

BARATTA, Alessandro. *Criminologia crítica e crítica do direito penal: introdução à sociologia do direito penal*. 3. ed. Trad. Juarez Cirino dos Santos. Rio de Janeiro: Revan, 2002.

Benelli, Sílvio José. A Instituição total como agência de produção de subjetividade na sociedade disciplinar. *Estudos de psicologia,* Campinas, vol. 21, n. 3, p. 237-252, Dec. 2004. Disponível em: <http://www.scielo.br/scielo.php?script=sci_arttext&pid=S0103-166X2004000300008&lng=en&nrm=iso>. Acesso em 11 ago. 2017.

Benelli, Sílvio José; Costa-Rosa, Abílio da. Geografia do poder em Goffman: vigilância e resistência, dominação e produção de subjetividade no hospital psiquiátrico. *Estudos de Psicologia,* Campinas, vol. 20, n. 2, p. 35-49, Ago. 2003 p. 35-49, 2003.

Bittencourt, Matheus Boni; Dadalto, Maria Cristina. Poder punitivo e teoria social. *Dilemas-Revista de Estudos de Conflito e Controle Social,* Rio de Janeiro, vol. 9, n. 2, p. 271-292, 2017.

Bourdieu, Pierre. *O poder simbólico.* Trad. Fernando Tomaz. Rio de Janeiro: Bertrand Brasil, 1989.

Cardoso de Oliveira, Luis Roberto. A Antropologia e seus compromissos ou responsabilidades éticas. In: Fleischer S, Schuch P. (Orgs.). *Ética e regulamentação na pesquisa antropológica.* Brasília: Letras Livres, EdUnB, 2010. p. 25-38.

Cirino dos Santos, Juarez. *Os discursos sobre crime e criminalidade.* Disponível em:<http://icpc.org.br/wp-content/uploads/2012/05/os_discursos_sobre_crime_e_ criminalidade.pdf>. Acesso em 15 jun. 2017.

Colombo, Irineu. A linguagem do poder: o fenômeno histórico-social da coerção. *Revista de Filosofia Aurora*, vol. 18, n. 21, p. 27-44, jul.-dez. 2015.

Ferreira, Marcelo Santana. Polissemia do conceito de instituição: diálogos entre Goffman e Foucault. *ECOS-Estudos Contemporâneos da Subjetividade*, Rio de Janeiro, vol. 2, n. 1, p. 74-86, 2012.

Foucault, Michel. *Vigiar e punir: nascimento da prisão.* Trad. Raquel Ramalhete. 20. ed. Rio de Janeiro: Vozes, 1987.

Gibbs, Graham. *Análise de dados qualitativos.* Trad. Roberto Cataldo Costa. Porto Alegre: Artmed, 2009.

Giddens, Anthony. *Sociologia.* Trad. Ronaldo Cataldo Costa. 6. ed. Porto Alegre: Penso, 2012.

Goffman, Erving. *Manicômios, Prisões e Conventos.* Trad. Dante Moreira Leite. 7. ed. São Paulo: Perspectiva, 1999.

Hirschbiegel, Oliver (Direção). *A experiência.* Roteiro: Mario Giordano, Don Bohlinger, Christoph Darnstädt. Elenco: Moritz Bleibtreu, Christian Berkel, Oliver Stokowski, Wotan Wilke Möhring. Alemanha: Senator Film, 2001. 1 DVD (119 min), NTSC, color. Título original: *Das experiment.*

Livramento, André Mota do; Rosa, Edinete Maria. Homens no cárcere: estratégias de vida na prisão. *Pesquisas e Práticas Psicossociais*, São João del-Rei, vol. 11, n. 2, p. 412-426, jul.-dez. 2016.

LOUREIRO, Violeta Refkalefsky; CHAVES, Andréa Bittencourt P. Um olhar sociológico sobre a pena de prisão. *Revista Novos Estudos Jurídicos*, Itajaí, vol. 14, n. 2, p. 175-195, maio-ago. 2009.

MARTINS, Carlos Benedito. A contemporaneidade de Erving Goffman no contexto das ciências sociais. *Revista Brasileira de Ciências Sociais*, São Paulo, vol. 26, n. 77, p. 231-240, out. 2011.

MACHADO, Bruno Amaral; SLONIAK, Marcos Aurélio. Disciplina ou ressocialização? Racionalidades punitivas, trabalho prisional e política penitenciária. *Revista Direito GV*, São Paulo, vol. 11, n. 1, p. 189-222, jan.-jun. 2015.

MONTEIRO, Rita Maria Paiva. A "carreira moral" de jovens internos em instituições de recuperação para dependentes químicos. *Dilemas-Revista de Estudos de Conflito e Controle Social*, Rio de Janeiro, vol. 5, n. 1, p. 131-155, 2017.

NIZET, Jean; RIGAUX, Natalie. *A sociologia de Erving Goffman*. Trad. Ana Cristina Arantes Nasser. Rio de Janeiro: Vozes, 2016.

SANTOS, Robson dos. Interações, poder e instituições totais: a narrativa de Primo Levi e a microssociologia de Erving Goffman. *Revista de Sociologia e Política*, vol. 17, out. 2009.

SOUSA JUNIOR, José Geraldo de; SOUSA, Nair Heloisa Bicalho de. *Cinema e direitos humanos*. In: PULINO, Lúcia Helena Cavasin Zabotto et alii. Brasília: Paralelo 15. No prelo.

SUTHERLAND, Edwin Hardin. *White collar crime: the uncut version*. London: Yale University Press, 1983.

■

4

CRIMINOLOGIA E POPULISMO PUNITIVO EM *MACBETH:* DE SHAKESPEARE A ROMAN POLANSKI

MÍRIAM COUTINHO DE FARIA ALVES[1]

RESUMO: *Macbeth*, obra magistral de Shakespeare, adaptada em linguagem cinematográfica por Roman Polanski traz possibilidades de reflexão acerca do imaginário criminológico estético da punição. Sob o viés das teorias do controle e interações com a perspectiva de gênero objetiva-se investigar a noção de populismo punitivo nas interfaces entre criminologia, literatura e cinema. Para tanto, utiliza-se de revisão bibliográfica trazendo à tona as articulações entre castigo e democracia para investigar o clamor público da punição em *Macbeth*.

PALAVRAS-CHAVE: populismo punitivo; criminologia; castigo; gênero; democracia.

---

1. Míriam Coutinho de Faria Alves, Doutora em Direito pela Universidade Federal da Bahia. Membro honorária da Rede Brasileira de Direito e Literatura (RDL). Professora Adjunta da Universidade Federal de Sergipe (UFS).

1. CONSIDERAÇÕES INICIAIS

"Carregar a coroa não é nada. O importante é carregá-la em segurança."[2]

Em 1971, *Macbeth*, adaptação cinematográfica homônima da peça teatral de Shakespeare pelo cineasta Roman Polanski[3] produziu assombros ao mostrar a visão horrenda do castigo na sua forma mais cruel: decapitação sobrevinda de risos. Versão dura e pulsante de *Macbeth*, Polanski problematiza a ideia de castigo, vingança e o marcante clamor pela punição. Esta produção cinematográfica traz além da publicização da obra de Shakespeare (NUNES, 2010, p. 2) a densa reflexão sobre os contextos do poder e as ameaças na sua durabilidade e perda.

Pleno de dilemas morais notáveis, Shakespeare, eterno provocador das emoções transita sobre o fértil solo das relações humanas, dentre as quais, a ambição pelo poder, cerne da trama *Macbeth*. Nesta peça, imbuído do desejo de poder para ocupar o lugar de Duncan, Rei da Escócia. Macbeth, cuja tarefa de lealdade e proteção ao Rei lhe proporcionou título de nobreza, deseja a coroa para si e é devorado pela ambição de obtê-la, praticando assim o regicídio.

Ao refletir sobre as densidades da escrita, Flusser (2010, p. 148-149), refere-se a Macbeth ao dimensionar o que as diferentes releituras de Shakespeare podem ocasionar. Segundo observa este autor, com a leitura colhemos o drama manifesto no texto. E depois relemos para desdramatizar a obra.

Macbeth de Polanski, cineasta de conturbada biografia, faz com que a obra de Shakespeare soe espetacular, em tons de luto. Intensificando o drama com cortes, imagens fora de foco, Polanski produz ao extremo a sensação aflitiva do castigo e leva o espectador mesmo consciente do final dramático de Shakespeare ao impacto da punição revisitada.

Datada aproximadamente entre 1603-1607, esta peça de Shakespeare tem um sabor penetrante, capaz de ironias e desvelamentos imprescindíveis para a compreensão da natureza humana frente ao poder, tornando-se propício para repensar a relação entre autoridade e obediência transitando sobre o espaço político e social.

Shakespeare anuncia em *Macbeth* uma imprescindível assertiva política: "carregar a coroa não é nada. O importante é carregá-la em segurança" (SHAKESPEARE, 2016, p. 346). Assim, quando o personagem Macbeth deseja o poder do Rei Duncan e Macduff (nobre cavalheiro da Escócia)

---

2. SHAKESPEARE. William. *Obras escolhidas/William Shakespeare*. Macabeth. Tradução Beatriz Viégas-Faria. Porto Alegre, RS: L&M, 2016, p. 346.
3. Rajmund Roman Liebling, Roman Polanski, diretor, produtor, roteirista. Nesta filmagem, Jon Pinch personaliza Macabeth, Francesca Annis (Lady Macabeth), Rei Duncan é interpretado pelo ator (Nicholas Selby). Duração: 140 minutos. Ano 1971. Cor: Colorido. Título original: *The tragedy of Macbeth*.

desvenda a traição de Macbeth, observam-se as reviravoltas do poder e as variabilidades da segurança política retirando os véus de inviolabilidade do poder dos governantes.

Nunes (2006, p. 10) pontua a semelhança nos papéis do leitor e do espectador na medida em que ambos trabalham sobre a imaginação literária. Observa a câmara posta em plano subjetivo, dessa forma Polanski evoca a percepção íntima da situação emocional de Macbeth, explora o sofrimento psicológico do personagem central, seu percurso e posterior queda, investiga a necessidade de poder, ambição e avareza na estrutura da personalidade e seus efeitos na produção da criminalidade. Além disso, nos alerta para as sombras que transitam nos inconscientes coletivos entre governantes e governados ao tematizar a estrutura do castigo aos usurpadores do poder legítimo.

No século XIX, o jurista sergipano Tobias Barreto (1839-1899) tematizava sobre o caráter político da pena indo contra o conceito positivista da pena (ZAFFARONI, 1992, p. 180).[4] Em edição comemorativa organizada em introduções e notas pelo historiador Sergipano Luiz Antônio Barreto e o crítico literário Jackson da Silva Lima, intitulada *Estudos de Direito III* encontra-se o texto *Escada II* em que Tobias Barreto cita *Macbeth* incorporando Shakespeare em suas considerações sobre o poder de punir e o sentimento de vingança.

Zaffaroni investiga as origens do positivismo penal brasileiro e a vertente crítica do jusfilósofo sergipano. Em *Elementos para uma leitura de Tobias Barreto* traça relevantes considerações sobre *as diferentes leituras de Tobias Barreto* considera que a perspectiva pioneira de Tobias Barreto incide numa intensa luta contra os preconceitos e discriminações da sociedade brasileira de base oligárquica, assumindo de forma corajosa perspectivas críticas ao positivismo neo-colonialista (ZAFFARONI, 1992, p. 177).

Em texto *Castigar: la única ocurrencia*, originalmente publicado com o título *Las voluntades punitivas de los ciudadanos,* J. Garcia–Borés Espí (2006, p. 203) recorre ao poder das imagens "mentais imediatas, intensas e reativas" (tradução é nossa) do "*griterio ciudadano*" por castigos mais intensos e evoca a lógica psicocultural na raiz dessa discussão (ESPÍ, 2006, p. 205).

Com um pensamento perspicaz, acrescenta que colocar o problema da criminalidade centrado no ator delitivo seria propício para por de lado as críticas ao agir institucional seletivo assim como as questões estruturais e edificantes da criminalidade (ESPÍ, 2006, p. 205). Assim, considera imprescindível reconduzir as questões politicas e culturais involucradas na esfera criminal,

---

4. "É bem claro que não foi a leitura de Kant nem dos neokantianos o que levou Tobias a rejeitar o conceito positivista da pena. Qual é a explicação desse fato? Acho que é uma das maiores provas que sustento: Tobias procurava instrumentos filosóficos para conter a ideologia neocolonialista que provinha do sul brasileiro, com força arrelhoadora" (ZAFFARONI, 1992, p. 180).

o que implica investigar as práticas sociais de onde deriva a criminalidade, saindo de uma posição vitimizadora para enfrentar as implicações de ser parte de uma sociedade produtora de criminalidade (ESPÍ, 2006, p. 209).

Como nos indica a literatura de Shakespeare quem está próximo ao poder carrega em si ambições. Perto das ambições, próximo ao desvio. Através deste viés cinematográfico é ainda mais perceptível a inscrição da criminalidade no sistema cultural e sua consequente punição. Garland investiga como a punição repercute no sistema de classes sociais, explora o sistema de controle entrelaçado pela cultura (GARLAND, 1990, p. 88).

Ao tratar sobre o controle social em face da cultura jurídica ocidental, Bergalli de forma exemplar, elucida a forma que o conceito de controle social tem se revelado para a teoria sociológica e a criminologia. A princípio, tratado com atenção e de forma inicial pela Escola de Chicago, segue sendo pertinente investigar se "o sistema penal se constitui como meio de controle social" (BERGALLI, 1998, p. 27). Dilema que enfrentamos atualmente na esfera das políticas penais que como nos indica Bergalli, há que aprofundar os debates na relação entre a "natureza sócio jurídica das funções do direito, e investigar a partir das teorias do conflito a 'verdadeira natureza política do direito' e do direito punitivo no Estado contemporâneo" (BERGALLI, 1998, p. 30).

Numa perspectiva jusliterária, o texto intitulado *Observações sobre o direito de punir* escrito pela escritora brasileira Clarice Lispector afirma que "não há direito de punir. Há apenas poder de punir" (LISPECTOR, 2005, p. 45). No entanto, Hermes Lima (1955, p. 27), Catedrático da disciplina Introdução à Ciência do Direito na Faculdade Nacional de Direito da Universidade do Brasil onde a escritora fizera o curso de direito (1995, p. 139),[5] em obra introdutória a ciência do direito, afirma que "o direito visa a paz, porém não qualquer paz e sim aquela que assegure o funcionamento do sistema social como resulta das condições objetivas". Dessa forma, como o direito visa uma forma específica de paz, objetiva também um sentido específico de castigo.

Assim, o aspecto ontológico do castigo está imerso em um turbilhão de sentimentos conflituosos em que se desenvolve a necessidade e o desejo de punir, especialmente nessa trama, gera uma rede complexa de tensões entre valores éticos, políticos e místicos. Desse modo, as questões relativas ao castigo movem-se junto ao aspecto humano e maquiavélico das relações

5. Cf. GOTLIB, Nádia. *Clarice, uma vida que se conta*. São Paulo: Ática, 1995, p. 139. Segundo Gotlib, Hermes Lima fora professor do Colégio Pedro II de Historia da Filosofia no período em que Clarice Lispector ali estudara, e assim como outros professores "pertenciam ao quadro da faculdade Nacional de Direito como José Carlos de Matos Peixoto, professor de introdução à ciência do direito, e, posteriormente, de direito romano [...] do corpo docente faziam parte também, entre outros, os professores Afrânio Peixoto e Hermes Lima" (GOTLIB, 1995, p. 139).

intersubjetivas: o desejo pelo poder. Isso faz com que a ponderação na aplicação da punição sofra variabilidade de justificativas e aplicabilidade.

Após a vitoriosa batalha, o bravo Macbeth depara-se com três feiticeiras que num ambiente místico lhe anunciam o destino: "Salve Macbeth, aquele que no futuro será Rei" (SHAKESPEARE, 2016, p. 321). Logo, as sementes da ambição são lançadas no fértil terreno da alma humana e apresentam o elemento de desejo que irá nutrir as tensões e conflitos pelo titulo de governabilidade máxima do trono da Escócia dando o tom e as condições emocionais da narrativa cinematográfica assim como o desejo de castigar que, apoiando-se em assertivas legais, revelam também conteúdos psíquicos e extrapolações pertinentes as questões da psiquiatria e que incidem nesse campo de conhecimento.

Os elementos mágicos pautados pelas estranhas irmãs (feiticeiras), as que predizem o futuro de Macbeth, são transportados para as práticas cotidianas interferindo na ação dos personagens, na medida em que o enredo vai sendo apresentado ao espectador. Não à toa, as descrições do céu em Shakespeare e a visão de Polanski acentua a escuridão, ventos que sopram e compõem a atmosfera tenebrosa em que a decadência moral é pressentida pela natureza em tom cinzento, assim as imagens chuvosas e a ira dos mares compõem o cenário dramático do filme.

O aspecto tenebroso que invade as cenas de Polanski reproduz a áurea confusa dos desejos e ambições que corroem as relações humanas. O foco eleito pelo cineasta demonstra que as feições do protagonista, torna o espectador próximo a Macbeth, quase que refletindo nele suas próprias angústias e ambições, fazendo-o testemunha do castigo aguçado em cada cena pelo ímpeto de retribuição ao crime praticado.

Depois da prática do homicídio, a perda do equilíbrio psíquico começa a ser demonstrado ao espectador através dos descompassos de Macbeth. Os distúrbios emocionais se manifestam até tornar visível a irracionalidade dos seus gestos atormentados por visões dos homicídios praticados. Nesse sentido, o texto nos apresenta indícios de uma consciência atormentada pelo delito praticado.

A punição de Macbeth, inserida no contexto teórico da filosofia política e moral, trata-se de um amplo e profundo castigo para uma curta tragédia, no dizer de Barbara Heliodora (2014). Matthews (2015, p. 24) pontua que a noção de punitividade "continua a servir como conceito organizado nos estudos sobre o controle da criminalidade apesar de não ter sido adequadamente construído, permanecendo, por isso, uma concepção caótica e fluida". Já Cohen (1994) observa a funcionalidade da coerção em seus aspectos mais sutis. Regras disciplinares que inibam a conduta, prescrevendo deveres e sanções, gerando a aceitabilidade das punições.

Dessa forma, a desconstrução da ordem política atinge dimensões intersubjetivas viscerais onde podemos ver um Macbeth, em macro e micro dimensões nos jogos políticos contemporâneos. Godoy, no entanto, pondera ao levantar a questão do livre arbítrio colocando na influencia das feiticeiras em induzir Macbeth a arquitetura da trajetória criminosa. "E porque Macbeth agiu influenciado pela profecia das bruxas, resta saber se o livre arbítrio poderia ser razão suficiente para separar o dolo da culpa. Ou se com dolo agiu, simplesmente, porque às bruxas ouviu" (2011, p. 83). Despertamos, assim, para o problema da influência no contexto da criminalidade. Aqui poderemos pensar na condução do clamor público pela construção midiática inerente aos relatos populares penológicos e a crescente expectativa punitiva das sociedades atuais.

No entanto, a narrativa de Macbeth nos instiga a pensar sobre os "vestígios de vingança em sistemas jurídicos-institucionais" como bem reflete Aguiar e Silva (2008, p. 131) sobre as marcas da vingança geracional a que o direito pensa impor limites. Em Macbeth, essas formas pré-jurídicas se configuram em um direito de punir como uma medida compensatória, necessária quando o corpo social encontra-se envolvido. De forma que "tratando-se de traição ou sacrilégio, a vingança deixa de ser puramente privativa, assumindo um caráter público". Contextualizando os sentidos da punição, esta autora indica que "a punição é ação mágica e sacral com que se acalma um deus ofendido. [...] daí que a pena seja imposta pelo grupo; não para o indivíduo" (AGUIAR e SILVA, 2008, p. 133).

Aguiar e Silva enfatiza a perspectiva das vítimas sobre a questão da vingança e com interessante visão pontua que a relação entre vingança e justiça quase sempre foram postas de lado, como se "querer vingança fosse a mais terrível das motivações, algo pelo que se teria que sentir vergonha" (AGUIAR e SILVA, 2008, p. 145). Desse modo, polemiza a autora "quando de fato, não há nada de errado em as vítimas quererem retribuição proporcional para os males que sofreram. E não há nada de errado chamar isso de justiça" (AGUIAR e SILVA, 2008, p. 145).

A criminologia crítica ao investigar o sistema de punições vai desmembrando o caráter moralista do castigo, examinando seu contorno científico-normativista. Com Shakespeare, a intensidade da tragédia revive os valores ficcionais de aspecto moral para que o leitor observe a transformação do valoroso guerreiro Macbeth em homicida perspicaz e reflita sobre o acontecimento do castigo.

Aqui o castigo, ao modo de Maquiavel, parece apresentar utilidade aos anseios dessa vingança política. De fato, Garland visualiza o processo de controle de criminalidade desenvolvido no USA e na Europa a partir de tradições comuns a cada sistema penal desnudando os problemas relativos à organização da sociedade norte- americana e europeia trazendo importantes contribuições ao tema. Contemporaneamente, a multiplicidade de sistemas jurídicos de punição e seu clamor punitivo não descarta a perspectiva de Shakespeare, em que "a justiça se faz pelos defensores da moral", como nos indica Barbosa (2017). Bottoms (1995) ao investigar sobre política criminal e fixação da pena, delineia a noção de "punitividade populista", "a qual aponta como presença marcante da política contemporânea a frequente assertiva sobre direitos humanos e as questões de gerencialismo" (MATTHEWS, 2015, p. 22).

Em termos históricos, a punitividade de caráter populista indica comumente um desvio ao princípio da proporcionalidade na aplicação das sanções (MATTHEWS, 2015, p. 25), havendo contemporaneamente, sobretudo, no âmbito acadêmico um repensar de formas punitivas de caráter informal alcançando a esfera da restauração na sua atual expressão como justiça restaurativa (DALY, 2002). A noção de pacificação inserida nos estudos sobre justiça restaurativa e a popularização da ideia de que onde há paz não reina a vingança, embora possa haver a punição.

Na visualização cinematográfica do castigo, observa-se determinada psicologia de efeitos, por exemplo, na forma de enquadrar a câmera em determinado plano (AUMONT, 2002, p. 154-156). O espectador é aquele que está à espera do espetáculo, está destinado a ver. Esta amplitude do cinema como arte impactante capaz de ampliar percepções a partir da visão e da audição, da cena construída pelos atores, torna-se mais concreta de acordo com o sintoma visual provocado pela narrativa cinematográfica. O castigo permeia todo o viés cinematográfico de Polanski em *Macbeth* e as imagens dão lugar ao intrigado processo de construção da punição.

As punições aparecem de formas variadas. Macbeth não conseguia dormir após ter praticado o homicídio. Como assinala a feiticeira, no primeiro ato da peça shakespeariana "farei com que ele seque aos pouquinhos até transformá-lo numa palha. O sono, nem de noite nem de dia, cairá sobre suas pálpebras. Viverá ele como homem amaldiçoado" (SHAKESPEARE, 2016, p. 320). Claude Levi-Strauss assinala a perda da paz em rituais também transmitidos por relatos, contos e fábulas (LEVI-STRAUSS, 1989).

Nesse teor, a construção do castigo cumpre um amplo percurso nas doutrinas penalistas e criminológicas. Ao pensar as teorizações preconizadas por Santo Anselmo (ANSELMO, 1998), encontramos na perspectiva antropológica da doutrina cristã a relevância desta discussão continuada em séculos posteriores, a partir de estudos acerca da natureza humana, em que a filosofia traz à criminologia um amplo alicerce sobre a relação entre castigo e natureza humana.

Stephen L. Collins, em *From Divine Cosmos to Sovereign State*, ao investigar os elementos medievais na narrativa de Shakespeare evidencia a dinâmica do estado moderno, pontua o sentido que a ordem e a hierarquia social ocupam na estrutura elisabetana de poder alimentada pela conexão entre monarquia e divindade, entre espaço terreno e divino, entre os macro e micro sistemas sociais.

A retribuição ao mal, praticado nas representações cristãs, constitui o cerne da dogmática penal sobre o caráter retribucionista da pena, coloca o sistema penal atrelado aos destinos políticos em diferentes dimensões assim as políticas punitivas se apresentam como menor assertiva técnica, em linguagem popularizada. Assim, o tratamento ao castigo (ANITUA, 2005, p. 397), pelo sistema punitivo marca a sua inevitabilidade nas relações sociais. Foucault (1997, p. 33), apresenta as condições históricas do castigo na esfera prisional, nos manicômios, escolas, instituições e leva a criminologia a repensar modelos tradicionais do sistema punitivo dentro do contexto das tecnologias do poder assim como no texto *A sociedade punitiva* escrito nos anos de 1971/1972, Foucault revela que "não há modelo universal da penalidade", o que há é o estabelecimento da relação do castigo com o dano ou aquilo que coloca a sociedade em eminência de sofrimento e perigo. Desse modo, o desenvolvimento do pensamento penal acerca do castigo espelha a consciência estrutural do sistema social em face ao elemento ordem.

No entanto, as reflexões criminológicas tratam de discutir se a punição daria ao indivíduo a consciência valorativa da ordem. Exemplo inscrito no pensamento de Mills, em que a utilidade do castigo desafia as razões sobre a não punição. A determinação e os métodos de punição que serviram de análise na vasta bibliografia europeia, entre elas, as investigações de Quetelet, relido nos percursos da biopolítica, traça subsídios para enfrentar o tema da punição e as circunstâncias sociais do castigo em que a criminologia vai esboçar um amplo conteúdo, em especial de vertente marxista.

A dimensão ética na personalidade de Macbeth reflete uma consciência atrelada à perspectiva de gênero, sendo moldado o bravo guerreiro pelas relações de afeto que compõem as relações entre criminalidade, poder e cultura.

2. EM *MACBETH*

> "O belo é podre, e o podre, belo sabe ser."[6]

No imaginário Shakespeariano, as figuras femininas desde as bruxas que revelam o destino até a instigante personagem de Lady Macbeth proporcionam espaços de reflexão na medida em que dotadas de personalidade forte e com formas de intervenções específicas, como instigação ao delito praticado, as mulheres atuam de forma singular na esfera da criminalidade.

---

6. SHAKESPEARE, William. *Obras escolhidas/William Shakespeare.* Macabeth. Tradução Beatriz Viégas-Faria. Porto Alegre, RS: L&M, 2016. Primeiro ato. Shakespeare, p. 317.

Imerso no jogo político, Macbeth e Lady Macbeth sintetizam a relação afetiva arquetípica de dependência emocional em que Lady Macbeth tem domínio e influência sobre as ações do marido. Persuasão e convencimento atravessam a intencionalidade sobre qual Macbeth direciona sua ação política criminosa.

Finaliza o primeiro ato com Macbeth instigado pela esposa com premeditado ardil "aquilo que sabe o coração falso, a cara falsa deve esconder" (SHAKESPEARE, 2016, p. 332). Criminalidade elaborada de forma significativa a partir de espaços privados em situações em que a mulher atua como gestora intelectual conduzindo através de laços de afetividade às situações de delito.

Desse modo, há um processo de desconstrução da ordem patriarcal em que o feminino exerce a partir de uma subversão de valores, força e poder. Cumpre ressaltar o entendimento de Costa (1995) sobre a formação do conceito de gênero e seu postulado nas ciências sociais. Costa indica que a crise paradigmática nas ciências sociais gerou um ambiente propício para se pensar em conceitos que dialogassem com as relações estabelecidas entre homens e mulheres no contexto da vida social. O repensar dos afetos na relação de gênero e como as instituições jurídicas podem lidar com a prevenção de delitos que tenham a origem num processo psicossocial engendrado pelas relações afetivas nos traz o interesse a esse recorte evidenciado pelo filme.

Lady Macbeth, anuncia que "a tentativa, e não o ato, é o que nos aniquila" (SHAKESPEARE, 2016, p. 335). Nesse sentido, observa-se que a corrupção dos valores inicia-se mentalmente, rompendo valores antes estruturados e ocasionando novas percepções sobre a criminalidade movida por desigualdades de oportunidades, gerando aumento da criminalidade feminina assim como uma duplicidade punitiva.

No texto, *Mal estar na cultura* Freud pontua sobre o caráter normativo do superego (FREUD, 1968, p. 62), afirma a vulnerabilidade do sistema ético embora nele recaiam grandes esperanças (FREUD, 1968, p. 62). O sistema psíquico das motivações e a possibilidade de castigo assumiria uma condição de superestrutura em face dos comportamentos delituosos (ANITUA, 2005, p. 39).

Macbeth afirma a Lady Macbeth que cometera o ato (SHAKESPEARE, 2016, p. 335) referindo-se ao homicídio do Rei Duncan. Estava realizado aquilo que o espectador está destinado a ver pelo olhar determinado de Polanski "que aconteça aquilo que o olhar teme quando feito está o que está feito para ser visto" (SHAKESPEARE, 2016, p. 326).

Assim, a estética do filme coloca em cena perspectivas da tirania sobre o percurso da traição na era Elisabetana deixando em evidência que as mulheres não estavam alheias ao poder e as articulações políticas. Nesse sentido, podemos refletir como a ambição atravessando fronteiras da psique humana, segue sendo motivação para delitos de usurpação do poder político e vias do empoderamento feminino em sentido negativo.

Ao refletir sobre a esfera punitiva Zysman Quirós (2015, p. 185), pontua sobre as relações entre castigo e populismo penal investigando o sistema punitivo no contexto das democracias latino-americanas. Para tanto, aponta distintas trajetórias em que democracia e liberalismo aparecem a respeito da condução de esferas punitivas expõe modos em que se influenciam produzindo em certa medida convergência de interesses a respeito das políticas criminais, contexto destinado a estudos interdisciplinares que segundo afirma não foram ainda devidamente explorados. Da mesma forma ressalta em exemplar estudo, a variabilidade teórica em torno da noção de populismo punitivo.

De certa forma, o perfil frequentemente associado a um populismo punitivista (PRATT, 2000), é também reconhecido e estimulado por perspectivas políticas neoliberais. Jonathan Simon aponta um retorno constante de processos punitivos, a exemplo, os campos de correção, considerando como argumenta este autor (Simon, 1999), que a punição cria um tipo de cena terapêutica que traz a esfera democrática prazeres perversos alimentandos pelo populismo midiático.

3. CONSIDERAÇÕES CONCLUSIVAS

Ao fim, o corpo do guerreiro Macbeth jaz numa estaca. A cabeça fora do corpo simbolicamente retribui aquele outro corpo político sobre o qual o castigo serve de moldura e sustentação. É necessário que Polanski decepe Macbeth com requintes de imagens para que o terror da decapitação assuma a ideia de punição máxima integrada à condição política do espetáculo punitivo. Assim, na estética cinematográfica do castigo, delineia-se as formas culturais do populismo punitivo.

O cinema, com o seu amplo potencial de produzir imagens, brinca com as nuances do ver e não ver, sobretudo, nos processos midiáticos. Polanski opta por ver. A cabeça de Macbeth cai sob o solo em meio a risos, talvez para impactar o espectador sedento e frustrado com as promessas perdidas da modernidade e o acréscimo da criminalidade na porta da sua casa.

Polanski exibe um Macbeth cujo olhar atinge a visão do espectador marcado pela variabilidade dos sentidos sobre o castigo nas democracias. Dessa forma, a linguagem cinematográfica abraça a punição como evento e transforma todos nós em espectadores do horrendo trágico do sistema punitivo populista.

REFERÊNCIAS BIBLIOGRÁFICAS

AGUIAR E SILVA, Joana. Vingança e justiça na encruzilhada do direito. Um patrimônio jurídico-literário. *Direito & Literatura: reflexões teóricas*. In: André Karam TRINDADE, Roberta Magalhães GUBERT, Alfredo COPETTI NETO... *et alii*. Porto Alegre: Livraria do Advogado Editora, 2008. p. 131-145.

ANITUA, Gabriel Ignacio. *Historias de los pensamentos criminológicos*. Buenos Aires: Del Puerto, 2005.

ANSELMO, Santo, Arcebispo de Cantuária, 1033-1109. *Monológio; Proslógio; A verdade; O gramático / Santo Anselmo de Cantuária. Lógica para principiantes; A história das minhas calamidades / Pedro Abelardo*. Tradução Ângelo Ricci, Ruy Afonso da Costa Nunes. 4. ed. São Paulo: Nova Cultural, 1988.

AUMONT, Jacques *et alii*. *A estética do filme*. Campinas: Papirus, 2002.

BARRETO, Tobias. Escada II. *Estudos de Direito III* – edição comemorativa. Organização, introduções e notas de Jackson da Silva Lima e Luiz Antônio Barreto. Editora Record. Governo de Sergipe. Secretaria de Estado de Cultura e Meio Ambiente, 1991.

BERGALLI, Roberto. ¿De cúal y de qué control se habla? *Contradicciones entre Derecho y Control Social*. Barcelona: Editoral M. J., Bosch S.L, 1998.

BOTTOMS, A. The philosophy and politics of punishment and sentencing. In: C. Clarkson an R. Morgan (Eds). *The Politics of Sentencing Reform*, p. 17-49. Oxford: Claredon Press, 1995.

BRYSON, Bill. *Shakespeare: o mundo é um palco: uma biografia*. Trad. José Rubens Siqueira. São Paulo: Companhia das Letras, 2008.

CAMPOS, Carmen Hein Campos. Violência contra mulheres: feminismos e direito penal. *Justiça Criminal e Democracia*. In: MACHADO, Bruno Amaral (Coord.). São Paulo: Marcial Pons; Brasília: Fundação Escola Superior do Ministério Público do Distrito Federal e Territórios, 2013.

COHEN, S. Social Control and the Politics of reconstruction. In: D. Nelken (ed.). *The futures of Criminology*, p. 63-88. London: Sage Publications, 1994.

COLLINS, Stephen L. *From divine cosmos to Sovereign State: An intellectual history of Consciousness and the idea of Order in Renaissance England*. Oxford – New York: Oxford University Press, 1989.

COSTA, Ana Alice Alcantara. *La mujer em el poder local en Bahia/Sergipe*. La imbricación de lo público y lo privado. Tesis de Doctorado. Universidad Nacional Autonoma de Mexico. Facultad de ciências políticas y sociales. Divison de Estudios de Posgrado. Mexico, D.F, 1995.

DALY, K. *Restorative Justice: The real Story, Punishment and Society*, 2002.

FERREL, Jeff. Boredom, crime and criminology. *Journal Theoretical Criminology*, Londres: Sage, vol. 8, n. 3, p. 287-302, 2004.

FLUSSER, Vilém. *A escrita – Há futuro para a escrita?*. Tradução do alemão por Murilo Jardelino da Costa. São Paulo: Annablume, 2010.

FOUCAULT, Michel. *Resumo dos cursos do Collège de France*. Trad. Andréa Daher; consultoria, Roberto Machado. Rio de Janeiro: Jorge Zahar, 1995.

FRANCO, Ângela Barbosa; CAMPOS, Maria Cristina Pimentel; RIBEIRO, Fernando José Armando; NUNES, Luciano Augusto de Freitas. *O poder em Macbeth: A (des)construçãoda ordem e da (des) medida*. Disponível em: <nainternethttp://www.publicadireito.com.br/conpedi/manaus/arquivos/anais/salvador/angela_barbosa_franco-1>. Acesso em 11 ago. 2017.

FREUD, Sigmund. *Obras Completas*. Volumen III. Revision, traduccion y prologo por Ramon Rey Ardid – catedrático de psiquiatriany psicologia medica de la Facultad de Medicina de Zaragoza. Editorial Biblioteca Nueva, Madrid, 1968.

GARLAND, David. *A cultura do controle: crime e ordem social na sociedade contemporânea*. Tradução, apresentação e notas André Nascimento. Rio de Janeiro: Revan, 2008. 440p. (Coleção Pensamento Criminológico, n. 16).

______. *Punishment and modern society: a study in social theory*. Chicago: University of Chicago Press, 1990. 312p.

______. *The culture of control: Crime and Social order in contemporary Society*. Oxford: Oxford University Press, 2001.

_______. As Contradições da "Sociedade Punitiva": o caso britânico. *Revista de Sociologia e Política*, Curitiba, p. 59-80, 1999.

GOTLIB, Nádia. *Clarice, uma vida que se conta*. São Paulo: Ática, 1995.

GODOY, Arnaldo Sampaio de Moraes. *Direito, Literatura e Cinema. Inventário de possibilidades*. São Paulo: Quartier Latin, 2011.

HELIODORA, Barbara. *Shakespeare – o que as peças contam*. Rio de Janeiro: Edições, 2014.

KIRCHHEIMER, Otto; RUSCHE, Georg. *Punição e estrutura social*. 2. ed. Rio de Janeiro: Revan, 2004.

LEAMING, Barbara. *Polanski: a biography*. New York: Touchstone Books, 1981.

LIMA, Hermes de. *Introdução à ciência do Direito*. Rio de Janeiro: Livraria Freitas Bastos,1955.

LINGS, Martin. *A arte sagrada de Shakespeare: o mistério do homem e da obra*. São Paulo: Polar Editorial, 2004.

LISPECTOR, Clarice. *Outros escritos*. Organização de Teresa Montero e Lícia Manzo. Rio de Janeiro: Rocco, 2005.

LLAMAS, Marta, Gênero: os conflitos e desafios do novo paradigma. In PORTUGAL, Ana Maria; TORRES, Carmem (Ed.). *El Siglo de lasMujeres*. ISTS Internacional, Ediciones de lãs Mujeres, Santiago, Chile, 1999, p. 2.

LUDWIG, Carlos Roberto. A teatralização da consciência os autos medievais em Macbeth de Shakespeare. *Revista Historiador Especial*. n. 1. Ano 3. Julho de 2010. Disponível em: <http://www.historialivre.com/revistahistoriador>. Acesso em: 30 maio 2017.

MATTHEWS, Roger. O mito da punitividade revisitado. *Justiça Criminal e Democracia.* In André Vinicius de Almeida... *et alii*; coordenador Bruno Amaral Machado. São Paulo: Marcial Pons; Brasília, DF: Fundação Escola Superior do Ministério Público do Distrito Federal e Territórios, 2015.

NUNES, Glória Elena Pereira. Leituras de Shakespeare A adaptação de Macbeth e a Tempestade segundo Orson Welles, Roman Polanski, Paul Mazursky. *Revista Semioses.* vol. 1. n. 6, Fevereiro, 2010. Disponível em: <http://dbd.pucrio.br/shakespeare/pdfs/Shakespeare_da_palavra_imagem.pdf.> Acesso em 04 ago. 2017.

________, Glória Elena Pereira. *Leituras de Shakespeare da palavra à imagem.* Tese de doutorado em Literatura Comparada apresentada à coordenação de Pós-graduação em Letras da Universidade Federal Fluminense, Niterói, 2006.

PRATT, J. *Punishment and civilization.* London: Sage Publications, 2002.

QUIRÓS, Diego Zysman. Democracia, Castigo y populismo penal: notas del caso argentino para uma proyección latino-americana. *Justicia Criminal e democracia.* In André Vinicius de Almeida ... *et alii*; coordenador Bruno Amaral Machado. São Paulo: Marcial Pons; Brasília, DF: Fundação Escola Superior do Ministério Público do Distrito Federal e Territórios, 2015.

SIMON, J. Entitlement to cruelty: Neo-liberalism and Punitive Mentality in the United States, in K.Stenson na R. Sullivan (Eds.) *Crime Risk and Justice,* p. 125-43. Cullompton: Willian.

______. Cultural criminology. *Blackwell Encyclopedia of Sociology.* Disponível em: <http://blogs.kent.ac.uk/culturalcriminology/> Acesso em: 13 abr. 2011.

SHAKESPEARE. William. *Obras escolhidas/William Shakespeare.* Macabeth. Tradução Beatriz Viégas-Faria. Porto Alegre, RS: L&M, 2016.

WILSON, Jeffrey. *"A daggar of the mind": Mental Illness, Masculinity, and Murder in Macbeth.* Disponível em: <https://wilson.fas.harvard.edu/shakespeare-and-criminology/%E2%80%9Ca-daggar-of-the-mind%E2%80%9D-mental-illness masculinity-and-murder-in-macbeth>. Acesso em 25 mai. 2017.

OXLEY DA ROCHA, Álvaro. Crime e cultura: novas perspectivas e abordagens em criminologia e controle da criminalidade. In GAUER, Ruth Maria Chitó (Org.). *Criminologia e sistemas jurídico-penais contemporâneos.* 2. ed. rev. e ampl. Porto Alegre: EDIPUCRS, 2012. p 163.

ZAFFARONI, Eugenio Raúl. Elementos para uma leitura de Tobias Barreto. *Ciência e Política Criminal em Honra de Heleno Fragoso.* In: ARAÚJO JÚNIOR, João Marcelo de (Org.). Forense, Rio de Janeiro.

5

WHITE BEAR: A CULTURA PUNITIVA QUE HÁ EM NÓS

CAROLINA COSTA FERREIRA[1]

RESUMO: O artigo analisa as imagens e os discursos sobre punitividade presentes no segundo episódio da segunda temporada da série britânica *Black Mirror*, intitulado *White Bear* (Urso Branco). A perseguição a Victoria, uma mulher sem memórias ou identidade, é uma poderosa história para que reflitamos sobre os sentidos da pena, da punição e da cultura punitiva modernos.

PALAVRAS-CHAVE: Cultura punitiva – Funções da pena – Cultura do controle – Criminologia cultural.

1. A SÉRIE *BLACK MIRROR*

Criada por Charlie Brooker, a série britânica *Black Mirror* estreou em 2011 no Reino Unido e ganhou a atenção dos brasileiros em 2016, quando foi integrada ao catálogo da rede de *streaming* e produtora de conteúdos Netflix. Segundo sua sinopse geral, "esta série antológica de ficção científica explora um futuro próximo onde a natureza humana e a tecnologia de ponta entram em um perigoso conflito".[2] Classificada como série de ficção científica, a produção

---

1. Doutora e Mestra em Direito, Estado e Constituição pela Universidade de Brasília (UnB). Líder do Grupo de Pesquisa "Criminologia do Enfrentamento" (UniCEUB). Professora de Criminologia, Direito Penal e Processo Penal do Centro Universitário de Brasília (UniCEUB). Advogada.
2. Disponível em: <https://www.netflix.com/br/title/70264888> Acesso em 20 de julho de 2017.

ganhou popularidade por apontar as relações – cada vez mais intensas na vida real – entre tecnologia, consumo, punição, mundo do trabalho, saúde, dentre outros assuntos cotidianos. Se, em algumas dimensões, suas histórias e personagens nos parecem distantes e ficcionais, muitos dos debates colocados nos episódios são relevadores da sociedade moderna, de suas tensões e contradições.

Black Mirror possui, até o momento, treze episódios à disposição, divididos em três temporadas: a primeira possui três episódios, com duração de, em média, 51 minutos: *Hino Nacional, Quinze milhões de méritos* e *Toda a sua história*. Da primeira temporada, exibida em 2011, o episódio *Hino Nacional* foi o que gerou a maior repercussão, especialmente no Reino Unido, tendo em conta o escândalo *Pig-Gate*, envolvendo o então Primeiro-Ministro David Cameron, em seus tempos de graduação em Oxford.[3] Comentários na Internet e em redes sociais ironizavam que "a arte imitava a vida", neste específico episódio.

A segunda temporada, de 2013, é a mais curta de todas: possui três episódios (*Volto já, Urso Branco* e *Momento Waldo*). Destes, o mais assistido no Reino Unido foi *Volto Já*, com mais de dois milhões de espectadores. *Urso Branco* foi assistido por aproximadamente um milhão e setecentas mil pessoas.[4] Em 2014, a segunda temporada contou com um episódio extra, em comemoração ao Natal, intitulado *White Christmas* (*Natal Branco*).

Em 2016, a terceira temporada estreou mundialmente, contando com seis episódios: *Queda Livre, Versão de Testes, Manda quem pode, San Junipero, Engenharia Reversa e Odiados pela Nação*. Mais uma vez, temas como a relação das pessoas com a morte, a inserção das novas tecnologias nos relacionamentos humanos e a política da punição são assuntos trazidos pela série, nesse momento, já reconhecida pela crítica como antológica.

O comentário geral que se pode fazer em relação à série é de que se trata de uma mistura de drama, ficção científica e terror.[5] Assim, como as séries exibidas em canais de *streaming* se tornam poderosas ferramentas para a

---

3. Disponível em: <http://www.dailymail.co.uk/news/article-3242504/Drugs-debauchery-making-extraordinary-Prime-Minister-years-rumours-dogged-truth-shockingly-decadent-Oxford-days-gifted-Bullingdon-boy.html>. Acesso em 20 jul. 2017.
4. Segundo o BARB's – Broadcaster´s Audience Research Board: <http://www.barb.co.uk/viewing-data/weekly-top-30/>.
5. Charlie Brooker, em entrevista ao "El País" quando da estreia da terceira temporada, relatou que, sim, a série é sobre terror, mas há algo sobre a relação entre presente e futuro que todos nós tememos: "[...] muitos dos capítulos da série ajudam os espectadores a entender o futuro, a saber o que enfrentarão em pouco tempo. Um episódio como *Fifteen Million Merits*, que é uma visão sarcástica do capitalismo com a estrutura e o espírito de *Além da Imaginação*, é uma forma pessoal de refletir sobre a vida diária. Essa é minha maneira de explicar fatos relevantes da vida de todos". Disponível em: <https://brasil.elpais.com/brasil/2016/10/14/cultura/1476445649_428143.html>.

discussão de problemas que afetam a todos, o episódio *White Bear* se torna um interessante instrumento para a discussão do controle penal, das funções da pena e da cultura punitiva que há em nós.

1.1 O episódio *White Bear*

Segundo a sinopse, "Victoria acorda e não se lembra de nada sobre a sua vida. Todos que encontra se recusam a falar com ela".[6] Na primeira cena, Victoria desperta em um lugar estranho, com os pulsos com ataduras, demonstrando sentir uma grande dor de cabeça. Abre a janela, vê que é dia, mas não se reconhece no lugar ou em sua identidade. Não se lembra de nada. Nos equipamentos eletrônicos que a cercam, um símbolo branco em tela preta. Um calendário mostra o dia do ano. Ela vê uma foto de uma menina num porta-retrato e tem um lampejo de memória, com muita dor. Sai da casa, em busca de informações sobre onde está e o que se passou com ela.

Sua primeira impressão é de incompreensão, pois vê pessoas ao seu redor, nas janelas das casas vizinhas, nos gramados, empunhando celulares e máquinas fotográficas, mas estas pessoas não falam com ela. Victoria suplica: "*eu não me lembro de quem eu sou*". Em resposta, pessoas riem, tiram fotos e a filmam – à distância. A confusão física e mental, para ela, só aumenta.

Um homem armado – e com o mesmo símbolo – a persegue e atira contra ela. Nesse momento, Victoria encontra um casal, num posto de gasolina, que interage com ela, defendendo-se do encapuzado armado. Victoria exclama a eles: "*o que há de errado com essas pessoas? Por que elas não estão nos ajudando? Elas estão só assistindo!*"

A perseguição continua. As pessoas ao redor do agressor encapuzado estão cada vez mais animadas. Victoria consegue fugir enquanto o agressor luta com o homem que a ajudou. Há um disparo de arma, e seu perseguidor parece estar morto em seguida. Victoria tem sua segunda lembrança: a mesma criança, negra, num carro com um homem branco; uma mulher negra se despede da menina, sorrindo. A cada lembrança, mais dor sente Victoria.

Mais pessoas surgem como agressoras (no texto original, "*hunters*"), agora, com máscaras de soldadores e de animais; enquanto isso, Victoria confia nos planos da mulher que conheceu no posto de gasolina. Elas conseguem abrigo em uma casa, que encontram aberta. A mulher aconselha Victoria a não se aproximar da janela: "*os espectadores às vezes esperam na janela, nos vigiando*". Victoria tenta desenvolver algum raciocínio sobre o que está vivendo, mas nada faz sentido. A mulher tenta ajudá-la. Ela mostra a foto da menina, e diz que ela "pode ser sua filha". A mulher vê seus pulsos e afirma que ela deve ter tentado se matar. Victoria concorda, pois viu pílulas no chão

---

6. Disponível em: <https://www.netflix.com/br/title/70264888>. Acesso em 20 jul. 2017.

de sua suposta casa. A mulher explica a Victoria que há algo nas televisões, nos computadores, que faz com que as pessoas se tornem apenas espectadores, "como uma plateia que não dá a mínima para o que acontece. São nove a cada dez pessoas agora".[7] A mulher explica a Victoria que os caçadores fazem tudo o que querem – roubos, sequestros, homicídios – e que as demais pessoas só as assistem. Victoria pergunta se a culpa é do sinal emitido pelos aparelhos eletrônicos. A mulher discorda: "no fundo, eles sempre foram assim; só precisavam de uma mudança das regras, para ninguém intervir".

Victoria não se conforma com as explicações da moça e, especialmente, não entende o comportamento das pessoas, que, impassíveis, filmam-na insistentemente. Ela as ataca, uma delas deixa o celular cair. A moça suplica a Victoria que não veja seu conteúdo, pois o sinal está ali. Victoria tem outro lampejo de memória e um nome lhe vem à mente: "Jemima". Mas a perseguição não termina. Um motorista de uma van as tira da cidade e diz que conhece um bom esconderijo na floresta. As mulheres o acompanham. Lá chegando, rapidamente ele se revela um dos caçadores e submete Victoria a um local cheio de cruzes, com corpos destroçados e crucificados. Os espectadores começam a surgir novamente, empunhando os seus celulares. Victoria é rendida, amarrada, e o homem saca uma furadeira. Ela suplica por ajuda, gritando "*eu sou um ser humano!*". Antes que ele pudesse ferir Victoria, sua companheira mata o motorista com um tiro de espingarda. Elas conseguem fugir. O objetivo de ambas é chegar a um local chamado *White Bear* – Urso Branco, que estaria fora do controle do sinal hipnótico e desumanizador.

A cada novo *flash* de celular, uma nova lembrança para Victoria: desta vez, Jemima continua no carro, e Victoria pede a ela que fique deitada no banco de trás, olhando para um ursinho branco. Ela se incomoda com o nome de seu destino – *White Bear* – e pede para que voltem. Sua companheira não acredita nas intuições de Victoria, fazendo com que a própria desconfie de sua sanidade mental. Victoria se lembra de fogo, e de estar com o homem branco dentro do carro. Ela e sua companheira finalmente chegam a *White Bear*, com o objetivo de destruir a torre de controle e impedir o sinal de alguns dos transmissores. Elas chegam com uma certa facilidade a tal acesso, mas são impedidas pelos caçadores de chegarem ao seu resultado esperado – a desativação dos sinais hipnóticos. A companheira de lutas de Victoria é rendida e, para salvá-la, Victoria atira em um dos caçadores. Mas, ao invés de uma bala, saem papéis coloridos da arma. Seu disparo é suficiente para abrir as portas da torre de controle, que se revela ser um palco de um programa de auditório, que conta com uma plateia muito animada à sua espera.

---

7. Segundo a empresa GSMA Intelligence, há cinco bilhões de aparelhos celulares em todo o mundo. Os dados são de junho de 2017. Disponível em: <http://exame.abril.com.br/tecnologia/5-bilhoes-de-pessoas-tem-smartphones/>. Acesso em 30 jul. 2017.

Victoria é amarrada a uma cadeira, presa pelos braços e pernas, aos gritos de espectadores que aplaudem todo o elenco de pé. Um apresentador diz a Victoria: "*está na hora de dizer a você quem você é*". A cena tem traços de *Laranja Mecânica.* Duas telas projetam a foto do homem branco, identificado como seu noivo, Iain Rannoch, e sua história é contada por uma notícia de telejornal:

> "O julgamento de Victoria Skillane finalmente terminou hoje. Veredicto, culpada. Com seu noivo, Ian Rannoch, cuja morte na prisão adiou o julgamento, Skillane raptou a menina Jemima Sykes a poucos quilômetros de casa, iniciando uma busca pelo país, entre apelos emocionados dos pais. Por meses, o desaparecimento da criança foi um mistério. A única pista era seu urso branco, descoberto em um acostamento a três quilômetros da casa da família. O urso branco se tornou um símbolo de persistência na caça a Jemima, caçada que terminou em uma floresta local. O corpo de Jemima foi encontrado aqui. Enrolado em um saco de dormir e queimado. O casal foi preso depois que imagens perturbadoras da tortura e assassinato de Jemima foram encontradas em um telefone celular que estava com Skillane. Iain Rannoch, identificado por sua tatuagem [*o mesmo símbolo mostrado nas televisões e nos equipamentos eletrônicos pelos quais Victoria passou*] matou a criança enquanto Victoria Skillane segurava a câmera. Aos prantos, Skillane admitiu ter filmado os momentos finais de Jemima, alegando que seu noivo a obrigou a ajudá-la, afirmando que estava enfeitiçada por ele. Nem o júri nem o juiz se convenceram da história de Skillane, que a chamou de 'um indivíduo excepcionalmente perverso e pernicioso': 'Você foi uma espectadora entusiasmada do sofrimento de Jemima. Você ativamente se deliciou com o sofrimento dela', ele disse, afirmando que sua punição seria proporcional e adequada. Ao se enforcar em sua cela, muitos acreditam que Iain Rannoch evitou a justiça. O sentimento do público agora se concentra em assegurar que sua cúmplice não possa fazer o mesmo. Patrick Lacey, UKN." (BROOKER, 2013, transcrição de vídeo)

Victoria chora desesperadamente. A plateia a vaia, a ofende, chama-lhe de assassina. Ela é retirada do palco, levada a um carro iluminado, em estilo "papa-móvel", que se movimenta enquanto centenas de pessoas estão à sua espera para ofendê-la, condená-la, mandá-la ir para o inferno. Jogam-lhe tomates. Exausta, ela chega à casa em que começou o dia. Ela pede que a matem. O apresentador a posiciona na cadeira em que amanheceu para receber choques, enquanto revê um vídeo de Jemima. Enquanto isso, funcionários do empreendimento recompõem o cenário para o dia seguinte.

O episódio termina e, alternando com os créditos da produção, são veiculadas imagens do (ainda) fictício "Parque de Justiça Urso Branco". As cenas mostram as (ainda fictícias) orientações de controle dos espectadores para o acesso a uma mistura de complexo prisional e parque de diversões: que não se aproximem muito de Victoria, pois se trata de um "ser humano muito perigoso"; que tirem fotos, muitas fotos e, que, sobretudo, divirtam-se com toda a experiência proporcionada. Assim, pelo olhar das pessoas que pagam ingressos para frequentá-lo, poder-se-ia contar uma nova história – que pode ser de diversão e de prazer para a sociedade punitiva. Assim, refletindo sobre os usos cada vez mais expansivos do Direito Penal Moderno, e das estratégias empregadas pelas agências formais e informais de controle penal, deve-se perguntar: a história contada em "Urso Branco" é apenas obra de ficção científica? O que podemos criticar sobre o nosso próprio sistema de justiça, a partir das reações de todas as personagens envolvidas? Além disso: qual é o nosso papel – na universidade, como interlocutores do pensamento criminológico crítico – para uma possível mudança na cultura punitiva?

2. OS DISCURSOS EM *WHITE BEAR*

Cabe, ainda que entenda um tanto desnecessária, uma advertência ao leitor/à leitora: o episódio é parte de uma série de ficção científica. Assim, todos os fatos são fictícios, mas suas metáforas nos levam a interpretar algumas realidades do sistema penal e, especialmente, da excessiva cultura punitiva que nos cerca. O uso de metáforas não é novidade para a interpretação de tais punitividades. Zaffaroni (2001, p. 48) indica que o próprio sistema penal faz o uso de metáforas de forma insistente:

> "[...] usar a metáfora, combinada com ficções (invenções), para extrais consequências assertivas e definitivas sobre uma realidade à qual não se presta a menor atenção. [...] a partir do século XVIII, o discurso jurídico-penal sempre se baseou em ficções e metáforas, ou seja, em elementos inventados ou trazidos de fora, sem nunca operar com dados concretos da realidade social."

Alguns discursos no episódio nos remetem a uma série de questões sobre a cultura punitiva, o controle penal e as funções da pena. Como qualquer obra artística – e em relação a obras que são consideradas antológicas -, a história poderia ser interpretada a partir de outros pressupostos: da ficção científica, do formato escolhido para descrever a vida de Victoria, ou das dimensões da sociologia, para além da sociologia da punição.

O recorte escolhido no presente trabalho é o das Criminologias Críticas, pois, mesmo em tempos de funcionalismos, abolicionismos e minimalismos no Direito[8], os pensamentos criminológicos ganham espaço no campo da Política Criminal. Portanto, as Criminologias Críticas ainda precisam ter uma função provocadora, de desconstrução de questões postas ou tidas por "solucionadas". Ainda que em fase de resistência ou de posicionamento em "trincheiras" contra o aumento desenfreado do controle penal, o pensamento criminológico crítico

---

8. Sobre o assunto, a referência mais importante é ANDRADE, 2012. Sobre os caminhos das Criminologias Críticas, ver FERREIRA, 2016, p. 171-192.

é importante instrumento de questionamento da desigualdade e inoperância do sistema penal, da estrutura de classes, e de desenvolvimento de propostas.

Também é importante que se utilizem, para tal análise, os olhares da Criminologia Cultural (FERRELL, 1995) – especialmente em relação às possibilidades de se perceber o crime como cultura, no sentido (i) da análise dos aspectos criminais ou ilegais como uma forma de manifestação cultural; (ii) da cultura como crime, com a consideração social de determinados fatores culturais como criminalizantes, no processo de criminalização primária (BARATTA, 2003); e (iii) da participação da mídia na formação/estruturação do controle social, partindo-se do pressuposto de que os veículos de comunicação possuem novos "poderes" ou imposições, o que Zaffaroni recentemente chamou de "Criminologia Midiática" (ZAFFARONI, 2011).

2.1 *"Eu não me lembro de quem eu sou"*

O episódio leva ao máximo grau de gravidade a perda da identidade de uma pessoa submetida ao sistema de justiça criminal: uma série de atitudes típicas de desumanização: Victoria é manipulável, é um objeto. É escolhida para receber toda a carga de criminalização secundária, direcionada, em muitos casos, às pessoas que não se encaixam no estereótipo da pessoa presa, mas que, de alguma forma, captam a atração das agências informais de controle (ZAFFARONI; BATISTA; ALAGÍA; SLOKAR, 2006, p. 47). Em seu caso, a atração da cultura punitiva se dá pela vulnerabilidade da vítima – uma menina que estava a seus cuidados. Assim, aquela que deveria cuidar de uma criança participa de dois crimes contra a mesma: tortura e homicídio.

Victoria é a personagem principal de uma peça da qual desconhece o roteiro. Tal despersonalização é objeto de reflexão de Zaffaroni (2001, p. 281):

> "A gravidade do conflito é ainda maior quando a autodeterminação do prisioneiro é consideravelmente baixa em razão da debilidade do 'eu' por feito de anteriores intervenções do sistema penal, que o condicionaram a colocar-se em situações de alta vulnerabilidade como candidato a uma execução."

Além da condição humana, Victoria não tem direito à própria história de vida. A instituição total a que está submetida só permite que ela tenha lampejos de memória – todos associados à prática do fato criminoso, como um quebra-cabeças com peças faltantes, o que lhe causa angústia constante. Ela não sabe o próprio nome; o roteiro não aponta se ela tem família, amigos, profissão. A punição em "Urso Branco" carrega, assim, o dever de apagar toda a vivência de Victoria que não tenha relação com a morte e a tortura da criança. Ela está presa – física e psicologicamente – a um momento específico, talvez isolado, de sua vida. Toda sua potencial complexidade é desprezada. Além disso, percebe-se que, em todas as cenas sobre os crimes, todas as memórias da (eterna) condenada são acionadas por *flashes* – já que sua participação no crime se resumiu a filmar a tortura e morte de Jemima Sykes – e acompanhadas de dor e sofrimento. Pena, no sentido propagado por "Urso Branco" e seu "divertido" complexo prisional, significam à pessoa a ele submetida sofrimento e dor ininterruptos.

Nesse ponto, o roteiro do episódio toca em um aspecto fundamental do sistema penal: trata-se de uma fábrica de dores. Nils Christie, em obra sobre o papel do sistema de justiça criminal nas dimensões da aplicação da pena, propõe que se nomeie expressamente o principal resultado alcançado pela prisão: a produção de dores (CHRISTIE, 2016). As dores sentidas por Victoria são físicas e mentais: não é permitido ser um ser humano, não é permitido sentir nada que não seja dor e medo.

2.2 *"O que há de errado com essas pessoas? Por que elas não estão nos ajudando? Elas estão só assistindo!"*

A incompreensão de Victoria diante da impassividade das pessoas a seu redor, que só a filmam e se divertem com seu sofrimento, é uma metáfora do que realizamos em muitas questões relacionadas ao sistema penal, fruto de uma cultura do controle intensamente propagada.

As novas políticas criminais do século XXI enunciadas por David Garland retratam uma tendência de "politização da política criminal", tornando-a ponto de pauta em eleições, revelando opções por medidas recrudescedoras de penas, com a movimentação em torno dos discursos de "lei e ordem", de "tolerância zero", precarizando, em muitos momentos, direitos e garantias fundamentais (GARLAND, 2008, p. 55). A popularização de tais políticas provoca o aumento da cultura punitiva.

David Garland expõe, dentre outros aspectos, a mudança de posicionamento da vítima no sistema de justiça dos países estudados: de excluídas de qualquer participação, passam a protagonistas, especialmente no fomento a políticas criminais recrudescedoras. Vítimas ou familiares de vítimas de crimes considerados bárbaros são convidadas a debates políticos, a entrevistas na mídia, a discussões no Parlamento, e dão às leis seus nomes. Há o que o próprio Garland chama de "redramatização do crime" e de seus componentes (GARLAND, 2008, p. 55).

O aumento do controle penal, em qualquer sistema político, passa por discussões que, em quase todas as ocasiões, não saem do discurso típico do senso comum: a população pede penas mais altas para todo e qualquer crime, mais prisões para solucionar o problema da população carcerária no Brasil, que já chegou a mais de setecentas mil pessoas. No início do século XXI, Garland entende que o campo de controle do crime pode atuar por meio de controles sociais formais e informais, apostando, ainda, que "as instituições formais de controle do crime tendem a ser reativas e adaptáveis" (GARLAND, 2008, p. 47). A cultura de controle do crime passa a ganhar espaço nesse "caldo de cultura".

A globalização – catalisada pelo emprego das redes sociais e do grande alcance dos veículos de mídia da Internet – possui papel importante no aumento do controle penal, "na busca de um fácil, seguro, uniformizado e eficiente controle, tanto penal como social" (ANIYAR DE CASTRO, 2009, p. 280). Reformas penais e processuais penais se justificam para atender a interesses de um mundo globalizado, enquanto a gestão do sistema prisional se volta à sua expansão – também para atender a interesses econômicos que sustentam um modelo punitivo em prol de uma "ordem de uniformidade coletiva e obrigatória" (ANIYAR DE CASTRO, 2009, p. 281).

A cultura do controle é promovida, principalmente, pelos movimentos chamados de "Lei e Ordem", que consistem na punição máxima a comportamentos mínimos e à presença efetiva das instâncias formais de controle: tem-se um Estado controlador, punitivo e lucrativo. David Garland (2008, p. 422) indaga: "por que a prisão deixou de ser uma instituição desacreditada, condenada à abolição, e se tornou um pilar cada vez mais indispensável da vida social pós-moderna?". A resposta, dada pelo próprio autor, é de cunho estrutural e contempla algumas das inquietações provocadas por *Black Mirror:* a sociedade pós-moderna parte do pressuposto de que as liberdades individuais de "determinadas" pessoas são fundamentais, desde que "todos" sigam regras rígidas e sejam sempre controlados. A primeira premissa já não se cumpre, porque "todos" não inclui a coletividade em suas multiplicidades de classe, raça e gênero; assim, os interesses de uma determinada classe, de uma determinada raça e de um determinado gênero se sobrepõem quando se analisam mudanças no campo da política criminal, sobretudo na política penitenciária. A tecnologia (por meio do uso de câmeras, tornozeleiras, pulseiras, chips) é um elemento cada vez mais à disposição do desenvolvimento da cultura de controle.

Outro referencial teórico que pode nos ajudar a compreender "*White Bear*" e a sociedade punitiva que há em nós é a nossa completa ausência de empatia diante de pessoas privadas de liberdade. Também como resultado de um mundo globalizante e viciado em redes sociais, tanto as agências formais quanto informais de controle são responsáveis pela propagação desta ausência de empatia quando o assunto é o sistema penitenciário. No Brasil, vivemos em um sistema de justiça que multiplica processos, especialmente condenações a crimes patrimoniais e referentes a tráfico de drogas em decisões repetitivas em seu mérito e até mesmo em sua redação[9] e um contexto de encarceramento

---

9. Sobre o assunto, ver ABATH, Manuela Valença. Julgando a liberdade em linha de montagem: um estudo etnográfico dos Habeas Corpus nas sessões das câmaras criminais do TJPE. Disponível em: <http://repositorio.ufpe.br/handle/123456789/10433>. Acesso em 20 jul. 2017.

em massa que dispensa mais dados ou análises. Uma questão que fomenta a propagação da cultura punitiva é a falta de reconhecimento, naquelas pessoas privadas de liberdade, de aspectos comuns em suas identidades, em suas vivências. Falta empatia. Mas, mesmo quando não houver empatia, deve haver Direito. Deve haver a imposição de uma sanção justa e proporcional. No entanto, *White Bear* nos mostra que a elasticidade desta proporcionalidade pode nos levar a uma pena que pode ser mais desumana do que a morte.

3. AS FUNÇÕES DA PENA: PUNIR, REINTEGRAR OU ENTRETER?

O discurso de legitimação das penas privativas de liberdade, num Estado Democrático de Direito, fundamenta-se na necessidade de manutenção da integridade física e psíquica da pessoa presa. Parte-se do pressuposto de que, a partir de uma punição – justa, porém exemplar -, ocorreriam dois fenômenos no campo da prevenção: a chamada prevenção geral – a que atua em relação a toda a sociedade, que se sentirá compelida a repetir o comportamento punido adequadamente, evitando-se, assim, a propagação de novos crimes – e a prevenção especial – a que atua diretamente em relação ao indivíduo que praticou o fato definido como típico, ilícito e culpável que, após receber a referida punição, não mais praticará este ou outros crimes. Tal discurso – racional e instrumentalizado, como indica Ana Gabriela Mendes Braga (2014, p. 339-356) -, é utilizado para justificar o uso das prisões em nossa sociedade e, ao mesmo tempo, para atuar numa esfera de invisibilização – ou de esquecimento – com o que se passa no cárcere.

Fréderic Gros, ao discutir as funções da pena, entende que existem quatro "centros de sentido" para a análise da pena: o primeiro seria "punir é recordar a lei": "cerimónia sacrificial e de expiação, de repressão dos corpos e de penitência das almas, de obediência dolorosa a si mesmo e da psicanálise da necessidade de punição; em que o castigável aparece como traidor, maldito, ou legislador do seu próprio sofrimento" (GROS, 2001, p. 12). O segundo centro de sentido consiste no seguinte dispositivo: "punir é defender a sociedade"; em que se defende a higienização dos espaços públicos, em defesa da "proteção da segurança ou das liberdades públicas", de conservação da propriedade e de cálculo dos custos; em que o castigável assume as figuras mutáveis do monstro doente, do inimigo, do pequeno déspota, do enganador e do mau calculador; em quarto lugar, "punir é educar um indivíduo", no sentido da prevenção especial, até o último pressuposto: "punir é transformar o sofrimento em infelicidade": trata-se de reconhecimento e de estima em si, de rivalidade e de desafio, de pedaços de caminho partilhados entre a vítima e o criminoso" (GROS, 2001, p. 12-13).

A aplicação da pena em *White Bear* perpassa alguns dos quatro sentidos de pena defendidos por Gros: em relação ao primeiro ("punir é recordar a lei"), Victoria será recordada do crime praticado, de sua sentença e de sua punição diariamente e como se fosse a primeira vez. O sentido da informação sobre a pena como próprio castigo é um dos pontos mais intensos do episódio. O segundo centro de sentido –"punir é defender a sociedade" – tem correlação com a participação da sociedade nos episódios de punição diária de Victoria, além de avisos realizados ao longo da excursão ao parque de segurança, que indicam ser a condenada "uma pessoa muito perigosa". Esse mesmo sentido também se volta à questão da prevenção geral, como tradicionalmente vista no Direito Penal. O terceiro sentido – "punir é educar um indivíduo", no sentido da prevenção especial, não é devidamente observado. Na realidade, a prevenção especial, em "Urso Branco", é tomada pela desproporcionalidade da pena. O último centro de sentido seja, talvez, o mais latente em todo o episódio: "punir é transformar o sofrimento em infelicidade": Victoria representa o sofrimento e o sentimento de infelicidade próprios de quem está encarcerada.

David Garland também indica a premente necessidade de dissociação de pena e vingança – pressuposto lógico de um Estado Democrático de Direito, que toma do cidadão comum a possibilidade de realizar justiça privada para, em seu lugar, tornar pública a discussão sobre justiça, a fim de dar exemplo a todas e todos os componentes da sociedade. Porém, Garland constata que, no Reino Unido, o aumento da chamada "punitividade" tem provocado um comportamento diferente das agências formais e informais de controle:

> "Durante uma boa parte do século XX, a expressão abertamente confessada do sentimento de vingança foi virtualmente tabu, pelo menos da parte dos representantes do Estado, mas, nesses últimos anos, tentativas explícitas de expressar a cólera e o ressentimento do público tornaram-se um tema recorrente da retórica que acompanha a legislação penal e a tomada de decisões. Os sentimentos da vítima, ou da família da vítima, ou um público temeroso, ultrajado, são agora constantemente invocados em apoio a novas leis e políticas penais. O castigo – no sentido de uma sanção significativa que apela para o sentimento do público – é uma vez mais um objetivo penal respeitável, abertamente reivindicado." (GARLAND, 1999, p. 61)

A lógica empregada em *White Bear* consiste na aposta a uma pena fundada na "proporcionalidade" e na "adequação" às condutas praticadas por Victoria. Tais argumentos são típicos de um projeto liberal de Estado Democrático de Direito, a partir dos princípios da igualdade e da liberdade, que justificariam teorias retribucionistas, mas que se valeriam da interpretação dos fatos pelos vetores da proporcionalidade e da adequação das condutas praticadas às regras definidas na Constituição e na legislação ordinária existente. Zaffaroni explica tal lógica:

> "No retribucionismo, que não enfrenta a crise de legitimidade do sistema penal, mas que a evita sem resolvê-la, deve também ser incluída a reiteração atual da versão anglo-saxônica de Hart, para quem a pena se legitima em função de dois princípios: o da igualdade e o da liberdade. O princípio da igualdade significa que, quando alguém vive em sociedade sem

> violar o direito, encontra-se em uma situação diferente daquele que o faz violando o direito, depreendendo-se, portanto, a necessidade de retribuir ao violador do direito o mal que causou. O "princípio da liberdade", por seu lado, pressupõe que o violador do direito já calcula a pena de modo que, na opção pela violação do direito, já se encontra a opção pelo castigo." (ZAFFARONI, 2001, p. 81)

No caso de Victoria, o princípio da liberdade foi (mal) traduzido às últimas consequências: a pena é calculada a partir de uma máxima violação do direito, como se esta não tivessem garantidos a integridade física e mental, o respeito das outras pessoas, a manutenção em local adequado e seguro. O exagero do roteiro ficcional nos leva a refletir sobre a quantidade de pessoas submetidas a desumanizantes violações – no Brasil, quer pela intensa exposição de seus corpos não a espectadores ávidos, quer pelo esquecimento de tais corpos nos cárceres, pela supressão de direitos básicos como saúde, educação e trabalho.

A proporcionalidade na fixação da pena e em seu cumprimento é assunto que renderia um texto específico. Para a análise do episódio, especificamente, merece destaque o fato de que a proporcionalidade é fator motivador da sentença condenatória, mas figura em sentido expandido ao absurdo – em uma metáfora contraditória, chama-se de proporcional uma pena completamente desproporcional. Não que a proporcionalidade não aceite interpretações diversas, mas a literatura indica que, na linha dos direitos fundamentais, estes mitigam a aplicação de tal princípio (ALTOÉ, 2017, p. 259).

Além disso, os vetores de proporcionalidade e razoabilidade na aplicação da pena não se verificam no caso de Victoria. A dor a que a personagem principal é submetida nos faz refletir sobre a semântica do castigo: quer-se a aplicação de uma pena justa, proporcional e limitada, ou se quer a pura e simples vingança? Qual das duas opções traz mais regozijo à sociedade?

Com a participação de outra agência informal de controle – a mídia –, chegamos a outro sentido para compreender as punições a Victoria: a sociedade do espetáculo. A mídia possui um papel fundamental no roteiro: é ela quem traduz, para a própria pessoa presa, os fatos. Victoria tem conhecimento deles por meio de uma notícia de um telejornal. Ela não escreve sua própria história, sequer lhe é garantido o direito de preservar sua memória; ela é condenada a ser espectadora eterna de sua própria história.

A história de Victoria é contada por um agente da mídia; o ódio manifestado pelas pessoas, a ela, também é traduzido pela mídia. Marília Budó, ao estudar as relações entre a mídia (especialmente a produção de notícias sobre crime) e a criminologia, faz a seguinte provocação:

> "Que métodos podem ser usados para que de fato os espaços midiáticos possam ser ocupados por um discurso crítico sobre o crime e a justiça penal? Os desafios são vários. Em primeiro lugar, a comunicação de massa é liderada por empresas, as quais têm no lucro com publicidade – e, portanto,

com audiência – o seu sustento. Vende-se o que é demandado pelo público. Mas está o público interessado em discurso crítico? Além disso, na medida em que se busca tratar de uma ruptura com a ideologia dominante, não são os próprios meios de comunicação representantes desse pensamento e interessados na manutenção do *status quo*?." (BUDÓ, 2016, p. 483)

E talvez seja neste ponto em que resida o principal incômodo com o episódio: a sensação de que qualquer um de nós poderia estar no lugar dos visitantes do "Parque de Justiça Urso Branco". Virtualmente – quando acessamos notícias veiculadas na mídia e nas redes sociais sobre crimes, criminosos e suas histórias de vida – já fazemos passeios tão perturbadores como o zoológico da punição exibido em *Black Mirror*. Há algo poderoso e atraente no suplício alheio – especialmente daqueles que desumanizamos ao máximo no processo de punir.

CONSIDERAÇÕES FINAIS

Um artigo sobre um episódio de uma série tão complexa como *Black Mirror* não pode ter conclusões rígidas. Na realidade, todo o texto se articula com impressões sobre arte, mídia, Criminologias Críticas e funções da pena.

Retomando algumas provocações realizadas na primeira parte do artigo, responde-se: infelizmente, num contexto de globalização e disputas acirradas por instrumentos tecnológicos de controle do crime, a história contada em "Urso Branco" não é, em muitos aspectos, apenas obra de ficção científica. Muitas de suas cenas são prováveis no nosso presente e podem vir a se tornar realidade mais cedo do que se pode imaginar. Outras cenas são metáforas que nos remetem à espetacularização do processo penal e, no caso do episódio, do cumprimento da pena; da perversa diversão das pessoas com o sofrimento alheio, que pagam ingressos para se aproximar de alguém sem memória, sem identidade, que revê apenas fragmentos dos fatos, que está em diário sofrimento.

Em resposta à última pergunta, em meu sentir, a academia – com suas pesquisas e possibilidades de intervenção na sociedade – possuem um papel fundamental, especialmente aquelas e aqueles que estudam as Criminologias Críticas. Pelas palavras de Lola Aniyar de Castro (2009), a função das Criminologias Críticas é conter o poder punitivo exatamente no contexto de globalização. Para isso, assistimos a séries, colocamos nossas inquietações nos papéis de livros e artigos, mas também precisamos dialogar – ir às ruas e às redes – sobre o que representa, em termos presentes e futuros para um projeto de sociedade, a aposta tão forte em uma cultura punitiva.

REFERÊNCIAS BIBLIOGRÁFICAS

ABATH, Manuela Valença. *Julgando a liberdade em linha de montagem: um estudo etnográfico dos Habeas Corpus nas sessões das câmaras criminais do TJPE.*

Dissertação de Mestrado. Universidade Federal de Pernambuco. Disponível em: <http://repositorio.ufpe.br/handle/123456789/10433>. Acesso em 20 jul. 2017.

Altoé, Rafael. *Política Criminal e Direitos Fundamentais: novas tendências penais, força normativa e o horizonte das liberdades individuais na pós-modernidade.* Belo Horizonte: D'Plácido, 2017.

Andrade, Vera Regina Pereira de. *Pelas mãos da Criminologia: o controle penal para além da (des)ilusão.* Rio de Janeiro: Revan: 2012.

Aniyar de Castro, Lola. La criminología crítica en el siglo XXI como criminología de los derechos humanos y la contra-reforma humanística o "las teorías criminológicas no son inocentes". *Revista Brasileira de Ciências Criminais.* São Paulo, n. 76, 2009, p. 265-291.

Baratta, Alessandro. *Criminologia crítica e crítica do direito penal.* Rio de Janeiro: Revan, 2003.

Braga, Ana Gabriela Mendes. Reintegração social e as funções da pena na contemporaneidade. *Revista Brasileira de Ciências Criminais.* São Paulo, 2014, vol. 107, p. 339-356.

Brooker, Charlie. *White Bear.* Episódio da Série "Black Mirror". Disponível em: <https://www.netflix.com/br/title/70264888>.

Budó, Marília de Nardin. Velhas e novas mídias: estratégias de acesso da crítica criminológica do discurso público sobre o crime. *Panóptica,* vol. 11, n. 2, jul.-dez. 2016, p. 471-501.

Carrington, Kerry; Hogg, Russell; Sozzo, Máximo. Southern Criminology. *British Journal of Criminology,* 2016, n. 56, p. 1-20.

Christie, Nils. *Limites à dor:* o papel da punição na política criminal. Trad. Gustavo Noronha de Ávila, Bruno Silveira Rigon e Isabela Alves. Belo Horizonte: D'Plácido Editora, 2016.

Ferreira, Carolina Costa. *Os caminhos das Criminologias Críticas: uma revisão bibliográfica.* Revista de Criminologia e Políticas Criminais. vol. 2, n. 2, p. 171-192, jul.-dez. 2016. Curitiba, 2016.

Ferrell, Jeff. Cultural Criminology. *Annual Review of Sociology*, vol. 25, 1995, p. 395-418.

Garapon, Antoine; Gros, Fréderic; Pech, Thierry. *Punir em democracia: e a justiça será.* Lisboa: Instituto Piaget, 2001.

Garland, David. *A cultura do controle.* Trad. André Nascimento. Rio de Janeiro: Revan, 2008.

______. As contradições da sociedade punitiva: o caso britânico. *Revista de Sociologia e Política,* n. 13, 1999, p. 59-80.

______. Os limites do Estado soberano: estratégias de controle do crime na sociedade contemporânea. In: Canêdo, Carlos; Fonseca, David S. (orgs.). *Ambivalência, contradição e volatilidade no sistema penal: leituras contemporâneas da sociologia da punição*. Belo Horizonte: Editora UFMG, 2012, p. 55-100.

GROS, Frédéric. Os quatro centros de sentido da pena. In: GARAPON, Antoine; GROS, Frédéric; PECH, Thierry. *Punir em democracia*: e a justiça será. Lisboa: Instituto Piaget, 2001, p. 11-13.

MACHADO, Érica Babini Lapa do Amaral. A teoria dos bens jurídico-penais e o Direito Penal Moderno: uma releitura a partir dos Direitos Humanos. *Revista Brasileira de Direito*, n. 2, vol. 12, jul.-dez. 2016, p. 166-179.

PASTANA, Debora Regina. Vigiar e banir: o declínio da disciplina panóptica na lógica punitiva contemporânea. *Direito & Práxis*. Rio de Janeiro, vol. 8, n. 14, 2016, p. 110-132.

ZAFFARONI, Eugenio Raúl. *Em busca das penas perdidas*: a perda de legitimidade do sistema penal. Trad. Vânia Romano e Amir Lopes da Conceição. 5. ed. Rio de Janeiro: Revan, 2001.

______. *La palabra de los muertos: conferencias de Criminología Cautelar*. Buenos Aires: Ediar, 2011.

ZAFFARONI, Eugenio Raúl; BATISTA, Nilo; ALAGIA, Alejandro; SLOKAR, Alejandro. *Direito Penal Brasileiro – I*. 3. ed. Rio de Janeiro: Revan, 2006.

■

6

DOZE HOMENS E UMA SENTENÇA: A INDIFERENÇA, O PRECONCEITO E A MORAL NA OPERAÇÃO DA PUNIÇÃO LEGAL

MARCELO BERDET[1]

RESUMO: *Doze homens e uma sentença* é um filme de tribunal do júri que tem como fio condutor de sua narrativa a tomada de decisão sobre a sentença de um jovem acusado de homicídio, "culpado" ou "não culpado". Assim, os diálogos, as nuances semânticas e as disposições sociais e pessoais de cada jurado são expostas ao espectador no desenrolar do filme. *Doze homens e uma sentença* demonstra que a decisão do júri não é baseada exclusivamente em considerações racionais sobre as evidências apresentadas, o filme mostra como aspectos sociais e emocionais interferem na tomada de decisão dos jurados. Nesse sentido, *Doze homens e uma sentença* é um filme sobre a ação punitiva e sua semântica, e mais, de como a punição está imbricada com questões morais. Portanto, o filme mostra como o preconceito e a moral operam na punição legal. Os argumentos contra ou a favor de "culpado" ou "não culpado" são centrais para o desenvolvimento do filme. Nesse contexto, os recursos consistentemente empregados pelos

---

1. Doutor em sociologia pela Universidade de Brasília, mestre Pesquisa Social – Goldsmiths College – University of London (2008). Desenvolveu atividades de pesquisa como Research Scholar na School of Criminal Justice/University of Cincinnati. Tem experiência na área de Sociologia, com ênfase em Sociologia Jurídica, da Violência e Segurança Pública. Pesquisador do Grupo Candango de Criminologia na Faculdade de Direito da UnB, e pesquisador do Núcleo de Estudos da Violência e Segurança no Departamento de Sociologia da UnB, onde desenvolve pesquisa sobre punição, justiça criminal, sistema prisional, alternativas penais e homicídios.

jurados são a semântica e a integração dos argumentos. É no debate entre os jurados que os argumentos, sejam contra ou a favor, situam as relações semânticas e as disposições sociais e pessoais de cada jurado. Dessa maneira, *Doze homens e uma sentença* demonstra a conotação moral da punição legal no sentido de que punir é um meio pelo qual as normas morais de uma sociedade são mantidas.

PALAVRAS-CHAVE: Punição – Júri – Justiça Criminal – Retribuição – Preconceito – Moral.

"A Administração da Justiça é o pilar mais firme do bom governo."
(Extraído do filme *Doze homens e uma sentença.*)

TWELVE ANGRY MEN

Doze homens e uma sentença (*Twelve Angry Men*, 1957) é cinema minimalista, e muito bom cinema. O primeiro longa-metragem do diretor Sidney Lumet ocorre inteiramente em uma sala, com exceção dos minutos iniciais. O filme começa com a câmera numa tomada[1] de ângulo baixo e longo de um prédio de arquitetura neoclássica, com colunas e letras romanas, que segue as pessoas e, eventualmente, fixa-se onde um júri está sendo encarregado de decidir o destino de um jovem acusado de homicídio. O juiz diz ao júri, doze homens brancos, que o veredito de culpa significa a sentença de morte. A seriedade de suas palavras é contrastada pela expressão de seu rosto, um tanto aborrecido ao falar. Ao final o juiz entrega o destino do réu nas mãos dos jurados, que em seguida se retiram do tribunal. Quando os doze homens entram na sala dos jurados eles são filmados com ângulos altos que revelam a dimensão e o tamanho da sala. Outra característica significativa da sala é a sua rudeza, que consiste em uma grande mesa retangular com folhas de papel e lápis, doze cadeiras, três janelas, um armário com alguns cabides, um relógio, um bebedouro de água, um ventilador – que inicialmente não funciona – e um banheiro.

O meu interesse original por *Doze homens e uma sentença* é o próprio filme, enquanto uma peça de cinema que reúne uma série de componentes que aprecio muito; o preto e branco, a interação dinâmica entre a arte e a vida, a história é contada por diálogos, bons argumentos e boas interpretações. Particularmente, os ângulos da câmera e a "duração" das tomadas são fundamentais para indicar os estados emocionais de cada personagem, pois lentamente o uso do recurso das lentes começa a questionar não apenas as opiniões dos jurados mas a do próprio espectador. Em termos de cinema, o filme exibe com primazia o uso

1. Tomada é o trecho de um filme sem interrupção.

da câmera, especificamente das lentes, o ângulo da câmera, seja alto ou baixo, torna-se um indicador de como cada personagem se sente. Os "close-ups[2]" são usados para indicar alguma intimidade emocional. Os ângulos elevados dão aos jurados certa objetividade, enquanto os ângulos baixos combinados com os "close-ups" aumentam a tensão evocando a sensação de claustrofobia da sala. *Doze homens e uma sentença* ocorre quase que inteiramente em uma sala, e por este motivo cada giro de câmera significa algo.

O interesse criminológico por *Doze homens e uma sentença* surgiu com o acesso, extensão e a abstração da teoria criminológica. A primeira vez que assisti ao filme foi no final dos anos 90, período em que conheci de fato o que implica a privação de liberdade – pela experiência no atendimento socioeducativo – e fui introduzido ao sistema de justiça criminal. Desde então, assisti ao filme mais algumas vezes. E ainda hoje, o filme proporciona ao espectador conectar-se de várias maneiras ao mundo cotidiano, como um veículo para teorizar e entender a percepção da punição legal. Em outras palavras, o filme permite pensar a punição.

O filme têm três elementos narrativos: 1) a deliberação sobre sentenciar um jovem à pena capital; 2) a tomada de decisão do grupo e de cada jurado individualmente; 3) e a consequência da decisão final. O primeiro elemento diz respeito ao principal argumento do filme, a sentença de "culpado" ou "não culpado", que imediatamente ressoa com as experiências e expectativas do espectador. Nesse sentido, o filme ostenta a capacidade de abordar a punição em termos gerais e profundos, porém sem reivindicar fundamentos universais. *Doze homens e uma sentença* é um filme pedagógico, crível e coerente. O segundo elemento, refere-se ao desenvolvimento do filme a partir da exposição das relações interpessoais entre os jurados com relação à tomada de decisão, que anuncia o terceiro elemento narrativo; a vida ou a morte. O filme é conduzido pela expectativa da tomada de decisão, assim, os diálogos se deslocam das evidências do caso para as revelações da intimidade pessoal dos jurados. *Doze homens e uma sentença* demonstra que a decisão do júri não é baseada exclusivamente em considerações racionais sobre as evidências apresentadas, o filme mostra como influências do contexto temporal e processual, fatores sociais e emocionais interferem na tomada de decisão dos jurados. Sociologicamente, o filme apresenta de maneira plausível como distintos modos e contextos de vida, valores morais compartilhados e interesses pessoais e triviais atuam sobre a cognição e o julgamento de cada jurado (BUCHANAN e HUCZYNSKI, 2004).

---

2. Close up é o plano onde a câmera está muito próxima do personagem ou do objeto sendo filmado, é o enquadramento fechado. Esse recurso permite uma visão próxima e detalhada daquilo que é filmado.

Essencialmente, no filme, doze estranhos são reunidos para decidir sobre a culpa ou inocência de um jovem acusado de matar seu pai. A história se desenrola a partir das considerações e atitudes dos jurados sobre o crime e o réu, e também por uma série de perguntas que são fundamentais no desenvolvimento, facilitação ou inibição dos diálogos. Portanto, são as falas dos jurados que situam suas disposições com relação à punição do jovem, e isso vai conformando ao espectador a estruturação coletiva do grupo e as estruturas cognitivas de cada um dos jurados. O homicídio é percebido e construído com relação ao que os jurados consideram sobre o jovem especificamente – o infrator – e também sobre a vida de maneira geral. Assim, a decisão sobre a punição legal está relacionada não só com os fatos e evidências apresentados, mas também com a cognição sumária dos jurados. Por exemplo, quando o jurado 10 se refere ao jovem como "certo tipo de gente" (RODRÍGUEZ-SALAZAR; ROSAS-COLÍN; CASTELLANOS, 2015; McCAMBRIDGE, 2003).

QUEM PUNE E QUEM É PUNIDO

Nesse sentido, *Doze homens e uma sentença* é um filme sobre a ação punitiva e sua semântica. As nuances semânticas nas palavras dos jurados a respeito da punição estão relacionadas às suas sensibilidades morais. E prontamente, duas perguntas irrompem na cabeça do espectador; quem pune e quem é punido? Uma questão factual sobre o julgamento humano. As perguntas exprimem a ideia de que pode haver uma disposição localizada e relacional em torno de crenças sobre quem punir. Desse modo, o filme mostra a percepção dos jurados sobre o infrator a partir de uma espécie de "culpa afetiva" atribuída a ele. Além disso, criminologicamente o filme aborda a filosofia retributiva como uma espécie de "sentença padrão" e imediata. Ou seja, a punição é instruída com base na retribuição, como o princípio mais importante para decidir sobre a culpa e a punição legal.

Assim sendo, o filme ocupa-se dos processos cognitivos dos jurados sobre a infração, o infrator e a punição, uma cognição sumária fundamentada e demonstrada nas crenças, declarações e opiniões dissidentes dos jurados sobre a decisão final – "culpado" ou "não culpado". Na primeira votação realizada pelo jurado 1 o resultado é: onze jurados a favor da sentença de "culpado" e um jurado a favor da sentença "não culpado". O único que não votou "culpado" foi o jurado 8, e quando questionado sobre sua decisão respondeu que tinha uma "dúvida razoável". Pressionado pelos outros jurados, o jurado 8 solicita uma nova votação, desta vez por escrito e secreta, e caso o resultado seja o mesmo ele aceitaria o veredito da maioria. Na nova votação o resultado é dez jurados a favor de "culpado" e dois jurados a favor de "não culpado" (NADLER e ROSE, 2003).

Nesse ponto do filme, a ação punitiva dos jurados passa a ser exposta por uma lógica investigativa e pessoal, informada nas personalidades dos jurados e comunicada na semântica das falas. O jurado 7 é o "debochado" do júri, aquele que passa o filme contando piadas, fazendo truques e ridicularizando os outros jurados. Para o jurado 7 o jovem é culpado, e não há dúvida sobre isso. Contudo, os jurados realmente não sabem o que viram e ouviram no julgamento, embora pensem o contrário. As testemunhas não sabem o que viram e ouviram, embora digam o contrário. Assim como na vida em *Doze homens e uma sentença* as pessoas veem e não percebem, ouvem e não entendem. No desenrolar do filme os argumentos dos jurados assumem dois opostos – não necessariamente opostos, mas opostos no filme –, que ocupam as falas dos jurados em grandezas inversas a cada personagem; a certeza e a compreensão (LUCKEN, 2013; HAY, 2007).

A dissonância dos jurados sobre a decisão final, "culpado" ou "não culpado", diz muito sobre como as pessoas tomam decisões em obediência ao contexto e a percepção seletiva daquilo que espera-se ver. Inicialmente, em *Doze homens e uma sentença* os jurados percebem seletivamente as incongruências do caso, destacando somente a dominância negativa do homicídio – "você não poderia mudar minha mente, mesmo se você conversasse por cem anos". Nessa fala, podem-se ver os contornos do princípio retributivista combinado com a influência da percepção seletiva ou simplesmente uma influência emotiva. Inevitavelmente, os jurados respondem conscientemente ou inconscientemente à uma série de emoções na determinação sobre a decisão final, emoções que envolvem avaliações cognitivas e possuem sua própria forma de racionalidade. No filme, o contexto para esta discussão é a pena capital, onde os problemas decorrentes de uma influência emotiva são mais graves. Em *Doze homens e uma sentença*, a determinação para condenação do jovem está imbricada a uma dinâmica moral-emotiva, que envolve a indignação contra o parricídio e a ausência de empatia para com o infrator. A teoria kantiana da retribuição sobre a punição justificaria as reações emocionais, uma vez que a gravidade da infração exigiria uma avaliação moral do infrator. O infrator mereceria a punição não apenas pelo ato que causou, mas pela sua responsabilidade pessoal por cometer o ato (PILLSBURY, 1989).

Doze homens e uma sentença é um filme que oferece um retrato sobre como a indiferença é penetrante e poderosa em nossas vidas, é a representação de como homens comuns têm o potencial de carregar consigo o "mal" da indiferença. A indiferença no filme é mostrada pela pressa do jurado 7 em acelerar a deliberação final a fim de não perder os ingressos para o jogo de beisebol, ou pelo fato de que onze jurados facilmente deixam o sistema de justiça criminal enviar um jovem à morte. No filme, o júri é como se fosse um microcosmo da sociedade. Os jurados são guiados por suas próprias preocupações individuais e indiferentes a situação do réu. O desejo de assistir a um jogo de beisebol não é incomum, porém no contexto de decidir sobre a vida de um jovem ele revela um chocante sentimento de prioridades (MARDER, 2007).

Ainda, o filme mostra como o preconceito e a indiferença operam na ação punitiva, particularmente quando o jurado 3 respondendo ao jurado 2 se refere ao caso como *open-and-shut* – um caso simples e sem complicações, onde as evidências são convincentes. O que primeiramente parece ser somente indiferença com relação ao jovem no desenvolvimento do filme surge como preconceito, sobretudo quando os jurados externam seus sentimentos contra os imigrantes, os moradores de favelas, os porto-riquenhos e inclusive os jovens. O jurado 10 não gosta dos porto-riquenhos e sem demora revela suas opiniões, descrevendo-os como se não valorizassem a vida humana e incapazes de dizer a verdade. A disposição do jurado 10 em condenar o jovem está baseada no que ele acredita ser verdade para todos os porto-riquenhos (MARDER, 2007; GARFINKLE, 2011).

Outra ilustração poderosa de *Doze homens e uma sentença* tem relação com a dinâmica da negociação, da influência e o uso da autoridade. O filme ilustra a estratégia de um jurado dissidente e a sua capacidade de negociar com êxito as deliberações de uma esmagadora maioria. O jurado 8 é o dissidente inicial que se opõem a onze jurados, que rapidamente votaram pela condenação por acreditarem que um jovem, porto-riquenho, pobre, que vive na favela e com antecedentes criminais é "culpado". O filme prossegue com o jurado 8 desconstruindo o caso da acusação, progredindo com sua comunicação argumentativa e refutando argumentos específicos dos outros jurados. A estratégia empregada pelo jurado 8 deriva do seu direito de se recusar a apoiar o veredito de "culpado" por considerar ter uma "dúvida razoável", que é uma fonte legítima de sua autoridade, mas que cria um impasse.

Por outro lado, o jurado 10 faz declarações veementes pela culpabilidade do jovem, provavelmente incentivado pelo fato de não ter nenhuma forma de relacionamento contínuo com os outros jurados: "É muito difícil de entender, não é? Um jovem mata seu pai. Bingo!" O jurado 8 explica que votou "não culpado", não porque tenha certeza da inocência do jovem, mas porque deseja discutir objetivamente o caso sem prejulgamentos. O jurado 8 está sozinho, e aparentemente reconhece que defender a absolvição poderia desacreditá-lo perante os outros jurados. Portanto, simplesmente discutir as evidências do caso parece ser a posição e estratégia de negociação mais defensável e razoável. No começo, o jurado 8 forma alianças com os jurados mais periféricos, o idoso (jurado 9), o imigrante (jurado 11) e o indeciso (jurado 2). Com o progresso de sua comunicação argumentativa o jurado 8 obtém informações pessoais dos demais jurados que lhe permite se relacionar com eles, e mesmo incentivar ou orientar as deliberações do conjunto de jurados. Por exemplo, quando o jurado 2, o indeciso, oferece pastilhas para tosse para dissipar a tensão durante os confrontos, é o jurado 8 o único a aceitar. Presume-se que ele aceitou somente para se conectar com o jurado 2.

Os jurados não têm relações anteriores entre si e não é esperado que construam e mantenham qualquer relacionamento após o julgamento. Portanto, esse é um processo de negociação particular e único, e presume-se que os jurados tenham menos inibições contra situações de conflito. E como não existe a necessidade de preservar relacionamentos cada jurado responde apenas a si mesmo, as evidências e aos testemunhos. A única restrição imposta aos jurados é o ambiente físico – a sala trancada. Contudo, a negociação com relação ao veredito final implica em inibições menos tangíveis, os preconceitos pessoais que influenciam a capacidade de tomada de decisão das pessoas. Nessa perspectiva, embora o objetivo do jurado 8 fosse uma negociação para uma nova verificação de pontos específicos do caso, efetivamente os jurados trouxeram seus próprios preconceitos e preocupações pessoais para a sala do júri. Por esse ângulo, o comportamento do jurado 3 ao longo do filme é constantemente destacado, por ser tendencioso contra o jovem e por permanecer firme em seu voto – "culpado". Os argumentos e narrativas do jurado 3 dizem respeito a sua própria experiência, ele é no filme o exemplo de como a "punitividade" está baseada na estruturação e cognição das próprias experiências. No decorrer do filme fica claro ao espectador que é o relacionamento com seu próprio filho a razão para o jurado 3 insistir no voto de "culpado" (MARDER, 2007; FLOURI e FITSAKIS, 2007).

O filme também aborda aspectos psicológicos, isso a partir das motivações inconscientes com respeito às deliberações sobre a certeza e a compreensão dos fatos; o preconceito, a indiferença, o ridículo e a vergonha, a necessidade do respeito e da atenção. O uso de poucos cortes no filme mantém a atenção do espectador não apenas nos personagens, mas também na sala como um personagem real no espaço e tempo. O confinamento dos jurados, no tempo e no espaço, produz efeitos psicológicos nos indivíduos e no grupo. A sala do júri é um personagem silencioso que de alguma maneira orienta as interações interpessoais de um grupo heterogêneo de homens: o jurado 1 é treinador de futebol americano em uma escola secundária; o jurado 2 é caixa de banco; o jurado 3 é um homem de negócios (*self-made-man*); o jurado 4 é um corretor da bolsa de valores; o jurado 5 morou em uma favela boa parte de sua vida; o jurado 6 é um pintor de casas; o jurado 7 é um vendedor; o jurado 8 é um arquiteto; o jurado 9 é um homem idoso; o jurado 10 é abertamente preconceituoso; o jurado 11 é um imigrante; e o jurado 12 é um publicitário. Outro aspecto abordado no transcorrer do filme é o parricídio, que é entrelaçado com o homicídio, com os anos de abuso do pai para com o jovem e a ausência da mãe. No filme as deliberações do júri remetem com alguma constância ao jurado 3 e o relacionamento com seu próprio filho. A cena de raiva e fúria do jurado 3 ao mencionar o próprio filho faz o espectador deslocar essa emoção ao jovem porto-riquenho de 18 anos de idade, e a declaração inicial do jurado 3 no início do filme quando diz não ter "sentimentos pessoais" sobre o caso (GARFINKLE, 2011).

O elemento-chave do filme é a deliberação final, "culpado" ou "não culpado", cuja decisão é individual a cada jurado. Portanto, *Doze homens e uma sentença* é um filme que questiona também o espectador, tanto quanto são questionados os jurados, sobre os efeitos em identificar um "punido" a partir de uma reação emocional e moral mais contundente. Desse modo, a predição da punição está relacionada a identificação de qualquer indivíduo que produza reações emocionais mais fortes e intensifique os sentimentos negativos daquele que pune. Criminologicamente, o filme desperta indagações ao espectador. Qual é o propósito da punição? Não pode haver justiça sem punição? Para isso, o filme faz uso das informações diretamente disponíveis sobre o caso, e assim, opera um processo de inferências com relação à certeza e a compreensão dessas informações. As deliberações sobre a decisão final, que implica no que os jurados ouvem e falam, amplia o conhecimento explícito e implícito das personalidades e sentimentos dos jurados (SMALL e LOEWENSTEIN, 2005).

Os argumentos contra ou a favor de "culpado" ou "não culpado" são centrais para o desenvolvimento do filme, e inclusive para as interações entre os jurados. Todos os jurados devem concordar sobre a culpa ou inocência do jovem, e baseados na complexidade de uma argumentação bipolar. Nesse contexto, os recursos consistentemente empregados pelos jurados são a semântica e a integração dos argumentos. É no debate entre os jurados que os argumentos, sejam contra ou a favor, situam as relações semânticas e as disposições pessoais de cada jurado. Com isso, o espectador entende a composição do grupo e pelas falas quem suporta ou ataca certas declarações. O jurado 10 diz: "Ouça-me. Nós somos... Este garoto em julgamento... seu tipo, bem, você não sabe sobre eles? Há um, há um perigo aqui. Essas pessoas são perigosas. Eles são selvagens. Escute-me." O jurado 4 responde: "Eu tenho. Agora, sente-se e não abra a boca novamente." (CABRIO e VILLATA, 2014).

No começo do filme existe um único dissidente a favor de "não culpado" e, no ato final , após os jurados extraírem um conjunto de argumentos consistentes acerca da certeza e compreensão do fato permanece um único voto dissidente somente que agora a favor de "culpado". No decorrer do filme há uma inversão da estrutura coletiva da ação punitiva do corpo de jurados, somente o jurado 3 insisti quanto a punibilidade do jovem. Nesse momento do filme é anunciado ao espectador que a motivação do jurado 3, a sua causalidade punitiva, está baseada em sua própria experiência paternal. Finalmente, ele muda seu voto para "não culpado", quando entende que está julgando o jovem com base em seu ressentimento e raiva em relação a seu próprio filho. Quando o jurado 3 diz as palavras "não culpado", ele joga sua carteira sobre a mesa e retira a foto de si mesmo com seu filho e a rasga. Na parte final do filme, o espectador tem a externalização do estado emocional do jurado 3.

Enquanto, uma peça cinematográfica e criminológica *Doze homens e uma* sentença mostra que apesar do distinto contexto histórico e social o filme permanece atual ao colocar em discussão o impacto da origem daquele que é punido por um júri masculino e branco. A descrição do filme e o exame de sua dimensão semântica procuraram discutir a interação entre o sistema de justiça criminal e a moral coletiva e individual. E após assistir *Doze homens e uma* sentença mais uma vez, surge outro interesse para uma análise teórica sobre o filme; o punido não é ouvido, o punido não tem voz. Somente uma imagem do jovem porto-riquenho aparece no filme, e por poucos segundos no seu início, um rosto decididamente triste. Portanto, como podemos garantir a justa punição legal em termos morais, uma vez que os julgamentos morais podem se valer de razões ou sentimentos injustos? Nesse ponto reside um problema fundamental da punição legal compreendida como um ato retributivo e moral.

O FUNDAMENTO MORAL E RETRIBUTIVO DA PUNIÇÃO LEGAL

Em *Doze homens e uma sentença* pode-se perceber como opera o modelo adversarial na justiça criminal, o júri é o núcleo do modelo e caracterizado por sua atmosfera antagonista. O contraditório é como um "pêndulo", cujo controle alterna em vários momentos entre a acusação e a defesa. O sistema de justiça adversarial é uma estrutura rígida e bifurcada, que não permite dar voz a um terceiro – aquele que é punido. A objetividade no julgamento dos fatos funcionaria como garantia a proteção dos direitos e o devido processo legal do acusado. Entretanto, a filosofia penal moderna é marcada pela tradição retributivista como o modelo de "justiça", sendo a punição proporcional à culpa. Nesse sentido, o ato de punir exclui a voz dos punidos, suas histórias são periféricas e insignificantes à justiça criminal. As informações sobre a infração cometida são somente aquelas relacionadas com a sentença, para o enquadramento de parâmetros dentro da lógica psicologizadora e individualizante da justiça criminal. Assim, a narrativa judicial relega o infrator como uma questão periférica para a decisão sobre a punição legal, num processo que envolve princípios concorrentes para chegar a uma sentença apropriada.

Além disso, *Doze homens e uma* sentença reitera a ideia enraizada dentro da justiça criminal de vincular a responsabilidade individual com a ordem moral, a avaliação do outro e seu comportamento. E geralmente, tal vinculação inclui sentimentos como ódio, ressentimento, indignação e desprezo, e muitas vezes acompanhados por expressões igualmente hostis. Desse modo, a ideia de responsabilidade relaciona-se fundamentalmente com a avaliação moral que é efetivamente uma forma de culpabilidade afetiva ou ressentimento institucionalizado. Para Pillsbury (1989), a sentença capital seria o exemplo clássico por evocar fortes emoções. A punição retributiva é baseada nos riscos morais expressos na infração e informados pelo infrator, assim, a pena de morte é justificada na medida da sua precisão na determinação de um merecido castigo.

Sendo assim, compreender a punição como uma ação retributiva e moral implica no estabelecimento de padrões para classificação, avaliação e tratamento das pessoas pela justiça criminal considerando os julgamentos morais correntes. Dessa maneira, *Doze homens e uma sentença* demonstra a conotação moral da punição legal no sentido de que punir é um meio pelo qual as normas morais de uma sociedade são mantidas. No filme, inicialmente, os jurados desejam punir o infrator impulsionados pela indignação moral. Primeiramente, o filme mostra como o júri baseia sua decisão em informações fornecidas pelas testemunhas, e num segundo momento, nas expectativas pessoais e argumentos genéricos dos jurados. Nessa situação, os jurados preenchiam as lacunas da narrativa do homicídio com especulações morais ou adicionando suas experiências pessoais (VIDMAR, BEALE, CHEMERINSKY e COLEMAN JR., 2007).

A interpretação legal da punição assume como secundário o valor moral como um fundamento das formas e funções de punir. Embora, a função retributiva da punição seja definida em termos práticos e relacionais por quem e qual o propósito para punimos. Em *Doze homens e uma sentença* a primeira votação, quase unânime, por "culpado" foi fundamentada pelas características sociais do jovem infrator. Assim, as disposições retributivas dos jurados com respeito ao jovem refletem a localização de cada jurado em relação aos arranjos sociais e valores morais correntes. Nessa perspectiva, o filme auxilia na compreensão dos papéis dos jurados – quem pune –, como aqueles que comunicam além da punição legal a punição moral. Passados sessenta anos *Doze homens e uma sentença* continua a ser uma importante peça cinematográfica e criminológica, principalmente, por apresentar de forma efetiva como representações culturais e expectativas morais operam nas deliberações sobre a punição legal (PAPKE, 2007; LUCKEN, 2013).

Assim sendo, a punição legal não afasta a possibilidade de que um indivíduo seja tratado de forma injusta, particularmente quando a justiça criminal sublinha os valores morais correntes e a voz do infrator/punido é desconsiderada. Desse modo, é razoável assumir a punição legal como uma comunicação moral que combina no contexto das experiências judiciais e penais o fundamento retributivista com os propósitos morais da prática de punir. Em termos gerais, o fundamento retributivista considera exclusivamente o "merecimento" da punição pela infração cometida e a ideia de alcançar um efeito futuro positivo à comunidade. Dessa maneira, a punição comunica uma "ordem moral", um propósito e não uma justificativa, justamente o problema de punir segundo os sentimentos como demonstrado em *Doze homens e uma sentença*. No filme, a punição por motivos morais é orientada pelas experiências e convicções pessoais dos jurados.

Em *Doze homens e uma sentença* podem-se observar os aspectos morais da punição legal na interpretação e classificação dos jurados sobre o infrator, assim, a condenação e a consequente sentença – de morte – informam os conteúdos das mensagens morais daqueles que punem. A punição ao jovem porto-riquenho é dirigida à sua identidade, e ilustra o processo de significados morais inclusos no ato de punir. Por esse ângulo, o júri é como uma arena moral onde os jurados não afastam seus sentimentos, mesmo que pretensamente devam perseguir uma postura neutra e imparcial. E a busca objetiva por uma decisão baseada em evidências não reduz o julgamento moral dos jurados, o que prejudica a própria interpretação e avaliação das evidências e inclusive estimula a sentença por razões de conveniência – como é o caso do jurado 7 (SCHINKEL, 2014).

Especificamente, um efeito da punibilidade orientada por julgamentos morais é que a identificação de quem punir geralmente antecede as informações sobre a infração. Neste sentido, a punitividade não é uma ação altruísta ou somente uma resposta retributiva desencadeada por um mal feito. Assim, a punição retributiva tem motivos além do interesse da defesa social. As emoções e juízos morais são razões suficientes para identificação daquele que merece ser punido, e as crenças sociais enfatizam as representações de alvos específicos e identificáveis como sujeitos que evocam reações emocionais e morais à punição mais severa e "equitativa". Desse modo, para a operação da punição legal em termos morais o merecimento e a retribuição são essenciais, pois deliberadamente e diretamente enfatizam os efeitos negativos daquele que é punido. O merecimento e a retribuição são elementos básicos da prática punitiva, portanto, conformam uma generalização em atribuir certos comportamentos moralmente problemáticos à ação da justiça criminal. Assim sendo, o propósito da punição legal não repousa exclusivamente na retórica da resposta "equitativamente justa". A culpabilidade "afetiva" é tipicamente negativa quando não é eliminada da punição legal, por não servir para fins reparadores e reabilitadores (SMALL e LOEWENSTEIN, 2005).

A punição e sua justificativa estão muitas vezes acompanhadas de uma série de emoções e atitudes reativas, que expressam um modelo de justiça criminal sustentado pelos sentimentos daqueles com poder e autoridade de punir. Em outras palavras, experimentar antecipadamente uma série de emoções negativas e atitudes hostis com relação ao infrator permite a transposição das relações interpessoais para o contexto institucional da justiça criminal. Assim, é razoável considerar a execução da punição legal como uma forma de ressentimento institucionalizado. Em *Doze homens e uma sentença* pode-se perceber de que maneira a justiça criminal conserva e reforça estigmas duradouros, e ainda mais, de como a lógica da vingança é usada como a lógica da dissuasão.

A vingança envolve emoções negativas que motivam sentimentos hostis e a retaliação como resposta afetiva, e assim, orienta a intensidade da resposta punitiva. Particularmente, a ideia-chave do filme – "culpado" ou "não culpado" – enfatiza como os estados subjetivos dos jurados operam em termos funcionais. Portanto, a punição legal não deixa de ser a manifestação da posse e a manutenção do poder de retaliação – o modo retributivo – dentro de arranjos culturais e sociopolíticos. Assim como no filme, cotidianamente a justiça criminal opera reforçando intrinsecamente o julgamento moral aos infratores de minorias étnicas, de origem pobre e baixo status socioeconômico. Desse modo, esse "tipo" de infrator já está marcado moral, cultural e politicamente por suas experiências iniciais de socialização, e por essa razão suas relações com os outros e com a sociedade em geral são negativamente valoradas. Nesse sentido, a punição retributiva estigmatiza indivíduos e grupos sociais e potencializa uma espécie de culpabilidade "afetiva" que aliena certos "tipos" da sociedade – a divisão entre "nós" e "eles".

A inclusão da relação valorativa entre a sociedade e "eles" – o julgamento moral – no sistema de justiça criminal promove antecipadamente uma atitude hostil ao infrator independentemente da infração cometida. O resultado é o arraigamento do modo retributivista de punição em termos instrumentais, que do ponto de vista teórico, em geral enfatiza negativamente o infrator para além de sua infração. Teoricamente, a punição legal como procedimento da justiça criminal representa uma resposta ideal ao "mal" que existe no mundo real. Assim, a justiça criminal cumpre as expectativas e práticas relacionadas a punição enquadradas em certo contexto cultural. Em termos reais, a punição é um elemento de nossas expectativas e práticas culturais e é instrumentalmente operada pelo reconhecimento da infração e justificada pela natureza do infrator. Por consequência, o sentimento retributivo ultrapassa a expiação da culpa e alcança a identidade e experiências pessoais do infrator/punido.

Em *Doze homens e uma sentença* a combinação do modo retributivista da punição com o julgamento moral assume e representa de forma particular o jovem porto-riquenho; o criminoso, o desviante e o estrangeiro. Assim, ao explorar valorativamente a identidade e experiências pessoais do infrator os jurados reforçam os elementos de nossa própria prática cultural com relação à punição. Em outras palavras, valores morais e julgamentos pessoais são elaborados e incorporados institucionalmente no sistema de justiça criminal para promulgação da sentença. Sendo assim, os valores morais e sentimentos pessoais no âmbito da punição legal tornam-se uma expressão generalizada da punição à pessoa "essencialmente ruim". A punição torna-se a condenação das características pessoais e sociais do infrator e não uma declaração de sua responsabilidade por uma infração cometida. Isso remete à questão mencionada anteriormente. Como garantir a justa punição legal se classificamos e condenamos o infrator segundo nossos julgamentos morais? Uma resposta seria dispensar atenção à infração cometida e o grau de responsabilidade do infrator, e não se voltar para a "natureza" do infrator como pessoa.

Por isso, *Doze homens e uma sentença* é um filme que reflete mais do que a interação entre a vida e arte, pois trata de questões fundamentais e contemporâneas sobre a justiça criminal e a punição. O filme pelo olhar do tribunal do júri aborda os aspectos morais e culturais que sustentam a operação da justiça criminal. O filme mostra como representações e compreensões do infrator/punido tem uma estreita relação com os arranjos culturais e sociopolíticos de determinada sociedade, e as maneiras pelas quais construímos nossas ideias de justiça, do bem e do mal. Assim, como cinema e peça criminológica o filme faz o espectador experimentar emoções viscerais sobre o infrator/punido e a própria punição no duplo movimento da tomada decisão condenatória – "culpado" ou "não culpado". Nessa perspectiva, o cinema expande e revigora a produção criminológica quando aborda questões relacionadas à punição, pois encoraja o desenvolvimento de ideias e discussões entre os criminólogos a partir de imagens enquadradas da vida cotidiana. Portanto, o cinema identifica, detecta, justapõe e reagrupa tendências, preocupações e significados percebidos ou não na operação da punição legal. Por isso, pode-se assumir *Doze homens e uma sentença* como uma peça analítica sobre a justiça criminal, a cultura e a sociedade. Seis décadas depois *Doze homens e uma sentença* permanece pujante ao proporcionar um olhar distintivo sobre os significados da punição, também, a relação entre o infrator/punido e a sociedade. Em termos cinematográficos, o filme se distingue por seu roteiro contundente e sensível. Criminologicamente, escolhi *Doze homens e uma sentença* por fornecer pontos para discussão das implicações da operação da punição no âmbito da justiça criminal, e particularmente, a amplitude das construções sociais do valor da vida humana com base na origem e raça.

Finalmente, pode-se dizer que a relação entre o cinema e a criminologia é dialética, uma via com dois sentidos: quando o filme aborda e desenvolve uma realidade social incorporada em narrativas e imagens sobre a infração, o infrator, a punição, a justiça criminal e seus operadores também aborda suas representações e mensagens ideológicas. As crenças e mitos de uma certa sociedade são descritivos de uma "realidade" e sobre como o mundo está estruturado – quem é bom e quem é mal. No processo de compreender o mundo absorvemos narrativas e imagens mentais como pressupostos. Nesse sentido, quando o espectador assiste a um filme experimenta narrativas e imagens cinematográficas que sustentam ou desafiam suas atitudes em relação ao mundo. Assim, o cinema é um modo de expressão para pensar nossos mitos, as atitudes e os pressupostos que vivemos. Desse modo, o cinema conforma representações sociais pelas narrativas e imagens que apresenta ou deixa de apresentar.

O objetivo desta leitura de *Doze homens e uma sentença* foi apontar o problema da punição legal orientada pela indiferença, o preconceito e o julgamento moral do infrator/punido. Apesar de o filme retratar uma certa temporalidade e formação cultural a sua interpretação não parece variar ao longo do tempo e lugar, isso porque, o filme ativa na cabeça do espectador fragmentos de sua própria cultura. Além disso, demonstra que usamos esses fragmentos culturais de forma seletiva e transformados em pressupostos, normas sociais e princípios.

REFERÊNCIAS BIBLIOGRÁFICAS

BUCHANAN, David; HUCZYNSKI, Andrzej. Images of Influence: 12 Angry Men and Thirteen Days. *Journal of Management Inquiry*, Vol. 13, Issue 4, 2004, p. 312-323.

CABRIO, Elena; VILLATA, Serena. Towards a Benchmark of Natural Language Arguments. Proceedings of the 15th International Workshop on Non-Monotonic Reasoning, 2014. Disponível em: <https://www.home/12%20angry%20 men?preview=Towards+a+Benchmark+of+Natural+Language+Arguments.pdf>. Acesso em maio 2017.

FLOURI, Eirini; FITSAKIS, Yiannis. Minority Matters: 12 Angry Men as a Case Study of a Successful Negotiation against the Odds. *Negotiation Journal*, Vol. 23, n. 4, October 2007, p. 449-462.

GARFINKLE, Ely. Psychic Barriers to Truth in Twelve Angry Men. *Canadian Journal of Psychoanalysis*, Vol. 19 Issue 1, 2011, p. 169-184.

HAY, Bruce L. Charades: Religious Allegory in 12 Angry Men. *Chicago Kent-Law Review*, Vol. 82, Issue 2, Symposium: 50th Anniversary of 12 Angry Men, April 2007, p. 811-861.

LUCKEN, Karol. You Say Regulation, I Say Punishment: The Semantics and Attributes of Punitive Activity. Critical Criminology, Vol. 21, n. 2; 2013, p. 193-210.

MARDER, Nancy S. The Banality of Evil: A Portrayal in 12 Angry Men. *Chicago-Kent Law Review*, Vol. 82, Issue 2, Symposium: The 50th Anniversary of 12 Angry Men, April 2007, p. 887-899.

MCCAMBRIDGE, Jim. 12 Angry Men: A Study In Dialogue. *Journal of Management Education*, Vol. 27, n. 3, Jun. 2003, p. 384-401.

NADLER, Janice; ROSE, Mary R. Victim Impact Testimony and the Psychology of Punishment. *Cornell Law Review*, Vol. 88, Issue 2, Jan. 2003, p. 419-456.

VIDMAR, Neil; BEALE, Sara Sun; CHEMERINSKY, Erwin e COLEMAN JR., James E. Was he Guilty as Charged? An Alternative Narrative Based on the Circumstantial Evidence From 12 Angry Men. *Chicago Kent-Law Review*, Vol. 82, Issue 2, Symposium: 50th Anniversary of 12 Angry Men, April 2007, p. 691-710.

PILLSBURY, Samuel H. Emotional Justice: Moralizing the Passions of Criminal Punishment. *Cornell Law Review*, Vol. 74, issue 6, May 1989, p. 655-710.

PAPKE, David Ray. 12 Angry Men Is Not an Archetype: Reflections on the Jury in Contemporary Popular Culture. *Chicago Kent-Law review*, Vol. 82, Issue 2, Symposium: 50th Anniversary of 12 Angry Men, April 2007, p. 735-748.

RODRÍGUEZ-SALAZAR, Luis Mauricio; ROSAS-COLÍN, Carmen Patricia; CASTELLANOS, Gerónimo Salomón C. Doce hombres en pugna y la Epistemología de la imaginación, 2015. Disponível em: <http://www.repositoriodigital.ipn.mx/bitstream/123456789/22344/1/Luis%20Muaricio%203Cap%C3%ADtulo%20Argentina%20LMRS.pdf>. Acesso em: maio de 2017.

SCHINKEL, Marguerite. Punishment as moral communication: The experiences of long-term prisoners. *Punishment & Society*, Vol. 16, n. 5, 2014, p. 578-597.

SMALL, Deborah A.; LOEWENSTEIN, George. The Devil you Know: The Effects of Identifiability on Punishment. *Journal of Behavioral Decision Making*, Vol. 18, n. 5, 2005 p. 311-318.

■

7

BILLIONS: SELETIVIDADE SEM MÁSCARAS DA JUSTIÇA CRIMINAL

ANTONIO HENRIQUE GRACIANO SUXBERGER[1]

RESUMO: A série televisiva *Billions* (2016-2017) ilustra as razões da seletividade do sistema de justiça criminal e mostra que, no mercado de capitais, em especial os fundos *hedge*, a atuação usual de seus operadores muito se aproxima ou se confunde com as figuras penais de regulação do Direito Penal econômico. Seus temas se prestam ao aprendizado e à discussão sobre os limites e problemas da discricionariedade acusatória e dos acordos penais, que bem caracterizam a conformação do sistema de justiça norte-americano. Além disso, a trama da série induz a discussão sobre a criminalização da própria atuação nos mercados de fundos *hedge*. O presente artigo toma a série televisiva como exemplo de metodologia de aprendizado baseado em problemas e discute os excessos de seus personagens como alegorias aos problemas atuais vivenciados pelo sistema de justiça norte-americano, que igualmente se projetam em grande medida para a realidade brasileira.

PALAVRAS-CHAVE: Cinema – Criminologia – Administrativização do Direito Penal – Discricionariedade acusatória – Seletividade do sistema de justiça criminal.

---

1. Mestre e Doutor em Direito. Professor do Programa de Mestrado e Doutorado em Direito do Centro Universitário de Brasília (UNICEUB) e da Fundação Escola Superior do Ministério Público do Distrito Federal e Territórios (FESMPDFT). Promotor de Justiça no Distrito Federal. E-mail: suxberger@gmail.com.

1. APRESENTAÇÃO

É possível aprender lições jurídicas, criticar o sistema de justiça e refletir criminologicamente sobre os processos de criminalização a partir de um seriado fictício? Essa provocação nos permite revisitar o aprendizado do Direito e da Criminologia a partir das alegorias e produções culturais.

Como representação da realidade, a dramaticidade de filmes ou séries de televisão, ainda que de modo muitas vezes romanceado ou sabidamente descolado da realidade, nos permite uma crítica consistente do contexto ali retratado. Apenas a título ilustrativo, é bastante consistente a literatura que examina, nos Estados Unidos, o distanciamento da realidade de produções culturais justamente nos momentos de maior conturbação política. Paradoxalmente, nos momentos de maior tranquilidade no campo político, é fértil o campo de produções culturais que avançam na crítica social muitas vezes de modo duro e certeiro. É a percepção, entre outros, de Peter Biskind (2009), quando destaca que a jovem geração de diretores e produtores hollywoodianos do início da década de 1970 apostou na criação de "galãs feios" e histórias distantes do glamour romanceado das produções culturais das décadas anteriores. A guerra às drogas e as relações do tráfico internacional com o território norte-americano são preocupações do truculento Popeye Doyle (vivido pelo "galão feio" Gene Hackman) de *Operação França* (1971). *Patton* – Rebelde ou Herói (1970) apresenta as muitas falhas humanas então impensadas para os tradicionais heróis de guerra. Quando o país atravessava conturbada discussão sobre os limites éticos dos consertos e arranjos políticos, todos escapavam da realidade com *Star Wars* (1977) ou mesmo *Superman* (1978) no cinema.

Os Estados Unidos experimentaram um debate interessante no início da década de 2000, especificamente em 2002, na sequência do escândalo envolvendo a Enron, uma das gigantes do setor elétrico norte-americano. A empresa, então exemplo de atuação bem sucedida no mercado, faliu e levou consigo os fundos de pensão de seus funcionários e de outros investidores da mesma categoria, num rombo estimado em, no mínimo, 1,5 bilhão de dólares. Os meios de comunicação, na época, estimavam um arrastamento de dívida de mais de 13 bilhões de dólares (Agência Estado, 2002). A representação cinematográfica dessa crise é objeto do filme dirigido por Alex Gibney intitulado *Enron* – os mais espertos da sala (2005). A crise ocasionada pela bolha imobiliária no mercado norte-americano, vivenciada em meados da década de 2000, que igualmente trouxe gravíssimos prejuízos a pessoas aparentemente distantes das discussões do mercado financeiro, só foi compreendida por muitos quando retratada no excelente filme do diretor Adam McKay intitulado *A grande aposta* (2015).

Especificamente o mercado de ações norte-americano, com todas as suas jogadas, fraudes, troca de informações privilegiadas ou mesmo acessadas por meios criminosos, já foi retratado por diversas produções. O destaque, para ficarmos em apenas dois exemplos, atribuir-se-á para a excelente produção de Oliver Stone de 1987 intitulada *Wall Street:* poder e cobiça e para o mais recente *O lobo de Wall Street* (2013) de Martin Scorcese. Este último, expressamente baseado na biografia de Jordan Belfort, conhecido e (então) bem sucedido operador do mercado financeiro.

Billions, série televisiva produzida pela *Showtime* nos Estados Unidos a partir de 2016, retrata justamente os meandros e dramas – muitos deles de feição criminosa – do mercado de ações, particularmente em relação aos chamados *hedge funds*. Estes podem ser entendidos como fundos que adotam estratégias pouco ortodoxas de investimento. Os fundos *hedge* são compostos por investidores que atuam em parceria e não raro se valem de métodos arriscados na expectativa de angariarem ganhos substancialmente mais altos que os investimentos tradicionais. Os fundos *hedge* são vistos como fruto da desregulamentação do mercado financeiro e são frequentemente vinculados ao alto risco financeiro porque suas estratégias envolvem alavancagem, isto é, uso de derivativos para multiplicar o desempenho do fundo. Os derivativos, por sua vez, são contratos que derivam de um ativo subjacente, taxa de referência ou índice. Esses ativos podem ser físicos ou financeiros e, por isso, os derivativos mais comuns são indicados como contratos a termo, contratos futuros e contratos de opções.

Se o leitor está preocupado (ou entediado) com os aspectos técnicos do mercado de ações, desde logo destacamos que não há razões para tanto. A sedução de *Billions* está justamente na fidelidade técnica aos temas do mercado de ações – para quem consegue observar isso – sem que isso implique cansar os fãs da série com explicações mais detidas ou específicas. Ao contrário, a dramaticidade da série envolve o espectador com uma simplicidade que não desmerece a capacidade de compreensão da sua audiência, ao tempo em que se prende no que há de mais rico nos conflitos: o elemento humano. Lançada em 2016, *Billions* já se encontra em produção para a sua terceira temporada, a ser lançada no ano de 2018.

2. A TRAMA DE *BILLIONS:* UM TRIÂNGULO INCOMUM

Na trama do seriado, Chuck Rhoades, interpretado pelo expressivo Paul Giamatti, integra o *U.S. Attorney Office* para o Distrito Sudeste da cidade de Nova York. Em termos simples e transplantados para o Brasil, ele é o responsável pela atuação do que seria o equivalente ao Ministério Público brasileiro nos Estados Unidos. Sua atuação ocorre na esfera federal e ele, Chuck Rhoades, chefia o escritório cujas atribuições abrangem o chamado distrito financeiro da cidade de Nova York. Ele é, pois, a autoridade acusatória, no plano federal, de todos os crimes que sejam praticados em Wall Street, isto é, no coração do mercado financeiro da costa leste dos Estados Unidos. Ele é um profissional implacável e reconhecidamente "duro" no enfrentamento da criminalidade financeira. Seu trabalho, politicamente reconhecido, é marcado pelos acordos que invariavelmente impõem prisão aos que sejam por ele colhidos em práticas criminosas. Chuck Rhoades não faz acordos sem que, minimamente, seus "oponentes" sejam presos ou afastados de uma vez por todas do mercado financeiro. Sua carreira é centrada justamente na sua severidade. E assim trabalha toda a sua equipe, com destaque para três integrantes. O advogado mais próximo de Chuck é Bryan Connerty, um profissional ambicioso na Procuradoria, mas de rígidos padrões morais. Sua trajetória se diferencia dos demais profissionais porque ele, Bryan, não vem de uma família destacada ou originalmente rica. Kate Sacker, uma jovem ambiciosa de família negra e proeminente socialmente, com méritos universitários, apresenta-se tecnicamente como alguém com intenções marcadamente políticas e de ascensão no futuro. E fará tudo o que puder para cumprir essas expectativas. Lonnie Watler, um advogado negro que se sente repetidas vezes preterido dentro da Procuradoria, é outro merecedor de destaque, por sua tenacidade e sua dedicação aparentemente não reconhecida.

No campo pessoal, Chuck guarda uma peculiaridade, que ora é seu trunfo, ora é sua fraqueza. Ele é filho de um dos mais ricos nomes do mercado financeiro norte-americano, que carrega inclusive seu próprio nome (Chuck Rhoades *Senior*). Seu pai é ora conselheiro, ora entrave, por representar muito daquilo que Chuck enfrenta na sua lida acusatória. Mas é a esposa de Chuck que merece a maior atenção dos espectadores da série.

Wendy Rhoades é a bela esposa de Chuck, com quem tem dois filhos e mora numa belíssima casa no coração de Manhattan. Ela tem uma presença física na série e, o mais interessante, essa força não decorre, como poderia parecer a um desavisado, da beleza física de Maggie Siff, a excelente atriz que materializa a personagem. Wendy é uma reconhecida *performance coach*, terapeuta especializada em colher a melhor atuação dos profissionais que atende. No caso dela, ela tem atuação exclusiva para os profissionais do mais bem sucedido escritório de fundos *hedge* de Nova York: Axe Capital, a empresa liderada por Bob Axelrod.

Bob Axelrod é vivido pelo talentoso ator inglês Damien Lewis, cuja interpretação denota um sotaque cuidadosamente trabalho para espelhar a origem pobre e humilde desse que é a razão do título da série. Axelrod é o bilionário que justifica o nome da série. Atuando no mercado de ações na virada do milênio, ele passou de um promissor operador do mercado financeiro para o mais bem sucedido especialista em fundos *hedge* justamente após o atentado terrorista de 9 de setembro de 2001. O atentado, que derrubou as torres gêmeas de Wall Street, colheu em cheio a empresa em que Bob trabalhava e uma das surpresas da trama consiste em entender como ele saiu fortalecido de algo que abalou tão fortemente não só o mercado mas as pessoas que ali trabalhavam.

Bob é casado com Lara (vivida pela atriz Malin Akerman), que compartilha a origem humilde de Bob e com ele tem dois filhos. Lara acredita viver um relacionamento com Bob marcado pela sinceridade e verdade incondicional, mas ao longo da trama percebemos que o relacionamento deles é operado por Bob com a mesma ferocidade e domínio com que ele atua no mercado financeiro.

O conflito entre Chuck e Bob é inevitável. Bob, o bilionário intocável do mercado de ações, cuja atuação é marcada pela astúcia e agressividade; Chuck, o acusador implacável daqueles que operam o mercado de capitais no fio de corte que separa a ação ousada dos riscos financeiros e a prática de crimes que culminam na manipulação absurdamente lucrativa desse mercado. Entre eles, Wendy. A série foge do caminho fácil de simplesmente investir na tensão sexual entre os protagonistas. A busca por Wendy é outra: sem ela, Bob perde sua temperança, inafastável para o turbilhão de tensões que envolvem as arriscadas operações por ele orquestradas. É um vínculo psicológico de quase dependência. Bob até consegue viver sem ela, mas não consegue ser quem ele precisa sem a presença de Wendy. Chuck ama Wendy, mas seu amor é sopesado também pelas ambições profissionais e por suas limitações psicológicas. A necessidade de Chuck ser dominado sexualmente na esfera de sua intimidade – sim, o prazer erótico de Chuck depende de práticas de dominação e submissão e ele, nesse campo, precisa portar-se como dominado – é a alegoria mais perfeita da presença dominante e truculenta que ele tem na sua atuação profissional.

A trama da série, como se vê, nada tem de rasa. Ao contrário, poder-se-ia dizer que seus autores correm o risco de se perder nos muitos meandros lançados para a história. Mas, não. Eles se desvencilham bem da própria dificuldade que criaram: uma série complexa, repleta de conflitos humanos, situada na tensa conflituosidade intrínseca ao trabalho de seus protagonistas.

Apesar do peso de atores Damian Lewis e Paul Giamatti, reconhecidos como grandes talentos de sua geração, é a personagem de Wendy, de Maggie Siff, quem marca a complexidade das tramas. Dona de uma beleza exuberante, ela em nenhum momento se impõe pela beleza. Ao contrário do que poderia parecer de sua *expertise*, terapeuta, ela pouco usa do recurso de manipulação dos que a circundam. Ao contrário, seu viés manipulador funciona muitas vezes como reação aos excessos ora de Chuck, ora de Bob. No entanto, se essa consideração soa como defesa da personagem, é importante que o espectador (o, aqui, nosso leitor) não se equivoque. No jogo duro dos protagonistas, são os lances de Wendy os que deixam marcas mais profundas, ainda que as armas dela não sejam o dinheiro ou o uso do sistema de justiça criminal. São as omissões ou as mentiras de Wendy que mais machucam, são as rejeições dela que atingem visceralmente Chuck e Bob, muito mais que toda sorte de ataques que eles dirijam um ao outro.

3. AS LIÇÕES DE CHUCK RHOADES

Chuck Rhoades, como já afirmado, se vale dos acordos processuais que envolvem crimes contra o sistema financeiro do modo que melhor marque sua firme posição no enfrentamento desse tipo de criminalidade. Sua atuação, como representação identificável do exercício da atividade acusatória nos chamados crimes financeiros ou crimes de mercado, presta lições tanto do ponto de vista jurídico-institucional quanto do ponto de vista criminológico sobre o funcionamento do sistema de justiça criminal.

Pucci Júnior já destacou o potencial das séries televisivas para o aprendizado de temas em geral (2016, p. 335). Para os temas de Direito e Criminologia, essas considerações são ainda mais verificáveis, pois, muitas vezes até mais que os filmes, as séries televisivas, por sua duração em diversas temporadas (ao menos, as bem sucedidas), autorizam aprofundamento e consolidação de algum tipo de aprendizado (2016, p. 335). Jason Mittel chega a afirmar que, nas séries televisivas, marcadas por tramas com muitos personagens, relações intertextuais, extratextuais e outros elementos, a experiência de assisti-las tornou-se intelectualmente mais exigente (2015, p. 393 *et seq.*). No caso de *Billions*, as incoerências e eventuais abusos de Chuck Rhoades só se tornam visualizáveis porque assistimos, ao longo dos diversos episódios, ao modo – muitas vezes arbitrário ou passional – com que ele conduz a política de acordos penais da promotoria criminal.

Além disso, a ilustração dos problemas vivenciados na modelagem jurídica do sistema de justiça criminal norte-americano oportuniza ao espectador da série um verdadeiro aprendizado que se ampare na apresentação de problemas. O ensino superior do Direito – e, claro, dos cursos de ensino superior em geral – deve orientar-se tanto por lições teóricas, que continuam sendo essenciais, e práticas, com o uso de novas tecnologias inclusive, para favorecer um aprendizado autônomo e acompanhado de maior interação na gestão do processo de aprendizagem. A metodologia baseada em problemas (*problem based learning* ou *apredizaje basado en problemas*, a depender da literatura inglesa ou hispânica sobre o tema) ampara seu processo pedagógico com conceitos e situações familiares ao aluno para dele obter motivação, que é condição essencial do aprendizado significativo (Abel Souto, 2011, p. 185). A ficção da série televisiva, especialmente por tratar de temas tão caros à Criminologia e ao Direito, pode instruir e provocar respostas cognitivas e afetivas relevantes com seus personagens. Chuck, Bob e Wendy, com suas tramas e problemas, prestam-se a ilustrar questões cruciais à relação entre mercado financeiro e crime como fenômeno socialmente construído.

Chuck Rhoades, na condução dos acordos penais (ou da negativa de celebrá-los) realizados no âmbito da promotoria que cuida dos crimes financeiros, materializa e ilustra grande parte da crítica jurídica sobre a justiça penal de acordos dos Estados Unidos e a seletividade – muitas vezes arbitrária

– do sistema de justiça criminal. De um lado, há solida discussão quanto aos rumos dos arranjos institucionais incumbidos da realização da justiça criminal. De outro lado, a seletividade do sistema de justiça criminal opera-se por razões que pouco se relacionam com a realização de um ideal igualitário ou mesmo de tutela de bens jurídicos.

Vivenciamos momento em que o Brasil, na esteira de outros países com marcada tradição jurídica europeia-continental, tem ampliado as possibilidades de acordos processuais em seus ordenamentos. Como exemplo da última década, basta visualizar a previsão do art. 4.º, § 4.º, da Lei 12.850/2013 (colaboração premiada que resulte no não ajuizamento de ação penal), ou mesmo a discussão atual sobre os limites do acordo de leniência previsto na Lei 12.846/2013. Os países, por sua vez, de marcada oportunidade ou discricionariedade no exercício do poder acusatório do Estado têm agudizado a crítica quanto a eventuais abusos e necessidade de aprimoramento institucional no uso desses instrumentos de atuação da justiça criminal. Do ponto de vista jurídico, é patente que esse empréstimo recíproco de modelagens e alternativas não tem ocasionado um simples transplante de soluções jurídicas extraídas do *common law*, mas verdadeiramente uma desfragmentação daquelas características mais marcantes de modelagens normativas até então distintas entre si (Langer, 2004).

Chuck Rhoades, ao longo dos episódios, celebra acordos penais ou recusa celebrá-los em situações informadas muitas vezes por seu temperamento ou por finalidades outras que não a afirmada realização da justiça penal.

Um episódio da primeira temporada chama a nossa atenção para os móveis da atuação de Chuck. Especificamente no sexto episódio da primeira temporada, (nominado *The deal* – O acordo), Chuck e Bob sentam-se para formalizar os últimos detalhes de um acordo penal (*plea bargain*), no qual a empresa de Bob pagaria a estrondosa quantia de um bilhão e meio de dólares a título de multa e ainda reconheceria sua culpa na prática de ações ilícitas no mercado financeiro (*conspiracy*). No meio dessa reunião, acompanhados cada qual por sua equipe, Chuck e Bob começam a se provocar. O primeiro lembra ao segundo que este afirmava que jamais ajustaria qualquer tipo de acordo (*never settle*); o segundo ironiza o valor da multa, que compara a uma picada de abelha a ser recuperada em, no máximo, seis meses de operação da *Axe Capital*. Então, Chuck, inadvertidamente, inclui no acordo (até então discutido minuciosamente e aceito por ambas as partes) que Axelrod se obrigaria a nunca mais operar no mercado financeiro (*lifetime ban*). O resultado é a reação passional de Bob, que rasga os termos do acordo e joga o papel picado no rosto de Chuck.

A lição da cena carregada de tensão, que depois se repete com outras dimensões ou feições ao longo de toda série, refere-se ao uso do poder de barganha pelo acusador em casos assim. Nos Estados Unidos, a discricionariedade acusatória (*prosecuturial discretion*) não é normatizada na Constituição; aliás, não há disposição constitucional que sequer possa se prestar como norte ou moldura para o minudenciamento normativo sobre esse tema (Markowitz, 2017, p. 517). De qualquer forma, para além dos contornos da atividade executiva do Estado em geral que podem ser extraídas do texto constitucional, o Direito norte-americano destaca a participação democrática nos rumos do que seja a orientação presente na discricionariedade acusatória daquele modelo normativo.

Afinal, é marcadamente político o processo de escolha dos integrantes do *Attorney Office* e alguém como Chuck Rhoades seguramente será chamado a prestar contas, politicamente, das opções que materializa no exercício de sua discricionariedade. Isso, de fato, ocorre nos episódios seguintes: tanto no contra-ataque de Axelrod, que reúne todos os casos de atuação de Rhoades, para questioná-los em juízo sobre os critérios que conduziram as negociações levadas a efeito pela promotoria, quanto na chamada que Chuck recebe de sua chefia imediata, que o ameaça de demissão seguidamente à perda de sua credibilidade como chefe da promotoria do distrito financeiro de Nova York.

São várias as possibilidades que hoje se discutem sobre o controle e a exigência de maior confiabilidade no exercício dessa discricionariedade acusatória. Há quem sustente, no direito norte-americano, que o controle judicial – a exemplo do que ocorre nos modelos oriundos da Europa continental – pode ser uma alternativa viável para atenuar eventuais abusos no exercício da discricionariedade acusatória. Entre outros, é o que propõe Samuel J. Levine, quando afirma que as Cortes podem e devem exercitar um maior controle sobre o exercício da discricionariedade acusatória tanto atraindo os casos para sua própria apreciação quanto disciplinando a revisão de casos específicos (2016, p. 2). Victoria Knott, em posição mais dirigida à participação popular e ao debate democrático, sustenta que o uso do chamado *grand jury* deveria ser mais e melhor delineado para servir de instrumento a esse controle e para confiabilidade da discricionariedade acusatória (2016).

Para além do debate que se dirige ao aprimoramento institucional, certo é que o seriado nos apresenta interessante processo de controle e aferição das decisões levadas a efeito por Chuck Rhoades. Seja na checagem dos resultados que dele são cobrados por sua chefia, seja na frustração de suas nítidas pretensões políticas (em especial na segunda temporada da série), Rhoades precisa dar visibilidade ao processo decisório que culminou na celebração deste ou daquele acordo ou mesmo a respeito dos termos construídos. A confiabilidade do exercício dessa discrição, pois, ampara-se na aferição dos critérios que foram utilizados pela promotoria na condução desses acordos. Rhoades, como vemos ao longo da série, falha em diversos desses critérios. Ao sofrer a fiscalização pessoal sobre si – não sobre fatos, mas sobre a pessoa de Chuck Rhoades – pelo implacável Oliver Dake, funcionário enviado para fiscalização correicional e disciplinar de Chuck, este manipula mais uma vez o sistema em seu favor.

A lição que se extrai consiste na constatação de que os problemas da discricionariedade persecutória não residem na discricionariedade em si, mas no modo pelo qual é fiscalizada, controlada e realizada institucionalmente essa discricionariedade. No fim das contas, parte-se da premissa constatável em qualquer sistema de justiça: é ilusório acreditar que todos os fatos criminosos noticiados sejam objeto de resposta formalizada e acabada do Estado. Se o sistema, portanto, *seleciona* os casos a ele submetidos, por critérios postos em aberto ou por critérios construídos informalmente, melhor que essa discussão se dê às claras e com instrumentos de controle da confiabilidade desse processo decisório. Caso contrário, situações como aquelas vividas por Chuck Rhoades, que angaria desenvergonhadamente prêmios pessoais e tragédias alheias na sua trajetória, não serão tão ficcionais como se espera de *Billions*.

Do ponto de vista criminológico, a percepção de que o crime surge como fenômeno socialmente construído é ainda mais tematizada na chamada criminalidade financeira. A impressão que se tem, das narrativas, tramas e situações colhidas por Rhoades na sua atuação, é que, a se verificar todo e qualquer caso de atuação no mercado de fundos *hedge*, quanto mais se aferir, mais crimes ali serão "encontrados". As aspas pedem explicação: a atuação fiscalizatória da promotoria constrói casos penais a partir da informação, oficiosa ou oriunda dos próprios órgãos regulatórios do mercado. Aliás, a conflituosa relação entre Chuck e Ari Spyros, emissário do que seria o equivalente à Comissão de Valores Mobiliários no Brasil, é representativo desse arranjo institucional, ora falho, ora eficiente, entre promotoria e órgão regulatório do mercado de capitais.

A seletividade do sistema de justiça criminal, como mostra as interações de Rhoades com políticos, círculos de alto poder de Manhattan e com os órgãos que lhe são superiores, evidencia que a maior ou menor intervenção do sistema de justiça nos crimes de mercado orienta-se igualmente por critérios econômicos e políticos. Quando o mercado carece de confiabilidade, é Chuck Rhoades uma das engrenagens que aperta a atuação estatal e regulação desse mercado. Quando o Governo precisa passar uma mensagem de fidelidade aos compromissos assumidos com o eleitorado, novamente é Chuck Rhoades quem materializa essa resposta formalizada por razões não tão formalizadas assim no jogo político.

4. BOB AXELROD: PROFISSÃO CRIMINOSA OU PROFISSÃO CRIMINALIZADA?

Na liderança da *Axe Capital*, Bob Axelrod tem no personagem Mike "Wags" Wagner seu fiel escudeiro. Como inúmeras vezes Bob se refere, seus operadores de mercado são animais e o zelador dessas criaturas é mesmo a figura muitas vezes espúria de Wags. O bilionário Bob é constantemente confrontado com as limitações do seu enorme poderio econômico. Ele tem dinheiro, mas nem sempre isso se converte em poder. E é o poder de Chuck Rhoades que se contrapõe aos bilhões de Axelrod.

Ao longo da série, Bob não se contenta em angariar fortunas incalculáveis manipulando o mercado financeiro. Ele precisa ir além. Sua origem humilde, uma sanha desmedida por afirmação, são diversos os fatores que podem explicar a incapacidade de contentamento de Axelrod. Porém, a ambição que é melhor retratada na série refere-se aos limites que constantemente lhe são jogados na cara quando ele busca uma nobreza que seus bilhões não asseguram. O acesso barrado por seguranças no clube de whisky frequentado por Chuck, a compra frustrada de um time de futebol americano, o investimento político em cassinos no norte do Estado: são diversas as situações em que o dinheiro de Axelrod não basta para lhe assegurar o que ele acredita precisar.

A movimentação de Axelrod no mercado financeiro é composta de ações que em regra substanciam ilícitos penais. A dúvida consiste em saber se a (excessiva?) regulação do mercado de capitais criminalizou a atuação dos fundos *hedge* ou se a operação mais exitosa desses fundos implica necessariamente algo que se aproxima da ação criminosa. Esse debate é interessante e vemos na interação existente no interior da *Axe Capital* que o êxito da atuação no mercado de ações ora deriva de percepções que beiram a genialidade, como é o caso da andrógina Taylor Mason, ora deriva da criminosa manipulação de informações, como usualmente acontece com o personagem "Dollar" Bill Stearn.

Não são raras as prisões de operadores que atuam na Axe Capital. Desde momentos de loucura momentânea até a descoberta de atuações criminosas para a obtenção de informações privilegiadas, a prisão desse ou daquele operador de Axelrod é frequentemente vista como um risco inescapável em face dos altíssimos valores angariados por esses mesmos operadores. As roupas informais e o desenho despojado da *Axe Capital* contrastam com as cifras astronômicas que circulam nos fundos *hedge*. A aparência pouco ortodoxa da *Axe Capital* é também exteriorização da heterodoxia com que seus operadores atuam audaciosamente no mercado.

Num dos episódios, "Dollar" Bill Stearn é preso no interior da *Axe Capital*. Os gritos ensaiados e repetidos por "advogado", "advogado", "advogado" de Bill, enquanto os policiais efetuavam a prisão, são apenas a lição do que se tornou a tentativa de invalidar as provas oriundas de depoimentos policiais no momento da apreensão e custódia do investigado. Até nisso, o Direito Processual Penal de Axelrod mostra que o tradicional desenho da cláusula Miranda – rol de direitos do investigado ou autuado de ser alertado sobre as prerrogativas que lhe assistem, com atenção à vedação de compelir ou impor a produção de prova contra si – só tem lugar hoje nos casos de criminalidade rasteira ou de rua. Para Bill Stearn, o silêncio não é um direito próprio da ação investigatória, mas apenas uma etapa a ser observada até a sua liberação, seguro que está de que, ainda que esteja preso, Axelrod cuidará de providenciar toda sorte de lucros e ativos financeiros à família de Stearn para, pelo dinheiro, que ele fique calado.

O episódio 10 da primeira temporada, intitulado "Qualidade de vida", é a curiosa lição dessa relação. Stearn, que havia sido preso por prática de *insider trading*, é solto e recebido como herói na *Axe Capital*. De modo inesperado, Axelrod interrompe a ovação a Stearn e o chama para conversarem à vista de todos numa sala com isolamento acústico. Stearn e Axelrod fingem discutir para que todos da consultoria financeira assistam, quando em verdade juram lealdade e carinho recíprocos: afinal, a prisão de Stearn assegurou-lhe um bônus na empresa que o colocou numa situação jamais imaginada pelos demais consultores da *Axe Capital*. Sua prisão, marcada pela lealdade ao chefe, então, transformou-se numa moeda de troca num negócio altamente vantajoso.

5. DE QUE DIREITO PENAL FALAMOS?

Afinal, qual o papel do Direito Penal e sua mais tradicional resposta – a prisão – nesse jogo representado em *Billions*, em que os espaços de decisão de atuação da justiça criminal reconhecidamente respondem a razões que nada têm a ver com o Direito? Uma incursão no Direito brasileiro auxilia a reflexão nesse ponto.

No Brasil, a tipificação mais detalhada dos crimes que versam sobre o mercado de ações e capitais ocorreu há pouco mais de 15 anos. A Lei 10.303, de 31 de outubro de 2001, promoveu alterações na Lei 6.385, de 15 de dezembro de 1976. Esta última é o diploma legal que versa sobre o mercado de valores mobiliários e que criou a Comissão de Valores Mobiliários, órgão regulatório e normativo do setor. A Lei de 2001 estabelece um capítulo específico para cuidar dos chamados "crimes contra o mercado de capitais". A realização de operações simuladas ou fraudulentas, o uso de informação relevante que ainda não foi divulgada ou disponibilizada ao mercado, a atuação de agentes no mercado sem a devida regularidade ou autorização legal: são condutas que passaram a ser tipificadas como crimes, cujas penas reúnem penas privativas de liberdade e consideráveis multas.

As figuras de manipulação do mercado e de *insider trading* são as que merecem mais atenção nas tramas e meandros de *Billions*. Convém registrar textualmente as figuras típicas desses crimes no direito brasileiro. Confiram-se as disposições dos artigos 27-C e 27-D da Lei 6.385 (Brasil, 1976):

> "*Manipulação do Mercado*
>
> Art. 27-C. Realizar operações simuladas ou executar outras manobras fraudulentas, com a finalidade de alterar artificialmente o regular

> funcionamento dos mercados de valores mobiliários em bolsa de valores, de mercadorias e de futuros, no mercado de balcão ou no mercado de balcão organizado, com o fim de obter vantagem indevida ou lucro, para si ou para outrem, ou causar dano a terceiros.
>
> Pena – reclusão, de 1 (um) a 8 (oito) anos, e multa de até 3 (três) vezes o montante da vantagem ilícita obtida em decorrência do crime."
>
> "*Uso Indevido de Informação Privilegiada*
>
> Art. 27-D. Utilizar informação relevante ainda não divulgada ao mercado, de que tenha conhecimento e da qual deva manter sigilo, capaz de propiciar, para si ou para outrem, vantagem indevida, mediante negociação, em nome próprio ou de terceiro, com valores mobiliários:
>
> Pena – reclusão, de 1 (um) a 5 (cinco) anos, e multa de até 3 (três) vezes o montante da vantagem ilícita obtida em decorrência do crime."

O crime de manipulação do mercado é caracterizado pela finalidade de alterar o regular funcionamento do mercado de valores imobiliários em geral, para obter vantagens ou causar dano. Trata-se de uso manifesto do Direito Penal como meio de tutela máxima da regularidade e confiabilidade das relações havidas no mercado de capitais. Essa utilização do Direito Penal, amparado por qualquer discurso de legitimação para essa intervenção por meio do instrumento de controle social formalizado mais duro do Estado, nos remete à discussão sobre o que esperar da pena privativa de liberdade para regulação de condutas muitas vezes de cariz regulamentar e administrativo.

O crime de *insider trading* (uso indevido de informação privilegiada) claramente se dirige à tutela da confiança no mercado financeiro. Ambos os tipos penais são apenados com privação de liberdade que, sabidamente, dificilmente ensejarão no Brasil recolhimento à prisão. É que, em geral, dificilmente esses crimes ensejarão aplicação de reprimenda que ultrapasse o patamar de quatro anos – este é o limite último autorizativo da substituição de penas privativas de liberdade por penas restritivas de direitos a condenados primários. De qualquer modo, a "ameaça" da prisão lá se encontra no esforço de repressão a condutas que coloquem em questionamento a higidez e a confiabilidade do sistema financeiro e de mercado de capitais.

É curioso perceber que, no nível de complexidade das operações financeiras abordadas em *Billions*, a maestria profissional dos personagens está justamente na manipulação do mercado e no uso de informações privilegiadas. A premissa da atuação de excelência da *Axe Capital* não consiste na genialidade ou astúcia que seus operadores têm ao lerem e agirem sobre os influxos do mercado de capitais. A personagem Taylor Mason, como exceção à regra, se vale de seu intelecto diferenciado para se sobrepor aos demais operadores e ganhar destaque no jogo dos fundos *hedge*. Porém, captada por Axelrod para o jogo das grandes cifras, Taylor passa também a atuar ora com base em informações utilizadas ou acessadas de modo ilegal, muitas vezes manipulando o mercado para obter resultados cuja expectativa movimenta as orientações marcadas da *Axe Capital*.

A excelência da atuação do protagonista Bob Axelrod não está numa capacidade sobre-humana ou incomum de reação ao mercado financeiro. Seu destaque consiste justamente na astúcia de agir nas entrelinhas do mercado, manipulando-o de modo astucioso, quando possível, ou truculento, quando necessário. O risco de ser "colhido" pela justiça criminal é apenas mais um risco dentre tantos outros que são considerados na matemática imprecisa e manipulável do mercado de capitais.

A alternância entre astúcia e truculência também são as marcas da atuação de Chuck Rhoades. Diferentemente de Bob, que se movimenta em direção às cifras milionárias e se sente menor por isso não representar necessariamente poder; Chuck se movimenta em busca do poder, pretenso escravo de um senso mal resolvido de justiça social que impõe punição a quem se mostra bem sucedido pela exploração de um mercado financeiro livre de barreiras éticas. No fundo disso tudo, um ódio recíproco que serve de motivação e finalidade para ações que redundam em grave prejuízo econômico alheio (Bob) ou na manipulação indisfarçável do sistema de justiça criminal (Chuck).

Essa trama bem engendrada ilustra com riqueza a lição da Criminologia da reação social segundo a qual, para se entender o fenômeno criminoso, interessa mais a compreensão do funcionamento do sistema de justiça que a leitura dessa ou daquela tendência ou intenção criminosa de contrariar o sentimento coletivo cristalizado num tipo penal.

A contribuição da Criminologia da reação social, em particular por sua vertente crítica, manifesta-se numa dupla contraposição: seu choque com o pensamento criminológico clássico, dada a condição deste último de mantenedor do *status quo*, e seu questionamento dos esquemas explicativos baseados na etiologia do delito, em face dos quais contrapõe a análise científica dos mecanismos criminalizadores e estigmatizantes do controle social (Suxberger, 2010, p. 76). Em *Billions*, a crítica criminológica assume o caráter aproximado de uma etnografia das afirmadas razões que orientam a ação persecutória do Estado, para demonstrar que só a compreensão dirigida aos agentes envolvidos na realização dessa discricionariedade persecutória pode autorizar o aprimoramento dos instrumentos de controle e um mínimo de racionalidade na indicação das finalidades dessa atuação penal.

A incidência do Direito Penal sobre o mercado de capitais – projeção última do chamado Direito Penal econômico – decorre da experiência de *administrativização* da intervenção punitiva (Lopes; Franco, 2013). Tal fenômeno dá-se pela crescente proliferação de normas penais que visam, sobretudo, a garantia de obediência às atividades e funções do Estado. No caso específico do mercado de capitais e fundos *hedge*, a finalidade é assegurar a higidez e a confiabilidade desses mercados. Os tipos penais mencionados e incorporados à legislação brasileira a partir de 2001 inserem-se num movimento de proliferação de normas de Direito Penal que tratam, na verdade, de desobediências e violações a deveres e funções do Estado e, que, portanto, deveriam estar restritas ao campo do Direito Administrativo.

6. PRISÃO PARA CRIMES DE MERCADO?

A sanção penal, nesse tipo de criminalidade, tem um importante, mas não único, papel de retribuição, prevenção e inibição. Afinal, ela não pode simplesmente transmitir a ideia de que atue como um verdadeiro custo adicional da transação realizada no mercado financeiro.

Uma advertência se mostra válida neste ponto: o alerta quanto à configuração de uma resposta penal como mero custo do negócio não substancia aprofundamento a respeito dos fins da pena, seja como compreendidos pela dogmática jurídico-penal, seja como compreendidos pelo pensamento criminológico. Menos que um fim do Direito Penal, a prevenção, tanto na sua vertente positiva quanto no seu viés negativo, surge como imanência do preceito secundário (pena) do tipo penal estabelecido pela legislação. Não se trata de indicá-la como algo desejado ou mesmo pretendido pela resposta penal. A prevenção há de ser apresentada como decorrência da incidência do tipo penal, pois deriva da criação do tipo. Não se cuida de um fim em si mesmo, mas uma consequência que existe ou pode existir da incidência do tipo penal. É o que indica, entre outros, Morselli (1995, p. 273), especialmente quando afirma o equívoco de se considerar a consolidação ou o reforço dos sentimentos de justiça, de fidelidade à lei ou de consciência jurídica coletiva como objetivos últimos da pena no âmbito da concepção da prevenção geral. Essas categorias hão de ser tomadas, quando muito, como efeitos induzidos, isto é, indiretos, da função retributiva da pena.

Essa perspectiva da resposta penal como custo da transação, especialmente quando acompanhada do discurso de que a esse tipo de criminalidade não se deve destinar penas privativas de liberdade, mas respostas alternativas, ainda que marcadas pelo cariz penal, pode ensejar risco considerável à crença num sistema de justiça criminal de inspiração igualitária. Afinal, privilegiar certo espectro de criminalidade, usualmente mais gabaritada e aquinhoada do ponto de vista econômico-financeiro, com penas alternativas (não privativas de liberdade), mantendo-se a resposta tradicional da pena privativa de liberdade, com toda a severidade do sistema de justiça criminal, para a criminalidade dita comum implicaria uma diferenciação que seguramente colocaria em xeque os valores de igualdade ou isonomia. É óbvio que se esses tipos de criminalidade são marcadas por condutas distintas. No entanto, do ponto de vista da coerência interna do discurso jurídico-penal, também a tutela de bens jurídicos supraindividuais refere-se a condutas gravemente lesivas e, então, merecedoras da resposta mais grave da pena privativa de liberdade.

O risco que se estabelece é a justificativa para a instituição de um Direito penal diferenciado e marcado por uma gestão punitiva da pobreza – problema marcadamente presente em países de criticável nível de desenvolvimento, mas não só neles. Para mencionar a Espanha e também os Estados Unidos, confira-se a advertência de Rivera Beiras (2004). Especificamente nos Estados Unidos, Wacquant indica com precisão que o novo senso comum penal consiste em criminalizar a miséria e, por esse viés, normatizar o trabalho assalariado precário (2001, p. 26). Diez Ripollés destaca o caráter insustentável, do ponto de vista ideológico, nas sociedades democráticas da atualidade, das significativas diferenças nas intervenções sociais que se dirigem às condutas lesivas dos setores socialmente poderosos em face daquelas que devem exercer-se sobre comportamentos das classes baixas e marginais (2005, p. 29). Em situações assim, a chamada criminalidade comum é apresentada como o único fator de desestabilização da ordem política e social e, por isso, seu papel central na justificação da intervenção penal do Estado. Trata-se de um Direito penal orientado por uma política criminal que busca uma efetividade a curto prazo, marcadamente exemplificada pela preocupação de varrer a criminalidade das ruas.

De um lado, Chuck Rhoades não parece muito preocupado com uma política criminal de médio ou longo prazo. Quando sabidamente se afasta das orientações de sua chefia para essa ou aquela abordagem no mercado financeiro, Rhoades personaliza um voluntarismo individualizado que ganha ares de orientação estatal na realização da justiça penal. Quando resolve se apresentar como um possível *player* maior do jogo político, Rhoades demonstra que o caminho trilhado na construção desses rumos de política criminal que redundarão em iniciativas públicas de intervenção no mercado não raro se dissocia das razões jurídicas que usualmente legitimam essa mesma atuação.

De outro lado, Bob Axelrod e sua persona violenta, acreditando manipular desde a sua esfera mais íntima até a mais complexa trama do mercado financeiro, ilustram o debate presente entre as razões políticas e as razões financeiras do Estado que, para Bob, é um inimigo. O oponente de Axelrod não é exatamente a promotoria de Rhoades, mas a regulação da atividade em si. No entanto, não fosse por ela, sua atuação não se diferenciaria dos demais que igualmente operam nas tramas dos fundos *hedge*. Axelrod trata, então, as instâncias de controle do mercado como um inimigo necessário: sem elas, não haveria a guerra de que se alimenta.

A criminalidade de setores como aquele ilustrado por Bob Axelrod, Mike "Wags", "Dollar" Bill Stearn e outros... essa segue inabalável por meio de acordos que, ao fim e ao cabo, são apenas mais uma variável no alto jogo de custos e benefícios do mercado financeiro.

Talvez por isso, a série dedique uma especial atenção a Wendy Rhoades. Aprisionada no meio desse conflito, não porque submissa aos dois, mas porque indissociável dessa tensão, Wendy é a representação máxima do conflito que contrapõe o ceticismo necessário para trabalhar com esses temas em face da tenacidade e persistência que só os fiéis no que fazem possuem. A visão de Wendy sobre as paixões pessoais e as finalidades íntimas de Bob e Chuck ora guarda convergência com o olhar do espectador da série, ora se reserva com a ciência de algo que está na superfície da trama, mas que, ao menos naquele momento, não é possível que saibamos. Como uma informação privilegiada, Wendy a utiliza para propiciar a si uma sobrevivência na terra arrasada a que estão dispostos a chegar Bob e Chuck em suas cruzadas particulares. Como uma operação fraudulenta, ela se movimenta entre os dois com lances de mercado que, verdadeiramente, ocultam a realidade ou a desenha de modo fraudulento. Wendy não opera o mercado de capitais, mas as próprias crenças dos protagonistas.

Nessa trama, em que realizando ações tão diferentes e operando em níveis tão distintos, os protagonistas se parecem muitíssimo uns com os outros, *Billions* dá mostra de que a metáfora do mercado de fundos *hedge* é a ilustração do ceticismo sobre os valores manipulados pelo sistema de justiça criminal e sobre os valores financeiros que repousam numa pretensa confiabilidade ou justiça do mercado.

REFERÊNCIAS BIBLIOGRÁFICAS

ABEL SOUTO, Miguel. Desde la Literatura, Ópera, Cine y Televisión hasta las Ciencias Jurídicas y el Derecho Penal mediante la nueva técnica pedagógica del aprendizaje basado en problemas. *Derecho*. 20, 2, 183-205, Jul. 2011. ISSN: 11329947.

AGÊNCIA ESTADO. *O escândalo da Enron* – saiba o que está acontecendo. 7 Fev. 2002. Disponível em: <http://economia.estadao.com.br/noticias/geral,o-escandalo-da-enron-saiba-o-que-esta-acontecendo,20020207p24521>. Acesso em 25 Ago. 2017.

BRASIL. *Lei n. 6.385*, de 7 de dezembro de 1976. Dispõe sobre o mercado de valores mobiliários e cria a Comissão de Valores Mobiliários. Texto compilado disponível em <http://www.planalto.gov.br/>. Acesso em 20 Ago. 2017.

BILLIONS. Produção de Brian Koppelman, David Levien e Andrew Ross Sorkin. Nova York: Showtime Entertainment, 2016-2017. Distribuído no Brasil por Netflix. Disponível em <https://www.netflix.com/>. Acesso em 26 Ago. 2017.

BISKIND, Peter. *Como a geração sexo-drogas-e-rock'n roll* salvou Hollywood: Easy riders, Raging Bulls. Trad. Ana Maria Bahiana. Rio de Janeiro: Intrínseca, 2009.

DIEZ RIPOLLÉS, J.L.D. De la sociedad del riesgo a la seguridad ciudadana: un debate desenfocado. *Revista Electrónica de Ciencia Penal y Criminología*, n. 07-01,

2005, p. 1-37. Disponível em: <http://criminet.ugr.es/recpc/07/recpc07-01.pdf>. Acesso em 25 Ago. 2017.

KNOTT, V. Reconsidering the use of the Grand Jury: eliminating prosecutorial discretion to indict law enforcement officers. *Thomas Jefferson Law Review*, vol. 38, 2, p. 202-232, 2016. ISSN: 10905278.

LANGER, Máximo. From legal transplants to legal translations: the globalization of plea bargaining and the Americanization thesis in criminal procedure. *Harvard International Law Journal*, vol. 45, n. 1, Jan. 2004, p. 1-64.

LEVINE, SJ. The potential utility of disciplinary regulation as a remedy for abuses of prosecutorial discretion. *Duke Journal of Constitutional Law & Public Policy*. 12, 2, 1-12, Dez. 2016. ISSN: 19379439.

LOPES, Luciano Santos; FRANCO, Ticiane Moraes. Administrativização do direito penal econômico. In: SANTIAGO, Nestor Eduardo Araruna; BORGES, Paulo César Corrêa; LANGROIVA, Cláudio José (Org.). *Direito penal e criminologia*. Florianópolis: FUNJAB, 2013, p. 83-109.

MARKOWITZ, Peter L. Prosecutorial discretion power at its Zenith: the power to protect liberty. *Boston University Law Review*. 97, 2, 489-549, Mar. 2017. ISSN: 00068047.

MITTEL, Jason. *Complex TV:* the poetics of contemporary television storytelling. Nova York: New York University Press, 2015.

MORSELLI, E. Neo-retribucionismo y prevención general integradora en la teoría de la pena. *Anuario de Derecho Penal y Ciencias Penales*, 48(1), 1995, p. 265-274.

PUCCI JÚNIOR., Renato Luiz. Possibilidades de aprendizado por meio de séries televisivas: critical thinking em Dr. House. *Contemporanea: Revista de Comunicação e Cultura*. 14, 3, 334-353, Set. 2016. ISSN: 18060269.

RIVERA BEIRAS, Iñaki. Forma-Estado, mercado de trabajo y sistema penal: "nuevas" racionalidades punitivas y posibles escenarios penales. *Revista Brasileira de Ciências Criminais*, n. 47, 2004, p. 317-353.

SUXBERGER, Antonio H. G. *Ministério Público e Política Criminal: uma segurança pública compromissada com os direitos humanos*. Curitiba: Juruá, 2010.

WACQUANT, Loïc. *As prisões da miséria*. Trad. André Telles. Rio de Janeiro: Jorge Zahar, 2001. 176 p.

■

8

CORPO DELITO: MONITORAÇÃO ELETRÔNICA PARA ALÉM DA (DES)ILUSÃO

Victor Martins Pimenta[1]

Cristina Zackseski[2]

Resumo: A partir de abordagens da criminologia e da política criminal, este artigo promove uma análise do documentário Corpo Delito (2016), que retrata a trajetória de um homem monitorado pelo uso de tornozeleira eletrônica. Ao dirigir o olhar para as representações e práticas do sistema de justiça criminal, bem como para o impacto do uso das tornozeleiras, busca-se expor as opressões produzidas pela tecnologia punitiva na vida das pessoas submetidas às medidas de monitoração eletrônica. Discute-se, ao final, os sentidos da punição e

1. Victor Martins Pimenta é doutorando em Direito e mestre em Direitos Humanos e Cidadania pela Universidade de Brasília (UnB). É graduado em Direito pela Universidade de São Paulo (USP) e em Ciência Política pela Universidade de Brasília (UnB). É servidor público federal da carreira de Especialista em Políticas Públicas e Gestão Governamental. Foi Coordenador-Geral de Alternativas Penais do Ministério da Justiça (2014-2016), tendo coordenado o grupo de trabalho responsável pela elaboração de diretrizes para a política nacional de monitoração eletrônica.

2. Cristina Zackseski é doutora em Ciências Sociais (CEPPAC/UnB), Mestre em Direito (PPGD/UFSC), Graduada em Direito (UFSM). É professora da Faculdade de Direito da UnB e Vice-coordenadora do Núcleo de Estudos sobre Violência e Segurança (Nevis). Lidera o Grupo de Pesquisa Política Criminal.

as funções desempenhadas pelo sistema penal por meio do recurso a esse dispositivo de controle.

PALAVRAS-CHAVE: Monitoração eletrônica – Criminologia – Sistema penal – Prisão.

– *Ela é tão livre que um dia será presa.*

– *Presa por quê?*

– *Por excesso de liberdade.*

– *Mas essa liberdade é inocente?*

– *É. Até mesmo ingênua.*

– *Então por que a prisão?*

– Porque a liberdade ofende.

Com esse trecho de *Um Sopro de Vida*, é Clarice Lispector quem melhor nos ajudará a tragar o documentário *Corpo Delito*, lançado em 2016, que exibe a trajetória de um homem monitorado até sua volta ao cárcere. O filme nos conduz pelo dia a dia de Ivan na capital cearense. Poderia ser o cotidiano de qualquer jovem negro da periferia de uma grande cidade brasileira, mas esse contém algo muito particular: uma tornozeleira eletrônica.

O passar das cenas nos permitirá inferir que a tornozeleira é consequência de medida aplicada pela justiça como condição para o acesso ao "benefício" da prisão domiciliar, após o longo período de oito anos cumprindo pena em unidade prisional, primeiro em regime fechado e depois em regime semiaberto. É uma inferência, sim, e a dúvida que paira é, antes, reflexo da recorrente realidade de quem, pobre, preto e sem defesa contra as medidas praticadas pelo Estado em nome da lei, vê-se subjugado pelo sistema penal.

Tendo um jovem negro criminalizado como alvo, saber qual hipótese legal justifica a aplicação da monitoração eletrônica cede em importância. Ela aparece como mais uma possibilidade dentro de um amplo repertório de ferramentas de controle formal e informal colocados à mesa. Será assim com a grande maioria das quase vinte mil pessoas com tornozeleiras eletrônicas no país (BRASIL, 2015a), sem informações claras sobre sua situação perante a justiça, suas opções, suas limitações. A aplicação da monitoração eletrônica se dá aleatoriamente pelos juízos criminais e de execução penal, sendo comum as pessoas submetidas às medidas serem recepcionadas nas centrais responsáveis pela instalação da tornozeleira sem conhecimento sobre o motivo de estarem ali ou das razões que justificaram a medida, como bem revela a pesquisa de Maciel (2014).

São recorrentes, também, pessoas sendo monitoradas em circunstâncias nas quais a legislação sequer autoriza, mas a prática cristalizou pela conveniência de um Estado cada dia mais punitivo – um Estado policial, como tem sido chamado por Batista e Zaffaroni (2011), no qual a busca da segurança é sempre mais forte do que a necessidade da garantia de liberdade, a ponto de medidas de controle serem aplicadas sem a necessidade de observação de quaisquer critérios, inclusive legais.

Estamos nos referindo a casos, por exemplo, do monitoramento eletrônico de pessoas em liberdade condicional ou como condição para o acesso a trabalho externo de presos e presas no regime semiaberto, a despeito da inexistência de previsão legal para o enorme agravamento das condições de cumprimento de pena que a medida impõe (BRASIL, 2015a). O fetiche pela tecnologia de controle e o interesse das empresas privadas que lucrarão com este filão de mercado ultrapassam, com facilidade, as barreiras da lei.

Neste texto trataremos, então, de analisar o documentário sob diversos aspectos, desde o protagonismo da tornozeleira eletrônica até as consequências do seu uso, passando pelas interferências que produz na vida das pessoas que orbitam em um cotidiano monitorado.

PERSONAGENS NA MONITORAÇÃO ELETRÔNICA

Em narrativas jornalísticas que envolvem a monitoração eletrônica, a principal personagem é quase sempre a tornozeleira. É ela quem aparece nas imagens das chamadas, presa a um pé anônimo. Seu modo de operar, suas falhas no funcionamento, seu maior ou menor custo, sua suposta capacidade de controlar uma delinquência genérica e reduzir a reincidência – são as abordagens que assistimos na TV ou lemos nos jornais, em diversas notícias sobre o tema.

Corpo Delito subverte essa lógica. O protagonista é Ivan e será a partir dele, e dos familiares e amigos em seu entorno, que será possível compreender o significado e as implicações do "ser monitorado": Gleiciane, sua mulher; José Neto, seu amigo; Glenda, sua filha. Logo nos primeiros minutos, somos chamados a olhar por sua lente. Ele diz:

> – A tornozeleira, ela prende a minha liberdade. (...) Tem a família, tem a pulseira, tem o trabalho. São três coisas que... você não pode errar em nenhuma das três.
>
> – Todo dia aquela mesma rotina (...). Você acorda de manhã, toma banho, vem pra Fábrica Escola, é uma rotina só. Aí chega em casa, vai dormir. Não pode sair de dentro de casa.

Somos assim apresentados às angústias de quem vive monitorado, aprisionado em uma rotina que lhe remete às limitações da própria prisão em que viveu por tantos anos. O ambiente retratado no documentário será, na maior parte do tempo, a casa de Ivan – o que decorre da limitação de sua locomoção, em virtude da "área de inclusão" na qual deve permanecer. Ele é autorizado a sair apenas para frequentar a Fábrica Escola, projeto para recuperação de apenados, implementado a partir de parceria com a iniciativa privada. O aparelho no tornozelo é o responsável por enviar sinais para uma central que monitora constantemente sua localização. As cenas externas acompanharão, em sua maioria, as pessoas próximas de Ivan, responsáveis por sua conexão com o mundo exterior.

Entre as aflições de nosso homem monitorado se destaca o profundo incômodo de ter os passos acompanhados por um juiz que – supostamente – sabe de tudo, uma vigilância constante e abstrata que mantém a punição pela indisciplina em potência permanente, como na figura panóptica de Bentham, no sentido atribuído por Foucault (1999). "O que eu acho daqui, da Fábrica Escola, é que nós somos muito monitorados", pois "o juiz fica sabendo de tudo que você faz", desabafa Ivan para a psicóloga do projeto. Ele vocaliza, com base em sua própria experiência, o que já se sabe a respeito do histórico das políticas para egressos do sistema prisional no país: não são instrumentos voltados à inclusão social, mas ferramentas de alongamento do controle penal para além do tempo de permanência no cárcere (BRASIL, 2016a).

Ivan quer "uma coisa livre", quer "esquecer a justiça", quer seguir com sua vida. Recebe o oposto: terá de lidar não apenas com o olhar abstrato do juiz, mas também com as variadas restrições que a tornozeleira lhe impõe. Ele estará dentro de seu lar, é verdade, mas submetido ao juízo de parentes e amigos próximos, incapacitado de assumir funções básicas na família, como ir à padaria. Aparecem assim as profundas frustrações decorrentes do desencontro entre possibilidades que a vida em "liberdade" supostamente oferece, e as limitações impostas pela monitoração eletrônica – a área de inclusão, da qual Ivan não pode sair; a marca estigmatizante daquele aparelho enorme preso ao seu tornozelo; a bateria, que necessita de recarga constante, realizada por carregador com fio que o obriga a permanecer próximo à tomada, sob risco de ser punido pelo descumprimento das obrigações determinadas pelo juiz. Drama que não se restringe à experiência pessoal de Ivan:

> "Grande parte das Unidades Federativas adota equipamentos cuja alimentação da bateria é feita através da conexão direta da 'tornozeleira' com a fonte de energia. Em algumas centrais, durante o tempo de espera para o atendimento é comum ver pessoas com as suas 'tornozeleiras' 'plugadas' nas tomadas, o que consequentemente restringe a mobilidade durante o período de recarga que chega a durar duas horas, geralmente de uma ou mais vezes ao dia, dependendo do consumo de bateria." (BRASIL, 2015a:48)

USO E CONSEQUÊNCIAS DA MONITORAÇÃO NO BRASIL

A monitoração surge na legislação nacional a partir da Lei n. 12.258, de 2010. Ela está prevista como ferramenta de fiscalização de pessoas em cumprimento de pena para casos de autorização de saída temporária no regime semiaberto (os chamados "saidões") e de determinação de prisão domiciliar. Em seguida, a Lei n. 12.403, de 2011, inclui a monitoração eletrônica como uma das medidas cautelares diversas da prisão, possível de ser aplicada para pessoas que respondem ao processo em "liberdade", o que vem sendo aplicado, também, para monitoramento de medidas protetivas de urgência que obrigam o agressor da Lei n. 11.340, de 2006 (Lei Maria da Penha), conhecidos como monitoramento de aproximação.

Na prática, ser monitorado eletronicamente no Brasil implica na utilização ininterrupta de um aparelho fixado ao tornozelo, que permitirá a uma central o controle da geolocalização em tempo real a partir de sinais de GPS e de telefonia móvel. A partir desses sinais, a central verifica o cumprimento de condições estabelecidas pelo juiz. Em geral, essas condições estão relacionadas à permanência em áreas de inclusão, em casos, por exemplo, de prisão domiciliar – a casa e eventual local de trabalho externo são demarcados como locais dos quais a pessoa monitorada não pode ultrapassar; ou áreas de exclusão, nas quais não se pode adentrar, em hipóteses como a proibição de aproximação da mulher ou o afastamento do lar, previstos na Lei Maria da Penha.

Quando ocorrem "incidentes" no cumprimento das medidas, como descarga completa de bateria, dano ao aparelho ou violações das áreas de inclusão/exclusão, há diferentes caminhos adotados pelas centrais – variando conforme o tipo de incidente e conforme os fluxos e procedimentos adotados em cada Estado. Descumprimentos podem resultar em acionamentos imediatos da polícia, para a prisão da pessoa monitorada, ou podem ensejar um conjunto escalonado de intervenções, envolvendo o contato telefônico, visita domiciliar e intimação para comparecimento à central ou para audiência com o juiz.

Em maior ou menor medida, os serviços estão orientados por uma lógica de máximo controle, pela qual as possibilidades de substituição da prisão ou de acesso a "benefícios" durante a execução da pena são "compensados" com amplas restrições à liberdade e uma severa intolerância com aqueles que descumprem as condições impostas. Não há perdão para quem revela ingratidão frente à "oportunidade concedida". Apesar da grande diversidade de abordagens no território nacional, a prisão é sempre o vetor para onde apontam os serviços de monitoração eletrônica, o destino para onde são empurradas as pessoas com tornozeleiras:

> "(...) inclusive com definição de metas, dirigidas às equipes de monitoramento, pelas quais a atuação será tanto melhor avaliada quanto maiores os índices de acionamento da polícia para apreensão de pessoas monitoradas que descumprem alguma das condições impostas." (PIMENTA, 2016:119)

Esse mecanismo de incentivos perversos pode ser observado, por exemplo, na Central de Monitoramento de Reeducandos (CEMER) do

Estado de Pernambuco (BRASIL, 2015c). Ali, as tornozeleiras eletrônicas são utilizadas, principalmente, para o monitoramento de presos em saídas temporárias (os "saidões") e, ainda, em casos de trabalho externo. Na última hipótese, a pessoa presa trabalha durante o dia com o equipamento e com este permanece na prisão, sendo possível, em alguns casos, a conversão em prisão domiciliar, igualmente monitorada.

Os funcionários da central são avaliados conforme índices de produtividade, que são utilizados para progressões na carreira previstas no "plano de cargos" do Estado. Aqueles funcionários que atuam em regime de plantão são avaliados, entre outros critérios, pelo número de acionamentos da polícia. Há outros desfechos possíveis para incidentes identificados, mas "acionar a polícia" é o que "tem maior peso na avaliação de desempenho", de modo que "atingir a meta de acionamentos representa 50% na avaliação do funcionário" (BRASIL, 2015c).

A cada saída temporária, cerca de 40% dos presos monitorados eletronicamente são imputados em alguma forma de violação (descarga de baterias, violação da área de inclusão etc.), sendo a polícia acionada para sua "apreensão" Considerando que a polícia não realiza todas as diligências solicitadas, são "efetuadas de 80 a 100 prisões" durantes os "saidões" – de modo que "em torno de 8 a 10% dos presos do regime semiaberto são recolhidos por saída" (BRASIL, 2015c).

Ser monitorado, assim, pode significar também ser reificado, transformado em um indicador da central de monitoração eletrônica – pelo qual o serviço será mais bem avaliado se você for preso, após descumprir alguma das condições que a própria central monitora a partir de critérios para acionamento da polícia que ela mesma define. Mas isso não é percebido, geralmente, como um problema, pois experimentamos no Brasil a incorporação de padrões gerenciais privados na administração pública, com a incorporação de metodologias para construção de planejamentos estratégicos e definição de metas que são próprios da lógica de mercado, onde o interesse é o consumo e a instantaneidade, ao invés de buscarmos padrões e mecanismos de gestão dos serviços públicos a partir de uma lógica democraticamente orientada, onde os interesses são coletivos e deveriam ser pensados para se tornarem sustentáveis e inclusivos.

CLAUSURAS DE UMA PRISÃO VIRTUAL

Ao incorporar tecnologias atuais em práticas de controle social já existentes no século antepassado, vivemos a atualização do circuito descrito por Foucault pelo qual "a vigilância policial fornece à prisão os infratores que esta transforma em delinquentes, alvo e auxiliares dos controles policiais que regularmente mandam alguns deles de volta à prisão" (1999:234). As pessoas monitoradas eletronicamente oferecem ao Estado uma forma de delinquência privilegiada, não apenas devidamente estigmatizada por um aparato saliente no tornozelo, mas, também, facilmente rastreável – em tempo real e por registros passados – para controle, repressão e retomada do ciclo de punição e aprisionamento.

É dessa forma que as pessoas monitoradas serão as primeiras suspeitas de crimes sem autoria identificada. A partir do cruzamento das bases de dados para a elaborar a "correlação hora de crime", será sobre elas que a polícia civil se voltará na indicação dos culpados a serem processados, punidos e presos – conferindo retoques tecnológicos à velha prática de "investigação por suspeição", com os dados coletados pela central de monitoração eletrônica substituindo as fotografias enfileiradas sobre a mesa do delegado para que a vítima aponte quem é o ladrão (BRASIL, 2016c).

Os serviços de monitoração se constituem, assim, como microssistemas de controle penal acessórios à prisão, compondo o ampliado repertório punitivo que está a serviço daquelas funções não declaradas do sistema penal às quais a Criminologia Crítica vem desnudando desde a década de 1960. Eles atuarão no reforço às estruturas raciais racistas e à desigualdade extrema no capitalismo brasileiro, promovendo a criminalização e o encarceramento da pobreza e dos negros, sob o pretexto de garantir a proteção da sociedade ou a ressocialização dos criminosos (WACQUANT, 2003, 2013; FLAUZINA, 2008; DUARTE, 2011; ANDRADE, 2012; CARVALHO, 2015).

O documentário Corpo Delito nos apresenta uma história vivida em Fortaleza, no Ceará, reproduzindo o cotidiano de um jovem submetido a central de monitoração eletrônica que, vale dizer, está longe de se configurar como uma das mais repressivas do Brasil. Em grande parte das centrais espalhadas pelo país, as pessoas monitoradas são denominadas de "presos", quando a própria central não é denominada de "prisão virtual". Os profissionais que atuam nos serviços são, geralmente, agentes penitenciários. Em cerca de um terço das centrais, a do Ceará incluída, há também uma equipe psicossocial, em todos os casos em quantidade reduzida e com papel subalterno às funções de controle e monitoramento (BRASIL, 2015a).

A representação da monitoração eletrônica como "prisão" é recorrente, não apenas por parte de agentes penitenciários que atuam nos serviços, mas também para juízes, promotores e demais servidores do sistema de justiça que, direta ou indiretamente, se relacionam com eles. Mas, principalmente, é essa a sensação das pessoas monitoradas, o que se percebe não apenas nas narrativas delas próprias, mas é reconhecido inclusive pelos próprios gestores e agentes do Estado:

> "Muitos preferem ficar presos do que usar a 'tornozeleira' por conta da falsa sensação de liberdade. Eles dizem que é como se tivessem a chave da cadeia na mão, mas sem poder sair." É um desafio compreender os fundamentos em torno dessa sensação. Por outro lado, podemos notar que ela decorre, dentre outras coisas, do superdimensionamento da área

de exclusão e o sub dimensionamento da área de inclusão, implicando restrições na circulação e na realização de atividades cotidianas. Fica nítido, nesses casos, que a inclusão social não é postulado que orienta a concepção dos serviços de monitoração eletrônica." (BRASIL, 2015a:44-45).

No limite, áreas de exclusão chegam a ser delimitadas em um raio de 5 km (BRASIL, 2015c), como ocorre em medidas de monitoração eletrônica aplicadas por juízes de Pernambuco, para casos relacionados à Lei Maria da Penha. Assim, constrangidos pela incapacidade de se locomover na própria cidade e conduzir uma rotina que lhes permita o acesso desimpedido a trabalho, estudo e convívio social, homens e mulheres monitorados são levados ao descumprimento das medidas e a enfrentar as consequências desse ato.

São recorrentes as cenas nas quais Ivan, não suportando mais, ameaça livrar-se da "pulseira" que o oprime: "de um jeito ou de outro, ela vai sair do meu pé". A ameaça não é retórica, sendo bastante comum que pessoas monitoradas danifiquem ou rompam o aparelho – que, ao contrário do mito que o cerca, não é de forma alguma indestrutível.

A tornozeleira é sentida como uma violência, da qual a pessoa monitorada quer se ver livre, ainda que corra o risco de ser presa por isso. Mas a dimensão social e psicológica do uso da tornozeleira não é uma preocupação para a justiça – como não serão, aliás, os impactos das medidas punitivas na trajetória das pessoas submetidas ao sistema penal, a começar pela prisão.

VIOLÊNCIAS DA RUA E DO FÓRUM

É impossível compreender a dimensão da violência do controle penal perpetrada pela monitoração eletrônica sem discutir quem são essas pessoas. Em geral, são indivíduos com os mesmos marcadores de vulnerabilidade e vítimas de preconceitos raciais e sociais que informam a lógica de encarceramento no país. Se faltam dados sobre perfil das pessoas monitoradas no país – o Departamento Penitenciário Nacional está buscando levantar e consolidar essas informações pela primeira vez –, quem entra em uma central de monitoração e em uma prisão percebe com facilidade a exata correspondência entre os públicos ao qual essas estratégias punitivas estão direcionadas: são os mesmos jovens, negros e pobres criminalizados de sempre, vitimizados pelo preconceito, pela sujeição criminal e pela violência, seja ela institucional ou não.

O documentário é extremamente competente em captar a naturalidade com que a violência se impõe no cotidiano de Ivan, de seus amigos e familiares. Como ele mesmo explica, "ou é cadeia ou cemitério essa vida, não tem outro destino não". Em um momento, os amigos estão conversando, em clima de bate papo sobre futebol, mas o tema é outro: em um episódio que envolveu disparos de armas de fogo, contam como um deles conseguiu escapar ileso, enquanto o outro foi alvejado na perna.

Em outra ocasião, a esposa se arruma para sair, atendendo convite de uma amiga para "visitar Edvando". Ivan se incomoda, reclama de ficar com a filha, mas sem insistência: não está em posição de fazer exigências. Em grande medida, sua família já cumpre a pena junto com ele, dividindo as angústias de conviver com um homem monitorado pela faceta punitiva do Estado, enclausurado em casa e impedido de assumir funções para o sustento do lar.

Logo em seguida entendemos que o destino de Gleicy é o cemitério, Edvando é o filho da amiga, que está morto. Pelo diálogo, podemos inferir se tratar de uma morte violenta, mas não sabemos ao certo qual teria sido a história do rapaz.

Na cena seguinte, as amigas conversam na cozinha sobre memórias de sonhos, nos quais aparece Edvando. Em um dos sonhos, a esposa conta que rapaz lhe avisara: "mataram o Ivan". Prenúncio de um desfecho possível e até mesmo provável, sabendo que a morte violenta é um enredo tão comum na vida desses jovens, tanto mais para aqueles já marcados pelo estigma da criminalização. Negro, pobre, favelado, monitorado, o que distinguiria Ivan dos corpos por trás das estatísticas criminais do país, que apontam para mais de 318 mil jovens foram assassinados no Brasil entre 2005 e 2015, sobretudo quando lembramos que o risco de um jovem negro ser vítima de homicídio é 2,6 maior do que um jovem branco (FBSP, 2017)?

Contudo, mesmo que o jovem Ivan preencha o perfil do público mais vulnerável a mortes violentas, essa não será a história que veremos. É outra vitimização que Corpo Delito nos apresenta, produzida pelo próprio sistema de justiça.

Seu primeiro encontro com o Poder Judiciário após a colocação da tornozeleira, pelo menos aquele que nos é apresentado no filme, é bastante ilustrativo do abismo existente entre as representações do sistema de justiça sobre a monitoração eletrônica – como se estivéssemos diante de um oásis de oportunidades e satisfações em pleno sistema penal –, e a dura realidade de quem se vê efetivamente monitorado e traz consigo as aflições que a medida impõe. Ao que tudo indica, o condenado infringiu alguma das regras da Fábrica Escola, projeto voltado à promoção de atividades de trabalho e educação para egressos do sistema prisional cearense. Ivan, contudo, não será mais bem-vindo no projeto, que não o deseja mais como um de seus "reeducandos".

O sentimento de Ivan frente ao objeto preso a seu corpo e à rotina que lhe é imposta contrasta frontalmente com o discurso do juiz, que lhe adverte em audiência:

> "– Quer oportunidade melhor do que essa? É quase um mundo perfeito. Essa casa onde você estava trabalhando, onde tem o projeto, é melhor do que a casa que eu moro."

A monitoração eletrônica e a "possibilidade" de trabalhar em uma fábrica escola são apresentados como "benefícios" caridosamente ofertados pela justiça a Ivan – que, infere-se, deveria estar preso se não fosse a benevolência daqueles que o cercam no tribunal. A ideia de que a tornozeleira seria na verdade um "benefício" para o acusado ou condenado é amplamente difundida no país, concepção aplicada para todas as medidas que substituem o cárcere ou mesmo para direitos previstos aos apenados durante o cumprimento da pena privativa de liberdade. É a partir dessa racionalidade perversa que o juiz seguirá seu interrogatório. O magistrado inquire insistentemente Ivan sobre a situação da unidade prisional de regime semiaberto em que se encontrava antes da aplicação da prisão domiciliar:

> "– Como era dentro do presídio, me conte, o que é que você fazia lá dentro? Você dormia numa cela com quantas pessoas no presídio? E agora, o que é que eu faço com o senhor?"

As perguntas têm como única finalidade valer-se da condição degradante da custódia como um trunfo, uma ameaça sobre onde Ivan poderia (ou deveria) estar e para onde provavelmente retornará caso não adeque seu comportamento ao que dele se espera.

Assim, na audiência, nosso protagonista torna-se coadjuvante. A presença da equipe de filmagem parece impactar na atuação dos demais personagens, que assumem o protagonismo nesse espaço: juiz, promotora, defensora, nessa ordem. O discurso moralista, próprio das cortes de justiça, permanece presente, mas com um cuidado maior com o caso e uma atenção maior ao condenado. Há um asqueroso tom paternalista e infantilizante.

Em certo ponto, a discussão se dará sobre o (des)interesse de Ivan em seguir "as regras". Que regras? Não sabemos, mas podemos supor o sentido que a Justiça emprestava: a do trabalhador disciplinado, que cumpre pontualmente a rotina entre a casa e oficina, produzindo conforme as expectativas e não causando qualquer espécie de problema.

Diante da fuga dessa receita, a promotora pedirá a revogação do "benefício" da prisão domiciliar e a regressão de regime – para que o condenado retorne ao cárcere, no regime fechado, mais gravoso do que aquele em que se encontrava antes de lhe instalarem a tornozeleira. Ela espera que a penalidade resulte não apenas na volta à unidade de semiaberto, mas também no agravamento da pena do Ivan – expectativa tantas vezes atendida pela "justiça" do país. Agora, mais do que nunca, a prisão se torna uma ameaça concreta a Ivan, um desfecho que poderá se realizar logo ali, imediatamente após o fim da audiência.

Chamado a se defender, o jovem mais uma vez revelará o abismo que há entre as ilusões sobre as funções da punição e a realidade para a qual a justiça cerra os olhos. De que regras estavam falando? Ele dá sua verdade: "Eu não sou acostumado a ficar quebrando regras não. Onde nós convivemos, dentro da penitenciária, nossa vida é de regras, entendeu? É aquela vida: se vacilar morre, então tem que andar na linha".

O depoimento de Ivan serviria como uma aula sobre a incapacidade do sistema penal (e da prisão em particular) em promover a tão celebrada "ressocialização" do "apenado". As regras que imperam na prisão por onde passou, a sociabilidade ali produzida, são determinadas por grupos de presos que expressam valores opostos aos da ordem e disciplina supostamente pretendidas pelo Estado com a aplicação da pena de prisão – algo que Dias (2013, 2015) já ressaltou sobre a verdadeira disciplina que se promove nos presídios de São Paulo (a do PCC). O "vacilo" na cadeia levaria à morte e é àquele tipo de norma que Ivan foi condicionado a se adequar.

Mas nada indica que a fala tenha provocado reflexões no juiz, na promotora ou na defensora. Os "operadores do direito" estão ali para fazer a máquina funcionar e não há espaço para questionar o produto de seu trabalho. Contra a doutrina de séculos de reforço da crença na punição e na prisão, não há fatos capazes de abalar as certezas nunca comprovadas – tanto mais quando vindos em forma de relato de um jovem negro monitorado e egresso do sistema prisional.

Assim, mesmo existindo uma gritante quebra de expectativas em relação às regras de conduta enunciadas pelo juiz, em nítida dissonância com a normatividade a que se refere Ivan quando reinterpreta os diálogos da audiência com base em sua experiência no cárcere, essa contradição não parece ser uma pedra no caminho para a "realização da justiça" – não há qualquer sinal de espanto ou decepção. Daí que a pena que nosso protagonista cumpre, primeiro na prisão e depois monitorado, nem se pretende de fato "ressocializante", senão como um discurso fraco enunciado de forma abstrata nos cursos de direito e nas sentenças condenatórias, mas que sequer em si acredita a ponto de insistir na própria crença e colocar-se, assim, em posição de frustrar-se.

Ao final da audiência, prolatada a decisão do juiz, Ivan escapará da prisão, ao menos dessa vez. Terá o "benefício" do trabalho externo revogado, mas o regime semiaberto com a prisão domiciliar será mantido, ainda com a tornozeleira eletrônica.

DO SUSTO À CANA: AS MARCAS DA (IN)JUSTIÇA EM UM HOMEM MONITORADO

A partir de então, ao olharmos para a história retratada em Corpo Delito, podemos enxergar duas fases na trajetória de Ivan. Na primeira delas, há uma adesão à disciplina, às condições impostas pela justiça, após o "susto" na audiência. Ivan ficará em casa, não sairá para trabalhar, não sairá para passear, vai sossegar por um tempo.

O momento é marcado pelas expectativas em torno de uma vida possível, após superado o estágio atual de interrupção, decorrente da prisão domiciliar. Seu amigo, Neto, tenta animá-lo: "quando tu tirar vamos comemorar na praia". As possibilidades de liberdade futura dão o tom das cenas que seguem. O mesmo amigo conta de uma viagem recente para o interior – primeiro em uma batida que sofreu da polícia, uma dinâmica repleta de ameaças e abusos de autoridade, mas já naturalizada pelo rapaz. Logo o papo se desvia para as cachoeiras e açudes da região: "tirá a pulseira nós vamos lá, tem casa lá para nós ficar?", pergunta Ivan.

São dramas esperados de quem se vê preso à própria casa, em um processo despido de qualquer significado. Não há pena, justiça ou retribuição – há apenas uma vida aprisionada. Ficar enclausurado a uma limitada área de inclusão aparece tão somente como uma imposição externa, uma estéril e asséptica determinação da justiça. Será nas ausências que melhor enxergaremos a falta de significado para a pena imposta: em nenhum momento do filme percebe-se falas sobre o sentido da pena, sobre a responsabilização pelo ato que causou a sanção. Há apenas um jovem, em compasso de espera, querendo retomar a vida e quem sabe não se ver envolvido em novo processo de criminalização.

Mas a segunda fase, após a audiência com o juiz que lhe serviu de "advertência", aparece logo. Será o momento de ruptura com as regras que lhe foram impostas. O primeiro sinal dessa mudança de conduta será percebido na cena mais perturbadora do filme. É noite de natal, o clima é melancólico, e então conhecemos a mãe de Ivan. Forma-se um diálogo em que os silêncios falam mais do que as palavras. Ele conta de suas ambições: tirar a pulseira, arranjar um trabalho, seguir com a vida. A mãe é cética, quer esperar para ver, como que antevendo outro final para aquela história. Logo o filho anuncia o retorno para sua própria casa, após os apitos insistentes da pulseira.

A cena seguinte será sintomática da irracionalidade de uma medida punitiva que se anuncia "ressocializadora", mas que fecha os olhos para as necessidades das pessoas que existem por trás dos pontinhos plotados nos telões dos serviços de monitoração eletrônica. Diante da violação da área de inclusão por Ivan – para visitar a própria mãe na noite de natal, após oito anos sem essa possibilidade –, assistimos a uma discussão pelo telefone. É a primeira e única vez que tomaremos notícia da central de monitoração eletrônica, a figura abstrata de capta os sinais emitidos pela tornozeleira e monitora os passos do condenado em prisão domiciliar. Pela reação, o tom do funcionário por trás da linha é de advertência, de intimidação sobre as consequências do ato, inclusive com a ameaça de enviar viatura de polícia. Ivan reclama, diz que o ruim mesmo seria se quisesse quebrar, tirar a "pulseira". E sentencia: "Passei oito anos na cadeia, você acha que eu quero voltar?".

Daí em diante, Ivan não aguentará mais. Em ato derradeiro de revolta contra a tornozeleira que lhe aflige, a cobrirá, enfim, com alumínio, estratégia utilizada para evitar que a central receba os sinais emitidos via GPS, supostamente lhe permitindo burlar as restrições da prisão domiciliar. A prática, conhecida como "jammer", não funciona - o aparelho é capaz de reter dados sobre a geolocalização por longo período, o transmitindo em bloco para a central assim que retomado o sinal. Será mais uma demonstração do desconhecimento das pessoas monitoradas sobre o funcionamento do aparelho preso a seus pés, sendo a assimetria de informações mais um fator que contribui para violações das regras determinadas pela justiça.

A partir de agora, os cenários do filme se multiplicam. Na cena seguinte, Ivan está na praia, sentado na pedra, admirando o horizonte. Na próxima, faz uma tatuagem. O ano novo não será melancólico como o natal, limitado a uma rápida visita à casa da mãe, discussões com a central pelo telefone e *selfies* com a mulher e filha na cama de casa. Não: o réveillon será em festa com amigos, bebida, alegria – o primeiro momento do documentário em que Ivan parece estar de fato se divertindo. Neto explica para outro amigo, que pergunta por Ivan: "Ele aprendeu uma giriquita aí, com papel alumínio. Tá saindo pra todo canto agora... pra festa...".

Mais adiante, será por isso punido, com a determinação da prisão. Já havia recebido o primeiro alerta da justiça – agora não será mais perdoado. Nada indica que as infrações tenham relações com práticas criminosas. Pelo contrário, é a aflição causada pela tornozeleira, as limitações de uma rotina impossível de ser mantida, que parece explicar as violações. O descumprimento da prisão domiciliar que assistimos representa a luta pela liberdade de fazer as coisas simples da vida, aquilo que esperamos de qualquer jovem na reconstrução de sua trajetória.

Com melancolia, com a certeza do desfecho que virá, assistimos ao segundo encontro de Ivan com o juiz. No fórum, enquanto ocorre a audiência, Neto e Gleicy aguardam em um banco, mas já podemos ouvir uma voz que lê a sequência de dias e horários nos quais o sistema identificou violações à área de inclusão que havia sido determinada com a prisão domiciliar. A cena muda e agora quem aparece é o escrivão judicial, que segue a leitura. Não ouvimos a versão de Ivan, pois o documentário não nos faz perder tempo com passagens desnecessárias: seu depoimento é irrelevante. O juiz dita sua decisão:

> "Em face dos documentos apresentados pela Sejus [Secretaria de Justiça e Cidadania, à qual a central de monitoração eletrônica está subordinada] e, em especial, em face de confissão do apenado, quanto às violações alegadas pelo serviço de monitoramento de violação do sinal, do equipamento de monitoramento eletrônico, por meio do uso de papel alumínio. Ante o exposto, resta a esse juízo dar cumprimento ao disposto na Lei de Execução em seus artigos 146-A/146-D, ou seja, revogar o benefício da prisão domiciliar e revogar a monitoração eletrônica."

Será a última cena com nosso protagonista, que aparece brevemente, agora algemado, levando as mãos à cabeça. No semblante há algo entre o choro e a resiliência – conhece bem o que virá pela frente. Cumpriu à risca o roteiro típico: prisão, monitoração eletrônica e de novo prisão. É o padrão que se repete pelos quatro cantos do país, a exemplo do Estado de São Paulo, no qual violações de condições impostas pelo juiz para a monitoração eletrônica são, implacavelmente, causas de regressões de regime, até mesmo em casos nos quais as violações poderiam ser atribuídas a falhas do aparelho (BRASIL, 2015b).

Na cena final do documentário, os amigos sobem em um prédio abandonado, uma construção interrompida. Olham o horizonte, trocam palavras vaziam, falam de planos para sábado. A vista desimpedida contrasta com o destino a que teve Ivan, que somos chamados a imaginar: a cela da prisão, sem horizontes, mais uma vez a vida interrompida...

O QUE APRENDEMOS COM IVAN: REFLEXÕES CRÍTICAS À MONITORAÇÃO ELETRÔNICA

O documentário Corpo Delito serve de alerta para profissionais e pesquisadores do campo penal que, diante do estrondoso cenário de violações de direitos decorrente do acelerado crescimento no número de pessoas presas no país, buscam caminhos para a redução do encarceramento. Nesse contexto, "a vigilância eletrônica no sistema prisional tem sido situada dentro do debate maior sobre a descarcerização e a construção de políticas públicas de racionalização do poder punitivo" (MACIEL, 2014:46-47). Mas de que racionalidade estamos tratando?

Na primeira de suas "cinco tesis sobre el encarcelamiento masivo", De Giorgi (2015) destaca a importância de posicionarmos contra "soluções tecnocráticas", repolitizando o debate sobre prisão e punição nas sociedades capitalistas. Ele critica justamente a ideia de que a "crise no sistema penal" – a seletividade, o racismo, o encarceramento em massa – seria constituída por problemas conjunturais, capazes de serem resolvidos com reformas cirúrgicas, que recolocariam a máquina punitiva do Estado no rumo certo, permitindo-lhe atingir os objetivos a que declaradamente se propõe.

O mito de uma justiça criminal à serviço da coletividade, que buscaria a segurança de todos, a responsabilização pelos atos ilícitos, a ressocialização dos criminosos e o interesse das vítimas, já vem sendo desmascarado há muitas décadas, como bem aponta Andrade (2012). Seria por demais ingênuo acreditar na honestidade das mesmas velhas promessas, agora revestidas de novas roupagens, com retoques tecnológicos. Despido de seus discursos legitimantes, a racionalidade de nosso sistema penal revela-se quando olhamos para as funções reais que assume na sociedade brasileira, a saber:

> "(i) ampliar as ferramentas de controle social sob a promessa da promoção da segurança de todos, (ii) promover o medo generalizado e o controle sobre corpos e comportamentos, não pela certeza de punição pela justiça criminal, mas pela truculência de um sistema penal sem mecanismos de contenção, que mata, pune e prende em ritmo acelerado e, enfim, (iii) assegurar a perpetuação de um capitalismo excludente, pela garantia (violenta) da "ordem" em um contexto de conflitos latentes decorrentes da extrema desigualdade que vige no país." (PIMENTA, 2016:163)

Longe de representar uma ruptura com as práticas racistas e excludentes do sistema punitivo brasileiro, a monitoração eletrônica confere ao Estado policial um novo instrumento de controle, mais barato do que o aprisionamento e por isso capaz de ser disseminado em curva exponencial ainda mais assustadora – corremos sério risco de reconhecer seu potencial de promoção do horror tarde demais, olhando pelo retrovisor. Das pretensões a elas depositadas pelo sistema de justiça (o controle, a punição), passando pelos impactos na vida de seus "usuários" (a angústia, a vida interrompida) e chegando às práticas predominantes nos serviços instituídos para sua gestão (a intolerância com os desvios, o recurso à polícia e à prisão), todo o sentido – simbólico e material – envolto às tornozeleiras confirma a aptidão intrínseca do instrumento: a expansão do controle e o recrudescimento penal.

A monitoração eletrônica não inova no conteúdo teleológico das práticas penais, não representa uma alternativa penal. Não há responsabilização. Não há processos restaurativos, centralidade às vítimas, reparação de danos – nenhuma mudança paradigmática no horizonte. Há apenas a limitação, a angústia e a dor (física e psicológica) causadas pelo uso da tornozeleira, pela exposição vexatória e estigmatizante que produz e pelas limitações dessocializantes que impõe, efeitos que se estendem aos familiares das pessoas condenadas ou processadas. Há a volta ao cárcere, que de toda forma nunca esteve ausente, está sempre a rondar, como possibilidade e ameaça.

A trajetória de Ivan retratada no documentário desfaz a derradeira ilusão em torno da monitoração eletrônica: de que ela estaria aí para promover o desencarceramento. Em sentido completamente oposto, a "oportunidade" conferida ao jovem, do uso da tornozeleira, será justamente seu caminho de retorno à prisão, adiando ainda mais sua perspectiva de conquistar a efetiva liberdade.

Ivan ficou oito anos atrás das grades. Em progressão de regime, quando consegue enfim a liberdade, lhe colocam uma tornozeleira, impondo inúmeras limitações, sem suporte para que consiga manter-se fiel a elas, sem acompanhamento e sensibilidade sobre o impacto que as restrições significam em sua vida. Há alguma surpresa quando descumpre as obrigações impostas judicialmente? Que culpa lhe pode ser de fato atribuída? A introdução das tornozeleiras no menu de um sistema de justiça criminal que opera no atacado, sendo incapaz de olhar para as pessoas e para suas necessidades, limites e possibilidades, é uma violência – da mesma família de violências punitivas da qual descendem o suplício e o cárcere.

Não há nada que indique que a monitoração eletrônica esteja ocupando no Brasil o lugar antes ocupado pela prisão. Pelo contrário: ela se apresenta como uma ferramenta de ampliação do controle penal, utilizada, na enorme maioria dos casos, como instrumento acessório no cumprimento da própria pena privativa de liberdade. No país, 86% das pessoas monitoradas encontram-se em cumprimento de pena, seja em prisão domiciliar no regime aberto (26%) ou semiaberto (22%), seja no trabalho externo (20%), saída temporária (17%) ou outras hipóteses (BRASIL, 2015a) – acrescem a uma punição já existente, ao invés de substituí-la. Nos poucos casos em que a tecnologia é utilizada como medida cautelar diversa da prisão (8% dos casos), igualmente não há sinais de que sua aplicação se dê como efetiva substituição do encarceramento provisório – pode-se revelar, ao revés, como uma forte agravante nas condições de acesso à "liberdade provisória" para aqueles que, por sua condição subjetiva ou pelas características do crime, já responderiam ao processo penal fora das prisões. Com os protocolos draconianos dos serviços e as condições impostas pela justiça tão difíceis de serem cumpridas, a tendência de reversão de medidas cautelares que envolvem o uso de tornozeleiras em prisões preventivas contribui, ainda mais, para que o sentido final da monitoração eletrônica não seja o da promoção da liberdade, mas sim o do reforço ao cárcere.

Há, ainda, outra preocupação crucial, geralmente ausente em debates em torno da monitoração, mas que podemos aprofundar a partir de uma análise de Corpo Delito. No percurso da Criminologia Crítica até aqui, diversos autores apontaram a forma como estratégias punitivas foram adotadas pelo poder estatal para a conformação de uma sociedade disciplinar – valendo-se mencionar, por diferentes perspectivas, Rusche e Kirchheimer (2004), Melossi e Pavarini (2010) e Foucault (1999, 2005). Um dos sentidos dessa abordagem teórica é justamente o do uso da punição como mecanismo de incidir sobre o comportamento de classes sociais específicas (o que no Brasil poderia ser associado a grupos de jovens negros das periferias urbanas), adequando-as às expectativas das classes dominantes. Uma imagem clássica da função disciplinar da pena poderia ser a da oficina de trabalho montada dentro das penitenciárias, com rotinas carcerárias que promovem uma disciplina para o emprego e moldem proletários dóceis para o labor fabril insalubre fora dos muros das prisões.

Diversas análises têm convergido para o entendimento de que a prisão no Brasil não cumpre e nem poderia cumprir precisamente essa dimensão da função disciplinar (DIAS, 2013, 2015; BRASIL, 2016b, PIMENTA, 2016). Com a ausência do controle das unidades pelo Estado, a indisponibilidade de vagas para trabalho ou educação e a proliferação de organizações criminosas nas prisões, os valores e padrões de sociabilidade que imperam nas unidades prisionais são opostos à docilização ou ao adestramento para o trabalho. Os relatos de Ivan confirmam essa percepção: nas penitenciárias, ou se segue as regras ou morre. As "regras", sabemos, não são as do Estado – são, pelo contrário, próprias do "mundo do crime".

Assim, com exceção dos discursos mais desconectados da realidade, a "ressocialização do apenado" vem aos poucos perdendo centralidade nas estratégias de legitimação da pena de prisão. Observando a realidade britânica e estadunidense, Garland (2008) assinalou a existência de um curioso consenso em torno dessa assertiva, vindo dos campos da esquerda e da direita. Se, para os críticos do sistema penal, a incapacidade de ressocialização da prisão revela o fracasso da aposta encarceradora, para os conservadores a mesma constatação revelará outra coisa: que a função da prisão não é a ressocialização, mas a pura e simples punição, o castigo como retribuição e neutralização dos infratores.

A leitura de Garland não parece ser replicável para a compreensão dos pensamentos sobre a questão criminal na experiência brasileira. Por aqui, a desmistificação a respeito da função ressocializadora da prisão é mobilizada na disputa em torno da política penal como estratégia para a contenção do poder punitivo, podendo ser observada, por exemplo, na fundamentação da implementação de institutos como as audiências de custódia (PIMENTA, 2017). No campo conservador, o que se observa é um silêncio constrangedor a respeito da crítica aos efeitos criminógenos e dessocializantes da prisão, um verdadeiro calcanhar de Aquiles das propostas de endurecimento da legislação penal e do recrudescimento punitivo.

Inserida nesse cenário, a monitoração eletrônica oferece uma avenida aberta para a emersão de novos discursos legitimantes de uma racionalidade perversa, baseada na ilusão da "ressocialização" pelo sistema penal. Sem os acúmulos de décadas de estudos teóricos e empíricos por uma abordagem crítica capaz de desnudar a realidade da prática punitiva, como ocorre com a prisão, as tornozeleiras eletrônicas aparecem como a deusa Panaceia, capaz de curar as doenças de nossa justiça criminal – seduzindo, inclusive, ferrenhos críticos do cárcere.

Por aí, nutrimos a falsa esperança de que, reformadas as práticas e ajustada a "fórmula" punitiva, a monitoração eletrônica poderá cumprir uma missão social valorosa – até, quem sabe, permitir o desencarceramento, pela substituição da privação de liberdade. O filme de Pedro Rocha é um balde de água fria nessa aposta.

Daquilo que o documentário é capaz de nos revelar, duas conclusões emergem. Primeiro: assim como a prisão, a monitoração eletrônica deve ser combatida, nos cabendo lutar contra ela, pelo seu uso cada vez mais restrito, pelo seu encolhimento, até que, enfim, possamos vislumbrar seu fim, partindo de uma postura minimalista por uma política penal alternativa até uma utopia abolicionista por uma alternativa à política penal.

Segundo: assim como a prisão, a monitoração eletrônica existe e não há sinais de que deixará de existir no curto ou médio prazo. Tendo isso em mente, precisamos com urgência ampliar o conhecimento sobre as práticas ali desenvolvidas, sua lógica perversa de funcionamento, os mecanismos que produzem uma força centrípeta que atrai constantemente as pessoas monitoradas de volta ao cárcere – para atuar taticamente sobre os serviços atualmente existentes de monitoração eletrônica a fim de reformá-los, torná-los menos perversos. Um bom começo seria cobrar dos juízes uma maior clareza nos critérios por eles usados para a aplicação da medida.

Há referências importantes para as disputas em torno da política penal de monitoração eletrônica, consolidadas em torno de documentos produzidos pela Coordenação-Geral de Alternativas Penais, vinculada ao Departamento Penitenciário Nacional. O principal deles é o Manual de Gestão para a Política de Monitoração Eletrônica de Pessoas (BRASIL, 2017).[3] Mas a descrição dos problemas e os possíveis caminhos ali apontados não conseguirão incidir sobre a realidade sem que haja ecos na sociedade civil e na academia clamando por práticas e tecnologias menos estigmatizantes, menos voltadas à prisão, capazes de minimizar os efeitos danosos que as tornozeleiras causam, necessariamente, na vida e trajetória das pessoas submetidas às medidas.

Sem esquecer de Clarice: que a liberdade incomoda. É preciso estar alerta, sempre, para os novos grilhões que buscam aprisioná-la, com a certeza de que, para a construção da resistência e de alternativas reais ao sistema prisional, é preciso ir além das ilusões com falsas intenções emancipatórias da pena e das desilusões frente ao necessário desencantamento com as novas ou velhas tecnologias punitivas.

REFERÊNCIAS BIBLIOGRÁFICAS

ANDRADE, Vera Regina Pereira. *Pelas mãos da criminologia: o controle penal para além da (des)ilusão*. Rio de Janeiro: Revan, 2012.

3. Tomando como referência o Manual de Gestão para a Política de Monitoração Eletrônica de Pessoas, o Conselho Nacional de Justiça (CNJ) decidiu, na 29ª Sessão Plenária Virtual (20.10.2017 a 26.10.2017), julgar procedente pedido formulado pela Defensoria Pública e declarar ilegal a previsão de que a Polícia Militar possa efetuar a prisão imediata, sem prévia decisão judicial, de pessoas que descumprem medida de monitoração eletrônica, determinando ao Tribunal de Justiça do Piauí que adeque seu provimento que regulamenta o uso das tornozeleiras no estado às diretrizes nacionais definidas pelo CNJ e pelo Ministério da Justiça. Conforme <http://www.cnj.jus.br/noticias/cnj/85721-sem-ordem-judicial-pm-nao-pode-prender-quem-descumpre-monitoramento>. Acesso em 08.11.2017.

Brasil. *A implementação da política de monitoração eletrônica de pessoas no Brasil.* Ministério da Justiça, Brasília, 2015a. Disponível em <http://www.justica.gov.br/noticias/mj-divulga-primeiro-diagnostico-nacional-sobre-monitoracao-eletronica-de-pessoas/RelatrioMonitoraoEletrnica.pdf>. Acesso em 07.07.2017.

_____. *Ata de Reunião – 3ª reunião do GT de monitoração eletrônica.* Ministério da Justiça, Departamento Penitenciário Nacional, Brasília, 2015b. Disponível em <http://www.justica.gov.br/seus-direitos/politica-penal/politicas-2/monitoracao-eletronica-1/arquivos/ata_3__reuniao_gt_monitoracao_eletronica.pdf>. Acesso em 07.07.2017.

_____. *Ata de Reunião – 4ª reunião do GT de monitoração eletrônica.* Ministério da Justiça, Departamento Penitenciário Nacional, Brasília, 2015c. Disponível em http://www.justica.gov.br/seus-direitos/politica-penal/politicas-2/monitoracao-eletronica-1/arquivos/ata_da_4_reuniao_do_gt-monitoracao.pdf>. Acesso em 07.07.2017.

_____. *Postulados, princípios e diretrizes para a política de atendimento às pessoas egressas do sistema prisional.* Ministério da Justiça, Departamento Penitenciário Nacional, Brasília, 2016a. Disponível em <http://www.justica.gov.br/seus-direitos/politica-penal/politicas-2/postulados-principios-e-diretrizes-para-a-politica-de-atendimento-as-pessoas-egressas-do-sistema-prisional.pdf>. Acesso em 07.07.2017.

_____. *Postulados, princípios e diretrizes para a gestão prisional no Brasil.* Ministério da Justiça, Departamento Penitenciário Nacional, 2016b. Disponível em <http://justica.gov.br/seus-direitos/politica-penal/politicas-2/gestao-prisional/postulados-principios-e-diretrizes-da-gestao-prisional-1.pdf>. Acesso em 07.07.2017.

_____. *Diretrizes para tratamento e proteção de dados na monitoração eletrônica de pessoas.* Ministério da Justiça, Departamento Penitenciário Nacional, 2016c. Disponível em <http://www.justica.gov.br/seus-direitos/politica-penal/politicas-2/monitoracao-eletronica-1/arquivos/diretrizes-para-tratamento-e-protecao-de-dados-na-monitoracao-eletronica-de-pessoas.pdf>. Acesso em 07.07.2017.

_____. *Manual de Gestão para a Política de Monitoração Eletrônica de Pessoas.* Ministério da Justiça, Brasília, Departamento Penitenciário Nacional, 2017. Disponível em <http://www.justica.gov.br/seus-direitos/politica-penal/politicas-2/monitoracao-eletronica-1/MODELODEGESTOPARAAMONITORAOELETRNICADEPESSOAS.pdf>. Acesso em 07.07.2017.

De Giorgi, Alessandro. Cinco tesis sobre el encarceramento masivo. Santiago: *Nova Criminis,* n. 10, 2015.

Dias, Camila Nunes. A produção da Disciplina pelo encarceramento. Dossiê Encarceramento e Alternativas Penais. *O público e o privado*, n. 26, jul./dez. 2015.

_____. *PCC – Hegemonia nas prisões e monopólio da violência.* São Paulo: Saraiva, 2013.

DUARTE, Evandro Charles Piza. *Criminologia & Racismo.* 1ª ed., 5ª reimpressão. Curitiba: Juruá, 2011.

FÓRUM BRASILEIRO DE SEGURANÇA PÚBLICA. *Atlas da violência 2017.* Rio de Janeiro, 2017.

FLAUZINA, Ana Luiza Pinheiro. *Corpo negro caído no chão: o sistema penal e o projeto genocida do Estado brasileiro.* Rio de Janeiro: Contraponto, 2008.

FOUCAULT, Michel. *Vigiar e punir: nascimento da prisão.* 20ª ed. Petrópolis: Vozes, 1999.

_____. *Em defesa da sociedade.* São Paulo: Martins Fontes, 2005.

GARLAND, David. *A Cultura do Controle: crime e ordem social na sociedade contemporânea.* Rio de Janeiro: Revan, 2008.

MACIEL, Welliton Caixeta. *Os "Maria da Penha": uma etnografia de mecanismos de vigilância e subversão de masculinidade violentas em Belo Horizonte.* Dissertação (Mestrado em Antropologia Social) Universidade de Brasília, Brasília, 2014. Disponível em <http://repositorio.unb.br/bitstream/10482/17441/1/2014_WellitonCaixetaMaciel.pdf> Acesso em 07.07.2017.

MELOSSI, Dario; PAVARINI, Massimo. *Cárcere e Fábrica – As origens do sistema penitenciário (séculos XVI – XIX).* 2ª ed., Rio de Janeiro: Revan, 2010.

PIMENTA, Victor Martins. Segurança pública e conservadorismo: o que dizem nossos deputados sobre a redução da maioridade penal. Monografia (Bacharelado em Ciência Política) — Universidade de Brasília, Brasília, 2014.

_____. *Por trás das grades: o encarceramento brasileiro em uma abordagem criminológico-crítica.* Dissertação (Mestrado em Direitos Humanos e Cidadania)—Universidade de Brasília, Brasília, 2016. Disponível em <http://repositorio.unb.br/bitstream/10482/23449/3/2016_VictorMartinsPimenta.pdf>. Acesso em 07.07.2017.

_____. *Fundamentos para a política penal alternativa.* ARACÊ – Direitos Humanos em Revista, ano 4, n. 5, fev. 2017. Disponível em <https://arace.emnuvens.com.br/arace/article/view/131/66> Acesso em 07.07.2017.

RUSCHE, Georg; KIRCHHEIMER, Otto. *Punição e Estrutura Social.* 2ª ed., Rio de Janeiro: Revan, 2004.

WACQUANT, Loic. Toward a dictatorship over the poor? Notes on the penalization of porverty in Brazil. *Punishment & Society*, Vol 5(2): 197-205, 2003.

_____. *Punir os pobres: a nova gestão da miséria nos EUA* [a onda punitiva]. 3ª ed., 1ª reimpressão. Rio de Janeiro: Revan: 2013.

ZAFFARONI, Eugenio Raúl; BATISTA, Nilo. *Direito Penal Brasileiro I.* São Paulo: Saraiva, 2011.

■

O CASTIGO: ENTRE GÊNERO, RAÇA E CLASSE SOCIAL

9

O SILÊNCIO COMO CASTIGO

Soraia da Rosa Mendes[1]

Resumo: Tendo como pano de fundo a obra cinematográfica *O Silêncio do Céu*, ou *Era El Cielo,* título em espanhol desta produção brasileira e uruguaia, este trabalho tem por objetivo analisar, desde uma perspectiva criminológica feminista, o significado do silêncio para uma mulher vítima de estupro. Partindo, portanto, das experiências das mulheres com a violência sexual e as sequelas por ela deixadas, tal como já retratado em pesquisas realizadas no Brasil, o aparentemente incompreensível silêncio de Diana (personagem secundária da película, mas aqui considerada em protagonismo) será o norte para a reflexão sobre a revitimização promovida pelo Sistema de Justiça Criminal e, sobretudo, o medo e a culpa que assombram a mente e a alma do corpo feminino violado encarcerando a vítima em si mesma.

Palavras-chave: Criminologia Feminista – Violência de Gênero – Estupro – Silêncio – Castigo.

1. Pós-doutora em Teorias Jurídicas Contemporâneas, pela Universidade Federal do Rio de Janeiro – UFRJ. Doutora em Direito, Estado e Constituição, pela Universidade de Brasília – UnB. Mestra em Ciência Política, pela Universidade Federal do Rio Grande do Sul – UFRGS. Coordenadora Nacional do Comitê Latino-americano e do Caribe para a Defesa dos Direitos da Mulher – CLADEM/Brasil. Autora de diversas obras, dentre as quais Criminologia Feminista: novos paradigmas (Editora Saraiva, 2017, 2. edição). Professora. Advogada.

1. INTRODUÇÃO

O Silêncio do Céu, ou *Era El Cielo*, uma produção brasileira e uruguaia quase inteiramente falada em castelhano, foi escolhido pelo júri da crítica como o melhor filme no 44.º Festival de Gramado de 2016, recebeu premiação pelo melhor desenho de som, além de ter recebido o prêmio especial do júri.

De forma impactante, quiçá, asfixiante, o filme inicia, sem nenhum tipo de introdução, com a cena em que, dentro de sua própria casa, Diana (personagem de Carolina Dieckmann) é imobilizada, tem uma faca posta em seu pescoço e é estuprada alternadamente por dois homens. Por minutos tudo o que se ouve é o choro, os urros contidos e os gemidos de dor de Diana. A câmera, posta bem perto de seu rosto, nos remete para dentro daquele quarto, passando a sensação de vivermos junto com ela aquele momento que vai do terror ao torpor.

Depois do estupro, ainda em choque, Diana somente atina cobrir seu corpo com um lençol. Na sequência telefona para seu marido Mário (personagem de Leonardo Sbaraglia) e lhe pede para buscar os filhos na escola. Na chegada deles, ela prepara o jantar e o serve ao marido e aos filhos, sem dizer uma palavra a Mario sobre o que aconteceu durante o dia. Tão somente pede a ele que coloque a menina e o menino na cama e que, caso chova, recolha as roupas lavadas que estão no varal.

Contudo, logo é dado a conhecer ao público que Mário foi espectador da cena do estupro. Ele havia chegado em casa mais cedo, mas, ao deparar-se com a violência que sua esposa sofria, nada faz para interromper. Ele toma uma pedra nas mãos, ensaia uma ação, mas não a realiza. Somente após ver os agressores saindo da casa é que desesperadamente sai correndo em seu encalço. Todavia, já não os encontra. É neste momento que recebe o telefonema de Diana. Ele nada pergunta a ela. Ela, por outro lado, o percebendo ofegante, pergunta-lhe se está tudo bem.

A história é contada, desde o ponto de vista de Mário, com seus medos e suas culpas. Sem embargo, é o silêncio de Diana que pretendo ouvir neste ensaio.

Desde uma perspectiva criminológica feminista as mulheres são um novo sujeito histórico que traz consigo a capacidade de agregar novas formas de entender a natureza e a vida social (HARDING, 1996, p. 140). A condição de mulher é, assim, o resultado de uma criação histórica que define a mulher como ser social e cultural e o reveste de circunstâncias, qualidades e características essenciais peculiares (MENDES, 2014).

O *stand point*, que embala a vertente criminológica feminista aqui afirmada, indica uma atitude política de ver o mundo desde o ângulo dos submetidos no plano social. Trata-se de uma epistemologia que sustenta a legitimidade dos apelos à subjetividade e à necessidade de unir os campos intelectual e emocional (HARDING, 1996, p. 124-127). Observando a forma relacional e concreta das mulheres é possível captar aspectos diferentes da natureza e da vida social que são inacessíveis em investigações baseadas nas atividades características dos homens (MENDES, 2014).

No Uruguai são denunciados em média vinte e cinco estupros mensalmente. Ou seja, segundo dados do Observatório Nacional sobre Violência e Criminalidade, quase todos os dias chega à justiça uruguaia um caso de uma mulher vítima de abuso sexual. No Brasil, os dados são ainda mais assustadores.

Em nosso país, em 2015, foram registrados 45.460 casos de estupro. Considerando somente os boletins de ocorrência registrados é possível dizer que, por dia, 125 pessoas foram vítimas do crime de estupro (FBSP, 2016).

Por outro lado, estima-se que ocorreram, em realidade, entre 129,9 mil e 454,6 mil estupros no Brasil em 2015, pois como apontam estudos internacionais, apenas 35% das vítimas desse tipo de crime costumam prestar queixas. E mais: de acordo com o estudo *Estupro no Brasil: uma radiografia segundo os dados da Saúde*, realizado pelo Ipea, no país, apenas 10% dos casos de estupro chegam ao conhecimento da polícia.

O índice de subnotificação é, portanto, altíssimo. Isto é, o silêncio sobre este crime é grande. Talvez porque, segundo recente pesquisa do Datafolha, cerca de um terço dos brasileiros ainda culpabilize a vítima pelo estupro. E daí porque, também, não ser à toa que pesquisa encomendada pelo Fórum Brasileiro de Segurança Pública – FBSP registre que 85% das mulheres brasileiras têm medo de ser vítima de agressão sexual.

Tomando como pano de fundo a obra cinematográfica O Silêncio do Céu este ensaio tem por objetivo analisar, desde uma perspectiva criminológica feminista, o significado do silêncio para uma mulher vítima de estupro. Partindo, portanto, das experiências das mulheres com a violência sexual e as sequelas por ela deixadas, tal como já retratado em pesquisas realizadas no Brasil, o aparentemente incompreensível silêncio de Diana (personagem da película, e aqui considerada em protagonismo) será o norte para a reflexão sobre a revitimização promovida pelo Sistema de Justiça Criminal e, sobretudo, o medo e a culpa que assombram a mente e a alma do corpo feminino violado.

2. OS MEDOS DE MÁRIO

O medo incide sobre homens e mulheres não apenas pela disseminação da uma cultura de um medo difuso, mas também pela insistência de relações e situações concretas que exigem respostas que são concomitantemente cognitivas, racionais, sensoriais, motoras, emocionais e simbólicas do sujeito corpo/mente como um todo (MACHADO, 2014, p. 116).

Ao longo do casamento Mário sempre exigira que Diana lhe contasse tudo o que se passava com ela. Seu desejo era saber não só do que ocorria ao longo de seu dia, como havia ido no trabalho, a relação com os filhos. Mario queria mais: queria até mesmo seus pensamentos. Para ele esta era uma forma de aliviar seus medos. Algo que ele mesmo reconhece ter sido um dos motivos para que Diana tenha querido separar-se dele.

É interessantíssimo notar que Diana, minutos após ser violentada, preocupa-se em perguntar ao marido se ele está bem quando os dois se falam ao telefone. Também chama atenção o fato de que, em algum momento mais adiante, a sogra de Diana lhe diz que é preciso levar a sério a tentativa de reconciliação. Diz a Diana que seu filho, Mário, a ama muito. E lhe adverte para que seja responsável.

Eis três amostras do lugar ocupado por Diana. De seu papel de gênero reafirmado. Vigiada, controlada, cuidadora, responsável pelo êxito do casamento.

Na ânsia de conhecer o que acontece no íntimo dela, fazendo-se passar por um roteirista de novela na qual o tema supostamente seria a violência sexual, Mario chega, inclusive, a procurar um serviço de atendimento a vítimas deste tipo de abuso. Faz perguntas à servidora que o atende. Questiona, com visível angústia, por que uma mulher estuprada não contaria o que lhe acontecera. Todavia, sai do local sem as respostas que ansiava. Dali leva somente a informação de que as primeiras horas eram fundamentais para denunciar o estupro, e que era importante preservar as provas, tais como as vestimentas que a vítima usava no momento do crime.

A película é falada quase integralmente em castelhano, e é com a voz das lembranças de Mário que descobrimos aos poucos que Diana é uma brasileira que se mudou para Montevidéu para acompanhar o marido uruguaio. Logo se percebe que eles foram casados por oito anos, estiveram separados por dois outros, e que há pouco tempo tentavam retomar o convívio em razão da insistência de Mário. Eles têm dois filhos. Diana é uma criativa estilista, trabalhando em um ateliê de moda na companhia de sua sócia e amiga, para quem, contudo, também nada conta sobre o estupro.

Mario é um tipo que se reconhece como complexo em suas inúmeras fobias. Em sua narrativa tudo indica que a culpa o corrói a ponto de tentar ocultar seus medos crônicos em uma identidade escondida dentro de um personagem que ele cria para manter o casamento e caçar aqueles que não pode impedir antes.

A trama é toda contada pelo ponto de vista do homem, e não da mulher agredida. Compreendo, contudo, que havia em Mário mais do que as fobias que reconhecia como justificadoras para invadir o íntimo de Diana na tentativa de aplacar seus medos. Ele possessivamente controlava Diana.

Lendo o desejo de Mario de conhecer os mais profundos pensamentos e sentimentos de Diana, revela-se a personalidade possessiva e controladora dele. O silêncio de Diana em relação ao estupro não consome Mario somente pela culpa do medo que o impediu de defende-la, mas também pelo silêncio de Diana que ele não pode controlar.

3. O SILÊNCIO DE DIANA

A violência contra as mulheres é definida pelas Nações Unidas como qualquer ato de violência de gênero que resulte ou possa resultar em dano físico, sexual, psicológico ou sofrimento para as mulheres, incluindo ameaças, coerção, ou privação arbitrária de liberdade, tanto na vida pública, como na vida privada. *Mutatis mutandis*, de acordo com a Organização Mundial de Saúde, violência sexual é "qualquer ato sexual ou tentativa de obter ato sexual, investidas ou comentários sexuais indesejáveis, ou tráfico ou qualquer outra forma, contra a sexualidade de uma pessoa usando coerção".

Segundo a legislação brasileira, o estupro encontra-se tipificado como a conduta de "constranger alguém, mediante violência ou grave ameaça, a ter conjunção carnal ou a praticar ou permitir que com ele se pratique outro ato libidinoso" (art. 213, Código Penal). A Lei Maria da Penha, por sua vez, descreve a violência sexual cometida em contexto de violência doméstica e familiar – ou seja, cometida por alguém da rede social da vítima, e não por desconhecidos –, dentre outras ações, como qualquer conduta que constranja mulher "a manter ou a participar de relação sexual não desejada, mediante intimidação, ameaça, coação ou uso da força" (art. 7.°, III, Lei 11.340/2006).

O estupro é um ato de subjugação extrema. Uma forma de violência que controla o físico e submete o psíquico. Trata-se de uma mensagem clara de poder que humilha e reduz a dignidade. Daí porque a experiência vivenciada pelas vítimas deste crime não se esgotar nas marcas eventualmente deixadas na pele e que, com o tempo, somem. Existem sequelas bem mais profundas e que perduram, não raro, por toda uma vida.

A vítima de estupro pode sofrer lesões nos órgãos genitais, contusões e fraturas e até mesmo morte. Outras consequências físicas possíveis incluem gravidez indesejada e a contração de doenças sexualmente transmissíveis. Psicologicamente o estupro pode resultar em diversos transtornos, tais como depressão, fobias, ansiedade, uso de drogas ilícitas, tentativas de suicídio e síndrome de estresse pós-traumático. A conjunção das consequências físicas e psicológicas leva ainda à perda de produtividade para a vítima, assim como também impõe uma externalidade negativa para a sociedade em geral (CERQUEIRA & COELHO, 2014).

Diana apresenta todas essas características. Não dorme, senão com o uso de remédios. Tem quedas bruscas de pressão. Acorda-se no meio da noite com pesadelos, em seguida dos quais corre para o chuveiro buscando limpar "uma sujeira" que não está no corpo. Já não sente prazer em seu trabalho. Não consegue falar o que ocorreu sequer com sua sócia e amiga.

A violência sexual é um fenômeno social persistente, multiforme e agravado pela violência psicológica, sendo uma das mais graves manifestações da violência de gênero. O estupro é a manifestação mais extrema da violência sexual, combinando o uso da força física e moral mediante o não consentimento da vítima. E é, no geral, cometido no âmbito de relações privadas e familiares, tratando-se de uma forma brutal de violência que imprime a senha da vergonha e da impureza da mulher estuprada (BANDEIRA & DINIZ, 2004, p. 7).

É com base no significado da violência sofrida, e de suas consequências dentre as quais, que me proponho a pensar o silêncio de Diana.

Tal como já dizia Simone de Beauvoir em *O Segundo Sexo*, a feminilidade é uma construção sociocultural feita de contenção, discrição, doçura, passividade, submissão, pudor e silêncio. Em uma pedagogia dirigida às mulheres (MENDES, 2014), a concepção de educação feminina assemelha-se à formação de bons hábitos para produzir boas esposas, mães e donas de casa. Neste contexto, como descreve Michelle Perrot (2003, p. 22) as virtudes femininas de submissão e silêncio, nos comportamentos e nos gestos cotidianos, são centrais.

É bem verdade que muito mudou ao longo dos tempos. Contudo, o silêncio ainda ocupa um lugar fundamental na perspectiva das diferentes formas de violências sofridas pelas mulheres, pois ainda aprendemos a silenciar desde muito cedo, sendo a recorrência ao silêncio e ao segredo marcante em casos de abuso sexual (DINIZ & PONDAAG, 2006, p. 246). Como afirma Pondaag (2003, p. 314), "o segredo é uma forma de sobreviver à violência sem ter que enfrentar o olhar do outro, a vergonha, possíveis responsabilizações, acusações, dores, efeitos da fala".

Por que Diana não conta o que aconteceu? Por que ela não demonstra a dor e raiva do marido? As expressões indecifráveis de Diana são muito pertinentes à trama, mas não só. Dizem respeito ao que diz com a realidade de mulheres vítimas de estupro: o medo e a culpa.

O medo está inserido de formas distintas quando submetido a situações crônicas de imposição física e simbólica de poder em situações de enfrentamento a perigos, ou quando se apresenta como temor, como cuidado, como prevenção e como auto-regulação por meio das evitações: "os lugares que nos negamos" e o lugar vivido como "contraditoriamente seguro e perigoso": a casa (MACHADO, 2014, p. 115).

Em um *continuum* do que se esconde dentro de casa, o julgamento de um crime sexual, muito especialmente o estupro, como escreve Vera Regina Pereira Andrade:

> "(....) não é uma arena onde se procede ao reconhecimento de uma violência e violação contra a liberdade sexual feminina nem tampouco se julga um homem pelo seu ato. Trata-se de uma arena onde se julgam, simultaneamente, confrontados numa fortíssima correção de forças, a pessoa do autor e da vítima: o seu comportamento, a sua vida pregressa. E onde está em jogo, para a mulher, a sua inteira 'reputação sexual' que é – ao lado do *status* familiar – uma variável tão decisiva para o reconhecimento da vitimização sexual feminina quanto a variável *status* social o é para a criminalização masculina." (2003, pp. 98-99)

Quem acreditaria na versão de Diana se ela própria destruiu as provas materiais do crime? Se, como tantas outras vítimas de delitos sexuais, quis livrar o corpo e a alma das marcas da violência banhando-se, trocando os lençóis, jogando fora a roupa que usava no momento do ato?

A objetificação da mulher no crime de estupro não ocorre somente no momento em que o ato é praticado e das consequências que, como vimos acima, podem dele advir. Ela também ocorre reiteradamente no discurso dos operadores e das operadoras do sistema de justiça criminal durante toda a fase de colheita de provas (do inquérito ao processo) até culminar "em sentenças reveladoras do que efetivamente se encontra em julgamento: não o fato criminoso, mas a conduta moral, o comportamento pregresso da vítima e do autor do crime, ambos envolvidos no manto da imoralidade que reveste o ato" (SILVA, 2009, p. 67).

É possível afirmar que o processo ao qual é submetida uma mulher vítima de violência sexual vai desde o próprio ato sofrido (a ocorrência do crime); passa pelos obstáculos estruturais a serem enfrentados (inexistência de delegacias especializadas próximas, difícil acesso ao serviço médico legal etc.), assim como pelo descrédito e "julgamento de conduta" a que é submetida dentro do sistema de justiça criminal (tratamento dispensado pelos agentes de polícia, servidores nos órgãos de perícia e, também, por juízes, defensores públicos, advogados e outros na fase judicial); e, por fim, chega à *etiqueta,* que de um modo amplo lhe é lançada a partir de sua conduta social, familiar e, principalmente, moral (MENDES, MAUMANN, CHIA, 2017, p. 362).

Judicialmente, a história sexual da mulher é relevante em um caso de estupro, mas a do homem não. E, mais: a mulher nunca é chamada a contar a versão dela sobre o estupro, tão somente o que é considerado relevante em termos legais e que possa ter alguma influência no processo (SMART, 1995, p. 33).

A mulher é vista por um parâmetro moral quanto a sua "reputação sexual". Os lugares que frequenta, a roupa que veste, seu comportamento em sociedade. Tudo isso é considerado como uma variável tão decisiva para o reconhecimento da vitimização sexual feminina quanto a variável *status* social é para criminalização masculina.

Vige, ainda hoje, um estereótipo de mulher "desonesta", e, portanto, não merecedora de proteção. E daí o porquê de repetirem-se, diretamente ou indiretamente, que, em crimes sexuais, a vítima teria "consentido", "gostado", "tido prazer", "provocado" e, o mais devastador, "merecido".

Por outro lado, não raro, o estuprador é visto como um ser anormal, de lascívia desenfreada, estranho à vítima. Um estereótipo sempre justificador de sua conduta que em nada contribui para que venha à tona a verdadeira razão deste tipo de violência: a posse e a submissão. De certo modo é o que se deixa antever pelo personagem Néstor (interpretado por Chino Darín), que logo é identificado por Mário como um dos estupradores.

Néstor é jovem aparentemente perturbado, retraído e dominado por sua mãe Malena (vivida por Mirella Pascual) que, menos confere um "ar de mistério" à trama do que, criminologicamente, reifica teses calcadas no paradigma etiológico de que estupradores recorrentemente seriam filhos de mulheres opressoras, exatamente nos moldes do que propunha Benjamin Mendelsohn nos marcos da teoria de estrutura de oportunidades, nos anos sessenta do século XX, em *Origin of The Doctrine of Victimology*.

É nessa perspectiva que o senso comum dos agentes de poder responsáveis pela proteção em casos de violência sexual não difere do senso comum social (ANDRADE, 2003, p. 94). O sistema de justiça criminal desconsidera a posição de ofendida da mulher no crime sexual da mesma forma que a sociedade valora a honra e a reputação feminina a partir de estereótipos criados para manter estável a estrutura de gênero. Assim a cultura do estupro – ou, como prefiro definir, de subjugação feminina –, dentro da lógica do sistema de justiça criminal não corresponderá outra ação senão à revitimização da mulher.

Em casos de estupro, a vítima é submetida a um longo processo de comprovação de sua versão dos fatos. Primeiro relata a policiais, posteriormente ao promotor, ao juiz, ao advogado de defesa do acusado, em um mecanismo de revivificação permanente da violência sofrida.

O caminho que a vítima precisa percorrer é espinhoso, pois a cada momento torna-se cada vez mais evidente que a necessidade de comprovação e os questionamentos dirigidos à ela, além de serem uma análise de sua conduta moral, revelam uma desconfiança específica que sobre ela recai (COULOURIS 2010, p. 19).

Sempre pairam dúvidas de que a vítima possa querer propositadamente prejudicar o acusado. Ou seja, de que seja ela uma mulher mal intencionada e vingativa. O que está, em nosso entender, absolutamente associado às representações das mulheres construídas ao longo da história.

Uma brevíssima análise histórica dos discursos sobre as mulheres revela que as mulheres foram, durante séculos, excluídas do direito de dizer, falar, opinar, testemunhar em razão de sua "essência" ou de sua "natureza".

A construção da mulher como um "ser mentiroso" é um enunciado que acompanha os discursos produzidos por teólogos, juristas e médicos sobre a inferioridade das mulheres (MENDES, 2014). Além disso, é a aliança entre o saber jurídico, médico e teológico, o nascedouro da compreensão de serem as mulheres menos racionais do que os homens e mais facilmente domináveis pelo "prazer funesto" e por emoções, tais como a raiva e a vingança.

Como relata Delumeau (1989, p. 316) a sexualidade é o pecado por excelência na medida em que, por preceitos cristãos repletos de misoginia, a virgindade e a castidade sempre foram elementos importantes para se alcançar "o paraíso". O homem, considerado a imagem de Deus, tem o controle da sexualidade e tem a razão como seu alicerce. Já a mulher, cuja alma e corpo constitue um obstáculo permanente ao uso de sua razão, são mais frágeis e se entregam com mais facilidade ao prazer.

Assim, durante o período medieval a mulher é construída como um mal, um prazer funesto, como venenosas e enganadoras. Enfim, como as responsáveis pela introdução do pecado, da desgraça e da morte no mundo terreno (DELUMEAU, 1989). Neste sentido, as histórias mitológicas e cristãs como a da Pandora grega ou da Eva judaica, só vem a reforçar a ideia da malícia e do perigo que as mulheres representavam (e que, para muitos, ainda representam).

O homem, por sua vez, procurou um responsável pelo sofrimento e para o desaparecimento do "paraíso" na terra, e encontrou na mulher. De modo que o legado deixado pela época inquisitória é o de que as mulheres mereciam os piores tratamentos, devendo ser mantidas sob vigilância e na eterna custódia.

Vale recordar, entretanto, que embora o cristianismo tenha alimentado no imaginário popular a figura da feminina como expressão da falta de virtude (DELUMEAU, 1989, p. 314) o medo de sua maldade foi corroborado por um discurso trazido pela ciência médica e, especialmente, de concepções 'lombrosianas' as quais, já no século XIX, reforçavam estereótipos e a seletividade penal a partir de julgamentos morais feitos sobre as mulheres (MENDES, 2014).

É essa construção medieval, mais tarde transformada em conhecimento científico, a razão a legitimadora de procedimentos de investigação sempre inquisitoriais em busca "da verdade" nos casos de estupro. O sistema de justiça criminal padece de uma misoginia genética comprovável em exames muito simples.

Basta a leitura das entrelinhas de sentenças que constroem argumento para as absolvições dos acusados, e que confirmam e reforçam o pressuposto de que as mulheres costumam mentir quando se trata de denúncias de estupro. Um argumento muitas vezes sequer contraposto pela acusação ou, por vezes, por ela reforçado com a tentativa de demonstrar a "idoneidade da vítima".

O "medo" das "falsas denúncias" oriundas da raiva e sentimento de vingança tomados como se fossem inerentes ao feminino teve, e ainda hoje tem, como reflexo a busca de uma "verdade" que culpabiliza a vítima e isenta o agressor. A época das trevas nunca foi ultrapassada por completo da vida das mulheres.

O controle dos corpos femininos sempre foi alimentado por estereótipos, sendo um dos maiores tabus a ser desconstruído na sociedade patriarcal e uma das principais pautas das lutas das mulheres. As mulheres sempre tiveram a sua sexualidade mutilada também por sua suposta capacidade de enganar, seduzir.

A castidade, a virgindade, a inocência e a submissão sempre foram características femininas que deveriam ser preservadas em dentro de um "padrão civilizatório".

As mulheres deveriam ser filhas, irmãs, mulheres e mães, exemplares. Esse é o seu papel feminino. E é pensando desta forma que é necessário assegurar-se uma relativa proteção para as mulheres exemplares que preservam os atributos de uma mulher honesta, os quais devem ser sempre enfatizados para não deixar dúvidas da legitimidade de uma eventual condenação.

A questão principal no sistema de justiça criminal não é tomar ciência e eventualmente punir alguém a partir do ato praticado, mas de selecionar a quais mulheres é possível atribuir a confiança em suas acusações. Por outro lado, de regra, aos homens resta serem considerados "anormais", "doentes", ou que deixam os instintos se sobreporem à razão diante da sedução que toda mulher traz consigo.

Como poderia contar Diana a Mario que fora estuprada por um ex-namorado? O homem que, durante a ausência do marido, "ocupou" o lugar de "homem". Quem acreditaria que um reconhecido e rico publicitário, na companhia de seu irmão caçula, entraria em sua casa e a teria estuprado? Quantos não diriam que ela provocou os irmãos? E quantos outros não perguntariam o porquê de tê-los deixado entrar em sua casa que, afinal, não apresentava sinais de luta? Se roupas sujas foram postas fora. Se seu corpo foi banhado.

Diana não se enquadrava no perfil merecedor da credulidade da sociedade, tampouco, de proteção estatal. Enfim, a que julgamentos Diana estaria submetida? O que restava a esta mulher senão o silêncio?

CONSIDERAÇÕES FINAIS

A violência de gênero é um reflexo direto da ideologia patriarcal que demarca explicitamente os papéis e as relações de poder entre homens e mulheres. Como subproduto do patriarcalismo, a cultura do machismo, disseminada muitas vezes de forma implícita ou sub-reptícia, coloca a mulher como objeto de desejo e de propriedade do homem, o que termina legitimando e alimentando diversos tipos de violência, entre os quais o estupro. Isto se dá, como apontam Cerqueira e Coelho (2014) por dois caminhos: um, pela imputação da culpa pelo ato à própria vítima (ao mesmo tempo em que coloca o algoz como vítima); e, dois, pela reprodução da estrutura e simbolismo de gênero dentro do próprio sistema de justiça criminal (SJC), que revitimiza a mulher.

O estupro é o crime com o maior o índice de subnotificação no mundo. Pesquisas mostram que somente entre 10% e 35% das vítimas de violência sexual denunciam seus agressores. E isso não acontece à toa, pois o fato de, ainda hoje, preponderar a crença masculina de que o corpo feminino deve estar ao dispor de seus desejos, como se mero objeto fosse, existe e persiste a partir de um substrato cultural de vitimização (ou revitimização) para o qual o aparato estatal contribui decisivamente.

Como já tive oportunidade de escrever[1], para que se possa compreender todas as maneiras a partir das quais é possível "controlar" um ser humano, e perceber quem se beneficia das distintas nuances de como se exerce e formaliza esse controle, é preciso que se estude como se estrutura o poder dentro da esfera privada. Não basta estudar o controle social apenas na esfera pública, porque isso fornece um conhecimento parcial do modo em que se opera o sistema de custódia da mulher.

De fato, desde uma perspectiva criminológica feminista, é de compreender-se que as mulheres não são controladas, mas custodiadas. E que para lançar luz sobre como se dá este processo é necessário saber o que pensam as mulheres sobre os comportamentos socialmente negativos praticados contra elas pelos homens, e, com isso, penetrar na lógica das contradições que a realidade social apresenta, apreender as necessidades dos indivíduos e da comunidade no seu sentido historicamente determinado, e orientar a ação visando a superação dessas contradições e a satisfação dessas necessidades.

Compreender a dinâmica do castigo em um contexto de violência de gênero, como é o estupro, demanda, portanto, entender que este é um caso em que a lógica do castigo se inverte. As grades não aprisionam os agressores[2] e

1. MENDES, Soraia da Rosa. *Criminologia Feminista: novos paradigmas.* São Paulo: Saraiva, 2014.

2. Cotejando dados recolhidos entre os anos de 2012, 2013 e 2014, constantes dos respectivos anuários elaborados pelo Fórum Brasileiro de Segurança Pública – nos quais constam as informações dos boletins de ocorrência de todas as unidades da federação, com os dados sobre o número de presos por estupro no país apontados nos relatórios do Departamento Penitenciário Nacional (DEPEN), do Ministério da Justiça, é possível perceber que foram registrados 148.960 boletins de ocorrência por estupros nas delegacias de todo o país. Mas que, por outro lado o número de presos por este crime totalizou somente

seu elemento não é ferro. Elas são invisíveis, impondo a penalização eterna de uma vivência traumática que encarcera a mulher em si mesma.

Assim como a maior parte das vítimas do crime de estupro Diana decidiu calar, sendo meu objetivo neste ensaio o de conjecturar que o universo em que se misturam vergonha, medo, dor, culpa e desconfiança no sistema de justiça criminal tenham sido fatores decisivos para seu silêncio. Como falar? Como admitir-se vítima de um ex-namorado? Quem lhe acreditaria?

Vi em Diana uma mulher que até mesmo os pensamentos eram controlados pelo marido antes da separação, e sobre a qual pairava a responsabilidade pelo cuidado e o sucesso do casamento na nova tentativa de vivência conjunta. Pensei em Diana como uma prisioneira, castigada com o silêncio sobre a violência de que foi vítima.

REFERÊNCIAS BIBLIOGRÁFICAS

ANDRADE, Vera Regina Pereira. *Sistema Penal Máximo x Cidadania Mínima: códigos da violência na era da globalização.* Porto Alegre: Livraria do Advogado, 2003.

BANDEIRA, Lourdes. Apresentação. In: NASCIMENTO, Elise. BRAGA, Kátia Soares (orgs.). *Bibliografia Estudos Sobre Violência Sexual Contra a Mulher:* 1984-2003. Brasília: Letras Livres; UnB Editora, 2004. p. 7-10.

BEAUVOIR, Simone de. *O Segundo Sexo: fatos e mitos.* Trad. Sérgio Milliet. Rio de Janeiro: Nova Fronteira, 1980.

_____. *O Segundo Sexo: a experiência vivida.* Trad. Sérgio Milliet. Rio de Janeiro: Nova Fronteira, 1980.

CERQUEIRA, D.; COELHO D. S. C. *Estupro no Brasil: uma radiografia segundo os dados da saúde* (versão preliminar). Nota Técnica, n. 11, Ipea, 2014. Disponível em: http://repositorio.ipea.gov.br/bitstream/11058/5780/1/NT_n11_Estupro-Brasil-radiografia_Diest_2014-mar.pdf. Acesso em: 01.07.2017.

COULOURIS, Daniela Georges. *A desconfiança em relação à palavra vítima e o sentido da punição em processos judiciais de estupro.* 242 f; Tese de Doutorado – Faculdade de Filosofia, Letras e Ciências Humanas (FFLCH). Universidade de São Paulo, 2010.

DELUMEAU, Jean. *História do medo no ocidente: 1300 a 1800.* São Paulo: Companhia das Letras, 1989.

DINIZ, Gláucia Ribeiro Starling. PONDAAG, Mirian Cássia Mendonça. A Face Oculta da Violência Contra a Mulher: o silêncio como estratégia de sobrevivência. In: ALMEIDA, Angela Maria de Oliveira. SANTOS, Maria de Fátima de Souza. DINIZ, Gláucia Ribeiro Starling. TRINDADE, Zeidi Araújo. *Violência, Exclusão Social*

42.737. Isto é, um número 3,5 vezes menor do que é minimamente registrado considerando os índices de subnotificação.

e Desenvolvimento Humano: estudos em representações sociais. Brasília: Editora UnB, 2006. p. 233-259.

Forum Brasileiro de Segurança Pública. *A Polícia precisa falar sobre estupro: Percepção sobre violência sexual e atendimento a mulheres vítimas nas instituições policiais*. Disponível em: http://www.forumseguranca.org.br/wp-content/uploads/2017/01/FBSP_Policia_precisa_falar_estupro_2016.pdf. Acesso em: Acesso em: 28.06.2017.

_____. *Anuário Brasileiro de Segurança Pública 2016*. Disponível em: http://www.forumseguranca.org.br/wp-content/uploads/2017/01/Anuario_Site_27-01-2017-Retificado.pdf. Acesso em: Acesso em: 28.06.2017.

Harding, Sandra. *Ciencia y Feminismo*. Madrid: Moratas, 1996.

Machado, Lia Zanotta. O Medo Urbano e a Violência de Gênero. In: Machado, Lia Zanotta. Borges, Antonádia Monteiro. Moura, Cristina Patriota (orgs.). *A Cidade e o Medo*. Brasília: Editora Francis, 2014. p. 125.

Mendes, Soraia da Rosa. *Criminologia Feminista: novos paradigmas*. São Paulo: Saraiva, 2014.

Mendes, Soraia da Rosa. Ximenes, Júlia Maurmann. Chia, Rodrigo. E quando a vítima é a mulher? Uma análise crítica do discurso das principais obras de direito penal e a violência simbólica no tratamento das mulheres vítimas de crimes contra a dignidade sexual. *Revista Brasileira de Ciências Criminais*. Vol. 130. Ano 25. p. 349-367. São Paulo: Ed. RT, abr. 2017.

Organização das Nações Unidas. *Declaração sobre a Eliminação da Violência Contra as Mulheres*. 23 de Fevereiro, 1994. Disponível em: http://daccess-ods.un.org/access.nsf/Get?Open&DS=A/RES/48/104&Lang=E&Area=UNDOC. Acesso em: Acesso em: 28.06.2017.

Perrot, Michelle. Os Silêncios do Corpo da Mulher. In: Soihet, Raquel. Matos, Maria Izilda S. de. *O Corpo Feminino em Debate*. São Paulo: Editora Unesp, 2003. p. 13-27.

Pondaag, Mirian Cássia Mendonça. *O Dito Pelo Não Dito: desafios no trabalho com mulheres vítimas de violência*. Dissertação (Mestrado) – Universidade de Brasília, Brasília, 2003.

Silva, Danielle Martins. A Vitimização Feminina no Crime de Estupro: o viés sexual da violência de gênero. In: Lima, Fausto Rodrigues. Santos, Claudiene. *Violência Doméstica: vulnerabilidades e desafios na intervenção criminal e interdisciplinar*. Rio de Janeiro: Lumen Juris, 2009. p. 63-72.

Smart, Carol. *Feminism and the Power of Law*. London; New York: Routledge, 1995.

Waiselfisz, J.J. *Mapa da violência 2016: homicídios por armas de fogo no Brasil*. Rio de Janeiro, FLACSO, 2016. Disponível em: <http://www.mapadaviolencia.org.br/pdf2016/Mapa2016_armas_web.pdf>. Acesso em: 01.05.2017.

■

10

O CASTIGO DE *MALÉVOLA*

CRISTINA ZACKSESKI[1]

RESUMO: Este texto aborda o filme *Malévola* a partir da perspectiva que tem sido referida nos discursos acadêmicos como "criminologias críticas". Inicialmente são enfatizados diversos aspectos do filme com o fim de proceder uma análise histórica das mudanças havidas nos contos de fadas, conciliando-os com elementos políticos, econômicos e sociais que podem ser pensados a partir deste enredo. Tais elementos caracterizam uma criminologia crítica que enfatiza as desigualdades de poder e de recursos, mas também aquela que estuda os processos de definição e seu alcance simbólico, conformando de alguma forma a ordem social mas também suas mudanças. Trazemos também a discussão para o universo da crítica feminista aos sistemas de controle, aportando no debate atual sobre a cultura do estupro, e ao final discutimos a adequação da abordagem de empoderamento feminino por meio do recurso da maldade e do castigo.

PALAVRAS-CHAVE: Criminologias – Castigo – Mulheres – Histórias infantis – Cultura do estupro.

1. Doutora em Ciências Sociais (CEPPAC/UnB), Mestre em Direito (PPGD/UFSC), Graduada em Direito (UFSM). É professora da Faculdade de Direito da UnB e Vice-coordenadora do Núcleo de Estudos sobre Violência e Segurança (Nevis). Lidera o Grupo de Pesquisa Política Criminal.

1. REVISITANDO AS HISTÓRIAS INFANTIS

A indústria do cinema com alguma frequência produz novas versões de antigos sucessos. São os famosos *remakes* como: Cidade dos Anjos, Drácula, Ben-Hur, Os Infiltrados, A Fantástica Fábrica de Chocolate, Perfume de Mulher, O Planeta dos Macacos. Já há também um chavão a respeito: a primeira versão é a melhor. E é o mesmo lugar comum que se costuma invocar sobre os filmes que têm origem em livros, dizendo-se sempre que o livro é mais rico, mais interessante. Sabemos, contudo, especialmente depois de Jean Claude Carrier (1995), que a linguagem do cinema é outra linguagem e atinge outros públicos, e sabemos também que o desempenho dos atores dos filmes originais precisava compensar a falta de recursos que hoje são facilmente acionados, notadamente nas grandes produções.

Alguns contos de fadas receberam novas versões para o cinema nesta década: *A Bela e a Fera* (2014 e 2017), *Chapeuzinho Vermelho* (*A Garota da Capa Vermelha* – 2011), *João e Maria* (2013), *Cinderela* (2015) e *Branca de Neve* (*Espelho Espelho Meu, Branca de Neve e o Caçador* – as duas de 2012). *Malévola* não é um *remake* de *A Bela Adormecida*, mas ela é uma versão para a mesma história, e inova ao dar voz pela primeira vez à temida bruxa.

O que é curioso nos desenhos/animações atuais é que eles têm se aproximado daquilo que podemos chamar de politicamente correto. Essas produções estão orientadas para temas da agenda política mundial, como a preservação da natureza (*A Era do Gelo*), o empoderamento feminino (*Valente, Pocahontas*), as várias formas de família (*Hotel Transilvânia, Kungfu Panda, Lilo e Stitch*). Há também filmes infantis que investem na complexidade em seus personagens (*Meu Malvado Favorito, Megamente*) na complexidade dos conceitos, como bem e mal, medo e segurança (*Os Croods*), que falam sobre os sonhos e sobre as capacidades de cada um (*Zootopia, Ratatouille*). Poderíamos fazer um novo volume desta coleção dedicado somente a essa linha de análise.

Revisitar as histórias infantis é um recurso utilizado para adaptá-las de tempos em tempos, como veremos adiante, dadas as mudanças na cultura, os diferentes públicos e as formas disponíveis tanto para as narrativas quanto para as escutas.

Nos anos 1970 os livros de história foram enriquecidos pelos discos (coloridos) com música e efeitos. Hoje as histórias são recontadas também pelo cinema, mas elas não substituem as versões da história oral que dá origem aos famosos livros de contos de fadas dos irmãos Grimm,[2] mas com elas

---

2. Os irmãos Grimm, Jacob e Wilhelm eram linguistas, poetas e escritores nascidos no Condado de Hesse-Darmstadt, atual Alemanha, e dedicaram-se ao registro da história oral daquele país em meados do século XIX e este registro assumiu a forma de fábulas infantis <https://pt.wikipedia.org/wiki/Irmãos_Grimm>, acesso em 06.06.2017.

se confundem, ao melhor estilo interacionista,[3] pois trazem e nos permitem rever nossos conceitos e ao mesmo tempo prolongar significados no tempo. Podemos nos perguntar, por exemplo: a versão da bela adormecida recontada por Malévola suplantará a versão oficial? Por quanto tempo ou em quanto tempo? Será que uma nova forma de contar a história tem o poder de substituir a versão anterior?

As autoras do Dicionário da Crítica Feminista entendem que sim, pois para elas a reescrita pós-moderna dos contos de fadas introduz alterações em relação ao texto original, gerando entre as duas versões uma distância irônica e subversiva que desconstrói os esquemas de legitimação da autoridade patriarcal, implícitos na ordem social representada nos contos de fadas, onde a mulher tem um papel doméstico e subalterno (MACEDO; AMARAL, 2005, p. 23).

Outro aspecto importante a se considerar é o de que os contos escritos e também as mídias variadas não substituem a voz da pessoa que fala ao pé da cama da criança que escuta a história (ou estória), mas a depender da visão de mundo que o contador tenha, cada criança escutará histórias bem diferentes a partir de um mesmo enredo. Essa também é a mágica dos contos de fada e do cinema, que podem ter versões descomprometidas ou engajadas. No caso das crianças a distração está cada vez mais marcada pelos sons e pelas imagens nas quais elas estão cada dia mais fissuradas, mas gostamos de pensar que o afeto ainda tem lugar na voz que conta a história ao pé da cama. Esta é também uma tendência: valorizarmos o *hand made*, o rústico, tradicional e entendermos que as coisas da vida não se reduzirão, sem consequências no campo dos conflitos e do sofrimento, a soluções automáticas e industrializadas.

No campo dos contos de fadas temos uma nova geração de livros[4] e de filmes, mais condizentes com as conquistas femininas, onde surgem protagonistas corajosas, talentosas, fortes, mas boa parte destas histórias ainda é contada por homens. Este fator dificulta ou atrasa algumas alterações que já

---

3. O Interacionismo Simbólico é uma das principais escolas de pensamento da sociologia e tem como característica incorporar a reflexividade na análise da ação (MEAD, 1934). Segundo Carmen Lúcia Mattos, a interação "é o processo que ocorre quando pessoas agem em relação recíproca, em um contexto social. É movimento porque existe uma nova atividade acontecendo a cada momento, existe um novo momento da história ocorrendo a cada movimento social cotidiano" (MATTOS, 2001).
Na Criminologia Crítica esta corrente da sociologia norte americana foi central para uma mudança paradigmática ocorrida no século XX. Para Alessandro Baratta: "Segundo esta corrente toda interação é geradora de significações e possui um alcance simbólico. A sociedade (ou realidade social) é construída por uma infinidade de interações concretas entre indivíduos, às quais um processo de tipificação confere um significado que se afasta das situações concretas e continua a estender-se através da linguagem" (BARATTA, 1999).

4. Há inclusive uma Coleção antiprincesas, da Editora Sur, com volumes sobre Clarice Lispector, Violeta Parra e Frida Kahlo. Outro trabalho interessante é um livro com financiamento coletivo internacional que se chama Histórias de ninar para garotas rebeldes: 100 fábulas sobre mulheres (FAVILLI; CAVALLO, 2017).

seriam possíveis, como libertar a mulher da obrigação da beleza e da vinculação de sua felicidade ao encontro de um parceiro. Alguma coisa neste sentido já se fez em Shrek, onde a heroína é uma ogra, mas uma parte continua em risco, como no caso de Valente, que teve muitas formas de apresentação, virou polêmica quando apareceu uma imagem sua toda arrumada e quase que não foi mantida na versão da heroína descabelada (LEPINSKI, 2017). Está aberto, portanto, um caminho para as mudanças na normalização de comportamentos que já estamos em condições de superar, apesar das disputas de poder sobre definições e significados que podem ser identificadas, como aqui, no cinema e nas histórias infantis.

2. A HISTÓRIA QUE NOS CONTAM

> "Esta é uma velha história contada de um jeito novo. Vejamos o quanto você a conhece.
>
> Havia dois reinos que não tinham boa relação. O ódio entre eles era tanto que diziam que somente um grande herói ou um terrível vilão poderia uni-los."[5]

A narrativa inicial do filme, que também é o mote do seu fecho, logo nos leva a pensar que aprenderemos algo com Malévola, embora a polarização costumeira dos contos infantis (e das histórias dos adultos também) esteja desde já colocada. Mas antes de discutir o maniqueísmo recorrente nas formas de contar histórias vamos analisar as versões que conhecemos da Bela Adormecida.

A história mais conhecida ou oficial leva o título de Rosicler (A Rosa dos Espinhos), publicada na obra Contos de Grimm em 1812, começa com a manifestação do desejo reprodutivo de um casal e logo a trama se desenrola pela via de uma maldade fútil: a bruxa que não foi convidada para o banquete do batizado se vinga dos anfitriões. Diz assim:

> "Houve, uma vez, um rei e uma rainha que diariamente diziam: 'Ah, se tivéssemos um filho!' Mas o filho não havia meios de chegar. Certo dia, estava a rainha tomando banho e eis que da água pula uma rã dizendo-lhe:
>
> – Teu desejo se realizará; antes que tenha decorrido um ano, terás uma menina.
>
> A profecia da rã confirmou-se e a rainha teve uma menina tão linda que o rei não cabia em si de alegria e organizou uma esplêndida festa. Não só convidou os parentes, amigos e conhecidos, como também as fadas, para que fossem propícias e benévolas para com a recém-nascida. No reino, havia

---

5. Assim inicia o filme *Malévola*.

> treze fadas, mas ele dispunha só de doze pratos de ouro para o banquete; portanto, uma delas teve de ficar em casa."

Mas existem outras versões. A primeira versão seria a de Giambattista Basile, publicada em 1634 (*Sol, Lua e Talia*) e outra seria a de Charles Perrault (*A Bela Adormecida no Bosque*), de 1697. E finalmente esta dos irmãos Grimm, transcrita acima.

Uma diferença entre as versões reside na nominação. No filme que estamos analisando a princesa chama-se Aurora. Na primeira versão ela se chama Talia e na segunda fica sem nome, sendo designada apenas como "a princesa". Os irmãos Grimm a chamam de Bela Adormecida, ou *Dornröschen* em alemão.

Há também outra versão da própria Disney para a história, que em 1959 faz um filme mais aproximado à narrativa dos irmãos Grimm:

> "Não são doze fadas que visitam o batizado da princesa, e sim três: Flora, Fauna e Primavera. No lugar de uma fada invejosa, retrata uma bruxa sombria chamada Malévola, que possui um castelo rodeado de trevas com seu próprio exército de monstros. Tanto as fadas quanto a bruxa permanecem presentes durante todo o filme. Além disso, o príncipe conhece a princesa assim que ela nasce, já que seus pais eram amigos dos pais dela e haviam decidido casamento entre seus filhos anteriormente. Outra mudança é que as três fadas querendo proteger a princesa recém-nascida, sequestram-na e levam-na para a floresta, onde criam-na disfarçadas de camponesas. A princesa sonha com o príncipe e só descobre que é filha do rei e da rainha ao completar dezesseis anos de idade, quando Malévola a atrai para um cômodo do castelo e a princesa fura o dedo no fuso de uma roca. Com a ajuda das fadas, o príncipe ainda derrota a própria Malévola transformada em dragão (que seria equivalente à mãe ogre (sic) das outras versões) e após beijar a princesa, o conto acaba com o casal dançando em vosso casamento e as três fadas indecisas sobre a cor do vestido da protagonista."[6]

Essa é a história dos vencedores, dos soberanos, não da bruxa. Nestas narrativas o mal é o mal sem que se questione a origem da maldade. O filme *Malévola*, no entanto, mostra que houve uma razão ocultada nas narrativas consolidadas para a imposição da maldição.

Na nova versão da Disney que estamos analisando, então, ao contrário da primeira versão, Malévola faz de tudo para que a menina não seja atingida pela maldição. Isso pode ser visto em três momentos: primeiro ela tenta revogar o feitiço, depois convida Aurora para viver no Reino dos Moors – o que nos dá a entender que isso a afastaria da agulha da roca e da maldição – e por último cavalga feito louca com o príncipe em direção ao castelo quando se dá conta de que Aurora vai se ferir no fuso da roca, e leva o príncipe consigo

---

6. <https://pt.wikipedia.org/wiki/A_Bela_Adormecida>, acesso em 03.06. 2017.

para que, se tudo o mais der errado, haja quem beije a princesa e, quem sabe, possa acordá-la da maldição do sono profundo. Ou seja, Malévola tem uma caracterização e um comportamento efetivamente diferente.

3. O PODER, A COBIÇA E A MALDADE

No filme os reinos em oposição são descritos inicialmente da seguinte maneira:

> Reino 1 – nele viviam pessoas comuns governadas por um rei vaidoso e *ganancioso*. Eles viviam descontentes invejando a beleza e a vida do outro reino.
>
> Reino 2 – nele viviam os Moors – criaturas maravilhosas. Não havia reis nem rainhas. Bastava a *confiança* entre eles.

Estas características se sobressaem desde já, nas imagens e nos valores circundantes. O filme se desenvolve inicialmente mostrando as diferenças entre os reinos.

> "Em uma árvore à beira de um penhasco vivia uma criatura. Podia-se dizer que era uma menina, mas não uma menina qualquer. Era uma fada." (Aparece Malévola criança arrumando um galho que se havia partido com o poder de suas mãos).

A beleza e o colorido do lugar chamam atenção. Logo fadas pequenas contam à Malévola que os guardas de fronteira acharam um humano roubando no poço das joias.

É interessante notar que a história inicia com uma rivalidade e logo ocorre um crime. Observamos, pois, que a dinâmica criminal é constitutiva da cena social, ainda que ela se dê num mundo de fantasias, e até mesmo nas narrativas do universo infantil. O simbolismo em torno das versões e a construção social originada nas interações permeadas por diferentes abordagens pode configurar, com seu alcance simbólico, um novo sentido para as dinâmicas e estruturas sociais.

Malévola nunca tinha visto um humano, mas diz não ter medo dele aos guardas de fronteira, que são na verdade árvores que falam e se movimentam. A natureza tem vida nesta história. O garoto/humano está com medo de que o matem, pois os guardas/árvores carregam lanças. Ele, que está escondido inicialmente, aparece e se apresenta como Stefan. Malévola exige que ele devolva o que furtou e ele primeiro se nega a fazê-lo, depois concorda. Ela então lança a joia na água. Ele diz que se soubesse que ela ia jogar fora não teria devolvido. Ela contesta dizendo que não jogou fora, somente devolveu ao seu lugar, assim como fará com ele. E vai conduzindo Stefan para fora do reino dos Moors.

Eles avistam de longe o castelo e Stefan diz que um dia vão morar lá. Ela pergunta onde vive e ele responde que é num celeiro, que os pais morreram. Os pais dela também morreram. Fazem amizade. A mesma dor/perda tem, muitas vezes a capacidade de criar empatias.

Ao tocar Malévola Stefan a queima, pois usa um anel e o aço queima as fadas. Notamos uma simbologia interessante nesta imagem, visto que o aço é um símbolo do capitalismo industrial, e nesta história ele queima os seres mágicos, tirando-lhes a força e a capacidade de reação, podendo levá-los à morte.

Quando Malévola explica a Stefan que o aço queima as fadas ele joga fora o anel na mesma hora. Ele que tinha tão pouco! Ela se emociona com a atitude. Voltam a se encontrar, brincam, esquecem o ódio entre homens e fadas.

No 16º aniversário de Malévola Stefan a beija dizendo que aquele é o beijo do amor verdadeiro.

Com o passar dos anos a ambição afasta Stefan de Malévola. Ela se torna a protetora dos Moors, por ser a mais forte das fadas. O rei (Henry) fica sabendo do crescente poder do reino dos Moors e decide acabar com ele. Dirige suas tropas para atacá-lo. Neste confronto Malévola se coloca como obstáculo ao avanço dos humanos em direção aos Moors e diz a Henry que ele não é rei para ela, então ele pede sua cabeça. Ela invoca os seres mágicos da floresta que aniquilam os humanos em uma batalha na qual o rei fica gravemente ferido. Ele reúne os homens de sua confiança no castelo, entre eles Stefan, que àquela altura é um serviçal do palácio, e diz que aquele que conseguir matar Malévola terá seu reino e a mão de sua filha.

Stefan vai até a floresta dos Moors, encontra Malévola, diz que veio alertá-la da ameaça que corre da parte do rei. Mas na sequência ele dopa a fada, que desmaia em seus braços, e como não tem coragem suficiente para matá-la, corta suas asas, levando-as consigo.

Não é sem razão a atitude de Stefan. Ele se mostra como uma pessoa fraca e inescrupulosa, mas ao mesmo tempo, assim como em nossa cultura patriarcal, "cortar as asas" simboliza uma poda, um limite, uma restrição, um controle que os homens muitas vezes exercem sobre as mulheres. E era isso que ele precisava: que Malévola, ainda que permanecesse viva, não o ameaçasse, o que na sua percepção inicial seria fácil, visto que sem as asas ela não teria o mesmo poder e agilidade de antes, pois as asas lhe conferiam maior capacidade para ataque e defesa.

O momento do corte das asas é o de maior dor do filme. Ela acorda no outro dia e se horroriza com a traição e com o enorme prejuízo que teve por confiar em Stefan. Ele ainda escuta os gritos de dor de Malévola ao prender as asas na carroça para levá-las ao palácio como prova do seu crime e como símbolo da conquista do poder monárquico.

As asas são entregues ao rei, que diz a Stefan que fez a coisa certa, supondo que havia realmente matado a "criatura alada".

Ela se levanta com a ajuda de um cajado, encontra um corvo, transforma-o em homem e lhe diz que ele será as suas asas quando transformado de novo em corvo.

O rei Henry morre e Stefan é coroado, casando-se com sua filha (embora isso não apareça no filme). O corvo dá notícias disso à Malévola, que entende os propósitos de Stefan ao mutilá-la. Então ela sai do recolhimento e mostra aos Moors que está sem asas, e aí assume de vez o lugar central de poder entre eles, que a reconhecem como líder.

Esta narrativa nos mostra o tipo de poder que pode se produzir a partir da inveja, da cobiça, da traição e de atitudes criminosas. Nos mostra as vergonhas do poder, a forja de lideranças, a origem de muitos conflitos na vaidade e no descontentamento pelo lugar ocupado, ainda que seja um lugar de muito prestígio. Não há limites para a ganância. E, como veremos, há um vale tudo para a permanência nos lugares de poder, seja no interior das muralhas de espinhos, de pedra ou de concreto.

4. A RETRIBUIÇÃO PELO MAL SOFRIDO

No filme, logo nasce uma menina no reino e o corvo leva a notícia à Malévola.

No dia do batizado, bem..., todos sabem o que acontece. Na versão dos irmãos Grimm:

> "A festa foi realizada com o maior esplendor o, quando estava para terminar, as fadas dotaram a menina de dons maravilhosos. A primeira dotou-a com a virtude, a segunda com a beleza, a terceira com a riqueza, e, assim por diante, com tudo o que se possa desejar no mundo. Onze fadas haviam formulado o seu dom quando, repentinamente, chegou a décima terceira. Queria vingar-se por não ter participado da festa e, sem olhar e sem cumprimentar ninguém, disse cm voz alta:
>
> – Aos quinze anos, a princesa espetará o dedo com um fuso c cairá morta.
>
> Sem acrescentar mais nada, virou as costas e saiu da sala.
>
> Entre a consternação geral, adiantou-se a décima segunda fada, que ainda não havia formulado o voto e, como não podia anular o cruel decreto, apenas mitigá-la disse:
>
> – A princesa não morrerá, mas cairá em sono profundo, que durará cem anos.

> O rei, que desejava a todo custo preservar a filhinha querida de tal desventura, deu ordens para que se queimassem todos os fusos existentes no reino."[7]

A versão do filme Malévola é a seguinte: Todos são convidados para a grande celebração, até mesmo um trio de fadas que deveria fazer a política de boa vizinhança entre os reinos. O rei está desconfiado, mas a rainha quer os dons que as fadas podem dar a Aurora: beleza; nunca sentir tristeza; ser amada por todos que a conhecerem. Chega Malévola e lança a maldição: no dia do seu 16º aniversário ela espetará o dedo no fuso de uma roca (agulha de tear) e nunca mais despertará. Como Stefan se humilha ela lhe "faz o favor" de condicionar o sono eterno ao beijo do amor verdadeiro – justamente a ele. A maldição durará para sempre. Nenhuma força da terra poderá cancelá-la.

A punição imposta a Stefan é um exemplo de retribucionismo, ou seja, à noção de que a um crime deve corresponder um castigo. Também não há nada mais idealizado em matéria penal do que "o castigo na mesma medida da culpa", que é a fórmula do Talião, a mais antiga receita de castigo conhecida e sintetizada na fórmula "olho por olho, dente por dente", presente em todos os livros conhecidos mais antigos, como a Bíblia, a Lei das XII Tábuas, o Código de Hamurabi. Malévola, como se conhecesse a fórmula, consegue neste castigo estabelecer uma punição que guarda uma correspondência muito grande com a origem do conflito.

Neste ponto podemos registrar duas coisas especialmente sem sentido no filme:

1. O Rei confisca toda as rocas do reino e as manda destruir, mas curiosamente permanece havendo uma pilha delas no porão do castelo, que magicamente atraem Aurora no dia do seu 16º aniversário.

2. O Rei confia a criança às fadas até que ela tenha 16 anos e um dia. Se o feitiço é para se cumprir no dia do aniversário de 16 anos então ele se priva (e a todo o reino) da convivência com a filha por sua infância e juventude, desnecessariamente. Bastava que ela fosse levada do castelo pouco antes da data e só retornasse depois.

Então aqui temos diferenças em relação às outras histórias, pois nos contos dos Grimm a menina não é levada do castelo para viver com as fadas, nem o rei foi tão cauteloso para que ela não se ferisse no fuso de uma roca, pois estão ausentes do castelo o rei e a rainha no dia do seu aniversário fatídico de 15 anos (e não 16 como no filme).

---

7. <http://www.grimmstories.com/pt/grimm_contos/a_bela_adormecida>, acesso em 03.06.2017.

"Os demais dons das fadas confirmaram-se; a menina era tão linda, amável, gentil e inteligente, que era impossível olhar para ela sem admirá-la e querer-lhe bem. Eis que, justamente no dia em que completou quinze anos, estando o rei e a rainha ausentes, ela ficou sozinha no castelo. Perambulou, então, por toda parte, inspecionou à vontade todos os aposentos e, por fim, foi dar a uma antiga torre. Subiu por estreita escada de caracol e chegou diante de uma porta. Na fechadura, estava uma chave enferrujada e, quando a girou, a porta abriu-se, deixando ver um pequeno tugúrio, onde uma velha, sentada diante de sua roca com o fuso, fiava ativamente o linho.

– Boa tarde, avozinha, – disse a princesa, – que estás fazendo?

– Estou fiando, – disse a velha, acenando-lhe com a cabeça.

– O que é isso que gira tão engraçado? – perguntou a menina, e pegou o fuso para experimentar se sabia manejá-lo. Mas, apenas tocou nele, realizou-se a predição da fada e ela espetou o dedo.

No mesmo instante em que sentiu a picada, caiu na cama que ali estava e mergulhou em sono profundo. Esse sono propagou-se por todo o castelo: o rei e a rainha, regressando nesse momento, adormeceram na sala assim como toda a corte.

Dormiam os cavalos na estrebaria, os cães no terreiro, os pombos no telhado, as moscas na parede; até o fogo, que flamejava na lareira, apagou-se e adormeceu; o assado cessou de cozer e o cozinheiro, que tentava agarrar pelos cabelos um ajudante, também adormeceu nessa posição. O vento paralisou-se e, nas árvores diante do castelo, não se mexeu mais nenhuma folhinha.

Em volta do castelo cresceu, então, uma sebe de espinhos, que cada ano se tornava mais alta e acabou por circundá-lo e cobri-lo todo, de maneira que não se via mais nada dele, nem mesmo a flâmula hasteada sobre o teto. Na região, espalhou-se a lenda da bela Rosicler ou, da Bela Adormecida no Bosque, como ficou sendo denominada a princesa. De vez em quando, aparecia algum príncipe tentando atravessar o espinheiro para penetrar no castelo, mas não o conseguia, pois o espinheiro impedia-os como se tivessem mão, e os segurassem; assim os jovens ficavam emaranhados e, não podendo desvencilhar-se, acabavam morrendo de morte horrível."[8]

No filme *Malévola* as fadas levam Aurora para tomar conta dela até que complete 16 anos e 1 dia. Elas assumem tamanho humano para tomar conta da princesa, mas são desastradas e irresponsáveis, passando claramente a mensagem de que a princesa só sobreviveu pelos cuidados de Malévola e do corvo, que seguem todos os seus passos. Malévola chama a criança de "praga", mas nunca a machuca ou deixa que aconteça algo ruim.

8. <http://www.grimmstories.com/pt/grimm_contos/a_bela_adormecida>, acesso em 03.06.2017.

O "feitiço vira contra a feiticeira" no sentido de que ela se arrepende. Na verdade pode-se entender que foi mais forte a fada pequena que deu a Aurora o dom de encantar a todos que a conhecessem, pois foi isso que aconteceu à própria Malévola. Ela cuida para que nada de mal aconteça à menina, até por que isso seria abreviar o castigo do rei, que sofre por todos os 16 anos, o que de acordo com o desfecho do filme equivale a dizer: pelo resto de sua vida.

Stefan é punido duas vezes, portanto: uma com a concretização do feitiço e duas com a morte, mas as duas punições estão justificadas pela narrativa – a primeira pela traição e a segunda pela obsessão de destruir Malévola. Na história oficial ele não morre no final, como veremos a seguir.

5. O EMPODERAMENTO FEMININO

Na versão Grimm, onde todos dormem, o príncipe encarna a figura do herói salvador do reino. Vejamos a narrativa:

> "Decorridos muitos e muitos anos, chegou à região um príncipe; ouvira um velho falar no espinheiro, dizendo que atrás dele havia um castelo onde belíssima princesa, chamada Rosicler, dormia há cem anos, e com ela dormiam o rei, a rainha e toda a corte. O príncipe já ouvira seu avô contar que muitos príncipes haviam tentado atravessar o espinheiro, mas que ficaram emaranhados e acabaram morrendo horrivelmente. Então, o príncipe disse:
>
> - Eu não temo coisa alguma; abrirei uma brecha no espinheiro e chegarei onde se encontra a Bela Adormecida.
>
> Não deu atenção ao bom velho, que tentou, por todos os meios, dissuadi-lo da empresa. E, justamente, haviam decorrido os cem anos, tendo chegado o dia em que a Bela Adormecida devia despertar.
>
> Quando o príncipe se aproximou do espinheiro, viu que estava todo coberto de grandes e belíssimas flores que, espontaneamente, se separaram para deixá-lo passar ileso, fechando-se depois às suas costas. No pátio do castelo deparou com cavalos e cães de caça malhados, dormindo, estendidos no chão; no telhado viu os pombos com a cabecinha debaixo da asa, também dormindo. Ao penetrar no interior do castelo, viu as moscas dormindo, grudadas na parede; na cozinha, o cozinheiro na mesma atitude em que fora colhido pelo sono e a criada sentada diante da galinha preta que estava depenando. Continuou andando e na sala viu toda a corte dormindo e, recostados no trono, jaziam adormecidos, também, o rei e a rainha. Mais além, o silêncio era tão completo que ele ouvia sua própria respiração: finalmente, foi dar à velha torre e abriu a porta do tugúrio onde dormia a princesa.
>
> Ela estava deitada e era tão linda que o príncipe não conseguia despregar os olhos; inclinou-se e deu-lhe um beijo. Com aquele beijo, a Bela Adormecida abriu os olhos, despertou e fitou-o sorrindo amavelmente. Ele tomou-a pela mão e juntos desceram à sala; então o rei, a rainha e toda a corte despertaram também, olhando-se pasmados uns aos outros."

A primeira versão desta história é a mais chocante e talvez por isso seja menos conhecida. Imagine-se contando para crianças que a princesa foi estuprada enquanto estava dormindo e que só após dar a luz à gêmeos, acorda quando um deles suga de seu dedo a farpa venenosa que a fazia dormir, como se observa em fragmento do relato extraído da Wikipedia, abaixo, que já contém o triste resumo da ópera:

> "[...] Talia cai num sono profundo quando fica com um pedaço de linho encravado debaixo da unha. O rei, que já está casado, quando a descobre no castelo abandonado fica de tal maneira apaixonado que a estupra enquanto ela dorme. Apenas nove meses após esta visita que Talia acorda, altura em que dá à luz os dois infantes, o Sol e a Lua. Quando a rainha, esposa do rei, toma conhecimento da existência de Talia e dos seus dois bastardos, ordena imediatamente as suas condenações, porém esta acaba por morrer no próprio fogo que preparava para a princesa, deixando todos os restantes felizes para sempre. Resumindo, a princesa é estuprada por um rei e dá a luz a dois gêmeos. É acordada por um de seus filhos. Desta forma, ela acaba se casando com o rei, por mais que ele tenha abusado da garota enquanto estava adormecida."[9]

Em Malévola a fortaleza de espinhos não cresce em torno do castelo, onde todos dormem por 100 anos, e sim em torno do reino dos Moors, pois os guardas vão caçar Malévola, que se defende guardando bem o reino.

Existem outras diferenças. Enquanto no conto dos Grimm é o príncipe que vai tentar passar pela fortaleza de espinhos, no filme é Aurora tenta passar da muralha de espinhos. Os soldados do rei também tentam fazer esta transposição, pois Stefan está paranoico e obcecado por vingança, mas há um combate com Malévola e ela os destrói (mas não há derramamento de sangue no filme).

Malévola então leva Aurora flutuando em transe para o reino dos Moors. Quando Aurora desperta e finalmente a vê Malévola ela a reconhece por causa da sombra que sempre esteve presente em sua vida, e entende que Malévola é sua fada madrinha.

Malévola tem o significado de "aquela que pode fazer o mal". Tanto é assim que ela só exerce seu poder de destruição quando é traída por Stefan e precisa defender o reino dos Moors. Mas a interpretação que se pode fazer disso é diferente: a mulher verdadeiramente poderosa é aquela que é má.

O corvo se apresenta – Diaval – quer dizer diabo. Ele confirma que conhece Aurora desde pequenininha. No desenho da Disney ele se chama Diablo. São nomes negativos para a protagonista e o coadjuvante que nesta versão salvarão os reinos. Aurora, ao revés, chama Malévola de fada madrinha

9. <http://www.grimmstories.com/pt/grimm_contos/a_bela_adormecida>, acesso em 03.06.2017.

e Diaval de passarinho. Assim também as pessoas têm dificuldade de chamar de assassinos, bandidos, criminosos aqueles de quem só percebem o bem. A forma de dizer é também a forma de ver as coisas e as mulheres custaram a perceber, por exemplo, que é violência a atitude de companheiros as depreciam e dificultam suas existências. Hoje mudamos a forma de contar essa história e as próprias expectativas sobre o comportamento de meninas e mulheres.

> "No cenário dos contos de fadas tradicionais, a separação dos papéis de gênero é bastante evidente. Às heroínas é concedida a posição de docilidade e virtude, enquanto os heróis agem com astúcia e coragem. As mulheres costumam suportar uma série de vicissitudes e mostram disposição para sofrer por amor, o que significa incapacidade de agir e se defender. Esses são esquemas inibitórios para a ação feminina, o que representa um aprendizado de passividade e apatia. No entanto, há, contemporaneamente, experiências de reescrita dos contos de fadas, que procuram despertar nas pessoas leitoras uma consciência crítica capaz de resistir à absorção passiva de conceitos e valores sexistas." (MACEDO; AMARAL, 2005, p. 23)

Mas algumas coisas continuam trágicas. Nesta versão a rainha morre enquanto o rei delira "conversando" com as asas de Malévola no palácio. As lutas, os inimigos e o poder são os motores da ação masculina.

Na sequência Aurora se diverte no Reino dos Moors. Malévola, tomada de amor pela menina, tenta revogar o feitiço, como já anunciamos. E Aurora lhe pergunta sobre as asas. Malévola responde que lhe foram roubadas.

O rei, obcecado, sonha com o perigo que Malévola representaria e acorda os trabalhadores para que sigam no preparo uma armadilha de aço para prendê-la.

Aurora então é convidada por Malévola a viver no Reino dos Moors. Ela diz que sim, e que contará às tias no dia seguinte. Quando ensaia o discurso para as tias na floresta aparece, perdido, um cavaleiro – Philip – a procura do castelo de Stefan.

Diaval percebe que aquela pode ser a única chance de Aurora, mas Malévola diz a ele que só lançou a maldição por que sabe que não existe amor verdadeiro. Ele contesta dizendo que isso pode ser o que ela sente, mas que pode não ser assim para a menina. O significado do castigo é diferente para cada um.

Quando Aurora chega para dizer para as tias que irá embora uma das fadas deixa escapar que combinaram com o pai dela outra coisa, no que ela se surpreende pois passou toda a vida pensando que era órfã. Ela encontra Malévola e relata a maldição. Quando se dá conta de que a madrinha é a fada que a amaldiçoou, diz: "você é o mal que existe no mundo".

Aurora vai ao castelo e se apresenta ao Rei, que está preparado para a batalha contra Malévola. Ele manda prender a própria filha para evitar que a maldição se cumpra.

As fadas ficam pequenas de novo e voam para o castelo.

Malévola acha Philip na floresta. Ele está procurando Aurora e é hipnotizado por Malévola, que a leva cavalgando até o castelo numa corrida desesperada para evitar o destino de Aurora, que encontra o fuso da roca e cai em sono profundo.

O rei fica furioso com as fadinhas e lhes diz justamente que não existe o amor verdadeiro. Enquanto as fadinhas não sabem por onde começar, Malévola despeja na porta do quarto onde dorme Aurora "um príncipe"!

As fadinhas pedem a ele que beije Aurora, pois isso a despertaria de seu encantamento. E ele, pela primeira vez desde que a história da Bela Adormecida é contada, pergunta se não é errado beijar uma moça dormindo.

Ele diz: "Mal nos conhecemos. Só nos vimos uma vez". Mas mesmo assim a beija, porém Aurora não acorda.

É possível ver nesta versão, portanto, uma ação mais intencionalmente respeitosa do príncipe. Ele questiona a possibilidade e o acerto daquela atitude. Nós que crescemos ouvindo sem refletir que a princesa foi salva pelo beijo do amor verdadeiro não nos questionamos sobre uma questão central desta história, que é a história de violência sexual contra as mulheres, que repousa no problema do consentimento. Como pode consentir uma pessoa desacordada, com a qual não houve sequer a chance de um combinado?

Além da criminalização de condutas específicas[10] hoje existem inclusive campanhas para alertar os homens de que as mulheres não podem ser violadas quando dopadas, bêbadas ou dormindo. Demoramos muito tempo para chegarmos nesta compreensão, e um dos fatores para a naturalização desta dificuldade de percepção pode ter sido justamente a repetição de contos de fadas irrefletidamente. Em tais contos as meninas e mulheres são frágeis e indefesas, devendo ser salvas pela força e pelo poder masculino.

O beijo já foi objeto inclusive de decisão judicial, considerado estupro consumado pelo Superior Tribunal de Justiça Brasileiro. Não se tratava, porém, de qualquer beijo e sim de um beijo num contexto de grande violência física e abuso de um rapaz de 18 anos contra uma garota de 15:

> "Consta do processo que o acusado agarrou a vítima pelas costas, imobilizou-a, tapou sua boca e jogou-a no chão, tirou a blusa que ela usava e lhe deu um beijo, forçando a língua em sua boca, enquanto a mantinha no chão pressionando-a com o joelho sobre o abdômen. A sentença reconheceu

---

10. Podemos citar a violação sexual mediante fraude (art. 215 do Código Penal), que abrange casos de embriaguez parcial e o estupro de vulnerável (art. 217-A, § 1.º, do Código Penal) que alcança proteção àqueles e aquelas que estejam mesmo incapacitados de reagir diante de uma violência sexual.

que ele só não conseguiu manter relações sexuais com a vítima porque alguém se aproximou naquele momento em uma motocicleta."[11]

Esta última afirmação, porém, de acordo com a maioria da doutrina brasileira, levaria a uma condenação por tentativa de estrupo e não por estupro consumado, pois entende-se que o estupro se consuma quando praticado qualquer ato visando a satisfação da lascívia, mas se ficar provado que o intento final (relações sexuais) do autor ainda não havia se concretizado, e não o foi por motivos alheios a sua vontade, entende-se que seria tentativa de estupro.

De qualquer forma, a fundamentação utilizada no voto do relator vai justamente no sentido de não se poder mais naturalizar a violência contra as mulheres, inadmitida no contexto atual a permanência da cultura do estupro. Nas palavras do ministro relator do caso, Rogério Schietti: "O tribunal estadual emprega argumentação que reproduz o que se identifica como a cultura do estupro, ou seja, a aceitação como natural da violência sexual contra as mulheres, em odioso processo de objetificação do corpo feminino." (<http://www.stj.jus.br/sites/STJ/default/pt_BR/Comunicação/noticias/Not%C3%ADcias/Sexta-Turma-cassa-decisão-que-considerou-estupro-como-se-fosse-beijo-roubado>, acesso em 15.07.2017)

Outra decisão importante foi a confirmação pelo Superior Tribunal de Justiça da condenação do deputado Jair Bolsonaro a indenizar a deputada Maria do Rosário por danos morais pelo fato de ter dito a ela que só não a estupraria por que ela não merece, por ser muito feia. Este problema já foi há muito apresentado por Sílvia Pimentel e outras no livro intitulado: Estupro: Crime ou Cortesia? (PIMENTEL; SCHRITZMEYER; PANDJIARJIAN, 1998). Nas palavras da relatora do caso, ministra Nancy Andrighi: "A expressão 'não merece ser estuprada' constitui uma expressão vil que menospreza a dignidade de qualquer mulher, como se uma violência brutal pudesse ser considerada uma benesse, algo bom para acontecer com uma mulher" (<https://g1.globo.com/politica/noticia/stj-mantem-condenacao-de-bolsonaro-por-ofensas-a-maria-do-rosario.ghtml>, acesso em 16.09.2017).

Vivemos, ainda hoje, problemas de uma cultura que sexualiza e fragiliza as mulheres, desde cedo, como vemos nos contos de fadas, e isso traz como consequência a valorização daquelas que atraem os olhares e a cobiça dos homens em detrimento das demais. As feias neste contexto precisariam se contentar com aqueles que tiverem a coragem de as desejar, ainda que feias, ainda que haja violência.

---

11. A notícia está sendo utilizada como fonte porque o processo está protegido pelo segredo de justiça. <http://www.stj.jus.br/sites/STJ/default/pt_BR/Comunicação/noticias/Not%C3%ADcias/Sexta-Turma-cassa-decisão-que-considerou-estupro-como-se-fosse-beijo-roubado>, acesso em 15.07.2017.

6. A REDENÇÃO DA BRUXA

Malévola vê a cena do beijo do príncipe em Aurora desejando que aquilo desfaça o feitiço. Depois que o príncipe sai com as tias, Malévola se aproxima de Aurora e chora dizendo que não a deixará um dia sequer, e que não passará um dia sem que ela sinta falta do sorriso da menina, e a beija na testa, acordando-a.

Diaval assiste tudo e percebe que aquele é o beijo do amor verdadeiro. Um beijo de culpa, de arrependimento e de amor.

Aurora e Malévola tentam fugir do castelo mas cai a tão arduamente elaborada armadilha de aço sobre Malévola. Os guardas a cercam. Mesmo presa ela consegue transformar Diaval num dragão que põe fogo no local.

Stefan se aproxima armado para matá-la. Enquanto isso Aurora encontra as asas que estão guardadas e as liberta. Elas vão ao encontro de Malévola. Stefan ainda vê que sua filha está emocionada ao ver a madrinha reencontrar suas asas. Ele a captura e os dois lutam até que Malévola fica em posição de superioridade, decreta o fim da luta e o deixa vivo, mas ele a ataca novamente – lugar comum no cinema de aventura – quando então ele cai da muralha do castelo e morre – que é também o fim de boa parte dos vilões.

A muralha de espinhos é desfeita por Malévola, que também abandona a coroa, convidando Aurora para conhecer o reino dos Moors "de quando ela era pequena, de coração puro". Aurora então é coroada rainha dos dois reinos.

O filme rompe enfim com a narrativa padrão, pois não termina com o casamento da princesa com o príncipe, embora ele esteja presente na coroação. A história, portanto, não é como nos foi contada. Os reinos foram unificados por alguém que foi, ao mesmo tempo, heroína e vilã. Neste sentido:

> "As novas imagens femininas propostas pela reescrita pós-moderna de contos de fadas afirmam a autonomia e a capacidade de acção das heroínas, demonstrando como os limites tradicionalmente impostos às personagens femininas são irreais e procuram obliterar as possibilidades de escolha e de desenvolvimento pessoal abertas às mulheres." (MACEDO; AMARAL, 2005, p. 23)

Neste filme podemos observar que os personagens centrais são, em sua maioria, femininos. Eles nos remetem a uma outra história do poder das mulheres, contada por Rose Marie Muraro no prefácio da edição brasileira ao livro O Martelo das Feiticeiras (MURARO, 2007). Neste prefácio a autora conta que a figura da mulher como mãe natureza só é substituída por um Deus homem com o cristianismo. Antes disso seriam as mulheres as detentoras do saber tradicional, do poder da cura e da reprodução. Nesta versão a inquisição passa a fazer mais sentido enquanto prática aniquiladora das mulheres e do poder que elas representam diante do poder almejado pela Igreja Católica, "ameaçada" pelas ações identificadas então como bruxarias, que enfraqueciam o poder da autoridade central e também a noção de milagre de Deus e do seu poder que repousa sobre a figura da autoridade central da igreja.

A narrativa contida no filme sugere que uma mulher poderosa precisa ter a capacidade de ser ao mesmo tempo má. Não por acaso, justamente quando as mulheres assumem posições de poder na sociedade contemporânea brasileira, por exemplo, há também um crescimento exponencial do encarceramento feminino, dizendo-se inclusive que agora as mulheres não desempenham apenas posições secundárias no crime, e sim posições de liderança. Contudo, esta é uma visão muito estreita do poder feminino, pois dá a ele uma força maior somente quando equipara-o ao poder masculino e às maldades que ele pode produzir. Em nossa visão, porém, o alcance do poder feminino é muito maior, visto que congrega a força, a decisão, a liderança e a coragem, mas consegue conciliar e transformar tudo isso pela via da gratidão, da combinação de forças e do respeito mútuo. Ao mesmo tempo em que no filme há esta ênfase na maldade, entendemos que a natureza preservada e a paz são os símbolos do poder feminino que poderiam ter mais destaque nesta narrativa, que é de fato surpreendente, inovadora e redentora nos termos que aqui tentamos descrever.

REFERÊNCIAS BIBLIOGRÁFICAS

BARATTA, Alessandro. *Criminologia Crítica e Crítica do Direito Penal.* Rio de Janeiro: Revan, 1999.

CARRIERE, Jean Claude. *A linguagem secreta do cinema.* Rio de Janeiro: Nova Fronteira, 1995.

MACEDO, Ana Gabriela; AMARAL, Ana Luísa. *Dicionário da crítica feminista.* Verbete Contos de Fada. Porto: Afrontamento, 2005, p. 23.

FAVILLI, Helena; CAVALLO, Francesca. *Histórias de ninar para garotas rebeldes: 100 fábulas sobre mulheres.* São Paulo: Vergara & Riba, 2017.

LEPINSKI, Paula Fernandes. *As princesas da Disney através das décadas.* http://www.usp.br/cje/jorwiki/exibir.php?id_texto=189 – acesso em 12/07/2017.

MATTOS, Carmen Lúcia. *A abordagem etnográfica na investigação científica.* UERJ, 2001.

MURARO, Rose Marie. Breve introdução histórica. In. KRAMER, Heinrich; SPRENGUER, James. *Malleus Maleficarum.* Rio de Janeiro: Record, 2004.

PIMENTEL, Silvia; SCHRITZMEYER, Ana Lúcia Pastore; PANDJIARJIAN, Valéria. *Estupro: Crime ou cortesia? Abordagem Sociojurídica de Gênero.* Porto Alegre: SAFE, 1998.

<https://pt.wikipedia.org/wiki/Irmãos_Grimm> acesso em 06.06.2017.

<https://pt.wikipedia.org/wiki/A_Bela_Adormecida> – acesso em 03.06.2017.

<https://pt.wikipedia.org/wiki/A_Bela_Adormecida> – acesso em 03.06.2017.

http://www.grimmstories.com/pt/grimm_contos/a_bela_adormecida – acesso em 03.06.2017.

http://www.grimmstories.com/pt/grimm_contos/a_bela_adormecida – acesso em 03.06.2017.

https://pt.wikipedia.org/wiki/A_Bela_Adormecida – acesso em 03.06.2017.

http://www.stj.jus.br/sites/STJ/default/pt_BR/Comunicação/noticias/Not%C3%ADcias/Sexta-Turma-cassa-decisão-que-considerou-estupro-como-se-fosse-beijo-roubado – acesso em 15.07.2017.

https://g1.globo.com/politica/noticia/stj-mantem-condenacao-de-bolsonaro-por-ofensas-a-maria-do-rosario.ghtml – acesso em 16.09.2017.

■

11

ABUSO SEXUAL, REAÇÃO SOCIAL E PUNIÇÃO NO FILME *A CAÇA*

Kárita Rachel Pedroso Bastos[1]

RESUMO: Este artigo tem como objetivo discutir os aspectos apresentados no filme *A Caça,* relacionados ao abuso sexual, à reação da comunidade frente ao fato e à punição do suposto agressor. O abuso sexual é considerado um grande problema de saúde pública devido aos graves prejuízos ocasionados no desenvolvimento psicológico, emocional e social das vítimas. Por serem crimes cometidos em segredo, as declarações da vítima se tornam decisivas no desfecho de uma investigação criminal e de um processo judicial e, por isso, exigem profissionais qualificados capazes de obter informações relevantes que comprove a ocorrência do abuso. No drama, uma escuta equivocada desencadeou na comunidade uma série de reações que, apoiadas em alguns comportamentos do suposto agressor, culminaram com a rotulação do personagem e sua exclusão do convívio social como forma de punição. Considerando a crescente preocupação com o tema da violência sexual, o filme chama a atenção para uma nova perspectiva: as consequências destrutivas de se tomar como verdadeira uma falsa denúncia.

PALAVRAS-CHAVE: Abuso sexual infantil – Reação social – Estigma – Punição.

1. Doutoranda pelo Programa de Pós-graduação em Psicologia Clínica e Cultura da Universidade de Brasília. Mestre em Serviço Social pela PUC-SP. Assistente Social da Secretaria de Estado de Políticas para Criança, Adolescente e Juventude do Distrito Federal.

1. INTRODUÇÃO

Estreado em 2012 no Festival de Cannes, o longa-metragem A Caça, de nome original *Jagten* e direção do dinamarquês Thomas Vinterberg, discute um tema polêmico e difícil: o abuso sexual infantil. Criador do movimento Dogma 95,[2] Vinterberg apresenta o tema de forma sutil e centrada, com o foco especialmente no agressor. Fugindo da estética hollywoodiana, o filme percorre um caminho crescente de tensão e coloca em evidência não só o abuso sexual infantil, mas questões relacionadas à formação de estereótipos e estigmas, condenação prévia e a importância da escuta qualificada das crianças vítimas de abuso sexual. Muito elogiado pela crítica cinematográfica, A Caça é considerado um dos melhores filmes de Vinterberg. Em 2014, o drama foi indicado ao Oscar para melhor filme estrangeiro e venceu sete prêmios do 30º Robert Awards, o Oscar dinamarquês, incluindo os de melhor filme, melhor diretor e melhor ator para Mads Mikkelsen. Também merecem destaque as belas paisagens,[3] apresentadas no início de forma clara e acolhedora, tornando-se mais sombrias e escuras no decorrer do filme.

A história conta o drama vivenciado por Lucas (Madd Mikkelsen), 42 anos, que após a perda de seu trabalho como professor de ensino médio e uma separação conjugal aparentemente complicada, tenta recomeçar a vida. Morador de uma pequena e pacata cidade dinamarquesa, Lucas inicia novo trabalho como "monitor" numa escola de educação infantil. A reviravolta na vida do personagem acontece quando Klara, uma das alunas, de aproximadamente 5 anos e filha de seu melhor amigo, conta à diretora da escola que Lucas mostrou-lhe seu pênis ereto. Partindo do pressuposto que criança não mente, a diretora denuncia o caso de abuso sexual aos órgãos competentes e anuncia o fato aos pais dos alunos, iniciando uma verdadeira "caça" ao agressor.

As práticas sexuais têm sido alteradas ao longo do tempo e variam conforme a cultura. As ofensas sexuais dependem das normas sociais estabelecidas, ou seja, da cultura onde os sujeitos estão inseridos. O abuso sexual não é algo recente na história (KRELL; AMADOR, 2015; MARSHALL; 2001), mas atualmente é considerado um grande problema de saúde pública, devido a elevada incidência epidemiológica e aos graves prejuízos ocasionados no desenvolvimento psicológico, emocional e social das vítimas (HABIGZANG

---

2. O Dogma 95 foi um movimento internacional cinematográfico iniciado a partir de um manifesto publicado em 13 de março de 1995, em Copenhague na Dinamarca. Esse manifesto, de autoria dos dinamarqueses Vinterberg e Lars von Trier, foi escrito para a criação de um cinema mais realista e menos comercial. De cunho técnico e ético, o documento, composto por 10 regras fundamentais, apresenta uma série de restrições quanto ao uso de técnicas e tecnologias, inclusive com regras quanto ao conteúdo das obras cinematográficas. Trata-se de um ato de resgate do cinema como era feito antes da exploração industrial e dos modelos dos filmes hollywoodianos (WIKIPÉDIA, 2017).
3. Fotografia de Charlotte Bruus Cristensen.

et alii, 2005; KRELL; AMADOR, 2015). Este tipo de violência sexual contra crianças e adolescentes é caracterizada pela ocorrência de todo e qualquer tipo de atividade sexual ou sua tentativa, onde o abusador encontra-se num estágio psicossocial mais avançado que a criança ou adolescente, ou seja, com idade maior que a da vítima, denotando uma relação entre desiguais. Tais atividades sexuais podem ocorrer de diversas formas como contato físico (com ou sem penetração), exposição a conteúdos eróticos ou pornográficos, abuso sexual para fins lucrativos, voyeurismo, exibicionismo e assédio (HABIGZANG et alii, 2005; HOHENDORFF et alii, 2014; SANTOS; DELL'AGLIO, 2013).

Frequentemente essas práticas são impostas às crianças e aos adolescentes por meio da força, da violência física e emocional ou pela indução da vontade, podendo ocorrer em ambiente intrafamiliar ou extrafamiliar. Porém a violência intrafamiliar tende a ser cometida em um período mais prolongado e a deixar maiores sequelas na vítima, uma vez que o agressor geralmente é uma pessoa afetivamente próxima e o convívio é mantido (PALUDO; SCHIRÓ, 2012). Segundo Benia (2015), estudos apontam que a maioria dos abusos sexuais cometidos contra crianças e adolescentes ocorre dentro de casa, perpetrados por pessoas que desempenham o papel de cuidador destas. São considerados crimes silenciosos, sem testemunhas, e que por isso, apresentam uma série de dificuldades para sua investigação.

A denúncia do abuso sexual não é imediata e geralmente é realizada após um longo período de tempo. Em grande parte dos casos não há evidências no exame físico, assim como o diagnóstico baseado nos sintomas psíquicos não diferencia de forma confiável as crianças abusadas daquelas que nunca sofreram abuso. Nesse sentido, na maioria dos casos, o relato da criança é a única e principal evidência do abuso, pelo qual poderá ser avaliado e validado. As declarações da vítima, se tornam, dessa forma, decisivas no desfecho de uma investigação criminal e de um processo judicial (BENIA, 2015; ANDREOTTI, 2011).

Até os anos de 1960, a Criminologia não se dedicava em estudar os crimes sexuais. Contudo, na Psicologia e na Psiquiatria, diversos estudos já vinham sendo realizados antes desse período, na tentativa de compreender esse fenômeno tão complexo, abrangendo tanto as vítimas como os agressores (VIEIRA, 2010). A literatura internacional e nacional apontam que há uma subnotificação dos casos (HABIGZANG et alii, 2005; MARTINS; JORGE, 2011). De acordo com Vieira (2010), esses comportamentos ofensivos são menos denunciados devido a vários fatores, tais como: a vítima ser muito nova, estar intimidada pelo agressor, o agressor ser da família ou amigo da vítima, ou por todo o estresse que o processo judicial provoca, o que revitimiza ainda mais a criança ou adolescente. Assim, verifica-se que as taxas de prevalência dos crimes sexuais são difíceis de se obter, uma vez que existe um elevado número de cifras negras relacionado com o número de crimes que não são reportados às autoridades.

Os pontos de destaque do filme são a validade do depoimento da vítima e as consequências de uma denúncia de abuso sexual para o possível agressor, trazendo novos olhares em relação a essa questão. Nesse sentido, o presente artigo tem como objetivo analisar os aspectos do filme relacionados a escuta qualificada da vítima, a reação social frente ao abuso sexual e ao processo de estigmatização e punição do acusado.

2. A DENÚNCIA DO ABUSO SEXUAL E A ENTREVISTA COM A VÍTIMA

O filme retrata um protagonista solitário, que reside com sua cadela Fani e luta pela guarda do filho adolescente. Conhecido de todos, porém com um círculo de amizade restrito e relacionado a um grupo de caça, Lucas passa o dia entre casa e trabalho e em determinados períodos do ano tem o hábito de sair para a caça de cervos com amigos. Após o fechamento da antiga escola onde ministrava aulas para adolescentes, Lucas passa a trabalhar como "monitor" em uma pequena escola de educação infantil. Nesse novo trabalho, mantém relacionamento saudável com as crianças, numa postura cuidadora e afetiva. Também com os demais profissionais da escola, Lucas é muito gentil. Nos primeiros momentos, o filme retrata o início de um relacionamento afetivo entre Lucas e uma de suas colegas de trabalho e deixa claro para o espectador as diversas conquistas do personagem na reconstrução de sua vida: um novo trabalho, uma nova namorada e a retomada da convivência diária com o filho.

Klara é filha de Agnes e Theo, este amigo de infância de Lucas. O casal, além de Klara tem um outro filho adolescente. Os pais de Klara aparentemente vivem um período de crise conjugal, com discussões frequentes, inclusive na presença da filha. Em dois episódios, Klara está na rua, sozinha, sem o conhecimento dos pais e encontra Lucas. No primeiro episódio, ela relata ao amigo do pai e seu monitor na escola que saiu de casa e se perdeu. Lucas então a leva de volta para casa. No segundo, ela se encontra em frente a sua casa, na rua, ouvindo os gritos dos pais que discutiam no interior da residência. Nessa ocasião, Lucas a vê, liga para Theo, que pede ao amigo para levar a filha até a escola. Klara vê em Lucas uma referência afetiva em meio às situações de conflito vivenciadas em casa. É Lucas que a acolhe e a protege.

Nesse ínterim, num breve momento em meio aos conflitos entre os pais, o irmão de Klara e um amigo dele, adentram a casa comentando sobre um vídeo pornográfico que ambos, adolescentes, assistiam em um tablet. Klara ouve os comentários sobre o pênis "duro como um poste" e em seguida, seu irmão lhe entrega em mãos o tablet e diz "Olha Klara, olha que pirulito esquisito" e vai embora.

Em seguida, o filme retrata o ambiente escolar com Lucas brincando com os alunos. Na ocasião, Klara olha com afeto Lucas e o beija na boca, momento em que é repreendida por ele. Nesse mesmo dia, na sala da diretora a espera da mãe, bastante atrasada para buscar a filha, Klara conta a diretora que odeia Lucas. No diálogo entre as duas, Klara está nitidamente chateada e ao final diz que o pênis do tio Lucas é duro igual a um poste.

Com tal declaração, a diretora Gretche chama um profissional para entrevistar a criança e averiguar se houve o abuso de fato. Inicialmente, a diretora afirma que a aluna tem uma imaginação fértil, mas que considerando a gravidade do problema não acredita que tal história possa ser fruto da imaginação. Nesse momento, o filme se dedica a entrevista de Klara pelo profissional da área. Autores destacam que o momento da entrevista com uma criança vítima de violência sexual é um momento de recuperação da memória e por isso necessita de um ambiente acolhedor e de profissionais preparados, que consigam oferecer suporte emocional para que a criança se sinta o mais confortável possível ao relatar as experiências traumáticas (BENIA, 2015; ANDREOTTI, 2011).

Sem querer esgotar o assunto neste artigo, vale destacar que Wilbert e Menezes (2011) apontam que a memorização passa, basicamente, pelos estágios de codificação, armazenamento e recuperação. Por diferentes motivos, os mecanismos de armazenamento ou recuperação podem falhar, levando as pessoas a terem falsas memórias, seja por indução de terceiros ou mesmo por recriação fantasiosa da própria pessoa. Também Benia (2015), ao discutir a questão das entrevistas com crianças vítimas de abuso sexual, descreve a tendência de um indivíduo em incorporar informações distorcidas, provindas de fontes externas, às suas recordações pessoais. As crianças pré-escolares são especialmente suscetíveis a essa tendência, denominada de sugestionabilidade, uma vez que têm maior dificuldade em identificar a origem de suas lembranças. Nessa perspectiva, a presença de um profissional capacitado é fundamental na escuta da criança vítima de abuso sexual.

O ambiente onde Klara é ouvida é o ambiente escolar. No entanto, não há na ocasião uma apresentação ou qualquer forma de vinculação entre Klara e o profissional ali presente, que inicia a entrevista com perguntas diretas. Considerando a importância do depoimento da vítima, os procedimentos investigativos precisam ser muito cuidadosos, a fim de evitar os vários problemas que possam prejudicar a confiabilidade do testemunho infantil. E por isso o uso de técnicas inadequadas para conhecimento das informações contidas na memória resultará em problemas na qualidade do relato e consequentemente na diminuição da sua credibilidade.

A primeira pergunta feita pelo profissional foi: "Klara, você pode me contar o que falou para a diretora?". Klara permanece muda. O profissional pergunta novamente: "Então foi só uma brincadeira?" E a criança responde verbalmente que não. "Você falou que Lucas lhe mostrou o pipi?" Klara balança a cabeça em sinal de negativa. "Porque não me conta o que o tio Lucas fez? Tenta dizer alguma coisa!". E ela responde que quer sair para brincar. A diretora então insiste, reforçando que ela precisa responder. Mais uma vez há comentários da necessidade de uma resposta por parte da criança. Até que por fim, Klara balança a cabeça em sinal de afirmação. Em momento nenhum Klara conta algum detalhe, quando responde com palavras, afirma somente que não sabe ou não se lembra.

Benia (2015) ressalta que a forma como um entrevistador coloca suas perguntas pode, inadvertidamente, levar a criança a responder como se estivesse sendo testada. Assim como as repetições de perguntas, podem levá-la a crer que sua primeira resposta não era correta. Repetir perguntas em uma mesma entrevista dirige a atenção da criança para sua resposta anterior e não para a memória do que aconteceu. O autor aponta que muitas crianças relutam em dizer "eu não sei" para perguntas muito específicas, principalmente aquelas que exigem respostas sim ou não e, com isso, podem responder de modo como acreditam que irá satisfazer o entrevistador. Além disso, é comum que crianças pré-escolares utilizem palavras sem entender completamente o seu significado ou cujo significado para elas é diferente daquele para o adulto. Com isso, os entrevistadores podem expor suas próprias crenças, ao pressupor que algo de fato aconteceu. Ainda conforme Benia (2015), em contextos forenses, muitas vezes o entrevistador tem prévia convicção sobre ocorrência de certo evento, e como resultado molda a entrevista para produzir declarações do entrevistado consistentes com essa convicção. Foi justamente isso que aconteceu na entrevista de Klara. Certos do ocorrido, tanto a diretora como o profissional repetem as questões até que tenham a resposta esperada. Todo o fato foi contado pelos adultos ali presentes e não pela testemunha.

Posteriormente, ao longo do filme, Klara ainda tenta dizer que foi uma "mentirinha" e que as pessoas estavam aumentando a história. No entanto, a negação do abuso foi considerada como negação do problema. De acordo com Benia (2015), nos últimos anos, observa-se um aumento nas denúncias desse tipo de crime, devido a maior publicidade e maior importância dada ao tema. Porém, observa-se também um incremento no número de falsas denúncias. Por isso os profissionais de saúde, da polícia e do sistema judiciário se deparam com a difícil tarefa de identificar os casos reais, seja para proteger adequadamente as vítimas, para responsabilizar o agressor, ou para evitar a punição de pessoas inocentes. Quando se trata de uma denúncia envolvendo pais ou pessoas da família, as consequências de se tomar como verdadeira uma denúncia falsa são particularmente desastrosas, como é o caso demonstrado pelo filme.

Helweg-Larsen e Larsen (2005) relatam que na Dinamarca, na década de 1990, casos de abuso sexual infantil provocaram uma grande reação na mídia, resultando em uma maior atenção pública para esses casos, assim como um aumento no número de casos registrados pela polícia. A idade de consenso sexual no país é de 15 anos, então qualquer relação sexual com uma criança menor de 15 anos é proibida. Mas as relações sexuais entre jovens abaixo de 18 anos e um tutor, professor ou pai adotivo, também são ilegais. Em estudo realizado por Helweg-Larsen e Larsen (2005) sobre os registros dos casos de abuso sexual no país, no ano de 1998, foram identificados 550 casos classificados como ofensa sexual criminal, envolvendo 928 diferentes crianças, de acordo com o sistema de notificação da polícia dinamarquesa. Destes, 325 casos (59%) não foram processados. Em 130 dos casos (24%), o promotor local concluiu que a prova não justificava uma sentença e se absteve de novas ações judiciais; 34 casos envolveram conflitos sobre a custódia dos pais; 17 casos foram encerrados devido a fatores relacionados ao perpetrador (idade jovem ou morte) e 144 casos foram deixados em suspenso, principalmente devido à falta de identificação do perpetrador.

Apesar das diferenças socioculturais e econômicas, também encontramos no Brasil uma elevada incidência epidemiológica de casos de abuso sexual infantil (HABIGZANG et alii, 2005). No ano de 2016, a extinta Secretaria Especial dos Direitos Humanos da Presidência da República publicou o Balanço das denúncias de violação de direitos humanos (2015) por meio das informações do disque 100. Neste balanço foi apresentado que no Brasil houve 17.583 registros de violência sexual, sendo 54% referentes às meninas e 46% aos meninos. Esse estudo aponta ainda que, em sua maioria, a violência sexual ocorre com meninas (57%), com meninas negras (57,5%) na faixa etária de 04 a 11 anos (40%). Mas as situações de abuso podem ser mais comuns do que é registrado nas estatísticas. Habigzang et alii (2005) relatam que as estatísticas de abuso sexual são muito limitadas em razão de diversos fatores: os sentimentos de vergonha, medo e tolerância da vítima, medo de dissolução da família, da insistência dos tribunais por regras estritas de evidência, favorecendo a manutenção da violência sexual em segredo por anos.

3. REAÇÃO SOCIAL E CRIMINALIDADE ENQUANTO STATUS ATRIBUÍDO

Após a "confirmação do abuso", a diretora da escola comunica o fato às autoridades competentes, à mãe de Klara e em seguida aos pais dos demais alunos, numa reunião na escola. O discurso da diretora na reunião ressalta que as crianças foram expostas a situações de assédio sexual, onde uma foi comprovadamente molestada, porém diz que há possibilidade de existir vários casos semelhantes. Com isso, criou-se nos pais uma reação generalizada de pânico e tal fato se espalhou por toda a cidade. Lucas passou a ser perseguido, hostilizado e exposto a situações de humilhação, discriminação e violência. Ele inicia, então, uma batalha silenciosa, a de provar sua inocência em uma comunidade que já o condenou e que não se importa mais se há provas que confirmem a acusação.

No filme Lucas é chamado por vários membros da comunidade de pedófilo. Vale ressaltar que muitas são as confusões em relação aos termos agressor/ abusador sexual e pedófilo. No abuso sexual de crianças e adolescentes a ênfase é na assimetria de poder, tendo em vista a diferença de idade, a experiência, a posição social. O termo abuso sexual é usado preferencialmente para tratar dos casos de abusos sexuais intrafamiliares ou praticado por pessoas próximas (LOWENKRON, 2010). A pedofilia é um termo clínico, classificada como uma modalidade das parafilias, ou seja, transtornos sexuais caracterizados por fantasias sexuais especializadas, com necessidades intensas, geralmente de natureza repetitiva e que trazem muita angústia a pessoa (LIBÓRIO; CASTRO, 2010; SETO, 2009). Nessa perspectiva, a pedofilia é uma preferência sexual por crianças pré-púberes, com a qual o indivíduo fantasia, sente desejo e atração sexual, excita-se e não tem interesse por adultos (LOWENKRON, 2010). Portanto, nem todos os abusadores sexuais são pedófilos. Segundo Laning (2010), a pessoa que sofre de alguma parafilia pode permanecer somente nas fantasias e masturbações sem, no entanto, abusar, de fato, de uma criança.

Diversos estudos apontam como os meios de comunicação costumam ser imprecisos e usam os termos pedófilo e abusador sexual como sinônimos (LIBÓRIO; CASTRO, 2010, LOWENKRON, 2010; LANING, 2010). Lowenkron (2010, p. 18) aponta que ao tratar a violência sexual contra crianças em relação ao conceito de pedofilia, a atenção é deslocada do sofrimento da "criança abusada" para as características psicológicas do "pedófilo". Tal fato serve de suporte para despertar o sentimento de horror e de repulsa que faz com que apareça a figura do "monstro", sobre a qual a atenção pública vai se concentrar.

Feita a distinção entre pedofilia e abuso sexual, ainda é importante ressaltar que não existe um perfil único de agressor sexual (MARSHAL, 2001; VIEIRA, 2010). Marshall (2001) aponta que em sua grande maioria são homens, que tendem a utilizar o sexo como forma de afrontar todo o tipo de dificuldade, com maior frequência que os demais. Em condições de estresse, a resposta habitual dos agressores sexuais é buscar um contato sexual, seja adequado ou desviado.

Apesar da heterogeneidade, tanto Marshall (2001) como Viera (2010) relatam que algumas semelhanças entre eles podem ser apontadas: na sua maioria, esses homens possuem fracas competências sociais, baixa auto-estima, sentimentos de inadequação, sentimentos de vulnerabilidade, dificuldade nos relacionamentos interpessoais com adultos, sentem-se fisicamente pouco atrativos, possuem problemas em termos de realização sexual, humilhação e solidão. Para Marshall (2001), as dificuldades de manter relações íntimas e maduras estão relacionadas aos vínculos afetivos e a qualidade das relações entre o cuidador e a criança durante os primeiros anos de vida. Essas dificuldades nas relações conjuntamente com os fatores socioculturais culminam no comportamento abusivo.

Desse ponto de vista, Lucas reúne alguns comportamentos que colocam em dúvida sua inocência. Vive solitário, tem muita proximidade, inclusive afetiva, com as crianças da escola, e foi visto entrando e saindo da escola sozinho com Klara. O filme deixa evidente a presença de oportunidades para uma violência sexual. Apesar de retratar o início do relacionamento amoroso de Lucas com uma de suas colegas de trabalho, o protagonista é retratado como uma pessoa tímida e aparentemente com poucas habilidades nesse campo afetivo. Essa postura pode ser tanto um traço da personalidade de Lucas como uma certa cautela em iniciar um namoro após uma separação conturbada. Num certo momento, após a divulgação da denúncia, Klara chega a ir a casa de Lucas sozinha e pede para brincar com Fani. Marshall (2001) ressalta que a depressão, a ansiedade e a sensação de solidão, incrementada com a oportunidade, favorecem a agressão sexual.

Nesse contexto, observa-se a rotulação do comportamento de Lucas como abusador sexual e a sua identificação com a figura do criminoso, introduzindo-o numa carreira desviante. Mediante tal identificação precipitada, o personagem foi julgado e condenado pela comunidade onde está inserido. Segundo o paradigma criminológico *Labeling Approach* ou enfoque da Reação Social, existem normas sociais gerais, como as normas éticas ou jurídicas, mas também existem normas ou práticas interpretativas que determinam a aplicação das normas gerais a situações particulares (BARATTA, 2002). Dessa forma, existe um processo, não escrito, de imputação de responsabilidade e atribuição de etiquetas de criminalidade, ao lado do código oficial. Na mesma direção, Andrade (1995) afirma que a criminalidade se revela como um processo de interação entre ação e reação social, de tal forma que para um comportamento ser considerado desviante ou não, depende em parte da natureza do ato (se segue ou não alguma regra) e em parte do que as outras pessoas fazem a respeito. Diante de tal reação, são muitos os efeitos sobre a pessoa em que se aplicou a etiqueta.

Para Baratta (2002) o desvio é um processo pelo qual, primeiro, alguns indivíduos interpretam um comportamento como desviante; segundo, definem uma pessoa, cujo comportamento corresponda a esta interpretação, como fazendo parte de uma certa categoria de desviantes; e, terceiro, põem em ação um tratamento apropriado em face dessa pessoa. Não é o comportamento em si que desencadeia uma reação na qual um sujeito é considerado "normal" ou "desviante", mas sim a interpretação que se faz desse comportamento. Nesse sentido, a criminalidade é definida pela observação da reação social diante de um comportamento. Partindo dessa observação, para a definição do que seja criminalidade, não basta o desvio objetivo em relação a um modelo predeterminado, mas também uma reação social. A criminalidade tem uma natureza social e acentua o papel constitutivo do controle social na sua construção seletiva.

Ao escrever sobre os processos de criminalização com base na reação social, Aniyar de Castro (1983) descreve sobre a rotulação e etiquetamento das pessoas. A etiqueta social seria uma designação ou nome estereotipado imputado a uma pessoa, tendo como referência alguma informação que se tem sobre ela. Essas etiquetas podem ser positivas (tal como inteligente, esforçado) ou negativas (ex-presidiário) e podem estar corretas ou falsas, considerando uma informação equivocada ou a existência de preconceitos. Uma característica da etiqueta é que ela se torna o principal elemento de identificação, tornando a pessoa ao mesmo tempo visível e invisível. Visível porque a etiqueta, ao tornar essa pessoa diferente, a separa do grupo, e invisível porque é assim que a sua verdadeira identidade se perde. A etiqueta obscurece e esconde todas as demais características da pessoa.

Considerando o rotulamento do comportamento de Lucas e a reação social provocada pela suspeita de um abuso sexual, foi atribuído ao personagem a etiqueta de pedófilo e o status de criminoso. A partir daí, inserido num ambiente judicial, ele foi estigmatizado e condenado pela comunidade. Apesar dos indícios de sua inocência e do arquivamento do processo por falta de provas pelo Sistema Judiciário vigente, Lucas ficou marcado para sempre e sua identidade foi ressignificada.

4. O PODER PUNITIVO DA SOCIEDADE E A ESTIGMATIZAÇÃO DOS CRIMINOSOS

De acordo com Zaffaroni (1991), o Sistema Penal atual tem o poder de selecionar alguns candidatos, desencadeando o processo de criminalização e submetendo-os à decisão dos órgãos judiciais, que podem autorizar o prosseguimento da ação criminalizante já em curso ou decidir pela suspensão da mesma. Essa seleção é feita em função da pessoa, onde o bom candidato é escolhido a partir de um estereótipo. Apoiando-se no enfoque da Reação Social, pode-se observar que no filme houve a denúncia e Lucas acabou sendo selecionado e rotulado com um possível abusador sexual. Apesar de o Sistema Judiciário decidir pela suspensão do processo criminalizante e pela não punição formal, o personagem suspeito foi estigmatizado penalmente e castigado informalmente pela sua comunidade.

Destaca-se que na sociedade contemporânea toda conduta humana está submetida a mecanismos de controle social. A regulação social pressupõe um permanente processo de comunicação ou interação social pautado em expectativas recíprocas das pessoas que compõem uma comunidade. Estas expectativas se resumem na crença de respeito às normas de convivência social, reguladas ou não pelo direito. Na esfera da regulação social informal, a quebra da expectativa pode gerar efeitos diversos dentro das instituições pertencentes ao grupo do controle social informal, como a família, a igreja, a escola, a comunidade, o local de trabalho, entre outras. As consequências dessa quebra das normas podem ser várias e imprevisíveis, com castigos mais brandos ou severos, desde a proibição de ir ao cinema, suspensão da participação em algumas atividades escolares, demissão do emprego. Já no espaço destinado ao controle social formal punitivo, a quebra de tais expectativas reguladas pelo direito gera um efeito relacionado à aplicação de sanções penais, advindos da autoridade estatal, incluindo as instâncias jurídicas e as penitenciárias (GUIMARÃES, 2013). Geralmente o controle social informal precede o controle social formal. Os processos de definição de um criminoso não se limitam àqueles realizados pelas instâncias formais de controle social, mas também perpassa pelo senso comum, em situações não-oficiais, mesmo antes que as instâncias oficiais intervenham, ou também de modo inteiramente independente de sua intervenção (BARATTA, 2002). No caso do filme a punição aconteceu exatamente por meio das instâncias de controle social informal.

Também para Andrade (1995) o Sistema Penal não se reduz ao complexo estático das normas penais, mas é concebido de uma forma articulada e dinâmica de criminalização ao qual concorrem todas as instâncias do controle social formal (legislador, polícia, justiça), sistema penitenciário e mecanismos do controle social informal. A teoria do *Labeling Approach* reconhece que, do ponto de visto do processo de criminalização seletiva, a investigação das agências formais de controle não pode ser considerada de forma isolada, autossuficiente e autorregulada, mas deve apreender o funcionamento da sociedade como um todo. Sob a ótica da seletividade, percebe-se que a sociedade não é tratada de forma igual pelo Sistema Penal, pois este se orienta por estereótipos que recolhem as características dos setores marginalizados e humildes. Além disso, a criminalização gera o fenômeno da rejeição do etiquetado como também daquele que se solidariza ou mantém contato com ele. A posterior perseguição por parte das autoridades policiais e judiciais com relação aos suspeitos incrementa a estigmatização social do criminalizado.

Não há no filme, um detalhamento da investigação policial propriamente dita ou do julgamento do caso pelos órgãos judiciais. Sabe-se que no decorrer do processo, Lucas foi julgado por abusar sexualmente não só de Klara, mas também de outras crianças. Ficou evidente que o processo foi extinto por falta de provas, especialmente porque nos relatos de diversas crianças, Lucas teria cometido os abusos no porão de sua casa. No entanto, ao investigar a casa de Lucas, os policiais constataram que na casa não existia porão e esse foi um dos principais argumentos para a extinção do processo. O foco do filme está justamente na reação da comunidade, de pânico social, uma histeria quase generalizada. Uma vez que não houve punição por parte do Sistema de Justiça, e mediante a gravidade do fato e a indignação geral, as próprias instâncias de controle social informal implementaram os castigos ao suposto criminoso, tão estigmatizantes quanto os castigos formais. Nesse sentido, "o efeito estigmatizante da reação da opinião pública sobre o status social do delinquente talvez não seja menos relevante do que o da ação dos órgãos de repressão penal" (BARATTA, 2020, p. 25).

Todos duvidaram da inocência do protagonista e voltaram-se contra ele: seu amigo de infância e pai da suposta vítima, sua namorada, colegas de trabalho, pais dos demais alunos da escola, amigos do grupo de caça, o dono do supermercado. A única exceção foi o padrinho de seu filho e seu próprio filho. Lucas perdeu o emprego, recebia ligações telefônicas frequentes com ameaças, por onde passava era alvo de olhares de discriminação e nojo, foi proibido de fazer compras no supermercado local, teve sua casa apedrejada, mataram sua cadela em sinal de retaliação, foi humilhado e agredido em locais públicos, deixou de frequentar o grupo de caça, foi afastado de qualquer convívio social. Romperam-se todos os laços de amizade do personagem. Como um inimigo de guerra, Lucas foi identificado como perigoso, capaz de causar danos a sociedade. No entanto, "perigosidade não é senão a constatação do grau de aceitação do modelo estereotipado por parte da pessoa criminalizada" (ZAFFARONI, 1991, p. 250). Nesse ponto, um aspecto no filme é bastante perturbador: apesar de Lucas sofrer com a denúncia, mantém, na maior parte da trama, uma postura passiva e silenciosa diante das situações de violência que passou a vivenciar. Estaria Lucas seguro de sua inocência e da legitimidade do Sistema Judiciário? As agressões sofridas e nem sempre contestadas seriam uma forma de autopunição por se dedicar tanto ao trabalho e se envolver afetivamente com as crianças? Ou realmente Lucas tem algum tipo de culpa?

Para Goffman (1988), o estigma é uma relação entre atributo e estereótipo e tem sua origem relacionada à construção social dos significados através da interação. O autor menciona três tipos de estigmas: primeiro, os decorrentes de deformidades físicas do corpo; segundo, os relacionados às culpas de caráter individual (vontade fraca, paixões tirânicas ou não naturais, crenças falsas e rígidas, desonestidade) inferidas a partir de relatos conhecidos como de prisão, alcoolismo, homossexualismo, entre outros; e em terceiro lugar os estigmas tribais de raça, nação e religião. Em todos os estigmas encontram-se as mesmas características sociológicas relacionadas ao fato de um indivíduo que poderia ter sido facilmente recebido na relação social cotidiana, mas que por possuir um atributo diferente pode impor-se à atenção e afastar aquele que ele encontra. Assim, o estigma é como uma marca negativa, visível ou invisível, que torna a pessoa diferente do que a sociedade espera dela. Para os estigmatizados, a sociedade reduz as oportunidades, impõe a perda da identidade social e determina uma imagem deteriorada. O estigmatizado está sempre em desvantagem em relação ao outro. Nesse sentido, os indivíduos selecionados pelo sistema penal, considerados criminosos, são estigmatizados, considerados perigosos e diferentes dos demais.

Apesar dos órgãos judiciais não terem comprovado o abuso sexual, Lucas recebeu uma marca, a de um criminoso que abusou sexualmente de uma criança, um inimigo da sociedade, um desacreditável, que merece ser banido e excluído de todo convívio social. Dessa forma, pode-se considerar que Lucas foi castigado não pelo crime em si, uma vez que não houve comprovação, mas para evitar qualquer desordem futura relacionada a situações de violência sexual. Como castigo foi humilhado, excluído da vida em comunidade, sofreu violência física e psicológica, foi estigmatizado. O filme retrata o poder punitivo da sociedade, que deseja castigar uma pessoa mesmo sem a certeza do crime. No desfecho final, há um salto no tempo e Lucas aparece reinserido nas atividades da comunidade e no convívio social. No entanto, a última cena evidencia a dificuldade de apagar o estigma, como uma forma de castigo e de controle social.

5. CONSIDERAÇÕES FINAIS

A violência sexual é um fenômeno complexo e multideterminado, que vem recebendo atenção e preocupação crescentes não só por parte da sociedade, mas também dos estudiosos de diversas áreas. O filme estudado retrata uma das facetas da violência sexual, o abuso sexual, sob uma nova perspectiva: a de uma falsa acusação e as consequências desastrosas para o acusado. De acordo com Brockhausen (2011), nos Estados Unidos as discussões sobre falsas acusações de abuso sexual infantil ganharam grandes proporções no início dos anos de 1980. Já no Brasil, tal questão tem sido recentemente objeto de discussões, tanto na área jurídica, pelos operadores do direito, quanto pelos profissionais de Psicologia, apesar das divergências existentes entre os profissionais em relação à frequência das alegações falsas e verdadeiras. Brockhausen (2011) ressalta que um dos principais motivos foi a criação da lei federal 12.318/2010, que dispõe sobre atos de alienação parental, cujas falsas alegações, incluindo de abuso sexual, aparecem ligadas à intenção de provocar o afastamento da criança de familiares injustamente acusados.

No filme é perceptível como as falsas acusações geram reações diversas e montam um cenário destrutivo. Apesar de retratar a inocência do protagonista, sua vida solitária, sua relação afetiva com as crianças e as diversas oportunidades de estar sozinho com a vítima reforçam a desconfiança. Para Foucault (2014), o culpado é apenas um dos alvos do castigo, uma vez que este interessa principalmente aos outros, possíveis culpados. Sem desconsiderar a necessidade de responsabilização daqueles que cometem abuso sexual infantil, percebe-se que diante do crescente aumento das situações de violência e das práticas de controle da criminalidade, o filme também discute o desejo de punição da sociedade enquanto uma forma de impedir novos acontecimentos. Por fim, o espectador é questionado sobre sua reação frente a uma situação semelhante e sua adesão ao poder punitivo, perpassando por questões relativas às interações sociais, à amizade e à desconfiança. As pessoas, especialmente quando abandonam a confiança nas instituições, são capazes de recriar táticas de castigos informais e inseridas no contexto e na vida cotidiana, acreditando que a imposição de penas a selecionados autores de condutas conflituosas ou socialmente negativas, etiquetadas como crime, pode trazer proteção, segurança e tranquilidade.

REFERÊNCIAS BIBLIOGRÁFICAS

ANDRADE, V. R. P. Do paradigma etiológico ao paradigma da reação social: mudança e permanência de paradigmas criminológicos na ciência e no senso comum. *Sequência*. Florianópolis, vol. 16, n. 30, 1995.

ANIYAR DE CASTRO, Lola. *Criminologia da Reação Social*. Tradução de Ester Kosovski. Rio de Janeiro: Forense, 1983.

BARATTA, Alessandro. *Criminologia Crítica e Crítica do Direito Penal*. Rio de Janeiro: Revan, 1999.

BENIA, Luiz Roberto. A entrevista de crianças com suspeita de abuso sexual. *Estudos de Psicologia*, Campinas, vol. 32, n. 1, p. 27-35, jan.-mar. 2015.

BRASIL (2015). *Balanço das denúncias de violação de direitos humanos*. Brasília-DF: Secretaria Nacional de Direitos Humanos. Disponível em <www.sdh.gov.br/assuntos/bibliotecavirtual/balancodisque100>.

BROCKHAUSEN, T. Falsas alegações de abuso sexual infantil: o contexto do trabalho do psicólogo brasileiro. *Psic. Rev*. São Paulo, vol. 20, n. 2, p. 99-219, 2011.

FOUCAULT, Michel. *Vigiar e punir*. 42. ed. Petrópolis: Vozes, 2014.

GOFFMAN, E. *Estigma. Notas sobre a Manipulação da Identidade Deteriorada*. 4. ed. Rio de Janeiro: Guanabara, 1988.

GUIMARÃES, C. A. G. Reflexões acerca do controle social formal: rediscutindo os fundamentos do direito de punir. *Revista da Faculdade de Direito da UERJ-RFD*, Rio de Janeiro, vol. 1, n. 23, 2013.

HABIGZANG, L. F. et alii. Abuso Sexual Infantil e Dinâmica Familiar: aspectos observados em processos jurídicos. *Psicologia: Teoria e Pesquisa*, Brasília, vol. 21, n. 3, p. 341-348, 2005.

HELWEG-LARSEN, K.; LARSEN, H.B. A critical review of available data on sexual abuse of children in Denmark. *Child Abuse & Neglect*, vol. 29, p. 715–724, 2005.

HOHENDORFF J. V. et alii. Documentary analyses of cases of sexual violence against boys reported in Porto Alegre. *Paidéia*, vol. 24, n. 58, p. 187-195, 2014.

LANNING, K. V. *Child Molesters: A Behavioral Analysis*. Virginia, USA: National Center for Missing & Exploited Children. 2010. Disponível em <http://www.missingkids.com/en_US/publications/NC70.pdf> Acesso em 10/17/2017.

Libório, R. M. C.; Castro, B. M. Abuso, exploração sexual e pedofilia: as intrincadas relações entre os conceitos e o enfrentamento da violência sexual contra crianças e adolescentes. In: Ungaretti, M.A. (org.). *Crianças e adolescentes. Direitos, sexualidade e reprodução.* São Paulo: ABMP, 2010.

Lowenkron, Laura. Abuso sexual infantil, exploração sexual de crianças, pedofilia: diferentes nomes, diferentes problemas? *Sexualidad, Salud y Sociedad – Revista Latinoamericana*, n. 5, p. 9-29, 2010.

Marshall, W. L. *Agresores Sexuales*. Barcelona: Ariel, 2001.

Martins, C. B. G.; Jorge, M. H. P. Abuso sexual na infância e adolescência: perfil das vítimas e agressores em município do Sul do Brasil. *Texto & Contexto Enfermagem*, Florianópolis. vol. 19, n. 2, p. 246-255, 2010.

Paludo, S. S.; Schirò, E. D. B. Um estudo sobre os fatores de risco e proteção associados à violência sexual cometida contra adolescentes e jovens adultos. *Estudos de Psicologia,* Natal, vol. 17, n. 3, p. 397-404, 2012.

Santos, S. S., Dell'aglio, D. D. O processo de revelação do abuso sexual na percepção de mães. *Revista Psicologia: teoria e prática,* São Paulo, vol. 15, n. 1, p. 50-64, 2013.

Seto, M. Pedophilia. *Annual Review of Clinical Psychology,* vol. 5, p. 391-407, 2009.

Vieira, S. *Ofensores Sexuais: das crenças aos estilos de pensamento.* Tese de Doutorado não publicada. Universidade do Minho, Portugal. 2010. Disponível em <http://repositorium.sdum.uminho.pt/bitstream/1822/14246/1/Sandra%20 M%C3%B3nica%20de%20Almeida%20Vieira.pdf>. Acesso em 10.07.2017.

Vinterberg, Thomas (Diretor). *A caça*. Dinamarca: Zentropa, 2012.

Wilbert, J. S. M.; Menezes, S. B. S. Falsas Memórias: o pecado da atribuição errada. *Unoesc & Ciência – ACSA*, Joaçaba, vol. 2, n. 1, p. 67-74, jan./jun. 2011.

Wikipedia. *O Dogma 95.* Disponível em https://pt.wikipedia.org/wiki/Dogma_95. Acesso em 13/06/2017.

Zaffaroni, Eugenio Raul. *Em busca das penas perdidas.* Rio de Janeiro: Revan, 1991.

■

12

ENTRE AS MÚLTIPLAS SEMÂNTICAS DO CASTIGO: *PRENDA-ME!*

CARMEN HEIN DE CAMPOS[1]

LUCIANA SOUZA BORGES HERKENHOFF[2]

RESUMO: A semântica dos castigos discute os diversos significados da punição. No caso específico do encarceramento e do confinamento psiquiátrico, a vigilância da sexualidade e a medicalização das mulheres foi prioridade, sendo a estratégia normativa para adequá-las ao padrão de feminino vigente. Assim, aprisionar, psiquiatrizar e medicar estiveram presentes ao longo da história dos casos femininos considerados desviantes. Diante dessas práticas repressivas e estereotipadas, apresentamos uma análise do filme Prenda-me!, no qual a protagonista – após ser vitimada pela violência sexual e doméstica comete homicídio de seu agressor, o marido e pai de seu filho – decide confessar seu delito poucas horas antes de prescrever em uma tentativa de busca da punição por essa ação. Os sentimentos morais, principalmente a culpa e a vergonha, são, então, apresentados para circunscrever a compreensão dessa mulher que pretende, a todo custo, ser castigada pelo ato que cometeu.

PALAVRAS-CHAVE: Violência doméstica – Homicídio – Sentimentos morais – Confissão – Punição.

---

1. Doutora em Ciências Criminais, PUCRS. Professora do Programa de Mestrado em Direitos Humanos e do Curso de Direito da UniRitter/RS.

2. Doutora em Psicologia, UFES, Professora das Graduações em Psicologia e em Direito e Pesquisadora do Programa de Pós-Graduação em Segurança Pública da UVV/ES.

1. A SEMÂNTICA DO CASTIGO: AO FEMININO E DO FEMININO

Semântica é uma palavra de origem grega – *semantikos* – que pode ser traduzida como "aquilo que tem sentindo". Semântica, no sentido filosófico, refere-se ao estudo das mudanças ou nas translações sofridas pelas significações das palavras no tempo e no espaço (AURÉLIO, 1998). A semântica também é uma das áreas da linguística que estuda os significados de tudo aquilo que compõe uma linguagem ou uma língua, debruçando-se sobre os textos, frases e palavras que a compõe.

A semântica dos castigos discute então os diversos significados da punição, cujo sentido esteve presente desde o surgimento do primeiro discurso criminológico localizado na Inquisição (ZAFFARONI, 2012; ANITUA, 2008). Conforme Zaffaroni (2012), o primeiro modelo integrado de criminologia etiológica (causas do crime), direito penal (manifestações do crime), penalogia (punição do crime) e criminalística (signos do crime) aparece de modo muito sofisticado no *Malleus maleficarum* ou Martelo das Feiticeiras, de 1487, escrito por Jacob Sprenger e Heinrich Kramer.

O *Malleus* é um discurso misógino e patriarcal que afirma a inferioridade biológica e intelectual da mulher. A obra "inventa uma etimologia do vocábulo *femina* que deriva do sânscrito *amamentar* e o faz derivar de *menos fé* (fé e minus); a mulher é inferior, mais débil e, portanto, tem menos fé" (ZAFFARONI, 2012, p. 51). Satã – o inimigo de Deus e da igreja – escolhe então os seres inferiores e faz com eles um pacto. Nascem as bruxas, as inimigas do poder soberano. A caça às bruxas – ao feminino e a tudo que o representa – durou mais de quatrocentos anos e suas consequências são visíveis até hoje. Mas, se não é possível afirmar que a Inquisição foi a responsável pela subordinação das mulheres, pode-se dizer que ajudou na sua consolidação e no silenciamento da criminologia que ignorou as mulheres por mais de cinco séculos. Não sem razão, Smart (1979) irá afirmar que a criminologia teórica foi um discurso de homens, sobre homens e para uma audiência masculina. Desta forma, a Inquisição foi o discurso criminológico sobre o sistema punitivo mais bem sucedido da história (ZAFFARONI, 2012).

Bárbara Soares e Iara Ilgenfritz (2002) ao analisarem o nascimento das prisões femininas no Brasil e especialmente no Rio de Janeiro, destacam que no início do século XVI a meados do século XVIII, quando vigoravam as Ordenações Filipinas, o degredo também era uma pena aplicada às mulheres, especialmente às "barregãs" (amantes) de clérigos ou de qualquer outra pessoa religiosa; às "alcoviteiras" e às que se fingissem de prenhas (grávidas) ou que atribuíssem parto alheio como seu" (SOARES; ILGENFRITZ, 2002, p. 51-2). Essas prisioneiras eram em sua maioria mulheres escravas negras.

Já no início do século XX, "as presas em sua maioria eram as prostitutas, qualificadas como vadias ou desocupadas (sem ofício) ou que proviam sua subsistência por meio de 'ocupação' proibida por lei ou ofensiva à moral e aos bons costumes" (SOARES; ILGENFRITZ, 2002, p. 54). Segundo as autoras, zelar pela moral e bons costumes foi uma tarefa religiosa de domesticação das presas e de vigilância de sua sexualidade. As presas deveriam ser preparadas para se transformarem em mulheres perfeitas (piedosas, recatadas, discretas, dóceis e pacíficas), dedicadas às prendas domésticas de todo o tipo (bordado, costura, cozinha, cuidado da casa, dos filhos e do marido). As solteiras, idosas ou sem vocação para o casamento eram preparadas para a vida religiosa (SOARES; ILGENFRITZ, 2002, p. 58).

Assim, o exercício do controle sobre o corpo feminino pelo sistema prisional continuava o trabalho da inquisição. No entanto, as bruxas não foram vítimas apenas do poder soberano, mas o foram também do saber médico. Na obra *As artimanhas do demônio*, publicada em 1563, Johann Weyer (ou Weier ou Wier) afirmava que as bruxas eram enfermas melancólicas, sendo que algumas sofriam de efeito retardado a algumas drogas como beladona (atropina), o ópio e o haxixe (ZAFFARONI, 2012). Para Thomas Szasz (1971) os psiquiatras franceses Pinel, Esquirol e Charcot foram os responsáveis pela classificação das feiticeiras como doentes mentais. Philippe Pinel acreditava que as feiticeiras eram pessoas mentalmente doentes, embora não tenha tratado muito do assunto. Jena Étinene-Dominiuqe Esquirol não apenas afirma que feiticeiras e bruxas eram mentalmente doentes, mas que todos os criminosos também eram atacados pelo mesmo mal. Para Esquirol, as feiticeiras eram mulheres decrépitas no corpo e perturbadas na mente (SZASZ, 1991, p. 102). E foi com Chacort que a feitiçaria se tornou um problema da Neuropatologia.

Posteriormente, com Freud, as manifestações da bruxaria (neurose) serão classificadas como histeria (SZASZ, 1991). Mas, segundo Szasz (1991), será Gregory Zilboorg o grande divulgador da feitiçaria como psicopatologia. Para Zilboorg quase todas as bruxas são doentes mentais, mas sua doença é erroneamente interpretada como um sinal de bruxaria. Para ele, nem todas as feiticeiras e bruxas eram mentalmente doentes, mas todas as mentalmente doentes eram consideradas feiticeiras, bruxas ou enfeitiçadas (SZASZ, 1991, p. 106). Assim, havia milhões de feiticeiras, bruxas, possessos e obcecados que constituíam uma massa enorme de neuróticos, psicóticos e pessoas em estado grave com delírio orgânico deteriorado. O mundo [da Idade Média] parecia um asilo para insanos sem um hospital psiquiátrico adequado (SZASZ, 1991, p. 106).

Deste modo, as mulheres saiam das mãos dos inquisidores para serem psiquiatrizadas, patologizadas e dessa forma os médicos se apossam da questão criminal (ZAFFARONI, 2012). Ou seja, o corpo das mulheres entrava na disputa discursiva entre o poder eclesiástico e o saber médico. Com a ascensão do saber médico e da psiquiatria, o controle das mulheres passou a ser efetuado pela medicina. Os corpos desviantes femininos que já não eram controlados pelo estado, pai ou marido, passaram ao controle médico.

Aspecto confirmado por Carol Smart (1976) quando afirma que o fato de garotas cometerem atos contra tabus sexuais ou contra os pais era suficiente para a presunção de que necessitavam de ajuda psiquiátrica. Isso para a autora era um sinal de que a delinquência feminina refletia a crença comum que o desvio feminino é um sinal de patologia mais profunda que o desvio masculino. Igualmente, Loraine Gelsthorpe (2004) vai afirmar que as mulheres criminosas foram muito mais medicalizadas que os homens. Por isso, o sucesso do sistema punitivo sobre as mulheres incluiu a culpa pelo pacto com Satã. Ou seja, não apenas um controle físico, mas também psíquico.

Nesse sentido, Maria Clementina Cunha (1986) ressalta em trabalho histórico sobre o Juquery (hospício paulista), a intenção, no que se refere às mulheres daquela sociedade – e não somente as criminosas –, da psiquiatria enquanto instrumento de disciplinarização. A autora discute a violência asilar e mesmo o uso direto da psiquiatria em práticas repressivas cuja finalidade seria manter a ordem burguesa que se instituía. Em outras palavras, esse espaço médico passa a ser ocupado por sujeitos que já não cabiam na ordem social: "no caso das mulheres, a busca ao "estranho" é sensivelmente mais refinada e incisiva (...); engloba aqui tudo que foge à imagem construída para a mulher" (CUNHA, 1986, p. 143). Os exemplos, nesse caso, abrangem o fato de as mulheres se recusarem a casar ou a ter filhos, viajarem sozinhas, ou desacompanhadas de homens, não se vestirem conforme um modelo feminino vigente etc.

No entanto, a realidade do encarceramento de mulheres no Brasil mudou nos últimos anos. Em 2014, a população carcerária feminina era de 37.380 mulheres dentre 579.781 pessoas custodiadas. No período de 2000 a 2014 o aumento da população feminina foi de 567,4% enquanto que a média do crescimento masculino foi de 220,2%. Destas, 58% foram presas pelo envolvimento com o tráfico de drogas não relacionado às grandes organizações criminosas (BRASIL, 2015). No entanto, as decisões judiciais para a concessão de benefícios continuam pautando-se pelos estereótipos femininos (boa mãe x mulher de má reputação).

Em análise de decisões judiciais do Tribunal de Justiça de São Paulo para a concessão do benefício da prisão domiciliar à gestante, Braga e Franklin (2016) argumentam que há uma dissociação entre a mulher gestante e a mulher traficante nas decisões que denegam a concessão da prisão domiciliar. As autoras identificaram duas tendências no julgamento de mulheres gestantes ou puérperas presas: tanto os julgadores entendem a maternidade como "uma espécie de "salvação moral", uma forma de sair do mundo do crime, e portanto, reconhecem os direitos de maternagem" (BRAGA; FRANKLIN, 2016, p. 351) quanto denegam seus pedidos – "principalmente em casos de mães com filhos menores (mas não bebês) e não-gestantes – baseados na crença de que a conduta 'criminosa' da ré não condiz com a de uma mãe" (p. 351) que solicita o benefício por ser imprescindível aos cuidados de seu filho.

Mas, se a prisão nos priva da liberdade, o que levaria uma mulher a querer ser detida? Não passa pelo nosso imaginário que alguma pessoa possa querer ser presa, mesmo tendo cometido um delito. Contudo, esse é o enredo do filme Prenda-me!, cuja questão que estaria motivando a personagem central a buscar a punição permanece aberta ao longo da narrativa. Arriscamo-nos a pensar em algumas hipóteses no campo da subjetividade que levariam a protagonista a buscar o castigo pelo delito cometido, conforme apresentamos após a descrição da história, a seguir.

2. O FILME *PRENDA-ME!*: ENTRE A CULPA E O CASTIGO

O filme *Prenda-me!* retrata a angústia de uma mulher que resolve ir até uma delegacia para relatar que a morte de seu marido não foi suicídio – como concluiu a polícia – mas um homicídio que ela cometera. O curioso é que ela se apresenta à polícia à noite, horas antes de o crime prescrever. A policial que a atende tenta entender o que aconteceu e porque ela resolveu se entregar justamente faltando apenas algumas horas para a prescrição do crime. Verifica, então, pelo relato da mulher, que essa foi vítima de violência doméstica e sexual durante seu casamento e que cometera um crime perfeito, pois não levantara suspeitas, já que seu marido era um abusador. A policial tenta, de todas as maneiras, fazer com que a mulher desista de registrar a ocorrência. Utiliza de todos os meios, incluindo colocar a mulher em uma cela com outros agressores que usam capacetes para não se ferirem, mas nada consegue demover a mulher de confessar o crime. Chega, ainda, a quebrar o computador da delegacia para não efetuar o registro.

O filme gira em torno dos diálogos tensos entre as duas mulheres: a policial que resiste em registrar o crime e a mulher que insiste e não desiste da ocorrência, porque precisa ser considerada culpada. Por fim, amanhece o dia e a policial diz que já não é mais possível fazer o registro. A mulher sai da delegacia mortificada, dizendo que a policial conseguira o que queria, mas arruinara a sua vida; ao que a policial responde, por fim, que seria possível fazer o registro do crime manualmente e com data anterior.

Aos poucos, o filme foi deixando transparecer outros aspectos do complexo enredo, como a existência do filho adolescente dessa mulher, que parece vir culpando a mãe pela morte do pai. Ao não falar com a mãe e espalhar fotos do pai por toda a casa, nega a sua existência e a submete à tortura psicológica. A mulher, então, em determinado momento da trama, decide se entregar à polícia. O filme nos leva a crer que talvez seja essa uma atitude que a mulher precise tomar para ter o ato criminoso reconhecido e, consequentemente, poder assumir sua culpa pelo delito, sendo punida finalmente – agora pela sociedade e não pelo filho.

Mas, por outro lado, tornar público seu crime – o homicídio contra o marido – também levará ao conhecimento da situação de violência anterior ao delito pela qual a mulher vinha passando ao longo de sua relação matrimonial. Assim, ganhariam visibilidade as interações familiares, a violência doméstica, o homicídio e a própria mãe.

O sentimento de culpa que o enredo associa à protagonista parece, contudo, não ser, especificamente, pela morte do marido, já que cometera o crime há mais de dez anos, mas por ela e a história familiar não serem visíveis e compreensíveis ao próprio filho. Além disso, assumir a história que levou ao homicídio também pressupõe ter que lidar com outros sentimentos como o de vergonha pela vitimização sexual e doméstica vivenciadas, e pelo próprio ato homicida.

O discurso punitivo do adolescente, por sua vez, é silencioso, mas eficaz. A tortura psicológica imposta à mãe, por um lado, pelo silêncio e por outro, pela memória viva do pai (nas fotos espalhadas pela casa), cumpre o papel de demonstrar sua culpabilização pela morte e, sobretudo, pela ausência do pai. Destacamos, com isso, novo ciclo de violências que parece ter início, agora entre o filho e a mãe, e novos sentimentos sendo vivenciados por ambos diante dos segredos enredados – ora caracterizados pelas violências sofridas pela mãe, antes do homicídio, ora pelo ocultamento do crime – na história dessa família.

Essas são algumas hipóteses que exploramos neste artigo, pois o filme não revela a razão pela qual a mulher quer se entregar. Pode ser que tenha sentido remorso pela morte do marido violento e culpa ou vergonha pelo fato de o filho a ignorar e desconfiar de sua responsabilidade na morte do pai. Mas é possível também que tenha agido por amor ao filho que não a reconhece e isso se torna tão insuportável a ponto de procurar revelar seu crime e buscar o castigo para sua ação. Outra hipótese a ser explorada seria a culpa pelo não cumprimento do papel de mãe zelosa, uma vez que ao matar o marido impede que o filho conviva com o pai. E o pior, o filho passa a ignorá-la e faz com que lembre ela lembre do marido permanentemente, através de fotos espalhadas pela casa. Ou seja, não conseguiu ser uma boa esposa nem uma boa mãe.

De qualquer forma, o filme trata de uma relação familiar bastante conflituosa, que tem a violência – em suas diversas formas de manifestação – como amálgama das interações entre marido e mulher, transpassada pela violência doméstica contra a esposa e que culmina em homicídio do marido, gerando, posteriormente, uma relação degradada entre mãe e filho.

3. O CASTIGO E SUA RELAÇÃO COM A CULPA, A VERGONHA E OUTROS SENTIMENTOS MORAIS

Podemos compreender os vários sentimentos que temos diante das circunstâncias da vida por meio de teorias diversas. Em *Prenda-me!*, temos uma serie de cenas que remetem aos sentimentos dos personagens mais importantes – o marido violento e assassinado, a esposa violentada e homicida, o filho adolescente, a oficial da delegacia –, sem, contudo, que esses sentimentos se tornem visíveis ou que tragam necessariamente uma compreensão da dinâmica psicológica dos sujeitos. Essa parece ser, justamente, a intenção do diretor, pois nos lança a cada cena a um debate interno com nossos próprios sentimentos.

Por essa razão, trazemos à tona a Psicologia da Moralidade[1] como proposta para conceituar a culpa e a vergonha enquanto sentimentos morais, pois objetivamos propor uma análise dos sentimentos experimentados, especificamente, pela mulher que tenta confessar seu crime. Para isso, consideramos relevante relacionar esses sentimentos tanto ao contexto que antecede o crime de homicídio, ou seja, a violência doméstica, quanto ao próprio delito. Nessa medida, ambos os momentos devem ser caracterizados por uma ação de não respeito ao valor moral da vida, ou seja, de violência. Iniciaremos por este último aspecto, pois a construção moral do sujeito deve vir antes do entendimento dos sentimentos em nossa vida moral, e na sequência trataremos dos sentimentos morais mais importantes segundo a literatura especializada e sua vinculação ao filme.

Yves La Taille (2009) destaca duas dimensões, moral e ética, que, embora sejam compreendidas como diferentes, são indissociáveis para a formação da personalidade ética do sujeito. Portanto, o desenvolvimento moral de cada um dependerá de "(...) uma progressiva integração da moral à personalidade (...)" (LA TAILLE, 2006, p. 133), mesmo que no início, no "despertar de um senso moral"[2] (p. 108), os aspectos intelectual e afetivo da moral permaneçam ainda isolados entre si, ao invés de se coordenarem na direção de sua integração à personalidade do sujeito. Com isso, aponta o autor, será na inter-relação entre os planos moral e ético que ocorrerá o desenvolvimento moral, solidificar-se-á o sentimento de obrigatoriedade que o motiva e, portanto, haverá a construção de uma personalidade ética.

Tendo La Taille (2006) definido a moral a partir de um conjunto de condutas concebidas como obrigatórias, deveres, portanto, a violência é, então,

---

1. Psicologia da moralidade: "(...) ciência preocupada em desvendar por que processos mentais uma pessoa chega a intimamente legitimar, ou não, regras, princípios e valores morais" (La Taille, 2006, p. 9).
2. Por senso moral (ou consciência moral), La Taille (2006) entende ser "(...) tanto a capacidade de conceber deveres morais, quanto a de experimentar o sentimento de obrigatoriedade a eles referidos, de experimentar, portanto, o "querer fazer moral" (p. 108).

conceituada no plano moral como "(...) um ato que *coloca outrem como meio e não como fim*. A violência traduz um uso instrumental de outrem, uma negação de seu estatuto de *sujeito*" (La Taille, 2009, p. 332). Nesse sentido, conforme estabelece o autor, é a legitimação da violência que sustenta este problema moral, pois desrespeita o outro na medida em que o utiliza como meio e não como um fim em si mesmo. Podemos observar essa perspectiva nas cenas em que o marido destrata e violenta a esposa, desconsiderando-a como sujeito na interação conjugal.

Com relação à ética, La Taille (2006) a define como um conjunto de "(...) respostas existenciais referentes à pergunta: que vida eu quero viver?" (p. 36), que caracteriza a busca da felicidade por parte do sujeito, ou, nas palavras do autor, a busca da "vida boa" (p. 48). Contudo, essa definição, para representar uma perspectiva ética de fato, precisa, além de considerar a felicidade própria, também levar em conta o outro. A busca de uma vida boa deve ocorrer, portanto, mediante relações pautadas pela generosidade ["para outrem" (p. 64)] e pela reciprocidade e cooperação ["com outrem" (p. 64)]. Em razão disso, a violência é concebida no plano ético "seja como meio para realização de projetos de vida seja como expressão de um traço de caráter valorizado" (LA TAILLE, 2009b, p. 332).

Podemos supor que a protagonista decide confessar seu crime, tendo em vista não conseguir levar adiante em seu projeto de vida o fato de não ter sido revelado o homicídio e, portanto, não receber a punição advinda do delito cometido. Sob essa ótica, a mulher que procura a delegacia estaria buscando, em alguma medida, uma maneira de passar a viver eticamente – para si mesma, seu filho e o restante da sociedade.

Portanto, o autor explica a existência de dois tipos diferentes de relação que podemos estabelecer com a violência, a partir de um plano ético. O primeiro trata da utilização da violência como estratégia para o sujeito conseguir tudo o que para ele representa o ideal de uma vida boa. Assim, o projeto de vida de alguém terá por base um sistema de valores (morais ou não) que definirá para ele o que é a felicidade e, a partir de então, poderá ter na violência um meio para atingir o que procura. O segundo tipo de relação mencionado por La Taille (2009b) refere-se à proximidade entre o plano ético e a formação da identidade no sujeito, tendo em vista que a pergunta "que vida eu quero viver?" vem acompanhada por outra: "quem eu quero ser?".

A esse respeito, o autor explica que muitas pessoas podem sentir-se envergonhadas caso sejam vistas como pacíficas, uma vez que ser violento, no sentido de enfrentar alguém, pode ser valorizado em determinados contextos sociais. Podemos inferir, no filme, que a vergonha da mãe, ao contrário, possa estar relacionada ao fato de o filho a responsabilizar pela morte do pai – o que é realidade – e, com isso, estar sendo vista como violenta e homicida.

Continuando nessa perspectiva, La Taille (2009b) realiza uma revisão de literatura e aponta quatro fatores – contexto, inteligência, afetividade e moral – que influenciariam um comportamento violento. Embora o autor mencione ser pequena a quantidade de pesquisas que se dedicam ao elemento moral, tema que nos interessa na análise desse filme, destaca não serem conclusivos os estudos que avaliam a relação entre o emprego da violência e "(...) um nível primitivo (ou infantil) de desenvolvimento do juízo moral" (p. 336). Apesar disso, chama a atenção para a dimensão motivacional quando pensamos a relação entre juízo moral e ação moral, tendo em vista que o *saber fazer* não pressupõe, necessariamente, o *querer fazer* (La Taille, 2006). Portanto, a conduta violenta de uma pessoa não aponta para a falta de juízo moral e sim de sentimentos que orientem essa ação. Com isso, ressaltamos a importância para a análise desses aspectos em contextos nos quais a violência parece ter destaque no cotidiano das pessoas, como é o caso do filme em questão.

Destarte, La Taille (2009b) menciona seis sentimentos importantes e relacionados ao longo de nossa história de vida – amor, medo, simpatia, culpa, indignação e confiança – que apareceriam por volta de quatro ou cinco anos de idade, no início da vida moral, e que explicariam a percepção por parte do sujeito de um sistema de deveres morais e do sentimento de obrigatoriedade que passa a vivenciar com relação aos mesmos. O autor defende a relevância dos quatro últimos sentimentos ao longo de todo o desenvolvimento humano e destaca que os dois primeiros, amor e medo, tendem a desaparecer em dado momento do ciclo vital. Nesse sentido, a Psicologia da Moralidade discute os sentimentos morais de forma relacionada, sendo adequada, portanto, a análise conjunta desses sentimentos.

Assim, no que respeita à simpatia[3] compreendida como "a virtude de fazer um *dom de si* para satisfazer necessidades alheias" (p. 338), o autor explica que se converterá em generosidade. A culpa, "entendida como sentimento negativo de ter causado dano a alguém" (p. 338), é vista como um correlato do sentimento anterior, da generosidade, e também um correlato da união dos dois primeiros sentimentos, amor e medo, que legitimarão figuras de autoridade, estando, portanto, sempre associada às situações de transgressão e aos danos causados ao outro.

Quanto à indignação, definida pelo autor como a "reação negativa forte decorrente da vontade de zelar pelo que é considerado um *direito*" (La Taille, 2009b, p. 338), transformar-se-á em justiça, pois, segundo o autor, será por meio das relações de reciprocidade que a noção de direito moral será estendida não somente ao outro, mas também ao grupo, à sociedade e à humanidade, de uma forma geral. A confiança, por sua vez, redundará na fidelidade, uma vez que as crianças costumam atentar para a relação entre o discurso moral e

---

3. Simpatia: capacidade de sentir o que o outro sente (La Taille, 2006, p. 114).

as ações e o cumprimento de promessas daqueles com quem elas convivem. Nessa medida, a falta de confiança nos pares sociais poderá deixar fragilizada a vontade de cada um em participar de uma comunidade moral.

Com relação aos dois primeiros sentimentos (amor e medo), La Taille (2009b) explica a importância de sua fusão, no início da vida moral, tendo em vista que originará o respeito que a criança manifestará pelas figuras que representam autoridade, caracterizando, dessa forma, a moral heterônoma. Contudo, com o desenvolvimento da criança, o controle externo que configura este tipo de moral deveria ceder lugar para um controle que é interno ao sujeito e que o levaria à moral autônoma. Nessa ocasião, outro sentimento moral exerceria influência na vida das pessoas que se desenvolvem moralmente: a vergonha. O autor discute, então, a relevância deste sentimento para a ação moral, pois "somente respeita alguém, no âmbito moral, quem, ao assim fazê-lo, respeita a si próprio (sentido da própria honra)" (p. 339).

Portanto, ao considerarmos esses sentimentos na análise do filme – sobretudo para a compreensão das ações dos personagens bem como das interações que travam entre si – podemos ter uma dimensão da moralidade de cada um e do impacto desse aspecto para a vida cotidiana. Podemos supor, ainda, que a mãe esteja tentando, ao confessar seu crime, redirecionar seu filho a uma vida ética, na qual ele possa, em tempo, confiar nessa relação com uma pessoa tão próxima de sua convivência.

Uma interpretação possível à confissão horas antes de o delito prescrever pode, quem sabe, ser essa de tentar encaminhar seu filho à dimensão ética da vida; nesse caso, sua culpa não seria pelo homicídio, estritamente, e sim por ter causado com a ação criminosa um dano moral ao próprio filho, dificultando que esse possa confiar nos pares e viver uma vida satisfatória. A vergonha, como sentimento moral, nesse caso, pode estar relacionada ao fato de a mãe não conseguir ser respeitada, por si mesma e pelo filho, e, nesse sentido, prejudicar o desenvolvimento moral do mesmo.

Em consonância com La Taille (2009b), com efeito, uma vez que a pergunta ética *que vida eu quero viver?* implica esta outra *quem eu quero ser?*, e que a vergonha incide justamente sobre o Eu (...), temos que a *personalidade ética* (aquela na qual os valores morais são centrais) está intimamente relacionada às opções pessoais no plano ético. Quando, por exemplo, uma pessoa relata/confessa ter cometido um crime, vemos que essa foi uma escolha feita em sua vida, logo tem caráter identitário, ou seja, tem decorrência na esfera moral.

Nesse contexto, portanto, o autor retoma uma vez mais a importância da articulação entre os planos moral e ético para a compreensão do agir moral (que pode representar o fato de a mulher decidir revelar o crime cometido e ser penalizada por essa ação não moral, que vai contra o valor da vida – ainda que esse delito tenha advindo de uma história de violências sofridas por ela na convivência matrimonial com o marido) e conclui, a respeito da violência, que será imprescindível voltar nossa atenção para a dimensão afetiva da moral, sobretudo para a sua falta. Por essa perspectiva teórica, poderá ser, portanto, a ausência de uma relação com figuras de autoridade no início da vida (em que os sentimentos de amor e medo se fundem), permanecendo, portanto, em uma condição de anomia, que poderá aumentar a ocorrência da violência por falta de normas morais.

No mesmo sentido, a falta do sentimento de simpatia poderia levar as pessoas a deixarem de ter compaixão por outrem, caracterizando interações menos afetivas, embora não necessariamente violentas. Além disso, a falta de confiança, como já explicitamos, poderia levar alguém a não mais querer participar de uma comunidade moral, deixando de compartilhar, portanto, de seus deveres morais.

Em que pese esta relação entre atos violentos e ausência dos sentimentos construtores da personalidade moral, La Taille (2009b) chama a atenção para o fato de os próprios sentimentos, muitas vezes, colaborarem na legitimação da violência. No caso dos sentimentos de amor e medo, que apoiam o respeito desenvolvido na criança pela figura de autoridade, podem legitimar a violência como meio se aquele que representa uma autoridade pensar dessa forma. Na descrição do autor, os sujeitos podem legitimar a violência como estratégia de defesa a ofensas. Por isso, podemos, finalmente, pensar na insistência da mulher em registrar o crime como a tentativa mais importante de sua história, tendo em vista que precisa restabelecer sua relação com o filho e com a sociedade que a cerca.

Diante das possibilidades de seu filho poder construir uma personalidade que seja moral, ao lhe ser oportunizado a revelação do segredo familiar e, consequentemente, a compreensão da ausência de seu pai, a mãe protagonista busca a confissão de seu crime, atrelado ao passado de violências do qual ela própria foi vítima, e demanda, assim, que a pena lhe seja atribuída. Busca, em última instância, a justiça pelo castigo. Essa que é o horizonte de todas as virtudes – "... todo valor a supõe; toda humanidade a requer. Não é, porém, que ela faça as vezes da felicidade (...), mas nenhuma felicidade a dispensa" (COMTE-SPONVILLE, 1995, p. 70). Enfim, tratar de sentimentos morais é circunscrever a análise aos valores e, nesse sentido, a justiça é o aspecto sem o qual os valores deixariam de ser valores.

Nesse sentido, a semântica do castigo em *Prenda-me!* pode ser caracterizada em seus múltiplos aspectos de sentidos, sejam eles os que se relacionam com a confissão de um crime, com o relato da história que o antecede, com o segredo familiar que passa a ser dito, com a busca da punição estabelecida para um ato criminoso – o encarceramento propriamente dito – e, em última análise, com a expiação da culpa. Essa, que deixa uma esfera encoberta e privada (o encarceramento psíquico diante da liberdade física), fonte da angústia pela qual parece passar a protagonista, para alcançar a pública, por meio da qual haverá a prisão do corpo, única possibilidade de liberar seu psiquismo da culpa experimentada diante do homicídio do pai de seu filho. Os dilemas entre as esferas privada e pública, entre a confissão e o segredo, entre a prisão e a liberdade, e, por fim, entre a culpa e sua expiação, nos levam, portanto, a submergir na subjetividade da protagonista dessa história e a indagar sua incessante busca pela punição.

Nesse sentido, a contradição entre a prisão como uma instituição que provoca dor e sofrimento e o castigo como forma de expiação da culpa ou quem sabe a única maneira de se tornar visível aos olhos do filho permeiam a subjetividade da principal personagem feminina. Buscar entender esse dilema pessoal (que permanece ininteligível) foi nosso maior desafio!

REFERÊNCIAS BIBLIOGRÁFICAS

Anitua, Gabriel Ignacio. *Histórias dos pensamentos criminológicos*. Tradução: Sérgio Lamarão. Rio de Janeiro: Revan/ICC, 2008.

Aurélio Buarque de Holanda. *Novo Dicionário Básico da Língua Portuguesa*. Rio de Janeiro: Nova Fronteira, 1991.

Braga, Ana Gabriela. Franklin, Naila Ingrid Chaves. Quando a casa é uma prisão: Uma análise de decisões de prisão domiciliar de grávidas e mães após a Lei 12.403/2011. Rio de Janeiro: *Quaestio Iuris*, vol. 9, n. 1, 2016. p. 349-375.

Brasil. Ministério da Justiça. Depen. Levantamento Nacional de Informações Penitenciárias. Infopen Mulheres (junho 2014). Brasília: DEPEN, 201

Conte-Sponville, Andre. *Pequeno tratado das grandes virtudes*. São Paulo: Martins Fontes, 1998.

Cunha, Maria Clementina Pereira. *O espelho do mundo: Juquery, a história de um asilo*. Rio de Janeiro: Paz e Terra, 1986.

Gelsthorpe, Loraine. Back to basics in crime control: Weaving in Women. A gendered reading of David Garland's analysis of The Culture of Control. *Critical Review of International Social adn Political Philosophy*. London, vol. 7, n. 2, p. 76-103, Summer 2004.

La Taille, Yves. *Moral e Ética: dimensões intelectuais e afetivas*. Porto Alegre: ArtMed, 2006.

_____. *Formação Ética: do tédio ao respeito de si*. Porto Alegre: ArtMed, 2009.

_____. Moralidade e Violência: a questão da legitimação de atos violentos. *Temas em Psicologia*, 2009b, 17 (2), 329-341.

Kramer, James. Sprenger Heinrich. Malleus Malleficarum. *O martelo das feiticeiras*. 6. ed.Tradução: Paulo Froes. Rio de Janeiro: Rosa dos Tempos, 1991.

SMART, Carol. *Women, crime and criminology*. London: Routledge & Kegan Paul, 1976.

SOAREAS, Bárbara Musumeci. ILGENFRITZ, Iara. Prisioneiras: vida e violência atrás das grades. Rio de Janeiro: Garamond, 2002.

SZASZ, T. S. *A fabricação da loucura: um estudo comparativo entre a Inquisição e o movimento de Saúde Mental*. Rio de Janeiro: Guanabara, 1991.

ZAFFARONI. R.E. *A palavra dos mortos: conferência de criminologia cautela*. In GOMES, L. F. BIANCHINI, A (Coords.). São Paulo: Saraiva, 2012.

Ficha técnica: *Prenda-me! (Arrêtez-moi);* Direção: Jean-Paul Lilienfeld; Atrizes: Sophie Marceau e Miou-Miou; Atores: Marc Barbé e Yann Ebongé; Ano: 2013.

■

13

DA VIOLÊNCIA DA TRADIÇÃO À CULTURA DO FEMINICÍDIO: UMA ABORDAGEM SOCIOCRIMINOLÓGICA DO FILME *NOCES*[1]

Welliton Caixeta Maciel

Paulo Rios Matos Rocha

Resumo: A partir da fértil interlocução entre a produção cinematográfica e a criminologia, neste artigo analisamos o filme *Noces* (2016), à luz da teoria criminológica crítica e feminista, enfocando dois argumentos principais identificados no roteiro: a questão do choque de cultura vivido por uma família de origem paquistanesa na sociedade belga, bem como sua resistência à adaptação cultural e a busca pela manutenção das tradições matrimoniais, ainda que violentas, sobretudo a do casamento arranjado, como forma de fortalecimento da honra masculina e familiar.

Palavras-chave: Violência de gênero – Tradição – Feminicídio – Teoria criminológica crítica e feminista.

INTRODUÇÃO

Inspirado em um incidente real acontecido na Bélgica no ano de 2007 (conhecido como o caso "Sadia Sheikh"),[2] o filme belga-luxemburgo-franco-

---

1. Trabalho final da disciplina "Criminologia e Cinema", cursada no 2017.1, junto ao Programa de Pós-Graduação em Direito da Universidade de Brasília. Agradecemos à Prof. Cristina Zackseski pelas férteis discussões desenvolvidas em sala de aula a partir dos filmes apresentados, bem como pela indicação de bibliografia extra para a elaboração deste artigo.
2. Para detalhes sobre o caso, ver: <http://users.skynet.be/dosscrim/laffairesadiashe/index.html>.

paquistanês *Noces* (*A Garota Ocidental – Entre o Coração e a Tradição*, em português), escrito e dirigido por Stephan Streker e lançado em 2016, narra a história da jovem Zahira e de sua família paquistanesa, abordando seus dilemas identitários e a tentativa de afirmação e manutenção dos seus costumes em outro país – o que leva a um choque entre culturas, sobretudo com relação às tradições matrimoniais.

Nesse artigo, analisamos a referida produção cinematográfica à luz da teoria criminológica crítica e feminista. Para tanto, enfocamos a trajetória da protagonista tal como apresentada, em uma "sequência de unidades imóveis", nas palavras Jean-Claude Carrière,[3] no sentido de que, "(...) o cinema (...) não pode ser nada mais do que uma série de fotografias encadeadas por nossos olhos, o que introduz movimento nessa sequência de unidades imóveis. Os filmes são exatamente isso: imagens fotográficas em movimento". Ou, como nos lembra Bruno Amaral Machado,[4] "(...) uma arte heterogênea, marcada por combinações semânticas (significação tempo-espacial) e sintáticas (formas de comunicação pela disposição de seus elementos). Geram múltiplos gêneros, escrituras, narrativas, influenciados pelo contexto produtivo da obra e pelas relações sociais nos processos de produção e distribuição do produto final. Um discurso no qual diferentes gêneros se inter-relacionam (sistema cinético)".

Nosso objetivo não é, contudo, pormenorizar cada uma dessas imagens fotográficas, senão buscar traduzir as impressões retidas desse "sistema cinético", o que torna este texto uma leitura dentre outras possíveis, razão pela qual optamos metodologicamente por dividi-lo em duas partes: na primeira, narramos objetivamente o dilema de Zahira e as circunstâncias do feminicídio da protagonista;[5] na segunda, trazemos elementos teóricos para reflexão acerca da violência de gênero enquanto fenômeno social e como objeto de estudo sociocriminológico; tendo sempre em mente que, segundo Pierre Sorlin,[6] a compreensão dos filmes são, na verdade, "filtros ideológicos", uma vez que

---

3. CARRIÈRE, Jean-Claude. *A linguagem secreta do cinema*. Rio de Janeiro: Nova Fronteira, 2006, p.41.
4. MACHADO, Bruno Amaral. A Cor Púrpura: imagens e discursos sobre a violência e a discriminação no Sul dos Estados Unidos. In: MACHADO, Bruno; ZACKSESKI, Cristina; DUARTE, Evandro Piza. *Criminologia e cinema. Narrativas sobre a violência*. São Paulo: Marcial Pons; Fundação Escola Superior do Ministério Público do Distrito Federal e Territórios, 2016, p. 39.
5. Segundo Carmen Hein de Campos (2015: 105), "A categoria femicídio/feminicídio é oriunda da teoria feminista. O termo *femicídio* (*femicide*) é atribuído a Diana Russel, que em 1976 o utilizou para referir *a morte de mulheres por homens pelo fato de serem mulheres como uma alternativa feminista ao termo homicídio que invisibiliza aquele crime letal*. Portanto, inicialmente o termo foi concebido como um contraponto à neutralidade do termo homicídio. (...) Por sua vez, a expressão *feminicídio* foi cunhada por Marcela Lagarde, a partir do termo femicídio (*femicide*) para revelar as mortes de mulheres ocorridas em um contexto de impunidade e conivência do estado".
6. SORLIN, Pierre. *Sociología del cine*. México: Fondo de Cultura Económica, 1985.

a arte cinematográfica tende a reproduzir e reforçar estereótipos sociais em relação com os problemas históricos e sociais.

A SINA INGRATA DE UMA PROTAGONISTA ENTRE DOIS MUNDOS

Zahira, jovem belga-paquistanesa de dezoito anos residente em Charleroi/ Bélgica, vive desafios comuns a qualquer pessoa – sociabilidade familiar, na escola, amizades, paixões intensas etc. Como a maioria das meninas de sua idade – incluindo sua melhor amiga, Aurore –, Zahira quer fazer suas próprias escolhas, como namorar quem ela desejar e seguir a carreira de sua preferência. Mas seu pai e sua mãe, imigrantes paquistaneses mulçumanos radicados na Bélgica, têm outros planos para ela, oferecendo-lhe uma única opção: escolher um entre seus três primos para se casar, todos moradores da distante aldeia natal de seus pais.

No entanto, a protagonista se vê inesperadamente grávida do seu atual namorado que, rejeitando a situação, recusa-se a assumir qualquer responsabilidade pela criança. Enquanto lida com seus sentimentos em face dessa situação, Zahira precisa encarar, ao mesmo tempo, a pressão de seguir as tradições de sua família. Para lidar com seu drama pessoal, conta com a ajuda de seu irmão, Amir, cujo amor fraterno faz dele seu mais íntimo confidente dentro da família, ainda que sua lealdade ao pai o obrigue a defender sua honra e tradições.

Zahira é compelida a escolher entre viver sua vida com autodeterminação, podendo escolher entre ter o bebê ou realizar um aborto e reconstituir seu hímen, a fim de poder casar com um dos pretendentes paquistaneses, conforme o costume. Caso faça a primeira escolha, corre o risco de perder para sempre o amparo de sua família.

Surge, a partir daí, um conflito até então não evidente no filme, de caráter não só intergeracional, mas também cultural, por se tratar de uma família de imigrantes orientais na Europa. Se, no princípio, o que se mostra é uma relação familiar harmônica, em que se evidencia o amor dos pais por Zahira e seus outros filhos, transmitido ao longo da história através de pequenos gestos e cenas, vê-se, no decorrer da trama, um mal-estar familiar que se prolonga até o fim do enredo, provocado pela relutância da jovem, respaldada pelos costumes de onde vive, em abdicar de sua liberdade individual em prol das tradições em que foi criada, gerando numa atmosfera que, em alguns momentos, chega a ser claustrofóbica.

O conflito permeia todo o filme desde então. O pai, Mansoor, um homem de bom coração, é, entretanto, incapaz de sublimar o peso de suas tradições profundamente arraigadas. Ele se mostra disposto a submeter Zahira ao constrangimento do casamento arranjado, assim como o fez com a filha mais velha, Hina, para provar que suas crenças não foram relegadas pela vida na Europa.

A cena em que Mansoor se confronta com André, pai de Aurore, simboliza o conflito cultural. Ali, fica evidente a teimosia e o desespero de um pai que se recusa a permitir que sua filha se desvencilhe dos seus costumes natais, menos por amor do que por orgulho. É emblemático o momento em que André, representando a visão ocidental, afirma que a jovem não quer se casar com quem não escolheu. Nesse momento, Mansoor se refere à mulheres solteiras do bairro como solitárias, destino que considera inconcebível para sua filha diante de suas tradições.

Neste sentido, outra cena emblemática tem lugar na faculdade onde Zahira estuda. Seu pai vai até o local à sua procura – quando essa havia fugido do lar para a casa de Aurore, se afastando da pressão familiar – e, em um ato desesperado, tenta coagi-la em público a voltar para casa e a se casar, no que é contido pelos seguranças do estabelecimento.

O choque de cultura e tradição entre imigrantes de primeira e segunda geração, embora atual, certamente não é um tema novo, mas se trata de um tópico central na trama.

A primeira geração, normalmente, se concentra na construção de uma nova vida em um país desconhecido (muitas vezes europeu ou americano), permanecendo, em geral, isolada e alienada da cultura e do modo de vida ao seu redor, mesmo após décadas no país. Esta geração opta – talvez para se sentir segura dentro de seus limites – por manter as crenças, valores e tradições que se constituíam norma em sua terra, mas isso não se aplica às crianças que cresceram nos países escolhidos e estão totalmente à vontade com a "nova" cultura.

Muitas das vezes, como no caso de Zahira, a segunda geração acaba tendo uma vida dupla, independente e livre fora do lar e, ao mesmo tempo, obediente aos olhos dos pais no ambiente familiar, aparentando respeitar e seguir as tradições impostas por sua cultura. O contraste cultural é evidenciado de forma surpreendente em cenas como a que ocorre no consultório médico de uma clínica de aborto, onde é revelado que o custo do procedimento é de apenas € 3,50 euros, revelando a posição estatal altamente liberal sobre o assunto.

A posição vulnerável da mulher nesse contexto fica evidente, especialmente em se tratando de uma família de imigrantes de origem muçulmana, em que salta aos olhos o conflito entre a posição, normativamente imposta, de submissão de gênero, e as aspirações da mulher ocidental pela igualdade e autonomia individual.

O filme destaca muito bem esse contexto, seja na figura da mãe de Zahira, Yelda, que tenta convencer a filha – a quem chega a atribuir a culpa por uma iminente desgraça familiar – a se conformar com seu "destino", até a irmã,

Hina, que, em visita à família, testemunha todo o conflito por ela mesmo vivido – inclusive a reconstituição de seu próprio hímen – antes de se submeter a um casamento arranjado. Numa atitude conformista, ela tenta convencer Zahira a ceder ao costume, explicando-lhe o alto custo de preservar a liberdade de fazer suas próprias escolhas em detrimento da família, que corria o risco de ficar desonrada. Nesse momento, chega a afirmar, face à contestação de Zahira sobre a injustiça de sua condição, que a situação era mesmo injusta, já que elas eram mulheres – sugerindo que, em razão de seu gênero, a injustiça seria justa e elas não tinham escolha a não ser a de se submeter à tradição e aos costumes.

Após os conselhos da irmã, Zahira cede à pressão e promete se casar com o primo escolhido após conversas virtuais pelo *skype* com cada um dos três pretendentes escolhidos pela família. Uma cena simbolicamente relevante se passa momentos antes, quando Yelda entrega à filha, a fim de materializar seu compromisso e simbolizar um rito de passagem, suas próprias joias de casamento.

Decidida a seguir sua sina ingrata, a protagonista realiza o aborto na Holanda – onde, ao contrário da Bélgica, o ato é permitido até vinte e quatro semanas por razões socioeconômicas – e se casa, por procuração e via *skype*, com o primo escolhido, em um ritual com indumentária e banquete tradicionais que reforçam a liturgia do pacto, ainda que a cerimônia, realizada em sua casa, não possua valor legal na Bélgica.

Após o casamento, Zahira teria de partir imediatamente para o Paquistão, a fim de ir morar com seu marido. No entanto, encarando a infelicidade iminente de um destino que não escolheu, foge de casa com Pierre, um jovem mecânico local com quem já havia se envolvido e que lhe oferece uma saída. Tenta, assim, retomar as rédeas da própria vida, contrariando todas as expectativas e promessas feitas à família, afrontando o poder paterno, os procedimentos arraigados e expondo publicamente seus familiares à vergonha pública.

No entanto, ao voltar para a casa de seus pais quando eles ali não estavam, a fim de buscar seu passaporte para concretizar seu plano de migrar com Pierre para outro país europeu, é recebida pela irmã mais nova, Amara, com quem mantinha contato por mensagem de celular, que lhe entrega o documento e, inesperadamente, lhe pede perdão. Nesse momento, Amir, seu irmão devotado e dividido entre a cumplicidade fraternal e a sua lealdade ao pai, entra em cena e abraça Zahira, aparentando compreensão e acalento às suas esperanças. No entanto, empunhando uma arma escondida, efetua um disparo contra o abdômen da irmã, assassinando-a na sala da casa.

VIOLÊNCIA DE GÊNERO E VIOLÊNCIA FEMINICIDA: DO FENÔMENO SOCIAL AO OBJETO DE ESTUDO SOCIOCRIMINOLÓGICO

A cena cruel descrita, de um feminicídio cometido por uma suposta defesa da honra, denuncia o conflito entre ocidente e oriente, passado e presente, em um impacto emudecedor. A morte tão precoce de uma jovem que, aparentemente, tinha uma vida toda pela frente, nos faz refletir sobre questões sociais estruturalmente históricas e, portanto, enraizadas na cultura patriarcal e machista. Todavia, devemos ir um pouco mais além, no sentido da reflexão acerca da violência no plano social para, só então, compreendermos a violência de gênero e o crime de feminicídio propriamente ditos.

Primeiramente, convém pontuar que subsidia nossa análise a definição de violência tentada por Yves Michaud,[7] o qual considera que "(...) há violência quando, em uma situação de interação, um ou vários atores agem de maneira direta ou indireta, maciça ou esparsa, causando danos a uma ou a várias pessoas em graus variáveis, seja em sua integridade física, seja em sua integridade moral, em suas posses, ou em suas participações simbólicas e culturais".

Nesse sentido, tal como afirmamos em outra ocasião,[8] o estudo da violência, enquanto fenômeno social, não deve estar descontextualizado, uma vez que não deve ser considerado "(...) fora da sociedade que a produziu, porque ela se nutre de fatos políticos, econômicos e culturais traduzidos nas relações cotidianas que, por serem construídos por determinada sociedade, e sob determinadas circunstâncias, podem ser por ela desconstruídos e superados".[9] Seguindo o mesmo raciocínio, Coimbra[10] pontua que,

> "(...) na ausência de verdades universais acerca da violência, o que existe são práticas tomadas como violentas em um dado contexto histórico e cultural. Como exemplo disso, temos a compreensão da violência doméstica. Atualmente, essa concepção traz para o campo da violência práticas que anteriormente eram tomadas como modos de regulamentação das relações sociais. Como exemplo destes modos de regulamentação, podemos citar

---

7. MICHAUD, Yves. *A Violência.* São Paulo: Ática, 2001, p. 10.
8. CAIXETA MACIEL, Welliton. Representações sociais da violência e da identidade policiais militares por seus agentes. *Revista Habitus*: revista eletrônica dos alunos de graduação em Ciências Sociais – IFCS/UFRJ, Rio de Janeiro, vol. 7, n. 2, p. 85-103, dez. 2009.
9. MINAYO e SOUZA, 1999 *apud* STEINBERGER e CARDOSO, 2005. A Geopolítica da Violência Urbana e o Papel do Estado. In: PAVIANI, A. *et alii* (orgs.) *Brasília: Dimensões da Violência Urbana.* Brasília: Editora UnB, p. 99.
10. COIMBRA, 2002 *apud* GUARESCHI, N. M. de F. *et alii.* Práticas psicológicas nas políticas públicas: um debate sobre a temática da violência. *Revista Psicologia Política,* São Paulo, vol. 5, n. 9, p. 47-66, jan.-jun. 2005, p. 51.

a violência contra a mulher, crianças e adolescentes, principalmente no espaço da família."

Angulo-Tuesta,[11] por seu turno, traz a noção de violência de gênero "(...) como um fenômeno complexo e polissêmico, começando pela diversidade de termos que se utilizam para se referir a este tipo específico de violência. Violência contra a mulher, violência intrafamiliar, violência conjugal, violência doméstica contra a mulher, mulher golpeada (mujer golpeada) (...) ou, mais recentemente, violência de gênero".

Como percebemos, a violência, enquanto objeto de estudo, deve ser considerada sob o ponto de vista social, histórico, cultural etc., sendo que a inserção das questões de gênero agrega nova compreensão ao fenômeno, ao evidenciar a assimetria das relações de poder. Nesse sentido, Santos e Izumino,[12] indicam as correntes teóricas que serviram como base aos estudos sobre as questões de violência e gênero, a saber:

> "A *primeira*, que denominamos de *dominação masculina*, define violência contra as mulheres como expressão de dominação da mulher pelo homem, resultando na anulação da autonomia da mulher, concebida tanto como 'vítima' quanto 'cúmplice' da dominação masculina. A *segunda* corrente, que chamamos de *dominação patriarcal*, é influenciada pela perspectiva feminista e marxista, compreendendo violência como expressão do patriarcado, em que a mulher é vista como sujeito social autônomo, porém historicamente vitimada pelo controle social masculino. A *terceira* corrente, que nomeamos de *relacional*, relativiza as noções de dominação masculina e vitimização feminina, concebendo violência como uma forma de comunicação e um jogo do qual a mulher não é 'vítima' senão 'cúmplice'."

A partir dessa breve contextualização, assinalam duas premissas teóricas importantes: a de que a violência tem como pano de fundo a importância da dimensão do poder (entendido de forma dinâmica e relacional) nas relações de gênero e a crítica à mulher-vítima em oposição ao homem-algoz ao destacar o lugar de sujeito da mulher, ou seja, com autonomia e poder.

É importante destacar nesta noção de violência (socialmente construída), o papel do gênero como categoria analítica. Adeptos desta linha de raciocínio, tomamos por empréstimo a definição formulada por Joan Scott[13] segundo

---

11. ANGULO-TUESTA, 1997 *apud* SANTOS, C. *et alii*. *Análise da relação sistema de justiça criminal e violência doméstica contra a mulher: a perspectiva de mulheres em situação de violência e dos profissionais responsáveis por seu acompanhamento*. Relatório de Pesquisa. Brasília: mimeo, 2007, p. 12.
12. SANTOS, C. M.; IZUMINO, Wânia P. Violência contra as mulheres e violência de gênero: notas sobre estudos feministas no Brasil. *Revista Estudios Interdisciplinários de America Latina y El Caribe*, Israel: Universidade de Tel Aviv, vol. 16, n. 1, 2005, p. 6.
13. SCOTT, Joan. *Gênero: uma categoria útil para a análise histórica*. Tradução de Cristine Rufino Dabat. Recife: SOS-Corpo, mimeo, 1988, pp. 42-44.

a qual, "(...) o coração da definição reside numa ligação integral entre duas proposições: gênero é um elemento constitutivo das relações sociais, baseado nas diferenças percebidas entre os sexos (...) gênero como uma forma primária de significação de relações de poder. Talvez fosse melhor dizer que gênero é um campo primário no qual ou através do qual o poder é articulado".

Neste sentido, Maria Luiza Heilborn[14] defende que "(...) a condição minoritária do gênero feminino não é um reflexo da composição demográfica da população, mas sim do modo como as relações sociais, expressando valores, definem a distribuição de prestígio, legitimidade e poder que organizam os vínculos entre homens e mulheres, somados a outros critérios de classificação social".

Concordamos, portanto, com Wânia Pasinato Izumino,[15] que a definição de violência baseada nas desigualdades de gênero, a qual utilizamos aqui, "(...) além de focar as diferenças entre homens e mulheres, atenta-se para o modo como as relações entre homens e mulheres, e entre mulheres, especialmente aqueles/as que vivem situações de violência no interior das relações afetivas e sexuais, emergem no espaço público e político". Nesta perspectiva,

> "(...) gênero é visto como categoria que atravessa de forma transversal toda a sociedade, em outras palavras, significa dizer que não se pode pensar a experiência de violência como única para todas as mulheres. Ao contrário, o que se tem proposto é que a experiência de ser mulher e a capacidade de se perceber como vivendo em situação de violência apresenta variações significativas entre as sociedades, mas varia também dentro de uma mesma sociedade. Estas experiências assumem diferentes feições no entrecruzamento de categorias como classe social, raça/cor, filiação religiosa, e etapas da vida, o que indica a necessidade de incluir também uma perspectiva geracional nas análises sobre gênero e violência. Além disso, é preciso considerar que estas experiências também recebem influências que são determinadas pela distribuição geopolítica da população no território que se divide nas oposições de centro/periferia, urbano/rural etc. Reconhecer estas diferenças é fundamental quando se discute políticas públicas, visando à formulação de políticas que evitem que estas diferenças se convertam em desigualdade no acesso aos direitos."[16]

Segundo a mesma autora, "(...) para o movimento de mulheres e feministas, por exemplo, este fortalecimento deve passar pela autoconsciência e o reconhecimento da situação de opressão sob a qual as mulheres se encontram.

---

14. HEILBORN, Maria Luíza. Violência e mulher. In: VELHO, Gilberto e ALVITO, Marcos. *Cidadania e violência*. 2 ed. rev. Rio de Janeiro: UFRJ; FGV, 2000, p. 89.
15. IZUMINO, Wânia Pasinato. Estudo de Caso. Juizados Especiais de Violência Doméstica e Familiar contra a Mulher e a Rede de Serviços para Atendimento de Mulheres em Situação de Violência em Cuiabá, Mato Grosso: Relatório Final. Observe – Observatório Lei Maria da Penha. São Paulo: mimeo, 2009, p. 18-19.
16. *Idem*, pp. 19-20.

Inclui também uma preocupação em construir estratégias que as ajudem a adquirir recursos políticos e econômicos para conquistar essa autonomia e gozar plenamente dos direitos humanos".[17]

Diante do exposto, é oportuno pontuarmos que, segundo Bruno Amaral Machado,[18] "(...) desde a década de 1970 consolida-se forte crítica epistemológica à produção do conhecimento fundado em bases masculinas. (...) Delineia-se forte crítica ao modelo androcêntrico de ciência; assim, a proposta de uma teoria feminista da consciência contrapõe-se aos pares binários masculino/feminino, transpostos em lente epistemológica: sujeito/objeto, razão/emoção, espírito/corpo. (...) O campo de interesse foi ampliado e confrontou as diversas correntes do pensamento criminológico".[19]

Conforme pontuou Alessandro Baratta, a criminologia crítica abriu-se ao debate orientado pela crítica feminista, no qual a categoria de gênero sempre foi central, permitindo redimensionar não apenas a análise acerca da seletividade penal, mas enriquecendo-se ao considerar também enfoques raciais, étnicos, classistas etc. Nesse sentido, tal crítica tem operado no sentido da desconstrução das reificações situadas nas bases das dicotomias citadas acima e na própria construção social dos gêneros, ao que Baratta propõe a androginia como uma dimensão do projeto global de emancipação. Nas palavras do autor:[20]

> "La identidad andrógina de lo femenino y lo masculino no es, por ende, una consecuencia sino una condición ideológica de superación de todas las otras separaciones, comenzando por la superación entre lo publico y lo privado. Esta solo podrá constituir una unidad superior a la identidad de género si, en su concreción, se realiza una unidad de cualidad y capacidad humanas distintas de aquellas definidas en la dependencia de procesos de dominación y de exclusión. Lo andrógino no es solo femenino y masculino sino también blanco y de color, niño y adulto. La androginia es la liberación,

---

17. IZUMINO, Wânia Pasinato. Estudo de Caso. Juizados Especiais de Violência Doméstica e Familiar contra a Mulher e a Rede de Serviços para Atendimento de Mulheres em Situação de Violência em Cuiabá, Mato Grosso: Relatório Final. Observe – Observatório Lei Maria da Penha. São Paulo: mimeo, 2009, p. 19.
18. *Op. cit.*, p. 40.
19. Diversas autoras têm se destacado no campo dos estudos da criminologia feminista, dentre elas: SMART, Carol. *Women, Crime and Criminality: a feminist critique*. London: Routledge Kegan Paul, 1976; SMAUS, Gerlinda. *Teoría del conocimiento feminista y criminologia de la mujer*. Revista Brasileira de Ciências Criminais, vol. 27, 1999; LARRAURI, Elena. *La Herencia de la Criminología Crítica*. Madrid: Siglo Veintiuno de España Editores, 2000; ANDRADE, Vera Regina Pereira de. *Criminologia e Feminismo: da mulher como vítima à mulher como sujeito de construção da cidadania*. In: CAMPOS, Carmen Hein (Org.). *Criminologia e Feminismo*. Porto Alegre: Sulina, 1999; dentre outras autoras.
20. BARATTA, Alessandro. El paradigma del gênero. De la cuestión criminal a la cuestión humana. In: AA. VV. *Las trampas del poder punitivo*. Compilado por Haydeé Birgin. Buenos Aires: Ed. Biblios, 2000, p. 26.

la sinergía y la armonía de todas las fuerzas y capacidades que puedan contribuir al desarrollo hu-mano en cada comunidad local, en cada ciudad y región del mundo.

Si la androginia es la condición ideológica de un proyecto global de emancipación, la condición material es la transformación de la estructura económica, la superación de la separación entre lo público y lo privado en las relaciones de producción, de política y de economía, de propiedad privada y propiedad social de los medios de producción, de mercado y política. La condición material es la realización de un modelo de desarrollo económico que no contraste con el desarrollo humano sino, al contrario, que sea al mismo tiempo su motor o su resultado. En este modelo, la finalidad del desarrollo económico es la satisfacción de las necesidades y, por lo tanto, la promoción de las capacidades de todos los seres humanos en lo que atañe al respeto por la naturaleza y la armonía con ella. Entre tanto, si la identidad andrógina no puede sustituir la realización de esta condición material, ella es la que puede alimentar y unificar las luchas orientadas a ese fin, produciendo el conocimiento y el compromiso, la razón y la pasión necesarias para esas luchas."

Todavia, segundo Carmen Hein de Campos,[21] além de a proposta de Baratta não ter conseguido romper as barreiras da criminologia crítica, tampouco as abordagens mais recentes das criminologias do risco e do controle conseguiram incorporar o paradigma de gênero pois, com o descentramento e a fragmentação do sujeito na teoria feminista e na perspectiva feminista em criminologia, o sujeito do feminismo passou a ser múltiplo e contingente.

"A inclusão de novos sujeitos, particularmente das mulheres, requer uma reorientação da perspectiva criminológica, pois as vítimas reclamam seu lugar não mais de espectadoras. A revelação feminista de que a violência cometida contra as mulheres está assentada nas relações hierárquicas de gênero, racistas, classistas e heteronormativas provocou um desconforto teórico dentro da criminologia crítica, que, se por um lado, abre muitas possibilidades, por outro provoca muitas incertezas. No entanto, não é mais possível sustentar uma perspectiva que não seja inclusiva do gênero, raça/etnia, sexualidade, idade e outros marcadores. (...) Por sua vez, dentro do próprio feminismo, há um contínuo repensar de suas próprias categorias. O gênero tem sido problematizado, pois sozinho já não explica as diferentes opressões e discriminações sofridas pelas mulheres negras, lésbicas, indígenas, faveladas. A discriminação não é igual, mas transpassada por múltiplas dimensões. O feminismo, aliado às críticas ao racismo e homofobia torna insustentável qualquer teorização que exclua as múltiplas dimensões

21. CAMPOS, Carmen Hein de. *Teoria Crítica Feminista e Crítica à(s) Criminologia(s): estudo para uma perspectiva feminista em criminologia no Brasil.* Tese (Doutorado em Ciências Criminais). Porto Alegre: Pontifícia Universidade Católica do Rio Grande do Sul (PUC/RS), 2013. (Texto parcial – sumário, introdução, conclusão e referências bibliográficas).

das discriminações de gênero, raça/etnia, orientação sexual, classe e outros marcadores." (pp. 24-25)

Concordamos com a autora que "(...) se a teoria feminista aponta que não existem mais 'as mulheres', mas mulheres em situações concretas de múltiplas opressões, uma perspectiva feminista em criminologia deve abarcar esses novos sujeitos, as mulheres 'apagadas da vista' ou do olhar da criminologia e do feminismo de perspectiva criminológica" (p. 25).

Neste sentido, o assassinato de Zahira torna-se ainda mais emblemático quando analisado a partir da perspectiva da criminologia feminista, uma vez corroborar para a compreensão do fato nos termos que lhe são peculiar e verdadeiramente característicos; como um caso de violência feminicida; sem deixarmos com que o mesmo caia na vala comum da violência de gênero, ao que convém lembrarmos a definição cunhada por Marcela Lagarde (2007) *apud* Campos (2015: 109), segundo a qual feminicídio é

> "(...) a forma extrema de violência de gênero contra as mulheres, produto da violação de seus direitos humanos, no âmbito público e privado, sendo conformada por um conjunto de condutas misóginas, tais como maus-tratos e violência física, psicológica, sexual, educativa, de trabalho, econômica, patrimonial, familiar, comunitária, institucional, que implica na impunidade social e do Estado. Tais condutas colocam as mulheres em risco e indefesas, e podem culminar em homicídio ou sua tentativa e em outras formas de mortes violentas de mulheres e meninas: acidentes, suicídios e mortes evitáveis derivadas da insegurança, desatenção, e exclusão do desenvolvimento econômico e da democracia."

CONSIDERAÇÕES FINAIS

Noces é um filme impactante, em que os choques culturais, cada vez mais comuns com as ondas de imigração do oriente rumo ao ocidente, revelam, como pano de fundo, o conflito entre as noções muitas vezes inconciliáveis de dignidade humana.

Enquanto vemos um Ocidente supostamente "laico", em que a dignidade está calcada, ao menos como aspiração nem sempre concretizada, na autodeterminação do indivíduo e na igual consideração e respeito pelos diferentes gêneros, etnias, orientações sexuais, crenças, gostos e estéticas, percebemos um Oriente, em sua maior parte, arraigado na submissão da igualdade e da liberdade individual às normas religiosas e às tradições coletivas. Quando ambas as culturas se encontram, revela-se a dificuldade de se estabelecer um meio-termo quando nenhum dos lados se dispõe a ceder, tornando os sacrifícios, muitas vezes, inevitáveis.

O feminicídio de Zahira denuncia uma prática recorrente em países não apenas do Oriente Médio. "Crimes da honra" continuam sendo um problema em famílias de origem paquistanesa,[22] em nome de uma suposta honra evocada para justificar a morte de mulheres por parentes próximos quando, sobretudo, declaram sua vontade no sentido da "mudança de estilo de vida". Como citado na matéria ilustrativa, em 2015 foram registradas 1.096 mulheres mortas por parentes, contra mais de 1.000 em 2014 e 869 no ano antecedente, havendo, portanto, um crescimento desse tipo de crime.

Diante do exposto, à luz do diálogo entre criminologia e cinema, ressaltamos a importância e o papel da perspectiva criminológica feminista para a compreensão e análise do problema social e epistemológico que se coloca a partir da questão da violência feminicida nas mais diferentes sociedades, observada a violência de suas tradições e/ou da própria cultura da violência.

REFERÊNCIAS BIBLIOGRÁFICAS

ANDRADE, Vera Regina Pereira de. Criminologia e Feminismo: da mulher como vítima à mulher como sujeito de construção da cidadania. In: CAMPOS, Carmen Hein (Org.). *Criminologia e Feminismo*. Porto Alegre: Sulina, 1999.

BARATTA, Alessandro. *El paradigma del gênero. De la cuestión criminal a la cuestión humana.* In: AA. VV. *Las trampas del poder punitivo*. Compilado por Haydeé Birgin. Buenos Aires: Ed. Biblios, 2000

CAIXETA MACIEL, Welliton. Representações sociais da violência e da identidade policiais militares por seus agentes. *Revista Habitus:* revista eletrônica dos alunos de graduação em Ciências Sociais – IFCS/UFRJ, Rio de Janeiro, v. 7, n. 2, p.85-103, dez. 2009.

CAMPOS, Carmen Hein de. *Teoria Crítica Feminista e Crítica à(s) Criminologia(s): estudo para uma perspectiva feminista em criminologia no BRASIL.* Tese (Doutorado em Ciências Criminais). Porto Alegre: Pontifícia Universidade Católica do Rio Grande do Sul (PUC/RS), 2013 (Texto parcial – sumário, introdução, conclusão e referências bibliográficas).

_____. Feminicídio no Brasil. Uma análise crítico-feminista. *Sistema Penal & Violência* – Revista Eletrônica da Faculdade de Direito – Pontifícia Universidade Católica do Rio Grande do Sul – PUC/RS. Porto Alegre, vol. 7, n. 1, p. 103-115, jan.-jun. 2015.

CARRIÈRE, Jean-Claude. *A linguagem secreta do cinema.* Rio de Janeiro: Nova Fronteira, 2006.

MACHADO, Bruno Amaral. A Cor Púrpura: imagens e discursos sobre a violência e a discriminação no Sul dos Estados Unidos. In: MACHADO, Bruno; ZACKSESKI, Cristina; DUARTE, Evandro Piza. *Criminologia e cinema. Narrativas sobre a*

22. A título de ilustração, ver: <http://www.liberation.fr/planete/2016/10/07/crimes-d-honneur-vers-la-fin-de-l-impunite-au-pakistan_1520476>.

violência. São Paulo: Marcial Pons; Brasília: Fundação Escola Superior do Ministério Público do Distrito Federal e Territórios, 2016.

Guareschi, N. M. de F. *et alii.* Práticas psicológicas nas políticas públicas: um debate sobre a temática da violência. *Revista Psicologia Política*, São Paulo, vol. 5, n. 9, p. 47-66, jan.-jun. 2005.

Heilborn, Maria Luíza. Violência e mulher. In: Velho, Gilberto e Alvito, Marcos. *Cidadania e violência.* 2. ed. rev. Rio de Janeiro: UFRJ; FGV, 2000.

Izumino, Wânia Pasinato. Estudo de Caso Juizados Especiais de Violência Doméstica e Familiar contra a Mulher e a Rede de Serviços para Atendimento de Mulheres em Situação de Violência em Cuiabá, Mato Grosso: Relatório Final. Observe – Observatório Lei Maria da Penha. São Paulo: mimeo, 2009.

Lagarde y De Los Rios, Marcela. *Por los derechos humanos de las mujeres: la Ley General de Acceso de las Mujeres a uma vida libre de violencia. Revista Mexicana de Ciencias Políticas y Sociales*, vol. XLIX, n. 200, p. 143-165, maio-ago., 2007.

Larrauri, Elena. *La Herencia de la Criminología Crítica.* Madrid: Siglo Veintiuno de España Editores, 2000.

Michaud, Yves. *A violência.* São Paulo: Ática, 2001.

Minayo e Souza, 1999 *apud* Steinberger e Cardoso, 2005. A Geopolítica da Violência Urbana e o Papel do Estado. In: Paviani, A. *et alii* (orgs.) *Brasília: Dimensões da Violência Urbana.* Brasília: Editora UnB.

Santos, C. *et alii.* Análise da relação sistema de justiça criminal e violência doméstica contra a mulher: a perspectiva de mulheres em situação de violência e dos profissionais responsáveis por seu acompanhamento. Relatório de Pesquisa. Brasília: mimeo, 2007.

Santos, C. M.; Izumino, Wânia P. Violência contra as mulheres e violência de gênero: notas sobre estudos feministas no Brasil. *Revista Estudios Interdisciplinários de America Latina y El Caribe*, Israel: Universidade de Tel Aviv, vol. 16, n. 1, 2005.

Scott, Joan. *Gênero: uma categoria útil para a análise histórica.* Tradução de Cristine Rufino Dabat. Recife: SOS-Corpo, mimeo, 1988.

Smart, Carol. *Women, Crime and Criminality: a feminist critique.* London: Routledge Kegan Paul, 1976.

Smaus, Gerlinda. *Teoría del conocimiento feminista y criminologia de la mujer.* Revista Brasileira de Ciências Criminais, vol. 27, 1999.

Sorlin, Pierre. *Sociología del cine.* México: Fondo de Cultura Económica, 1985.

Streker, Stephan. *Noces.* Bélgica/Luxemburgo/Paquistão/França: Daylight Films, 2016.

■

14

ENTRE VERA CRUZ E AGRADO: QUESTÕES SOBRE CORPO E CASTIGO PARA A CRIMINOLOGIA CRÍTICA

CAMILLA DE MAGALHÃES GOMES[1]

Mas podemos sem dúvida ressaltar esse tema geral de que, em nossas sociedades, os sistemas punitivos devem ser recolocados em uma certa "economia política" do corpo: ainda que não recorram a castigos violentos ou sangrentos, mesmo quando utilizam métodos "suaves" de trancar ou corrigir, é sempre do corpo que se trata — do corpo e de suas forças, da utilidade e da docilidade delas, de sua repartição e de sua submissão.

(Michel Foucault)

O corpo na Modernidade, por um lado, fora abandonado, mas, também, paradoxalmente, foi tomado como instância da produção e circulação do poder. O corpo carrega a marca da colonialidade: o corpo racializado, o corpo engendrado (no sentido de produzido e marcado pelo gênero) e sexualizado, o corpo etarizado, o corpo trabalhador. Sem localizar essas características das bio-políticas dos corpos, a abstração corre o risco de, novamente, homogeneizar os fenômenos complexos que envolvem a corporeidade moderna, invisibilizando as maneiras como os corpos são também hierarquizados.

(Wanderson Flor do Nascimento)

---

1. Doutora em Direito, Estado e Constituição pela UnB. Professora de Processo Penal do UniCEUB. Coordenadora do PROVID/UniCEUB.

Resumo: É o corpo castigo? Neste artigo, a partir da personagem Vicente/Vera Cruz em *A pele que habito*, de Pedro Almodóvar e guiada por Agrado, personagem de *Tudo sobre minha mãe*, procuro colocar perguntas para a criminologia: que relações ainda realizamos entre corpo e castigo? Como essas relações incluem o gênero e promovem variações sobre o castigo a partir do gênero? Como a raça entra nessa equação entre corpo, gênero e castigo? O artigo, além de fazer perguntas, as faz com uma proposta: a de defender o corpo como categoria criminológica, não como corpo objeto de conhecimento, corpo objeto da mente que, dele despida, pesquisa, mas como corpo fonte de conhecimento, corpo como lugar de luta e resistência. Pensar o castigo na criminologia crítica precisa ser mais que pensar os efeitos por ele produzidos nos corpos – seja como disciplina, seja como violência – e incluir pensá-lo dentro do contexto de uma matriz de raça e de gênero que, além de ler de modo diverso os corpos que seleciona, a eles nega humanidade. Ao mesmo tempo, tê-lo como categoria nos exige buscar nas formas de resistência destas e destes selecionados os caminhos para nossas pesquisas e propostas de fazer criminologia.

Palavras-chave: Castigo – Corpo – Raça – Gênero – Processo de subjetivação

AGRADO NOS CONVIDA À CENA

Diante da possibilidade de escrever sobre criminologia e cinema, com a temática das "semânticas do castigo", veio-me à mente o filme *A pele que habito*, de Pedro Almodóvar. Talvez pela polêmica que já tanto o circundou, talvez por tê-lo trabalhado por diversas vezes em atividades de cinema e direito com discussões com alunas e alunos, talvez pelo fato de que, ao lidar com o corpo como categoria para o pensamento jurídico em minha tese de doutorado (MAGALHÃES GOMES, 2017), eu ainda estivesse com o corpo em mente ao receber o convite para produzir este artigo, ou talvez por perceber que o filme sempre *provoca* questões para além da história narrada e suas personagens. É com essa provocação que sigo, procurando questões que o filme pode nos trazer como criminólogas e criminólogos. Uso o cinema, então, como um modo de colocar perguntas.

Chamo, antes, Agrado a falar:

> "Por causas ajenas a su voluntad, dos de las actrices que diariamente triunfan sobre este escenario hoy no pueden estar aquí, pobrecillas. Así que se suspende la función. A los que quieran se les devolverá el dinero de la entrada pero a los que no tengan nada mejor que hacer y pa una vez que venís al teatro, es una pena que os vayáis. Si os quedáis, yo prometo entreteneros contando la historia de mi vida.

Adiós, lo siento, eh (a los que se marchan).

Si les aburro hagan como que roncan – así: Grrrrr – yo me cosco enseguida y para nada herís mi sensibilidad (eh, de verdad!) Me llaman la Agrado, porque toda mi vida sólo he pretendido hacerle la vida agradable a los demás. Además de agradable, soy muy auténtica. Miren qué cuerpo, todo hecho a medida: rasgado de ojos 80.000; nariz 200, tiradas a la basura porque un año después me la pusieron así de otro palizón... Ya sé que me da mucha personalidad, pero si llego a saberlo no me la toco. Tetas, 2, porque no soy ningún monstruo, 70 cada una pero estas las tengo ya superamortizás. Silicona en labios, frente, pómulos, caderas y culo. El litro cuesta unas 100.000, así que echar las cuentas porque yo, ya las he perdio... Limadura de mandíbula 75.000; depilación definitiva en láser, porque la mujer también viene del mono, bueno, tanto o más que el hombre! 60.000 por sesión. Depende de lo barbuda que una sea, lo normal es de 2 a 4 sesiones, pero si eres folclórica, necesitas más claro... bueno, lo que les estaba diciendo, que cuesta mucho ser auténtica, señora, y en estas cosas no hay que ser rácana, porque una es más auténtica cuanto más se parece a lo que ha soñado de sí misma."

Talvez seja estranho, em um trabalho que se propõe a falar de uma semântica do castigo e do corpo em *A pele que habito,* começar por um monólogo proferido por uma de suas personagens em outro filme: a travesti Agrado de *Tudo sobre minha mãe.* Agrado aqui será, talvez, nossa guia, nossa apresentadora – como na cena a que me refiro e em que é proferido o monólogo acima – e nossa referência para pensar o corpo e o castigo naquele primeiro filme. As perguntas que me guiam, pelas mãos e palavras de Agrado, talvez sejam: o que o *castigo* a que Robert submete a personagem Vicente/Vera Cruz pode nos falar sobre nossos sentidos de subjetivação e autenticidade? É o corpo castigo? Que relações ainda observamos entre corpo e castigo e como elas são relevantes para a criminologia? Com que modelo de corpo teorizamos e por que não teorizar *com* o corpo?

No filme que comento, Pedro Almodóvar realiza uma versão cinematográfica do livro *Tarântula* de Thierry Jonquet (2011), uma leitura como livre adaptação. A forma de narrar a história que uso, portanto, é aquela sob o comando do diretor espanhol, o que possivelmente nos leva a um outro olhar do que poderíamos lançar se examinássemos o *thriller* do autor francês. A diferença começa no nome dado à personagem submetida à cirurgia de redesignação de sexo: Vera Cruz. Segundo Carla Rodrigues e Maria Luiza Heilborn, "é altamente significativo o nome escolhido pelo diretor para a personagem (Vera Cruz), que nos usos da língua castelhana faz alusão não apenas à dimensão 'dolorosa' da tradição católica, mas à própria trajetória de tormento e expiação a que é submetido o corpo do personagem" (2014, p. 77). No livro de Jonquet, a personagem se chama Ève, nome francês para Eva em português, *a mulher criada* por Deus, a *"mulher" criada* pelo cirurgião plástico.

Vera Cruz não é Eva, nem Ève. A verdadeira cruz, a cruz em que se sacrifica o Cristo, a cruz em que se prega o corpo, a cruz carregada em todo o caminho. Vera Cruz é "criada", como a mulher resultado de uma experiência iniciada como castigo: o cirurgião Robert Ledgard agride e sequestra Vicente, um jovem que estupra sua filha Norma em uma festa. Enquanto o mantém confinado, Robert passa a realizar cirurgias variadas em seu corpo, da transgenitalização à mudança de pele. Estaria o nome identificando o corpo carregado agora por Vicente? Que corpo está pregado à cruz? Seria o carregar o corpo o castigo? Este corpo que carregamos, que sentidos ele tem? Ele tem sentidos por si só? Carregar um tipo de corpo é um castigo?

1. OS SENTIDOS DO *CORPO*

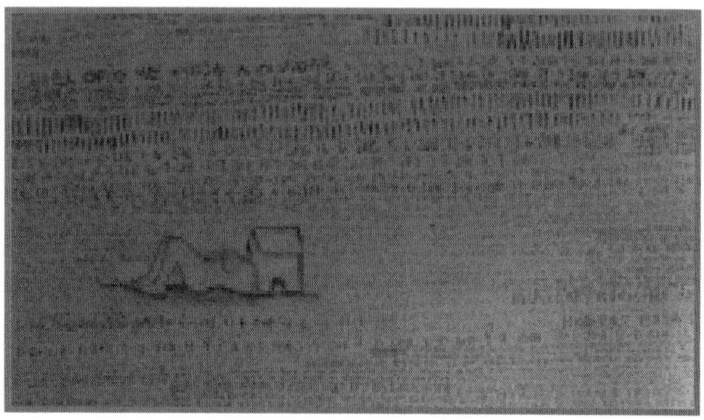

Em seu quarto-prisão, Vera Cruz/Vicente desenha na parede com os instrumentos de maquiagem que ganha de Robert. Além de uma contagem dos dias, misturada a um diário, misturado a frases e repetição de palavras, dois desenhos repetem a mesma imagem: o corpo com características atribuídas ao "feminino" e a cabeça-casa. O que os desenhos nos revelam sobre corporalidade, gênero e subjetividade?

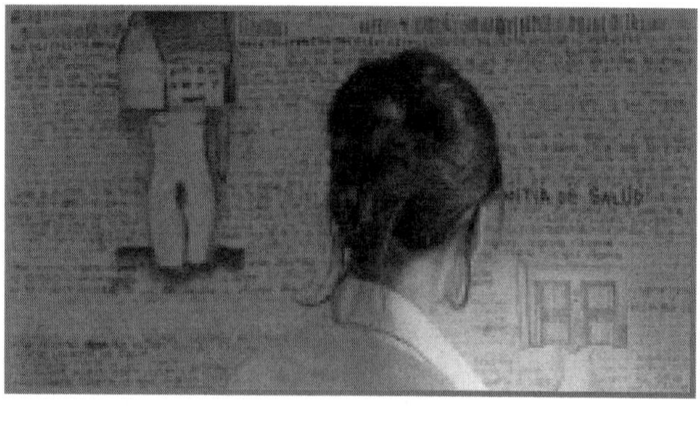

Uma resposta poderia acompanhar a teoria de que o "gênero é psicológico" e o "sexo é biológico", ou para já usar termos que introduzirei adiante, de uma subjetividade e de uma alma separadas do corpo. Essa explicação, contudo, não me parece correta. A ideia de um gênero psicológico acompanha a divisão cartesiana – e colonial – de uma divisão corpo e mente: o corpo é materialidade, destituída de sentido e seria a mente quem lhe confere esse sentido. Ao dizer isso, não quero advogar também o sentido contrário, o de que do corpo emanam sentidos, de que seus sentidos são de "natureza". Quero advogar a fronteira, o reconhecimento de corpo e mente como articulados, retirando o primeiro desse lugar menos importante em que o teorizar parece deixá-lo.

É especialmente da filosofia cartesiana que se extrai essa separação: a mente como o componente que anima – dá vida e existência – ao corpo, a razão como única característica essencial e universal do humano. Nessa separação, recusa-se o corpo como elemento de qualquer atividade de conhecimento: ele é o objeto apropriado e descrito pelo sujeito de conhecimento e esse não é corpo, apenas razão. Nesse processo de recusa e separação corpo/mente – e natureza/cultura e objeto/sujeito – o corpo é objeto e natureza a ser descrito pela biologia, enquanto o conhecimento – filosofia, política, ciência, direito – são processos da mente, que por meio da atividade racional pura produz conhecimento universal livre de qualquer influência dos corpos e sua "poluição".

A colonialidade, como forma de significar o poder, o saber e o ser, passa pelo uso da dicotomia corpo/mente como forma de diferenciação de humanos e não humanos - mente aqui como termo que ora significa mente, ora alma, ora razão, ora humanidade. O sujeito moderno, concebido a partir dessa oposição sujeito/objeto, mente/corpo é um sujeito baseado antes do que na razão, na razão que *domina* o corpo. O antecedente histórico – ou o possibilitador da aparição - do *ego cogito* é o *ego conquiro:* "a divisão cartesiana entre *res cogitans* (coisa pensante) e *res extensa* (matéria), que tem como uma de suas expressões a divisão entre mente e corpo, é precedida pela diferença antropológica colonial entre o ego conquistador e o ego conquistado" (MALDONADO-TORRES, 2007, p. 134).

Antes, contudo, quero dizer que a centralidade da razão e a divisão corpo-mente como relação de dominação não significa simplesmente que a colonialidade esquece ou rejeita o corpo ou apenas o toma como objeto de conhecimento ou poder. O efeito, na verdade, talvez seja outro: quando, da teoria cartesiana ao iluminismo, descentra-se o divino/sagrado/místico e coloca-se a razão no lugar, apresentando-se como discurso de neutralidade e racionalidade, práticas e saberes desumanizadores ganham força e autoridade: justifica-se a dominação não apenas do corpo, mas de determinados corpos, sem que pra isso seja necessário discutir "os fenômenos complexos que envolvem a corporeidade moderna" e a hierarquização que produz (FLOR DO NASCIMENTO, 2010, p. 103), mas apoiando-se na ideia de que se trata de uma maior ou menor condição de alcançar a racionalidade característica e necessária ao *humano* tido como sujeito autônomo. Não que a religião também não tenha sido utilizada como modo de diferenciar sujeitos no marco da raça e do racismo do colonialismo. A diferença, talvez, seja a de que, quando essa operação passa a ser performada dentro de uma estrutura teórico-cientifica ou filosófica, ela passa a ganhar ares de autoridade, de poder e de saber, ainda mais fortes e mais difíceis de serem identificados. A capa de neutralidade científica colabora para legitimar a desumanização sob o discurso justificante do racional. A razão garante maior legitimidade à ideia de que a Europa dá ao mundo o presente da "civilização e secularização" (CASTILHO, 2013 p. 21).

A ideia é a de uma separação em dois tipos de substâncias diferentes "uma substância pensante (*res cogitans,* mente) e uma substância expandida (*res extensa,* corpo) e acreditava que apenas a última podia ser considerada parte da natureza, governada por suas leis físicas e exigências ontológicas" (GROSZ, 2000, p. 53). Seculariza-se a alma e agora se fala em razão, utilizando de uma outra dicotomia já conhecida, a de natureza e cultura, que também ganha um caráter sexual: "a mente equivale ao masculino e o corpo ao feminino, o que se alastra para as outras dicotomias" (Idem, p. 67). Para Elizabeth Grosz, o corpo é o subordinado, é negação, recusa, ausência, expulsão, é o que a mente não é, é "definido como desregrado, disruptivo, necessitando de direção e julgamento, meramente incidental às características definidoras de mente, razão, ou identidade pessoal em sua oposição à consciência, ao psiquismo e a outros termos privilegiados no pensamento filosófico". O corpo é, assim, "não-histórico, algo natural e orgânico, passivo e inerte, como um dado bruto, ao contrário da mente que consegue se elevar a um estado de pureza e de isenção sobre os contextos, instintos e crenças" (Idem, p. 48), o corpo é um vazio.

A questão, no entanto, não é apenas a de que o sujeito moderno – padrão do e para o "sujeito de direitos" – é (ou precisa ser para ser sujeito) um sujeito, antes de qualquer coisa, racional, no qual o corpo representa tanto apenas um instrumento, mas também um obstáculo – com suas necessidades, desejos, sensações – ao alcance da razão. Também não é apenas que essa oposição que funda o sujeito tem um componente de gênero. O problema está igualmente no fato de que o sujeito moderno não é só um resultado desse sujeito racional cartesiano, mas também e principalmente que essa formulação – um paradigma subjetivista (RENAULT, 1989) – é herdeira de uma subjetividade de conquista e dominação e que, portanto, essa construção – que é também de gênero – é uma construção racializada, ou, mais ainda, a divisão corpo/não corpo (em que este último pode ser mente, razão, alma, espirito, a depender da concepção) é fundamental para a racialização das relações e para a dominação e exploração a partir desta (QUIJANO, 2005, p. 129). E tal divisão é percebida no racismo do colonialismo, na construção da raça como biologia no séc. XIX e, ainda, nas teorias iluministas e liberais que tanto informam o Direito. Gostaria de dar destaque aqui a como essa divisão também está presente no pensamento europeu do séc. XVIII.

Gislene Aparecida dos Santos nos mostra que, entre o colonialismo e as teorias raciais do sec. XIX há outro momento fundamental que sustenta a desumanização do não-europeu com fundamento na presença ou não da razão. Ela encontra essa fundação no pensamento iluminista e em como, ao privilegiar a razão como nota distintiva da humanidade em relação aos não-humanos e considerando ser o papel da ciência secular a descrição da natureza, este permite olhar os nativos de América África e Ásia como inferiores (SANTOS, 2002). Se o colonialismo inaugura essa preocupação em descobrir se esses sujeitos eram ou não "seres humanos iguais aos europeus", e dá respostas a essa pergunta ora identificando-os como bestas ora como providos de humanidade desde que convertidos ao cristianismo" (MUNANGA, 2002, p. 9), o iluminismo oferece a crítica a essa forma de pensamento, criticando o poder do monarca e da igreja e colocando sua aposta na razão. Para estes "bastava dominar a razão, que é universal e da qual todos os homens compartilhavam, para compreender sem obstáculo todas as coisas e todos os povos" (Idem, p. 9-10) e assim, o iluminismo permite também, com essa ideia de ciência como descrição, que a biologia passe a ser o paradigma das ciências e que biólogos - e também filósofos – se lancem na tarefa de descrever os não-europeus, classificando a humanidade "em três grandes raças hierarquizadas dentro de uma escala de valores, na qual sua própria raça ocuparia uma posição superior" (MUNANGA, 2002, p. 10).

É na concepção de uma colonialidade do ser que encontramos esse caminho ou relação entre conquista e razão. Em *Modernity, Eurocentrism, and Trans-Modernity: In Dialogue with Charles Taylor,* Enrique Dussel diz que um *ego conquiro* – como uma subjetividade ou um eu conquistador – antecede e dá a base a formulação do *ego cogito*, o sujeito racional cartesiano. Ali Dussel diz que um *ego conquiro* – como uma subjetividade ou um eu conquistador – antecede e dá a base a formulação do *ego cogito*, o sujeito racional cartesiano (DUSSEL, 1996, p. 133). O *ego conquiro* domina a natureza. Assim, o eu que tem em si a certeza de sua "tarefa de conquistador precedeu a certeza de Descartes sobre o "eu" como substância pensante" e ambas substâncias ou "eus" têm "graus parecidos de certeza para o sujeito europeu" (MALDONADO-TORRES, 2007, p 133). Percebe-se, então, que a formulação cartesiana possui uma complexidade não reconhecida e do "*penso, logo sou*" "somos levados à noção mais complexa, mas também mais precisa, histórica e filosoficamente: "Eu penso (outros não pensam ou não pensam corretamente), logo sou (outros não são, são desprovidos de ser, não devem existir ou são dispensáveis)" (Idem, p. 144). Com a ideia de que a razão dá ao sujeito o *ser – penso, logo SOU* – e com uma formulação centrada num eu que pensa – e outros não – o racionalismo, diz Nelson Maldonado-Torres, negando as "faculdades cognitivas em sujeitos racializados, oferece a base para a negação ontológica" e, assim, "não pensar se converte em sinal de não ser na modernidade", enraizada, especialmente, nas "concepções europeias sobre a escritura analfabeta de povos indígenas nas Américas". Essa ideia não é inaugurada com Descartes, já que já era um discurso legitimado por antecedentes religiosos, como acima dito, mas com ele essa negativa de humanidade ganha seu "momento culminante na transformação de ceticismo misantropo em certeza racional, mas além do senso comum" e a dúvida de antes se converte em certeza assentada na razão (MALDONADO-TORRES, 2007, p. 145).

O *bárbaro* "não pensante" a partir do qual se constrói a reflexão sobre a subjetividade é agora um sujeito racializado, que sob o olhar do *racional* tinha questionada sua humanidade. *Ego conquiro* e *ego cogito* colocam o não-europeu em uma situação de suspeita permanente sobre seu caráter de humano: poder usar a razão implica poder duvidar da presença dessas em outros, poder usar a razão implica poder ver o outro debaixo de uma suspeita, uma dúvida (MALDONADO-TORRES, 2007, p. 134). Se essa dúvida sobre a humanidade do outro, como em Eduardo Viveiros de Castro, está em todo humano (2015, p. 35), a utilização dessa dúvida, centrada na razão, num contexto generificado e racializado é produto da colonialidade e "serve como fundo às certezas cartesianas e seu método de dúvida hiperbólica" (MALDONADO-TORRES, 2007, p. 134).

Fiz essa longa digressão para poder afirmar, então: não só não há uma divisão corpo e mente como aspectos dissociados do humano, como sua utilização é uma produção da colonialidade. Mais ainda e aqui venho ao meu segundo ponto: não há corpo como objeto maleável ou como materialidade destituída de significado a que se molda como tela em branco. Aproximamo-nos dos corpos *na* linguagem, conhecemo-los na linguagem. Eles são produzidos e produtores de linguagem. E essas são – com destaque, mas certamente não as únicas – linguagens de raça e gênero.

E arrisco, assim, responder às perguntas que fiz sobre Vicente/Vera Cruz. A cabeça-casa não se separa do corpo. A cabeça-casa não é, sozinha, a morada do gênero ou da identidade como o psicológico que guarda esse "interno" que nos determina. Somos *corpomente*. E isso significará assumir algumas questões sobre a corporalidade: i. a primeira que nossa relação com nossos corpos e como eles são marcadas por suas formas, sentidos e linguagens pode ser ao mesmo tempo uma de recusa, mas também de resistência no e com o corpo, o que significa não ser ele apenas instrumento da vontade de uma mente que o molda ou o condiciona, mas que ele mesmo é lugar e fonte do [r]existir; ii. A segunda, como consequência da primeira, a percepção de que nossas formas de viver o *corpomente* se traduzem em, continuamente, identidade e resistência, são incorporação da violência – disciplina – e recusa desta e que essa recusa é também produção de novas ou outras identidades.

2. PUNIÇÃO E PRODUÇÃO DE CORPOS DÓCEIS

Ao relacionar corpo e castigo, tornou-se lugar-comum fazer referência à obra de Michel Foucault e sua biopolítica, em especial à forma como compreende a prisão – dentre outras instituições sociais de controle – como parte de uma sociedade disciplinar que forma corpos dóceis. Na leitura foucauldiana, a disciplina fabrica "corpos politicamente dóceis e economicamente produtivos" (OLIVEIRA, 2011, p. 314). A formulação parte da narrativa de que, com o fim das penas corporais – os suplícios (FOUCAULT, 2009, p. 13) –, a pena de prisão funciona sob outra dinâmica, a de um não acesso ao corpo. No entanto, ela fabrica corpos por meio de uma estrutura – como arquitetura, como prática, como ideologia – disciplinar. A punição, então, passa a ter característica incorpórea e o corpo passa a ser feito de

> "(...) instrumento ou de intermediário; qualquer intervenção sobre ele pelo enclausuramento, pelo trabalho obrigatório visa privar o indivíduo de sua liberdade considerada ao mesmo tempo como um direito e como um bem. Segundo essa penalidade, o corpo é colocado num sistema de coação e de privação, de obrigações e de interdições. O sofrimento físico, a dor do corpo não são mais os elementos constitutivos da pena. O castigo passou de uma arte das sensações insuportáveis a uma economia dos direitos suspensos." (FOUCAULT, 2009, p. 26).

O funcionamento se daria como "uma economia dos direitos suspensos" e o destaque é, sem dúvidas, para a suspensão da liberdade. Mas e quando olhamos para a prisão brasileira, será que o "direito" sobre o próprio corpo não é parte desses "direitos suspensos"? Será que mais do que corpo como instrumento e disciplina como fabricação de corpos não acessados/tocados, não teríamos uma economia em que corpos são destruídos, acessados, tocados, negados, como parte de um processo de desumanização que faz de homens e mulheres que entram no sistema justamente apenas como corpos? Qual a participação ou presença do corpo no castigo para além do corpo-disciplinado?

Na disciplina produtora em Foucault, pressupõe-se que as ordens, as normas por ela impostas sejam incorporadas – com ou sem o trocadilho do corpo aqui – por seu destinatário (BUTLER, 1997). A força produtora da disciplina exigiria, então, uma ausência de recusa, negação ou subversão da norma para produzir os efeitos que nomeia, para fabricar os corpos dóceis que manipula sem tocar, para criar as subjetividades sob sua tutela. A imagem do sujeito sujeitado, da subjetividade como sujeição, imagem para a qual a teoria foucauldiana muito contribuiu (OLIVEIRA, 2011, p. 311), não é negada neste artigo. E ao falar disso, pode parecer que eu tenha dado um salto entre produção de corpos e produção de subjetividades. Mas ao falar dessa disciplina – e poder – com força produtora, ao falar dos corpos dóceis, Foucault fala da produção de *sujeitos*, da fabricação das *subjetividades*, faz uma teorização da "subjetivação do corpo" (BUTLER, 1997, p. 85). A disciplina, inclusive, é parte ou característica, para o autor, da *sociedade* e não apenas do sistema prisional e possui essa força ou poder produtor de sujeição e de subjetividade – ou de subjetividade como sujeição.

Nessa leitura, então, como aponta Judith Butler, a pena de prisão age sobre o corpo do prisioneiro, forçando-o a se aproximar de um ideal, uma norma de comportamento, um modelo de obediência.[2] Nesse entender, o sujeito é o "princípio de sua própria sujeição", o que permite essa atuação externa do poder – neste caso via prisão – de modo incorpóreo e sem o uso da força "e quanto mais se aproxima desse limite, mais esses efeitos são constantes, profundos, adquiridos em caráter definitivo e continuamente recomeçados: vitória perpétua que evita qualquer defrontamento físico e está sempre decidida por antecipação" (FOUCAULT, 2009, p. 192). Esse ideal normativo é inculcado no sujeito e por Foucault identificado como "alma" sendo, então, um efeito do aprisionamento (BUTLER 1997, p. 85).

Para Butler, isso leva a uma compreensão da identidade – alma – como algo que aprisiona o corpo e, com isso, o risco de se compreender que no processo de subjetivação – e portanto de produção discursiva de identidades – "Se o discurso produz identidade, fornecendo e aplicando um princípio regulatório que invade, totaliza e torna coerente o indivíduo, então parece que toda "identidade", na medida em que se totaliza, age precisamente como uma alma que aprisiona o corpo" (BUTLER, 1997, p. 85-86), além de ser um efeito da disciplina.

Para ela, diferente e mais do que isso que ele chama de alma, a psique, no sentido psicanalítico, está como algo que "excede os efeitos do aprisionamento da demanda discursiva de habitar uma identidade coerente, para se tornar um sujeito coerente. A psique é o que resiste à regularização que Foucault atribui aos discursos normalizadores". Não quero – e nem posso no momento argumentar sobre – psicanálise. O que quero levantar é que Butler desenvolve uma argumentação em que a subjetivação, ainda que sujeição é também resistência. É possibilidade de ver o processo para além dessa imagem foucauldiana de, como ela sustenta, "a transposição da alma em um quadro exterior e aprisionador para o corpo desocupa, por assim dizer, a inferioridade do corpo, deixando essa inferioridade como uma superfície maleável para os efeitos unilaterais do poder disciplinar" (1997, p. 86-87). Não há salto, então. Falar dos efeitos produtores da disciplina ou dos efeitos produtores do castigo é falar de produção de subjetividade. Mas não estou certa de que essa produção pela disciplina se realize como quer o francês. Para isso, volto a Vera Cruz: é

---

2. Tradução livre de "The prison thus acts on the prisoner's body, but it does so by forcing the prisoner to approximate an ideal, a norm of behavior, a model of obedience" (BUTLER, 1997, p. 85).

seu castigo "efetivo" na produção de um corpo dócil como quem incorpora a "subjetividade" feminina?[3] É Vicente Vera Cruz? Torna-se Vicente Vera Cruz?

Sem tocar o corpo, a pena de prisão modifica a alma pelo corpo e produz a docilidade, diria Foucault. Para a autora norte-americana, ao se tratar de disciplina, é preciso reconhecer que, ainda que admitidos os seus efeitos, para que eles possam ser produzidos, é necessária a reprodução, a repetição dos tais gestos, palavras, numerações, comportamentos. E se a repetição precisa estar presente, ela permite ao mesmo tempo a subversão, a recusa ao poder produtor, por poder ser repetida de outro modo, instaurando novos ou outros sentidos.

Mas será que, quando juntamos o corpo, nos marcos do gênero e da raça, a essa equação de compreensão da punição e sua produção de efeitos, as subjetividades daí emergidas são um resultado da disciplina ou da sua negação? No lugar de defender que a prisão é parte de uma sociedade disciplinar que produz os corpos dóceis e úteis, sustento, junto a outras autoras e autores, ser ela parte de uma matriz cis-heteroconforme e colonial[4] que produz (des) humanidades pelas linguagens – e violências – de raça e de gênero que imprime aos corpos.

3. DOS CORPOS DÓCEIS EM FOUCAULT AOS CORPOS NEGROS CAÍDOS NO CHÃO EM FLAUZINA: SOBRE PRODUÇÃO DE DESUMANIZAÇÃO E A DEFESA DO CORPO COMO CATEGORIA CRIMINOLÓGICA

Os discursos da criminologia crítica, da década de 70 até aqui, repetem, em sua maioria, a mesma conformação: são discursos feitos por homens, para homens e sobre os homens. Também em sua maioria, são discursos feitos por homens brancos, para homens brancos e, talvez aqui de modo diverso, sobre homens negros. É, então, correto dizer que a análise de gênero e de raça ainda não é parte dos discursos hegemônicos na criminologia, tratada muitas vezes como um "recorte" de uma teoria criada sem que essas fossem categorias centrais. Felipe Freitas aponta que:

> "Mesmo que a criminologia estivesse denunciando os efeitos do racismo, ela jamais se interessou em investigar o racismo como parte da estrutura e da própria lógica de funcionamento do sistema, daí o rechaço à ideia de genocídio e a busca por caminhos 'menos radicais' de aproximação da temática racial, caminhos que indicassem os sintomas do problema,

3. E aqui podemos pensar tanto em docilidade como efeito da disciplina em produzir o que se molda no corpo, mas também em docilidade como cumprimento de um ideal de gênero.

4. Sobre o que digo com matriz cis-heteroconforme e colonial ver MAGALHÃES GOMES, Camilla de. TÊMIS TRAVESTI – as relações entre gênero, raça e direito na busca de uma hermenêutica expansiva do "humano" no Direito. Tese de doutorado, Programa de Pós-graduação em Direito, Estado e Constituição, Universidade de Brasília, 2017.

> mas que evitassem o racismo como centro do debate. Ainda que autores/as pioneiros/as como Vera Malagutti (2003), Nilo Batista (2002), Gislene Nader (2000) entre outros/as tenham, em seus trabalhos, constatado que são os negros as 'vítimas preferenciais' do sistema punitivo. Não se encontra na literatura criminológica crítica quase nenhuma investida analítica que ultrapassasse a retomada da base escravocrata do sistema penal ou a referência (às vezes tímida, às vezes mais assumida) ao perfil das vítimas e aos clientes preferenciais do sistema. Assim como em outros campos do conhecimento, o saber criminológico (crítico) brasileiro manteve-se pouco permeável às contribuições do pensamento negro, do pensamento feminista ou de outros grupos sociais subalternizados e seguiu trabalhando com a ideia de classe como macro categoria explicativa dos fenômenos no âmbito da justiça criminal, dos processos de criminalização e das dinâmicas de seleção do sistema punitivo." (FREITAS, 2016, p. 492)

A raça e o racismo não são categorias desses discursos hegemônicos. Ou, melhor dizendo, a abordagem a respeito da função do racismo dentro do sistema penal ainda não é. Fala-se em seletividade, fala-se em criminalização primária, secundária e terciária, fala-se em como essa atuação seletiva e criminalizante recai sobre grupos vulneráveis e sobre como a população negra está entre esses grupos vulneráveis atingidos pela seletividade, mas pouco se fala sobre como o racismo é estruturante desse sistema, é mesmo o critério que o engendra e que o faz atuar da maneira seletiva como atua (FLAUZINA, 2008) e, assim, a seletividade a partir da raça quase vira um acidente ou um apêndice das análises e mesmo das propostas de enfrentamento ao encarceramento.

Se há uma nota que perpassa os diversos componentes do que podemos chamar de sistema penal, essa nota pode ser identificada no racismo. É verdadeiro dizer que o sistema penal, através de suas instâncias de controle social formal e informal, promove a seleção dos indivíduos e de seus crimes e, em uma sociedade patriarcal, racista e capitalista, a seleção operada pelo sistema penal é o próprio reflexo dessa estrutura social. Essa forma de seleção orientada especialmente pelo critério de raça, contudo, não é apenas a consequência de um sistema que acompanha a conformação da sociedade na qual e para a qual funciona. A própria organização e estrutura desse sistema está baseada no racismo. Em sua dissertação de mestrado intitulada "Corpo negro caído no chão: o sistema penal e o projeto genocida do Estado brasileiro", Ana Luiza Flauzina sustenta a tese de que o racismo é o principal instrumento da tarefa de seletividade realizada pelo sistema penal e que é ele que formata a metodologia da sua abordagem e funcionamento, "sendo tomado como um mecanismo de eliminação do segmento negro". Com isso, aponta em seu trabalho para a "existência de um projeto de Estado de caráter genocida dirigido à população negra no Brasil" (FLAUZINA, 2008, p. 13). Considera a autora que, de modo geral, os estudos da criminologia crítica ainda são herdeiros de análises com fundo no mito da democracia racial e, segundo ela: "a narrativa autorizada para a análise do sistema penal pôde se valer do negro como personagem, nunca do racismo como fundamento" (FLAUZINA, 2008, p. 41).

A tese de Flauzina é a da existência de um projeto genocida contra a população negra, executado por meio do sistema penal que tem como componente fundamental a desumanização do negro: a chave da atuação do sistema é, então, a negação da humanidade da população negra. E como se juntam, então, o que estou aqui argumentando com Flauzina e Freitas e o que acima sustentei sobre nossos corpos, as linguagens sobre eles produzidas e sua identificação como fonte de resistência?

Na teoria de Butler (2003 e 1997), os processos de subjetivação são processos corporificados e, ainda e com destaque, processos de violência como punição: o *desviante* de gênero, por exemplo, é punido, o "performar erradamente o gênero gera um conjunto de punições tanto óbvias quanto indiretas" (2003, p. 14). Sobre ser esse processo vivido no e pelo corpo, acima esbocei demonstrar minha concordância. Enquanto Foucault fala em punição como disciplina que produz corpos dóceis, Butler o critica e apresenta o componente da punição como violência produtora. Em *Problemas de gênero* (2000), a autora fala de uma matriz heteronormativa como o que produz essas irradiações punitivas do desviante de gênero. Em *The Psychic Life of Power* (1997), usa as produções de Foucault – dentre outros autores – para discutir a subjetivação e como o poder e a violência são parte desses processos. Assim, não é de se estranhar que os exemplos que ilustram suas questões sobre subjetivação sejam a respeito de questões de gênero. Já em outra obra, *Relatar a si mesmo* (2015b) nos lembra, também, que a subjetivação não se esgota, não acontece uma única vez, em um único momento. Ela é processo, é constante e é parte de toda a história do que se faz sujeito – que sempre se *faz* e nunca *é*. Acredito que seja nesse caminho que, primeiro, a autora utiliza justamente Vigiar e Punir para falar da subjetividade em seu livro de 1997- especialmente considerando tantas outras produções de Foucault sobre biopolítica e subjetivação – e que nos permitiu aqui dizer que falar de castigo é também falar de produção de subjetividade, sem que esse castigo seja apenas a referência a um momento da vida infantil: a punição oficial e estatal também integra esse processo quando presente.

No entanto, parece-me haver um risco de que, teorizando com ambos os autores, a "norma" seja encarada como funcionando como *correção*. E não me parece que essa seja a estrutura, quando colocamos o ideal na matriz da colonialidade e entendemos a *norma* como a própria matriz da colonialidade. Pensando, por exemplo, com a realidade da violência doméstica no Brasil, ou a violência racista policial, ou a criação do mito do estuprador negro, ou a atuação do sistema de justiça criminal contra uma suposta masculinidade negra agressiva – só para pontuar alguns exemplos – o que está na base dessa atuação violenta não é apenas a punição pelo desvio, nem a punição como disciplina, mas a punição para manter o lugar de desumanização. Quando percebemos que a articulação humano/não humano está no centro da *norma* e que esta funciona como *desumanização,* atribuindo a algumas pessoas apenas corporalidade, identificando-os apenas como corpos – objeto, alvo, instrumento –, essa norma funciona agindo tanto como como punição contra um "desviante", mas também contra os sujeitos racializados que ocupam o espaço branco: o desviante da raça é também, muitas vezes, não o que foge à norma, mas o que tenta ocupá-la. Para continuar produzindo este "não humano" contra o qual o sistema age sem que o diga violento ou o legitimando, o ideal do castigo não existe como referência para a qual se quer trazer todo "desviante" na punição como disciplina, nem se quer punir o desviante como correção para cumprimento do ideal. O castigo serve a manter seus destinatários a esse lugar apenas de corpo destituído de humanidade.

Estou ciente de que Butler se refere a punição não literalmente, no entanto, não é possível negar que, na realidade brasileira das mulheres vítimas de violência doméstica, por exemplo, a "punição" pela agressão ou pela morte, nem sempre está atrelada a esse descumprimento do que se constrói histórica e hegemonicamente sobre o gênero: mulheres são agredidas e mesmo mortas ainda quando cumprem com esse estereótipo. O ciclo de submissão e violência a que são submetidas as mulheres no Brasil ainda é uma realidade. Se, de um lado, esse ponto da teoria pode explicar com relevante aproximação a violência pessoal e institucional a que estão submetidas mulheres *cis* e *trans* e pessoas desviantes do gênero de forma geral, talvez ela não seja suficiente para nos contar uma história do gênero e suas relações no contexto brasileiro para pensarmos uma teoria para nosso direito.

Do mesmo modo, quando Foucault fala do sistema prisional e sua atuação como disciplinador de corpos, os "corpos dóceis" (2009, p. 131), parece-me que tal ideia, então, não funciona quando pensamos na atuação racista do sistema de justiça criminal brasileiro, que atua mais como desumanização (FLAUZINA, 2008) que como disciplina. Ainda que nem Foucault nem Butler possam estar falando de punição e disciplina de modo literal e suas teorizações sejam por vezes um caminho para discutir os processos de subjetivação, se assim fosse, a matriz funcionaria como um processo de correção que pretenderia trazer para seu modelo todo sujeito desviante. Mas, se assim é, a matriz não destruiria a si mesma? Ela não se justifica exatamente *enquanto* há o outro excluído sobre o qual forma seu ideal? E, ainda mais, ela não se perpetua justamente enquanto o que se faz com ou contra esse outro excluído não é identificado como violência porque esse não é humano? É por isso que me parece que, mais do que ou junto do componente de punição e correção, a matriz funciona também para *manter* os sujeitos nesse lugar de supostos "desviantes" de gênero e raça e atua para isso igualmente de modo violento.

Ademais, esse processo de subjetivação sob um ideal branco tem mais um componente quando pensado com a violência racista. Em *Tornar-se*

Negro, Neusa Santos Souza[5] mostra que "todo um dispositivo de atribuições de qualidades negativas aos negros é elaborado com o objetivo de manter o espaço de participação social do negro nos limites estreitos da antiga ordem social" (SOUZA, 1983, p. 20) e que produz uma história de "submissão ideológica de um estoque racial em presença de outro que se lhe faz hegemônico. (...) a história de uma identidade renunciada" (idem, p. 23) e que cria um *ideal de ego* branco (idem, p. 34) que desemboca numa "relação persecutória" com o próprio corpo como desejo da própria extinção (COSTA, 1983, p. 5-6). Foucault diz que nessa economia do castigo, "o corpo só se torna força útil se é ao mesmo tempo corpo produtivo e corpo submisso" (FOUCAULT, 2009, p. 29). No contexto de produção de subjetividades pela punição no sistema de justiça criminal brasileiro, isso não mais me parece uma leitura adequada. Se ela é – e entendo que seja – parte dessa matriz de colonialidade que usa gênero e raça como chaves de produção de desumanidades ao ler alguns como corpos sem subjetividade, na (re)produção de um ideal branco, heteroconforme e cisgênero de humanidade, sua manutenção e existência necessita não do corpo submisso à disciplina, mas justamente dessa imagem do corpo sem mente, corpo dominado pela mente – pela disciplina? – que autoriza o acesso aos corpos e os desumaniza.

Desse modo, o processo de subjetivação é um processo violento e corporificado e a corporificação é um processo normativo (BUTLER, 2004, p. 28) generificado e racializado. Mas a violência – a norma – não atua de uma vez só (SEGATO, 2013, p. 111) e sua repetição, tanto no sentido de como elas atuam quanto no de como nós a atuamos, pode ser um local tanto de reinscrevê-las quanto de subvertê-las (BUTLER, 2015a, p. 239). Assim, "a produção normativa do sujeito é um processo de iterabilidade – a norma é repetida e, nesse sentido, está constantemente "rompendo" com os contextos delimitados como as "condições de produção". A "ruptura" é uma série de mudanças significativas que resultam da estrutura iterável da norma. Afirmar que a norma é iterável significa precisamente não aceitar uma explicação estruturalista da norma, mas afirmar alguma coisa sobre o contínuo da vida no pós-estruturalismo, a preocupação com noções como ir vivendo, sobrevivendo, continuando, que são as tarefas temporais do corpo" (BUTLER, 2015a, 238-239).

Essa ruptura, no entanto, precisa ocorrer por meio do reconhecimento de que os corpos não são apenas um *locus* de produção de efeitos disciplinantes, mas também um lugar de resistência. E de resistência justamente a processos que funcionam como desumanização, baseados na identificação de alguns sujeitos apenas como *corpos*. E se apenas corpos, são acessíveis, acessados,

5. Sobre este tema, também a tese de Aparecida Sueli Carneiro *A construção do outro como não-ser como fundamento do ser* (2005).

tocados e destruídos produzindo o esvaziamento da percepção desse acesso como violência, como morte em vida e de seus resultados como genocídio.

Por isso sustento que o corpo deve ser mais uma – e de destaque, talvez, – categoria de e para nossas análises criminológicas. Mas não o corpo como objeto de um biopolítica ou como corpo dócil. Não o corpo como tela em branco ou o corpo como apropriável por nossas mentes produtoras de saber acadêmico. Isso já temos bastante. Teorizar e produzir pesquisa criminológica *com o corpo* significa, primeiro, reconhecer a parcialidade e localização de nossas produções, como já há muito aponta Haraway (1995), tanto como escolhas que fazemos ao recortarmos nossos objetos de pesquisas, quanto como limites de possibilidade por sermos sempre sujeitos situados e sempre sujeitos corporificados. Depois, significa evitar que a criminologia repita a operação de, ao não falar de, ao recusar-se falar de e com o corpo, teorizar controlando-o: a recusa de teorizar sobre o corpo ou com o corpo é operação de esconder que sua atividade trabalha, produz, fabrica e controla corpos. Talvez por isso mesmo se repita tanto esse recusar, como modo de permitir essa violência, modo de continuar sendo instância de produção de vida e morte, na operação de uma necropolítica que decide quem pode viver (MBEMBE, 2003). Por isso, então, meu propósito de afirmar o corpo, seguindo um pouco a sugestão de Drucilla Cornell em Beyond Accommodation (1991, p. 19) que fala em trazer o feminino à frente. De modo diverso, penso em trazer o corpo à frente, afirmar as corporalidades contra o seu uso que decide quais corporalidades podem ter lugar e, com ainda mais ênfase no caso de análises sobre castigo e sistema penal, que corpos podem ou não viver. Por último, teorizar com, sobre e nos corpos, entendidos não mais como separados corpo-mente, significa também compreender que neles e com eles somos agentes de resistência à violência, o que nos exigirá, no campo da criminologia, além de apontar que violências e contra quem são produzidas, buscar que nossas análises se sustentem nos modos de produção de resistência e subjetividade daquelas e daqueles que resistem, ou seja, produzir conhecimento não *sobre* os corpos atingidos como quem apenas descreve objetos, mas com e a partir do que os atingidos escrevem, performam e vivenciam como luta e resistência.

FIM DE CENA

Vicente/Vera Cruz não é pessoa presa no sistema de justiça criminal. Não é uma mulher ou homem negro encarcerado. Não é uma das muitas travestis e transexuais agredidas ou mortas pela violência transfóbica, nem uma mulher *cis* ou *trans* vítima de violência doméstica ou feminicídio, mas sua história pode nos provocar algumas digressões sobre como o sistema de justiça produz e reconhece violências de modo diverso nos marcos de gênero e raça.

A fabricação dos corpos dóceis pelo castigo, Foucault mesmo o diz, não vem de uma vez. É preciso repetição (2009, p. 93) do ato disciplinar, repetição de gestos, nomes, contagens, regimes... Mas se é na repetição que se busca fabricar os corpos dóceis, é por causa dela também que é possível não haver efeito, que é possível haver resistência e subversão. Vicente é repetidamente feito Vera Cruz. Num regime de hormônios, confinamento, vestimenta, relações, relações sexuais, o castigo-corpo vai tomando forma. Mas é também no curso da repetição que Vicente/Vera Cruz se mantém: a repetição das palavras, dos gestos, da ioga, como quem mantém-se na cabeça-casa, como quem habita essa nova pele, sem que a fabricação do novo corpo signifique completa docilidade. Vicente/Vera Cruz se relaciona com Robert com esse corpo que não é seu e se liberta de Robert usando desse mesmo corpo e faz dele seu: coloca o vestido do brechó de sua mãe, veste-se em lembrança. Vicente mata seu criador e foge. E quando volta para casa, neste vestido, Vicente, em corpo de Vera, encontra essa forma de ser Vicente/Vera Cruz. A possibilidade de subversão é parte da norma. O corpo disciplinado não apenas produz os efeitos do poder, mas também é a possibilidade da resistência. "Sou eu, Vicente". Vicente talvez não tenha encontrado a autenticidade de que nos fala Agrado. Não escolheu as mudanças de seu corpo, não decidiu a ele dar formas ditas "femininas" como faz a personagem de *Tudo sobre minha mãe*. Encontra, contudo, seu [r]existir.

Então, sim, com Foucault (2009, p. 28), podemos dizer que nos sistemas punitivos e seus castigos é sempre do corpo que se trata. Mas mais do que uma economia política do corpo, aqui entre nós, ele é necropolítica como controle de vida e morte, como produção da morte pela desumanização destes corpos, como Robert Ledgard performando suas cirurgias no corpo de Vicente/Vera Cruz. E, de outro lado, guiada por Agrado, toda vez que pensarmos em que respostas esperamos que os corpos possam nos trazer, que saibamos que não são eles nossos meros objetos de estudo, mas esse lugar e fonte de autenticidade – como sonho, como luta e como resistência.

REFERÊNCIAS BIBLIOGRÁFICAS

BUTLER, Judith. *Problemas de gênero: feminismo e subversão da identidade.* Trad. Renato Aguiar. Rio de Janeiro: Civilização Brasileira, 2003.

_____. *Quadros de Guerra: quando a vida é passível de luto?* Trad. Sérgio Tadeu de Niemeyer Lamarão e Arnaldo Marques da Cunha. Rio de Janeiro: Civilização Brasileira, 2015a.

_____. *Relatar a si mesmo: crítica da violência ética.* Trad. Rogerio Bettoni. 1ª ed. Belo Horizonte: Autentica, 2015b.

_____. *The Psychic Life of Power: Theories in Subjection*, Stanford: Stanford University Press, 1997.

CASTILHO, Natalia Martinuzzi. *Pensamento descolonial e teoria crítica dos direitos humanos na América Latina: um diálogo a partir da obra de Joaquín Herrera Flores.* Dissertação (Mestrado em Direito). Programa de Pós-Graduação em Direito, Universidade do Vale do Rio dos Sinos, Florianópolis, 2013.

CORNELL, Drucilla. *Beyond accommodation: ethical feminism, deconstruction and the law*. New York: Routledge, 1991.

COSTA, Jurandir Freire. Prefácio: Da cor ao corpo. In SOUZA, Neusa Santos. *Tornar-se negro*. Rio de Janeiro: Edições Graal, 1983.

FLAUZINA, Ana Luiza Pinheiro. *Corpo negro caído no chão: o sistema penal e o projeto genocida do Estado brasileiro*. Rio de Janeiro: Contraponto, 2008.

FLOR DO NASCIMENTO, Wanderson. *Por uma vida descolonizada*: Diálogos entre a Bioética de Intervenção e os Estudos sobre a Colonialidade. Tese (Doutorado em Bioética). Programa de Pós-Graduação em Bioética, Universidade de Brasília, Brasília, 2010.

FOUCAULT, Michel. *Vigiar e punir*. Petrópolis, RJ: Vozes, 2009.

FREITAS, Felipe. Novas perguntas para criminologia brasileira: Poder, racismo e direito no centro da roda. *Cadernos do CEAS*, Salvador, n. 238, p. 488-499, 2016.

GROSZ, Elizabeth. Corpos reconfigurados. *Cadernos Pagu* n. 14, 2000. pp. 45-86.

HARAWAY, Donna J. Saberes localizados: a questão da ciência para o feminismo e o privilégio da perspectiva parcial. *Cadernos Pagu*, n. 5, 1995. p. 7-41.

JONQUET, Thierry. *Tarantula*. Trad. Andre Telles. Rio de Janeiro: Record, 2011.

MAGALHÃES GOMES, Camilla de. TÊMIS TRAVESTI – as relações entre gênero, raça e direito na busca de uma hermenêutica expansiva do "humano" no Direito. Tese de doutorado, Programa de Pos-graduação em Direito, Estado e Constituição, Universidade de Brasília, 2017.

MALDONADO-TORRES, Nelson. Sobre la colonialidad del ser: contribuciones al desarrollo de un concepto". In: CASTRO-GOMEZ, Santiago. GROSFOGUEL, Ramón (eds.). *El giro decolonial:* Reflexiones para una diversidad epistémica más allá del capitalismo global. Bogotá: Iesco-Pensar-Siglo del Hombre Editores, 2007. pp. 127-167.

MBEMBE, Achille. Necropolitics. *Public Culture*, 15, 2003, p. 11-40.

MUNANGA, Kabengele. Prefácio. In: SANTOS, Gislene Aparecida dos. *A invenção do ser negro:* um percurso das ideias que naturalizaram a inferioridade dos negros. São Paulo: Educ/Fapesp; Rio de Janeiro: Pallas, 2002.

OLIVEIRA, Luciano. Relendo "Vigiar e Punir". In: *Dilemas*: Revista de Estudos de Conflito e Controle Social, vol. 4, n. 2, abr.-maio-jun. 2011, p. 309-338.

QUIJANO, A. Colonialidade do poder, eurocentrismo e América Latina. In: LANDER, Edgardo (org.). A colonialidade do saber: eurocentrismo e ciências sociais. Perspectivas latino-americanas. Buenos Aires: CLACSO, 2005, pp. 117-142. Disponível em: <http://biblioteca.clacso.edu.ar/clacso/sur-sur/20100624103322/12_Quijano.pdf>. Acesso em: 02 maio 2016.

RENAULT, Alain. *A era do indivíduo. Contributo para uma história da subjetividade*. Lisboa: Instituto Piaget, 1989.

RODRIGUES, Carla; HEILBORN, Maria Luiza. Construindo Vera Cruz e desconstruindo gênero: aproximações entre Pedro Almodóvar e Judith Butler. *Sexualidad, Salud y Sociedad* (Rio de Janeiro), vol. 16, p. 73-85, 2014.

SANTOS, Gislene Aparecida dos. *A invenção do ser negro: um percurso das ideis que naturalizaram a inferioridade dos negros*. São Paulo: Educ/Fapesp; Rio de Janeiro: Pallas, 2002.

SEGATO, Rita Laura. *Las estructuras elementales de la violencia*. 2. ed. Buenos Aires: Prometeo, 2013.

SOUZA, Neusa Santos. *Tornar-se negro*. Rio de Janeiro: Edições Graal Ltda, 1983.

VIVEIROS DE CASTRO, Eduardo. *Metafísicas canibais: elementos para uma antropologia pós-estrutural*. São Paulo: Cosac Naify, 2015.

Filmes

A pele que habito. Direção: Pedro Almodóvar. Roteiro: Pedro Almodóvar e Thierry Jonquet. 117 min.

Tudo sobre minha mãe. Direção: Pedro Almodóvar. Roteiro: Pedro Almodóvar. 101 min.

■

15

VIOLÊNCIA CONTRA MULHERES EM NOME DE DEUS

ELA WIECKO V. DE CASTILHO[1]

RESUMO: A partir do filme *Em nome de Deus*, o artigo analisa a história de mulheres confinadas em um dos chamados Asilos de Madalena, localizado na Irlanda. Em razão de uma doutrina de purgação dos pecados e adequação moral, elas foram vítimas de violências físicas e psicológicas praticadas pelo clero e ordens religiosas femininas, resultantes de uma ideologia misógina que no curso dos séculos justificou uma ordem sociossexual patriarcal e mecanismos de controle do corpo e da mente das mulheres.

PALAVRAS-CHAVE: Controle punitivo – Mulheres – Asilos de Madalena-patriarcado – Misoginia.

INTRODUÇÃO

O filme *Em nome de Deus*[2] é uma narrativa de como a Igreja Católica, por meio do clero e de ordens religiosas femininas bem como dos fiéis, praticou violência contra as mulheres. Situada no contexto dos anos 1960, em Dublin

1. Professora da Faculdade de Direito da Universidade de Brasília. Líder dos Grupos de Pesquisa Moitará e Grupo Candango de Criminologia. Membro do Ministério Público Federal.

2. Título Original: *The Magdalene Sisters*. Elenco: Geraldine McEwan, Anne-Marie Duff, Nora-Jane Noone, Dorothy Duffy, Eileen Walsh, Mary Murray. Direção: Peter Mullan, 2001. Ganhou o Leão de Ouro no Festival de Veneza, em 2003.

(Irlanda), conta as histórias de Margaret, estuprada por seu primo durante uma festa de casamento; Bernardette, que vivia num orfanato e flertava com os rapazes da vizinhança que costumavam abordá-la através das grades; Rose, que engravidou do noivo e foi obrigada pelo pai entregar o filho recém-nascido para adoção; Crispina, emocionalmente instável e mãe solteira. Por esses fatos, as quatro jovens foram mandadas por seus familiares, a um asilo mantido por uma ordem religiosa, a fim de "pagar por seus pecados", por tempo indeterminado, sob o rigoroso controle da Irmã Bridget.

As histórias, baseadas em fatos reais, revelam uma ponta do que constituiu uma sistemática violação de direitos humanos das mulheres, pela primeira vez tornadas públicas no documentário *Sex in a Cold Climate* (1997), produzido por Steve Humphries.[3]

Humphries, que produziu mais de 80 documentários e escreveu 20 livros baseados em histórias de vida de pessoas comuns, afirma que *Sex in a Cold Climate* é a história mais importante que contou. Em suas palavras:

> "The shame of being a Magdalene still runs so deep in Ireland nobody would [talk]. It was only women who'd later escaped to England who were prepared to talk. This is the film I'm most proud of. There were Magdalene Asylums all over the world, especially in Catholic countries, so this film has relevance to a lot of people."[4]

Neste artigo, em primeiro lugar, serão apresentadas algumas informações relevantes para a compreensão do filme. Depois uma sinopse dos fatos que o filme revela, que se relacionam com o item anterior e com o subsequente, em que se explica as violências como resultado de uma ideologia misógina que no curso dos séculos justificou uma ordem sociossexual patriarcal e mecanismos de controle do corpo e da mente das mulheres. Essa ordem começa a ser desmontada apenas no século XX.

ASILOS MADALENA

Na Irlanda, asilos como o retratado no filme, eram conhecidos como lavanderias de Madalena. O último asilo Madalena, localizado em Waterford, no sul da Irlanda, encerrou suas atividades em 25 de setembro de 1996, depois

---

3. O documentário foi produzido na Inglaterra, como parte da série *Channel Four's Witness*. Cerca de três milhões de pessoas assistiram o documentário e um canal de denúncia recebeu chamadas de cerca de 450 mulheres que haviam sofrido abuso e trauma em asilos das Madalenas e da Igreja Católica. Peter Mullan ficou tão impressionado com o documentário que decidiu dirigir uma versão ficcional.

4. A vergonha de ser uma Madalena ainda é tão forte na Irlanda que ninguém falaria. Somente mulheres que escaparam para a Inglaterra estavam preparadas para falar. Este é o filme de que mais me orgulho. Houve asilos Madalena por todo o mundo, especialmente em países católicos, por isso este filme tem relevância para muitas pessoas (tradução livre) (YouTube, 2015).

de um escândalo anterior, quando freiras de uma das lavanderias venderam parte de um terreno e os novos donos, ao começarem as obras, encontraram ossadas humanas. Ana Ferreira (2013) relata que, segundo ex-internas, não era um cemitério, uma terra sagrada, "Não havia uma cruz, um nome. Era um terreno, verdinho por cima, cheio de mortas por baixo".

As lavanderias tem sua origem nas instituições de recolhimento para prostitutas, que surgiram em vários países da Europa, em particular depois do Concílio de Trento (1563), pela "atenção crescente dada ao casamento e à família pela Igreja e pelos Estados católicos" (COATES, 1998, p. 217). Esses lares adotavam o nome de Maria Madalena, que segundo a doutrina católica era prostituta, arrependeu-se de seus pecados e se tornou uma das mais fiéis seguidoras de Jesus Cristo. Ficaram conhecidos pela designação de "Madalenas". Existiram até o final do século XX por toda a Europa e América do Norte, abrigando prostitutas, mas também mulheres com deficiência física e mental, rebeldes, mães solteiras e suas filhas, bem como vítimas de estupro.

Várias ordens religiosas femininas administravam essas instituições, entre elas: as Irmãs da Nossa Senhora da Caridade, as Irmãs da Misericórdia, as Irmãs da Caridade e as Irmãs do Bom Pastor.

Na Irlanda, o primeiro asilo foi fundado, em 1765, por Arabella Denny, em Dublin. Inicialmente, a missão era reabilitar as mulheres, mas no início do século XX passou a predominar a ideia de punição, até porque algumas delas eram enviadas pelos Tribunais de Pequenos Delitos, como uma alternativa à pena de prisão, porém sem data de término. Os Asilos Madalena se multiplicaram no período da Grande Fome, quando cresceu muito o número de crianças abandonadas.[5]

O documentário de Humphries levantou que, em alguns casos, as mulheres, muitas jovens adolescentes lavavam, esfregavam e passavam roupa das 6 da manhã às 6 da noite, todos os dias, com uma folga no domingo, (substituído o trabalho pela oração) e uma folga no dia de Natal. O regime diário incluía longos períodos de oração e silêncio forçado e alimentação insuficiente, em contraste com a servida para as freiras. Eram submetidas a constantes punições físicas e humilhações – como a de ficarem nuas para que as freiras pudessem ridicularizar seus corpos. Perdiam a identidade, eram tratadas pelo nome que as freiras escolhiam.

As lavanderias eram lucrativas para a Igreja, mas as "pecadoras" nada recebiam por anos a fio de trabalho pesado. As Madalenas não eram presas,

5. Entre 1845 e 1849, a praga da batata, a *Phytophthora infestans*, arrasou plantações em larga escala. Esta praga e o sistema agrário injusto da Irlanda, que só beneficiava os proprietários rurais ingleses, forçaram um milhão de irlandeses a abandonar o país, matando outro milhão de fome. Esse episódio, conhecido como "A Grande Fome", é um marco na história daquele país.

processadas ou julgadas por algum crime, eram simplesmente detidas. Eram mulheres de família pobres ou sem família, algumas por terem engravidado fora do casamento, outras por terem "provocado" seus estupros ou simplesmente porque eram atraentes demais para os homens (SARRIS, 2003).

No relato de Fábio Villaça (2003) as chamadas Lavanderias Madalena:

> "(...) serviam de verdadeiros campos de concentração para mulheres de todas as idades. Fundadas no século 19, estas instituições tinham, como objetivo inicial, a 'recuperação' de prostitutas irlandesas, mas, com o passar dos anos, passaram a servir de prisão para qualquer mulher que tivesse sua índole questionada: de mães solteiras a adolescentes cujo maior crime era a beleza (o que as qualificava como verdadeiras 'tentações' para o sexo oposto), milhares de mulheres foram enclausuradas nestes 'conventos', sendo obrigadas a trabalhar (sem remuneração ou descanso) para mantê-los funcionando – daí o nome 'lavanderia', já que a instituição se especializou em cuidar das roupas de hospitais, penitenciárias, hotéis e dos próprios membros do clero."

A abertura do filme de Peter Mullan de alguma forma resume o seu conteúdo ao justificar o nome que deram às lavanderias: "Maria Madalena era uma pecadora da pior espécie (...). Só alcançou a salvação quando renegou todos os prazeres da carne, incluindo o comer e o dormir, e trabalhou para além da força humana" (FERREIRA, 2013).

As grávidas solteiras eram encaminhadas, em geral, às chamadas Casas de Mãe e Bebê, sob a administração igualmente das ordens religiosas. Diferentemente das lavanderias, que eram um negócio lucrativo, aquelas instituições eram reguladas e financiadas pelo Estado irlandês. Lá, as moças davam à luz filhos de parto natural, sem alternativas em caso de complicações. Muitas morriam no parto, com os seus bebês. As sobreviventes eram obrigadas a assinar um termo no qual concordavam em colocar os filhos para adoção quando completassem dois anos de idade. Muitas mulheres que perderam os filhos nas Casas de Mãe e Bebê foram posteriormente enviadas às lavanderias para prosseguir em penitência, especialmente se suas famílias, motivadas pela vergonha, não as quisessem de volta, ou se fossem consideradas "reincidentes" (BARBIERI, 2014).

Nos anos 1990, as vítimas, seus familiares e apoiadores organizaram o grupo: Justiça para as Madalenas (*Justice for Magdalenes*), conhecido por *Maggies*, que registrou uma queixa no Comitê Contra a Tortura da ONU, em Genebra.[6] Para Maeve O'Rourke, professora de Direitos Humanos da Universidade de Harvard, o governo irlandês falhou em investigar prontamente o sistema de tortura, em que mulheres e meninas eram tratadas de forma cruel

---

6. Nesse período se tornou famosa a canção da canadense Joni Mitchell: *The Magdalene Laundries* que fez parte do álbum *Turbulent Indigo* (1994).

e degradante (Ryan, 2011). O Estado irlandês, instado pela ONU e diante da repercussão provocada pelo documentário *Sex in a Cold Climate* (1997), seguido do filme de Mullan, instaurou um inquérito para investigar as denúncias de maus-tratos, que foi conduzido pelo Senador McAleese.

Segundo o relatório McAleese, cerca de 10 mil mulheres, de 1922 (data da fundação do Estado irlandês) a 1996, foram submetidas a prisão *de facto* e forçadas a trabalhar, a maior parte em lavanderias administradas por freiras. Algumas tentaram fugir, outras foram resgatadas por familiares. O Estado foi conivente com essa situação e responsável pelo envio de cerca de 25% do total das mulheres às lavanderias. E também pela utilização da polícia para reprimir as fugas. Ao menos 988 das mulheres enterradas nos terrenos das lavanderias passaram a maior parte de suas vidas nessas instituições.

O relatório McAleese só conseguiu identificar 100 "sobreviventes". Mc Aleese registrou que a maior parte das mulheres que falaram com a comissão expuseram a sua dor devido à falta de liberdade. Não eram informadas sobre o motivo de estarem ali. Não sabiam se poderiam sair, não tinham autorização para contactar o exterior. Mas o relatório não reconheceu a prática de abusos físicos, psicológicos e sexuais.

Na mesma época Steven O'Riordan numa co-produção com Gerd Boland produz o primeiro documentário irlandês, o *Forgotten Maggies* (2009), com testemunhos de mulheres e a exumação, em 1993, de 155 restos mortais de mulheres enterradas ao redor de um dos asilos. Filmado em diversos lugares da Irlanda e do Reino Unido entre 2006-2009, sofreu várias alterações por razões jurídicas. Este documentário proporcionou às mulheres ao reconhecimento político que levou ao pedido estatal de perdão.

Em fevereiro de 2011, o primeiro-ministro Enda Kenny pediu perdão, em nome do Estado irlandês, pelo que as mulheres viveram, o que foi considerado insuficiente pelas vítimas sobreviventes Para as *Maggies,* o governo devia apresentar um plano de compensações incluindo pensões, indenização por salários não pagos, saúde e moradia (McDonald, 2013). O Comitê de Tortura da ONU também criticou o relatório, colocando em dúvida a independência e extensão da investigação (FÁTHARTHA, 2013). A Igreja Católica não se pronunciou. Quando o fez, em 2002, após o lançamento do filme de Mullan, disse que tudo era mentira. O presidente da Liga Católica de Direitos Civis e Religiosos escreveu sobre os mitos das violações de direitos das mulheres internas nas lavanderias (DONAHUE, 2016).

Ana Gomes Ferreira (2013) transcreve alguns depoimentos do documentário *Forgotten Maggies*, Entre eles, o de Maureen O'Sullivan:

> "A minha mãe teve a ideia de me mandar para lá porque achava que eu era uma rapariga triste em casa. Ela tinha casado outra vez. Levei os meus livros da escola e tudo, tinha 12 anos. Nunca mais vi os livros da escola.

> Achei estranho que me tivessem feito uma visita guiada à lavandaria e me tivessem mandado subir para cima de uma caixa, para verem quanto eu media. No dia seguinte, levaram-me para a lavandaria. Eu não lavava, era muito nova, pendurava os lençóis, que saíam a ferver e queimávamos os dedos. Mas não podíamos queixar-nos, tínhamos que aguentar a dor nas mãos e nos braços, que estavam sempre para cima, a estender, dez horas por dia. (...) Um dia, estava a esfregar um chão e uma das raparigas mais velhas veio dizer-me que não percebiam a razão de eu estar ali. Eu era muito jovem, elas estavam ali porque tinham tido bebês."

Mary Currington, afastada da mãe porque esta não era casada, disse que estudava numa escola industrial, onde predominavam o medo, o abandono, além do abuso sexual de crianças e adolescentes. Foi à igreja pedir ajuda para sair da escola industrial. "Mandaram-me para as lavandarias. Prenderam-me durante seis anos. Perdi a juventude".

Barbieri (2014) entrevistou Mary Merritt, aos 83 anos, uma sobrevivente das Casas de Mãe e Bebê e das lavanderias. Nascida de mãe solteira, acabou em uma lavanderia depois de anos em uma escola industrial, ambas dirigidas por freiras:

> "Eu estava em um dos orfanatos que eles chamavam de 'escolas industriais'. Estava com tanta fome que roubei algumas maçãs do pomar. As freiras, então, disseram que tinham uma 'solução' para mim e me mandaram para a lavanderia em High Park, em Dublin. Eu teria de ficar lá até 'aprender a não roubar'. Fui mantida como trabalhadora não remunerada por 14 anos, uma pena que hoje não se recebe nem por assassinato."

Segundo Mary, o trabalho era difícil e o regime tão cruel que ela acabou quebrando uma janela e fugindo para a cidade, onde pediu ajuda a um padre, que a estuprou. As freiras não acreditaram quando ela foi presa pela polícia e devolvida à lavanderia. Colocaram-na numa cela de dois metros quadrados sem janelas:

> "(...) uma das freiras desceu lá e tosou meu cabelo. Depois, fui levada para cima e obrigada a ajoelhar-me diante das mulheres presentes, beijar o chão e dizer que estava arrependida."

As Madalenas foram toleradas até a segunda metade do século XX e só começaram a fechar por razões econômicas. Tornaram-se inúteis quando as grandes máquinas de lavar foram sendo substituídas por outras mais práticas ao alcance de todos. No filme de Peter Mullan, vê-se a melhora das condições de trabalho no asilo na cena que mostra a substituição do trabalho manual por máquinas, bentas pelo padre. Ao final, quando a personagem Bernardette, já livre, passa por uma vitrine e vê uma máquina de lavar-roupa, o sorriso que esboça como que diz: agora acabou. Mas o tema até hoje suscita debate. As sobreviventes das Lavanderias de Maria Madalena e seus descendentes lutam por retratação e por algum tipo de compensação dos maiores responsáveis, o Estado e a Igreja Católica. Um regime de compensação está sendo desenvolvido, mas, apesar de três pedidos formais do governo irlandês, as quatro ordens religiosas envolvidas até agora se recusaram tanto a retratar-se como a participar da compensação proposta pelo governo (BARBIERI, 2014).

A FICÇÃO QUE REVELA A REALIDADE

Na versão do filme, as primeiras cenas são de um casamento. Enquanto os músicos entretêm os convidados ao som de ritmadas canções irlandesas, o jovem Kevin chama a prima Margaret sob o pretexto de querer lhe mostrar algo, a tranca num aposento e a estupra. Volta ao ambiente da festa sem constrangimento enquanto Margaret transtornada conta para os pais o que aconteceu. O padre Donnely é avisado. Os olhares são de reprovação para ela e não para o primo. A câmera foca uma cruz, um copo derramado, um menino tapando os ouvidos. Em cena posterior Margaret é entregue pelo pai ao padre que a leva num carro, enquanto a mãe silente observa pela janela.

A segunda jovem a ser apresentada é Bernardette, uma adolescente que vive num orfanato. É mais velha do que suas companheiras de alojamento e bem desinibida. No pátio do orfanato, aberto para a rua, ela demonstra interesse com as provocações feitas pelos rapazes que se agrupam na grade. Segue-se a cena do leito vazio no alojamento.

A terceira jovem a aparecer no filme é Rose, que acaba de dar à luz a um menino. Provavelmente numa Casa de Mãe e Bebê. O pai da criança não aparece. Os avós não olham para a criança. Um padre vem propor que o bebê seja adotado porque trata-se de um filho bastardo, fruto de pecado. Rose, depois de assinar a doação, tenta voltar atrás ao ver o bebê sendo levado, mas é impedida.

Apresentadas as três moças, segue-se a cena de uma casa de religiosas na qual as moças, cada uma carregando uma caixa de roupas, são conduzidas à presença da diretora, Irmã Bridget, Com uma voz suave, enquanto conta dinheiro, explica que a filosofia do lugar é oração, trabalho, oração. As moças recebem novos nomes. No alojamento a elas destinados encontram outras moças. Vestem camisola por cima das roupas e só depois se desvestem delas. Banham-se também com camisolas. Rose passa mal devido ao leite empedrado e lhe avisam para não reclamar, caso contrário será castigada.

As cenas seguintes revelam que, no desjejum, as freiras comem do bom e do melhor num local à parte, mas ao lado do refeitório das trabalhadoras, que recebem comida simples. Há mulheres de todas as idades, inclusive idosas. Uma delas está ali há 40 anos. O trabalho é lavar e esfregar roupa, pendurá-la para secar e passá-la a ferro. Tudo em silêncio, sob a vigilância da fiscal. Mas conversas acontecem, principalmente quando ocorre um fato relevante. No caso, a fuga de uma interna, chamada Una.

Aparece nessas cenas, a quarta jovem, chamada de Crispina, cuja história é revelada aos poucos. Sua irmã costuma trazer o filho de Crispina, de dois anos, para que o veja de longe pelo portão, do quintal onde as roupas são penduradas para secar. Una é trazida de volta pelo pai. Agrediu-a com um cinto e a ameaçou de deixá-la aleijada. Depois olhou para as internas que assistiam à cena e chamou-as de "putas", "só putas e vadias trabalham aqui". Depois, foi a vez das freiras humilhá-la, tosando-lhe a cabeça.

Bernardette, que não se conforma em trabalhar na lavanderia, pede para falar com a diretora. Vai com Crispina. Querem saber a razão de estarem ali. A Irmã Bridget diz a Bernardette que ela é grosseira, burra e arrogante e por isso os rapazes gostam dela. Crispina teve bebê antes de casar, é pecado. Bate nas duas para "remover a tentação".

Bernardette está disposta a fugir e vê oportunidade com o rapaz que busca a roupa numa camioneta. Ele se interessa por ela, que o provoca deixando-o olhar sua genitália e pedindo que venha à noite. Mas uma irmã idosa vê a cena e diz que vai contar para a diretora. Bernardette ameaça se matar. O rapaz vem à noite mas falta-lhe coragem de abrir a porta, pois lembra do irmão que ficou preso por 6 anos por ter furtado frutas do pomar das freiras. Uma freira conta para a diretora o intento de Bernardette, que é castigada com o corte dos cabelos.

Em outro episódio todas as moças estão desnudas e seus corpos são submetidos à chacota pelas freiras. Crispina, humilhada, vai dormir com a roupa molhada e adoece fica com febre. Procura sua medalha de São Cristóvão que recebera como um presente do filho e se desespera por não encontrá-la. Bernardette acha e guarda para si. Crispina tenta o suicídio. Bernardette pensa em devolver a medalha, mas desiste ao ver Crispina adormecida sorrindo.

Nesse contexto de trabalho forçado, controle, castigos e humilhações é compreensível que, vez por outra, uma das "pecadoras" decida se tornar noviça – não por vocação ou dedicação à religião, mas por puro instinto de sobrevivência. É o que fez Una.

No dia em que Una prestou seus votos, Margaret vê pela janela algo que não deveria ver: Crispina fazendo sexo oral com o padre, que depois entra na igreja, como se nada tivesse acontecido, para rezar a missa. Margaret fica revoltada. Vai ao jardim pegar uma erva. Tem oportunidade de sair do asilo quando uma freira abre um portão do quintal, é abordada na estrada por um motorista que lhe oferece carona, mas decide voltar.

No dormitório descobre a medalha e também que Bernardette a escondera porque que Crispina precisava sofrer mais. Briga com aquela e ao perceber que as demais não a condenam, manda-as para o inferno. Põe em prática então seu plano. Coloca a erva dentro da máquina onde estava sendo lavada a roupa do padre.

As cenas seguintes mostram as internas e as freiras em procissão pelas ruas da cidade até um campo onde será celebrada uma missa. Ao ler o Evangelho, o padre começa a se coçar desesperadamente e a se despir, provocando risos dos fiéis. Sai correndo nu enquanto Crispina grita várias vezes: "você não é um homem de bem!". Segue-se um silêncio constrangedor.

À noite, uma freira vem ao dormitório. Seu destino: o Hospital St. Vernon, de loucos. Bernardette, involuntariamente, comenta que Crispina dissera a verdade, o que deixa a freira pensativa. É dia de Natal e o Arcebispo Lannigan visita o asilo. Trouxe um projetor e um filme: Os sinos de Santa Maria.[7] Irmã Bridget está falante, relembra sua juventude, filmes que já assistira e se comove, identificando-se, para espanto das internas que dela são vítimas, com a personagem Irmã Benedict vivida por Ingrid Bergman.

Eis que um rapaz entra na sala e lhe entrega uma carta do Padre Donnely. É o irmão de Margaret que vem buscá-la, passados quatro anos. Diz a ela que se apresse e ela responde gritando. No corredor de saída encontram a Irmã Bridget e o Arcebispo. Margaret reza o Pai Nosso e passa por eles. Das quatro jovens restam duas: Rose e Bernardette.

Uma mulher idosa pede para sair durante o trabalho na lavanderia porque seu nariz está sangrando, diz que está morrendo. Conta a Bernardette, que vai atendê-la no quarto, que num dia 16 de outubro teve um filho, mas a moça não demonstra piedade, ao contrário, diz que morra logo, que é um favor que faz. A idosa morre e Bernardette a beija, um beijo falso.

Enquanto isso, Rose pede a Irmã Bridget para enviar um cartão para o filho de Crispina. A Irmã está procurando a chave do cofre e não lhe dá maior atenção. Desqualifica Rose como mãe e ordena que procure a chave. Bate nela por ter avisado a irmã de Crispina que esta fora levada da lavanderia. Chega então Bernardette que comunica a morte da idosa e comenta: "nós vamos ficar velhas e ninguém nos buscará". As duas passam a procurar a chave e se apoderam dela, para desespero da diretora. Aproveitando-se do trunfo conseguem fugir do asilo, atravessam os campos e chegam à cidade onde abordam uma mulher jovem que lhes dá roupa e dinheiro.

As cenas finais revelam que Rose, embarca num ônibus para Liverpool (Inglaterra) e anos mais tarde consegue encontrar o filho; Bernardette fica na Irlanda onde vai exercer a profissão de cabeleireira; Crispina enlouquece e morre anoréxica. Margaret tornou-se professora.

---

7. *The bells of St. Mary's* (1945), com Bing Crosby e Ingmar Bergman.

O PROJETO PATRIARCAL DE CONTROLE DAS MULHERES

Antes de enfrentar o porquê a sociedade e o Estado na Irlanda permitiram que tal situação perdurasse por tantas gerações trago quatro histórias da vida real de ex-internas de asilos Madalena que prestaram depoimentos para o documentário Sex in a Cold Climate, que serviram de base para o filme de Mullan. Elas são Phyllis Valentine, Brigid Young, Martha Cooney e Christina Mulcahy. A Sra. Young descreve com um padre se masturbou no vestido dela durante a confissão e depois foi embora como se nada tivesse acontecido deixando a jovem menina inexperiente na dúvida sobre se algo acontecera. A Sra. Valentine foi encaminhada ao asilo porque era considerada muito bonita e, por isso, representava um perigo moral para ela e para outras pessoas. A Sra.Cooney o foi, depois de ter se queixado que um primo a havia molestado sexualmente. A culpa era dela, sem dúvida. A história mais comovente é a de Cristina Mulcahy, que só concordou em falar sobre suas experiências após o diagnóstico de um câncer terminal, o que a livraria de ser estigmatizada por muito tempo. Mulcahy foi separada de seu bebê "ilegítimo" enquanto o estava amamentando. Não poderia ser uma boa mãe. O bebê adotado por uma "boa família católica" e ela internada num Asilo Madalena com os seios ainda cheios de leite. Ela procurou por seu filho por toda a vida e conseguiu encontrá-lo um pouco antes de morrer em 1997 (SARRIS, 2003).

Como já dito, os Asilos Madalenas existiram por toda a Europa e América do Norte, e também no sueste asiático, no âmbito do império português. Perduraram até os anos 1990 na Irlanda, devido a conhecida força da Igreja Católica na sociedade irlandesa. Independente disso, a existência do modelo de asilos direcionados a mulheres encontra uma explicação abrangente no patriarcado ou patriarcalismo. Manuel Castells (1999, p. 169) observa:

> "O patriarcalismo é uma das estruturas sobre as quais se assentam todas as sociedades contemporâneas. Caracteriza-se pela autoridade imposta institucionalmente, do homem sobre mulher e filhos no âmbito familiar. Para que essa autoridade possa ser exercida, é necessário que o patriarcalismo permeie toda a organização da sociedade, da produção e do consumo à política, à legislação e à cultura. Os relacionamentos interpessoais e, consequentemente, a personalidade, também são marcados pela dominação e violência que tem sua origem na cultura e instituições do patriarcalismo. É essencial, porém, tanto do ponto de vista analítico quanto político, não esquecer o enraizamento do patriarcalismo na estrutura familiar e na reprodução sociobiológica da espécie, contextualizados histórica e culturalmente. Não fosse a família patriarcal, o patriarcalismo ficaria exposto como dominação pura e acabaria esmagado pela revolta da 'outra metade do paraíso', historicamente mantida em submissão."

A teoria do contrato social, muito cara aos juristas, tem duas versões. Ora é apresentada como troca, pelos homens no estado natural, da insegurança pela liberdade civil e equitativa, sob o Estado. Ora, como a liberdade conquistada por filhos que substituem o regime paterno pelo governo civil. No primeiro caso, como anti-patriarcal; no segundo, como pós-patriarcal. A cientista política Carole Pateman questiona essas versões, porque ocultam no contrato social o contrato sexual, ocultam que as mulheres não participam do contrato original através do qual os homens transformam sua liberdade natural na segurança da liberdade civil. "Com exceção de Hobbes, os teóricos clássicos argumentam que as mulheres naturalmente não têm os atributos e as capacidades dos 'indivíduos', ocultam que nascem livres" (PATEMAN, 1993, p. 21). Defende, pois, que o contrato "está longe de se contrapor ao patriarcado; ele é o meio pelo qual se constitui o patriarcado moderno" (idem, p. 17), pois "[o] pacto original é tanto um contrato sexual quanto social: é sexual no sentido de patriarcal – isto é, o contrato cria o direito político dos homens sobre as mulheres –, e também sexual no sentido do estabelecimento de um acesso sistemático dos homens aos corpos das mulheres". Considera importante não abandonar os termos patriarcado, patriarcal e patriarcalismo, apesar das alterações no modelo clássico do século XVIII.

Essa ordem jurídica, social e sexual é sustentada pela misoginia, que Bandeira e Almeida (2016, p. 81) definem "como sendo a manifestação de comportamentos, sentimentos ou atitudes daquele/a que não aceita e reconhece a igualdade existencial da mulher". Thurler (2015, p. 224) afirma que "[d]os povos primitivos ao Renascimento e à modernidade, as culturas modelaram uma ordem sociossexual em que as mulheres – de Eva e Pandora às 'bruxas' pesquisadoras nas origens da ciência moderna – foram apresentadas como as responsáveis pela maldade e pelo sofrimento no mundo". Nessa ideologia, em razão de sua luxúria, as mulheres são "criaturas do demônio, perigosas à honra e à saúde física e moral de todo homem decente" e é exemplo dessa crença, ainda nos nossos dias, "o esforço que ainda precisam fazer as mulheres para, nos casos de violação sexual, desconstruir a premissa de que 'a culpa é da mulher'"(idem).

Encontra-se normalizado desde as culturas pagãs antigas, depois na cultura judaica-cristã, bem como no pensamento da Antiga Grécia, fortalecendo-se pelo discurso teológico medieval, pelos filósofos e cientistas do século XVIII.

Carla Casagrande (1990, p. 121) afirma que, a partir do século XIII, custódia tornou-se a palavra de ordem para significar tudo o que podia e devia ser feito para educar as mulheres nos bons costumes e salvar suas almas: reprimir, vigiar, encerrar.

Para implementar esse projeto, crucial à sociedade patriarcal, se entrelaçam três tipos de discursos: teológico, médico e jurídico (MENDES, 2014). Na análise de Leila Algranti (1993, p. 45) a clausura de mulheres em casa, em asilos e conventos, foi praticada, não como resultado de uma necessidade burguesa ligada ao trabalho no contexto do capitalismo nascente, mas para preservação de princípios morais, de preservação dos bons costumes e da castidade feminina. A autora observa o surgimento de instituições leigas de reclusão destinadas a mulheres, pobres ou ricas, porque a questão não se resumia à falta de trabalho, mas à necessidade de custódia às mulheres que não dispunham de "proteção" masculina.

Entre essas instituições, no império português, temos casas para órfãs, para viúvas e para mulheres casadas cujos maridos precisavam ausentar-se temporariamente. Considerando a distinção entre instituições para leigas e para religiosas, Casagrande (1990, p. 125-126) explica que:

> "No caso das religiosas procede-se de maneira que cada relação entre o convento e o mundo seja eliminada e que as exigências do corpo sejam negadas em favor da alma; no caso das leigas trata-se de reduzir e regulamentar qualquer contato entre o espaço doméstico e o espaço social e de conter todos os impulsos desordenados da carne sob as regras ditadas pela castidade."

Considerando o contexto específico dos Asilos Madalena na Irlanda, James Smith (apud Barbieri, 2014), no livro *Ireland's Magdalen Laundries and the Nation's Architecture of Containment*, afirma que:

> "A crescente força da Igreja Católica alcançou novos níveis de autoridade cultural nas décadas pós-Grande Fome, assim como o pároco assumiu uma influência dominante na vida social irlandesa. A Igreja começou a definir novos padrões morais e práticas domésticas que, por sua vez, resultaram em uma nova ênfase sobre o valor da modéstia e da respeitabilidade das mulheres."

Na prática, diz Smith, a Igreja não apenas ganhou o controle das mulheres, mas o isolamento delas dentro da esfera doméstica, especialmente das mães, obrigando- as a se render ao controle do sacerdote e aliar-se à Igreja. Para obter e manter poder moral, as mulheres precisavam reter sua virtude e castidade. "Essa foi a mensagem que as mães começaram a passar para suas filhas. Dentro da diferenciação racional das esferas de responsabilidade moral, a castidade e a modéstia se tornaram objetivos específicos para as mulheres".

A submissão das mulheres à Igreja é tão forte que elas não se revoltam, ao contrário reproduzem o padrão moral que lhes foi introjetado. Observamos isso no comportamento das mães de Margaret e de Rose. Na análise de Villaça (2013), Rose jamais perde a fé no catolicismo, compreendendo que não é a mensagem que está necessariamente equivocada, mas os mensageiros. E quando a trágica Crispina é molestada sexualmente por um padre, sua reação – simultaneamente simples e poderosa – é acusá-lo de não ser "um homem de Deus" (mais uma vez, a crença é mantida a despeito dos obstáculos) (VILLAÇA, 2003). Só Bernardette destoa e se rebela: "Nenhum pecado mortal justifica este lugar". É justamente ela que não tem medo dos seus desejos e não vê sexo como pecado.

Nesse projeto de custódia e de controle das mulheres o ponto mais importante é a sexualidade, cujo exercício é permitido aos homens, mas interditado às mulheres. Mesmo o exercício permitido dentro do casamento não pode ser prazeroso para a mulher, o seu papel é o da reprodução na maternidade. O corpo é uma fonte de pecado, por isso deve estar encoberto, inclusive na hora do banho.

Pertinente trazer a análise de Emanuel Araújo (2015, p. 45) que, embora dirigida à situação das mulheres no Brasil Colônia, aplicável aos países da Europa na mesma época:

> "Das leis do Estado e da Igreja, com frequência bastante duras, à vigilância inquieta de pais, irmãos, tios, tutores, e à coerção informal, mas forte, de velhos costumes misóginos, tudo confluía para o mesmo objetivo: abafar a sexualidade feminina que, ao rebentar as amarras, ameaçava o equilíbrio doméstico, a segurança do grupo social e a própria ordem das instituições civis e eclesiásticas.
>
> A todo-poderosa Igreja exercia forte pressão sobre o adestramento da sexualidade feminina. O fundamento escolhido para justificar a repressão da mulher era simples: o homem era superior, e, portanto, cabia a ele exercer a autoridade."

Os Asilos Madalena eram um mecanismo de custódia e de controle para as mulheres pobres que infringiam o código moral imposto pela Igreja Católica. Constituíram uma instituição total, que na conceituação de Goffman (1999, p. 11) é "um local de residência e trabalho onde um grande número de indivíduos com situação semelhante, separados da sociedade mais ampla por considerável período de tempo, levam uma vida fechada e formalmente administrada". Ao tratar das características considera como básica o controle de muitas necessidades humanas pela organização burocrática de grupos completos de pessoas. Disso decorre que esses grupos não são meramente supervisionados, mas vigiados, controlados, e a desobediência é castigada. Existe incompatibilidade entre uma instituição total e a estrutura básica de pagamento pelo trabalho vigente na sociedade, como também com a vida familiar (passim, p. 22).

Goffman faz um levantamento crítico da vida em instituições fechadas e mostra como este tipo de segregação atua sobre o indivíduo, descrevendo as várias formas de rebaixamentos, degradações, humilhações e profanações do eu. No asilo retratado no filme e que corresponde ao que ocorria na vida real podemos identificar um processo sistemático de humilhação das mulheres, de perda da autoestima e da autodeterminação, de um exercício de poder arbitrário e perverso que as torna, em alguns casos, insensíveis a dor de suas companheiras.

A experiência de vida em uma instituição total é estigmatizante, isto é, inabilita o indivíduo para aceitação social plena. GOFFMAN (1988, p. 46) explica que:

> "(...) nos muitos casos em que a estigmatização do indivíduo está associada com sua admissão a uma instituição de custódia, como uma prisão, um sanatório ou um orfanato, a maior parte do que ele aprende sobre o seu estigma ser-lhe-á transmitida durante o prolongado contato íntimo com aqueles que irão transformar-se em seus companheiros de infortúnio."

As mulheres que estiveram internadas nos Asilos Madalenas sentem de forma intensa o estigma em desfavor delas como mulheres de moral desviante. Daí a dificuldade que Humphries, McAleese e O'Riordan tiveram de colher seus depoimentos; elas preferiam esconder a sua condição de ex-internas.

O enfraquecimento do modelo familiar baseado na autoridade/dominação, exercida pelo homem como cabeça do casal sobre toda a família, fica evidente na década de 1990, com indicadores presentes em quase todas as sociedades, principalmente nos países mais desenvolvidos (CASTELLS, 1999, p. 173). A família patriarcal vem sendo contestada "pelos processos, inseparáveis, de transformação do trabalho feminino e da conscientização da mulher" (idem, p. 170).

Essas transformações propulsionaram uma nova categoria de análise: o gênero ou relações de gênero, para se referir ao caráter fundante da construção cultural das diferenças sexuais. Não contém "uma resposta sobre uma forma histórica. Sua força é a ênfase na produção de novas questões e na possibilidade de dar mais espaço para dar conta das transformações na contemporaneidade" (MACHADO, 2000, p. 4). Não veio substituir o conceito de patriarcado, mas o de "condições sociais da diferença sexual", o de "relações sociais de sexo", e o de "relações entre homens e mulheres", porque aprisionadas nas narrativas da naturalização e da biologização entre homens e mulheres. (idem). Permitiu, com essa ruptura, o desenvolvimento de análises sobre estereótipos de sexo, estereótipos sexuais, estereótipos de papéis sexuais (COOK, 2012, p. 38-39).

Nessa perspectiva, no filme podemos identificar estereótipos sexuais, isto é, generalizações sobre a sexualidade de homens e mulheres, compartilhados pelo pais das internas e pela Irmã Bridget, de que mulheres são promíscuas, pelo fato de terem filhos fora do casamento ou porque desfrutam de sua sexualidade. Por outro lado, de que a sexualidade dos homens pode ser exercida sem limites. Quanto aos estereótipos de papéis sexuais, isto é, generalizações sobre os papéis e comportamentos apropriados para mulheres e homens, todas as histórias foram construídas a partir da inadequação das mulheres para exercer o papel sublime da maternidade por algum comportamento pretérito contrário aos princípios morais de estrita contenção às tentações da carne. O papel sexual das mulheres é tão somente o da maternidade.

CONCLUSÃO

Trata-se de um filme que, em forma de ficção, conta uma história verdadeira, a de milhares de mulheres que foram segregadas em instituições totais e submetidas a trabalho forçado, tudo em nome de princípios e valores da Igreja Católica e da sociedade patriarcal irlandesa. Foi um sistema que atravessou várias gerações e que se tornou disfuncional com as transformações econômicas após a segunda Guerra Mundial. Entretanto, muitos elementos desse sistema que oprimia e aprisionava as mulheres ainda se encontram presentes na contemporaneidade, como os estereótipos sexuais e de papéis sexuais.

Essa permanência do estar aprisionada, não necessariamente entre muros de um cárcere, é captada de forma poética por Cecília Meireles:

> Quatro mil mulheres, no cárcere,
> E quatro milhões – e já nem sei a conta,
> em cidades que não se dizem,
> em lugares que ninguém sabe,
> estão presas, estão para sempre
> – sem janela e sem esperança,
> Umas voltadas para o presente,
> Outras para o passado, e as outras
> Para o futuro, e o resto – o resto,
> Sem futuro, passado ou presente,
> Presas em prisão giratória,
> Presas em delírio, na sombra,
> Presas por outros e por si mesmas,
> Tão presas que ninguém as solta
> E nem o rubro galo do sol
> Nem a andorinha azul da lua
> Podem levar qualquer recado
> À prisão onde as mulheres
> Se convertem em sal e muro.
>
> (1956)

REFERÊNCIAS BIBLIOGRÁFICAS

ALGRANTI, Leila Mezan. *Honradas e devotas: mulheres da colônia: condição feminina nos conventos e recolhimentos do sudeste do Brasil, 1750-1822*. Rio de Janeiro: José Olympio; Brasília: UnB, 1993.

ARAÚJO, Emanuel. A arte da sedução: sexualidade feminina na Colônia. In: PRIORE. Mary del (org.). *História das mulheres no Brasil*. 10. ed. São Paulo: Contexto, 2015.

BANDEIRA, Lourdes Maria e ALMEIDA, Tânia Mara Campos de. Misoginia, violência contra as mulheres e direitos. In: BARBOSA, Theresa Karina (org.). *A mulher e a justiça*: a violência doméstica sob a ótica dos direitos humanos. Brasília: AMAGIS, 2016, p. 79-92.

BARBIERI, Luciana Barbieri. Sob o estigma de Maria Madalena, *Revista Planeta*, 5 novembro 2014. Disponível em <http://www.revistaplaneta.com.br/sob-o-estigma-de-maria-madalena/> Acesso em 20.07.2017.

CASAGRANDE, Carla. A mulher sob custódia. In: PERROT, Michelle; DUBY, Georges (Orgs.). *História das mulheres no ocidente*, vol. 2. Idade Média. Porto: Afrontamento, 1990, p. 99-141.

CASTELLS, Manuel. *O poder da identid*ade. A era da informação: economia, sociedade e cultura. vol. 2. Trad. Klauss Brandini Gerhardt. São Paulo: Paz e Terra, 1999.

COATES, Timothy J. *Degredados e órfã*s: colonização dirigida pela coroa no império português. 1550-1755. Trad. José Vieira de Lima, Lisboa: Comissão Nacional para as Comemorações dos Descobrimentos Portugueses, 1998.

COOK, Rebecca. Entrevista. In: *Rebecca Cook*: entrevistada por Debora Diniz. Rio de Janeiro: EdUERJ, 2012, p. 21-50.

DONOHUE, Bill. *Myths of the magdalene laundries*. Disponível em <http://www.catholicleague.org/myths-of-the-magdalene-laundries/2016>. Acesso em 18.07.2017.

FERREIRA, Ana Gomes. As freiras e o Estado pecavam nas lavandarias de Maria Madalena. *Jornal Público*. Disponível em <https://www.publico.pt/mundo/jornal/as-freiras-e-o-estado-pecavam-nas-lavandarias-de-maria-madalena-26040210> 10.02.2013. Acesso em 20.07.2017.

GOFFMAN, Erving. *Estigma*. Trad. Márcia Bandeira de Mello Leite Nunes. 4. ed. Rio de Janeiro: LTC, 1988.

_____. *Manicômios, prisões e conventos*. Trad. Dante Moreira Leite. 6. ed. São Paulo: Perspectiva, 1999.

HUMPHRIES, Steve. *Sex in a cold climate* Disponível em <https://www.youtube.com/hv=nWKuGqtWDow&list=PLy2TON3Rri6KhJ4tT5RBugd09xStioMzJ>. Acesso em 18.07.2017.

MACHADO, Lia Zanotta. Perspectivas em confronto: relações de gênero ou patriarcado contemporâneo? *Série Antropologia*. Brasília: UnB, 2000.

MAGDALENE Oral Histories: publicly available interviews. Disponível em <https://repository.dri.ie/catalog/b851k310b>. Acesso em 20.07.2017.

MC ALEESE, Martin. Report of the Inter-Developmental Committee to establish the facts of State involvement with the Magdalene Laundries. Disponível em <http://www.justice.ie/en/JELR/Pages/MagdalenRpt2013>. Acesso em 20.07.2017.

MCDONALD, Henry. Ireland magdalene laundry system apology. *The Guardian*, 5 fevereiro 2013. Disponível em <https://www.theguardian.com/world/2013/feb/05/ireland-magdalene-laundry-system-apology?INTCMP=SRCH>. Acesso em 20.07.2017.

MENDES, Soraia da Rosa. *Criminologia feminista: novos paradigmas*. São Paulo: Saraiva: IDP, 2014.

MITCHELL, Joni. *The Magdelene laundries* (1994). <https://www.youtube.com/watch?v=YepdJlBvzkwhttp://cinemaemcena.cartacapital.com.br/critica/filme/6654/em-nome-de-deus 13/1/2003>. Acesso em 20.07.2017.

MULLAN, Peter. *Em nome de Deus* (The Magdalene Sisters). <https://www.youtube.com/watch?v=blYn837W7L4>.Acesso em 15.07.2017.

Ó FÁTHARTA, Connal. *UN anti-torture body criticises magdalenes report*. Disponível em <http://www.paddydoyle.com/un-anti-torture-body-criticises-magdalenes-report/ 1/6/2013>. Acesso em 20.07.2017.

O'RIORDAN, Steven. *The Forgotten Maggies Official Documentary Magdalene Laundries*. Disponível em <https://www.youtube.com/watch?v=Y4VAdN7HaxQ&t=6490s>. Acesso em 15.07.2017.

PATEMAN, Carole. *O contrato sexual*. Trad. De Marta Avancini. Rio de Janeiro: Paz e Terra, 1993.

RYAN, Carol. Por baixo dos panos. *Jornal do Brasil*, 28 maio 2008. Disponível em http://www.jb.com.br/jb-premium/noticias/2011/05/28/por-baixo-dos-panos/ Acesso em 20.07.2017.

SARRIS, Andrew. Review. *New York Observer*, 2003, publicado no YouTube em 22/4/2012. Acesso em 20.07.2017.

SILVA, Jacicarla Souza da. *Parte II- Cecília e o feminino*. Representações do feminino na poesia ceciliana. Cecília Meireles: Poema Prisão. <http://books.scielo.org/id/3vj9m/pdf/silva-9788579830327-06.pdf>. Acesso em 27.07.2017.

THURLER, Ana Liési. Misoginia. *Dicionário feminino da infâmia*: acolhimento e diagnóstico de mulheres em situação de violência. FLEURY-TEIXEIRA, Elizabeth e MENEGHEL, Stela N. (orgs.) p. 224-225.

VILLAÇA, Pablo. Em nome de Deus. *Carta Capital*, 13.01.2003. Disponível em <http://cinemaemcena.cartacapital.com.br/critica/filme/6654/em-nome-de-deus 13/1/2003>. Acesso em 20.07.2017.

<https://pt.wikipedia.org/wiki/Asilo_de_Madalena>. Acesso em 20.07.2017.

■

QUANTO VALE OU É POR QUILO? AS RELEITURAS DA ESCRAVIDÃO A PARTIR DAS NOVAS COLONIZAÇÕES BRASILEIRAS

MARÍLIA MONTENEGRO PESSOA DE MELLO [1]
FERNANDA LIMA DA SILVA[2]
MANUELA ABATH VALENÇA[3]

RESUMO: Este artigo se propõe a analisar o filme *Quanto vale ou é por quilo?* a partir da criminologia crítica e das teorias sobre as relações raciais que a confrontam ou a complementam. O filme, do diretor Sérgio Bianchi, foi lançado, no ano de 2005, como uma crítica às continuidades da escravidão no Brasil contemporâneo, por isso o roteiro se desenvolve em dois tempos. Assim, durante o artigo, trabalha-se, entre o passado e o presente, as diversas formas de castigo que constituem o sistema punitivo formal e informal na sociedade brasileira.

PALAVRAS-CHAVE: Criminologia crítica – Escravidão – Racismo – Sistema de justiça criminal – Castigo.

---

1. Doutora em Direito pela Universidade Federal de Santa Catarina. Professora da Universidade Católica de Pernambuco (UNICAP). Professora da Faculdade de Direito do Recife (UFPE). Coordenadora do Grupo Asa Branca de Criminologia.
2. Mestranda em Direito pela Universidade de Brasília. Pesquisadora do Grupo Asa Branca de Criminologia.
3. Doutora em Direito pela Universidade de Brasília. Professora da Universidade Católica de Pernambuco (UNICAP). Professora da Faculdade de Direito do Recife (UFPE). Pesquisadora do Grupo Asa Branca de Criminologia.

1. RIO DE JANEIRO: DOIS TEMPOS DE UMA HISTÓRIA

O filme começa retratando o fim do século XVIII e, em seguida, volta ao início do século XXI. Inevitável, então, o diálogo com o trabalho de Vera Malaguti Batista, particularmente a partir do livro *O medo na cidade do Rio de Janeiro: dois tempos de uma história*. Segundo a autora:

> "Trabalhar em dois tempos: uma história de medo na corte imperial e uma onda contemporânea de pânico na cidade. Quais são as rupturas observadas nas duas conjunturas? Quais são as permanências que até hoje presidem o imaginário carioca?." (BATISTA, p. 2003)

O filme também trabalha em dois tempos[4] com o imaginário carioca, que reflete no imaginário nacional. Assim, o filme é uma grande provação, desde o título, que é formulado a partir de uma pergunta. Essa provocação se justifica do começo ao fim: quanto vale? Quanto vale um escravo, quanto vale uma alforria, quanto vale a captura de uma escrava gestante, quanto vale a indenização por ter um escravo "danificado", quanto vale um casamento, quanto vale um quilo de carne velha, quanto vale um mendigo, quanto vale um preso, quanto vale uma criança abandonada, quanto vale um computador, quanto vale o "trabalho social".

O filme, no passado, desenvolve-se no Rio de Janeiro. O elemento de conexão não é geográfico, mas literário: o conto de Machado de Assis,[5] *Pai contra Mãe*,[6] e as crônicas do historiador Nireu Oliveira Cavalcanti.[7] No presente, não fica tão claro em que cidade estamos, poderia ser o Rio de Janeiro, São Paulo,[8] Recife, Salvador, ou qualquer outra capital brasileira.

O conto de Machado de Assis, narrado em terceira pessoa e que serve de inspiração ao filme, foi publicado em 1906, no livro Relíquias da Casa Velha. Embora publicado em 1906, apresenta uma narrativa do período escravista. A película se vale de trecho literais do conto para nos situar nesse passado. Logo

---

4. Para Juraci Saraiva e Elisabeth Drumm o filme se passa em três tempos: "Três momentos históricos estão representados no texto fílmico: o século XVIII, o século XIX e a atualidade". Concordamos com as autoras, mas aqui vamos dividir, para fins do presente artigo, em dois momentos: o passado escravocrata e o atual, por isso utilizaremos dois tempos (2012, p. 86).
5. Para conferir a relação de Sérgio Bianchi com a obra de Machado de Assis Cf: MOTTA, 2010. P. 120-133.
6. O artigo usou como subsídio o material publicado na coleção Aplausos. Nessa publicação encontramos o roteiro completo, numa versão anterior às filmagens e com várias cenas que não estão na edição final e mais algumas que não foram filmadas. Tal material também traz comentários dos autores do roteiro (Eduardo Benaim, Newton Cannito e Sérgio Bianchi); apresenta muitas imagens e as diferenças entre o roteiro e o resultado final; além de explicar algumas técnicas utilizadas (BIANCHI, 2008, p. 11).
7. As crônicas também estão disponíveis no roteiro do filme. CAVALCANTI, Nireu. A Escravidão e Suas Contradições *In*: BIANCHI, 2008.
8. Em uma única cena, no Theatro Municipal, o filme nos indica que se passa em São Paulo.

na sequência, transporta-nos para o presente através dos trabalhos das ONGs vinculadas a uma empresa de publicidade.

As cenas do passado são conduzidas pela voz de Milton Gonçalves, que nos lança em narrativas e, ao final, nos são dada as fontes. Essas narrativas, que também irão unir o passado escravista ao nosso presente, são, inicialmente, extraídas das crônicas do historiador Nireu Oliveira Cavalcanti.

A primeira narrativa é a da senhora Joana (Zezé Motta), escrava liberta que passa a ser, ela mesma, proprietária de escravos. Ocorre que um de seus escravos é levado pelo capitão do mato a mando e para ser entregue ao senhor Manoel Fernandes (Antônio Abujamra). No momento em que Joana reclama a propriedade de seu escravo e se vê ignorada no pleito que entende ser-lhe de direito, confronta Manoel, a quem chama de branco ladrão. Ao fim da cena, descobrimos que Joana acaba presa. Milton Gonçalves, o narrador, explica que:

> "A lei vigente no código penal do vice-reinado condena qualquer tipo de comportamento que perturbe a paz social, isto posto e por tudo o mais que no processo consta, julgo a ré Joana Maria Conceição, negra alforriada, dona de casa, casada, residente à estrada da Lagoa, sem número, condenada por perturbação da ordem em área residencial e ofensas morais ao Senhor Manoel Fernandes, fabricante de pedras, branco, casado, residente à Rua do Ferreiro, número 15... Será recolhida à prisão, ou poderá pagar fiança de 15.000 réis, se dispuser de tais recursos." (BIANCHI, 2008, p. 37-38)

Outra informação fornecida pelo narrador é a fonte da história contada: "Extraído do Arquivo Nacional – 1799 – Rio de Janeiro – Vice Reinado – Caixa 490". Aqui começa uma dúvida, das muitas que nos são apresentadas: trata-se de um documentário ou de um filme?

Nessa primeira cena, duas situações, por motivos diversos, precisam ser pontuadas. A primeira é o seu caráter de exceção, pois estamos analisando uma mulher negra proprietária de escravos no fim do século XVIII.[9] Cabe aqui destacar o incômodo que sentiu Lázaro Ramos quando estava desenvolvendo o seu livro ("Na minha pele", em que discute o racismo a partir de suas experiências pessoais) que relatos de exceção são delicados, pois só confirmam, via transversa, a regra (2017, p. 11).

---

9. Na leitura do roteiro do filme encontramos a seguinte explicação: "O fato de terem muitos negros alforriados que tinham escravos foi uma de nossas surpresas ao fazer a pesquisa. Sintetiza muito bem uma de nossas preocupações, que era desvincular uma suposta ligação automática entre a questão da exploração social e a questão da opressão racial. Queremos mostrar, que ambas existem, mas nem sempre a ligação é imediata. Existem formas variadas de elas se relacionarem, como a opressão social para brancos, o racismo entre negros, entre outras formas" (BIANCHI, 2008, p. 36-37).
Gostaríamos de destacar que não vislumbramos dessa forma. A situação de Joana Maria Conceição, como detentora de escravos, só pode ser entendida como exceção e essa situação deve nos mostrar o caminho que foi trilhado para o racismo institucional que vivemos, em todos os setores da sociedade brasileira, até hoje.

A segunda questão a ser destacada é o potencial da cena para discutir o quanto o racismo é estrutural e fundante do sistema de justiça criminal.[10] Procurando estabelecer essa correlação no Brasil, Nilo Batista desenvolve um importante argumento em "Pena pública e escravismo", demonstrando que a escravidão estruturou o aparato punitivo de variadas formas. Primeiramente, no período colonial e durante o Império, um direito penal privado coexistia com a pena pública; às vezes em conflito com este, mas, em muitas outras situações, estabelecendo relação de complementariedade (BATISTA, N., 2012).

Partindo do caso de cinco escravos que assassinaram um capataz,[11] Batista explora os bastidores do processo criminal. De um lado, o dono dos escravos não desejava que a vítima fosse qualificada como capataz, posto que isso levaria, em eventual condenação à pena de morte, à perda de seus cinco escravos.O fiscal de acusação, por outro lado, deixou de pronunciar dois dos escravos, porque entendeu que eles não teriam efetivamente concorrido para a morte, mas estavam tentando uma autoincriminação porque a pena pública seria mais confortável que o cativeiro da escravidão.[12] Por fim, os jurados teriam acolhido o apelo dos advogados dos escravos – nomeado pelo seu dono – e teriam apresentado a melhor das saídas para a manutenção de sua propriedade: apenas três escravos condenados e não à pena de morte, mas a quinhentos açoites, pois a qualidade de "capitão do mato" da vítima fora afastada.

A contradição entre as posições do dono dos escravos e dos fiscais do Estado era uma das expressões das tensões entre a pena pública e a privada. Outro aspecto comum eram as tentativas régias e das câmaras municipais em limitar a crueldade com que os castigos eram aplicados aos escravos.[13]

Porém, para além desses conflitos, havia também uma coerência no comportamento da justiça pública com os interesses dos senhores de engenho. Os limites à crueldade dos castigos, sobretudo a de açoite, por exemplo, eram pensadas como formas de manutenção da propriedade senhorial (MAIA, 2007, p. 55). A pena de morte, por seu turno, poderia ser mais ou menos utilizada e defendida a depender da oferta de mão de obra escrava. A graça dada pelo rei, que, na prática, representava a dispensa do cumprimento da pena de morte, era

10. Aqui é importante destacar a análise de Vera Malaguti Batista ao tratar do projeto autoritário dos brancos em relação à população negra: "Esse medo branco que aumenta com o fim da escravidão e da monarquia produz uma República excludente, intolerante e truculenta com um projeto político autoritário. Essa foi sempre a síndrome do liberalismo oligárquico brasileiro, que funda a nossa República carregando dentro de si o princípio da desigualdade legítima que herdara da escravidão" (2003, p. 37).

11. Crime, à época, sujeito à pena de morte.

12. A pena pública parecia, de fato, ser menos severa que o cativeiro, fato também observado por Clarissa Nunes Maia (2007, p. 56).

13. Por meio de vários Avisos, D. Pedro I tentou limitar o uso do açoite, exigindo que essa pena fosse aplicada de forma razoável. Também se tentou disciplinar a execução dessa punição por meio das posturas municipais. Conferir: MAIA, 2007, p. 48.

menos frequente em épocas de abundância de mão de obra escrava, passando-se o contrário em períodos de escassez de mão de obra (BATISTA, N., 2012, p. 50).

Voltando ao caso de Joana Maria Conceição, existiam dois proprietários de escravos. O direito civil determina que o dono é quem pode comprovar, e Joana tinha a documentação comprobatória. Porém, diante de um sujeito de direito mais legítimo – um homem branco – o direito penal tratou de ser utilizado para neutralizar a ação da legítima proprietária.

Em seguida, somos remetidas ao início do conto *Pai contra Mãe*. A imagem é de uma senzala, com mulheres e homens sendo torturados. A narrativa de Milton Gonçalves se confunde com a própria narrativa de Machado de Assis.

> "A escravidão levou consigo ofícios e aparelhos, como terá sucedido a outras instituições sociais. Não cito alguns aparelhos senão por se ligarem a certo ofício. Um deles era o ferro ao pescoço, o outro o ferro ao pé; havia também a máscara de folha-de-flandres. A máscara fazia perder o vício da embriaguez aos escravos, por lhes tapar a boca. Tinha só três buracos, dois para ver, um para respirar, e era fechada atrás da cabeça por um cadeado. Com o vício de beber, perdiam a tentação de furtar, porque geralmente era dos vinténs do senhor que eles tiravam com o que matara sede, e aí ficavam dois pecados extintos, e a sobriedade e a honestidade certas. Era grotesca tal máscara, mas a ordem social e humana nem sempre se alcança sem o grotesco, e alguma vez o cruel." (MACHADO, 1994)

O filme sai do passado para o presente e comprova que não é um documentário.[14] O espectador se depara com uma festa na laje, cerveja, samba e uma vista para o morro. A cena descreve uma festa de aniversário e tem maioria negra.

No presente, a trama envolve a lógica da caridade: é passada uma propaganda dizendo que não se deve dar dinheiro para crianças na rua, pois a doação deve ser feita para empresas responsáveis. O enredo começa a apresentar o "negócio" da caridade.

---

14. Interessante a análise de Sérgio Motta: Nesse sentido, podemos afirmar que Sérgio Bianchi retrabalhou os dois principais efeitos discursivos propostos por Machado no conto analisado. O início, de indício documental, o cineasta transformou em linguagem e gênero documentários. Enquadrou a história de Candinho nessa linguagem e no tempo da escravidão, emoldurando-a com várias outras narrativas breves desenvolvidas a partir de documentos da Biblioteca Nacional do Rio de Janeiro e com o apoio da obra *Crônicas históricas do Rio colonial*, de Nireu Oliveira Cavalcanti, também baseada na mesma fonte. Em correspondência à parte do conto marcadamente ficcional, ele traz a "história de uma fuga" para os tempos atuais e reduplica-a em várias narrativas entrelaçadas. Ou seja, não só recriou a estratégia de Machado, como machadianamente incluiu a ficção da "caçada" no gênero documentário e a duplicou no presente, na parte marcadamente ficcional do filme, para captar o seu reflexo com as lentes da atualidade no espelho da realidade social (2010, p. 92-93).

O marketing social é vendido a um padre. O empresário Marco Aurélio (Herson Capri), um dos sócios da Stiner Empreendimentos, uma empresa especializada na captação de recursos para projetos de natureza assistencial, mostra ao padre que é preciso uma releitura da atividade beneficente. Depois teremos a imagem de uma *socialite* branca (Ariclê Perez) tirando foto com crianças pobres.

Na atualidade, o narrador também se faz presente, não mais na voz de Milton Gonçalves.

> "Doar é um instrumento de poder. A superexposição de seres humanos em degradantes condições de vida... faz extravasar sentimentos e emoções. Sente-se nojo, espanto, piedade, carinho, felicidade... e, por fim, alívio. E ainda faz uma boa dieta na consciência." (BIANCHI, 2008, p. 59)

O filme adentra a crítica ao assistencialismo, mostrando o custo e o lucro que a miséria pode trazer para a classe média e a elite branca.

2. A IRMANDADE FEMININA EM BUSCA DO LUCRO

Começa a cena de uma relação entre patroa, Noêmia (Ana Lúcia Torres) e empregada, Mônica (Cláudia Mello), que sonha em ser igual à patroa e viver de ajudar os pobres.

Nessa relação de cordialidade[15] patroa-empregada, que acontece em uma feira, onde a patroa compra carne velha para fazer comida para doação, termina no seguinte diálogo:

> "Patroa: [...] Você podia trabalhar comigo em tempo integral. Larga o outro emprego, eu pago a festa. Em um ano, dá pra pagar. O que você acha?
>
> Empregada: A senhora é tão boa! Um dia desses... Vai jantar lá em casa! Tudo o que vai, volta. A senhora vai receber por toda a sua generosidade.
>
> Elas se abraçam." (BIANCHI, 2008, p. 73-74)

O filme volta ao passado com a narração de Milton Gonçalves e apresenta o seguinte letreiro: "História da grande amizade entre Maria Antônia e Lucrécia". A mesma atriz que fazia a patroa, agora é Maria Antônia, uma viúva proprietária de escravos, que vivia de pequenos negócios e, segundo o narrador, "gostava de comprar a preços baixos e revender sua mercadoria com

15. O termo cordial será usado dentro da construção de Sérgio Buarque de Holanda, vários personagens do filme apresentam de forma muito explícita essa "cordialidade" descrita em Raízes do Brasil (1976, p. 101-110). Mas gostaríamos de apresentar as críticas de Jessé de Souza "homem/mulher cordial". "O homem cordial não tem classe social, mesmo em um país tão desigual como o Brasil sempre foi. Ou seja, desde o início essa noção esconde conflitos sociais de toda espécie e cria um ser 'genérico' que existe unicamente para ser contraposto ao 'protestante ascético' como símbolo da cultura norte-americana" (SOUZA, 2016, p. 45).

bons lucros" (BIANCHI, 2008, p. 76). O fato deságua na relação dessa mulher branca com uma mulher negra, idosa, que trabalhava enquanto escrava para um homem branco e não conseguia pagar sua alforria. A "bondade" de Maria Antônia, desta vez, é expressa em um novo negócio: compra Lucrécia de seu antigo senhor combinando que esta última trabalhará e pagará, incluindo os juros, por sua liberdade ao cabo de algum tempo.

A ironia é que, mais uma vez, temos a amizade de patroa e empregada,[16] na atualidade duas mulheres brancas e no passado uma mulher branca e uma mulher negra. No presente, um empréstimo para bancar uma festa de casamento, no passado um empréstimo pela compra da liberdade. Aqui a lógica do favor aparece claramente, a patroa faz um "favor" à empregada para garantir a sua "fidelidade".

Vera Malaguti Batista, avaliando as contradições do liberalismo escravista brasileiro, remete a Roberto Schwarz:

> "Na obra de Schwarz, os romances de Machado de Assis desvendam o sentido histórico da crueldade da produção escravista fundada na violência e na disciplina militar. Os únicos pontos de fuga das relações sociais entre a escravidão e o assalariamento seriam as relações de favor. O autor denomina o arbítrio presente na natureza do favor, nas cerimonias de superioridade social." (2003, p. 60)

Mais uma vez, ao final da narrativa, entra Milton Gonçalves:

> "Maria Antônia deu uma cartada certa. Pois em 16 de setembro de 1786, as duas foram novamente ao cartório do tabelião José Vandek e, diante dele, contaram as moedas trazidas por Lucrécia que, para alegria das duas, somavam 42.238 réis. O lucro e a liberdade, enfim se tornam realidade." (BIANCHI, 2008, p. 81)

---

16. O problema do emprego doméstico no Brasil continua sendo um espaço de dominação entre duas mulheres. Apenas em 2012 a denominada "PEC das domésticas" alçou as empegadas domésticas à condição de trabalhadora. As pesquisas nos mostram que hoje a mulher branca e oriunda da classe média já alcança os patamares de qualificação e emprego dos homens brancos. Em vestibulares e concursos públicos a aprovação das mulheres já começa a superar à dos homens. Como muitas mulheres com tripla jornada de trabalho conseguiram esses espaços em uma determinada classe social? A resposta passará, sem dúvida, pela colocação de outras mulheres para complementarem sua carga horária de trabalho. A inserção da mulher no mercado de trabalho não veio acompanhada de nenhuma estrutura, como creches e escolas de tempo integral. Esse fato não aconteceu nem na rede pública, nem na rede privada. A solução encontrada foi a equivalente ao tempo do Brasil Colonial, com as amas de leite.
Sobre narrativas das formas de relacionamento entre mulheres brancas e negras no Brasil Colonial cf. FREYRE, 2002, 439-460.
O cinema brasileiro vem trabalhando essa temática. Kleber Mendonça aborda a temática em *Recifefrio* e em *Aquarius* e, mais explicitamente, a temática vem no filme de Anna Muylaert: *Que horas ela volta?*

A narrativa nos remonta para a distância entre a realidade das mulheres brancas e das mulheres negras. Esse hiato, que é social e econômico, reproduziu-se no âmbito acadêmico e nos movimentos feministas em suas primeiras gerações, trazendo forte impacto na compreensão que a criminologia crítica faz do sistema penal e da mulher.

Esses "pontos cegos" das teorias feministas e da criminologia crítica foram denunciados por várias autoras do feminismo negro. Uma primeira crítica é à própria forma como a mulher é categorizada, como se estivéssemos diante de uma realidade universal, na qual todas estariam submetidas às mesmas formas de hierarquia e opressão.

Bell hooks, em seu "*Feminism is for everybody*" (2000, p.56) ironiza os primeiros movimentos feministas que evocavam a união das mulheres, a *sisterhood*, quando, em verdade, sequer tratavam da condição das mulheres negras. No Brasil, traçando um pensamento diaspórico e decolonial, Lélia González (1988) propõe a reflexão acerca das trajetórias das mulheres *amefricanas*. A autora se afasta do pensamento hegemônico que, centrado na experiência europeia ou europeizada, invisibiliza as mulheres negras e indígenas. Notamos, então, que os feminismos negros escancaram os limites dos movimentos feministas brancos, os quais, até então, recusavam compreender que ser mulher negra, indígenaou branca são experiências por demais diversas em uma sociedade racista.

O que esses escritos do feminismo negro procuraram evidenciar é que a mulher negra esteve fora de seu espaço doméstico desde a escravidão até as revoluções industriais, representando importante contingente da força de trabalho; que as famílias negras, longe de serem comandadas por um patriarca homem são, muitas vezes, chefiadas e mantidas por uma mulher ou uma rede de mulheres e que, inclusive, essas mulheres se sentem independentes economicamente;[17] que o trabalho feminino, embora muitas vezes não estimulado nas famílias brancas, sempre foi um dado presente na vida das mulheres negras.

É preciso, portanto, ver além dos postulados da branquitude do feminismo. É preciso perceber as várias formas através das quais mulheres brancas exploraram mulheres negras, desde a figura das amas de leite, às empregadas domésticas e babás de hoje, inclusive, para garantir sua emancipação. Segundo Bell Hooks:

---

17. Abordando a realidade do The Flats, bairro negro da cidade de Jackson Harbor, nos Estados Unidos, Carol Stack traz ao debate importantíssimas reflexões sobre o padrão da família negra estadunidense, apontando para a centralidade da figura materna e para a relativa independência financeira que elas tinham em relação a seus maridos (2012, p. 190).

> "Observa-se repetidamente que o grau com que as mulheres brancas são capazes de se afastar da realidade doméstica, das responsabilidades de cuidar das crianças e do serviço doméstico é determinado pela medida em que as negras, ou algum outro grupo sub privilegiado, estão amarradas a esse trabalho, obrigada pelas circunstancias econômicas a aparar arestas, a assumir a responsabilidade." (2013, p. 136)

Em mais uma cena voltamos à relação patroa-empregada: é no momento do casamento. O noivo é Candinho (Silvio Guindane), homem negro, que em uma cena anterior trabalhava como gari. A noiva é Clara (Leona Cavalli), mulher branca, que está grávida e não trabalha.

Nessa cena destacamos um diálogo da tia da noiva, Mônica, com uma menina negra, entre dez e doze anos, que já aparecera em outras cenas do filme, sempre calada e realizando trabalhos domésticos.

> "Mônica: Você é muito prendada, viu? Acho que vou te pegar pra criar. Você gostaria de ter uma mãe assim como eu? Comida boa, todo dia. Você teve sorte de encontrar uma família que te trata como filha." (BIANCHI, 2008, p. 117)

Depois chegamos à cena do casamento. A patroa foi até a casa da empregada levar os presentes e sua "cordialidade". Durante a festa repleta de comida aparecem a noiva grávida e o noivo, ambos animados com a festa, e devidamente paramentados. Da cena, destacamos o seguinte diálogo:

> "Patroa (Noêmia): Você nem pense nisso agora. Mas quero te avisar uma coisa: a Associação vai ser transferida pra uma chácara no interior e eu vou precisar muito da sua mão, na nova sede.
>
> Empregada (Mônica): Mas como vou largar minha sobrinha nesse estado? Porque a criança logo, logo está nascendo. Eu posso fazer tudo aqui da cidade.
>
> Noêmia: Eu te ajudei quando você precisou e agora você vai me ajudar. Não é uma questão de serviço, é a sua presença. Na nova sede eu quero gente de confiança.
>
> Mônica: E se eu te apresentar uma menina prendada, limpinha, faz tudo. Não dá trabalho nenhum. Faz tudo da casa, é de confiança. Limpinha, não come quase nada. Você ia ficar satisfeita, não é, Noêmia?" (BIANCHI, 2008, p. 122)

Ao final do enredo uma menina negra resolve a situação da empregada branca que não queria trabalhar no interior. O "favor" foi sanado pela criança. Quanto vale?

3. O ASSISTENCIALISMO, O SISTEMA PRISIONAL E O EXTERMÍNIO: AS DIVERSAS FORMAS DE CONTROLE DOS EXCLUÍDOS

No presente, o enredo do filme trabalha muito essa "nova" forma de assistencialismo realizada pelo terceiro setor. Garante assim o estado social mínimo para a população excluída do sistema econômico, ao mesmo tempo em que esse trabalho gera lucros para a elite e garante empregos para a classe média.

Esses projetos também garantem a boa consciência das mulheres brancas, como acontece na cena em que algumas *socialites* "ajudam" crianças pobres que estão em estado terminal de câncer, colocando-as, com suas famílias, em um hotel cinco estrelas para que possam comer bem e tomar banho quente.

Em uma outra cena, também protagonizada por Noêmia, a patroa empresta o dinheiro para o casamento, que se passa em uma chácara. Aqui o trabalho é com moradores de rua. Destacamos a seguinte fala:

> "A minha ideia é unir o teu trabalho com a sabedoria vegetal. Nós vamos fazer os mendigos viciados passarem por um processo de purificação, física e mental. E com isso a gente consegue o patrocínio da Philantropic Partners. Aquela empresa da Filadélfia. O aumento da capacidade espiritual. A volta da autoestima."

Em mais uma cena, o filme nos leva ao custo desse assistencialismo, então somos informados dos seguintes dados:

> "Em todo o País, apenas entre as entidades privadas que prestam assistência a menores carentes calcula-se que se movimentem mais de US$100 milhões por ano. Cada criança carente, corresponde nesse novo mercado à criação de 5 novos empregos." (BIANCHI, 2008, p. 133)

Em seguida o locutor volta a explicar dados, enquanto vemos fotos de crianças pobres.

> "De acordo com esta funcionária, temos cerca de 10 mil crianças abandonadas nas ruas.[18] Se pegássemos os US$100 milhões, quantia

---

18. Não sabemos a fonte desse número, mas Luciano Oliveira, no começo da década de noventa do século passado, nos apresenta um número, como base em um estudo da Unicef, publicado pela *IstoÉ*, 28.08.1991, que pelo menos 7 (sete) milhões de menores de 18 anos vivem na rua. E no mesmo artigo aponta que vivem na rua 800 (oitocentos) mil crianças, com base em um estudo do IBGE, publicado pela *Veja*, 29.05.1991. No mesmo artigo Luciano indica o estudo da socióloga Cleide Galisa de Oliveira afirmando que mais 80% dos menores de rua do Recife possuem um estrito vínculo famílias, residindo com parentes próximos e retornando às suas moradias para dormir (OLIVEIRA, 1994, p. 51-61). Então podemos afirmar que esse é um número muito difícil de calcular e por esse último dado a melhorar de renda das famílias atrelado a uma educação pública de qualidade seria o melhor caminho para tirar essas crianças do abandono.

> estimada da movimentação financeira das entidades e dividíssemos pelo número estimado de crianças, que são 10 mil, cada uma delas receberia US$10 mil por ano. Com esse dinheiro, seria possível comprar um apartamento pequeno para cada criança, a cada dois anos. Ou ainda, pagar estudos em escolas da rede particular até a faculdade." (BIANCHI, 2008, p. 135)

As cenas da festa no Teatro e a apresentação das imagens dos beneficiários, com o contraste de quanto essa rede sustenta e demostrada de forma nua e crua, a crítica ao terceiro setor como um mantenedor da miséria no país. A pergunta "quanto vale?" se dirige agora às crianças.

Assim, o pretenso estado mínimo implementado no Brasil na década de noventa com a introdução do terceiro setor para trabalhar a assistência social é desvelado. O dinheiro não é desviado pelo estado e o pretexto da corrupção estatal para justificar o desmantelamento do estado não encontra nenhuma justificativa diante da realidade mostrada no filme. O dinheiro poderia ir direto às famílias em um verdadeiro processo de transferência de renda, mas os processos de caridade parecem manter o *status* da classe média e beneficiar diretamente a elite, que sustenta o discurso da caridade com os "mais necessitados".

Em outra cena nos é mostrado, de forma bastante ilustrativa, um outro grande negócio que vem sendo tomado pela iniciativa privada: a construção de presídios. O terceiro setor faz os investimentos também na ampliação de vagas no sistema prisional. Assim, como nem todos os perfis e faixas etárias cabem na assistência, o sistema prisional precisa de investimentos, para incentivar o "bom comportamento dos demais".

Dentro dessa lógica da reprodução moderna das formas de controle, o sistema prisional toma, com o apoio da iniciativa privada, novas feições na geração de emprego e lucros. Nessa cena destacamos os seguintes trechos.

> "Nunca, numa única gestão foram construídos tantos presídios. Além disso, nos últimos anos nossos policiais intensificaram a captura de criminosos duplicando a massa carcerária. E a nossa meta já para o próximo ano é dobrar o número de vagas nas cadeias construindo presídios em pequenas cidades do interior do Estado. E aumentar progressivamente esse número, garantindo espaço para todas as detenções feitas pela polícia gerando assim, muitos empregos diretos e indiretos."

Durante essas falas aparece Dona Irene (Miriam Pires), mulher idosa, que no filme é faxineira da agência de publicidade, ao lado de Dido (Lázaro Ramos), homem jovem e negro. Eles lancham juntos no pátio da unidade prisional. Aqui destacamos as seguintes falas de Dido:

> "Esse é o nosso navio negreiro. Dizem que a viagem era bem assim. Só que ela só durava 2 meses. E o principal o navio ia terminar em algum lugar. Na escravidão, a gente era tudo máquina. Eles pagavam combustível e manutenção pra que a gente tivesse saúde pra poder trabalhar de graça

> pra eles. Agora, não. Agora é diferente. Agora a gente é escravo sem dono. Cada um aqui custa 700 paus pro estado, por mês. Isso é mais do que 3 salários mínimos. Isso diz alguma coisa sobre este país. O que vale... é ter liberdade pra consumir. Essa é a verdadeira funcionalidade da democracia."

A imagem do personagem de Lázaro Ramos, dentro de uma cela repleta de homens amotinados, pode sim ser associada ao navio negreiro, mas também nos remonta às senzalas. Como afirma Nilo Batista:

> "[...] o tronco não existia apenas nas senzalas, mas também nas cadeias públicas. Quando, portanto, no último quartel do século XIX, tem início a transição para o capitalismo, que levaria à configuração política republicana e federativa, esteve em vigor um sistema penal cujo eixo era constituído por penas corporais. Só em 1886 foi abolida a pena de açoites. Vestígios desse sistema, signo de uma formação social autoritária e estamental, encontram-se ainda hoje nas práticas penais disfuncionais das torturas, espancamentos e mortes com as quais grupos marginalizados, pobres e negros costumam ser tratados por agências executivas do sistema penal ou per determinação de novos 'senhores'." (1990, p. 125)

A pena de prisão, que continua em plena expansão no Brasil, sem dúvida, continua existindo para "os mesmos" açoitados da nossa história, e o mercado das penas também é crescente nas denominadas alternativas à prisão, que são para "outros",[19] e isso fica muito claro quando se observa quem são os presos, em qualquer país no mundo.[20]

Em 2015, foi publicado pelo Departamento Penitenciário Nacional, órgão do Ministério da Justiça brasileiro, o Levantamento Nacional de Informações Penitenciárias, Infopen 2014. Segundo os dados apresentados nesse documento, o Brasil tem a quarta maior população prisional em números absolutos, ficando atrás apenas dos Estados Unidos, da China e da Rússia. Em termos relativos, a população prisional brasileira também é a quarta maior, perdendo somente para os Estados Unidos, a Rússia e a Tailândia.[21]

---

19. Para analisar historicamente o tema da lei penal para os pobres cf. FOUCAULT, p. 91 e ss.

20. Segundo Eduardo Novoa Monreal: "É o direito penal o ramo jurídico em que, de modo ostensivo, se pode advertir uma aplicação classista da lei. Para verificá-lo, basta indagar a que classe social pertencem os réus condenados, em particular aqueles aos quais foram aplicadas penas mais graves, e examinar o grande número de atentados, de grande envergadura, que perpetram banqueiros, empresários, especuladores e agiotas e membros das máfias de prostituição, das drogas e do jogo de azar, que não estão tipificados penalmente ou que não são seguidos de sentença penal condenatória" (1988, p. 121). Rosenn quando discorre sobre a prática brasileira afirma: "no Brasil se diz com boa razão: 'O Código Civil é para o rico e o Código Penal é para o pobre'" (1998).

21. Disponível em: <http://www.justica.gov.br/noticias/mj-divulgara-novo-relatorio-do-infopen-nesta-terca-feira/relatorio-depen-versao-web.pdf>. Acesso: 01.01.2016.

Com relação à prisão provisória, o Brasil apresenta a quinta maior taxa. Assim, do total de pessoas privadas de liberdade, aproximadamente quatro entre dez (41%), estavam presas sem ainda terem sido julgadas.[22] Importante destacarmos que desde 2008, os Estados Unidos, a China e, especialmente, a Rússia, apresentam queda no ritmo de encarceramento, já o Brasil vem acelerando o ritmo.[23]

O relatório aponta ainda que pela primeira vez a população carcerária brasileira ultrapassou o número 600 mil e, em 2014, era 6,7 vezes maior do que em 1990. Os dados apresentados pelo relatório são alarmantes, pois entre 2000 e 2014, a taxa de aprisionamento aumentou 119%. Assim consta o relatório:

> "Em 2000, havia 137 presos para cada 100 mil habitantes. Em 2014, essa taxa chegou a 299,7 pessoas. Caso mantenha-se esse ritmo de encarceramento, em 2022, a população prisional do Brasil ultrapassará a marca de um milhão de indivíduos. Em 2075, uma em cada dez pessoas estará em situação de privação de liberdade."

É difícil afirmar quais as razões para o incremento dessa taxa de encarcerados, bem como a existência de tamanha variação entre os países; por exemplo, a Espanha apresenta uma população carcerária de 133 para 100.000 habitantes,[24] a Islândia de 45 para 100.000, a Bolívia em torno de 122 por 100.000 habitantes e a Tailândia de 474 para 100.000.[25]

Apesar disso, o filme talvez nos aponte uma das respostas para o aumento galopante da população carcerária brasileira no início desse século. Na obra de Bianchi, dois são os caminhos apontados para a resolução do problema da pobreza: o assistencialismo e o sistema punitivo, formal e informal. Todos aparentemente rentáveis para elite do Brasil.

É quando voltamos à família dos noivos, agora recém-casados. Movida por sonhos de consumo, Clara pressiona continuamente seu marido, Candinho, para que o casal de algum modo eleve seu padrão de vida, adquira bens materiais que ela vê anunciados em programas de televisão e revistas. Ciente de que seu emprego de gari não supre esta demanda, Candinho aos poucos vai perdendo o ar alegre e brincalhão com que é retratado nas primeiras cenas e adquire uma expressão cansada e nervosa. Ao cabo de algum tempo, ele vai até um comerciante local e aceita um serviço como um matador de aluguel. Ele é

---

22. Disponível em: <http://www.justica.gov.br/noticias/mj-divulgara-novo-relatorio-do-infopen-nesta-terca-feira/relatorio-depen-versao-web.pdf>. Acesso: 01.01.2016.
23. Disponível em: <http://www.justica.gov.br/noticias/mj-divulgara-novo-relatorio-do-infopen-nesta-terca-feira/relatorio-depen-versao-web.pdf>. Acesso: 01.01.2016.
24. Sobre uma análise do crescimento da pena privativa de liberdade na Espanha, conferir RIPOLLÉS, 2007.
25. Os dados estão disponíveis no seguinte endereço eletrônico: <http://www.prisonstudies.org>. Acesso: 10.01.2016.

contratado para matar dois jovens. Aqui destacamos a fala do comerciante que o contratou:

> "Resolvi voltar às antigas. A polícia está cobrando muito caro. Antes, a gente fazia mais simples. Era eu, você, tá acertado. Taí, aproveita, rapaz. Olha, se fizer o serviço direitinho tem mais trabalho pra você, tá?
>
> São uns moleques sujos, o Ratinho e o Damião. Estão com a mão enfaixada. Sabe quem são, não sabe?"

Nessa cena fica explícito o que Lola Aniyar de Castro[26] denominava de direito penal subterrâneo, que institucionaliza a pena morte informal. Segundo Zaffaroni e Batista, "à medida que o discurso jurídico legitima o poder punitivo discricionário e, por conseguinte, nega-se a realizar qualquer esforço em limitá-lo, ele está ampliando o espaço para o exercício do poder punitivo pelos sistemas penais subterrâneos" (2003, p. 70).

Aqui o sistema punitivo informal complementa o sistema punitivo formal, no seu projeto de controle dos corpos e das vidas dos excluídos.

4. DO CAPITÃO DO MATO AO MATADOR DE ALUGUEL: ENTRE A AUSÊNCIA DA POLÍCIA E O SEU COMPLEMENTO.

A proposta feita a Candinho – matar dois jovens – e as consequências que dela advém nos fazem pensar que a aproximação entre capitães-do-mato e policiais não é recente, assim como não é recente a relação íntima entre o racismo praticado contra negros escravizados, forros e livres, sejam eles capitães-do-mato, policiais, "cidadãos comuns". O que vemos, num caso ou noutro, é uma mão branca violenta que se isenta de participar da ponta da cadeia, de se pôr em risco para garantir a si mesma, e que consegue novamente instrumentalizar, e então reforçar um ciclo de vulnerabilização, o trabalho e a vida negra. Sem ter essa questão em mente, a leitura do filme pode se tornar equivocada.

Ainda dialogando com o conto de Machado de Assis e transitando entre o passado e o presente, o que o filme nos mostra, paralelamente ao novo serviço de Candinho enquanto matador de aluguel, é a versão da personagem no passado escravista: Candinho é um capitão do mato e aparece perseguindo um escravo fugido.

Como nos conta o narrador, inspirado no conto machadiano: "Pegar escravos fugidos era um ofício da época. Não era um ofício nobre, mas por ajudar a manter a lei e a propriedade trazia uma nobreza própria" e complementa:

---

26. Para a autora: "o sistema subterrâneo opera nos diferentes níveis do sistema social. Isto é, tanto nos mecanismos de controle formal como nos de controle informal. E aparece tanto nos conteúdos como nos não-conteúdo do controle social, especialmente o formal" (CASTRO, 2005, p. 128).

> "Ninguém se metia a tal ofício por desfastio ou estudo; a pobreza, a necessidade de uma achega, a inaptidão para outros trabalhos, o acaso, e alguma vez o gosto de servir também, ainda que por outra via, davam o impulso ao homem que se sentia bastante rijo para pôr ordem à desordem."

Na continuação da cena Candinho encontra um anúncio para capturar uma escrava fugitiva, Arminda, também personagem de Machado de Assis. No conto, Arminda é uma escrava grávida e foragida e a recompensa paga pela sua captura salvaria o filho de Candinho e Clara da Roda dos Enjeitados. E assim acontece: Arminda é capturada e entregue ao seu senhor, momento que tem um aborto.

Com o desfecho do destino de Arminda do passado, o filme irá costurar todas as narrativas do presente para finalizar a nova história de Candinho e Arminda.

No presente, Arminda também é uma mulher grávida, líder comunitária negra, que descobre uma fraude no Projeto informática na periferia, realizado pela empresa Stiner, através dos seus sócios Marco Aurélio (Herson Capri) e Ricardo (Caco Ciocler). Durante o filme, Arminda aparece em diálogos para tentar recuperar os computadores e é sempre intimidada por um dos sócios da empresa.

Nos momentos finais do filme, Arminda consegue, através de uma funcionária negra, que foi demitida da Stiner, toda documentação que comprova a fraude dos computadores. Munida desses documentos, Arminda vai com um grupo de pessoa ao Theatro Municipal para fazer a denúncia da fraude no dia que a empresa Stiner receberia o prêmio de empresa solidária. Arminda consegue visibilidade e denuncia a fraude para uma emissora de televisão que estava cobrindo o evento. A Arminda atual, através da denúncia, começa a ameaçar o lucro do novo sistema.

O Candinho atual continua sendo cobrado a sustentar seu filho e a tia de sua esposa explica que o serviço que ele está fazendo já foi profissionalizado. A cena que segue é da Policia Militar recolhendo meninos que dormiam na rua e colocando em um camburão, como uma releitura da função do Capitão do Mato.

Segundo Vera Malaguti Batista:

> "A difusão de imagens de terror produz políticas violentas de controle social. As estruturas jurídico-policiais fundadas no nosso processo civilizatório nunca se desestruturaram, nem se atenuam. É como se a memória de medo, milimetricamente trabalhada, construísse uma arquitetura penal genocida cuja clientela alvo se fosse metamorfoseando infinitamente entre índios, pretos, pobres e insurgentes. É como se torturadores estivesses sempre a postos, prontos para entrar em cena e limpar o jardim." (2003, p. 105)

Certa feita, quando realizávamos pesquisa numa delegacia do Recife e nos espantávamos diariamente com a moenda de negros, policiais ou "infratores", que ali se desenrolava, um colega, pesquisador da equipe, narrou uma situação que presenciara naquela mesma delegacia. Um policial militar negro entrara alegre, brincando com os colegas, dizia, rindo-se e fazendo cena, que ali chegava o capitão do mato, o pretinho que prende preto (SILVA, 2016, p. 26).

A fala do PM causa espanto, talvez mais pela crueza da situação que pela comparação em si. A imagem evocada não é estranha, decerto, aos que se propõem a analisar as interseções entre racismo e violência estatal. Eram pretos os capitães-do-mato que se embrenhavam mata adentro atrás dos fujões, eram pretos muitos dos homens que, em troca de salários exíguos e garantias mínimas no emprego, compunham os quadros das guardas do período imperial e assumiam a missão, delegada pelo Estado, de controlar hordas de pretos e pardos que tumultuavam as cidades. Hoje sabemos ser preta boa parte da corporação que mata e morre numa espécie de guerra diária.

Como expresso acima, temos, no Brasil, um sistema penal fundado no escravismo e tributário, ainda hoje, daquele pacto social. As polícias surgem em nosso país em meados do século XIX. O crescimento das cidades e a queda da empresa açucareira, espaço onde as relações de casa grande e senzala se desenvolviam com grande intensidade, criava uma espécie, ainda que precária, de ebulição urbana.

Nesse ambiente, a presença negra se fazia muito marcada. Os escravos que realizavam serviços aqui e acolá a mando dos senhores, os forros e os pretos e pardos nascidos livres aglomeravam-se e diluíam-se na malta. Compunham a vida das cidades e também, de certa forma, uma cidade negra dentro da cidade oficial.

Eram tantos[27] e circulavam tão intensamente que a dimensão da presença negra no país se tornava algo impossível de ignorar. Num plano ideal de cidades asseadas e erguidas à moda europeia, a vida negra era constantemente associada pelas elites brancas à sujeira, às doenças, aos vapores e miasmas pútridos (BATISTA, 2003). Por isso, os planos urbanísticos e sanitários dos primeiros anos da República podem ser lidos como pequenas cruzadas de limpeza, limpeza racial.

Havia, também, o problema do descontrole e da desordem. Quem poderia distinguir, de modo apriorístico, quem era quem na multidão? O que diferenciava um preto livre ou forro de um fugido, além, eventualmente, da falta de sandália nos pés? A cidade parecia ameaçar as possibilidades de controle pelos senhores de escravos, que, como dito, podiam perder seus

---

27. Darcy Ribeiro (1995, p. 229) apresenta dados do IBGE que informam que, em 1872, negros e pardos
compunham cerca de 60% da população. Em 1890, este número decresce para cerca de 55%.

"investimentos" no meio da malta. Também facilitava demasiado a sedícia, a má conduta e a desordem: os arquivos públicos dão conta dos muitos pretos e pardos circulando embriagados, arrumando contendas em vendas e botequins, fazendo batuques, perturbando o sossego.

O correr do século XIX instaurara, ainda, o medo de um levante negro no imaginário das elites. A Revolução do Haiti era o exemplo do grande perigo em que as insurreições negras podiam se converter. Na vida interna do país, este perigo era relido a partir de episódios como a Revolta dos Malês, as cabanadas, a Revolta do Ronco da Abelha, ou mesmo as demonstrações cotidianas de resistência aos castigos físicos e a crueldade dos senhores (AZEVEDO, 1987).

Não por acaso, sentiu-se a necessidade de fechar cerco à cidade negra. Isso foi feito por muitas frentes. Através de legislações administrativas, buscava-se conter a circulação destes corpos, como ocorria com muitas posturas municipais. Criaram-se tipos penais voltados de modo indisfarçado para essa população: criminalização do "haitianismo", do curandeirismo e da capoeira. Vigiavam-se e puniam-se costumes e práticas tidos como indecentes e degenerados, mas que, em verdade, eram símbolos da vida e da agência negra, como o maracatu, o candomblé, o maxixe.

É preciso recuperar essa história para perceber que racismo e sistema punitivo são duas facetas de um mesmo fenômeno. Enunciar semelhante frase não é propriamente um ato de originalidade, mas é ir aonde a Criminologia Crítica tem evitado trânsito.

Enfim, o filme volta para Candinho, agora para concretizar a versão atual do conto machadiano. Agora não teremos a captura de uma escrava rebelde, mas sim a morte de uma líder comunitária que denunciou um desvio de verba de que beneficiaria crianças da periferia. Mais uma vez, os protagonistas são negros, pai e mãe. Ironicamente, voltamos com a mesma narrativa do passado: "Como recompensa pela escrava fugida o capitão do mato pode agora criar seu filho. Alimentá-lo e educá-lo com dignidade e liberdade".

O desfecho acaba com a comemoração da família com o dinheiro recebido e com a nova fonte de renda de Candinho. Nesse primeiro final, que o filme nos apresenta se mantém a lógica do capitão do mato. A pergunta continua: quanto vale ou é por quilo?[28]

28. Importante destacar que o filme nos oferece um outro final. Somos levadas novamente à cena da morte de Arminda, que propõe a Candinho montarem uma central de sequestro, que não teria o fim apenas de arrecadar dinheiro, mas também acabariam com todos aqueles que roubam o Estado.

5. UM OUTRO FINAL É POSSÍVEL?

Ao longo deste artigo quisemos discutir as possibilidades de uma leitura racializada do filme. Da crítica ao assistencialismo às formas pelas quais se constitui o sistema criminal, percebemos o lugar ocupado por uma supremacia branca que busca gerir a estrutura social de modo que o pacto social colonial e escravista possa se atualizar para se perpetuar. Não estamos diante, como poderia parecer, de questões de cunho eminentemente econômico. O problema, aqui, não é somente a estrutura de classes.

A discussão da realidade em dois tempos é útil para desvelar como toda a estrutura social brasileira é racialmente constituída. Discursos e práticas sobre a brutalidade dos corpos negros, um dia articulados enquanto justificação do escravismo e da submissão a um controle branco, puderam se perpetuar após a abolição porque seu lugar na sociedade não foi substancialmente alterado: mantidas as estruturas de poder e as práticas de exclusão.

É importante notar o papel das representações sociais acerca dos corpos negros que foram e são criadas nesse processo. O negro perigoso e violento, para quem a solução é a prisão ou o assassinato, o preto traiçoeiro, que sempre busca a "saída mais fácil" e está atavicamente ligado à "vida errada", o negro sem personalidade que vive melhor sob o favor branco: todas essas são imagens que surgem ao longo do filme e nos são apresentadas com maior ou menor ambiguidade. Quisemos destacar algumas delas e desnaturalizá-las.

Dessa forma, destacamos no artigo como as formas de controle se exercem e como podemos analisar o direito penal subterrâneo atuando de forma integrada ao sistema de justiça criminal. O filme, entre o passado e o presente, nos apresenta a imagem do sistema penitenciário como o navio negreiro ou como a senzala. Entre o assistencialismo e o punitivismo, nos resta a metáfora de Zaffaroni da "América Latina como uma instituição de sequestro" (ZAFFARONI, 1991, p. 63).

Outras questões mais se colocam nesse horizonte de reflexões necessárias, mas discutir o sistema de justiça criminal pela lente do racismo é absolutamente necessário e incontornável. Cada prática de controle e inferiorização negra, corresponde ao fortalecimento do privilégio e do supremacismo branco, que ocorre por meio do fortalecimento do sistema punitivo formal e informal. De sua caridade ao seu racismo sem véus, percebemos que a branquitude precisa urgentemente ser acusada e se tornar substância de debate e reflexão.

Discursos e práticas racistas, além de relacionais, são o sustentáculo do sistema prisional brasileiro.

REFERÊNCIAS BIBLIOGRÁFICAS

ASSIS, Machado. *Obra Completa,* de Machado de Assis, vol. II, Nova Aguilar, Rio de Janeiro, 1994.

BATISTA, Nilo. *Pena pública y esclavismo.* Coleccion Intercambios. Caracas: Universidad Nacional Experimental de la Seguridad, 2012.

_____. *Punidos e mal pagos: violência, justiça, segurança pública e direitos humanos no Brasil de hoje.* Rio de Janeiro: Revan, 1990.

BATISTA. Vera Malaguti. *O medo na cidade do Rio de Janeiro: dois tempos de uma história.* Rio de Janeiro: Revan, 2003.

HOOKS, bell. *Feminism is for everybody: passionate politics.* Cambridge: South End, 2000.

BIANCHI, Sérgio. *Quanto vale ou é por quilo?* Roteiro de Eduardo Benaim, Newton Cannito e Sérgio Bianchi do filme de Sérgio Bianchi. São Paulo: Imprensa Oficial do Estado de São Paulo, 2008 (Coleção Aplauso. Série cinema Brasil / Coordenador geral Rubens Ewald Filho).

CASTRO, Lola Aniyar de. *Criminologia da libertação.* Rio de Janeiro: Revan, ICC 2005.

FOUCAULT, Michel. *A verdade e as formas jurídicas.* Rio de Janeiro: Nau Editora, 1996.

FREYRE, Gilberto. Casa Grande e Senzala. *Intérpretes do Brasil.* Rio de janeiro: Nova Aguillar, 2. ed. 2002, p. 439-460.

GONZALEZ, L. A categoria político-cultural de amefricanidade. *Tempo brasileiro*, n. 92/93 (jan.-jun.), Rio de Janeiro, 1988.

HOLANDA, Sérgio Buarque de. *Raízes do Brasil.* Rio de Janeiro: J. Olympio, 1976.

MAIA, Clarissa Nunes. *Sambas, batuques, vozerias e farsas públicas: o controle social sobre os escravos em Pernambuco no século XIX (1850-1888).* São Paulo: Annablume, 2007.

MONREAL, Eduardo Novoa. *O direito como obstáculo à transformação social.* Trad. Gérson Pereira dos Santos. Porto Alegre: Sergio Fabris Editor, 1988.

MOTTA, Sérgio. Machado de Assis à luz do cinema de Sérgio Bianchi: o espaço em movimento In: MOTTA, S.; BUSATO, S. (orgs.). *Figurações contemporâneas do espaço na literatura* [online]. São Paulo: Editora UNESP; São Paulo: Cultura Acadêmica, 2010.

OLIVEIRA, Luciano. Meninos de rua: reflexões para uma política de assistência ao mesmo tempo quixotesca e realista. *Ciência e Tropico.* vol. 22, n. 1, 1994, p. 49-66.

RIBEIRO, Darcy. *O povo brasileiro: a formação e o sentido do Brasil.* 3. ed. São Paulo:Companhia das Letras, 1995.

Ripollés, José Luis Díez. *La política criminal en la encrucijada*. Buenos Aires: B de f, 2007.

Rosenn, S. Keith. *O jeito na cultura jurídica brasileira*. Rio de Janeiro: Renovar, 1998.

Saraiva, Juraci; Drumm, Elisabeth. A cultura da reificação humana: *Quanto vale ou é por quilo? Antares*, vol. 4, n. 8, jul.-dez. 2012, p. 81-97.

Silva, Fernanda L. *Policiados e policiais. Dois tempos de uma história de criminalização*. Monografia de conclusão de curso (Direito). Universidade Federal de Pernambuco, 2016.

Souza, Jessé. *A Tolice da inteligência Brasileira ou como o país se deixa manipular pela elite*. São Paulo: Leya, 2015.

Stack, Carol. Roles sexuales y estratégias de supervivencia en una comunidad negra urbana. Jabardo, Mercedes (org.). *Feminismos negros: una antologia.* Madrid: Traficantes de Sueños, 2012.

Zaffaroni, E. Raúl. *Em busca das penas perdidas: a perda da legitimidade do sistema penal*. Rio de Janeiro: Revan, 1991.

______; Batista, Nilo. *Direito Penal Brasileiro*. vol. I, 2. ed. Rio de Janeiro: Revan: 2003.

■

17

"PRIMEIRO CARNAVAL, PRIMEIRO PELOURINHO TAMBÉM":[1] ANOTAÇÕES SOBRE O PODER PUNITIVO EM *Ó PAÍ Ó!*

BRUNA PORTELLA DE NOVAES[2]

MARCELO COELHO[3]

RESUMO: o presente texto se debruça sobre o filme *Ó Paí ó* (2007), que reúne um conjunto de narrativas permeando a cidade de Salvador e seu carnaval no contemporâneo. A partir destas histórias, reconstruímos um debate sobre o poder punitivo a partir de personagens e elementos do filme, considerando, especialmente, o tempo carnavalesco e o espaço do bairro do Pelourinho.

PALAVRAS-CHAVE: Carnaval – Cidade – Poder Punitivo.

1. Gilberto Gil, *Toda Menina Baiana*.
2. Mestra em Direito pela Universidade de Brasília. Bacharela em Direito pela Universidade Federal da Bahia. Professora substituta da Faculdade de Direito da Universidade Federal da Bahia. Advogada do Patronato de Presos e Egressos/BA.
3. Mestre em Direito pela Universidade do Estado do Rio de Janeiro. Bacharel em Direito pela Universidade Federal da Bahia. Advogado popular.

INTRODUÇÃO

Ó Paí ó (2007), filme de Monique Gardenberg, se baseia em peça homônima, encenada pelo Bando de Teatro Olodum pela primeira vez em 1992.[4] Entre os quinze anos que separam espetáculo e produção cinematográfica, o cenário-personagem do Centro Histórico de Salvador (CHS) – em específico, o Pelourinho – sofreu transformações e (re)apropriações diversas. A narrativa de *Ó Paí ó*, contudo, prossegue relevante e atual.

O filme segue um dia na vida de Roque, Boca, dona Joana e seus meninos Cosme e Damião, Reginaldo, Neuzão, Rosa, Baiana, Yolanda, Carmem e tantos outros nas ruas do Pelourinho. Negras e negros, com vínculos de moradia e/ou trabalho no bairro, seguem suas trajetórias no verão soteropolitano. Ali também estão aquelas que querem ir embora – Lucia, a funcionária da loja de antiguidades – e também quem volta de um sonho frustrado "no estrangeiro", como Psilene.

Em inversão pouco comum, os brancos são figurantes: ocupam os cantos da tela como turistas onipresentes no Pelourinho. Não é deles o protagonismo, mas sua presença anônima não se faz sem consequências. Encapsulando de forma complexa esse lugar da branquitude está Seu Jerônimo, o personagem que se desloca dos demais em sua relação com o espaço. Como dono da loja de antiguidades, mantém uma relação amistosa com "a comunidade", mas é ele também o protagonista oculto de uma tensão violenta que resulta no momento de intensa dramaticidade no fim do filme.

A punição se apresenta, na tela, principalmente em sua forma mais institucionalizada, a partir do poder punitivo estatal, na figura de um policial militar inominado. Saliente-se que esse poder instituído, embora centrado num paradigma de suposta legalidade, excede seus limites e adentra o espaço de um poder punitivo subterrâneo (CASTRO, 2005), à margem do legal, ou edificado sobre formas de poder configurador, verticalizado ou militarizado, no dizer de Zaffaroni (2001).

Para discutir esse complexo poder de punir, buscaremos explorar, sucessivamente, três dimensões do filme. Em primeiro plano, o tempo do Carnaval, em que a cidade se torna um grande palco de transgressão e, por isso mesmo, cercada de ameaças de punição. "Último dia de carnaval, é pra se jogar!", diz o locutor do rádio, na primeira cena do filme. Num segundo momento, adentramos no cotidiano daquele território, para além do carnaval: trabalho, briga, mesa de bar e conversa entre vizinhos. Não se trata de qualquer

4. Fundado na década de 1990, o Bando de Teatro Olodum continua atuando até o momento presente, tendo como espetáculo mais famoso o "Cabaré da Rrrraça". Sua trajetória é marcada por produções que tematizam a cultura negra e o racismo. Muitos dos atores do filme eram do Bando, o que explica o ritmo teatral de *Ó Paí ó*, o filme.

cotidiano, vale destacar. O Pelourinho se mostra espaço de intrincadas relações sociais. Por último, em direção à conclusão, seguimos os meninos Cosme e Damião. Eles nos conduzem aos pontos de tensionamento que ocorrem no fim do fatídico dia retratado por *Ó Paí ó*; tensionamentos esses que entrelaçam as contradições de um território com o tempo da folia carnavalesca.

1. "ALÔ VOCÊ NO PELÔ", "CARNAVAL É PAZ E AMOR!"

Ainda não sabíamos, mas nem a primeira cena surgira e o locutor da rádio já dava um recado para Roque e quem mais o escutasse: "Violência? Nem pensar, vamos brincar na paz". Faz-se a luz, o locutor dá lugar à música e o pintor Roque nos agracia com palavras mais quentes, ritmicamente lembrando que "nessa cidade todo mundo é d'Oxum".[5] Por que haveria violência em tal lugar?

A atmosfera de "amor" em contraposição à violência parece demonstrar a existência de dois extremos possíveis – e, por vezes, quase simultâneos – do carnaval. Retratada como momento de subversão das regras instituídas, a festa momesca transita entre uma ilusão de permissividade absoluta (GREEN, 2000) e os tensionamentos do controle. O carnaval não é, definitivamente, espaço de liberdade do povo frente às as agências punitivas. Elas atuam, orientadas, como de costume, por padrões de seletividade racial, através do controle de circulação do espaço público.[6] Buscam se fazer respeitar menos pela capacidade de controle efetivo e mais pela sua presença vigilante.

A absoluta desproporção entre agentes de segurança pública e o povo nas ruas demonstra os paradoxos cotidianos de forma mais evidente. Frente à inviabilidade de um controle total das condutas, pelas limitações operacionais inerentes a qualquer aparato punitivo (ZAFFARONI, 2001), resta às agências executivas agir em torno de casos pontuais, com pretensão de propagandear sua efetividade exemplar, ao mesmo tempo em que estabelece sua presença de maneira inequivocamente violenta.[7]

5. A primeira cena do filme se inicia com uma versão de "É d'Oxum", composição de Gerônimo: "Nessa cidade todo mundo é d'Oxum / Homem, menino, menina mulher / Toda essa gente irradia magia / Presente na água doce / Presente na água salgada / E toda a cidade brilha".

6. Um exemplo desta atuação é a prática da revista a partir de pórticos instalados nas entradas dos maiores circuitos carnavalescos.

7. O policiamento ostensivo realizado no carnaval de Salvador já é conhecido da cultura popular. A aproximação da fila indiana de grupos de policiais militares induz o público próximo a se afastar, sob pena de serem imobilizados ou agredidos com cassetetes.

O ponto de partida de *Ó Paí ó* é a terça-feira, o início do fim do carnaval.[8] Um grupo de foliões volta da Mudança do Garcia,[9] levando consigo um pouco da irreverência carnavalesca para dentro do Pelourinho. São eles pessoas identificadas com o gênero masculino, embora trajando roupas e acessórios que visam claramente denotar um estereótipo de feminino, um costume que data de outros carnavais (GREEN, 2000). O grupo se aproxima, e ali estão os travestidos brincantes – que fazem questão de deixar explícito o caráter transitório do seu status feminino –, mas também a travesti Yolanda, que se reconhece num lugar de mulher.

A transgressão dos símbolos generificados pode ser tomada como uma metonímia deste tempo carnavalesco, identificado amplamente com a subversão. Dona Joana, uma senhora evangélica que é dona do imóvel onde se desdobram as vidas de diversos personagens do filme, faz questão de identificar no Carnaval a fonte de todo o mal: "Carnaval é assim, tudo de ruim acontece!". A quebra sistemática de regras de conduta atentas à "moral e os bons costumes" provoca, na visão da personagem, todo tipo de consequência perversa em punição às permissividades da carne.

Compreendidas em conexão com a realidade de intensa homofobia que permeia a sociedade brasileira e baiana, as subversões de gênero do Carnaval são menos impactantes do que parecem à primeira vista. Homens cisgêneros "vestidos como mulheres" frequentemente experimentam uma

> "(...) exploração lúdica sobre seus próprios conceitos de gênero, mas essa incursão pelo universo feminino é temporária. A transgressão deles está limitada aos símbolos de gênero superficiais da sociedade. Ao vestir trajes de mulher, eles não estão indicando uma inversão de sua identidade sexual ou seu papel como homens 'de verdade'." (GREEN, 2000, p. 334)

A ambiência de permissividade carnavalesca, retratada desde as primeiras cenas com a relação afetiva-sexual entre Reginaldo e Yolanda, oscila entre realidade e propaganda, assim como o próprio carnaval. Alçado ao lugar de carro-chefe do turismo baiano, a representação da festa incorpora doses equilibradas de transgressão e regra. Para compreender a rua carnavalesca, é

---

8. Não negamos a intensa proximidade afetiva e de vivências com a cidade de Salvador e seu carnaval, uma vez que somos – a autora e o autor – soteropolitanos e, assumidamente, foliões habituais. Apesar da extensa bibliografia sobre o tema do carnaval, algumas das questões aqui formuladas são apresentadas de forma mais livre, por se ancorarem, também, nas nossas próprias reflexões e experiências, que inevitavelmente dialogam de forma contínua com o filme analisado.

9. A Mudança do Garcia é um cortejo auto-organizado por pequenos blocos informais e grupos políticos majoritariamente de esquerda, partidos e sindicatos. Sua saída ocorre na segunda-feira de carnaval, no bairro do Garcia, que fica próximo ao Campo Grande, importante ponto de confluência de um dos circuitos do carnaval soteropolitano. Tradicionalmente o cortejo tenta se "infiltrar" no circuito oficial do carnaval, mas, usualmente, é impedido.

preciso ir além das aparências, como bem faz *Ó Paí ó*. O que significa, portanto, nesta obra, o tempo do carnaval?

Além da percepção permeada do preconceito religioso de dona Joana, o carnaval adquire outros sentidos na tela do filme. Roque explicita sua fidelidade ao bloco do Araketu; ele trabalha para comprar sua fantasia, o abadá, que permite que possa pular junto do bloco. Também dá o recado para Rosa, sobrinha de Neuzão: todo ano, independente de "religião, raça e opção sexual", é de lei que todos se encontrem na Praça Castro Alves, "correndo risco de quem não comparecer sofrer sérias penas dos orixás". O carnaval é momento de encontro, independente das trajetórias individuais.

O abadá, grande símbolo do bloco pago e segregado pela corda – e, por isso mesmo, antítese do encontro – não é tematizado pelo filme. A mercantilização da cidade a partir do turismo é um elemento transversal às narrativas, mas o carnaval dos blocos permanece num pano de fundo pouco discutido. O debate sobre o declínio da corda como um modelo viável, se já despontava naquela época,[10] se consolida na atualidade como elemento central para repensar o carnaval – o que não necessariamente demonstra ruptura com a indústria da festa, mas indica a vontade de reformulação, em busca de nova lucratividade.

A apropriação da rua por uma indústria do carnaval, que buscou administrá-la como seu espaço privado, pode ser um dos melhores exemplos de uma gestão da cidade como mercadoria. Se pautando por critérios mercadológicos, é perceptível que o planejamento do carnaval soteropolitano não se construiu, nas últimas décadas, em torno de uma preocupação democrática. Contudo, extrair desta assertiva a conclusão de que o carnaval, em Salvador, é por si "antidemocrático" é uma operação simplista.

Nesta festa de rua há uma história intensa de criações e (re)apropriações que indicam a falácia das explicações simples. O trio elétrico, que pode ter se reduzido à sua imagem de condutor dos blocos pagos, por bastante tempo representou a contraposição aos bailes e desfiles de clubes restritos a seus associados. O trio pode ser compreendido como um passo na concretização de um carnaval de rua que diluísse as fronteiras entre espectadores e participantes (QUINTINO, 2015).

Viabilizar a procissão dos trios elétricos nas ruas soteropolitanas foi um processo que, desde o seu surgimento, na década de 1950, se realizou com base em parcerias entre poder público e empresas privadas, do comércio local à internacional Coca-Cola (QUINTINO, 2015). Este modelo, contudo, se transformou numa mercadoria realmente rentável segundo os ditames neoliberais da cidade em meados dos anos 90. Nesse período, o carnaval de Salvador não apenas se produz a partir de um planejamento público-privado,

10. A esse respeito, DIAS, 2007.

mas se propagandeia a partir das necessidades de uma cidade-mercadoria, que retrata seu carnaval como *o* mais interessante e vantajoso dos carnavais (DIAS, 2007).[11]

A posição dos blocos afro nesta conjuntura é talvez um dos exemplos mais característicos da complexidade de uma festa de rua ao mesmo tempo popular e mercantilizada. O popular, em Salvador, precisa ainda ser adjetivado pela negritude. Os conflitos em torno da afirmação da identidade negra, por parte dos blocos afro, e seus processos de negociação e reconhecimento frente ao poder público, são extremamente multifacetados. Morales (1991) toma as trajetórias do Filhos de Gandhi[12] e do Ilê Aiyê[13] como casos emblemáticos para estudar tais conflitos.

O Gandhi produz sua construção de identidade negra a partir de um discurso integracionista que se alinhou aos interesses dominantes de manter a ilusão da democracia racial, "fazendo da resistência cultural e da cooptação as duas faces de um mesmo jogo de negociações" (MORALES, 1991, p. 84). O Ilê Aiyê, por sua vez, se não escapou das inevitáveis querelas políticas do clientelismo, o fez sem abdicar da construção de uma negritude que provocasse de forma mais contundente o mito da harmonia racial. Ambos os blocos, contudo, são extremamente relevantes para uma disputa simbólica em torno da afirmação categórica de uma identidade negra positiva, ressignificando os estereótipos vinculados unicamente à pobreza e violência. O resgate de uma cultura diaspórica – perceptível nos diálogos musicais entre a Bahia e Jamaica, Cuba, Egito (MORALES, 1991) – marcou um período de produção efervescente de artistas negros e negras.

As simplificações destas narrativas, reduzindo-as a mero exotismo, são tentativas de esvaziar estas experiências. Contudo, mesmo diluídas na fugacidade da indústria carnavalesca do axé, estão ali alguns evidentes

---

11. Cabe refletir se as disputas em torno do "melhor carnaval" – se Salvador ou Olinda – não são, além de uma distraída rixa regional, uma internalização da competição mercadológica entre cidades. A suposta disputa se torna ainda mais infundada se observarmos o intenso diálogo entre as culturas carnavalescas de ambos os estados nordestinos. A mística criação do trio elétrico, por exemplo, tem como marco fundante o desfile do Vassourinhas, clube carnavalesco de Pernambuco, nas ruas de Salvador do início da década de 1950 (QUINTINO, 2015).
12. Com origens na década de 1940, o Afoxé Filhos de Gandhi nasce como uma dimensão cultural da organização de trabalhadores negros (estivadores). Identificados com a resistência pacífica de Gandhi, o Afoxé se pautava nos ideais de paz e disciplina, indicando uma superioridade moral quanto aos seus opressores (MORALES, 1991).
13. O Ilê Aiyê surgiu na década de 1970, identificado com uma militância cultural enraizada no bairro da Liberdade. Em oposição à proposta de integração difundida pelo Gandhi, o Ilê atuava no reforço da identidade cultural negra "através da reconstrução simbólica dos laços com a 'Mãe África'" (MORALES, 1991, p. 87).

cantos de luta.[14] No modelo da cidade-mercadoria, é preciso incorporar a "diversidade" da Bahia, "terra da alegria", embora de forma seletiva. Para esse fim, a segregação da corda. Trata-se de uma barreira física que tenta setorizar a rua e capitalizar a festa popular, mas não consegue eliminar a contradição. Esta irrompe de várias formas; são frequentes, por exemplo, os protestos de cordeiros[15] e ambulantes, trabalhadores invisibilizados tanto pelas condições precárias de negociação quanto pelo mito racista da preguiça festiva. O projeto privatista, em Salvador, esbarra em dificuldades diversas – o que não o impede de provocar consequências nefastas na população, mas sempre abre rachaduras na sua proposta de consenso.

Antes, depois ou durante a vigência da lucrativa indústria momesca, cumpre notar que o Carnaval sempre foi objeto de sanhas punitivas, precisamente pelos seus (potenciais ou concretizados) aspectos de contestação política dos padrões determinados. Historicamente, a rua carnavalesca permitiu o trânsito de pessoas marginalizadas, enquanto contestavam sua própria marginalização. Neste sentido, os blocos afro, ao mesmo tempo em que afirmam positivamente sua negritude, também acusam o racismo.

Paradoxal quanto pareça, o carnaval soteropolitano promove "ao mesmo tempo uma inversão e um reforço da ordem social" (MORALES, 1991, p. 75). Longe de apagar as desigualdades cotidianas, a festa tem o potencial de produzir uma ordem própria, apoiada nas estruturas sociais que voltam a imperar uma vez que surja a quarta-feira de cinzas:

> "A emoção carnavalesca se apodera dos indivíduos (daqueles que são propensos, porque existem os que são imunes...), comanda-os, impele-os a participar de diversas maneiras, olhando, dançando, cantando, fazendo despesas loucas com uma indumentária que usará, às vezes, apenas algumas horas. E no espaço carnavalesco, sob o império da emoção, todos se sentem fraternos e iguais. No entanto, mesmo assim, estão enquadrados pelos limites das estruturas sócio-econômicas existentes, e, mesmo quando ultrapassam os limites destas, não perdem a noção de sua existência." (QUEIROZ, 1994, p. 43)

Subsiste, inegavelmente, um enorme potencial – se não de transformação, no mínimo, de produção do incômodo provocado pelo encontro. Neste terreno de incômodos, a mercantilização do carnaval de Salvador tenta segregar,

---

14. Apenas do Olodum, podemos destacar as letras de "Protesto do Olodum", "Revolta Olodum", "Raça negra", "Canto pro Senegal", "Lutar é Preciso", "Valente Nordeste", "Desabafo Olodum", "Olodum Alicerce Negro", "Um Povo Comum Pensar", "Denúncia" e "Zumbi Rei".

15. Cordeiros são homens e mulheres contratados para segurarem a corda que separa os pagantes dos não-pagantes (a "pipoca"), submetidos a condições extremamente precárias e uma jornada extenuante de trabalho (o trajeto de um bloco dura de quatro a seis horas). Os cordeiros, negros e negras pobres, em sua maioria, são a força humana que separa uma massa de turistas brancos dos demais ocupantes da rua festiva.

mas não elimina. Por mais que nos camarotes pagos, a propaganda alardeie a presença de muita "gente bonita" – sob o ideal do branqueamento, evidente –, nas ruas, além das cordas e atrás do trio elétrico o povo negro se faz presente, sem pedir desculpas. O inevitável encontro acontece, e nem sempre é pacífico.

2. O PELOURINHO ESTÁ EMPESTEADO DE BARBIE – MAS "DAQUI NÃO SAIO, DAQUI NEM DEUS ME TIRA"

À primeira vista, o carnaval pode parecer o eixo central em torno do qual orbita o filme. Contudo, é a partir do cotidiano da casa e do trabalho (seja na oficina, bar ou tabuleiro) que a maioria das narrativas se desenvolve. Mais do que um filme sobre o carnaval, *Ó Paí ó* é uma produção que versa sobre o Pelourinho, um território negro, na sua construção física e simbólica.

A casa de dona Joana, o edifício onde vive boa parte dos personagens, localizava-se na rua das Flores. De lá, tinha-se vista desimpedida para o encontro da rua do Tabuão com o largo inclinado do Pelourinho que levava os turistas e demais transeuntes à casa de Jorge Amado. Dobrava-se à direita para se subir a demorada ladeira do Carmo; dobrava-se à esquerda, seguia-se para a Baixa dos Sapateiros, não sem antes passar entre o bar de Neuzão e a loja de antiguidades de Jerônimo. É neste cenário que virtualmente todas as cenas do filme ocorrem.

Largo do Pelourinho

Entrada da Rua das Flores

Espaço retratado como o Bar de Neuzão

(Fonte: Marcelo Coelho, 2017)

Este inusitado microcosmo urbano pode parecer demasiado improvável, mas, na realidade, como um personagem silencioso, conta contradições que se poderia encontrar por todo o Centro Histórico de Salvador (CHS). Entendendo ser primordial a compreensão dessa narrativa implícita para que se acompanhe o desdobrar do filme, vamos analisar alguns subespaços deste microcosmo: o edifício de Dona Joana, a loja de antiguidades e o entroncamento aos pés do largo do Pelourinho, ao lado de onde a baiana de acarajé expõe seu tabuleiro.

O edifício de Dona Joana é essencialmente indistinto de inúmeros outros que se encontra por todo o Centro Histórico de Salvador. O desgaste do tempo, que desbota sua fachada, quase é capaz de esconder os detalhes de sua arquitetura, seus azulejos e suas grades. Seria possível se ter escolhido o prédio ao lado, mais moderno, como locação para o filme. A escolha por este prédio antigo tão castigado não satisfaz apenas o apelo estético pelo exótico, mas nos lembra quem são os personagens e, pelo exemplo reiterado que se pode encontrar por essa região, nos dá pistas de como ali chegaram.

Não se trata de adivinhação, mas de história. O Pelourinho, que faz parte da circunscrição chamada de Centro Histórico, foi um dos primeiros centros colonizados destas terras. Na cidade alta, onde fica, passaram a residir as classes dominantes brancas ao lado de seus escravos. Estima-se que, em 1835, houvesse em Salvador uma minoria absoluta de 28,2% de habitantes brancos (ou assim considerados), havendo um percentual maior mesmo que apenas contando-se os africanos (33,6%), que somados aos demais negros e mulatos, compunham 71,8% da população (REIS, 2012). As relações de poder na sociedade estruturavam-se sobre o racismo e a intolerância étnico-cultural, a ponto de que os brancos, não importa sua condição social, exigiam subserviência social e assimilação dos símbolos culturais europeus (REIS, 2012).

O medo da desordem, potencializado pela revolta dos Malês, somado ao paradigma higienista, fez com que tal aproximação fosse encarada como perigosa. Apesar da proliferação de instituições para onde enviar as "classes perigosas" (como sanatórios, asilos, prisões e hospitais de isolamento), essa superposição se tornara inadmissível para as classes dominantes. Assim, não sendo possível a instauração de um projeto de cidade branca e europeizada, por sua história colonial e escravista que implicava numa população de larga maioria negra, optou-se por restringir esse projeto de "cidade branca" a alguns bairros burgueses que passaram a se desenvolver ao sul do Centro (como a Vitória e a Barra), iniciando, em fins do século XIX, um rapidamente crescente processo de substituição de população nos casarões do Centro (AZEVEDO, 1984).

O processo de segregação em que implicou esse projeto de modernização da cidade de Salvador, ainda que jamais completamente concretizado, teve como uma de suas tantas implicações o abandono da região pelo poder público. A grande desvalorização do valor dos imóveis fazia com que os casarões do Centro da cidade de Salvador não valessem a venda, o que fez com que fossem simplesmente fechados por seus proprietários ou divididos em seu interior e alugados por uma população majoritariamente pobre e negra. É então que retornamos à Dona Joana, que, ao fim do filme, nos fornece pistas mais robustas sobre o que, agora, temos mais elementos para suspeitar ter se tratado de uma ocupação, ao explicar que o imóvel é "Meu, sim senhora. Meu e do meu marido, Mário. Chegamos aqui primeiro, minha filha. Isso aqui tava tudo abandonado, caindo aos pedaços".

Aquele edifício, portanto, não é apenas uma construção, mas verdadeiro estandarte da resistência histórica de seus moradores e do povo negro que habita o Centro. O prédio (aqui tomado como metonímia do próprio Centro Histórico) resistiu porque também o fizeram aqueles que ali habitam e habitaram. Contudo, a lógica neoliberal que pauta a mercantilização do carnaval é a mesma que vem pautando ao menos nos últimos 35 anos as políticas urbanas na região, almejando torná-la um centro turístico de impacto nacional e latino-americano.

De fato, o desejo de desenvolver o Centro como espaço turístico remonta pelo menos aos anos 1930, através de um tímido início de política institucional da Seção de Turismo. Contudo, ao longo de todo o século, as iniciativas foras esparsas, assistemáticas e de pouco impacto. Isto se dá até o ano de 1992, com o "Projeto de Reforma e Recuperação do Centro Histórico de Salvador", do Governo do Estado, que, apesar de não lograr êxito em tornar o CHS um pujante e lucrativo centro turístico, teve profundo e nefasto impacto na vida dos habitantes da região. Ao longo da década de 1990, 95% da população foi expulsa, mediante relocação para a periferia ou indenizações pífias (SANT'ANNA, 2003).

Desde então, o Pelourinho tem sido transformado em algo mais próximo a um cenário que um bairro – e um cenário com especial semelhança com a loja de antiguidades. Esta fica no que se pode indicar como um dos limites do Centro turístico, metros de distância da Baixa dos Sapateiros, avenida amplamente ocupada por comércio popular, e do próprio imóvel de Dona Joana. Passam por lá os turistas a caminho do Carmo e talvez alguns curiosos que desviem sua atenção da visita à Igreja de Nossa Senhora do Rosário dos Pretos. O fato é que deste comércio até o Terreiro de Jesus, fundamentalmente não há habitações, apenas comércio e equipamentos turísticos e alguns órgãos públicos. Nem sempre foi assim, como se pode suspeitar da referência aos 95% de população expulsa.

O comércio de Jerônimo, portanto, representa esses novos comércios do CHS e, via transversa, a expulsão dos moradores da região. Seu interesse é sempre o de atrair turistas para sua loja, e se para isso ele precisa mandar o policial – como se seu empregado fosse – "dar um jeito" nos "moleques" que o atazanam e furtam de seus clientes (reais ou potenciais), então assim será.[16] A confusão entre as esferas pública e privada se dá em múltiplos níveis e esferas. A loja é privada, sem dúvida, mas está aberta para quem queira ser cliente. Assim também parece ser o Pelourinho, um espaço com ares de público, mas cujo comportamento dos não-clientes, no mínimo, não deve atrapalhar o negócio, mesmo que para isso se faça necessário o uso do aparato policial.

É assim que os fluxos no Centro Histórico são duplamente moldados. Ora sutilmente, através dos guias, que indicam o que se deve ver (geralmente através das câmeras ocupadas), ou dos mapas, indicando certos caminhos e lugares (e não indicando outros). Outras vezes não tão sutilmente, através da presença policial. Por exemplo, e enfim chegamos ao terceiro subespaço analisado, existe atualmente um posto móvel de presença constante no entroncamento aos pés do largo do Pelourinho. No filme, este é o local do encontro. Lá fica tanto o bar quanto a loja de antiguidades, lá é onde se pregam os olhos de Yolanda enciumada de Reginaldo, lá passam turistas, policiais, "moleques". Não à toa é este o lugar escolhido para gestar o inescapável conflito entre o rico comércio e a vida negra e pobre do Centro. É neste entroncamento que se desenvolve o conflito latente entre mundos que nunca estiveram realmente segregados.

3. COSME E DAMIÃO NA QUARTA-FEIRA DE CINZAS: PODER PUNITIVO E GENOCÍDIO

No movimento pendular entre o cotidiano do CHS e a efervescência do período carnavalesco, o filme se movimenta. Entramos cada vez mais nas vidas das personagens apresentadas, assistimos aos encontros e observamos os enlaces. No fim da terça-feira de carnaval, quando o furor festivo chega ao seu ápice para, então, se acabar na quarta-feira, *Ó Paí ó* atinge seu ponto de maior dramaticidade: no entrocamento do largo do Pelourinho, chega ao fim a história de Cosme e Damião, os meninos de dona Joana.

Os vemos pela primeira vez deslizando pela escadaria da Igreja do Passo. Difícil supor, à primeira vista, que são filhos de Joana, sujeitos à disciplina rígida da mãe evangélica; "os meus, eu levo ali ó: na rédea curta, é linha dura!", ela diz. Em que pese a restrita educação familiar-doméstica, os meninos têm acesso ao espaço público, e é nele que constroem a sua própria liberdade. A cidade é toda deles, o cenário de uma grande brincadeira.

---

16. No início do filme, Jerônimo é procurado pelo policial, que se desculpa pelo atraso no pagamento de um empréstimo. O comerciante responde-o com uma contraproposta: que lhe pague o empréstimo com outros serviços, protegendo seu negócio, "dando um susto" nos moleques.

Escadaria da Igreja do Passo, vista de cima

(Fonte: Marcelo Coelho, 2017)

A liberdade que eles mesmos produzem para si é – tal qual o carnaval! – fonte das mais variadas transgressões. Pequenas ilegalidades, na visão da ordem, e distraídas brincadeiras para Cosme e Damião. Eventualmente, o destino dos meninos se cruza com o poder punitivo. Não seriam os primeiros, tampouco serão os últimos. Em outra cena do filme, Baiana segura um jornal, no qual vê-se a manchete "Praça de Guerra", e diz: "Três presuntos, ó! Num parece os filhos de Faustina?", ao que Roque responde: "Não sei quando é que isso vai mudar não, viu Baiana? Até parece que Deus esqueceu de olhar pra esse povo".

A morte daqueles meninos negros, filhos da vizinha, são parte de uma indignação cotidiana frente ao genocídio do povo negro brasileiro (NASCIMENTO, 2016). Adotamos a perspectiva da urgência em denunciar o processo genocida, que não se desenvolve "apenas" no assassinato massivo de vidas negras, mas na negação sistemática de saúde, conhecimento, moradia digna, acesso à cidade (VARGAS, 2010). O genocídio é uma experiência de morte física e subjetiva da negritude, enraizado na formação social colonial-escravista de negação da humanidade negra.[17]

---

17. Nessa mesma perspectiva teórico-política, abordando dimensões do controle penal-administrativo das Bases Comunitárias de Segurança em Salvador e suas consequências genocidas sobre os meios de sobrevivência da população negra, ver: AVELAR, L.; NOVAES, B. Há mortes anteriores à morte: politizando o genocídio negro

Ó Paí ó não se furta desta questão, que fica explícita na discussão entre Roque e Boca, um dos pontos altos do filme. Boca é um dos poucos personagens brancos a se envolver em maior protagonismo. Tendo contratado Roque para fazer um serviço em carrinhos de café, chega à oficina do pintor exigindo a entrega mediante metade do pagamento. Frente à negativa de Roque, se irrita: "você só tá falando isso... Porque você é negro". A briga se intensifica:

> Boca: Você é escroto!
>
> Roque: Eu só tô seguindo seu exemplo.
>
> Boca: Exemplo o quê, rapaz? Você é negro. Você é negro, você é negro, você é negro, você, é, negro!
>
> Roque: Eu sou negro. Sou negro, sim. Mas por acaso negro não tem olhos, Boca? Hein? Negro não tem mão, não tem pau, não tem sentido, Boca? Não come da mesma comida? Não sofre das mesmas doenças, hein? Não precisa dos mesmos remédios? Quando a gente sua, não sua o corpo, tal qual um branco, Boca? Quando vocês dão porrada na gente, a gente não sangra igual? Hein? Quando vocês fazem graça, a gente não ri? Quando vocês dão tiro na gente, porra, a gente não morre também? Pois se a gente é igual em tudo, também nisso vamos ser, caralho![18]

O discurso intenso de Roque é uma adaptação de um diálogo de "O Mercador de Veneza", peça de Shakespeare. As diferenças que separam o judeu Shylock do negro Roque afetam pouco o elemento central do monólogo, que é a afirmação radical da humanidade. Boca repete incessantemente o óbvio – Roque é negro! – como se o reconhecimento público da negritude fosse um elemento de difamação. Roque, em seu turno, reage não com vergonha, mas indignação. Sabe que é negro, e por acaso isso faz dele menos gente? Roque explicita, então, a frágil humanidade que os equipara.

Percebe-se, na fala de Roque, uma ênfase – quem sabe oriunda da excelente interpretação de Lázaro Ramos, ou talvez na nossa compreensão do discurso em conjunto com os abundantes dados sobre o genocídio do povo negro – na fragilidade dos corpos negros. Recebendo tiro ou porrada, são vidas que tombam, sangram, morrem.

Voltemos, então, aos meninos de Joana. Apesar de ser uma das personagens que mais procura se distinguir da massa profana que toma as ruas no carnaval, dona Joana se aproxima implicitamente dela em aspectos determinantes. Os foliões retratados no filme são, afinal, seus vizinhos e vizinhas de um

---

dos meios através do controle urbano racializado. *Revista Brasileira de Ciências Criminais*, vol. 135, ano 25, p. 343-376. São Paulo: ed. RT, set. 2017.

18. Esta cena, em específico o monólogo de Roque, interpretado por Lázaro Ramos, foi projetado em diversos shows do artista brasileiro Emicida, usualmente antes da apresentação de "Boa Esperança", canção que começa com os versos "Por mais que você corra irmão / Pra sua guerra vão nem se lixar / Esse é o xis da questão / Já viu eles chorar pela cor do orixá? / E os camburão o que são? / Negreiros a retraficar / Favela ainda é senzala jão / Bomba relógio prestes a estourar".

degradado prédio no Pelourinho, negros e negras como ela. A religiosa lança mão de caracteres de distinção que denotem sua particular moralidade: roupa fechada, expressões rígidas, clausura. Antes de permitir a saída dos filhos para a rua, lhes chama atenção: "pra onde vão de mão abanando feito um menino de rua?". Oferece-lhes uma bíblia e ajeita suas camisas amassadas para dentro das bermudas. Fossem eles mais velhos, poderia ela ter atentado à falta de uma carteira de trabalho. É preciso algo, que, enfim, os diferencie da massa de meninos de rua, os meninos anônimos, sem família.

A preocupação de Joana, que inicialmente se mostra pautada apenas na sua visão de moralidade religiosa, talvez se funde também na consciência de que, quanto aos meninos de rua, impera uma presunção de periculosidade. A seletividade racial das agências punitivas pode não ser explicitamente tematizada no filme, mas é elemento tão cotidiano à experiência negra periférica que talvez não precise sequer ser enunciada.

Cosme e Damião, apesar da rigidez da mãe, ignoram as recomendações. Tão logo saem de casa, escondem as bíblias e se desfazem do padrão de vestimenta. Talvez não saibam, mas se aproximam dos outros meninos que perambulam nas ruas, e se tornam cada vez mais indistintos sob os olhos do poder punitivo. O policial militar, que acaba por personificar as agências de punição, é introduzido na cena por Jerônimo, o comerciante. Como já abordado anteriormente, o inominado policial atua na proteção da loja de Jerônimo como retribuição pessoal a um empréstimo.

Tarde da noite de terça-feira, os meninos de rua, em meio a um ou outro furto, terminam por se misturar com os meninos de Joana. Sem bíblia ou camisa empertigada, são indistintos de quaisquer outros. Provavelmente, mesmo de livro na mão e aparência impecável, ainda assim seriam meninos negros andando pela noite das ruas do Pelourinho. Sobre eles, recairia a suspeição generalizada que limita as possibilidades de circulação. Quem sabe pela correria ou pelo furor carnavalesco, não se perguntou sobre nome ou moradia. Não se averigua "atitudes suspeitas". O policial atira na noite e acerta os meninos Cosme e Damião. O faz sem farda ou identificação, ocupando um espaço híbrido entre agente estatal e segurança particular – faz parte da zona cinzenta do poder punitivo subterrâneo, no qual se multiplicam execuções sumárias, desaparecimentos forçados e tortura.

A morte dos meninos de Joana é um desequilíbrio. Não são os meninos de rua. Sabendo do acontecimento, Jerônimo dispara: com os meninos "daqui", a estratégia é outra. "Os da área, a gente dá um jeito; a gente fala com a mãe, com o tio", diz ele. Apropriado para Cosme e Damião seria o poder punitivo doméstico-privado, não a polícia, e muito menos a morte. O mesmo Jerônimo que insere o policial como o encarregado pelo controle da circulação do espaço em frente à sua loja admite seu erro: "se a comunidade sabe disso, eu tô fudido".

O que se segue é o desespero de Joana; o desespero das mães frente à ausência irrespondível dos seus filhos negros. Não sabemos mais sobre ela, nem sobre o microcosmo do Pelourinho depois da morte de Cosme e Damião.

Eles certamente estampariam as páginas policiais de algum jornal na manhã seguinte, lido no tabuleiro de uma baiana que se lamentava com a vizinha e pensava, "parecem os filhos de Joana". Talvez parecesse o menino Joel, atingido no Grande Nordeste de Amaralina, ou quem sabe os cinco jovens atingidos por 111 tiros no Rio de Janeiro.

Ó Paí ó retrata a cidade d'Oxum de forma pitoresca e teatralizada, mas também visceralmente real. O torpor carnavalesco não instaura atmosfera de liberdade completa, tampouco dilui as fronteiras raciais; quem sabe, abra mais espaço para o grito, o protesto e a indignação a plenos pulmões. Disfarçadas de canções festivas despretensiosas, a música baiana de carnaval entoa diversos cantos de luta. Nos últimos minutos do filme, embalando a Praça Castro Alves no fim do carnaval e o desespero de dona Joana, escutamos, em "Protesto do Olodum": "Força e pudor / Liberdade ao povo do Pelô".

REFERÊNCIAS BIBLIOGRÁFICAS

AZEVEDO, P. O Caso Pelourinho. In: ARANTES, A. (Org.). *Produzindo o Passado.* São Paulo. Brasiliense, 1984.

CASTRO, L. A. *Criminologia da libertação.* Rio de Janeiro: Revan, 2005.

DIAS, C. Carnaval de Salvador: a Crise da Cultura Mercadoria. *Revista VeraCidade,* ano 2, n. 2, 2007.

GREEN, J. N. *Além do carnaval: a homossexualidade masculina no Brasil do século XX.* São Paulo: Editora Unesp, 2000.

MORALES, A. Blocos negros em salvador: reelaboração cultural e símbolos de baianidade. *Caderno CRH.* Suplemento, p. 72-92, 1991.

NASCIMENTO, A. *O genocídio do negro brasileiro: processo de um racismo mascarado.* São Paulo: Perspectivas, 2016.

QUEIROZ, M. I. P. A ordem carnavalesca. *Tempo Social; Rev. Sociol. USP*, vol. 6, n. 1, p. 27-45, 1994.

QUINTINO, R. *"Atrás do trio elétrico só não vai quem já morreu": o impacto do trio elétrico no carnaval soteropolitano (1951-1975).* Dissertação (Mestrado em História Regional e Local) – Universidade do Estado da Bahia. 2015. 115f.

REIS, J. *Rebelião Escrava no Brasil: a história do levante dos malês em 1835.* São Paulo. Companhia das Letras, 2012.

SANT'ANNA, M. A Recuperação do Centro Histórico de Salvador: origens, sentidos e resultados. *Revista de Urbanismo e Arquitetura*, vol. 6, 2003.

VARGAS, J. A Diáspora negra como genocídio: Brasil, Estados Unidos ou uma geografia supranacional da morte e suas alternativas. *Revista da ABPN*, vol. 1, n. 2, p. 31-65, 2010.

ZAFFARONI, E. R. *Em busca das penas perdidas.* Rio de Janeiro: Revan, 2001.

■

18

BRÓDER ERROS E CASTIGOS: ESTADO E POLÍTICAS PÚBLICAS EM DISPUTA[1]

Edileuza Penha de Souza[2]

Gilsileide Souza de Oliveira Piauilino[3]

Jeferson De[4]

Resumo: O artigo "Bróder erros e castigos – Estado e políticas públicas em disputa" analisa as relações sociais e afetivas que compõem a realidade das periferias brasileiras; e de como a ausência do Estado tem sido substituída pela presença do mundo do crime, inclusive como alternativa de renda para a juventude. O texto é mediado pelo filme *Bróder* (2009), uma história de afeto e vínculos entre três amigos que seguiram caminhos diferentes na vida. O diretor Jeferson De, busca quebrar o paradigma do personagem negro como sinônimo

---

1. Parte deste texto integra o artigo "Bróder, Mano, Irmão – Políticas públicas para a juventude negra", de autoria de Jefferson De e Edileuza Penha de Souza. Publicado no livro *Negritude, cinema e educação: caminhos para a implementação da Lei 10.639/2003*. Belo Horizonte: Mazza, 2013. vol. 3.

2. Doutora em Educação pela Universidade de Brasília. (UnB), onde leciona as disciplinas "Pensamento negro Contemporâneo" e "Etnologia Visual da Imagem do Negro no Cinema", é historiadora, documentarista e pesquisadora, e-mail: <edileuzapenhadesouza@gmail.com>.

3. Bacharela em Serviço Social pela Universidade de Brasília (UnB), e-mail: <gil.sop@gmail.com>.

4. Cineasta, roteirista e pesquisador, em 2000, autor do manifesto "Dogma Feijoada". Diretor de curtas e longas-metragens. É professor-convidado de direção na AIC (Academia Internacional de Cinema), em São Paulo, e-mail: <jefde1@hotmail.com>.

de violência e desenvolve estratégias sensíveis e respeitosas para visibilizar a periferia, partindo de valores como amizade, lealdade e apreço. O enredo também nos possibilita observar uma pré-condição estruturante da criminalização da juventude negra e periférica, onde ponderamos o descaso das políticas públicas que não chegam a essa juventude, e as dimensões sociais, culturais e políticas dos efeitos desse desprezo.

PALAVRAS-CHAVE: Ausência do Estado – Filme *Bróder* – Juventude Negra – Políticas Públicas – Castigo.

Meu sonho jamais faz silêncio
É um grito velho que me conta as lendas
De onde fisga tantas lembranças

E com ele invado chats, pages, sites
Na intimidade de corpos em dança
Perpetuando o gosto pelo correto
Meu sonho é pura herança
Rastro
Dos que plantaram, lutaram, construíram
O que não usufruo
Areia que moldada em vaso
Onde não nos cabem culpas
É lúcido ao sol dos trópicos, charqueado ao frio,
É como um fio.

(LIMEIRA, José Carlos. *Meu sonho não faz silêncio*)

O dia acorda cedo no Capão Redondo, na periferia de São Paulo, local da tessitura fílmica do primeiro longa-metragem do cineasta Jeferson De, *Bróder*. Ainda ao raiar das primeiras horas matinais, Macu (Caio Blat) desperta atordoado com o toque do celular. Ao sair de casa, sua caminhada pelo bairro apresenta um cotidiano acolhedor, ou como diria Milton Santos (1996), um território de pertencimento, espaço geográfico de integração e partilha. A conexão do personagem com o seu território revela a favela como um espaço compreendido de afetos, produto das múltiplas territorialidades a que se subsomem os processos históricos de formação dos territórios negros diaspóricos. A descida de Macu até a casa de seus pais é elaborada dentro da dinâmica do espaço solidário, presente desde as saudações de afabilidades, brincadeiras ou gestos com as mãos no pedido de benção às mais velhas. "O Território é o lugar em que desembocam todas as ações, todas as paixões, todos os poderes, todas as forças, todas as fraquezas, isto é, onde a história do homem plenamente se realiza a partir das manifestações da sua existência" (SANTOS, 1999, p. 1).

Em 2010, um ano antes do lançamento oficial do filme, morreram no Brasil 49.932 pessoas vítimas de homicídio; dessas 70,6% eram negras e 91,3% do sexo masculino, no total de 53% jovens entre 15 e 29 anos.[5] Esses dados estão estampados na cena do reencontro de três amigos, quase irmãos, que compartilharam a infância na periferia. Mulheres choram no pé da escada, diante de um corpo estendido no chão. A cena rápida, o lamento silencioso, não esmorece a denúncia do genocídio da juventude negra. Reafirma, ante a indiferença dos protagonistas – Jaiminho (Jonathan Haagensen), um jogador de futebol em ascensão no exterior; Pibe (Silvio Guindane), um sacrificado corretor de imóveis, e Macu (Caio Blat) –, que quem chora por justiça, dignidade e vida são as mulheres. "São elas que choram lágrimas amargas pela perda de seus companheiros, filhos e irmãos. São elas que choram pela paz e pelo desejo de um mundo melhor".

Se, do ponto de vista mercadológico, virou moda fazer filmes sobre negros, cujo principal enfoque é a violência a que a população está submetida, Bróder demarca uma territorialidade própria, traz para cena principal as relações de afeto. O filme evidencia que as questões raciais não estão diluídas nas periferias. Ao contrário, amplia o debate da negritude também sob a perspectiva da branquitude e mostra um cinema negro composto por discussão política e social na qual buscaremos amparo para construção deste texto.

ESTRATÉGIAS SENSÍVEIS PARA TRILHAR CAMINHOS

Jeferson De busca quebrar o paradigma do negro como sinônimo de violência. Desenvolve estratégias sensíveis e respeitosas para visibilizar a periferia, enfoca valores de amizade, lealdade e afeto. *Bróder* é a história de três amigos que seguiram caminhos diferentes na vida. Essa tríade relata vivências de jovens negros e branco nascidos na periferia, sem estereotipar. Jaiminho, que ascende socialmente sendo jogador de futebol, Pibe que trilha o percurso aconselhado para a maioria dos jovens que se tornam pais precocemente – casar, trabalhar e sustentar sua família, enfrentando toda e qualquer dificuldade com honestidade –, e Macu, único personagem de pele branca, e também o único que permanece no Capão Redondo, tem a vida do crime como pano

5. Dados apresentados pelo Conselho Nacional de Juventude (CONJUVE), no anuário do Fórum Brasileiro de Segurança Pública, publicado em 2012.

de fundo de sua história; seu nome homenageia o Macunaíma, de Mário de Andrade.

Criado numa família inter-racial, o protagonista representa a sedução e o perigo. "Esse caminho é sedutor, porque o dinheiro chega muito rápido, a mulherada chega rápido, o poder chega rápido", afirma o diretor Jeferson De; ou aquilo que Michel Misse, prefaciando o livro de Diogo Lyra, chamou de "Pobre república efêmera, pobres meninos matáveis". A trajetória de Macu retrata uma "facilidade" forjada na falta de expectativas e na vulnerabilidade da juventude, muitas vezes, sem nenhuma possibilidade de estudar ou dar continuidade aos estudos, e consequentemente sem perspectivas de trabalho, que é arrastada para a criminalidade, e cuja vida é encurtada, ao tornar-se mira fácil para a polícia ou facções rivais. É esse o quadro em que parte significativa da juventude negra se torna presa do tráfico de drogas, miragem de ascensão e *status* social na realidade das favelas. A corrupção de setores públicos e privados, a pujança do mercado das drogas ilícitas, o poderio das facções criminosas e a inexorabilidade da pobreza a impelem para esse caminho, margeado pela ausência do Estado e da efetivação de políticas públicas. Em geral, ações sociais como distribuição de remédios e cestas básicas, são promovidas por traficantes, como contrapartida do silêncio da comunidade.

O desconhecimento de que os direitos sociais à educação, atenção à saúde, transporte, segurança são garantias constitucionais, e não uma benesse do Estado ou do crime, tem sua gênese no paternalismo e patrimonialismo presentes em nossa sociedade. O entendimento de que o Estado "ajuda" oferecendo serviços básicos esconde a realidade das conquistas, fruto de muita luta e organização da sociedade civil. No entanto é um pensamento tão enraizado que chega a ser visto como indigno pelas classes mais favorecidas utilizar serviços como hospital público ou escola pública, por exemplo. Esse discurso, direcionado principalmente a programas de transferência de renda, tais como o Bolsa Família, constrói o estigma de que a classe social em situação de vulnerabilidade não quer trabalhar e se "encosta" no Estado para sobreviver; enquanto isso, recursos públicos são drenados para financiar o lucro dos setores abastados, constituídos de rentistas e demais beneficiários dos bilionários "incentivos fiscais" e das elevadas taxas de juros.

A ausência do Estado na periferia é uma realidade marcante nos estados brasileiros. Exceto a atuação do aparato policial, transfigurada em "segurança pública", as demais políticas públicas como saúde, educação, trabalho, lazer e cultura são comumente ausentes nas periferias urbanas, transferindo-se ao terceiro setor – Organizações não Governamentais e entidades filantrópicas – a responsabilidade pela efetivação, incipiente e assistencialista, de alguns serviços da política pública, sobretudo os de viés social.

Enquanto Macu se apressa, e noutro canto do bairro, sua mãe, dona Sonia (Cássia Kiss), lê a Bíblia, a manhã de sábado prenuncia o frenético dia. A partir do metrô de superfície, temos um close do Capão Redondo. Na ambivalência de dispositivo cênico e personagem, o Capão exprime histórias contadas em imagens.

Em cada beco, escada e ruela, há um universo de possibilidades reais ou manipuladas em ilusões e verdades, como a quase sutil casa de dona Brisa – dona Rosinha, benzedeira e moradora do Capão Redondo –, espaço de reza, profissão de fé e proteção divina, por onde passa Macu, a caminho da casa de dona Sonia. Quantas cidades cabem dentro de uma favela? Quantas histórias podem ser narradas?

Ao chegar à casa de sua mãe, ele é recebido pela irmã Elaine (Cintia Rosa), que o felicita pelo aniversário. É uma habitação simples, cheia de conflitos e afetos. Dona Sonia, mulher evangélica, zelosa e cuidadosa, tem três filhos. Na cena em que conversa com a filha sobre a gravidez indesejada, dona Sonia fala à filha, com afeição e ternura, da necessidade de se preparar para receber o bebê. O problema da gravidez na adolescência é constituído dentro de uma narrativa fílmica e chama a atenção para os efeitos da ausência de política pública perceptível.

Nesse sentido, o filme nos traz à reflexão que por muito tempo política pública foi associada à operacionalização e administração de benefícios e serviços, sem mediação teórica, um gerenciamento da pobreza. No entanto, trata-se de uma categoria acadêmica e política, constituindo-se de teoria e prática, que se dispõe a explicar e agir no mundo real visando mudanças (PEREIRA, 2008). A perspectiva crítico-dialética, na qual a política social pode ser analisada, tem a potencialidade de não recair justamente em abordagens funcionalistas e a-históricas, e até mesmo idealistas (BEHRING, 2009).

Parte-se, então, de analisar a política social como processo e resultado de relações complexas e contraditórias, com ideologias, valores e perspectivas teóricas que conformam um campo em constante disputa (BEHRING, 2009). E que, por isso, "envolve o exercício do poder praticado, concomitantemente, por indivíduos, grupos, profissionais, empresários, trabalhadores, entre vários segmentos sociais" (PEREIRA, 2008, p. 172), que disputam sua constituição e direção. Então, não pode ser compreendida linearmente, nem de forma exclusivamente positiva ou negativa, e sim de acordo com a correlação de forças prevalecente, lhe conferindo um caráter dialeticamente contraditório (PEREIRA, 2008).

Cabe destacar, ainda, que essas correlações de forças se estabelecem no âmbito dos conflitos e luta de classes que envolvem o processo de produção e reprodução do capitalismo, nos seus grandes ciclos de expansão e estagnação, ou seja, problematiza-se o surgimento e o desenvolvimento das políticas sociais no contexto da acumulação capitalista e da luta de classes, com a perspectiva de demonstrar seus limites e possibilidades (BEHRING, 2009, p. 360).

Nesta discussão, dispõe-se o cenário onde se conformam as políticas públicas voltadas para a classe trabalhadora – classe social que compõe as periferias –, revigorado pelo conservadorismo da hegemonia capitalista em crise, que lhes confere dimensão instrumental e técnica e as esvazia das tensões sociopolíticas, tanto na sua operacionalização, como no exame das reais condições, com repercussões sobre a realidade concreta da classe trabalhadora, nessa correlação de forças em disputa da agenda pública.

A vivência da realidade negra no cotidiano de Macu é desvendada na cena em que estão voltando da boate, e uma mulher liga do carro ao lado para a polícia, denunciando um suposto sequestro, cuja vítima seria Macu, único de pele branca dentro do carro, e os dois amigos de pele negra, os sequestradores. É atendida a denúncia, alicerçada no racismo.

Diferentemente do que se vê na maioria dos filmes que retratam a criminalidade nas favelas brasileiras, o ator que a protagoniza não tem a pele negra. Essa inversão provoca a reflexão de que os rebatimentos da ausência de políticas públicas e de oportunidades afetam a favela como um todo, mas é importante ressaltar a diferença de renda dentro da periferia, onde as famílias chefiadas por pessoas negras têm menor renda, como podemos perceber no gráfico abaixo (IPEA, 2017):

Renda média da população, segundo sexo e cor/raça.
Brasil, 2009.

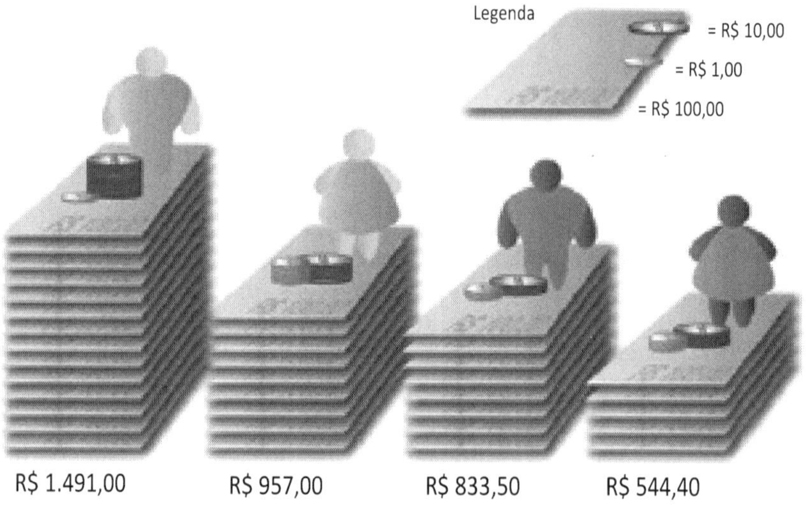

Fonte: Retrato das desigualdades de gênero e raça – 4ª edição.

Essa inversão em *Bróder* provoca o deslocamento da imagem do negro ligada ao estereótipo comum do banditismo e nos convida a refletir trazendo elementos que identificam a periferia brasileira como o *locus* da classe social desfavorecida no nosso país, e aliada à questão de classe, o racismo como eixo condutor da criminalização da juventude negra.

O filme aborda o cotidiano de inúmeras pessoas, feito de coisas simples; é também uma história de família, de mães, de irmãos e amigos. A tessitura fílmica transforma o Capão Redondo em cenário e personagem. O respeito ao bairro e a seus moradores, insculpido no filme, é a marca de que o cinema pode, sim, romper com o modismo cinematográfico que aprisiona os negros em estereótipos filmados desde o período da chanchada (CARVALHO, 2013).

O segundo caminho seria o que trouxe fama e riqueza a jogadores como Adriano, histórias como a do Romário, do Robinho, do Ronaldinho, do Ramires e tantas outras que são o milagre do menino que está jogando bola na periferia, e três anos depois já está num grande clube. Algumas vezes, o milagre não ocorre com o melhor do bairro – não é ele o melhor jogador ou cantor –, no entanto, é o abençoado. No filme, Jaiminho é o cara ungido com a estrela, cuja trajetória nos apresenta conquistas no futebol brasileiro, a profissionalização e a técnica lapidando o talento, como passos importantes para a redução do racismo.

Embora o futebol tenha chegado ao Brasil como esporte da burguesia, praticado inicialmente por estudantes como Charles Miller e Oscar Cox, que voltaram da Inglaterra com bolas e chuteiras na bagagem, é impossível contar sua história sem o protagonismo do Divino Domingos da Guia, de Leônidas da Silva, o Diamante Negro, de Carlos Alberto, Pelé, Garrincha e tantos outros, assim como do incessante racismo, presente dentro e fora dos estádios e arenas. Ainda que esse caminho seja o mais raro e pareça seguro, ele demarca que nada está garantido. Segundo a Federação Nacional de Atletas Profissionais de Futebol (Fenapaf), dos 29.208 clubes existentes no Brasil, pouco mais de 900 contam com profissionais de apoio aos atletas; há 2,1 milhões de jogadores registrados – dos quais 85% recebem até dois salários mínimos por mês; no topo, estão os 2,25% com mais de 20 salários –, e 11,2 milhões de jogadores não registrados. Esses números indicam a precária realidade financeira da maioria dos jogadores, e ainda, que o caminho de Jaiminho, assim como o do seu amigo Macu, não é trilhado apenas por desejo ou escolha.

Na casa de dona Sonia, sua madrinha, Jaiminho é bola fora, todo o tempo. Do reencontro com a namorada aos presentes que leva, Jaime não consegue fazer um gol. Vinte e três é o número da camisa de Jaime, e também a idade de Marco Aurélio, o Macu; 23 é o número da criação, regida por Olorum (Senhor da Criação), o que possivelmente explica o sucesso e a sorte de Jaime.

O outro caminho, representado por Pibe, é o do trabalhador que acorda cedo, sai, todo dia enfrenta condução lotada. Perde o emprego, fica meses sem emprego, e aí corta a luz, corta água, consegue pagar a luz, mas fica sem a água, vem o carnê das Casas Bahia... É o nosso mundo real. Pesquisa do Instituto Brasileiro de Geografia e Estatística (IBGE) revela que a maioria esmagadora das famílias brasileiras sobrevive com até um salário mínimo, ou seja, o trabalho e a pobreza têm cor no Brasil (IPEA, 2017).

A Lei Áurea (1888) que procurou extinguir a mão de obra escravizada da população negra e a substituiu pelo trabalho remunerado da população branca e de imigrantes europeus e asiáticos. A omissão do Estado, que não destinou nenhuma política pública de inclusão da população negra liberta, outorgando-lhe o isolamento e o despejo, deitou as raízes da relação e inserção social e econômica da população negra até os dias de hoje.

A pesquisa do Instituto de Pesquisa Econômica Aplicada (IPEA), "Retrato das Desigualdades de Gênero e Raça no Brasil – 1995 a 2015" (2017) aponta índices de desigualdade racial em diversos âmbitos da vida em sociedade. Um exemplo diz respeito ao mercado de trabalho. A pesquisa revela que, em 2015, a taxa de desocupação (desempregadas/os em busca de empregos) dos homens negros (8,5%) é superior à de homens brancos (6,8%), e a mulher negra ocupa o "topo" desse índice de desigualdade (13,3%), o que evidencia de forma sobreposta a questão de gênero e raça.

Mesmo com dados demonstrando a desigualdade racial presente na realidade concreta, a sociedade brasileira construiu um discurso ideológico forjado numa narrativa do processo histórico, político e cultural permeada pela harmonia racial entre negras/os e brancas/os resultando em suposta democracia racial. O mito da democracia racial expressa a visão de uma corrente ideológica que pretende negar a desigualdade racial entre brancas/os e negras/os no Brasil como fruto do racismo, afirmando que existe entre esses dois grupos raciais uma situação de igualdade de oportunidade e de tratamento (GOMES, 2005, p. 57).

A visão romantizada da mestiçagem brasileira, que seria o produto de uma bem sucedida democracia racial, é perversa na medida em que contribui para a perpetuação de uma aparente meritocracia, cujo discurso consiste na afirmação de que, havendo tal igualdade formal individualmente, os desiguais social e economicamente o são por incapacidade própria e não fruto de relações estruturadas na discriminação racial. E ainda, cristaliza "estereótipos, preconceitos e discriminações construídos sobre esse grupo racial" (GOMES, 2005, p. 57) e contribui no respaldo de um não posicionamento político por parte do Estado contra o racismo, naturalizando assim, o empobrecimento e a criminalização da população negra.

Pibe personifica o caminho escolhido por 80% da população, é o cidadão comum. Ele sai da favela e vai morar no centro de São Paulo, onde vive as angústias de ganhar a vida como trabalhador honesto, de pagar as contas e manter a família. Ao se casar, cedo, entra no mercado de trabalho como corretor de imóveis e renuncia ao sonho de ser um grande advogado. Assim, embora Pibe tenha palmilhado o caminho dos estudos, mais uma vez, nada lhe foi garantido.

Em busca de outros caminhos – agora, os espaços do Capão Redondo –, os amigos fazem uma aposta sobre quem chega mais rápido ao carro. Ao som do Mano Brown, eles correm pelas ruelas do bairro, o vento no rosto e a sensação de voltarem a ser meninos, de não pensarem em nada e apenas ser felizes. Ao atingirem a meta, Macu, Jaime e Pibe premiam-se com beijos, afagos e risos. Macu vence a corrida e juntos voltam aos tempos de felicidade, que rapidamente se esvai, interrompida por uma *blitz*. Pânico e medo são os sentimentos da hora! Afinal, todo jovem negro bem sabe o que significa uma *blitz* policial.

QUANDO O CASTIGO É ESTATAL

Construído a partir da sensibilidade de quem de fato conhece a periferia deste país, a narrativa do filme é tecida em apenas um dia. Bróder é um filme que já nasceu grande. Antes de sua estreia ao grande público no Brasil, o filme foi selecionado e exibido no 60º Festival de Berlim, no 3º Festival de Paulínia, e foi o grande vencedor do 38º Festival de Gramado, conquistando os troféus de melhor filme, melhor diretor, melhor ator (Caio Blat), melhor trilha musical e melhor montagem.

> "Jeferson é paulista e sua relação de intimidade com a cidade transparece na maneira como movimenta a sua câmera, que desliza com ligeireza pelos espaços – mesmo nas ruelas e becos mais apertados da periferia. Depois dos três amigos que se reencontram, o quarto personagem mais importante do filme é justamente o Capão Redondo..." (FREITAS, 2011)

A criminalização da juventude negra periférica estrutura-se, principalmente, no discurso de que há classes sociais perigosas. A classe dominante distingue os pobres dignos – os trabalhadores que sustentam sua família, com a honestidade propalada pela ética capitalista – dos pobres indignos, sem trabalho e renda – porque não se esforçaram o suficiente –, que para sobreviverem recorrem aos benefícios do Estado – sob o estigma de que é um favor e não um direito social –, ou ao mundo do crime.

Sob esse discurso, torna-se então uma classe desocupada, interessada em obter uma renda fácil, seja por "benesse" do Estado, seja por atos ilícitos. Nessa ótica, as favelas, "terra sem lei", são o seu refúgio, onde é necessária a "segurança" ostensiva do Estado para suprir essas comunidades de legalidade.

A indisfarçada rispidez policial espalha uma cultura do medo e sujeição no seu próprio lugar de existência, sendo que "o policiamento ostensivo nos bairros populares restringe a livre movimentação dos indivíduos e aumenta sobremaneira as chances de criminalização dos habitantes das periferias" (FLAUZINA, 2006, p. 53).

A maioria dos filmes que têm como pano de fundo a favela retrata essa realidade de forma estereotipada, com essa presença constante e massiva da polícia, o que não é o caso do filme "Bróder", que opta por mostrar as singularidades das famílias que ali entrelaçam suas vidas, sonhos, rezas, sambas, paixões e cumplicidade. O enredo também nos possibilita observar uma pré-condição estruturante dessa criminalização da juventude negra. Na cena do episódio do suposto sequestro de Macu, que estava dirigindo o carro, o policial que passa o rádio ao abordar Pibe e Jaiminho comunica: "dois elementos suspeitos, cor padrão", a cor negra.

Fala muito usual entre os policiais no cotidiano real, a cor negra é associada ao banditismo, onde a criminalização das favelas se opera em bases classistas e racistas; dentro desse universo, o estereótipo da delinquência é atrelado à imagem do negro, sendo considerado um fator fundamental na atuação da Polícia (FLAUZINA, 2006).

Essa representação social das categorias raça e classe social justapõe-se, historicamente, nas famílias de classes desfavorecidas, sobretudo na assistência à criança e ao adolescente. Antes de ter os seus direitos resguardados pelo Estatuto da Criança e do Adolescente (ECA), esses jovens eram vistos como irregulares pelo Código de Menores (1979) e por toda a política assistencial caritativa que o antecedeu, que estendia à instituição familiar a intervenção punitiva do Estado na assistência aos necessitados, sobretudo àquela que se julgasse estar corrompida ou incapaz de oferecer condições apropriadas à criança. Tratava-os como irregulares perante a sociedade e a moral, criminalizava-se a pobreza não só dos "menores abandonados e viciosos", mas também da classe trabalhadora, dos "degenerados" pela família, e se servia da ideologia do trabalho na infância como virtude para correção e salvação dos viciosos que ameaçavam a paz social (RIZZINI, Irene, 2004; 2008; 2009).

Construíram-se então, na esfera do Estado, as bases para uma política repressiva de "proteção" à criança em situação de rua, abandono, pobreza e de "desqualificação moral" das famílias de classes baixas, sob o entendimento de estarem em situação irregular.

Atualmente, o ECA é pautado na Doutrina da Proteção Integral, em que não há medidas de correção ao "menor irregular", superando – na política em si - o termo menoridade. Parte-se do reconhecimento de direitos e medidas protetivas a todas as crianças e adolescentes, não condicionando sua classe ou situação de vulnerabilidade social. No entanto, como mostra o filme de

Jeferson De, essas medidas protetivas e direitos aos adolescentes e aos jovens não chegam à periferia, onde prevalecem os resquícios dessas bases racistas e classistas operando nos sistemas de controle formal e informal, tendo a seletividade dos corpos negros como produto de um Estado punitivo e genocida.

A história começa num sábado e termina no domingo, dura apenas 24 horas. A festa surpresa preparada por Dona Sônia parece ser o palco dos castigos, revendo seus erros e consequentemente e que podem representar. Jaiminho e Pibe têm conflitos a resolver com o aniversariante Macu: Jaiminho engravidou a irmã de Macu e Pibe casou-se com a ex-namorada do amigo. O castigo se desenvolve a partir do envolvimento do protagonista com o crime, quando, endividado, topa alugar sua casa para servir como cativeiro de uma criança em vias de ser sequestrada. Abortado o sequestro, a vítima passa a ser o amigo Jaiminho. Macu terá de resolver os conflitos de sua amizade, enfrentando valores morais e éticos.

Se concepção da vida está nos valores, nas tessituras das relações sociais e afetivas com as quais nos constituímos enquanto pessoas, a culpa não constrói um caminho gratuito. Ela indica, como afirma o professor Cipriano Luckesi (1999), que o erro pode passar do estágio de castigo ao de virtude na trajetória de aprendizagem, na medida em que:

> "A culpa gera uma limitação da vida e produz uma rigidez na conduta, o que, em última instância, produz um autocontrole sobre os sentimentos, os desejos e os modos de agir de cada um. Emerge, desta forma, um controle social internalizado, e cada um fica como se estivesse engessado, impossibilitado de expandir seus sentimentos e necessidades vitais. Interessa à sociedade em que vivemos esse engessamento dos indivíduos. A culpa impede a vida livre, a ousadia e o prazer, fatores que, multiplicados ao nível social, significam a impossibilidade de controle do processo de vida em sociedade, segundo parâmetros conservadores. A sociedade conservadora não suporta existir sem os mecanismos de controle internalizados pelos indivíduos – a culpa é, assim, muito útil." (LUCKESI,1999, p. 53)

Filme político, Bróder sintetiza dois movimentos do cinema brasileiro – o Dogma Feijoada e o Manifesto do Recife[6] – ao mesmo tempo em que avança na gênese do cinema negro brasileiro. Bróder é um filme de altíssima qualidade, em que as histórias dos personagens humanizam a periferia sem criar heróis; discute identidade racial a partir do trato simples da representação do papel que o branco ocupa nas desigualdades raciais. O filme denuncia o descaso das políticas públicas que não chegam à juventude negra, e as dimensões sociais, culturais e políticas dos efeitos desse desprezo. Ao mesmo tempo, é um filme de afeto, cujas estratégias sensíveis demarcam valores de amizade, fidelidade, desprendimento e amor.

---

6. Sobre esses dois movimentos: DE, Jeferson; CARVALHO, Noel dos Santos. *Dogma feijoada: o cinema negro brasileiro*. São Paulo: Imprensa Oficial, 2005.

Macu, Pibe e agora Jaime são pais. Nenhuma das gravidezes foi planejada ou desejada. Mais uma vez, a narrativa de Bróder aponta para a necessidade de as famílias e o Estado discutirem e oferecerem informações e métodos para a prática do sexo seguro, a fim de apresentar à juventude alternativa de acesso e conhecimento sobre a utilização de anticoncepcionais eficientes e com reduzidos efeitos colaterais. O filme chama a atenção para a necessidade de se tornar efetiva a Lei 9.263/1996 (Lei do Planejamento Familiar) e para a urgência de proporcionar informações e meios no sentido de propiciar a rapazes e moças uma sexualidade prazerosa e dissociada da procriação.

Tanto da parte de seu Francisco (Ailton Graça), como de dona Sonia, a gravidez da filha é tratada como uma questão familiar, diz respeito a famílias. O acolhimento da filha assume um papel importante para as significações e interpretações, já que a gravidez na adolescência acarreta problemas de ordem social, econômica, física e emocional. Mais uma vez, o filme se apropria de estratégia de afeto como prática social e possível para todos, deixando a disputa dos castigos meramente para o Estado, permitido à família uma missão também de acolhimento e ternura.

REFERÊNCIAS BIBLIOGRÁFICAS

Behring, E.R. Política Social no contexto da crise capitalista. In: *Conselho Federal de Serviço Social*; Associação Brasileira de Ensino e Pesquisa em Serviço Social (Org.). Serviço social: direitos sociais e competências profissionais. Brasília: [s.n.], 2009. 873 p. Disponível em: <http://www.unirio.br/unirio/cchs/ess/Members/morena.marques/disciplina-servico-social-e-processos-de-trabalho/bibliografia/livro-completo-servico-social-direitos-sociais-e-competencias-profissionais-2009/view>. Acesso em 29.09.2017.

Carvalho, Noel dos Santos. Negritude, cinema e educação, Dogma Feijoada e Manifesto do Recife dez anos depois. In: Souza, Edileuza Penha de (Org.). vol. 3. *Negritude, cinema e educação: caminhos para a implementação da Lei 10.639/2003*. Belo Horizonte, 2013.

De, Jeferson e Souza, Edileuza Penha de. *Bróder*, Mano, Irmão: Políticas públicas para a juventude negra. In: Souza, Edileuza Penha de (Org.). *Negritude, cinema e educação: caminhos para a implementação da Lei 10.639/2003*. Belo Horizonte: Mazza, 2013. vol. 3.

De, Jeferson; Carvalho, Noel dos Santos. *Dogma feijoada: o cinema negro brasileiro*. São Paulo: Imprensa Oficial, 2005. Disponível em: <http://livraria.imprensaoficial.com.br/media/ebooks/12.0.813.132.pdf>.

Flauzina, A.L.P. *Corpo negro caído no chão: o sistema penal e o projeto genocida do Estado brasileiro*. 2006. 145 f. Dissertação (Mestrado em Direito) – Universidade de Brasília, Brasília, 2006. Disponível em <http://repositorio.unb.br/handle/10482/5117>. Acesso em 29.09.2017.

FREITAS, Kenia. *Filme de estreia de Jeferson De foge dos clichês e lança um olhar diferente sobre a periferia paulista.* Disponível em: <http://www.cineplayers.com/critica/broder/2151>. Acesso em 22.09.2017.

GOMES, N. L. Alguns termos e conceitos presentes no debate sobre relações raciais no Brasil. In: BRASIL. MEC/SECAD. *Educação antirracista: caminhos abertos pela Lei Federal n. 10.639/2003* (Coleção Educação Para Todos). Brasília, MEC/SECAD, p. 39-65. 2005.

INSTITUTO DE PESQUISA ECONÔMICA APLICADA et alii. *Retrato das desigualdades de gênero e raça.* 4. ed. Brasília: IPEA, 2017. 39 p. Disponível em <http://www.ipea.gov.br/retrato/pdf/revista.pdf>. Acesso em 29.09.2017.

LUCKESI, Cipriano C. *Avaliação Escolar.* São Paulo: Cortez, 1999.

PEREIRA, P. A. P. *Política social: temas & questões.* São Paulo: Cortez, 2008.

RIZZINI, Irene; PILOTTI, F.J. (Org.). *A arte de governar crianças: a história das políticas sociais, da legislação e da assistência à infância no Brasil.* 2. ed. rev. São Paulo: Cortez; Rio de Janeiro: PUC-Rio, 2009.

SANTOS, Milton. *Metamorfose do espaço habitado.* São Paulo: Hucitec, 4. ed. 1996.

_____. *O Dinheiro e o Território.* Universidade de São Paulo, USP. GEOgraphia, ano 1, n. 1. São Paulo, 1999. Disponível em: <http://www.geographia.uff.br/index.php/geographia/article/viewFile/2/2>. Acesso em: 30.08.2017.

ZALUAR, Alba. *Integração perversa: pobreza e tráfico de drogas.* Rio de Janeiro: FGV, 2004.

■

19

MISSISSIPPI EM CHAMAS E OS PARADOXOS DA JUSTIÇA: AS GARANTIAS PROCESSUAIS, A LUTA PELOS DIREITOS CIVIS E O ENCARCERAMENTO EM MASSA NOS ESTADOS UNIDOS

Evandro Piza Duarte[1]

Marcos Queiroz[2]

Thales Cassiano Silva[3]

Resumo: O artigo contextualiza o percurso da doutrina da prova ilícita nos Estados Unidos por meio da análise do filme *Mississippi em Chamas*. Inicialmente são debatidos os casos mais emblemáticos em

1. Professor de Processo Penal e Criminologia na Universidade de Brasília. Professor da Cátedra Brasil sobre Relações Raciais (Capes) na Universidade Nacional da Colômbia (2014). Coordenador do Centro de Estudos em Desigualdade e Discriminação (CEDD/UnB) e do Maré – Núcleo de Estudos em Cultura Jurídica e Atlântico Negro. Integrante do Grupo de Investigación sobre Igualdad Racial, Diferencia Cultural, Conflictos Ambientales y Racismos en las Américas Negras (IDCARÁN), da Universidade Nacional da Colômbia. Mestre em Direito pela Universidade Federal de Santa Catarina (UFSC) e doutor em Direito pela Universidade de Brasília.
2. Doutorando em Direito pela Universidade de Brasília. Mestre em Direito pela Universidade de Brasília. Membro do Centro de Estudos em Desigualdade e Discriminação (CEDD/UnB), do Maré – Núcleo de Estudos em Cultura Jurídica e Atlântico Negro e do Grupo de Pesquisa Desafios do Constitucionalismo.
3. Graduando em Direito pela Faculdade de Direito da Universidade de Brasília. Membro do Centro de Estudos em Desigualdade e Discriminação (CEDD/UnB).

que ocorre a constitucionalização e a desconstitucionalização dessa doutrina para compreender seu impacto no debate sobre a punição e os direitos civis. Aborda-se criticamente o filme *Mississippi em Chamas* como uma maneira específica de ler o passado, filmado no período de desconstitucionalização da prova ilícita como uma resposta ao período de constitucionalização, em que, paradoxalmente, a luta pelos direitos civis é retratada através de símbolos, imagens e discursos que perpetuam a subjugação da população negra. Na obra cinematográfica, a ênfase na defesa da prova ilícita e nas práticas "tradicionais" de investigação marcam um compromisso com a violação de direitos no processo penal sob pretexto de garantir os direitos fundamentais das vítimas. Nesse sentido, pretende-se trazer novos elementos compreensivos a respeito de como o encarceramento em massa, construído como dispositivo de resposta à esfera pública negra estadunidense gestada na metade do século XX, foi articulado com a desconstrução da representação do devido processo legal como um direito a ser defendido pelas populações subalternizadas.

PALAVRAS-CHAVE: Encarceramento em massa – Devido processo legal – Racismo – Prova ilícita

INTRODUÇÃO

O século XX nos Estados Unidos foi marcado por disputas e tensões em torno do combate ao racismo e dos direitos da população negra. Do enfrentamento da situação de exclusão pós-abolição, passando pela luta contra a segregação racial e desembocando nos movimentos pelos direitos civis, esses processos colocavam em questão o lugar de inserção social da população negra, as possibilidades do sistema político democrático e a própria identidade nacional estadunidense (DU BOIS, 1990). Indo além das ruas e dos protestos, essas ações articularam uma rede de instituições, associações, grupos políticos, intelectuais, reformadores e profissionais cujo objetivo era desmantelar o regime jurídico-político racista, segregacionista e excludente vigente no aparato estatal dos Estados Unidos. Reivindicavam, portanto, mudanças na vida pública e privada do país (DUARTE, QUEIROZ e GARCIA, 2016).

Todavia, em contraposição aos avanços democratizantes, as instituições de controle social, como o Sistema de Justiça Criminal (ANDRADE, 2003; ANDRADE, 1996), foram instâncias de rearticulação do poder da branquidade (WARE, 2004) e dispositivos fundamentais de esvaziamento da esfera pública negra, gestada a partir da década de 1940 (DUARTE, QUEIROZ e GARCIA, 2016), e que teve o seu ponto culminante nas décadas de 50 e 60 com a força do movimento e de intelectuais negros, a exemplo de Martin Luther King e

Malcolm X (KING, 2014; X, 1992; e MARABLE, 2013).[4] O autoritarismo, as perseguições políticas, a "guerra às drogas" (GARCIA, 2017), os ataques aos bairros e às comunidades negras, o endurecimento da legislação penal e o encarceramento em massa foram parte do mesmo fenômeno de debilitação do poder negro (DAVIS, 2003) e de reinscrição da raça na arena política estadunidense (DAYAN, 1996), agora não mais afirmativamente, mas de maneira subterrânea a partir dos marcadores das instituições de controle sócio-penal.

Ponto fundamental para compreensão dessa mudança é a Rebelião da Prisão de Attica, Nova Iorque, em 1971. A revolta constituiu-se num momento paradigmático da história do Sistema de Justiça Criminal estadunidense. Dali em diante, houve uma virada na gramática dos discursos sobre igualdade, capaz de dinamizar a guerra silenciosa contra a população negra e contribuir para a associação no senso comum entre "negritude" e violência (DUARTE, QUEIROZ e GARCIA, 2016). Essa virada não foi apenas a reação, por meio de uma ética liberal e individualista, às tentativas de construção de uma precária assistência social nos EUA (WACQUANT, 2007). Tratava-se de uma reação racializada para a reestruturação dos mecanismos de controle e a relativização de direitos constitucionais e garantias jurídicas conquistadas (ou disputadas) pela população negra no decorrer do século XX.

Nesse contexto, o objetivo deste artigo é compreender uma das diversas estratégias que possibilitaram a expansão do encarceramento nas décadas seguintes – estratégia muito sútil, na medida em que se relaciona a deslocamentos na lógica processual penal de interpretação de quais garantias os cidadãos possuem perante a Justiça Criminal.

Assim, será discutida a constitucionalização e desconstitucionalização da doutrina de exclusão da prova ilícita, pois esta foi uma das garantias disputadas pela população negra contra os arbítrios do Estado e contra as tentativas de recondução a situações de segregação, exclusão e violência racial. Ao retomar a trajetória da doutrina da prova ilícita na Suprema Corte dos Estados Unidos, iremos trazer, posteriormente, a análise do filme *Mississippi em Chamas* para perceber as lógicas discursivas e políticas em torno do debate quanto aos arbítrios da polícia e as representações cinematográficas.

Busca-se debater os usos paradoxais de "uma retórica da Justiça contra os formalismos do processo penal" em um filme que, aparentemente, apresentava-se como politicamente engajado na valorização da luta contra o racismo dos anos de 1960. A perspectiva utilizada de considerar o filme como um produto do presente, ao invés de uma narrativa isenta (ou engajada) do

---

4. As biografias de Martin Luther King e Malcolm X dão importantes panoramas da importância desse momento para a vida política estadunidense e também da diáspora africana como um todo.

passado, permite compreender como a desconstrução das garantias jurídicas e constitucionais conquistadas pelos movimentos sociais estadunidenses, entre eles o movimento pelos direitos civis, estava em jogo no momento da elaboração da obra. Sugere-se que o momento ficcional (em que se passam os fatos) e o momento da construção da ficção (da produção do filme) estão entrelaçados por lógicas distintas e opostas quanto à defesa das garantias processuais. A oposição permite compreender como o momento da produção do filme revela o entrelaçamento entre as estratégias punitivistas, o eficientismo penal (ZACKSESKI e DUARTE, 2012) e as narrativas racializadas, responsáveis por reproduzir na narrativa sobre o passado o poder da branquidade. De modo direto, *Mississippi em Chamas,* ao invés de ser uma denúncia do racismo, é um filme estruturado para a defesa das estratégias punitivistas, da Polícia e do Poder Judiciário, que serviram ao encarceramento da população negra e, portanto, do racismo estrutural nos EUA (FARRANHA, DUARTE e QUEIROZ, 2017).

1. A TRAJETÓRIA DE DESCONSTITUCIONALIZAÇÃO DA DOUTRINA DE EXCLUSÃO DE PROVAS ILÍCITAS NA SUPREMA CORTE DOS ESTADOS UNIDOS

A doutrina da exclusão de provas ilícitas na jurisprudência da Suprema Corte dos Estados Unidos pode ser sintetizada em seis casos paradigmáticos: *Weeks v. United States* (1914), *Wolf v. Colorado* (1949), *Mapp v. Ohio* (1961), *Calandra v. United States* (1974), *Hudson v. Michigan* (2006) e *Herring v. United States* (2009). Cada um desses casos representam momentos importantes de avanços e retrocessos nas garantias processuais do acusado, bem como dimensionam debates mais gerais sobre o lugar do processo penal para concretização dos princípios constitucionais de limitação do Poder Punitivo ou para o aumento do encarceramento nos EUA.

Tal doutrina surge pela primeira vez no caso *Weeks v. United States* (1914) quando se reconheceu a necessidade de criar um remédio constitucional para materializar as garantias constitucionais da Quarta Emenda (RICHARD, 2014). A Corte tentou dar eficácia aos direitos individuais, aplicando uma sanção processual: a exclusão das provas produzidas em decorrência da violação desses direitos, especialmente do direito à privacidade. No referido caso, o Senhor Fremont Weeks teve a casa invadida pela polícia, sem mandado judicial, tendo sido apreendidas evidências que o ligavam a práticas criminosas. Tais provas ensejaram sua condenação nos dois graus de jurisdição do Estado do Missouri. Na Suprema Corte, levantou-se a seguinte questão: é possível manter uma condenação com base em provas adquiridas dessa forma? Se não, quais seriam as consequências? A preocupação era também pragmática. Caso as provas fossem consideradas ilegais pela Corte, quais seriam as consequências concretas para o investigado, investigador e para o processo como um todo, ou seja, o debate colocava em evidência todo um modo de operar o processo penal (ESTADOS UNIDOS, Suprema Corte, 1914).

Apesar da resposta da exclusão parecer lógica para o caso, essa não era uma teoria presente no ordenamento jurídico americano à época. No entanto, a Corte argumentou que era necessário dar conteúdo mínimo de aplicabilidade à Quarta Emenda, sob pena de transformar as garantias ali instituídas em meras afirmações sem eficácia jurídica, retirando-lhe qualquer possibilidade de aplicabilidade a casos concretos. Ademais, argumentou que o instrumento utilizado para dar a eficácia desejada deveria ter status constitucional. A regra da exclusão de provas ilícitas surgia na jurisprudência como um remédio constitucional, sendo concebida como uma derivação lógica do texto. No voto condutor do Justice Day, seguido unanimemente, pelos seus pares, a *exclusionary rule* foi reconhecida como um elemento interpretativo indispensável à Quarta Emenda e, dessa forma, convertia-se em direito fundamental do cidadão (ESTADOS UNIDOS, Suprema Corte, 1914).

Disputava-se naquele momento os sentidos do processo penal e, especialmente, da atividade policial. O processo penal deveria garantir materialmente o direito dos cidadãos à liberdade e à privacidade. Para tanto, o poder punitivo do Estado deveria ser constrangido no plano de seus procedimentos de investigação, não bastando a mera submissão do processo à jurisdição *lato sensu* (FERRAJOLI, 2002), pois os tribunais não poderiam ser refúgio para ilegalidades dessa natureza. Desse modo, a *exclusionary rule* tornou-se obrigatória quando da persecução penal de competência federal ou quando houvesse diligências executadas por agentes federais do Estado, nos moldes do entendimento firmado *Boyd v. United States* a respeito do *Bill of Rigths* (TAKAYANAGI, 2014).[5]

No caso *Wolf v. Colorado*, de 1949, foi retomada a discussão sobre a possível vinculação da regra criada em *Weeks* em relação aos poderes dos Estados Federados. No entanto, a hipótese levantada em *Wolf* foi respondida negativamente, ou seja, o conteúdo da exclusão da prova ilícita, segundo *Weeks*, não preenchia logicamente a interpretação da Décima Quarta Emenda, que estipula que os Estados têm o dever de garantir o devido processo legal dos cidadãos. Ou seja, naquele momento, a Corte não concebeu a doutrina de *Weeks* como elemento indispensável ao devido processo legal oponível aos entes federados, pelo contrário, negou inclusive o fundamento de criação da *exclusionary rule*. Positivamente, por outro lado, foi assentado o embrião

---

5. Segundo Fabiano Yuji Takayanagi, em *Boyd v. United States*, foi fixado neste precedente que a 4ª Emenda tem função de instrumento garantidor do povo americano contra ingerências das autoridades do governo à privacidade e aos pertences. Sendo os cidadãos defesos contra invasão domiciliar com objetivo de registrar e confiscar bens e documentos, portanto, meio de contenção dos funcionários do Estado, restringindo, entretanto, esta vedação ao Estado na qualidade de federação.

para um posterior reconhecimento da *exclusionary rule* como procedimento autônomo a outras violações a direitos fundamentais, o que ampliou, consideravelmente, seu espectro de utilização como um procedimento processual penal (COMMACK, 2010).

Na conturbada década de 1960, em *Mapp v. Ohio* (1961), a doutrina estabelecida em *Weeks* está em seu auge. A hipótese levantada em *Wolf* foi respondida de forma diversa em *Mapp v. Ohio.* A Corte reconheceu pela primeira vez que a doutrina de *Weeks* era matéria de direito constitucional, pois completaria o sentido lógico de devido processo legal. Neste sentido, as cortes estaduais estariam obrigatoriamente vinculadas (RICHARD, 2014). A nova decisão foi tomada sob a presidência do Juiz Earl Warren, período que historicamente ficou conhecido pela efetivação de direitos civis, a *Warren's court.* A *exclusionary rule* teve seu âmbito de aplicabilidade ampliado, haja vista que passou a ser utilizada como direito constitucional vinculado a outros dispositivos de mesma estatura (COMMACK, 2010). A exclusão das provas ilícitas passou a ser uma medida processual penal definida constitucionalmente pela Suprema Corte aplicável a outros dispositivos da Constituição americana quando ocorria a violação de direitos fundamentais. Em *Massiah v. United States* (1964) e *Miranda v. Arizona* (1966) (CARVALHO, 2013) a Corte aplicou a exclusão de provas a violações ao direito do cidadão, como a necessidade de presença de advogado durante interrogatório policial e a inadmissibilidade de confissões forçadas pela polícia sem que o cidadão fosse devidamente informado de seus direitos constitucionais (COMMACK, 2010). Malgrado os argumentos apresentados em *Mapp* não tenham sido novos, foi nessa decisão que se garantiu a maioria na Corte, isto é, esse precedente foi mais importante pelas conquistas posteriores que ele possibilitou do que em razão da relevância e da novidade dos fundamentos da decisão.

A Suprema Corte passou a garantir a higidez do processo a partir da ótica das garantias processuais *stricto sensu* (FERRAJOLI, 2002). A maioria reconheceu que a *exclusionary rule* era um componente indispensável à Quarta e à Décima Quarta Emendas. A vinculação das Cortes Estaduais era uma consequência lógica, conforme apontou o voto condutor do juiz Clark (ESTADOS UNIDOS, Suprema Corte, 1961). Essa decisão significou, na história da doutrina de *Weeks,* o ápice de sua amplitude, com o reconhecimento de que ela era um direito constitucional do cidadão americano oponível em relação aos Estados e à União.

Entretanto, com a decisão de *Calandra v. United States* (1974), inicia-se o processo de desconstitucionalização, pois a Corte concluiu categoricamente que a regra da exclusão não seria inerente à existência da Quarta Emenda (ESTADOS UNIDOS, Suprema Corte, 1974). Neste momento, a maioria dos juízes afirmou que a única função da doutrina de *Weeks* era inibir exclusivamente a conduta dos agentes de polícia, caracterizando-a como uma teoria de *accountability* dos atos policiais. Logo passou a considerá-la um mecanismo para inibir que os agentes do Estado ajam em desconformidade com os procedimentos legais, dependendo a sua necessidade da valoração da aplicação em cada caso (CLANCY, 2012).

Desse modo, *Calandra* iniciou o caminho para diversos retrocessos. Incluiu na discussão argumentos metajurídicos à aplicação da *exclusionary rule,* uma vez que se passa a analisar os custos sociais para o processo que a exclusão de evidências poderia trazer. Ataca as bases da doutrina de *Weeks,* ao usar argumentos de ordem pública. Inibir a conduta policial se tornou mais importante do que a garantia dos direitos fundamentais do cidadão ao *devido processo legal*. Ademais, a *exclusionary rule* perde seu status constitucional e, em decorrência disso, deixa de ser um direito oponível ao Estado quando de violações derivadas de buscas ilegais (ESTADOS UNIDOS, Suprema Corte, 1974).

Por fim, na última década, dois precedentes darão os últimos passos na desconstitucionalização da doutrina da exclusão da prova ilícita e de ataque à Quarta Emenda. Em *Hudson v. Michigan*, de 2006, por meio do voto condutor do Justice Scalia, passou-se a questionar a validade e a necessidade de aplicação da *exclusionary rule*, inclusive em seu sentido inibitório. De acordo com esse magistrado, os custos seriam altos porque existiriam outros métodos eficazes de fazer o controle dos atos dos policias, métodos de *accountability* menos custosos para o Estado (SKLANSKY, 2008). Como pano de fundo desse argumento, estaria o fato de que a polícia estadunidense já não era a mesma da década de 1960, uma vez que possuía maior treinamento, era mais profissionalizada, e tinha os atos muito mais controlados direta e indiretamente pela Administração. Com isso, *Hudson v. Michigan* foi o primeiro precedente em que se vislumbrou a desnecessidade da doutrina de *Weeks*.

Já em *Herring v. United States*, de 2009, a Corte decidiu que a *exclusionary rule* não deveria ter sido aplicada ao caso concreto, revertendo as decisões de primeira e segunda instância. Para tanto, a Corte criou um novo teste para autorizar a (não) aplicação da referida regra, isto é, a conduta dos policias deveria ser *deliberadamente ilícita e suficientemente culpável* para que se pudesse acionar o gatilho da regra de exclusão das provas. Inverteu-se, desse modo, o referencial de aplicação da doutrina da exclusão de provas ilícitas (HENNING, 2009). A conduta só seria passível de fazer com que as provas fossem excluídas se, no caso concreto, o policial potencialmente soubesse da ilicitude da busca (ESTADOS UNIDOS, Suprema Corte, 2009). Logo, a Corte consolida a decisão de *Hudson v. Michigan* a respeito da desconstitucionalização da *exclusionary rule* (HENNING, 2009).

Mais uma vez evidenciava-se o deslocamento do debate acerca das razões de aplicabilidade da *exclusionary rule* que não mais repousaria sobre o fundamento do controle do exercício arbitrário da força pelo Estado, visando à proteção de direitos constitucionais individualmente. A responsabilidade do Estado, personificado em seus agentes, quando da violação de direitos fundamentais dos cidadãos, deixa de ser objetiva e passa a ser subjetiva.

Enfim, as décadas de 1960 e 1970 conhecem, respectivamente, o ápice do sistema de garantias processuais diante da investigação policial e, ao mesmo tempo, a virada em direção ao esvaziamento dessas garantias. Essa mudança nas disputas de sentido sobre o processo penal tem sido em geral desprezadas nas narrativas que tratam da virada estadunidense em direção ao hiperencarceramento, pois elas estão preocupadas em enfatizar o papel da guerra às drogas e das mudanças legislativas, sem considerar as mudanças interpretativas no âmbito das Cortes Constitucionais.

O próximo tópico analisará como este debate aparece e é dimensionado no filme *Mississippi em Chamas*. Especificamente, objetiva-se perceber como os usos da memória e do passado, a partir de representações artísticas, podem informar, limitar ou potencializar nossa compreensão sobre as lutas em torno de direitos constitucionais que visam conter a arbitrariedade do Estado, bem como reduzir o alcance e o sentido dessas mesmas garantias jurídicas no presente. Nossa aposta é de que o debate sobre essa obra cinematográfica pode demonstrar como as disputas sobre os sentidos da punição foram associadas a retrocessos nas garantias processuais e, ao mesmo tempo, como elas estavam vinculadas à crescente racialização do Sistema de Justiça Criminal (DUARTE, 20017).

2. *MISSISSIPPI EM CHAMAS*: A SUSPENSÃO DO DIREITO PARA SALVAR O PRÓPRIO DIREITO?

O filme *Mississippi em Chamas* é um filme estadunidense de 1988, dirigido por Alan Parker e com roteiro de Chris Gerolmo. Baseado em fatos reais, conta a história de um crime ocorrido no verão de 1964, durante as férias escolares, no Estado de Mississippi. Considerado um dos melhores filmes de Alan Parker (BATISTA, 2012), o longa recebeu geralmente críticas bastante positivas e foi apontado por especialistas como uma das grandes obras de 1988, entendimento ecoado pela National Film Board. Tais avaliações, que perduram ao longo dos anos,[6] enfatizavam a retratação realista e crua das violências cometidas contra a população negra no Sul dos Estados Unidos,

---

6. Nota-se, por exemplo, como *Mississippi em Chamas* é tido como um dos principais trabalhos de Parker. Apesar de só ter levado uma estatueta, o filme recebeu 07 indicações ao Oscar e mais 04 ao Globo de Ouro. Foi considerado um dos principais filmes de 1988. Além disso, no ano de 2013, quando o cineasta foi homenageado na Cerimônia de entrega do Bafta por sua contribuição considerável e excepcional ao cinema, era *Mississippi em Chamas* a grande referência lembrada pela mídia em relação a sua obra cinematográfica. Veja-se a notícia no G1: <http://g1.globo.com/pop-arte/cinema/noticia/2013/01/alan-parker-recebera-maior-honraria-do-cinema-britanico.html>. Acessada em 20.11.2017.

corroborando uma certa particularidade espacial e temporal do racismo ali praticado (JANSSON, 2005).

No período retratado pelo filme, mais de cem estudantes, brancos e negros, militantes dos direitos civis do Norte do país, foram em direção ao Sul para ajudar na campanha pela inscrição da população negra nas juntas eleitoras, garantido o direito ao voto negro. Chamado de "Verão da Liberdade", foi nele que três jovens ativistas desapareceram misteriosamente (CONFRONIERI). Para solucionar o caso, dirigem-se ao Sul dos Estados Unidos os agentes especiais do FBI Alan Ward e Rupert Anderson. É em torno desses dois personagens que a narrativa do filme se estrutura.

De personalidades antagônicas, Ward e Anderson representam duas maneiras específicas de lidar com o direito e a lei. Alan Ward é o agente do Norte, mais novo, com formação universitária e que procura agir seguindo um código de conduta de respeito às formalidades, rejeitando qualquer tipo de apelo a arbitrariedades. O seu zelo à legalidade e à luta pelos direitos civis são sintetizados na expressão "Federação Burocrática de Integração", utilizada pelo xerife Ray Stuckey, logo no momento em que os dois agentes chegam à cidade dos desaparecimentos (PARKER). Já Rupert Anderson é um antigo xerife de Mississippi. É representado como o "policial mau", conhecedor das regras e dos costumes locais e que não pensa duas vezes em descumprir a lei caso ache necessário. Sendo mais velho que o agente Ward, Anderson é o portador dos "métodos antigos", mais bruscos e tradicionais, os quais vão sendo construídos, ao longo do filme, como os únicos aptos a solucionar o caso (CARVALHO, 2013).[7]

Ao longo do filme, A cidade onde ocorreu o crime não é identificada, mas trata-se de alguma localidade no condado de Jessup, Mississippi. Como argumenta David Jansson, os habitantes brancos locais são retratados como sem educação, ignorantes, violentos e abertamente racistas. Enquanto a população negra é apresentada como vítimas passivas, as quais necessitam da ajuda do FBI para superar a opressão que sofrem. Ademais, em uma contraposição ao Norte, simbolizado pelo próprio agente Alan Ward, o Sul é representado como um ambiente de intolerância, ódio, corrupção, ilegalidade e cumplicidade com o racismo (JANSSON, 2005).

A partir desse retrato sobre as relações raciais sulistas o filme constrói um dos seus principais conflitos: o existente entre o poder local – a polícia, o prefeito e outras instituições públicas, como o judiciário – e o FBI, representante do poder federal. Na narrativa, os agentes federais representam a própria busca de Justiça que é constantemente impedida de ser realizada pela corrupção e cumplicidade racista das autoridades locais. Nesse sentido, Kassius

7. Os métodos de investigação utilizados no filme são rechaçados abertamente em Miranda.

Kennedy afirma que "por vezes somos levados a indagar se a história é *sobre o desaparecimento dos ativistas* ou se é a *ação do FBI no desaparecimento dos ativistas*" (BATISTA, 1995).

Essa representação do Sul, colocada logo no *slogan* do filme, "Quando a América estava em guerra contra si mesma", é mobilizada diversas vezes no decorrer da história. Um exemplo se dá quando Alan Ward requer mais cem agentes para vasculhar a área do pântano, onde se suspeitava que os corpos dos três ativistas estivessem. Anderson é absolutamente contra essa atitude, afirmando que as ações de Ward, tidas como uma intervenção na realidade racial local, ainda iriam incitar uma guerra na cidade. Ward, por sua vez, argumenta que a guerra já estava em curso (PARKER).

Nessa representação de opostos, há uma verdadeira uniformização e homogeneização do que é o Sul, no que David Jansson denomina de produção do Outro, apropriando-se da abordagem de Edward Said. Neste enquadramento do Sul como o lugar por excelência do racismo e da opressão, justifica-se uma intervenção drástica a ser realizada para sanar o problema apresentado. E essa intervenção só pode ser realizada por uma identidade corretiva e que transforma o mundo – corrige as imperfeições no Outro produzido. Na estrutura do filme, esse interventor é o FBI e o Sistema Federal de Justiça, portadores de valores morais superiores (JANSSON, 2005).

Essa construção do Outro é vista, por exemplo, no diálogo entre Ward e Anderson sobre a necessidade de levar o caso ao Sistema Federal, tendo em vista a corrupção da magistratura estadual (PARKER). No entanto, essa narrativa esconde que o cerne do debate racial nos Estados Unidos na década de 1960 não era somente sobre o *deep South*, mas sobre o racismo em todo o país. As lutas pelos direitos civis colocavam em discussão a necessidade de que todos os Estados, e não somente o Sul, adotassem regras de proteção de direitos à comunidade negra. Por outro lado, o que o filme reforça é a ideia de que o Sul era o único problema – um problema absolutamente localizado. E, portanto, um problema apenas de alguns Sistemas de Justiça Estaduais. Neste sentido, *Mississippi em Chamas* apaga como disputas importantes também estavam sendo realizadas no plano federal (ou seja, do Sistema Federal de Justiça e de diversas Justiças locais não sulistas). Entre tais disputas estava a tentativa de evitar a violência e o arbítrio da polícia, conforme apontado na primeira parte desse texto.

Assim, pode-se constar que o filme "aprisiona" o racismo em dois sentidos: um territorial e outro temporal. No que se refere ao primeiro aspecto, o processo de produção do Sul contribui para uma ideia de territorialização da violência racial. O Sul transforma-se em um "outro regional", simbolizado a partir da imagem dos homens brancos, ignorantes e racistas, os quais são tidos como uma transgressão histórica às regras nacionais. Ou seja, a criação de um estereótipo sobre o Sul fomenta uma identidade nacional baseada na ideia de que determinado tipo de racismo ou opressão jamais seria aceito fora do Sul. Reforça, neste sentido, a concepção do caráter distintivo do *deep South*, que configuraria uma paisagem moral de um racismo desigual dentro dos Estados Unidos (JANSSON).

O "racismo desigual" seria uma característica particular do Sul, ou seja, essa região é assumida, implícita e tacitamente, como mais racista que o resto do país, mesmo sem que se recorra a qualquer suporte empírico ou fático (MAUER e KING, 2007).[8] Com essa territorialização do racismo, constrói-se, em contraponto, uma imagem do resto dos Estados Unidos como um lugar ausente de violência racial, ou então no qual esse tipo de violência é mais branda. Nesse sentido, o filme contribui para a perpetuação de três percepções errôneas sobre o passado e o presente das relações raciais e das lutas da população negra estadunidense: a) afasta a análise do racismo e da segregação experienciada pelos negros no resto do país, bem como silencia o passado dos movimentos civis para além de uma luta regionalizada contra o "racismo profundo do Sul"; b) marginaliza a identidade negra que se identifica com o Sul, ou seja, borra a identidade negra da noção de identidade sulista, tida apenas a partir do viés dos homens brancos; c) apresenta a população negra do Sul como espectadores passivos dos fenômenos sociais da região (JANSSON).

A espacialização do racismo acaba definindo que tipo de violência conta para definir o que é racismo na esfera pública. Ao tecer uma paisagem de que o racismo é um problema do Sul, que existiria somente de maneira mitigada no restante do país, elabora-se uma identidade nacional estadunidense que periferiza a discussão do debate racial. Assim, ao sublinhar uma suposta distinção racial entre Sul e Norte, dificilmente ancorada na concretude das relações sociais, apaga-se o debate sobre a lógica racial do supremacismo branco que permeia os Estados Unidos como um todo (JANSSON).

Em *Mississippi em Chamas*, essa construção pode ser vista nas percepções sobre a violência policial. O filme passa a ideia de que há uma violência racista da polícia e uma violência não racista praticada pela polícia

---

8. Dados relativos às taxas de encarceramento ou de integração escolar apontam que conclusões apressadas sobre a suposta dinstintividade da violência racial no Sul podem estar absolutamente longe da realidade. Por exemplo, estudos apontam que alguns estados sulistas (Alabama, Mississippi e Georgia) apresentam taxas de encarceramento de negros menor do que a média nacional, apesar de manterem uma taxa de encarceramento de brancos maior que a média do país. De qualquer maneira, os estados com a maior desproporcionalidade de presos negros para brancos encontram-se nas regiões Nordeste e do Meio-Oeste, incluindo os estados de Iowa, Vermont, New Jersey, Connecticut e Wisconsin, geralmente não associados à violência racial mais brutal. No mesmo sentido, estudos apontam que a região Nordeste é uma das que mantém um dos níveis mais altos de ausência de integração escolar, a qual decorre, provavelmente, da fragmentação e segregação racial urbana. Destacam-se, assim, os estados de Nova York, Pensilvânia, Nova Jersey, Connecticut, Ohio, Michigan, Wisconsin, Illinois, Indiana e Ohio.

que "tutela" os direitos dos cidadãos negros. A violência racista seria aquela praticada pela polícia sulista, apresentada de forma estereotipada como um grupo "interiorano", corrupto, ignorante e opressivo. Enquanto isso, a violência cometida pelos agentes federais, representantes dos valores morais e nacionais de justiça, não só não seria racista, como seria legítima e necessária.

Essa separação entre violência policial racista e violência policial não racista requer a territorialização da violência racial, ou seja, da construção do Sul como o Outro da nação. Como pano de fundo, apresenta uma distorção sobre o passado ao deslocar os objetivos e o debate estrutural colocado pelo movimento negro naquele momento. A limitação da atuação da polícia, tendo a raça como centro, era uma das principais pautas da população negra. Essa era uma luta pela limitação da violência em geral praticada pelo aparelho punitivo do Estado e não apenas por restringir uma suposta violência ilegítima praticada pela polícia. Ou seja, o movimento negro, na década de 1960, não estava combatendo somente o suposto racismo aberto de policiais "ignorantes" do Sul, mas também o leque de arbitrariedades cometidos pelas polícias do Norte e por instituições federais, entre elas o próprio FBI que, em pouco tempo, se tornaria um dos principais atores de desarticulação da esfera pública negra daquele momento. Nesse sentido, *Mississippi em Chamas* não só corrobora uma visão segundo a qual o problema da violência racial da polícia é um "problema do Sul", como induz o espectador a crer que a violação do devido processo legal pela polícia pode produzir uma suposta Justiça para a comunidade negra. Dessa maneira, legitima-se como justo, do ponto de vista racial, um dos fatores responsáveis por, nas décadas seguintes, contribuir para o aumento exponencial do encarceramento da população negra.

Nessa tentativa de vender para a população negra a Justiça como arbítrio, há o segundo "aprisionamento" do racismo no filme, também no campo temporal. *Mississippi em Chamas* faz parte de uma série de projeções sobre a década de 1960, articuladas nos anos 1980, que negam as disputas do passado, especialmente o papel da polícia. Neste sentido, além de apresentar o passado como o locus por excelência da violência racial, a qual estaria ausente ou mitigada no presente (BEVERNAGE, 2015), o filme projeta no passado uma ideia que se estrutura justamente no período de produção do filme: a concepção de que o excesso de formalismos, de regras e de garantias jurídicas, próprias do "devido processo legal", estaria na origem das dificuldades para apuração de crimes, levando à impunidade (WACQUANT, 2007).

Nesse sentido, *Mississippi em Chamas* coloca na boca das vítimas os desejos da branquidade de ausência de um Estado em que a polícia se submeta às regras relativas aos direitos fundamentais dos suspeitos, ou de substituição da legalidade pela arbitrariedade. No filme, esse movimento é expresso na fala do pastor da comunidade negra diante da impunidade dos crimes de ódio em curso no contexto da investigação:

> "Eles querem que eu diga 'não esqueçamos desses dois garotos brancos que também morreram ajudando os negros'. Eles querem que eu diga 'nós choramos com as mães desses dois garotos brancos'. No entanto, o Estado de Mississippi sequer irá permitir que esses dois garotos brancos sejam enterrados no mesmo cemitério que o garoto negro. Eu digo 'Eu não tenho mais amor para dar! Hoje, eu só tenho raiva no meu coração e quero que vocês sintam raiva comigo! Eu estou cansado das pessoas desse país que permitem que essas coisas aconteçam'. O que é 'direito inalienável' se você é um negro? O que significa 'igual tratamento' se você é um negro? O que significa 'liberdade e justiça para todos'? Agora eu digo para essas pessoas, 'olhem para o rosto desse jovem homem e vocês irão ver a face de um homem negro. Mas se vocês olham para o sangue derramado, ele é vermelho! Ele é como o de vocês! É justamente como o de vocês!'." (PARKER)

Essa fala precede justamente o momento no qual os agentes do FBI começam a se valer de instrumentos arbitrários e violentos para obter a confissão dos membros da Ku Klux Klan. No roteiro, ela serve para montar um clima de justificação da violência policial como única maneira de desarticular a cumplicidade entre os brancos locais. O discurso do pastor vai, porém, na contramão das lutas da população negra na década de 1960, expressas no sonho idealizado por Martin Luther King de que a crença no potencial da democracia estadunidense é a crença na submissão da polícia às regras, vinculadas ao devido processo legal. A fala atribuída ao personagem, líder da comunidade negra, constitui-se numa violência simbólica que, de fato, reproduz ideologicamente a supremacia branca.

Nesse sentido, embora o enredo esteja ambientado no ano de 1964, o filme é uma articulação discursiva e projeção simbólica dos debates da década de 80, momento no qual se está aprofundando as bases da guerra às drogas e da nova tecnologia punitiva, que tem como fundamento a diminuição das garantias processuais. Assim, *Mississippi em Chamas* não é apenas uma representação sobre o que era a década de 1960, mas um dizer sobre o que deveria ser considerado justo e legítimo no presente. É uma parábola policial que, ao manejar ambiguamente sentimentos antirracistas sobre o passado, justifica a arbitrariedade, a violência e o autoritarismo do aparelho penal na contemporaneidade.

O aprisionamento do racismo no "território" (o Sul) e no "tempo" (a década de 1960) borra e relativiza o caráter institucional e estrutural do racismo no presente. Mais do que isso, ao projetar a violência racial neste Outro do passado, *Mississippi em Chamas* apresenta como solução para a opressão racial um dos mecanismos responsáveis por atacar as comunidades negras e desarticular o potencial transformador da esfera pública (DUARTE, QUEIROZ e GARCIA, 2016). Cinicamente, o arbítrio policial é vendido como única solução para combater o racismo.

Ao tecer essas redes de sentido, o filme caminha para seu último ato. No terço final, há um aumento da sensação de impunidade e da escalada de violência racial, com cenas de casas pegando fogo e de linchamentos. É desse contexto a fala do pastor, bem como a autorização do agente Ward para Anderson: "Nós pegaremos eles de qualquer jeito, inclusive da sua maneira" (PARKER). Assim, com o sequestro do prefeito se iniciam várias ações violentas do FBI. Em uma cabana, esse personagem é ameaçado e torturado por um agente especial negro que se faz passar por um habitante local.

A partir daí uma série de provas ilícitas são produzidas com escutas ilegais, torturas, ameaças, abordagens violentas, informações falsas etc. O auge das ações dos agentes federais se direciona ao policial local Lester Cowens. Além colocá-lo contra a sua vontade em um carro da polícia e de utilizar outras provas ilícitas para fazê-lo confessar, o FBI forja um atentado da Ku Klux Klan à casa de Lester. Após esse ataque, os agentes afirmam que lhe darão proteção caso ele confesse formalmente. A delação de Lester é a base para o início das condenações dos demais envolvidos no assassinato dos três ativistas (PARKER).

O filme encerra com imagens dos condenados e suas respectivas penas passando uma mensagem direta: contra a violência, a única resposta possível é o uso da própria violência. Há uma vitória do arbítrio e do autoritarismo, simbolizados pelos métodos tradicionais de Anderson, perante o respeito às regras e às garantias processuais, retratados como instrumentos inúteis para a garantia de proteção da "comunidade negra". Articula-se, assim, a figura do policial herói (com métodos antigos e ilegais) como o único capaz de solucionar determinados tipos de crime e de promover a Justiça. Essa figura, que será universalizada em toda uma filmografia da época (BATISTA, 2014), é a síntese de um conservadorismo supostamente transgressor, o qual sustenta a ideia de que na tutela dos direitos há sempre a necessidade da violação das regras do jogo.

Dessa maneira, há uma relativização geral sobre a própria lógica da arbitrariedade e do autoritarismo. Esses dois elementos constituíram a estrutura do poder local sulista, na medida em que ele se baseava na negativa da universalização dos princípios constitucionais para a população negra. No entanto, o argumento racialmente paradoxal de *Mississippi em Chamas* é de que são justamente as garantias processuais que impedem a concretização da Justiça para a população negra.

Nesse contexto, vale destacar. O momento histórico captado pelo filme é central para a disputa dos direitos civis e para a rearticulação dos mecanismos de controle social. A utilização da prova ilícita e a mitigação das garantias processuais estão no âmago dessas questões. Por outro lado, *Mississippi em Chamas* as apresenta como formas necessárias de promover o justo ao articular uma narrativa de apelo emocional. Porém, trata-se mais de um engodo e de uma apropriação ilegítima das lutas e das dores negras para legitimar um instrumento que nas décadas seguintes se tornará um dos tentáculos da expansão do sistema penal e do encarceramento em massa.

Nesse contexto, o filme rasura diversas disputas que estavam colocadas no passado ao projetar sobre ele a crescente ideologia punitivista articulada a partir das décadas de 70 e, sobretudo, 80. Entre essas rasuras e apagamentos, está o debate sobre as garantias processuais (CARVALHO, 2013) e a aceitação (ou não) da prova ilícita nos procedimentos judiciais. Ao apresentar uma perspectiva favorável sobre a necessidade dos arbítrios policiais, valendo-se ardilosamente do próprio passado de violência racial, *Mississippi em Chamas* não só constrói uma versão particular sobre o passado, como intervém nos debates do "presente" dos anos de 1980.

O filme pode ser pensado dentro da constelação de discursos e práticas responsáveis pela virada do encarceramento em massa e da relativização dos direitos do acusado. Particularmente em relação à prova ilícita, corrobora e contribui para os discursos que embasarão o debate processual na Suprema Corte estadunidense no pós-*Calandra v. United States*, em 1974, quando é iniciada a desconstitucionalização de garantias até então estabelecidas para o réu, entre elas a doutrina de exclusão da prova ilícita.

Mississippi em Chamas induz à conclusão de que o fracasso da Justiça aplicada aos "racistas do Sul" repousaria na aplicação de "penas leves", ou seja, anuncia-se um outro ingrediente necessário da fórmula da era do encarceramento em massa: ao lado da demanda por flexibilização e violação das garantias processuais, foram criadas diversas estratégias de aumento de penas, tais como a aplicação de sistemas rígidos de dosimetria da pena, redução de benefícios na execução e incremento das penas mínimas. A parábola *Mississippi em Chamas* demonstra como os discursos sobre a Pena e o Processo foram articulados e representam dimensões de um mesmo problema.

Por fim, a crítica de *Mississippi em Chamas*, desde o ponto de vista das relações raciais, sugere que a oposição, construída na doutrina constitucional, entre o protagonismo do Poder Legislativo e do Poder Executivo, é carente de sentido intrínseco, ou melhor, é um artefato "vazio" do pensamento jurídico que serve para ocultar as dimensões da branquidade (e provavelmente da masculinidade heteronormativa) na composição e estruturação desses Poderes. Encontraram-se de um mesmo lado de defesa da supremacia branca, a diminuição do protagonismo judicial da Suprema Corte na defesa dos direitos fundamentais dos suspeitos e o protagonismo legislativo e do executivo no aumento dos padrões legais e administrativos de encarceramento.

CONCLUSÃO

O artigo procurou realizar dois movimentos para compreender como a desconstitucionalização da doutrina de exclusão da prova ilícita está inserida no projeto de encarceramento em massa colocado em prática a partir da década de 1970 nos Estados Unidos. Primeiramente, o texto debateu seis decisões paradigmáticas da Suprema Corte Estadunidense em que a *exclusionary rule* desempenhou papel fundamental, demonstrando a ascensão e a queda das garantias processuais vinculadas à respectiva regra. Em um segundo momento, discutiu-se a segregação racial e a luta pelos direitos civis articulada no filme *Mississippi em Chamas*, o qual está relacionado, por sua vez, a dois momentos fundamentais para compreender as representações sobre a doutrina da prova ilícita.

A primeira temporalidade é a narrada pelo filme, ou seja, a própria década de 1960, epicentro das disputas sociais produzidas na esfera pública negra estadunidense no século XX e de avanços de direitos da população negra. Tempo do fortalecimento de conquistas constitucionais na Suprema Corte, como no caso de *Mapp v. Ohio*, em que há o auge da constitucionalização da *exclusionary rule*. O segundo momento é a década de 80, época de produção de *Mississippi em Chamas*, em que há uma rearticulação da ética individualista combinada com a ascensão de sentimentos punitivistas e o desmonte do estado de bem-estar social. No que se refere ao debate sobre a prova ilícita, é o tempo de transição no processo de desconstitucionalização da doutrina de *Weeks*, iniciada no caso *Calandra*, em 1974, e aprofundada nas decisões de *Hudson v. Michigan*, de 2006, e *Herring v. United States*, de 2009.

Nesse contexto, o filme representa um dos engodos da política estadunidense no pós-década de 1970, em que a operacionalização da exceção, a suspensão de direitos e a quebra de regras processuais são tidas como necessárias para a realização da Justiça. Conserva-se a ideia de que para a tutela dos direitos há a figura daquele que viola as regras para obter o justo. Oculta-se que a arbitrariedade policial está relacionada justamente à impossibilidade de universalização dos princípios constitucionais em decorrência do racismo estrutural. Paradoxalmente, o mesmo debate sobre racismo que a Corte evitou ao decidir sobre *Mapp v. Ohio* (ESTADOS UNIDOS, Suprema Corte, 1961). Portanto, *Mississippi em Chamas*, como veículo dos anseios e os sentimentos da agenda política dos anos 1980, articula o seguinte falsete: ao representar uma época de ascensão dos debates sobre os direitos humanos, estrutura a ideia de que esses mesmos direitos humanos só podem ser garantidos com a sua respectiva violação, tendo como uma de suas faces a desconstrução das garantias processuais. E mais do que isso: ajuda a legitimar a própria construção silenciosa do processo como pena e como castigo, como local de institucionalização da violência penal arbitrária. E, por fim, oculta a dimensão racializada de ambos.

REFERÊNCIAS BIBLIOGRÁFICAS

ANDRADE, Vera Regina Pereira de. *A ilusão de segurança jurídica*: do controle da violência à violência do controle penal. Porto Alegre: Livraria do Advogado Editora, 2003.

_____. *Do paradigma etiológico ao paradigma da reação social*: mudança e permanência de paradigmas criminológicos na ciência e no senso comum. Revista Brasileira de Ciências Criminais. São Paulo, IBCrim, n. 14, p. 276-287, abr.-jun. 1996.

BATISTA, Kassius Kennedy Clemente. A relação entre diretor e historiador discutida por Robert Rosenstone a partir da análise das obras fílmicas *Panteras Negras* (Mario Van Peebles, 1995) e *Mississippi em Chamas* (Alan Parker, 1988). *Anais do VI Simpósio Nacional de História Cultural. Escritas da História: Ver-Sentir-Narrar*. Universidade Federal do Piauí – UFPI. Teresina-PI, 2012.

_____. *Misssissippi em Chamas e Panteras Negras no intervalo entre história e cinema*. Dissertação de mestrado apresentada no Programa de Pós-Graduação em História da Universidade Federal de Uberlândia, 2014.

BEVERNAGE, Berber. The Past is Evil/Evil Is Past: New Perspectives in Memory Studies. *History and Theory*, 54. Wesleyan University, October, 2015.

CARVALHO, Gabriela Ponte. *O aviso de Miranda e a prova ilícita por derivação*. Monografia de graduação em direito pela Universidade de Brasília, 2013.

CLANCY, Thomas K. The fourth amendment's exclusionary rule as a right. *Ohio State Journal of Criminal Law*, vol. 10, p. 357-391, 2012.

COMMACK, Mark E. The rise and the fall of the exclusionary rule in United States. *The American Journal of Comparative Law*, vol. 58, p. 631-658, 2010.

CONFRONIERI, Amanda Carolina. *Resenha do filme "Mississippi em Chamas"*. Direitos Humanos Pelo Cinema. Universidade Federal de São Carlos.

DAVIS, Angela. *Are Prisions Obsolete?* Seven Stories Press: New York, USA, 2003.

DAYAN, Joan. *Paul Gilroy's Slaves, Ships, and Routes: The Middle Passage as Metaphor*. In: "Research in African Literatures", vol. 27, n. 4, Winter, 1996.

DUARTE, Evandro C. Piza. *Criminologia e Racismo*. Curitiba: Juruá, 2017.

_____. Dossiê Especial - Direito Penal, Criminologia e Racismo. Editorial: Direito Penal, Criminologia e Racismo. *REVISTA BRASILEIRA DE CIÊNCIAS CRIMINAIS*, vol. 135, p. 17-48, 2017.

_____. QUEIROZ, Marcos Vinícius Lustosa, GARCIA, Rafael de. A Rebelião da Prisão de *Attica* (Nova Iorque, 1971): opressão racial, encarceramento em massa e os deslocamentos da retórica da igualdade. In: MACHADO, Bruno Amaral, MACHADO, Bruno Amaral, ZACKSESKI, Cristina, DUARTE, Evandro Piza. *Criminologia e cinema: narrativas sobre a violência*. São Paulo: Marcial Pons; Fundação Escola Superior do Ministério Público do Distrito Federal e Territórios, 2016.

______. GUIMARÃES, Johnatan Razen Ferreira; COSTA ARGOLO, Pedro Henrique. Quem quer ser Madame Satã? Raça e homossexualidade no discurso médico-legal da primeira metade do século XX. *Criminologia e Cinema: narrativas sobre violência*. São Paulo: Marcial Pons; Brasília: Fundação Escola Superior do Ministério Público do Distrito Federal e Territórios, 2016.

DU BOIS, W. E. B. *As almas da gente negra*. Tradução, introdução e notas, Heloísa Toller Gomes. Rio de Janeiro: Lacerda Ed., 1999.

ESTADOS UNIDOS. Suprema Corte. *Calandra v. United States*. 1974.

__________. Suprema Corte. *Herring v. United States*. 2009.

__________. Suprema Corte. *Hudson v. Michigan*, 2006.

__________. Suprema Corte. *Mapp v. Ohio*, 1961.

__________. Suprema Corte. *Weeks v. United States*, 1914.

__________. Suprema Corte. *Wolf v. Colorado*, 1949.

FARRANHA, Ana Claudia, DUARTE, Evandro Piza e QUEIROZ Marcos Vinícius Lustosa. Racismo e Constituição: o caráter estrutural da opressão racial e suas consequências jurídicas. In: FARRANHA, Ana Claudia et alii. *Acusações de Racismo na Capital da República*. Brasília: MPDF, 2017.

FERRAJOLI, Luigi. *Direito e razão: teoria do garantismo penal*. São Paulo: RT, 2002.

GARCIA, Rafael de Deus. *O uso da tecnologia e a atualização do modelo inquisitorial: gestão da prova e violação de direitos fundamentais na investigação policial na política de drogas*. Belo Horizonte: Lumen Juris, 2017.

HENNING, Anna C. Rule in fourth amendment cases. *Congressional Research Service*. p. 73-84, 2009.

JANSSON, David. R. "A Geography of Racism": Internal Orientalism and the Construction of American National Identity in the Film *Mississippi Burning*. *National Identities*, vol. 7, n. 3, September 2005, p. 265-285.

__________. The work of southering: "Southern justice" and the moral landscape of uneven racism. *Southeastern Geographer*, 57(2): 131-150.

KING, Martin Luther. *A autobiografia de Martin Luther King*. Rio de Janeiro: Zahar, 2014.

MARABLE, Mannin. *Malcolm X: uma vida de reinvenções*. São Paulo: Companhia das Letras, 2013.

MAUER, Marc e KING, Ryan S. Uneven Justice: State Rates of Incarceration by Race and Ethnicity. *The Sentencing Project – Research and Advocacy for Reform*. Washington, D. C. 2007.

MCDONALD, Marc W. The good faith excepection to exclusionary rule: United States v. Leon and Massachusetts v. Sheppard. *Boston College Law Review*, vol. 27, n. 609, p. 609-640, 1986.

PARKER, Alan. *Mississippi Burning*. USA: MGM, 1988, 120min.

RICHARD, Re. The due process exclusionary rule. *Harvard Law Review*, vol. 127, n. 7, p. 1887-1966, 2014.

SKLANSKY, David Alan. Is the Exclusionary Rule Obsolete? *Ohio State Journal of Criminal Law*, vol. 5, n. 2 (2008), 567-584.

TAKAYANAGI, Fabiano Yuji. *Críticas às exceções legais às provas ilícitas por derivação no processo penal brasileiro e análise de jurisprudência após a reforma da Lei 11.690/2008*. Dissertação de Mestrado no Programa de Pós-Graduação em Direito da Universidade de São Paulo, 2014.

THE CIVIL RIGHTS PROJECT. *UCLA Report Finds Changing U.S. Demographics Transform School Segregation Landscape 60 Years After Brown v Board of Education - Segregation Increases after Desegregation Plans Terminated by Supreme Court*, 2014.

X, Malcolm. *Autobiografia de Malcolm X*. Com colaboração de Alex Haley. Rio de Janeiro: Record, 1992.

WACQUANT, Loïc. *As prisões da miséria*. Rio de Janeiro: Zahar, 2001.

_____. *Punir os pobres*. Rio de Janeiro: Revan, 2007.

WANDERLEY, Gisela Aguiar. *Liberdade e suspeição no Estado de Direito: o poder policial de abordar e revistar e o controle judicial de validade da busca pessoal*. Dissertação de mestrado no curso de Pós-Graduação em Direito da Universidade de Brasília, 2017.

WARE, Vron (Org.). *Branquidade: Identidade Branca e Multiculturalismo*. RJ: Garamond, 2004.

ZACKSESKI, Cristina, DUARTE, Evandro Piza. Garantismo e eficientismo penal: dissenso e convergência nas políticas de segurança urbana. *Encontro Nacional do Conpedi UFU* 21 (2012): 7112-7143.

_____; DUARTE, Evandro Piza. *Criminologia e cinema: narrativas sobre a violência*. São Paulo: Marcial Pons; Brasília: Fundação Escola Superior do Ministério Público do Distrito Federal e Territórios, 2016.

■

BRANCO SAI, PRETO FICA: CENAS SOBRE PUNIÇÃO E GENOCÍDIO NEGRO NO DISTRITO FEDERAL

TARSILA FLORES[1]

Da nossa memória fabulamos nós mesmos
(*Branco sai, preto fica*, 2014).

RESUMO: Este trabalho discute sobre o filme intitulado *Branco sai, preto fica* (2014), uma produção cinematográfica essencialmente brasiliense, cujo diretor, Adirley Queirós e toda sua equipe, fazem parte da comunidade da cidade de Ceilândia-DF. O foco da história narrada em formato de *documentário-fábula-ficção*, segundo o diretor, aborda uma cena clássica do imaginário da periferia: a violência policial incidindo sobre os corpos negros jovens que ousaram buscar na dança e na música ferramentas para o enfrentamento do genocídio negro em curso no país. Uma personagem à parte traduz-se no próprio *locus* no qual a juventude se reunia na década de 80 e foi fechado violentamente pela polícia: o *Baile Black do Quarentão.* A metodologia eleita para essa pesquisa consistiu no uso da Etnografia Documental (KUPER, 1984) para um mergulho atento em todas as cenas e contextos subliminares do

1. Tarsila Flores é mestra em Direitos Humanos e Cidadania pela Universidade de Brasília UnB, pós-graduada em Gestão Pública pela Universidade Cândido Mendes (UCAM-RJ); graduada em Psicologia pela Universidade Estadual Paulista (UNESP). Atualmente é consultora do Programa das Nações Unidas para o Desenvolvimento (PNUD), junto ao Ministério dos Direitos Humanos e pesquisadora junto ao grupo de pesquisa Maré – Núcleo de Estudos em Cultura Jurídica e Atlântico Negro – UnB.

filme. Um conceito utilizado como disparador da análise foi o de *Cenas do Genocídio Negro*, elaborado a partir da obra de Patric Pavis (2008), que explorou o conceito de *cena teatral* e Achile Mbembe (2014), que maestralmente articulou o conceito de *cena racial*. Outro ponto forte para a presente análise foi a obra de Antonin Artaud e seu *Teatro da Crueldade* (ARTAUD, 2006). Nesse sentido, essa pesquisa teve como objeto a investigação das cenas de violência policial retratadas no filme, orientadas pela hipótese de que esse tipo de violência que intenta mas não mata o jovem negro pode também ser considerada como expressão de genocídio. Isso porque muitos jovens adquirem deficiências físicas ou transtornos emocionais a partir das agressões sofridas. Como resultados, observa-se que o produto da violência policial comumente resulta em isolamento social, enfraquecimento pessoal e dos vínculos afetivos, com a expressão de ausência de vontade de potência por parte de alguns. Outros, como no caso das personagens do filme, resistem à quase-morte física e emocional perpetrada pelos agentes do Estado através de Arte, da Música, do Teatro, e assim reelaboram a vida, expressando a força do Povo Negro, em reinventar a própria história.

PALAVRAS-CHAVE: Punição – Genocídio negro – Direito à cidade – Violência policial – Teatro da crueldade.

1. INTRODUÇÃO

O filme *Branco sai, preto fica*, lançado em 2014 e dirigido por Adirley de Queirós, ex-aluno do Curso de Cinema da Universidade de Brasília, foi um aclamado sucesso de crítica e de público, ganhador da premiação de melhor filme, do considerado *Festival de Cinema de Brasília*, no mesmo ano. A história transita entre um misto de documentário, fábula e ficção-científica, quando conta um momento trágico, ocasionado pela intervenção da polícia militar do Distrito Federal num baile da periferia da capital.

Na Ceilândia dos anos 80, a festa que mais agregava a geração jovem daquela época era conhecida como o *Baile Black do Quarentão*, realizada aos domingos no único salão de festas da cidade, que reunia a comunidade local, principalmente adolescentes e jovens negros. Era a festa mais esperada ao longo da semana, por quem ensaiava os passos criados entre um domingo e outro. Aquela era a forma que encontraram para construir uma identidade da juventude da periferia, cheia de arte e com uma trilha sonora majestosa, ao mesmo tempo em que se tornavam destaques através dos grupos de dança, que competiam, para a escolha do melhor "passinho" da noite.

Na década de 1980, as pistas de dança eram tomadas pela batida da House-Music e no caso da classe média, moradora do Plano Piloto - região que contempla os bairros da Asa Norte e Asa Sul, delimitados pelo contorno do desenho do avião de Lúcio Costa – tinha como reduto discotecas famosas como a *Zoom*, localizada no Lago Sul, bairro de classe alta, onde a diversão era garantida aos jovens da região. Brasília sempre esteve mais ligada ao rock-and-roll e nessa mesma época despontaram diversas bandas de garagem, conhecidas hoje no Brasil todo.

Mas na Ceilândia, a cidade-satélite mais intensamente vista sob a lente da criminalização àquela época, no Distrito Federal, a "onda" era curtir e dançar o Funk, a Soul Music e o Rap – *música de preto*: todo o supra sumo musical da época. Aqueles passinhos fizeram história na construção da identidade do jovem negro brasiliense: fortalecidos pela *black music* e pelos vínculos comunitários, deram fôlego para toda uma geração apaixonada pela cultura negra de raiz norte-americana e que tinha como emblema a diversão pela arte, a paixão pela dança e a alegria estampada na face, quando a música preferida tomava conta do salão, através do som de boa qualidade que ecoava potente, vindo de caixas de alta amplificação, por todos os lados... Era quase catártico, um momento de criação artística e libertação do dia-a-dia:

> "Domingo, 7 horas da noite. Já tô com meu pisante, minha beca, tô em frente de casa. Tô indo em direção ao Centro da Ceilândia. Ah, vou passar aqui na casa do Carlinhos.
>
> (Palmas) – E aí, Carlinho? Beleza? E aí, vai pro Baile?
>
> Já tô em frente à Feira. Pô...! Que louco!!! Já dá pra ouvir os grave! O João Bom tá botando pra quebrar!
>
> Pô, tá inframado, véi, caramba, meu irmão! Tá louco, inframado, inframado! Tá lotada a bilheteria. Vou ver se consigo alguém aqui pra comprar o ingresso pra mim. Ah, tô nem aí, vou furar fila, ó!
>
> (Rap): Ih... o Baile vai ser louco aqui no Quarentão!
>
> Os muleque tão de quina me esperando, ali, irmão.
>
> A bagaceira vai ser louca e o bicho vai pegar.
>
> Com certeza Mestre Biba deve estar por lá!
>
> Boogie Night, RNight, esse cara é muito doido,
>
> Esse cara tem moral, tem!
>
> Tem cabelo Black, estilo James Brow, podes crow!
>
> Se liga no pisante do moleque, deslizando feito gelo seco no quintal...
>
> – Tô vendo tudo isso aqui pela janelinha, ó!..."[2]
>
> (MARQUIM DO TROPA, 2015, min 2:58)

2. Texto do filme *Branco sai, preto fica* (QUEIRÓS, 2015), que trata do acontecimento mais crítico envolvendo o *Baile Black do Quarentão*, que acontecia aos finais de semana no Centro de Ceilândia, cidade-satélite de Brasília, no Distrito Federal.

Porém, ser um jovem negro fortalecido é perigoso, quando se pensa que a estrutura do Estado é racista e discrimina para enfraquecer, deslegitimar o lugar existencial e tirar toda e qualquer possibilidade de poder: seja ascensão financeira, educacional, ou mesmo vontade de potência frente à vida (NIETZSCHE, 2008). E uma das principais ferramentas para esse enfraquecimento do povo negro é a criminalização. A partir desse olhar, punir o negro que quer sair do lugar de opressão a si destinado pela estrutura e intervenções racistas do Estado é um caminho muito comumente utilizado pela instituição policial. É como se fosse permitido, à polícia militar, mostrar ao povo negro *qual é o seu lugar*: lugar esse que nunca deve ser destaque, a não ser para que seja visibilizado enquanto criminoso.

Baile Black do Quarentão, Ceilândia-DF.

(Fonte: RaioXDF, 2015)

O *Baile Black do Quarentão* não foi só celebração negra da juventude, na alimentação de uma identidade que se fundamentava a partir do vínculo comunitário e da Arte. O evento abrigou mais uma das fortes cenas de racismo institucional[3] das quais a periferia está cheia, todos os dias. Mas, a noite na qual a polícia militar fechou o Quarteirão, em 05/03/1986, deixou sua marca não só

3. O conceito de *Racismo Institucional* que esse estudo elege é o de "um modo de subordinar o direito e a democracia às necessidades do racismo, fazendo com que os primeiros inexistam ou existam de forma precária, diante de barreiras interpostas na vivência dos grupos e indivíduos aprisionados pelos esquemas de subordinação desse último" (QUERINO et alii, 2013).

nas paredes do salão, que hoje abriga um restaurante comunitário, mas também na trajetória de jovens como Marquim e Shokito, que eram adolescentes à época e se depararam com a chegada da polícia militar no Baile:

> "– Ô... tá acontecendo alguma coisa, véi. Chama as menina pra cá! Tá acontecendo alguma coisa ali na portaria, o que é aquilo? (Barulho de tiro)
>
> – Vixi, é os cana! (latidos de cachorros). Os Pé-de-Bota tá na área, véi! Vixi, cachorro, o caramba! Hum...! Spray de pimenta! (Muita tosse)! Foda! Pô, abaixa a cabeça, abaixa a cabeça, cara, pra ver se... (mais tosse)... Porra!
>
> Ah, não, vão parar o Baile? Caramba, bicho! Porra... Boto fé não: pararam o som, véi! Que merda, véi! Esses Pé-de-Bota filha da...
>
> PM: – Bora, bora, bora, bora, bora, bora! PUTA PRUM LADO E VIADO PRO OUTRO! Bora, porra! Anda, porra! Tá surdo, negão? Encosta ali! Tô falando que: BRANCO LÁ FORA E PRETO AQUI DENTRO! BRANCO SAI, PRETO FICA, PORRA!
>
> – Que merda! Trabalhei a semana toda...
>
> PM: – Que que é? Tá falando o quê aí, ô seu viado?
>
> – Não, senhor...
>
> PM: – Senhor o caralho, porra! Bora, levanta, levanta! Tá armado?
>
> – Não, tô não...
>
> PM: – Tá... Deita no chão aí!
>
> (Helicóptero sobrevoando a região, barulho de tiro)."
>
> (*Marquim do Tropa*, 2014, min. 5:07)

O susto inicial foi substituído pelo terror. A polícia militar exercia ali mais uma vez a opressão e o dano, irreversível para alguns. O corre-corre tomou conta do salão, assim como alguns jovens buscaram sair do *Quarentão* assim que conseguiram, sendo recebidos por uma cavalaria lá fora. A polícia militar montada completava, junto aos helicópteros sobrevoando a região e o spray-de-pimenta utilizado no interior do salão, a estrutura de combate do *inimigo*: no caso, adolescentes e jovens negros, desarmados.

Cabe reiterar que a presença de adolescentes muito jovens era comum no *Quarentão*, como era o caso de Marquim e Shokito. Os dois rapazes protagonizam o filme a partir do lugar da lembrança, de uma dor funda, explícita no brilho do olhar quando se mistura a falta do movimento das pernas ou de um dos membros inferiores com a paixão pela dança, pelos passinhos e por tudo o que o Quarentão representou na construção daquela juventude.

O que houve ali no *Quarentão*, aquela noite, pode ser considerado uma forma de punição frente ao fortalecimento de uma comunidade pobre, marginalizada, negra em sua maioria e que construía, a partir da diversão e do vínculo com seus pares, um caminho de resistência frente ao preconceito. Fechar o Baile simbolizava impedir que os jovens se organizassem e se apropriassem da Arte, das relações prazerosas e dos espaços daquela cidade, que mesmo oferecendo pouco, naquele momento abrigava condições de criação, mobilização negra e acesso à cultura.

Nesse sentido, é possível, a partir desse lugar, relacionar a ação da polícia militar naquele dia e o fechamento do Baile do Quarentão a uma forte expressão de genocídio negro, que pode ser avaliado não só a partir da concretização de milhares de homicídios contra essa população, mas também em função da desmobilização, enfraquecimento do vínculo comunitário e invalidez de muitos jovens, que não morrem, mas ficam sempre pelo caminho, à margem, incapacitados física e emocionalmente.

2. PUNIÇÃO E GENOCÍDIO NEGRO NO BRASIL

Quando se pensa em genocídio negro no Brasil depara-se com variadas formas de expressão desse fenômeno, desde o Brasil-Colônia até os dias de hoje. Uma das maneiras pela qual se concretiza o genocídio em curso são os expressivos homicídios de adolescentes e jovens negros no país. De cada 100 pessoas vítimas de homicídio no Brasil, 71 são negras e jovens, o que pode permitir constatar que a juventude negra brasileira vive um risco de morte comparável a países em guerra (CERQUEIRA et alii, 2017, p. 30).

Há que se avaliar o fato de que, academicamente, há muitos pesquisadores que não compreendem o quadro brasileiro enquanto fenômeno de genocídio: relacionam os homicídios com ausência do Estado em territórios de vulnerabilidade social; compreendem, *lombrosianamente*,[4] que os números alarmantes de homicídios dessa faixa etária são devido ao envolvimento dos jovens negros com a criminalidade – como se tivessem muitas outras opções -, enquanto um projeto de vida.

O genocídio só começa a ser reconhecido a partir de um dos grandes fatos que impulsionam o começo desse século, que pode ser comparado a uma nova lente através da qual é possível ler o mundo: a saída da Europa do centro exclusivo de organização do saber e construção de conhecimento, a partir do qual a sociedade ocidental moderna sempre havia se organizado (MIGNOLO, 2010; MBEMBE, 2014).

A crítica à Colonialidade (QUIJANO, 2000; SEGATO, 2015) vem como efeito contrário à supremacia europeia na justificativa dos caminhos da História, sempre marcados com sangue dos Povos Originários das Américas, bem como com os Povos Negros de nossa Mãe África. Esses últimos, sequestrados, expropriados de suas vidas e de seu lugar de pertencimento no mundo, tiveram

---

4. Menção a Cesare Lombroso, que em sua obra faz um estudo "biológico comparativo" entre indivíduos de raças branca e negra, cria semelhanças entre os indivíduos negros e primatas, assim como observa em homens negros características as quais relaciona com a criminalidade e a selvageria (LOMBROSO, 2001; 2007; 2012).

suas comunidades destruídas, seus vínculos familiares desfeitos e suas peles marcadas pela violência e morte, em nome da apropriação capitalista em curso, de maneira quase que global.

A organização do mundo ocidental a partir de uma referência europeia não somente trouxe a imposição de violências e expropriação de riquezas e saberes, como também proporcionou o que se pode considerar como *racismo epistêmico* (SOUZA SANTOS, 2010), quando apenas o saber europeu foi considerado como pertinente e em torno do qual se organizou a Ciência da forma como o mundo moderno conheceu, até que o Povo Negro reivindicou o seu lugar enquanto sujeito contemporâneo, principalmente como um sujeito de direitos, ao final do século XVIII. Ao mesmo tempo em que se rebelou também através do enfrentamento à escravidão, expressando-se brava e organizadamente, como na Revolução do Haiti e na deterioração do processo de apartheid ao final do século XX (MBEMBE, 2014, p. 13).

A partir desse contexto de enfrentamento em frentes variadas, ficou evidente que a Ciência não poderia desconsiderar a fala do Povo Negro, visto que o próprio Povo legitimava e exigia para si um lugar de pertencimento que não o que comumente lhe era oferecido pela branquidade: *a zona do não-ser* (FANON, 2013), a invisibilidade quando se trata do reconhecimento da cidadania ou antes, da própria humanidade:

> "A que se deve este delírio, e quais são suas manifestações elementares? Primeiro, deve-se ao facto de o Negro ser aquele (ou ainda aquele) que vemos quando nada se vê, quando nada compreendemos e, sobretudo, quando nada queremos compreender." (MBEMBE, 2014, p. 11)

Importa ressaltar o processo de construção do racismo como temporalmente coincidente com a invasão das Américas e da invenção da raça (QUIJANO, 2000) como característica justificada pelo fenótipo e pela Biologia, cujo objetivo máximo era o de legitimar a violência e as mortes sofridas pelo Povo Negro, ao longo de todo o processo de Colonização das Américas e da própria África. A partir daí a ideia de raça vem errônea e intencionalmente justificar toda sorte de tortura, práticas cotidianas de violência e abusos de poder para com os negros, de forma a construir um "Outro" arraigado a uma natureza bruta, vinculada a impulsos criminosos, a quem a natureza delegou um lugar animalizado e sem alma, voltado a práticas social e moralmente condenáveis. Assim, o povo negro passa a ocupar o lugar do Outro/Inimigo, que se quer exterminar através do genocídio:

> "O processo de reconhecimento é performativo, nunca é factual. Cria-se a relação de opressão ou não a partir de uma diferença. Cria-se também uma indiferença a essa característica e, consequentemente, uma ausência de garantia de direitos. Nesse sentido, o par "amigo/inimigo" faz muito sentido sob o olhar de uma construção a partir da imaginação (...) O reconhecimento da diferença, ou a partir de onde realizo essa diferenciação

> é, então, sempre um ato performativo. Está mais vinculado a uma questão de limites geográficos, ideológicos, raciais, etc, do que a um padrão de local do Eu. Se os limites diferenciais são móveis, as diferenças também serão." (LAPA, 2017)

A própria construção dos saberes sobre a Criminologia como Ciência está permeada de racismo em sua origem e na aplicação das chamadas formas de reconhecimento dos criminosos, o que fundamenta ainda o treinamento da polícia militar brasileira, em uma evidente expressão de racismo institucional, conforme já discutido.

Na obra *Ensaio sobre a hipótese colonial: racismo e sistema penal no Brasil*, Evandro Piza Duarte aborda o fato de que o conhecimento sobre o Direito Penal no Brasil deu-se através da análise da "História pela cópia", com um esforço de tentativa de adequação do texto da Lei ao contexto social em efervescência, como se assim fosse possível adaptar a realidade a uma construção jurídica replicada de um modelo externo.

A crítica do autor enseja o entendimento de que esse processo de construção do Direito Penal brasileiro é *permeado de ocultamentos* dos fatos locais para adaptação aos manuais de história considerados pela comunidade científica europeia, como se o caráter violento do sistema penal brasileiro, os seus vínculos genocidas e sua racionalidade racista não implicassem no processo de criminalização social (DUARTE, 2017).

No trabalho de Ana Luíza Pinheiro Flauzina e Felipe Freitas podemos encontrar uma constatação extremamente necessária para a compreensão do processo de instituição do racismo de Estado, que é: *Uma das maiores sonegações do racismo é o confisco da palavra* (FLAUZINA et alii, 2015). Assim, todos os *silenciamentos* e *formas de silenciar* o racismo e as suas vítimas, são um combustível para o processo de genocídio. É contra esse silenciamento que o filme "Branco Sai, Preto Fica" quis emergir. Foi a partir da dor da perda de plenos movimentos e com o intuito de contar a sua própria história, que os protagonistas, vítimas da arbitrariedade da ação de representantes do Estado, encenaram suas lembranças, cheias de medo e revolta, de quem estava apenas em busca do direito de ter diversão e de ocupar a cidade:

> "Eu lembro que eu acordei já no hospital. Teve uns flash assim: tipo filme de terror, luz acendendo e eu lembro que eu ouvia a galera falando assim: 'vai ter que amputar... vai perder a perna...", parecia um pesadelo. Quando eu acordei, cara, tentei levantar e a minha disse: 'não, você não pode, filho". Eu perguntei: 'porque não, mãe?' e ela disse: 'você perdeu a perna'. Todo mundo chorando... Parecia que eu tava morto já, sabe? E é estranho, cara... Eu olhei assim: tava sem perna mesmo... O fim do Quarentão foi tipo o fim de uma fase da minha vida. O fim de uma das minhas vidas, eu comecei uma outra vida, né? Foi muito choque, sair do hospital... Tive esse choque com a realidade... Um choque com as ruas, onde a gente dançava... Tudo o que eu passava lembrava uma coisa... A escola... A gente ficava muito na esquina

da escola, sentado numa manilha: era ali que a gente conversava, bolava os passinhos que a gente tinha... O que a gente ia fazer, encontrava os amigos, ou quando a gente ia jogar bola... Então você passava, via aquela manilha ali, já dava uma coisa... Então parece que a cidade toda era parte da minha vida, parece que cortou tudo aquilo de mim, era uma parte que eu tava perdendo. Eu não tinha mais o direito de estar naquela esquina e tal. Então, cheguei em casa e não queria mais sair de casa." (*Cláudio Irineu-Shokito*, 2015, min. 18:12)

E quando se fala em genocídio negro, não se pode considerar o fenômeno enquanto tal sem reconhecer o que por definição vem a ser o fenômeno de genocídio. A ONU estabeleceu, em 1948, que o genocídio pode ser compreendido a partir de alguns atos relacionados, perpetrados com intuito de destruição total ou parcial de um grupo específico, determinado pela raça, nacionalidade, religião, que se expressa através de: a) assassinato; b) danos à integridade física ou mental; c) imposição deliberada de condições de vida que colaboram para a destruição física do grupo, total ou parcial; d) imposição de medidas que impeçam a reprodução física; ou e) a transferência forçada de crianças de um grupo para outro (VERGNE et alii, 2015, p. 517).

Pode-se observar que todas as condicionantes são presentes, quando se trata da questão do povo negro brasileiro. O *assassinato dos membros do grupo* é a mais marcante delas, conforme mostram as estatísticas na perspectiva diversas publicações (WAISELFIZ, 2014, 2015 e 2016; ENGELS et alii, 2015; FBSP, 2015; IPEA, 2016): a incidência de jovens negros vítimas de homicídio é quase 3 vezes maior que a de brancos, enquanto que as mulheres negras morrem 20 vezes mais que as brancas (WAISELFIZ, 2015).

A *imposição deliberada de condições de vida que possam causar sua destruição física total ou parcial ao grupo* pode ser constatada, dentre outras situações, na vulnerabilidade social enfrentada pelo Povo Negro no Brasil, resquício de um processo de libertação da situação do cativeiro no qual não houve nenhum tipo de transição, compensação ou planejamento para adaptação da nova realidade, o que impeliu o Povo Negro, desde o início da vida "liberta" até hoje a condições de subemprego e à criminalização da própria pobreza (GONZALEZ, 2015), criada e alimentada pelo mesmo Estado que os criminaliza, encarcera e mata. A criminalização dos negros no Brasil também faz parte do projeto genocida.

A imposição de medidas que impeçam a reprodução física dos membros do grupo, bem como *a transferência, à força, de crianças de um grupo para outro,* são condicionantes do genocídio que podem ser vislumbradas a partir da observação, no primeiro caso, das violências obstétricas das quais são vítimas as mulheres negras: quando não perdem os filhos no parto, por negligências médicas, acabam não raro sendo levadas a óbito, pelas mesmas razões.

Já no segundo caso, as casas de acolhimento institucional estão cheias de crianças negras que foram afastadas da família – geralmente, a mãe solteira, em situação de vulnerabilidade social grave – e para quem não voltarão, sendo então obrigadas ou a crescer numa instituição do Estado, para posteriormente reproduzir a vulnerabilidade experimentada pela própria mãe, ou a serem adotadas por famílias brancas, mudando assim de um grupo para outro, como única opção de vida.

E por último, no que tange aos *danos físicos e mentais* aos membros do grupo, o racismo diário que agride, tenta despotencializar, isolar do convívio social e excluir das oportunidades de trabalho que não sejam as atividades mais aproximadas dos serviços subalternos, atinge o Povo Negro em todas as suas faixas de idade. Os danos psicológicos são incontáveis, assim como as agressões físicas, violências sexuais e domésticas, que não raro caminham para os homicídios. *Branco sai, preto fica* desenha com muita propriedade não só os danos físicos impostos aos protagonistas, mas também a melancolia quando das lembranças, quase de uma outra vida, um tempo que não volta, uma impotência frente ao direito de ir e vir, real, mas também subjetivo.

Além disso, o filme aborda um caso interessante: deixa no ar se a personagem *Dimas Cravalanças* é real e vem do futuro (ano de 2073) em busca de provas sobre a ação do Estado em crimes contra a população negra e periférica, a partir do fechamento do *Baile do Quarentão,* ou se é apenas mais um jovem vítima da ação truculenta do Estado naquela noite, quando então teve a sua saúde mental comprometida:

> "Aqui fala Dimas Cravalanças (...) Sequelas da viagem: transtornos psicológicos, cabeça: náuseas, contração de vômito. Tô lombrado, siquite, língua bamba dificulta contato! Segunda observação: passagem me deixou melancólico, dilatou demais! Sentimento me empata aqui! Diabo de muita sensação de tempo... Nóia lá de casa: saudade de mãe, pai, talvez é a mulher com meus fio." (*Branco sai, preto fica*, 2014, min. 8:22).

Dessa maneira, é possível perceber o genocídio negro na realidade brasileira de forma concreta, sem nenhum tipo de discurso de vitimização racial. O que entendemos aqui é exatamente o que se expressa no texto de Franz Fanon, quando discute que: "não é possível reconciliação porque, dos dois termos – o branco e o negro – um é supérfluo" (FANON, 2013, p. 39). Com a discussão que aqui se desenha, é evidente qual dos termos é dispensável.

A discussão sobre nomear os crimes perpetrados contra o Povo Negro no Brasil enquanto uma expressão do fenômeno de genocídio teve como um de seus primeiros representantes o intelectual e ativista negro Abdias Nascimento. Em um de seus mais expressivos trabalhos, intitulado *O genocídio do negro brasileiro: processo de um racismo mascarado*, Abdias nos presenteia com fortes argumentos para a denúncia do processo genocida brasileiro, expondo a necessidade que a classe dominante e conservadora fazia questão de manter, através de forte silenciamento e da não- consideração de que toda a violência contra o negro que se vê no Brasil enquanto expressão de genocídio, desde a invasão do território brasileiro pelos europeus e as relações adoecidas pelo Colonialismo, até os dias atuais (NASCIMENTO, 1978).

Tal espaço de negação – tanto de identidade quanto de direitos – funda-se através do movimento reiterado de reescravização e ausência de condições mínimas de subsistência, tanto nas periferias urbanas quanto na periferia societal, numa espécie de *limbo jurídico vigente*, como pode ser identificado a partir do conceito de *zona do não-ser* suscitado por Sueli Carneiro (CARNEIRO, 2005).

O trabalho de João Costa Vargas que discute o conceito que agrega o fenômeno da Diáspora Negra como genocídio, comumente acompanhado de um processo de subjugação racial que se verifica não só através da violenta ação da polícia, como representante expressa dos interesses do Estado e seu projeto genocida, mas também a partir da negação de direitos ao Povo Negro, o que pode ser constatado a partir de desigualdades sociais explícitas, em comparação à população branca, como a quase que imposição à situação de desemprego; ausência de capacitação profissional e acesso à educação; os casos de morte tanto na primeira infância quanto no parto; a exposição e vulnerabilidade às doenças preveníveis; o encarceramento em massa do Povo Negro fulgura como uma das expressões mais comumente observáveis socialmente (VARGAS, 2010).

Nesse ponto, cabe ressaltar a constatação da representação do prisioneiro principalmente como preto, pobre, jovem e de periferia. Junto a essa realidade, que se observa a partir dos dados de encarceramento no país, contempla-se também a naturalização dessa ideia, como se o cárcere, tal qual o crime, fosse reservado ao Povo Negro, inevitavelmente.

Porém, as expressões do genocídio não perpassam apenas pelos homicídios, encarceramento, exclusão social e ausência de acesso às políticas públicas por parte da população negra no país. A despeito disso, uma maneira muito eficaz de se alimentar o genocídio, que pode ser comparado a quase uma força-motriz desse fenômeno: a punição para aqueles que ousam ultrapassar o limite imposto pelo racismo, *para aqueles que esquecem qual é o seu lugar de preto, pobre e da periferia.* Os levantamentos estatísticos dos quais se tem acesso no país mostram apenas os casos de homicídios. Pouco se fala dos casos nos quais a morte não se concretizou, dando lugar à deficiência física irreversível ou a ausência de saúde mental, que apresentam muitos dos jovens negros vítimas da ação policial:

> "É como se tivesse um eco... (vuuuuuummmmmm...) Aí, nisso, adormeceu assim o meu corpo... Nessa dormência do corpo eu procurei os meninos e já não vi mais eles, sumiu todo mundo! E... eu caí no chão. Quando eu caí, que perdi a força das pernas, ao mesmo tempo com aquele sono, um sono cabuloso... E nisso, que eu apaguei por um instante, eu ficava

pensando assim: puxa, meu Deus, o que é que está acontecendo comigo, o que tá acontecendo comigo? Pô, será que eu vou morrer agora? Aí eu ficava pensando... e pensei: não, não vou morrer agora não, não vou morrer agora não! E nisso, que eu pensei: 'não vou morrer agora', eu voltei" (*Marquim do Tropa*, 2014, min. 12:43).

É a partir da ausência de dados estatísticos, insuficientes para concretamente se avaliar a extensão do fenômeno do genocídio negro no Brasil, que propus, em minha dissertação de Mestrado em Direitos Humanos e Cidadania, o conceito de *Cenas do Genocídio*. Entende-se que é preciso dissecar as *cenas* do genocídio. Sem o entendimento das relações micropolíticas racistas que afetam os representantes do Estado e lhes dão o poder sobre a vida do Povo Negro, a compreensão do fenômeno em curso é limitada. Quanto mais informações obtivermos acerca das cenas do genocídio o Povo Negro no Brasil, mais chances surgirão para o enfrentamento a ele, bem como a possibilidade de acesso à Justiça para esse tipo de crime.

Para a construção do conceito de *Cenas do Genocídio* do Povo Negro, foram imprescindíveis dois conceitos anteriores. Primeiro, o conceito de cena para o Teatro, contemplado por Patrice Pavis, que compreende que:

> "CENA. Do Grego skênê, barraca, tablado; Francês: scelle; 1nglês: stage.Alemão: Bühne; Espanhol: escenario. l. O skênê era, no início do teatro grego, a barraca ou a tenda construída por trás da orquestra. Skênê, orchestra etheatron formam os três elementos cenográficos básicos do espetáculo grego; a orquestra ou área de atuação liga o palco do jogo e o público. O skênê desenvolve-se em altura, contendo o theologeion, ou área de atuação dos deuses e heróis, e em superfície com o proscenium, fachada arquitetônica que é o ancestral do cenário mural e que dará mais tarde o espaço do proscênio. 2. O termo cella conhece, ao longo da história, uma constante expansão de sentidos: cenário, depois área de atuação, depois o local da ação, o segmento temporal no ato e, finalmente, o sentido metafísico de acontecimento brutal e espetacular. Fazer uma cena para alguém." (PAVIS, 2008, p. 42)

A partir do conceito de cena para Pavis, pude observar a ideia do sentido metafísico de *acontecimento brutal e espetacular*. Esse sentido quase metafísico/semiótico da *Cena* era o que eu tinha como objetivo, quando pensei em analisar, na dissertação, as nuances dos fatos relacionados aos homicídios, a partir de uma análise etnográfica que levasse em consideração os signos envolvidos em tais cenas, com a intenção de compreender se se podia associá-los à ideia de genocídio. Isso foi estruturado a partir do trabalho de autores brasileiros e estrangeiros, cujo olhar sobre a questão do racismo é crítico e implicado a combatê-lo, enquanto um fenômeno nascido da violência contra o humano e suas diferenças.

A partir da leitura de um desses autores, encontrei o conceito de *Cena Racial* na obra de Achile Mbembe, de forma que pude identificar que era aquilo mesmo o que eu tinha em mente: identificar a construção da *Cena Racial* enquanto signo de genocídio:

> "Aquele a quem é atribuída uma raça não é passivo. Preso a uma silhueta, é separado da sua essência e, segundo Fanon, uma das razões de desgosto da sua vida será habitar essa separação como se fosse o seu verdadeiro ser, odiando aquilo que é, para tentar ser aquilo que não é. A crítica da raça será, deste ponto de vista, uma simples crítica a uma tal separação. A cena racial é um espaço de estigmatização sistemática." (MBEMBE, 2014, p. 67)

A separação da silhueta e da essência de quem se é, para o Povo Negro, talvez possa ser considerada enquanto um dos tipos de violência de intensa gravidade, que leva ao enfraquecimento do negro enquanto ser e à captura da vontade de potência frente à vida, presente nos casos nos quais o resultado da ação policial deixa marcas físicas e psíquicas irreversíveis.

Através do filme, é possível se apropriar de *Cenas do Genocídio* muito específicas, que falam justamente da tentativa desse enfraquecimento de jovens negros, antes fortalecidos pela Arte. Faz-se assim, nesse artigo, a tentativa de compreensão da dinâmica entre a *punição* e o *racismo institucional* que produziu marcas de violência definitivas, bem como a busca de percepção sobre a sutileza dos mecanismos do Estado em realizar tais arbitrariedades, como as descritas no filme.

3. PUNIÇÃO E CENAS DO GENOCÍDIO: A FÁBULA E O TEATRO DA CRUELDADE

Em *Branco sai, preto fica*, o diretor Adirley Queirós transita pelo documentário, a fábula e a ficção científica, elementos que elege para contar a história dos amigos de infância, vítimas da ação policial na noite do fechamento do *Baile do quarentão*. Acrescento ainda, como um elemento visível nas narrativas e imagens do filme, a presença do *Teatro da crueldade* de Antonin Artaud, visto que a perspectiva de deslocar a discussão racial e controle do Estado para um momento futuro, assim como a construção de resistência das personagens contra esse Estado violador de direitos através do lançamento de uma bomba cultural no centro da cidade de Brasília, como se vê no filme, diz muito sobre a necessidade de problematizar a dimensão política e busca de estratégias de enfrentamento, como linhas de fuga:

> "É sempre sobre uma linha de fuga que se cria, não é claro, porque se imagina ou se sonha, mas ao contrário, porque se traça algo real, compõe-se um plano de consistência. Fugir, mas fugindo, procurar uma arma." (DELEUZE, PARNET, 1998)

Para Artaud, o *Teatro da Crueldade* é a expressão de um combate constante, no qual se chicoteia ininterruptamente sobre a própria realidade de um corpo organizado: "É uma forma de interrupção dos mecanismos que constroem o indivíduo, se desdobrando numa resistência à politica de controle, promovendo formas outras de existência, isto é, de vida que escapa aos lugares bem definidos" (CABRAL, 2013). A escolha de Adirley pela ficção vem a esse encontro, de uma ruptura com o *status quo*, pela construção de uma estratégia política de enfrentamento da realidade de forma artística, na qual os protagonistas do filme não aceitam puramente a tragédia que lhes ocorreu, mas lindamente se apropriam mais uma vez da Arte – seja a rádio e a música de Marquim ou a fotografia e o desenho de Shokito – para aprender a lidar com a nova realidade de vida:

> "Depois eu falei com outros colegas que eu vim a conhecer: 'Ô, tem a moral de me levar lá no Quarentão?' Eu criei um trauma, mas depois eu queria ir lá de novo... Eu cheguei lá no Quarentão e fiquei de longe olhando para a pilastra perto de onde eu tinha caído. Mas ficava passando o filme na minha cabeça, todinho, do que aconteceu naquele dia lá... No dia 05.03.1986..." (*Marquim do Tropa*, 2014, min. 16:44)

Além disso, falam de uma cidade de Brasília no futuro, que se assemelha com a do presente, quando denuncia a segregação e o *apartheid* entre o centro e a periferia, já palpáveis e cotidianos, quando se observa que o centro aceita os moradores da periferia apenas para os trabalhos subalternizados, durante o dia, sem que se favoreça a presença dos moradores das cidades-satélites no Plano Piloto para a vida noturna ou a inclusão nos espaços de construção e expressão artística e de lazer. Mesmo assim, o filme satiriza as relações de controle do Estado num futuro distante, quando para entrar em Brasília é preciso ter um passaporte, cujo controle e fiscalização se dá a partir de uma *Polícia do bem-estar social:*

> "(Gravação – Spot de rádio): – Se você está ouvindo essa faixa, é porque está na área de controle da cidade de Brasília. Por gentileza, tenha em mãos o seu passaporte de acesso. Uma autoridade da Polícia do Bem-Estar Social irá abordá-lo no próximo guichê. Caso não tenha o passaporte, evite constrangimentos e retorne ao seu núcleo habitacional." (*Branco sai, preto fica*, 2014, min. 11:06)

A viagem no tempo da personagem *Dimas Cravalanças* é uma dúvida que se concretiza no absurdo da ficção e crítica à realidade. Sua missão é recolher provas da ação de agentes do Estado em crimes contra a população negra e ele se vale da tecnologia do futuro, expressa pela máquina-do-tempo-container, mediante a qual consegue retornar ao passado, em busca de provas do que aconteceu naquela noite de domingo, em março de 1986, na invasão policial ao *Baile do Quarentão*:

> "Ano de 2073, 1º de julho. Terceira tentativa de contato com Dimas Cravalanças: agente terceirizado do Estado Brasileiro. Dimas, nós estamos muito preocupados com a sua situação! Já faz três anos que você partiu e até agora não temos nenhuma notícia de sua chegada no território do passado! As coisas aqui mudaram muito! A vanguarda cristã assumiu o poder... O clima

> tá tenso! (...) Você ainda se lembra da sua missão? Encontrou o Sartana? Você precisa encontrá-lo para que a gente possa mover uma ação contra o Estado, por crimes cometidos contra populações negras e marginalizadas! Produza provas, Cravalanças! Sem provas não há passado!" (*Branco sai, preto fica*, 2014, min. 30:25)

A busca de provas para a construção do passado é uma metáfora interessante, que transcende a ficção, quando se contextualiza essa busca por reparação como forma de reconhecimento de si e da sua história. No caso do Povo Negro, é a dimensão da Diáspora enquanto resgate de quem se é a perspectiva de enfrentamento a toda a violência vivenciada, a linha de fuga através da qual se combate e se cria novo lugar no mundo, conforme uma possível análise entre a obra de Foucault e Artaud:

> "(...) não existe uma precedência do indivíduo ao poder, mas esse indivíduo é fruto desse poder, seus pensamentos, seus hábitos, seus desejos. O poder é nessa chave pensado por Foucault, mais inventivo do que se poderia esperar. Então, lutar contra o poder não é se apoiar no indivíduo contra o poder, mas lutar contra o modo de individualização que o poder produz. É, portanto, lutar contra si mesmo. Guerrear o poder é guerrear contra si mesmo. Não se trata de saber quem se é ou o que se é, mas recusar o que se é." (CABRAL, 2013, p. 2)

A beleza da resistência simbólica que a bomba sonora traz para a história é o ponto-chave do filme, para o enfrentamento do Estado violador: a tortura intensa de ter que aceitar, obrigatoriamente, a música periférica, escutada pelos pretos e pobres dos quais a capital quer tanto se afastar. A partir do lançamento da bomba, a vingança de Shokito e Marquim se dá pelo terror que a população do centro sente ao perceber-se obrigada a ouvir o Rap, o Funk, o Tecno-Brega e a conversa do povão na feira, o som de ambulâncias passando, como se um fosse insuportável ter que aceitar a falta do "bom gosto" com o qual estão tão acostumados, e que tentam avidamente manter quando buscam isolar cada vez mais a periferia e a pobreza do dia-a-dia do Centro do Poder.

É impossível resistir à sutileza e sensibilidade de dar voz aos jovens vítimas do ataque da polícia militar e, numa avaliação existencial, vítimas do fechamento do *Baile Black do Quarentão,* reduto de Arte e elaboração da vida:

> "Viajo na fita...Viajo muito no Quarenta... Não esqueço, não esqueço mesmo! Então eu vou levar o Quarenta comigo... Me lembro do Quarenta... Me recordo, tipo assim, como se eu tivesse lá! Paredão de caixa de um lado e do outro, DJ tocando... Começava a sequência 7 da noite, terminava às 11...8 horas começava a paulada, as pauleira das antiga, os melô, as coisas... logo em seguida 9 e meia o Soul... tocava até umas 10 horas (...)E era isso: quando chegava 10 e 15 mais ou menos eu já ficava de olho no broto! Ou como os caras falavam também: princesa! Ficava ali dando uma olhada, já escalava a minha mina, sempre de olho na hora da música lenta, pegava ela, dançava abraçadinho... Eu era louco: passava a semana ensaiando um

> passinho mais a minha galerinha, pra no final de semana eu me destacar e as menina vir pro lado e ficar dançando... (...) E esse tempo todo, passou anos e anos e eu sinto saudade de alguns velhos amigos... (*Marquim do Tropa*, 2014).

Branco sai, preto fica é um filme de denúncia da violação de direitos contra o povo negro, principalmente através da punição de jovens que ousaram dar Arte à vida. Mas, além de tudo isso, o filme é uma celebração à existência do *Baile Black do Quarentão*, local onde toda uma geração de jovens negros conquistou um lugar no mundo através da dança, do contato entre os seus, numa vizinhança pobre, cheia de vida, sedenta de amor entre uma música lenta e outra, impregnados de sonhos de adolescentes que queriam se destacar, ser evidência, num mundo que quer que o povo negro se mantenha "em seu lugar": segregado, perseguido, criminalizado e punido, muitas vezes com a morte e outras, com a morte em vida.

Mas sempre há de haver uma linha de fuga, bombas de Arte e enfrentamento, para a prova cabal de que o lugar do povo negro é bem maior do que o racismo tenta delimitar.

REFERÊNCIAS BIBLIOGRÁFICAS

ARTAUD, A. *O teatro e seu duplo*. São Paulo: Martins Fontes, 2006.

BRASIL. *Mapa do encarceramento: os jovens do Brasil.* 2014.

CABRAL, J.F.G. O Teatro da Crueldade de Antonin Artaud: a dimensão política na vida. *Anais do XXVII Simpósio Nacional de História – Conhecimento histórico e diálogo social.* Natal-RN, 2013.

CARNEIRO, Sueli Aparecida, 2005. *A construção do outro como não-ser como fundamento do ser.* Tese de doutorado, FEUSP.

CERQUEIRA, Daniel et alii. *O Atlas da Violência.* IPEA e Fórum Brasileiro de Segurança Pública (FBPS), 2017.

DELEUZE, G. PARNET, C. *Diálogos.* Trad. Eloisa Araújo Ribeiro, São Paulo: Escuta, 1998, 184p.

DUARTE, E.C.P. *Ensaio sobre a hipótese colonial: racismo e formação do Sistema Penal no Brasil.* Brasília: Saraiva, 2017, no prelo.

ENGEL, Cíntia Liara et alii. *Diagnóstico dos homicídios no Brasil: subsídios para o Pacto Nacional pela Redução de Homicídios.* Brasília: Ministério da Justiça, Secretaria Nacional de Segurança Pública, 2015.

FANON, Franz. *Os condenados da Terra.* Juiz de Fora: Ed. UFJF, 2013.

FBSP. *Anuário Brasileiro de Segurança Pública*, Fórum Brasileiro de Segurança Pública, SP, 2015.

FLAUSINA, Ana; FREITAS, Felipe; VIEIRA, Hector; PIRES, Thula. *Discursos Negros: Legislação Penal, Política Criminal e Racismo*. Brasília: Brado Negro, 2015.

FLORES, Tarsila. *Cenas de um Genocídio: Homicídios de jovens negros no Brasil e a ação de representantes do Estado.* Dissertação (Mestrado em Direitos Humanos e Cidadania). Universidade de Brasília, UnB, 2017, no prelo.

GONZALEZ, Lélia. *A juventude negra brasileira e a questão do desemprego.* Disponível em: <http://artigo157.com.br/wp-content/uploads/2015/12/juvent_negra_e_desemprego.pdf>. Acesso em: 20 fev. 2016.

LAPA, R. S. *A alteridade como fundamento para uma teoria crítica dos Direitos Humanos.* Dissertação (Mestrado em Direitos Humanos e Cidadania). Universidade de Brasília, UnB, 2017, no prelo.

LOMBROSO, Cesare. L'uomo bianco e l'uomo di colore: Letture sull'origine e la varietà delle razze umane. Bologna, Archetipolibri – CLUEB, 2012.

_____. *O homem delinquente.* Porto Alegre: Lenz, 2001.

_____. *O homem delinquente.* Trad. Sebastião José Roque. São Paulo: Ícone, 2007.

MARQUIM DO TROPA. In: *Branco sai, preto fica.* Direção e roteiro: Adirley Queirós. Produção: Denise Vieira e Adirley Queirós. CEI-CINE – Coletivo de Cinema em Ceilândia. Co-Produção Trotoar. Ceilândia-DF, 2014.

MBEMBE. Achile. *Crítica da razão negra.* Lisboa: Antígona, 2014.

MIGNOLO, Walter. *La colonialidad: la cara oculta de La modernidade.* Cosmópolis: el trasfondo de la Modernidad. Barcelona: Península, 2010.

NASCIMENTO, Abdias. *O genocídio do negro brasileiro: processo de um racismo mascarado.* Rio de Janeiro: Editora Paz e Terra, 1978.

NIETZSCHE, F. *A vontade de poder.* Trad. Marcos Sinésio Pereira Fernandes e Francisco José Dias de Moraes. Rio de Janeiro: Contraponto, 2008.

PAVIS, Patrice, *Dicionário de teatro*, 1947. Tradução para a língua portuguesa sob a direção de J. Guinsburg C. Maria Lúcia Pereira. 3. ed. São Paulo: Perspectiva, 2008.

QUEIRÓS, Adirley (direção e roteiro). *Branco sai, preto fica.* Produção: Denise Vieira e Adirley Queirós. CEI-CINE – Coletivo de Cinema em Ceilândia. Co-Produção Trotoar. Ceilândia-DF, 2014.

QUERINO, A. C. et alii. *Racismo Institucional – uma abordagem conceitual.* Local: Trama Design, 2013, 55p. Disponível em: <http://www.onumulheres.org.br/wp-content/uploads/2013/12/Racismo-Institucional-uma-abordagem-conceitual1.pdf>. Acesso em: 15.05.2016.

QUIJANO, A. *Colonialidad del poder, eurocentrismo y America Latina. La colonialidad del poder: eurocentrismo y ciências sociales. Perspectivas Latinoamericanas.* Buenos Aires, FLACSO, 2000.

SEGATO, R.L. *La critica de La colonialidade em ocho ensayos y uma antropologia por demanda.* CuidadAutonoma de Buenos Aires: Prometeo Libros, 2015.

SHOKITO, Cláudio Irineu. In: *Branco sai, preto fica.* Direção e roteiro: Adirley Queirós. Produção: Denise Vieira e Adirley Queirós. CEI-CINE – Coletivo de Cinema em Ceilândia. Co-Produção Trotoar. Ceilândia-DF, 2014.

SOUZA SANTOS, Boaventura de. *Epistemologias Del Sur*. Mexico: Siglo XXI, 2010.

SPINOZA, B. *Ética*. Tradução de Tomaz Tadeu. Belo Horizonte: Autêntica Editora, 2009.

VARGAS, João Costa. A diáspora negra como genocídio: Brasil, Estados Unidos ou uma geografia supranacional da morte e suas alternativas. *Revista da ABPN*, vol. 1, n. 2, jul.-out. 2010, p. 31-65.

VERGNE, C. M., VILHENA, J., ZAMORA, M. H., & ROSA, C. M. (2015). A palavra é... genocídio: a continuidade de práticas racistas. *Revista Psicologia & Sociedade*, 27(3), 516-528. Disponível em: <http://dx.doi.org/10.1590/1807-03102015v27n3p516>. Acesso em: 12.07.2015.

WAISELFISZ, Julio Jacobo. *Mapa da violência – A cor dos homicídios no Brasil*. Rio de Janeiro: FLACSO-Brasil, 2012.

WAISELFISZ, Julio Jacobo. *Mapa da violência – Adolescentes de 16 e 17 anos do Brasil*. Rio de Janeiro: FLACSO-Brasil, 2015.

WAISELFISZ, Julio Jacobo. *Mapa da violência – Homicídios e Juventudes no Brasil*. Rio de Janeiro: FLACSO-Brasil, 2013.

WAISELFISZ, Julio Jacobo. *Mapa da violência – Homicídios por Arma de Fogo no Brasil*. Rio de Janeiro: FLACSO-Brasil, 2016.

WAISELFISZ, Julio Jacobo. *Mapa da violência – Os jovens do Brasil*. Rio de Janeiro: FLACSO-Brasil, 2014.

WAISELFISZ, Julio Jacobo. *Mapa da violência contra os jovens no Brasil*. Rio de Janeiro: Unesco-Instituto Ayrton Senna, 1988.

■

21

O. J. SIMPSON: MADE IN AMERICA – A IMPUNIDADE COMO PUNIÇÃO SOCIAL

EDI ALVES DE OLIVEIRA NETO[1]

RESUMO: O caso do assassinato de Nicole Brown e Ronald Goldman no qual o principal suspeito foi O. J. Simpson é um dos mais conhecidos crimes da historia. A posição social de destaque dos indivíduos envolvidos e a ampla cobertura midiática que envolveu todo o caso, desde o crime até o longo julgamento que terminou com O. J. sendo inocentado, tornaram este episódio um dos mais emblemáticos da história recente americana. Logicamente que mais conhecida nos Estados Unidos que no restante do mundo, a história de O. J. *The Juice*[2] Simpson foi retratada de maneira bastante contundente e explicativa no documentário *O. J.: Made in America*, de Ezra Edelman, feito para o canal de televisão ESPN, e ganhador do Oscar de melhor documentário em 2017. Neste trabalho proponho analisar as questões apresentadas pelo documentário, que defende que O. J. foi inocentado por uma narrativa construída que, contrariando todas as provas e fatos que o culpavam pelo crime de duplo homicídio, o apresentava como mais uma vítima de um sistema de justiça racista que tratava de maneira diferente negros e brancos. O. J. então teria se tornado símbolo da luta dos negros contra a violência policial, injustiça racial e impunidade comuns à época do caso. Dessa forma, o principal objetivo aqui é

1. Edi Alves de Oliveira Neto é mestre e doutorando em Sociologia no Programa de Pós-graduação em Sociologia da Universidade de Brasília; integrante do Núcleo de Estudos sobre Violência e Segurança – Nevis/UnB.
2. O apelido *The Juice* advém das iniciais do nome do jogador, O. J., também utilizadas para nomear *orange juice*, suco de laranja em inglês.

discutir as questões apresentadas por Ezra Edelman como centrais para a não punição de Simpson, dentro de um processo judicial altamente influenciado por um sentimento de revanchismo racial, em um contexto de grande conflito social, muito mais amplo que o próprio crime em si.

PALAVRAS-CHAVE: Punição – Violência policial – Sistema de Justiça – Sociologia do Cinema – Racismo.

INTRODUÇÃO

A trágica morte de Nicole Brown e Ronald Goldman e o espetaculoso processo contra O. J. Simpson como principal suspeito deste crime compõem um dos mais famosos eventos do século XX nos Estados Unidos.[3] Toda a enorme proporção social e midiática que teve o caso marcou fortemente a memória dos americanos. O. J. era parte importante da representação social daquilo que seria, ou deveria ser, a sociedade estadunidense de meados de 1970. Era um herói nacional. Era um fenômeno midiático. Era negro, rico, bonito, e se relacionava com a mais alta classe branca do país.

Todo o processo, que ficou conhecido como "o julgamento do século", decorrente do duplo homicídio foi bastante complexo. Recheado de atores, acontecimentos e efeitos bastante singulares, tornou-se um caso de grande interesse para diversas áreas, desde a ciência forense até a sociologia, ao envolver temas como a questão racial, violência de gênero, violência policial, violência institucional (BARATTA, 1993), impunidade, espetacularização midiática e o *status quo* de uma celebridade, a história deste processo pode ser analisada por diversos prismas.

Reflexo disso foi a vasta produção de livros sobre o tema tanto por pessoas que participaram de alguma forma do caso,[4] quanto por escritores e jornalistas.[5] Recentemente, dois produtos audiovisuais sobre o julgamento de O. J. ganharam

---

3. Ao leitor que não possui familiaridade com o caso, trago mais à frente no texto uma melhor descrição do fato e dos personagens envolvidos.
4. Dentre os principais personagens do caso que escreveram livros após o termino do processo podemos citar Marcia Clarck (promotora), com Without a doubt (1997), Nicole Brown Simpson (amiga de Nicole Brown) com The private diary of a life interrupted (1994), Robert Shapiro (advogado da equipe de defesa de O.J.) com The Search for Justice: A defense attorney's brief on the O. J. Simpson case (1996), Christopher Darden (promotor) com In Contempt (1996), Mark Fuhrman (detetive) com Murder in Brentwood (1997), e o próprio O. J. com If I Did it (2007).
5. Another city, not my own (1997), do jornalista Dominick Dunne, jornalista da revista Vanity Fair enquanto cobriu o caso, e principalmente American Crime Storie – The People against O. J. Simspson (1996), do jornalista Jeffrey Toobin, considerada a mais completa obra sobre o caso, e que inspirou a série de televisão que tem o mesmo título (FOX - 2016), na qual Cuba Goldwin Jr. Interpreta O. J.

destaque na televisão e cinema, a série produzida pela FOX chamada *American Crime Story: The people against O. J. Simpson*, e o documentário produzido pelo canal ESPN chamado *O. J.: Made in America* e ganhador do Oscar de 2017. É sobre este documentário, dirigido por Ezra Edelman, que este artigo trata. Centrado no fato de, apesar das provas e testemunhas apontarem O. J. como autor do duplo homicídio, o júri ter inocentado o ex-jogador, o presente artigo tem por objetivo tecer um diálogo entre os fatores que, segundo o filme, levaram a esta não punição judicial.

A tese apresentada pelo diretor é de que a questão racial impactou diretamente no julgamento do júri que participou do caso, e que a declaração de O. J. como inocente da acusação de duplo homicídio era uma vingança social dos negros contra a histórica impunidade que protegia indivíduos brancos acusados de crimes contra eles. Segundo Shoshana Felman (2014), o julgamento de O. J. Simpson representa muito mais do que a decisão de ser ele tecnicamente culpado ou não dos crimes de que foi acusado. A autora defende que este julgamento atingiu a opinião pública de maneira generalizada, de forma que a população branca o considerava culpado, enquanto a população negra o considerava inocente. Somado a isso a acusação do caso trouxe à tona a luta das mulheres contra a violência doméstica, enquanto a defesa de O. J. se apoiou na luta dos negros pelo fim da discriminação e racismo presentes principalmente na atuação policial e no sistema de justiça norte americanos. A partir de entrevistas com pessoas que estavam ligadas tanto ao processo quanto aos envolvidos, e trazendo vasto conteúdo midiático produzido na época, Ezra Edelman constrói um pertinente e elaborado diálogo entre a biografia de O. J. e a história dos EUA que sustentam firmemente a tese de seu documentário.

QUEM FOI O. J. SIMPSON

Orenthal James Simpson, nascido em 9 de julho de 1947, em São Francisco (Califórnia), foi enquanto atleta de futebol americano um dos maiores jogadores de todos os tempos em sua posição. Seu sucesso profissional começou com o título nacional universitário pelo Southern California, em 1964, no qual O. J. surpreendeu os espectadores ao marcar um *touchdown* correndo 64 jardas. Isto no final de um clássico contra a *UCLA*, selando uma vitória apertada pelo placar de 21-20. Esta jogada ficou registrada na cultura do esporte como “a corrida”, consolidando o primeiro grande fato midiático da carreira do jogador.

Jogando na liga profissional (NFL), O. J. defendeu os times *Buffalo Bills* e *San Francisco 49ers*, nos quais repetidamente bateu recordes e marcas da liga, entrando para a historia como um dos melhores *running backs*, e consolidando sua posição de astro do esporte e da mídia da década de 1970 nos Estados Unidos.

Após os três primeiros anos de dificuldades para jogar, sendo pouco escalado pelo treinador, no período de 1972 a 1977 O. J. bateu ou igualou inúmeras marcas e conquistou títulos individuais e com o *Buffalo Bills*, que negociou o jogador com o *San Francisco* em 1977. Durante sua passagem, bastante apagada, pelo último time pelo qual jogou, O. J. não teve o sucesso que teve no passado e, após uma série de problemas físicos e lesões, se aposentou da carreira de jogador em 1979.

O documentário aqui analisado destaca que O. J., durante sua carreira de jogador profissional, já se preparava para a aposentadoria atuando em comerciais, filmes,[6] programas esportivos, e tudo mais que envolvesse sua imagem e fama, com ator e como produtor. Falas de amigos de infância trazidas no filme destacam o desejo de O. J. em se tornar famoso e conhecido. Seria essa a motivação que o jogador utilizava para se destacar no esporte, e seria essa sua motivação para o trabalho após a aposentadoria.

O CRIME

O. J. Simpson teve dois casamentos. O primeiro com Marguerite Whitley, negra, entre os anos de 1967 a 1979, com quem teve três filhos, não deixou de ser conturbado pela ausência de casos, revelados, de violência doméstica. Notoriamente conhecido como mulherengo, Simpson era constantemente visto acompanhado de outras mulheres em viagens e festas. Além do problema dos casos extraconjugais, o casamento com Whitley foi abalado pela morte da terceira filha do casal, Aaren Lashone Simpson, por afogamento em uma piscina. O. J. culpou a esposa pelo ocorrido, e o casamento terminou em 1979. Em 1985 O. J. se casa com Nicole Brown, casamento este que dura até 1992, e que gerou dois filhos. O fato de este casamento ser inter-racial foi recorrentemente destacado pela mídia em geral, principalmente por toda a questão racial das lutas por igualdade de direitos e pelo fim do racismo que marcaram as décadas de 1950 e 1960, dividindo a sociedade estadunidense racialmente.

O filme destaca o histórico de violência que acompanhou o segundo casamento de O.J., trazendo relatos de familiares e amigos de Nicole, de policiais que atenderam chamados feitos por ela, e apresentando os áudios das ligações feitas à polícia. Mas o poder de O. J. enquanto símbolo nacional e o sistema judicial patriarcal acabaram por acobertar o histórico de violência dele contra Nicole. Os policiais que atendiam a região da casa do casal atenderam a alguns chamados de Nicole, mas na maioria das vezes, ela desistia de prestar queixa contra o marido. Quando se divorciaram, em 1992, a polícia de Los

6. A filmografia de O. J. Simpson conta com filmes de grande repercussão, como por exemplo, Inferno na Torre (1974), Os Homens Violentos do Klan (1974), A Travessia de Cassandra (1976), Capricórnio Um (1978), Firepower – Poder de Fogo (1979), Último Round (1979), Corra Que a Polícia Vem Aí (1988), Corra Que a Polícia Vem Aí 2 1/2 (1991), Sem Refúgio (1993) e Corra Que a Polícia Vem Aí! 33 1/3 – O Insulto Final (1994).

Angeles já tinha em seus registros três queixas de Nicole contra O. J. por agressão.

Até que, em 12 de junho de 1994, Nicole Brown e Ronald Goldman (amigo de Nicole com quem possivelmente mantinha um relacionamento) são encontrados brutalmente assassinados a golpes de faca, na casa dela, e O. J. torna-se o principal suspeito. A violência despendida no duplo homicídio, evidente na cena do crime e no estado dos corpos das vítimas, era o primeiro indício de um crime passional. Além disso, a perícia indicou a presença de sangue de O. J. no local do crime, e também sangue das vítimas no carro de O. J., encontrado em sua casa, onde ele dizia estar no momento do crime, aguardando carona para pegar um avião rumo a Chicago.

Outro fato importante da noite do crime e destacado pelo documentário como uma das primeiras provas contundentes acerca da relação de O. J. com o caso foi o sangue encontrado na maçaneta da porta do motorista do carro de O. J. Segundo o acusado, este havia machucado a mão já em Chicago, no momento em que soube da morte de Nicole, ao quebrar um copo. Porém o sangue já estava no carro enquanto ele estava em Chicago.

O crime foi rápida e amplamente divulgado pela mídia, que passou a acompanhar todas as etapas e pessoas envolvidas, como que em uma novela da vida real. A riqueza de material jornalístico que compõe o documentário mostra como este processo foi explorado pela mídia enquanto um efeito de catarse era dispersado na sociedade civil norte americana, e a população começou a se identificar e se posicionar perante o ocorrido.

O DOCUMENTÁRIO

Com 7 horas e 47 minutos de duração o documentário *O. J.: Made in America* foi produzido pela *ESPN Films* para a série 30 for 30. O filme tem roteiro e direção de Ezra Edelman, que já havia produzido três documentários esportivos[7] para a HBO. Inicialmente produzido no formato de uma série de cinco episódios, foi transformado em longa-metragem e ganhou o Oscar de melhor documentário de 2017.

O filme combina uma excelente biografia do famoso *running back*, desde sua infância até sua consolidação enquanto herói nacional e símbolo daquilo que a elite branca do país entendia como atleta ideal, para além nos trabalhos midiáticos pós-carreira de jogador, com também excelente revisão histórica sobre a questão racial da segunda metade do século XX. Ezra constrói com excelência esta narrativa biográfica, apresentando a personalidade íntima de O.

7. *Brooklyn Dodgers: Ghosts of Flatbush* (2007), *Magic & Bird: A Courtship of Rivals* (2010) e *The Curious Case of Curt Flood* (2011).

J. e toda a complexidade que envolvia sua representatividade para a sociedade americana, e consegue conectá-la com um cenário social mais amplo.

Este cenário social é apresentado em uma revisão histórica da questão racial dos últimos cinquenta anos do século XX nos Estados Unidos dando especial atenção à violência policial e repressão da população negra a partir dos aparelhos de justiça do país. Remonta, em um ritmo digno de filmes de ação, casos emblemáticos nos quais a brutal violência policial, e de brancos não policiais, contra a população negra era acompanhada de complacência por parte das autoridades e impunidade[8] dos acusados, sendo estes normalmente inocentados ou recebendo penas leves.

Dessa forma, o filme consegue fornecer aos telespectadores condições de compreender parte dos sentimentos coletivos e das representações sociais que permeavam a sociedade norte-americana da época, muito dividida pela questão racial, e que viriam a ser decisivos no desenrolar do "processo do século", sem tomar partido e apresentando igualmente todos os "lados" da opinião publica. Desde a década de 1960 a comunidade negra dos Estados Unidos mantinha forte atividade política com os chamados *Black Movements,* mas apesar das mudanças institucionais e legislativas resultantes da ação destes movimentos, a discriminação e o racismo não foram eliminados, ocorrendo sim uma transição de um cenário de segregação explícita para outro no qual práticas institucionais não registradas na legislação continuavam mantendo a segregação e opressão racial. Tudo isso integrava uma cena cultural fértil para debates complexos como ocorreu no caso de O. J. Simpson.

Ao mesmo tempo em que deixa claro que acredita que O. J. foi o responsável pelo duplo homicídio, Ezra Edelman apresenta com igualdade os fatos e elementos apresentados pela sua defesa enquanto comprovadores de sua suposta inocência, e enfatiza principalmente como a narrativa da defesa foi construída para deslegitimar a acusação e as provas técnicas apresentadas a partir do histórico de racismo no julgamento e persecução de negros na justiça americana.

O filme consegue, de maneira surpreendente, trazer a fala de praticamente todos os principais envolvidos no processo contra O. J., contemplando todas as posições e fatos que de alguma maneira participaram deste marcante episodio da historia dos Estados Unidos, e oferecendo aos telespectadores condição de compreender e julgar o caso com ampla consciência dos fatos.

---

8. "A imunidade dos crimes mais graves é cada vez mais elevada à medida que cresce a violência estrutural e a prepotência das minorias privilegiadas que pretendem satisfazer as suas necessidades em detrimento das necessidades dos demais e reprimir com violência física as exigências de progresso e justiça, assim como as pessoas, os grupos sociais e movimentos que são seus intérpretes" (BARATTA, 1993:50).

A QUESTÃO POLICIAL E RACIAL

Como já foi dito, a tese central do documentário é de que o julgamento do O. J. Simpson, e a declaração de sua inocência, foram fortemente influenciados (principalmente a partir das ações e estratégias dos advogados de defesa) pelo fervoroso conflito racial que ocorria a época nos Estados Unidos. Em outras palavras, enquanto os acusadores apresentavam provas contundentes sobre a responsabilidade de O. J. Simpson no assassinato de Nicole Brown e Ronald Goldman, a narrativa construída pela defesa de que Simpson estava sendo acusado por ser negro enquanto o verdadeiro assassino estava solto conseguiu convencer o júri a inocentá-lo. Esta tese é amparada por pesquisas que revelam que a sociedade estadunidense é fortemente marcada por uma diferença comportamental baseada na questão racial (SCHUMAN et alii, 1997), da mesma forma que outras pesquisas sobre o processo em questão revelam a diferente percepção das populações brancas e negras sobre a culpabilidade de O. J. (TELES & BAILEY, 2002).

Fazendo uma ampla retrospectiva acerca dos principais casos de violência racial que ocorreram principalmente na região sul dos Estados Unidos, o filme apresenta de forma concisa o contexto violento no qual o caso e O. J. estava situado. Desde a forte segregação racial no sul dos EUA durante os anos 1940, que motivou a mudança da família de O. J. para regiões que aparentavam ser menos racistas (no caso Los Angeles, Califórnia), até os *Distúrbios de Los Angeles de 1992*, o contexto social que influenciou no julgamento era caracterizado por grande violência e abusos por parte dos policiais nas abordagens(AMPARO-ALVES, 2010; RAMOS & MUSUMECI, 2005; SILVA, 2009), pelo encarceramento em massa[9] da população negra,[10] e pela impunidade tanto de policiais quanto de cidadãos brancos acusados de crimes contra negros.

Talvez o mais emblemático destes casos tenha sido o espancamento de Rodney King, filmado por um cinegrafista amador, em 3 de março de 1991. O vídeo expunha algo que era corriqueiro na atuação da polícia de Los Angeles na época, a total brutalidade e desumanidade despendida pela policia no trato com a população negra. Mais chocante e revoltante que o próprio vídeo foi o julgamento dos quatro policiais envolvidos diretamente no espancamento de King, que os inocentou, dando início a uma semana de revoltas nos bairros negros de Los Angeles e de seu condado.

9. "A sociologia jurídico-penal e a experiência cotidiana demonstram que o sistema direciona sua ação principalmente às infrações praticadas pelo segmento mais frágil e marginal da população..." (BARATTA, 1993:50).

10. Cabe ressaltar a forte relação entre o encarceramento da população negra e as ações relacionadas à chamada Guerra contra as Drogas, tema discutido brilhantemente no documentário A 13ª Emenda (2016), de Ava DuVernay.

Estas revoltas ficaram conhecidas na história como "distúrbios de Los Angeles de 1992", esta fervorosa revolta durou seis dias e resultou em 58 mortes, aproximadamente 2800 pessoas feridos, mais de 3 mil estabelecimentos comerciais danificados e na emblemática cena, transmitida ao vivo pela televisão, do caminhoneiro Reginald Denny sendo retirado a força de seu caminhão e agredido até quase a morte, no meio da rua, em plena luz do dia.

Além deste, o assassinato da jovem Latasha Harlins por uma comerciante sul-coreana que veio a ser julgada e condenada a uma pena bastante leve foi outro evento destacado no filme, que gerou enorme repercussão na população negra, cansada da impunidade que recorrentemente seguia nestes casos.

O personagem central para toda a discussão sobre esta questão, dentro do processo contra O. J., é o ex policial da Polícia de Los Angeles, Mark Fuhrman. Mark foi peça chave da investigação e do julgamento do processo. Seu primeiro contato com o casal Simpson foi atendendo a um chamado de Nicole, em 1985, quando encontrou ela e O. J. tendo uma discussão no jardim da casa em que moravam. Neste episódio, Nicole não quis ir à delegacia prestar queixa contra O. J., o que teria deixado o policial frustrado.

Já na noite do assassinato, Mark esteve entre os primeiros policiais que chegaram à cena do crime. Liderou então os policiais que foram até a residência de Simpson procurá-lo, onde encontraram o segundo par da luva encontrada na cena do crime. Mark e esta luva viriam a ser peças fundamentais utilizadas pela defesa para desacreditar o júri da acusação conta O. J.

Durante o julgamento os advogados de O. J. investem no uso das provas singulares do racismo presente na rotina de trabalho e na intimidade de Mark, apresentando ao júri a representação do policial racista e corrupto, capaz de implantar provas para condenar injustamente um negro por algum crime em investigação, como no caso das luvas. Quando Simpson prova as luvas em tribunal, encenando de maneira perspicaz que estas não cabiam em suas mãos (e existem inúmeras explicações para isto), a defesa reforça ainda mais a ideia de que Simpson era apenas mais uma vítima das artimanhas de policiais racistas que tentavam, mais uma vez, culpar um negro inocente.

A figura de Fuhrman permitiu à defesa explorar todo o conteúdo racial presente na atuação policial daquela época, desde o abuso da violência no tratamento da população negra até a recorrente corrupção policial, e que tanto era responsável pelo sentimento coletivo de injustiça social[11] presente nas comunidades negras, trazendo este sentimento para a causa de O. J.

---

11. "Nesse sentido, segundo Galtung, 'injustiça social' é sinônimo de 'violência estrutural'. Se usamos esta definição podemos sustentar que a violência estrutural é a repressão das necessidades reais e portanto dos direitos humanos no seu conteúdo histórico-social. A violência estrutural é uma das formas de violência; é a forma geral de violência em cujo

O PROCESSO

Terminado o processo em 3 de outubro de 1995, o júri comporto por 9 negros, 2 brancos e 1 hispânico (totalizando dez mulheres e dois homens) declarou O. J. Simpson inocente da acusação de duplo homicídio. De um lado do julgamento, na defesa de O. J., estava uma equipe chamada a época de *dream team*, liderados pelo já famoso advogado de celebridades negras, Johnnie Cochran, formado por Robert Kardashian, F. Lee Bailey, Robert Shapiro, Carl Douglas, Gerald Uelmen, Peter Neufeld e Barry Sheck. Do outro, a promotoria, liderada por Marcia Clarck e Christopher Darden.

Longo, o processo durou 372, ouviu 133 testemunhas, e teve ampla cobertura da mídia nacional e internacional. Ficou conhecido como o *"julgamento do século"*, dada sua espetacularização e a posição social dos envolvidos. Talvez a maior marca deste processo judicial tenha sido esta cobertura, a qual transformou o episódio e muito mais que o julgamento de um crime, mas em uma novela da vida real:

> "O julgamento do ex-astro do futebol americano O. J. Simpson, a vida e a morte da princesa Diana, a interminável novela fornecida pelas peripécias de Elizabeth Taylor ou pela apresentadora de televisão Oprah Winfrey, o assassinato da dona-de-casa de Long Island Mary Jo Buttafuoco pela jovem amante do marido, a bomba colocada pelo dissidente de direita numa repartição federal em Oklahoma City, as constantes alegações de aventuras extraconjugais do presidente Bill Clinton, para lembrar apenas um punhado, entre literalmente milhares de outros episódios gerados pela vida, são esses os novos sucessos de bilheteria que ocupam as mídias tradicionais e dominam as conversas nacionais por semanas, às vezes meses ou até anos a fio, ao passo que o entretenimento comum desaparece rapidamente de cena." (GABLER, 1999:13)

A MÍDIA

Não só durante o processo contra O. J. mas durante toda sua carreira profissional, dentro e fora dos capôs de futebol americano, a mídia foi elemento de destaque na construção da biografia de Simpson enquanto herói americano. Soma-se ao efeito da mídia a capacidade de O. J. em capitalizar sua imagem, seu reconhecido carisma e competência, que o tornaram celebridade de grande *status*.

O documentário destaca o fato de a mídia (representando as elites brancas) ter adotado O. J. como atleta exemplo, na medida em que ele se distanciava dos protestos políticos nos quais se envolviam os grandes atletas negros da época, como Mohamad Ali e Tommie Smith. Com as punições contra atletas que

---

contexto costuma originar-se, direta ou indiretamente, todas as outras formas de violência" (BARATTA, 1993:47).

utilizavam de sua fama para a militância política, Simpson optou por se afastar tantos dos movimentos sociais quanto do discurso pelo fim da discriminação racial nos EUA, adotando postura e discurso dos brancos, e caindo nas suas graças.

A grande cobertura midiática que o processo contra O. J. teve foi elemento central do desenvolver deste processo. O filme destaca muitos eventos do caso nos quais a atuação da mídia foi de grande influência na condução do processo judicial. Talvez o mais famoso destes eventos foi a perseguição (ou condução, como sugere o filme) policial ocorrida no dia 17 de junho de 1994. Neste dia, o mesmo da estreia da seleção norte americana de futebol na Copa do Mundo da FIFA que ocorria nos EUA e da final da NBA entre *Houston Rockets* e *New York Knicks,* os canais de televisão interromperam suas programações para transmitir ao vivo a perseguição policial a O. J. que, em um Ford Bronco branco dirigido por seu amigo All Cowlings, falava ao telefone com a policia ameaçando se matar por se sentir injustiçado pela acusação de assassinato. Por mais de duas horas e percorrendo 96 Km pelas estradas de Los Angeles, O. J. acabou em sua mansão, após negociar sua rendição à policia. Mais de 90 milhões de televisões estavam sintonizadas nesta perseguição, que veio a se tornar um dos episódios mais conhecidos da história do ex-jogador. Pena (2007) descreve bem este tipo de situação:

> "Na encenação do real, o veículo vida gera novos episódios diariamente, fazendo com que as aplicações que a mídia descobre para esses episódios ultrapassem a própria realidade. Revistas de fofocas, periódicos sobre famosos e programas de TV como *Vídeo Show* e *TV Fama* vivem da encenação e a repercutem infinitamente em novas encenações. A mídia produz celebridades para poder realimentar-se delas a cada instante em um movimento cíclico e ininterrupto. Até os telejornais são pautados pelo biográfico e acabam competindo com os filmes, novelas e outras formas de entretenimento. São notícias do parque encantado, como se os redatores-chefes fossem Lewis Carroll ou Monteiro Lobato. E mesmo quando há assassinatos ou graves acidentes o assunto principal é sempre a celebridade ou o candidato ao estrelato, que, inclusive, pode ser o próprio assassino ou um outro delinquente qualquer." (PENA, 2007:49)

O filme de Ezra Edelman deixa claro o quanto a mídia pode influenciar em casos judiciais, independente da real culpa ou inocência dos acusados, levando estes casos para uma (ou mais) questão social mais ampla. Nestes casos, com a atenção da sociedade e pressão social de determinados grupos, tanto a investigação quanto a instrução processual e o próprio julgamento podem ser prejudicados, reforçando a ideia de que exista um controle da atuação da mídia para que se evitem prejuízos em processos penais no Estado Democrático de Direito.

CONCLUSÃO

Duas participantes do júri que inocentou O. J. concederam interessantes depoimentos ao filme. Já no final, uma destas juradas afirma que o acusado foi inocentado porque a acusação não conseguiu convencer o júri de sua culpabilidade da mesma forma como a defesa conseguiu convencê-los da possibilidade de O. J. estar sendo acusado a partir de provas manipuladas por motivação racial. Já a outra jurada, que durante o filme apresenta falas bastante fortes sobre o julgamento,[12] afirma com certeza que o júri inocentou O. J.[13] enquanto vingança por todo o histórico de injustiça que os negros sofriam, marcados pelos casos de Rodney King e Latasha Harlins, principalmente.

Sua fala externaliza com clareza a dor presente na memória coletiva da população negra em relação ao histórico de injustiças por esta sofrida quando a jurada diz que naquele momento, da não condenação de O. J., os brancos sentiram na pele o que os negros sentiam quando viam os assassinos de seus pares saírem impunes dos crimes cometidos.

De fato a decisão do júri foi influenciada por um contexto social marcado por forte pressão de movimentos sociais engajados em lutas políticas intensas: de um lado a legitimação da violência doméstica, e de outro a violência institucional e a seletividade racial do sistema de justiça. Por inúmeros fatores, apresentados e discutidos no documentário, prevaleceu o sentimento de injustiça presente na memória coletiva do povo negro dos Estados Unidos.

Os fatos apresentados pelo documentário e discutidos aqui no texto, sobre a questão racial, sobre a violência policial, sobre o racismo institucional imperativo no sistema de justiça, sobre a naturalização da violência doméstica, sobre o poder da condição de celebridade, e principalmente sobre o poder da mídia como formadora de opiniões e representações sociais servem para estudo e comparação com a situação social de varias sociedades, incluindo a brasileira. São fatos pertinentes para a análise criminológica e sociológica das condições e das estruturas punitivas.

A impunidade de O. J. Simpson no caso do assassinato de Nicole Brown e Ronald Goldman pode ser analisada então como a punição social que um grupo marginalizado, oprimido e sistematicamente violentado pelas elites

---

12. Esta mesma jurada relata durante o filme que não se sensibilizou com o histórico de violência que Nicole sofria porque era de sua responsabilidade sair de um relacionamento no qual era agredida, mostrado a profunda naturalização e aceitação da sociedade com a violência doméstica.

13. Aqui cabe destacar que em outubro de 2008 Simpson foi julgado culpado por assalto a mão armada, roubo, sequestro, dentre outros crimes, por ter emboscado dois colecionadores de objetos esportivos em um hotel de Las Vegas, junto a outros cinco comparsas. Desde então O. J. cumpriu pena em uma penitenciaria em Nevada, até conseguir um *habeas corpus* que o libertou da prisão no dia primeiro de outubro de 2017.

econômicas e políticas dominantes brancas conseguiu perpetrar como resposta a sua historia de sujeição. A impunidade do astro destaca também o conteúdo social dos processos penais, principalmente daqueles que atingem grande proporção midiática e que colocam em jogo muito mais do que a resolução de um crime e o apontamento de culpados, que colocam em ebulição sentimentos e representações coletivas que extrapolam o conteúdo jurídico e burocrático do processo como um todo.

REFERÊNCIAS BIBLIOGRÁFICAS

AMPARO-ALVES, J. À sombra da morte: juventude negra e violência letal em São Paulo, Rio de Janeiro e Salvador. *Bahia Análise & Dados*, Salvador, vol. 20, n. 4, p. 563-578, out.-dez. 2010.

BARATTA, A. Direitos Humanos: Entre a violência estrutural e a violência penal. *Fascículo de Ciências Penais,* Porto Alegre, vol. 6, n. 2, 1993.

GABLER, N. *Vida, o filme.* São Paulo: Cia. das Letras, 1999.

GANDIN, L.; DINIZ-PEREIRA, J. & HYPOLITO, A. Para além de uma educação multicultural: teoria racial crítica, pedagogia culturalmente relevante e formação docente (entrevista com a professora Gloria Ladson-Billings). Educ. Soc., Campinas, vol. 23, n. 79, p. 275-293, Ago. 2002.

HELAL, R. *Cultura e idolatria: ilusão, consumo e fantasia.* Rio de Janeiro: mimeo, 2001.

PENA, F. Subjetividade midiática: tempo e memória no discurso das biografias contemporâneas. *Psicol. Clín.,* Rio de Janeiro, vol. 19, n. 1, p. 41-55, 2007.

RAMOS, S; MUSUMECI, L. *Elemento Suspeito: abordagem policial e discriminação na cidade do Rio de Janeiro.* Record, 2005.

SCHUMAN, H.; STEEH, C., BOBO, L. & KRYSAN, M. *Racial Attitudes in America: Trends and Interpretations.* Cambridge, Harvard University Press, 1997.

SILVA, G. *A lógica da polícia militar do Distrito Federal na construção do suspeito.* Dissertação Mestrado em Sociologia, UnB, 2009.

TELLES, E.; BAILEY, S. Políticas contra o racismo e opinião pública: comparações entre Brasil e Estados Unidos. *Opinião Pública*, Campinas, vol. 8, n. 1, p. 30-39, maio 2002.

■

PARA ALÉM DO CASTIGO:

TRADIÇÃO, DISTOPIAS, GLOBALIZAÇÃO

E DIREITOS HUMANOS

A HISTÓRIA DE QIU JU – A ADMINISTRAÇÃO DE CONFLITOS ENTRE TRADIÇÃO E MODERNIDADE

RODRIGO GHIRINGHELLI DE AZEVEDO[1]

RESUMO: o presente artigo aborda o conflito entre o direito moderno e as formas tradicionais de administração de conflitos, a partir do filme *A História de Qiu Ju*. Dirigido por Zhang Yimou, maior representante da "quinta geração" do cinema chinês, o filme retrata a tentativa de Qiu Ju obter a retratação do chefe da aldeia por ter agredido seu marido, Qinglai. O percurso de Qiu Ju por instâncias da burocracia policial e judicial chinesa apresenta o processo de racionalização e burocratização do direito promovido pelo Estado chinês pós-revolução, e o distanciamento em relação aos mecanismos tradicionais de administração de conflitos, e permite discutir as categorias propostas por Weber para a compreensão do Estado moderno. São trazidos elementos da análise de Mangabeira Unger sobre a constituição do Estado moderno, e discutida sua aplicabilidade para a compreensão das instituições judiciais na China contemporânea. Ao final se discutem os dilemas entre a formalização e a informalização da justiça, assim como o contraste entre a aplicação de uma pena e a busca de mecanismos alternativos para a administração de conflitos criminais.

PALAVRAS-CHAVE: *A História de Qiu Ju* – Zhang Yimou – Cinema chinês – Racionalização do Direito – Informalização da Justiça.

---

1. Rodrigo Ghiringhelli de Azevedo é Sociólogo, Professor Titular da Escola de Direito da PUCRS.

1. ZHANG YIMOU E A "QUINTA GERAÇÃO" DO CINEMA CHINÊS

A História de Qiu Ju, filme chinês de 1992, é o quinto filme em que a atriz Gong Li e o diretor Zhang Yimou trabalharam juntos. O filme ganhou o Leão de Ouro de melhor filme e o prêmio de melhor atriz no Festival de Veneza de 1993.

Diretor e fotógrafo chinês, Zhang Yimou nasceu em 14 de novembro de 1951 em Xi'an. Em 1978 é admitido no departamento de fotografia da Academia de Cinema de Beijing, recém reaberta após a morte de Mao Tse Tung. Formou-se em 1982, juntamente com figuras como Chen Kaige e Zhang Junzhao, que iriam formar nos anos 80 a que ficou conhecida como "quinta geração" do cinema chinês.

A "quinta geração" foi a primeira a realizar filmes após a revolução cultural. A maioria dos seus integrantes foram graduados na Academia de Cinema de Beijing, que tinha sido fundada em 1950, logo após a revolução chinesa, e fechada com a revolução cultural. Com a reabertura da Academia, seus primeiros alunos tiveram acesso aos filmes da nouvelle vague, do neorrealismo italiano, e a filmes japoneses importantes. Seus primeiros filmes intencionalmente confundem as distinções entre heróis e vilões, indo na contramão dos filmes de propaganda do regime característicos do período anterior. São filmes com enredos e diálogos minimalistas, luz natural, e pouca preocupação com o sucesso de bilheteria.

Os filmes da "quinta geração" se passam quase sempre no campo, em comunidades tradicionais, e não nas cidades. Os filmes que deram início a esse ciclo são *Um e Oito* (1983), de Zhang Junzhao, e *Terra Amarela* (1984), de Chen Kaige, ambos fotografados por Zhang Yimou. Terra Amarela em um primeiro momento não é bem visto pelo governo chinês, mas após sua exibição no festival de cinema de Hong Kong em 1985 passa a chamar muita atenção, sua distribuição é autorizada na China e marca um interesse renovado nesta cinematografia por parte de estudiosos e do público especializado no mundo todo. Lança a ideia de uma nova geração de cineastas chineses internacionalmente.[1]

De maneira geral, a "quinta geração" enfrentou problemas com a censura. Terra amarela, Tempo de viver, Lanternas Vermelhas e Adeus Minha Concubina, entre outros, foram proibidos num primeiro momento. Tian Zhuangzhuang chegou a ser proibido de fazer filmes na China após *The Blue Kite* (1993), filme que aborda negativamente a revolução cultural.

Pode-se dizer que a "quinta geração" do cinema chinês, como movimento cinematográfico, chega ao fim em 1989, data do massacre da Praça da Paz

---

1. Sobre a história do cinema chinês, vide Letícia Vilela (2017).

Celestial. Seus principais diretores, Chen Kaige e Zhang Yimou, continuaram a fazer filmes, e no início dos anos 1990 adquiriram fama internacional e respaldo governamental. Zhang Yimou acabou dirigindo a cerimônia de abertura das Olimpíadas de Beijing em 2008.

Se nunca houve motivos para chamar a "quinta geração" pelo nome que teve, já que ninguém parece identificar quatro gerações distintas do cinema chinês antes dessa, há muitos motivos para separar os autores dessa geração e os realizadores que se seguiram (Zhang Yuan ou Jia Zhang-Ke), batizados genericamente de "sexta geração". Se o primeiro grupo ainda viveu e cresceu sob os preceitos educacionais da Revolução Cultural de Mao Tse Tung e teve que passar alguns anos desenvolvendo trabalhos manuais no campo como uma espécie de "residência universitária", e a partir dessa vivência desenvolveu uma visão romântica da população rural chinesa, a geração seguinte foi a da juventude reprimida física e politicamente pelo massacre da Praça da Paz Celestial (Tian'namen), uma geração urbana desencantada tanto com a herança do regime comunista quanto com a introdução da economia capitalista e a criação de uma sociedade de consumo de massas na China. O que naturalmente criou um cinema diferente, muito longe das produções históricas e rurais que formaram o imaginário do cinema chinês no Ocidente.

A estreia de Zhang Yimou como diretor acontece com o filme *Milho Vermelho* (1987), pelo qual recebe o Urso de Ouro do Festival de Berlim, já tendo como protagonista Gong Li. Em 1989 filma *Daihao Meizhoubao*, e em seguida *Ju Dou*, em 1991, indicado ao Oscar de melhor filme estrangeiro e à Seleção Oficial do Festival de Cinema de Cannes. No ano seguinte realiza *Esposas e Concubinas*, baseado no romance de Su Tong, passado na China dos anos 20, que recebe vários prêmios, incluindo o Leão de Prata do Festival de Veneza, assim como a sua segunda nomeação ao Oscar de melhor filme estrangeiro. Em 1992, dirige *A História de Qiu Ju*, protagonizado mais uma vez por Gong Li.

2. O FILME

A História de Qiu Ju narra a saga da personagem que dá nome ao filme, que busca justiça quando seu marido é agredido pelo líder comunitário da aldeia. A jovem grávida e prestes a dar à luz vai a todas as instâncias judiciais, desde a autoridade policial da aldeia até a mais alta corte em sua província. Valendo-se do conflito estabelecido entre Qiu Ju e o chefe da pequena aldeia, o filme tem como pano de fundo o cotidiano das pessoas comuns. O roteiro é uma adaptação da novela de Chen Yuanbin, *The Wan Family's Lawsuit*.

O filme inicia com o conflito entre o casal formado por Qiu Ju e seu marido Qinglai, pequenos agricultores, e o chefe da aldeia, Wang Shantang. Qinglai é chutado por Wang Shantang, fica machucado e é obrigado a consultar um médico e faltar ao trabalho. Imediatamente Qiu Ju vai ao escritório da polícia local e apresenta uma reclamação, buscando resolver o conflito por meio de uma retratação do agressor. O policial, no entanto, determina que o chefe da aldeia pague 200 yuan para Qinglai. Quando Qiu Ju vai até a casa de Wang Shantang obter o ressarcimento, este lança as notas de 200 yuan no chão e se recusa a pedir desculpas.

Mesmo estando no último trimestre de sua gravidez, Qiu Ju viaja de carroça para uma cidade próxima e, mais tarde, para a capital da província, para buscar justiça frente aos órgãos da nascente e crescente burocracia chinesa, tão característica das sociedades modernas. Aqui a questão chave do filme: justiça, para Qiu Ju, significa um pedido de desculpas, mas a lei do Estado não prevê essa forma de resolução do conflito, impondo sempre ao acusado o pagamento de uma quantia em dinheiro ou a aplicação de uma pena.

Chegando à capital provincial acompanhada pela irmã mais nova de seu marido, Meizi, as duas mulheres encontram hospedagem em um hotel barato. Vão então ao encontro do chefe da polícia distrital, que lhes promete que seu caso será revisado. O novo veredito da polícia do distrito é que desta vez o chefe da aldeia deve pagar 250 yuanes. Informado da decisão, Wang Shantang paga mas permanece irredutível quanto ao pedido de desculpas e, por isso, Qiu Ju retorna à capital e encontra um advogado que assume o caso.

O caso é finalmente julgado pelo tribunal, que considera que a decisão anterior, da polícia distrital, estava correta, mantendo a multa no valor de 250 yuanes. Qiu Ju fica inconformada, e seu advogado apela para uma instância superior. Como parte do processo, funcionários da justiça vão até a aldeia e o marido de Qiu Ju é radiografado no hospital local.

Em pleno período de inverno, com a neve cobrindo toda a região, Qiu Ju entra em trabalho de parto. Ao buscar ajuda, o chefe da aldeia, juntamente com um grupo de moradores da aldeia, leva Qiu Ju para o hospital, onde ela dá à luz a um bebê saudável. Um mês depois, toda a aldeia é convidada para a "festa de um mês" para o bebê. Qiu Ju e Qinglai convidam o chefe da aldeia, por ter salvo a vida de Qiu Ju e do bebê, para participar da comemoração. Wang Whantang não aparece, até que um policial local chega para dizer a Qiu Ju que os raios X realizados no marido revelaram que ele havia tido uma costela quebrada. Como resultado, foi caracterizado o delito de lesões corporais e o chefe da aldeia é enviado à prisão por um período de quinze dias. Qiu Ju tenta impedir que a polícia leve o chefe, mas não consegue, e o filme termina com Qiu Ju surpresa e decepcionada com o desfecho do caso.

O filme foi ambientado na China, em uma província do noroeste de Shaanxi. Muitas das cenas de rua nas cidades foram filmadas com uma câmera escondida, produzindo a impressão de uma espécie de documentário do cotidiano da população chinesa durante o governo de Deng Xiaoping.

A RACIONALIZAÇÃO DA VIDA SOCIAL E DO DIREITO NA SOCIEDADE MODERNA

O que de fato está em questão n'*A História de Qiu Ju* são as limitações das abordagens jurídicas modernas e características do processo de racionalização do direito nas aldeias onde as relações tradicionais subjazem a vida social. Não por acaso, o filme se passa em um contexto de modernização social, em que os mecanismos informais de resolução dos conflitos dão lugar às instâncias formais de controle penal, submetendo as partes às formulas procedimentais e às soluções punitivas previstas em lei e aplicadas por toda uma estrutura burocrática criada com este objetivo. Estamos diante, portanto, do conflito entre formas tradicionais de solução de conflitos, e o processo de racionalização do direito, que não afeta apenas as sociedades ocidentais, mas também aquelas como a China pós-revolução e o Japão moderno, que adotaram os pilares institucionais da modernidade para estruturar a vida social e a relação do Estado com a sociedade.

A racionalização é um "tipo ideal", isto é, um esquema conceitual construído com objetivo heurístico para interpretar a complexa realidade dos fatos sociais. Max Weber caracteriza a racionalização jurídica como uma manifestação do desenvolvimento peculiar da civilização ocidental, que se insere em um processo geral de racionalização crescente dos diversos âmbitos da vida social.

O tema central da obra weberiana é caracterizar e delimitar um tipo de racionalização, que consiste em uma desmistificação, sistematização, especialização e tecnificação crescentes em todos os âmbitos da vida humana. Weber não se propõe a emitir juízos de valor positivos ou negativos sobre o processo de racionalização crescente do direito e das consequências que podem advir do funcionamento de um direito racionalizado. O que lhe interessa é a descrição deste processo e a compreensão dos fatores que o influenciam. No entanto, não deixa de constatar as consequências deste desenvolvimento histórico, destacando o desencantamento que a racionalização crescente de todos os âmbitos da vida humana produziu nas formas de comportamento do homem moderno.[2]

Procurando descrever o processo de racionalização do direito no contexto da sociedade moderna, o sociólogo do direito português Boaventura de Sousa Santos vai afirmar que:

> "(...) ao direito moderno foi atribuída a tarefa de assegurar a ordem exigida pelo capitalismo, cujo desenvolvimento ocorrera num clima de caos social que era, em parte, obra sua. O direito moderno passou, assim, a constituir um racionalizador de segunda ordem da vida social, um substituto

---

2. Sobre este tema, vide o artigo de Katie ARGUELLO (1996), p. 73/108.

> da cientifização da sociedade, o 'ersatz' que mais se aproximava – pelo menos no momento – da plena cientifização da sociedade que só poderia ser fruto da própria ciência moderna. Para desempenhar essa função, o direito moderno teve de se submeter à racionalidade cognitivo-instrumental da ciência moderna e tornar-se ele próprio científico. A cientifização do direito moderno envolveu também a sua estatização, já que a prevalência política da ordem sobre o caos foi atribuída ao Estado moderno, pelo menos transitoriamente, enquanto a ciência e a tecnologia a não pudessem assegurar por si mesmas." (SANTOS, 2000, p. 119/120)

O próprio Weber acabou por constatar o distanciamento e a incompreensão, cada vez maiores, que a excessiva racionalização técnica do sistema jurídico produziu entre os destinatários e usuários do sistema e a lógica interna do próprio sistema jurídico. A partir desta constatação, cabe destacar que embora o conceito de racionalidade seja central na análise weberiana,

> "(...) ello no quiere decir, que Weber sea el 'gran defensor' de la racionalidad propria de la sociedad burguesa-capitalista. Antes al contrario, especialmente en sus últimos escritos, Weber denuncia las incoherencias internas de aquélla y reivindica la existencia también de la irracionalidad en los distintos ámbitos de la vida moderna." (FARIÑAS DULCE, 1991, p. 286)

Para reconstruir de forma ideal-típica o desenvolvimento histórico da racionalização do direito, Weber leva em conta fatores tanto de natureza interna à própria estrutura do pensamento jurídico, que exercem uma influência direta sobre o desenvolvimento das qualidades racionais e especialmente formais do direito, como de natureza externa, como as condições políticas e econômicas que exercem uma influência indireta sobre o desenvolvimento da racionalização jurídica.

O aspecto interno da racionalização do direito coincide com o desenvolvimento da formalização jurídica, isto é, de suas qualidades formais: formação de conceitos jurídicos abstratos, criação de relações e instituições jurídicas, generalização e desenvolvimento da sistemática jurídica. Os atores deste processo de formalização foram os juristas profissionais e universitários influenciados pela recepção do direito romano na Europa medieval.

Segundo Weber, esta formalização somente foi obtida

> "(...) merced a la recepción por los juristas italianos de la antigua jurisprudencia romana, producto de una forma política totalmente única que nace como Ciudad-Estado para convertirse en Imperio mundial. Junto con esta recepción han coadyuvado también a ese fin, por supuesto, el 'Usus modernus' de los canonistas y pandectistas de la Baja Edad Media y las teorías iusnaturalistas, nacidas del pensamiento cristiano y secularizadas después. Los grandes representantes de este racionalismo jurídico han sido el podestá italiano, los juristas del rey, en Francia, que crearon los medios formales de que el poder real se valió para acabar con la dominación de

> los señores, los canonistas y teólogos iusnaturalistas del Conciliarismo, los juristas cortesanos y los ilustrados jueces de los príncipes continentales, los monarcómacos y los teóricos del Derecho natural en Holanda, los juristas de la Corona y del Parlamento en Inglaterra, la nobleza profesional de los Parlamentos franceses y, por último, los abogados de la época de la Revolución. Sin este racionalismo no son imaginables ni el Estado absoluto ni la Revolución." (WEBER apud FARIÑAS-DULCE, 1991, p. 290)

O processo de racionalização do direito moderno é a culminância de uma série de etapas históricas, quais sejam: a da criação do direito por revelação carismática; a da criação e aplicação do direito por *honoratiores* jurídicos; e a do outorgamento do direito pelo "império" profano e pelos poderes teocráticos. A última etapa, que aqui nos interessa em especial, é a do desenvolvimento do direito sistematicamente estatuído e da aplicação jurídica por juristas especializados, com base em uma educação letrada de tipo lógico-formal.

Esta última etapa ideal-típica se inicia com os processos revolucionários do século XVIII, e é melhor representada, enquanto produto legislativo, pelo *Code Civil* francês, na base do qual aparece a concepção do direito como um complexo compacto de normas, logicamente livre de contradições e de lacunas, assim como de qualquer tipo de elementos extrajurídicos, éticos ou morais. A codificação é a técnica que vai permitir realizar a ambição da Escola do Direito Natural, e servirá não somente para a fusão do direito teórico e do direito prático, mas também para, através da intervenção clarificadora do legislador, colocar fim aos arcaísmos, à divisão do direito e à multiplicidade de costumes locais.

O Direito Natural passa a ser visto como o conjunto de princípios com base nos quais é erigido o direito positivo, com independência do mesmo, que não deve sua dignidade a um estabelecimento arbitrário, mas que, ao contrário, legitima a força obrigatória do mesmo. A legitimidade das normas advém não apenas em virtude de provir de um legislador legítimo, mas também em virtude de qualidades imanentes: forma específica e única consequente da legitimidade de um direito que surge quando decaem a revelação religiosa e a santidade da tradição. O Direito Natural é a forma específica de legitimidade do ordenamento jurídico revolucionariamente criado.

O antagonismo entre princípios formais e princípios materiais é a nota característica do direito moderno. Por um lado, os juristas profissionais contribuíram para a racionalização e sistematização do direito moderno, fazendo com que este fosse calculável em seu funcionamento. No entanto, no seio do direito moderno aparecem também tendências que favorecem o debilitamento do formalismo jurídico. Weber cita como exemplo deste tipo de tendências materiais a desaparição do direito formal da prova em favor da livre apreciação da prova, conquista do racionalismo patrimonialista frente ao formalismo magicamente condicionado (FARIÑAS-DULCE, 1991, p. 345).

Da mesma forma, o próprio desenvolvimento interno do pensamento jurídico leva a situações em que, em nome da justiça material, o juiz se vê obrigado a contestar sua racionalidade formal. No caso do direito penal, isto pode ser exemplificado pelo fato de que há a substituição de seu caráter vingativo, punitivo ou retributivo por fins éticos ou utilitários – elementos materiais, e não formais – tendentes à reeducação e reinserção social do condenado. Weber reconhece, portanto, que uma justiça de tipo material, que julga de acordo com o sentimento concreto, ética, política e socialmente condicionada, pode subsistir na sociedade moderna, junto a um direito racional-formal.

Se por um lado o processo de racionalização do direito responde à sua própria lógica interna, as condições externas à sua racionalização dizem respeito às condições econômicas e às condições políticas, com uma incidência indireta das primeiras e direta das segundas. Para Weber, por si mesmas as condições econômicas não engendram automaticamente novas formas jurídicas, mas podem conter a probabilidade de que uma nova invenção técnico-jurídica se difunda, isto é, as instituições jurídicas têm que ser previamente inventadas para poderem colocar-se a serviço de interesses econômicos, e esta invenção depende fundamentalmente da especificidade técnico-jurídica de cada ordenamento jurídico, e não dos interesses econômicos em si.

Por outro lado, as condições políticas e o tipo de dominação influenciam de maneira direta no tipo e na forma de racionalização do direito. Neste sentido, de acordo com as características internas e os interesses buscados em cada tipo de dominação política, o direito se verá influenciado no sentido seja de uma racionalização material, seja no de uma racionalização formal. Enquanto as dominações de tipo teocrático, patrimonial ou principescas fomentam uma racionalização material do direito, a dominação legal faz com que o direito tenda cada vez mais à forma de norma estatuída. Neste sentido, a racionalização burocrática característica do Estado moderno foi um fator que influenciou diretamente na racionalização formal do direito, em sua formulação legislativa, doutrinária e institucional, conduzindo o direito moderno a uma especialização profissional e a uma tecnificação cada vez maior.

O direito racional-formal é, portanto, um produto do mesmo desenvolvimento histórico que originou o Estado e o sistema econômico capitalista modernos. Existiria uma similitude estrutural ou homologia entre os três fenômenos citados, no sentido de serem interpretados por Weber igualmente em termos de racionalidade formal. Essas três dimensões institucionais centrais para a sociedade moderna são o resultado, de um ponto de vista teórico, de um único processo de racionalização, que se realiza em vários setores da vida social moderna. De um ponto de vista metodológico, são concretizações de um procedimento ideal-típico comum, sem nenhuma pretensão de correspondência total com o real curso dos acontecimentos, mais complexo e marcado por contradições e ambiguidades (FARIÑAS-DULCE, 1991, p. 359).

Assim como o capitalismo, entendido como um sistema econômico baseado na busca do lucro mediante uma atividade racional e continuada, de lucratividade sempre renovada, de rentabilidade e de organização racional do trabalho formalmente livre, somente veio a se constituir no Ocidente na época moderna, também foi somente nas modernas sociedades ocidentais que surge um Estado como organização política baseada em uma constituição racionalmente estabelecida, com um direito racionalmente estatuído e uma administração de funcionários especializados guiada por regras racionais positivadas. A relação entre estas três dimensões institucionais da modernidade ocidental é caracterizada como de interconexões mútuas ou de condicionamentos recíprocos, e não de dependência unilateral.

No caso da China comunista, o desenvolvimento capitalista foi substituído pelo processo de centralização política e econômica nas mãos do Estado, que com mão de ferro conduziu o processo de modernização da sociedade chinesa, culminando com a abertura econômica dos anos 90, e a manutenção de um sistema político baseado em um partido único e na concentração de poder nas mãos da burocracia do Estado. Esse processo não foi estranho a Weber, que acompanhou o período inicial da revolução Russa, e anteviu a possibilidade do regime socialista implantado levar às últimas consequências a tendência de racionalização burocrática característica da modernidade.

Nas democracias ocidentais, cada indivíduo pertence a um número indefinido de grupos expressivos, cada um deles influindo sobre uma pequena parte de sua vida. A personalidade fragmenta-se e a pessoa passa a ser vista como um conjunto abstrato de aptidões. Na medida em que os indivíduos passam a interagir em contextos cada vez mais impessoais, como mercados e burocracias, o respeito impessoal e a igualdade formal tornam-se fonte de solidariedade comunitária, mas também de hostilidade e suspeita. No lugar do associado e do estranho, característicos das sociedades tradicionais, surge a figura abstrata do "outro". Segundo Mangabeira Unger,

> "(...) a distinção entre estranhos e associados nunca chega a desaparecer completamente no liberalismo. Persiste sob a forma de fixações nacionais, étnicas e locais e, acima de tudo, como um contraste entre o mundo público do trabalho e a vida privada da família e da amizade. Ainda assim, a impessoalidade da esfera pública e o caráter comunitário da esfera privada estão sempre mudando de posição." (1979, p. 156)

Os indivíduos passam então a obedecer normas relativamente estáveis de interação por acreditarem que isto lhes seja mutuamente vantajoso, e não por participarem da mesma noção de verdade e virtude (racionalidade com vistas a fins – instrumental). Ao ocuparem um lugar determinado nos vários grupos especializados aos quais pertencem, as funções que exercem e o modo como as exercem determinam os anseios e necessidades, bem como os meios ao seu dispor para satisfazê-los. Neste sentido, "o supremo interesse da cada indivíduo pela imagem da sua personalidade torna-se o pivô da ordem social; é este interesse que o leva, e até mesmo o força, a controlar as suas paixões desordenadas" (UNGER, 1979, p. 158).

Uma das características centrais da experiência de vida na sociedade liberal moderna é o conflito aberto e constante entre aquilo que os indivíduos esperam da sociedade e o que de fato dela recebem. Para Unger, o ponto alto deste conflito é a combinação de uma intensa necessidade de poder organizado com uma concomitante incapacidade de justificar qualquer forma de poder (1979, p. 165). As necessidades materiais tendem cada vez mais a exceder amplamente os recursos disponíveis para a sua satisfação.

As peculiaridades da consciência e da existência individual na sociedade liberal moderna é dada, portanto, por um conjunto peculiar de interdependências entre três fatores: a multiplicidade de grupos expressivos, paralelamente à diminuição da área de vida individual que cada um desses grupos abrange; o desaparecimento da nítida distinção entre associados e estranhos, já que a ordem social torna-se uma associação de interesses com base na necessidade que os indivíduos têm de obterem aprovação mútua; por fim, os ideais passam a opor-se cada vez mais à realidade.

O universalismo, a associação de interesses e a separação entre o ideal e a realidade têm dois efeitos principais sobre o consenso, ameaçando a possibilidade de um acordo extensivo sobre a correção ou virtude dos arranjos sociais, e desencorajando o indivíduo a aceitar a existência do acordo como sinal de que se descobriu o que é bom ou o que é certo. Assim, "as pessoas podem compartilhar de certos fins ou interesses, mas não podem transformar em comunidade o grupo a que pertencem" (UNGER, 1979, p. 179).

Privados da comunidade, os indivíduos somente se mantém unidos devido à necessidade de usarem-se uns aos outros para a satisfação dos seus próprios desejos. Por outro lado, ao solapar as bases da comunidade o liberalismo também contribui para a demolição das barreiras entre grupos expressivos, criando as condições para uma uniformidade geral de desejos e preconceitos.

O afrouxamento dos laços comunitários favorece uma forma particular de consciência e é favorecido por ela. Para Mangabeira Unger,

> "Este modo de ver começa com a percepção de que as convenções do comportamento são determinadas pela história; passa em seguida à negação da virtude intrínseca dessas convenções; e termina com a convicção de que elas se baseiam em atos crus da vontade mediante os quais as pessoas escolhem entre valores elementares em conflito." (UNGER, 1979, p. 180)

Desmascaradas como frutos das circunstâncias e da tradição, a moralidade e a preferência convencionais perdem a aparente inevitabilidade e obrigatoriedade; doravante, devem ser medidas segundo algum padrão independente. No entanto, já não existem padrões para a avaliação das convenções aceitas, já que até mesmo a revelação religiosa passa a ser encarada como experiência da consciência individual, com a qual o Estado e a legitimidade da ordem social nada têm a ver. Segundo Unger, "o enigma essencial da sociedade moderna é como justificar a existência de um consenso sem autoridade, estabilidade sem convicção, ordem sem justificação" (UNGER, 1979, p. 181). Responder a este enigma é essencial para compreender o lugar do direito e do Estado na sociedade liberal moderna.

A partir do momento em que a experiência de vida social passa pela injustificabilidade da ordem existente e pela perda de confiança nas tradições morais pela injustiça da sua origem, passa-se a buscar estabelecer limites à arbitrariedade dos governantes. Uma das formas mais importantes deste esforço é a luta pela instituição de um Estado de Direito, caracterizado pelo seu compromisso com a generalidade e a autonomia individual.

Em sentido amplo, o Estado de Direito é definido pelas noções de neutralidade, uniformidade e previsibilidade, na medida em que o legislador deve manifestar a sua vontade através de regras gerais, é impedido de punir ou de favorecer diretamente certos indivíduos e, portanto, de mantê-los sob o seu imediato controle pessoal. O administrador, por sua vez, lida com os indivíduos somente dentro dos limites estabelecidos por regras que ele mesmo não faz. Para que o administrador atue dentro dos limites estabelecidos pelas leis, deve haver ainda outra instituição com autoridade final para determinar o que as leis significam. Esta autoridade é o Poder Judiciário.

> "O administrador concentra-se nos meios mais eficazes de realizar certos objetivos políticos dentro dos limites da lei. Para ele, as regras legais são uma estrutura dentro da qual as decisões são tomadas. Para o juiz, ao contrário, as leis passam da periferia para o centro de interesse: são o conteúdo fundamental da sua atividade. A jurisdição exige dois tipos especiais de argumento, e a sua integridade requer instituições e pessoal especializados." (UNGER, 1979, p. 188)

Em um sentido mais estrito, o conceito de Estado de Direito diz respeito também ao próprio método de legislação, no sentido de que as leis sejam feitas por um método com o qual todos tenham motivo para concordar em seu próprio interesse. Neste sentido, a ordem jurídica deve possuir autonomia substantiva, isto é, deve representar um equilíbrio entre grupos competidores e não a corporificação dos interesses e ideais de uma facção em particular.

Em ambos os conceitos (amplo e estrito), o Estado de Direito é o arranjo institucional que visa resolver o dilema da sociedade liberal, assegurando a impessoalidade do poder. No entanto, a sua capacidade de atingir este objetivo depende de duas premissas cruciais: a primeira é que os tipos mais importantes de poder possam ser concentrados no governo (monopolização). O governo deve manter-se acima ou fora do sistema de categorias sociais, através da seleção democrática e do controle das autoridades públicas. A segunda é a possibilidade de moderar-se o poder de maneira eficaz mediante o uso de regras (legalidade), criando um anteparo entre o cidadão privado e o administrador ou o juiz.

No entanto, ambas as premissas básicas do Estado de Direito mostram-se, em grande medida, fictícias. Primeiro porque nunca foi verdadeiro na sociedade liberal que todo poder significativo seja reservado ao Estado, o que pode ser facilmente demonstrado pelo fato de que as hierarquias que mais diretamente afetam a situação do indivíduo são as da família, do local de trabalho e do mercado. Quanto à premissa que corresponde ao princípio da legalidade, é igualmente duvidosa sua eficácia. Todo método de legislar acaba por tornar certas opções mais prováveis do que outras, todo sistema legal representa, por si mesmo, determinados valores, incorporando certa ideia de como o poder deve ser distribuído na sociedade e de como resolver os conflitos.

Por outro lado, no tocante à aplicação da lei, o senso de precariedade e da ilegitimidade do consenso torna difícil ao juiz encontrar um conjunto válido e estável de acordos e valores comuns que lhe sirva de base à interpretação e à aplicação da lei. Em consequência, cada caso força-o a decidir, pelo menos implicitamente, qual prioridade atribuir a cada um dos conjuntos opostos de convicções de determinada sociedade.

> "(...) Assim, as próprias premissas do ideal de Estado de direito parecem falsificadas pela realidade da vida na sociedade liberal. (...) O Estado, fiscal supostamente neutro do conflito social, é sempre envolvido no antagonismo dos interesses privados e transformado em instrumento de uma ou de outra facção. Assim, procurando disciplinar e justificar o exercício do poder, os homens estão condenados a perseguir um objetivo que estão proibidos de alcançar. E esta contínua frustração aprofunda ainda mais o abismo entre a visão do ideal e a experiência da realidade." (UNGER, 1979, p. 191)

A História do Qiu Ju nos mostra que os dilemas aqui apresentados, característicos do Estado liberal, também podem ser verificados em um tipo de ordem social teoricamente bastante diverso, baseado justamente na ideia de igualdade e de controle por parte do Estado, que representaria o interesse coletivo. De fato, a relação dos indivíduos com a burocracia estatal é sempre distante e em grande medida instrumental. No regime chinês, a legitimidade do sistema é dada pela crença nos ideais superiores de uma sociedade comunista, mas o seu funcionamento cotidiano é marcado pelo mesmo processo de racionalização do direito característico do Estado liberal, e pelo distanciamento dos indivíduos da lógica de solução dos conflitos, que é retirada do contexto da comunidade e das tradições e colocada sob a égide da racionalidade legal.

CONSIDERAÇÕES FINAIS

A História de Qiu Ju é lançado no mesmo momento em que, no Brasil, logo após a democratização e a promulgação de uma nova ordem constitucional, começa a se aprofundar o debate sobre as reformas da justiça sob o impacto das ondas de ampliação do acesso à justiça, apontando para a necessidade da informalização dos procedimentos judiciais, que se concretiza no caso brasileiro com a criação dos juizados especiais.

Embora exista uma multiplicidade de justificativas para as experiências de informalização da justiça, em geral os defensores das formas alternativas de resolução de conflitos pretendem promover um novo modelo de justiça, que permita à comunidade reapropriar-se da gestão dos conflitos, com a intervenção de não profissionais. Estes movimentos desenvolvem sobretudo experiências de mediação em matéria penal, de vizinhança e mesmo escolar e de família, com a formação de mediadores pertencentes a diferentes profissões ou comunidades. Ao lado do modelo adjudicatório ou retributivo tradicional, passa a existir um modelo de justiça negociada, de compensação, reparadora ou restaurativa, seja no processo de decisão ou na execução das penas.

Em relação à justiça restaurativa, pode-se dizer que a sua expansão em diversos países se deve a uma série de motivos comuns, como a crise de legitimidade do sistema penal, a busca de abordagens alternativas ao delito (ou conflito), as reivindicações das vítimas, etc. Ao tratar da expansão da justiça restaurativa na Espanha, Larrauri (2004) faz menção a fatores de ordem jurídica e sociológica. Os primeiros envolvem as experiências de diversos países que a utilizam; dentre os segundos encontra-se a crise de legitimidade do sistema penal tradicional, o impacto da vítima e suas reivindicações, a nova concepção do delito (como um conflito que causa dano a alguém e não é apenas uma violação da lei) e a mudança do papel do Estado.

Além de desenvolver mecanismos de combate ao perigo de extensão da rede de controle penal através dos critérios de encaminhamento de casos aos programas restaurativos, a justiça restaurativa pode atuar de forma a reduzir a resposta punitiva do sistema penal e ao mesmo tempo aumentar o acesso à justiça.

Para Capelletti e Garth (1998) o acesso à justiça pode ser encarado como o requisito fundamental – o mais básico dos direitos humanos – de um sistema jurídico moderno e igualitário que pretenda garantir, e não apenas proclamar os direitos de todos. Garantir o acesso à justiça de forma igualitária, portanto, significa dotar de concretude os direitos assegurados pela Constituição.

Dentre os obstáculos apontados para o acesso à justiça penal, estão os relativos às "possibilidades das partes", ou seja, as vantagens e desvantagens que possuem alguns litigantes, como (1) disponibilidade maior de recursos financeiros, o que possivelmente aumenta a capacidade da parte de apresentar seus argumentos de maneira mais eficiente; (2) aptidão para reconhecer um direito e propor uma ação (o que no caso do sistema criminal significaria reconhecer-se como vítima de um delito e recorrer ao sistema penal); (3) falta de disposição psicológica para recorrer a processos judiciais, que pode ocorrer por uma comum desconfiança dos advogados – especialmente comum nas classes menos favorecidas – ou em razão de outros motivos como procedimentos complicados, formalismos, ambientes intimidatórios (como tribunais), figuras consideradas opressoras (como juízes e advogados), que fazem com que aquele que poderia ou deveria procurar o sistema jurídico se sinta perdido, imerso em um mundo estranho (CAPELLETTI e GARTH, 1998).

Aumentar o acesso à justiça por meio da justiça restaurativa também significa evitar que respostas violentas ganhem cada vez mais espaço: sejam elas provenientes de formas privadas de administrar conflitos ou do próprio sistema penal que responde de maneira violenta ao conflito ao impor uma pena ao ofensor e, não raras vezes, violar seus direitos (dignidade humana, integridade física e moral etc.).

Os mecanismos de justiça restaurativa fazem parte da chamada "terceira onda" de reformas da justiça, que foi a primeira a se preocupar em garantir o acesso individual à justiça aos segmentos sociais menos favorecidos social e economicamente: "é o momento de criar alternativas de resolução de conflitos não apenas mais baratas e rápidas, mas também mais compreensíveis e próximas da realidade cotidiana dos atores sociais envolvidos nos conflitos" (SINHORETTO, 2006, p. 88-89).

Corroborando com essas ideias, o estudo feito sobre a justiça restaurativa em diversos países, dentre eles o Reino Unido, Estados Unidos e Austrália, pelo *Smith Institute* da Inglaterra, constatou que a justiça restaurativa é capaz de trazer mais crimes à justiça, atuando de forma a ampliar o acesso à justiça por proporcionar uma forma diferente de lidar com o delito. Segundo o estudo, a maior barreira para se trazer os delitos à justiça é a relutância da vítima e das testemunhas que temem retaliações, bem como a falta de tempo destas para envolverem-se nas formalidades legais. Concorre, igualmente, a descrença ou o medo no/do sistema, o que acarreta que um grande número de crimes não é resolvido (SHERMAN e STRANG, 2007) e acaba fazendo parte da cifra oculta da criminalidade. Nota-se, portanto, que os resultados deste estudo não diferem daqueles anteriormente mencionados e expõem as verdadeiras barreiras ao acesso à justiça.

A justiça restaurativa e suas práticas estão inseridas em um arranjo cultural mais amplo, incorporando conceitos, valores e visões de mundo. Contudo, assim como as práticas penais são moldadas pelo arranjo cultural no qual se desenvolvem, ao mesmo tempo em que o reproduzem, a implementação de programas de justiça restaurativa é o resultado de um processo de lutas, alianças e transformações de aspectos culturais existentes antes de a justiça restaurativa ser posta em prática.

A História de Qiu Ju representa, no formato cinematográfico, o choque entre as expectativas individuais e os mecanismos tradicionais de resolução de conflitos, e a lógica burocrática do direito moderno. O fato de que nos mostra a realidade de um país cultural e politicamente muito diferente das democracias ocidentais modernas, apenas reforça a percepção de que os dilemas do direito moderno e de suas formas de punição transcendem os contextos locais, e impõem a necessidade de inventar novos arranjos institucionais e alternativas ao próprio sistema penal, pelos limites da resposta punitiva para dar conta de toda a conflitualidade social, e especialmente para os delitos de proximidade, em sociedades complexas. Talvez por isso o filme nos remeta a uma profunda perplexidade diante do embotamento de qualquer perspectiva emancipatória que alguma vez tenha se vinculado às promessas da modernidade.

REFERÊNCIAS BIBLIOGRÁFICAS

ARGUELLO, Katie. O mundo perfeito: nem possível, nem desejável. Ética e racionalidade na sociologia jurídica de Max Weber. In: ARRUDA JR., Emundo Lima de (org.), *Max Weber: direito e modernidade*. Florianópolis: Letras Jurídicas, 1996, p. 73-108.

CAPELLETTI, Mauro e GARTH, Bryant. *Acesso à justiça*. Porto Alegre: Sergio Antonio Fabris Editor, 1998.

FARIÑAS DULCE, Maria Jose. *La sociologia del derecho de Max Weber*. Madrid: Editorial Civitas, 1991.

LARRAURI, Elena. Tendencias actuales en la justicia restauradora. In: ÁLVARES, Fernando Pérez (ed.). SERTA. *In memoriam Alexandri Baratta*. Salamanca: Universidad de Salamanca – Aquilafuente, 2004.

SANTOS, Boaventura de Sousa. *A crítica da razão indolente – Contra o desperdício da experiência*. São Paulo: Ed. Cortez, 2000.

SHERMAN, Lawrence e STRANG, Heather. *Restorative Justice: the evidence*. London: The Smith Institute, 2007.

SINHORETTO, Jacqueline. *Ir aonde o povo está: etnografia de uma reforma da justiça*. Tese de doutorado. São Paulo: USP, 2006.

UNGER, Roberto Mangabeira. *O direito na sociedade moderna – Contribuição à crítica da teoria social*. Rio de Janeiro: Ed. Civilização Brasileira, 1979.

VILELA, Letícia. *História do Cinema*: Cinema Chinês. In <http://woomagazine.com.br/historia-do-cinema-cinema-chines/>, acesso em 19.09.2017.

■

23

LA INVISIBILIDAD DE LA VICTIMIZACIÓN DEL MIGRANTE EN SU TRÁNSITO POR MÉXICO

GUADALUPE LETICIA GARCÍA GARCÍA[1]

RESUMEN: El objetivo del presente trabajo es analizar la política criminal del gobierno mexicano en torno a la protección de los migrantes, lo que puede visualizarse desde el aspecto de las medidas de tipo migratorio y desde el que corresponde al sistema penal, cuando los migrantes son víctimas de algún delito, principalmente por grupos de la delincuencia organizada. Como se muestra en el contenido de esta investigación, además de ser víctimas directas de la delincuencia, los migrantes deben enfrentarse a la corrupción de las autoridades y a la discriminación de los ciudadanos mexicanos, mientras que la política del Estado pugna por impedir su ingreso al país, con medidas que supuestamente los "protegerán". La legislación de protección hacia el migrante existe, pero lamentablemente es letra muerta.

PALABRAS-CLAVE: Migrantes – Delincuencia organizada – Política criminal mexicana – Derechos humanos migrantes – México como país de paso.

---

1. Profesora de tiempo completo adscrita al Posgrado de la Facultad de Estudios Superiores Acatlán de la Universidad Nacional Autónoma de México, es egresada del Doctorado en Derecho de la misma Facultad, recibió la mención honorífica en sus estudios de licenciatura, maestría y doctorado así como la Medalla Alfonso Caso. Recibió en el año de 2015 el Reconocimiento "Sor Juana Inés de la Cruz" también por parte de la UNAM. Ha publicado artículos a nivel nacional e internacional y más de diez libros en el área jurídica y de investigación. Pertenece al Sistema Nacional de Investigadores nivel 2.

La trama de la película se encuentra basada en la travesía de tres adolescentes migrantes, dos de ellos centroamericanos y uno indígena zapoteco del sur de México. Juan y Sara, más o menos de 15 años de edad, provienen aparentemente de Guatemala. Sara corta su cabello, venda su busto y se hace pasar por hombre, de nombre Bardo. En su contexto social se visualiza la miseria, Juan trabaja como pepenador para conseguir el dinero necesario para su viaje. En el camino se les une Chauk, indígena zapoteco que no habla español y que sueña con ver la nieve en Estados Unidos. Desde luego, el adolescente indígena sufre menosprecio y discriminación por parte de Juan, precisamente por ser un "indio".

La película narra las dificultades que deben pasar en su trayecto por México: de inicio se enfrentan a las autoridades de migración, quienes los devuelven a su país de origen, después la misma policía les roba sus pertenencias. Finalmente, en el poblado de Arriaga en Chiapas, logran subirse a la parte superior del tren conocido como "La Bestia", pero los militares detienen el transporte, detienen a los migrantes pero ellos logran huir. De nuevo en el tren, éste es detenido por la delincuencia organizada mexicana y los migrantes son atacados por ellos, se llevan a las mujeres para utilizarlas en la trata de personas, descubren a Sara y también se la llevan. Hieren a Juan y lo dan por muerto. Chauk rescata a Juan, a quien logra salvarle la vida tras varios días de cuidarlo.

Llegan hasta el poblado de Ixtepec, Oaxaca, donde el Padre Solalinde les da hospedaje en el Albergue Hermanos en el Camino. Ambos se escapan para continuar su viaje. Siguen en "el lomo" del tren y en Veracruz, la organización de mujeres veracruzanas llamadas "Las Patronas", amas de casa y mujeres humildes les arrojan bolsas de plástico con pan y alimento y botellas de agua.

Más adelante, ellos y otros migrantes depositan su confianza en uno de los compañeros de viaje, también centroamericano, quien les dice que los va a ayudar. Se van con él, quien los "vende" a una banda la delincuencia organizada de centroamericanos. Éstos los secuestran y empiezan a pedir a los migrantes, a través de amenazas de muerte, golpes, o incluso y lesiones, les den los números de familiares en Estados Unidos para llamarlos y extorsionarlos. Dejan ir a Juan por ser originario del mismo lugar de Guatemala que el jefe de la banda, pero él regresa para comprar la libertad de Chauk. Siguen su travesía en "la Bestia" y en la estación de "Lechería" cambian de locomotora a una que tiene como destino Mexicali. Tras varios días, llegan a esta ciudad y finalmente están frente al muro, donde se intensifica la vigilancia de las autoridades de migración, de Estados Unidos.

Una escena chusca es cuando a unos niños que se encuentran jugando futbol se les va el balón "del otro lado". Simplemente escalan el muro, recogen el balón y se regresan a seguir jugando.

Juan y Chauk de nuevo son reclutados por quien les dice que los va a pasar del otro lado, sólo a cambio de pasar una mochila. A ellos y a otros migrantes les dan una mochila, atraviesan un túnel hecho con tubos de concreto de los usados para el transporte de agua y en el cambio de turno de "la migra", salen de su escondite y entregan las mochilas, supuestamente con droga, en una camioneta pick-up. Los "enganchadores" les dicen a Juan y a Chauk que ya están de lado americano y los abandonan en el desierto. Empiezan a caminar y un "cazador de migrantes" le dispara a Chauk, a quien le da muerte. Juan, viendo lo que ocurría escapa a toda velocidad. Finalmente Juan logra su sueño, llega a San Diego donde lo contratan para hacer la limpieza en una comercializadora de carne, es decir, entre vísceras, sangre y desechos de animales. La historia termina cuando Juan, ya entrada la noche, sale de su trabajo y ve a contra luz, la nieve que cae, lo que era el sueño de Chauk.

DATOS QUE EL LECTOR DEBE CONOCER DEL VIAJE DE LOS MIGRANTES DE CENTROAMÉRICA A ESTADOS UNIDOS

Antes de entrar a la parte teórica y legal de este trabajo es importante hacer algunas referencias que el lector debe conocer de la República Mexicana.

Una de las críticas (no sé si negativa o positiva) que se hizo a esta película, es que lo único que hace es presentar la realidad tal cual es. No aumenta dramatismo, ni contiene un gran argumento, es simplemente una descripción de lo que ocurre a cualquier migrante en su trayecto hacia el sueño americano.

El tren que generalmente es conocido como "La Bestia" es llamado también "La Bestia de Hierro", "El Tren de la Muerte", "El Caballo de Troya", "El Tren Asesino", el "Tren de los Desconocidos", el "Tren de las Moscas", etc.

Pertenece al consorcio estadounidense de ferrocarriles Genesee & Wyoming Inc. que opera a través de su filial Compañía de Ferrocarriles Chiapas-Mayab, con base en la ciudad de Mérida (Yucatán), resultado de la privatización de Ferrocarriles Nacionales de México, en septiembre de 1999. Este tren transporta materias primas a lo largo del territorio nacional, desde Guatemala hasta varios destinos en la frontera con Estados Unidos. Estamos hablando de un recorrido de 1450 millas, donde deben abordar de 10 a 15 trenes cuyos vagones que pueden ser de forma de caja rectangular o de forma cilíndrica, y viajar sobre ellos, con hambre, calor, frío, agotamiento, mal clima y con el peligro de quedarse dormidos. De este tren los migrantes pueden caer, morir o ser mutilados, es común que sean cortadas sus piernas o sus manos. Simplemente, el querer abordarlo en movimiento, puede provocarles serias heridas. El vehículo locomotor se detiene en varias ocasiones porque según dicen los migrantes, los conductores ya están de acuerdo con las autoridades o con los grupos de la delincuencia organizada. A lo que se arriesgan es a enfrentar la corrupción de autoridades de migración, de la policía de cada estado, a los delincuentes que generalmente roban sus pertenencias, y lo peor, a los grupos de la delincuencia organizada que llevan a cabo el secuestro para llevar a cabo la trata de personas, la extorsión, el robo, el trasiego de droga, violaciones, y más comúnmente el homicidio.

De acuerdo a un artículo de 2012 para la revista Commonweal, por Joseph Sorrentino, "las estadísticas son terribles" (Mangas, 2016). El ochenta por ciento de los inmigrantes serán asaltados o robados. Sesenta por ciento de las mujeres inmigrantes serán violadas.

En un periodo de seis meses, de abril a septiembre de 2010, la Comisión Nacional de los Derechos Humanos documentó un total de 214 eventos de secuestro, de los cuales, según el testimonio de las víctimas y testigos de hechos, resultaron 11,333 víctimas. Esta cifra refleja que no han sido suficientes los esfuerzos gubernamentales por disminuir los índices del secuestro en perjuicio de la población migrante (CNDH, Informe Especial, 2011). Estos son solamente los secuestros reportados, en un informe adicional, la misma Comisión informó que México está experimentando una epidemia oculta de secuestros, finalmente por el tipo tan especial de la víctima, el crimen organizado no corre ningún riesgo de ser detenido o acusado. Si nadie reclama, si no declaran quiénes son sus familiares, si viajan sin documentos, se convierten en la víctima ideal, tanto para ellos, como para funcionarios corruptos.

Esta situación se ha convertido en un ejercicio de violencia que forma parte de la vida diaria en puntos clave del país, del que tenemos conocimiento los mexicanos y nuestras autoridades, y que sin embargo, es ignorado. El ciudadano común no desea tener problemas con agentes de migración o policías, y mucho menos con el crimen organizado. Las autoridades no tienen (o no quieren tener) los elementos para enfrentar a funcionarios corruptos y tampoco son capaces de controlar al crimen organizado. Todos sabemos qué es lo que está ocurriendo, y dejamos que suceda. Cuando se descubre una fosa clandestina con decenas de cadáveres de migrantes, la explicación de los responsables de su protección, declaran solamente que ya se ha abierto una carpeta de investigación.

ACCIONES DE SOLIDARIDAD

Dentro de todo el panorama de discriminación sufrido por los migrantes, hay sin embargo, muestras de ayuda, de hospitalidad y solidaridad. Las que se mencionan en la película descrita, que en realidad son las principales, son el Albergue Hermanos en el Camino en Ixtepec, Oaxaca, dirigido por el Padre Solalinde, sacerdote católico mexicano defensor de los derechos humanos de los migrantes, coordinador de la Pastoral de Movilidad Humana Pacífico Sur del Episcopado Mexicano, y la ayuda de "Las Patronas" quienes arrojan comida en bolsas de plástico, pan y botellas de agua a quienes van sobre los vagones. Se habla de que diariamente preparan entre 15 y 20 kilos de frijoles y arroz, y entregan cerca de 300 almuerzos diarios. Cuando pasa La Bestia, se acercan a las vías y disponen de aproximadamente de 15 minutos para lanzar las bolsas.

DIAGNÓSTICO

Los últimos datos publicados por el Instituto Nacional de Migración (Centro de Estudios Migratorios, Estadística Migratoria, 2012) indican que los extranjeros alojados en estaciones migratorias durante 2011, fueron 63,072, y en 2012 la cantidad ascendió a 85,100, es decir, se registró un incremento del 35%, respecto del año anterior.

Más recientemente se publicó el Informe 2014 de la Red de documentación de las organizaciones de Migrantes, Migrantes invisibles, violencia tangible. Esta organización realizó un análisis con base en una muestra de 31,894 (REDODEM, informe 2014) migrantes atendidos en 15 diferentes casas de refugio localizadas a lo largo de la República Mexicana, y reporta que de esa cantidad, 9,851 personas (30%) fueron víctimas de algún delito (Ureste, 2015). Al observar este porcentaje, debe considerarse que no todos los migrantes denuncian y si se conocen tantos casos de agresiones, probablemente estemos ante cifras que sólo son un indicio de la realidad.

Independientemente de los números manejados, es interesante analizar el manejo que se hace de este problema en los medios de comunicación. Los siguientes encabezados de notas periodísticas del Diario Reforma pueden darnos una idea de la situación que los migrantes, como víctimas, tienen que enfrentar. Se eligió este Diario en virtud de que el tratamiento de los problemas nacionales se hace en un contexto más conservador, es decir, no es sensacionalista.

18 de febrero, 2012: Denuncias extorsión a migrantes;

21 de febrero 2012: Reportan 620 muertos tras ser secuestrados;

5 de octubre 2012: Reporta Solalinde 40 Migrantes plagiados en Medias Aguas, Veracruz; 17 de octubre 2012: Denuncian migrantes aumento de plagios;

2 de marzo 2013: Acusan migrantes olas de secuestro (secuestro y homicidio);

5 de marzo 2013: Acusan plagio de mujeres migrantes (secuestro y trata de personas);

5 de marzo 2013: Exige crimen cuota de paso a migrantes;

11 de marzo 2013: Libera Marina a 104 migrantes (secuestro);

24 de abril 2013: Documenta la CNDH abuso contra migrantes;

28 de abril 2013: Exigen indagar ejecuciones de migrantes de San Fernando, Tamaulipas;

3 de mayo 2013: Se bajan o los matamos (secuestro, extorsión y homicidio);

13 de junio 2013: Rescatan a 67 plagiados en 15 días;

27 de marzo 2014: Denuncia AI, secuestro de 10 migrantes;

21 de abril 2014: Rescata la Sedena 60 migrantes en Tamaulipas (secuestro);

14 de junio 2014: Atacan a migrantes en Veracruz (homicidio);

12 de julio 2014: Cae banda en Tabasco; los ligan con 41 plagios;

12 de julio 2014: Cazan a migrantes empalme de tren (robo y secuestro);

31 de julio 2014: Suma Tamaulipas 998 migrantes secuestrados;

26 de agosto 2014: Es Tamaulipas foco rojo en secuestro;

31 de enero 2015: Acusan extorsión y luego las matan.

Un dato que da idea de la situación que se vive en la frontera de México con Estados Unidos, es que de 1998 a 2015, 6.571 cuerpos de personas fallecidas fueron encontrados en el lado americano de la frontera (Sengupta, New York Times, 2016).

ACCIONES TOMADAS POR EL ESTADO MEXICANO

–El Programa Frontera Sur

Entre las medidas que el gobierno mexicano ha implementado en este sexenio, para la protección de los migrantes, se tiene el Programa Frontera Sur.

El 7 de julio de 2014, el presidente mexicano Enrique Peña Nieto destacó que esa iniciativa tenía dos propósitos básicos: el primero, proteger al migrante y el segundo, ordenar el paso fronterizo.

Hasta antes de la implementación de este Programa, existía una aparente tolerancia hacia el tránsito de los migrantes por nuestro país. A partir de julio de 2014, se realizó un control absoluto en este sentido, ya que los obligaron a transitar por rutas que son dominadas por los cárteles de la delincuencia organizada, convirtiéndolos en una presa fácil de dichos grupos. Este tipo de políticas pareciera que son implementadas a favor de los delincuentes y no para defensa de los migrantes.

El objeto del Programa, desde nuestra particular visión fue desde un inicio tener un control sobre los migrantes que ingresan al país y obstaculizar por todos los medios su avance al vecino país del norte, con dos consecuencias, una atender a una necesidad de dicho país y otra, que aunque no ha sido perceptible de momento, es la de provocar que cada vez más migrantes deseen no continuar su travesía hacia el norte y prefieran permanecer en México.

Los dos objetivos que el Ejecutivo mencionó en su discurso se tradujeron por un lado, no en la protección de migrantes, sino en la violación de sus derechos y por el otro, el orden del que se habló se convirtió en control para evitar o por lo menos reducir su ingreso. La siguiente nota periodística puede ilustrarnos al respecto:

Las violaciones a los derechos humanos de los migrantes en México se han incrementado drásticamente a raíz de que el gobierno reforzó los operativos en sus fronteras por una ola migratoria en Estados Unidos el año pasado, reveló este miércoles un reporte de varias ONG.

El plan Frontera Sur que implementó el gobierno mexicano en julio de 2014 "ha significado violación a los derechos humanos, un cierre virtual de la frontera, una retención masiva y por supuesto una deportación masiva de personas migrantes", denunció el sacerdote Tomás González, director de un albergue humanitario para migrantes, durante la presentación del informe en Ciudad de México...

Programa Frontera Sur no detiene flujo de migrantes e incrementa riesgos:

Un total de 97,254 migrantes fueron aprehendidos en México entre julio de 2013 y junio de 2014 contra los 168,280 retenidos en el mismo lapso del año siguiente, lo que representa un aumento de 73%, indica el informe "Un Camino Incierto", realizado por nueve ONG, entre ellas la estadounidense Washington Office on Latin America (WOLA) y el Centro de Análisis y Reflexión Fundar.

En el estado de Oaxaca sólo ha habido cuatro sentencias para delitos contra migrantes en los últimos cuatro años, pese a haber recibido 383 denuncias (Diario El Economista, 2015).

–Modernización de la infraestructura

Nota periodística:

La empresa Ferrocarriles Chiapas-Mayab (FCCM), dueña de "La Bestia", el tren que utilizan los migrantes que cruzan por la frontera de Tenosique en Tabasco, ha puesto en operación un proyecto que busca terminar con el tráfico de indocumentados en la región.

Se rehabilitarán 100 kilómetros de las vías que están en malas condiciones, principalmente en el tramo que va de Campeche a Coatzacoalcos, con lo cual se busca que la locomotora incremente su velocidad y se evite de esta manera que los migrantes se suban a "La Bestia".

De su lado María Isabel Pons, directora general adjunta de FCCM, explicó que la inversión servirá para incrementar la velocidad del trayecto del tren de 10 a 30 kilómetros por hora, para hacer más eficiente la transportación de materias primas y productos, así como inhibir el uso irregular del tren por parte de migrantes indocumentados.

En el momento que tu subes la velocidad, que haces vías más seguras, pues no van a tener la oportunidad estas personas de subir… (Diario Excélsior, 2014).

–Resultado de las Acciones tomadas por el Estado:

El resultado de la modernización del tren, fue el deseado, que los migrantes no tengan oportunidad de subir a él, por lo que ahora, deben cruzar México a pie, lo que los pone en un mayor peligro al dejarlos a merced de los grupos de la delincuencia organizada, quienes tienen bien ubicadas sus rutas.

Ahora bien, otra de las consecuencias que la "modernización" ocasionó, fue que en la zona extrajeron los planchones y clavos de los "durmientes" de las vías, lo que ocasionó varios descarrilamientos del carguero.

Del mes de julio a inicios de septiembre de 2014, el tren que conducía migrantes se descarriló doce veces, lo que pone en duda la ayuda que se quiere brindar en cuanto al cumplimiento de los derechos humanos de los mismos. Las leyes que supuestamente tienen este cometido en México, sí existen y las enumeraremos a continuación, sin embargo, parecen no estar presentes en las acciones tomadas por el Estado.

LAS LEYES EN MÉXICO: DEFENSA DE LOS DERECHOS HUMANOS Y LA LEY DE MIGRACIÓN

Entre los principios que son mencionados en el Artículo segundo de la Ley de Migración con el fin de llevar a cabo el respeto a los derechos humanos, se encuentran los siguientes:

> "Artículo 2.
>
> Son principios en los que debe sustentarse la política migratoria del Estado mexicano los siguientes:
>
> Respeto irrestricto de los derechos humanos de los migrantes, nacionales y extranjeros, sea cual fuere su origen, nacionalidad, género, etnia, edad y situación migratoria, con especial atención a grupos vulnerables como menores de edad, mujeres, indígenas, adolescentes y personas de la tercera edad, así como a víctimas del delito. En ningún caso una situación migratoria irregular preconfigurará por sí misma la comisión de un delito ni se prejuzgará la comisión de ilícitos por parte de un migrante por el hecho de encontrarse en condición no documentada…
>
> Hospitalidad y solidaridad internacional con las personas que necesitan un nuevo lugar de residencia temporal o permanente debido a condiciones extremas en su país de origen que ponen en riesgo su vida o su convivencia,

> de acuerdo con la tradición mexicana en este sentido, los tratados y el derecho internacional...
>
> Equidad entre nacionales y extranjeros, como indica la Constitución Política de los Estados Unidos Mexicanos, especialmente en lo que respecta a la plena observancia de las garantías individuales, tanto para nacionales como para extranjeros."

Así mismo, el Artículo sexto señala que: "El Estado mexicano garantizará el ejercicio de los derechos y libertades de los extranjeros reconocidos en la Constitución, en los tratados y convenios internacionales de los cuales sea parte el Estado mexicano y en las disposiciones jurídicas aplicables, con independencia de su situación migratoria".

Como podemos apreciar, en México existen unas leyes que garantizan el respeto a los migrantes en suelo mexicano, sin embargo, son leyes que no pueden ser aplicadas porque el sistema migratorio mexicano ha sido rebasado y algunas veces, lamentablemente, por el crimen organizado.

Por otro lado, el Articulo 118 de la Ley de Migración indica que podrán solicitar el beneficio del retorno asistido, sin perjuicio de lo que al efecto se establezca en los instrumentos interinstitucionales, los extranjeros que se encuentren irregularmente en el territorio nacional, a disposición del Instituto, y respecto de los cuales no exista restricción legal emitida por autoridad competente para que abandonen el país.

A fin de tener una idea de cuántos extranjeros son devueltos por el Instituto Nacional de Migración y recordando las cifras manejadas al inicio de este capítulo, se puede analizar lo siguiente: En el año 2012, fueron devueltos a sus países de origen 75,774 personas, es decir el 89% del total de los extranjeros alojados en estaciones migratorias durante ese año (85,100).

VÍCTIMAS DE DAÑOS SU INTEGRIDAD FÍSICA (CONDUCTA FORMAL: COMISIÓN DEL DELITO) POR PARTE DE LA DELINCUENCIA

Como se mencionó en páginas anteriores, el informe presentado por el Redodem (2014), indica que el 30% de la muestra total analizada de migrantes (31,894), han sido víctimas de un delito. Previo al abordaje que se hará de dichos delitos, es necesario conocer quiénes son los actores en las conductas ilícitas que componen tal porcentaje. Según este estudio el 26% de los delitos los lleva a cabo la delincuencia común, 20% las autoridades mexicanas y 54% la delincuencia organizada.

Como podemos ver, la quinta parte de los delitos contra migrantes son por parte de las autoridades mexicanas, tema que tiene que ver con el apartado de corrupción tocado con anterioridad. Sin embargo más de la mitad del total de delitos son perpetrados por la delincuencia organizada. Como se ha visto en páginas anteriores todo empieza con el delito de secuestro, ya que privan a los migrantes de su libertad, los llevan a casas de seguridad donde su destino puede ser desde lesiones, extorsión, violación, trata de personas, hasta la muerte.

Las víctimas reportan frecuentemente haber sido testigos de asesinatos tanto en las vías del tren como en las casas de seguridad, aumentando la cifra, aún desconocida, de personas migrantes centroamericanas que se encuentran como no localizadas o desaparecidas a lo largo del territorio mexicano. Los homicidios generalmente se llevan a cabo como parte de una estrategia de terror, en la que los delincuentes matan a quienes no tienen quien pueda pagar su rescate (REDODEM, 2014).

Las personas que fueron secuestradas explican numerosas veces que también fueron víctimas y testigos de torturas físicas y psicológicas. En los distintos testimonios se describen golpes con tablas de madera en los glúteos y en la espalda, así como patadas en el estómago, los genitales, la cara y el resto del cuerpo, quemaduras, cortaduras, asfixias producidas con bolsas de plástico, introducción de distintos objetos en el recto, desnudos y violaciones sexuales. Además, hablan de privaciones sensoriales, aislamiento, humillaciones verbales y continuas amenazas de muerte.

Más recientemente y gracias a la petición vía transparencia, una publicación del Diario Excélsior, del 30 de marzo de 2015, menciona que "los casos de secuestro de migrantes centroamericanos reportados ante el gobierno mexicano se multiplicaron por 10 en tan sólo un año, de acuerdo con cifras oficiales del Instituto Nacional de Migración (Ramírez, Diario Excélsior, 2015)...".

La política criminal aplicada por el Estado Mexicano ha sido en general para el delito de secuestro, éste es regulado en una ley especial, la Ley General para Prevenir y Sancionar los Delitos en Materia de Secuestro, cuya máxima sanción, en caso de muerte de la persona secuestrada es de 140 años de prisión. Sin embargo, el fenómeno sigue repitiéndose y, a pesar de todo los migrantes siguen cruzando el país, en busca de una vida mejor en suelo Estadounidense.

En lo que toca al delito de delincuencia organizada, la penalidad es doble, ya que se aplicará al del delito que corresponda y además la del delito de delincuencia organizada que puede ser hasta de 40 años.

Como ya se ha mencionado, el problema no es la legislación, sino los graves obstáculos que se presentan por la corrupción y por la característica de los migrantes de blancos "fáciles" al saber que no tienen documentación, que nadie los reclamará y si no son secuestrados, quedarán muertos en el trayecto.

EL ASPECTO SOCIOLÓGICO COMO CASTIGO INFORMAL

La situación del migrante, principalmente en su viaje a través de México es de víctima multifactorial. Además de los peligros a los que debe enfrentarse, socialmente debe soportar la discriminación, la humillación y el maltrato, tanto de autoridades como de ciudadanos mexicanos.

Los ciudadanos mexicanos nos quejamos de la discriminación sufrida por el vecino país del norte, sin embargo, a decir de los mismos migrantes centroamericanos, su situación respecto de este tema es más grave en México que en Estados Unidos.

En este ensayo, ante la corrupción y la delincuencia que se enfrentan nuestros hermanos migrantes, se da una muestra clara de la victimización de las que son objeto:

Primero víctimas de la corrupción de las autoridades, víctimas de la discriminación de los mexicanos en su paso por este país, víctimas de la delincuencia, etc. A pesar de las leyes, sean penales contra sus agresores o sean en defensa de sus derechos humanos, la situación para ellos no cambia.

Socialmente hablando nos encontramos ante los siguientes comportamientos que los migrantes deben sufrir, además de las consecuencias en su integridad física.

DISCRIMINACIÓN

De acuerdo al Consejo Nacional para prevenir la discriminación, ésta es una práctica cotidiana que consiste en dar un trato desfavorable o de desprecio inmerecido a determinada persona o grupo, que a veces no percibimos, pero que en algún momento la hemos causado o recibido.

Hay grupos humanos que son víctimas de la discriminación todos los días por alguna de sus características físicas o su forma de vida. El origen étnico o nacional, el sexo, la edad, la discapacidad, la condición social o económica, la condición de salud, el embarazo, la lengua, la religión, las opiniones, las preferencias sexuales, el estado civil y otras diferencias pueden ser motivo de distinción, exclusión o restricción de derechos.

Ahora bien, considerando el enfoque de la Psicología Social, antes que hablar de discriminación debemos hablar del prejuicio como producto de la intolerancia. De acuerdo con Baron y Byrne (2005), el prejuicio es una actitud usualmente negativa hacia los miembros de algún grupo, que se basa exclusivamente en la pertenencia a dicho grupo. En otras palabras, una persona con prejuicios hacia un determinado grupo social, evaluará a sus miembros de manera particular (normalmente negativa), simplemente en razón de la pertenencia a este grupo. Los miembros de dicho grupo social desagradan por tal pertenencia. El resultado de estas actitudes es la discriminación, misma que se refiere a acciones negativas hacia grupos que son víctimas del prejuicio.

En nuestro caso, constatamos continuamente, la presencia de compañeros migrantes, sobre todo centroamericanos, que son discriminados por el ciudadano común en México. Como residentes del país, consideramos inferiores a quienes pertenecen a países centroamericanos, sin recordar que los migrantes mexicanos sufren la misma situación cuando se encuentran en Estados Unidos.

¿UNA DE LAS CAUSAS DEL RECRUDECIMIENTO DE LA DISCRIMINACIÓN?

León Opalín (2016) refiere que ante las dificultades crecientes que enfrentan los migrantes y refugiados para ingresar a Europa, parte de estos buscan asilo en EUA, viajando a países de Latinoamérica y de allí a México. Así, en el presente están varados alrededor de 16 mil migrantes en Tijuana y en Chiapas con la expectativa de que EUA les dé asilo; los migrantes provienen de África, (Ghana y Etiopia), Afganistán, Haití y de varios países de Centro América. En esas localidades los migrantes viven una crisis humanitaria, particularmente en Tijuana, porque los pocos recursos económicos que poseían se les han agotado. Se encuentran desesperados después de viajar largos recorridos en condiciones deplorables guiados por individuos sin escrúpulos a quienes pagan entre 10 mil y 15 mil dólares por persona al inicio de su travesía.

Los refugiados pernoctan en las calles o en campamentos improvisados; carecen de alimentos y otros bienes indispensables para su sobrevivencia. Las autoridades locales no tienen los recursos y tampoco están preparadas para apoyarlos. Diferentes organizaciones humanitarias han brindado ayuda a los migrantes, empero, su capacidad está ampliamente rebasada. El Instituto Nacional de Migración en Tijuana otorga 50 citas diarias a los migrantes para que se entrevisten con el Cónsul de EUA en esa ciudad a fin de que puedan plantearle una solicitud de asilo; desafortunadamente la mayoría son rechazados, sin embargo, no quieren regresar a sus países de origen donde la situación económica, política y social es extremadamente difícil; muchos de los migrantes podrían ser encarcelados o ejecutados si regresan a sus hogares. La situación en Tijuana podría ser explosiva en un futuro próximo porque a la problemática que plantea la permanencia de los migrantes en esa ciudad se adiciona la de los mexicanos que son deportados de EUA y permanecen allí en busca de nuevas oportunidades de vida y/o intentan nuevamente cruzar ilegalmente la frontera de Estados Unidos de América.

CORRUPCIÓN

En opinión de José Octavio López Presa (1998: 15), la corrupción corroe y debilita lo que toca, toma de lo colectivo para beneficiar a lo particular; en el proceso genera efectos perjudiciales sobre la equidad y la eficiencia en la asignación de recursos: afecta más a quienes menos tienen, pero el más grave efecto de la corrupción es, quizá, que prospera clandestinamente al margen de las normas y del respeto a la moral pública, lo que acaba por socavar la confianza en las instituciones e inhibir la búsqueda del bien común.[1]

En México se ha hablado de la corrupción, incluso por el actual presidente de la República, como un fenómeno cultural, lo que nos hace interpretar que en nuestro país encontraremos actos de corrupción en cualquier lugar que nos encontremos. En este sentido se considera que nosotros, ciudadanos comunes también formamos parte de este círculo pernicioso. Lo que no es aceptable es que esa corrupción se ejerza por las autoridades en contra de los migrantes, hasta llegar al punto de "venderlos" a la delincuencia organizada. Estos actos tan deplorables no pueden ser considerados como parte de nuestra cultura, a menos que ese término pueda traducirse en el de maldad.

CONCLUSIONES

El fenómeno de la migración ha cobrado una relevancia a nivel mundial que está atrayendo las miradas de todos los ciudadanos. Contra los que son expulsados de sus países por razones bélicas, de persecución, de pobreza, desempleo etc. el Estado en general, ha respondido con el endurecimiento de las normas migratorias y penales.

En nuestro país, a diferencia de los países europeos, los migrantes deben enfrentar a la delincuencia organizada, de quienes son víctimas de homicidio, secuestro, extorsión, violencia física, violencia psicológica, ataques contra su libertad sexual, trata de personas, etc. Por si esto fuera poco, deben también enfrentarse a la corrupción que existe por parte de algunas autoridades, que como ellos mencionan, los "venden" a los grupos organizados.

La política criminal implementada por las autoridades mexicanas como protección al migrante, no se ha visto reflejada en la disminución de los ilícitos mencionados. Es decir, el incremento de las penas no ha influido en el decremento que se supone se debe esperar de las conductas delictivas.

Las políticas públicas, en especial el Programa Frontera Sur, como ya fue mencionado, han tenido como objeto tener un control absoluto sobre los migrantes que ingresan al país y obstaculizar por todos los medios su avance a los Estados Unidos de América, con dos consecuencias, una atender a una necesidad de dicho país y otra, que aunque no ha sido perceptible de momento, es la de provocar que cada vez más migrantes deseen no continuar su travesía hacia el norte y preferir permanecer en México.

---

1. LÓPEZ PRESA, José Octavio, *Corrupción y Cambio*, México, FCE, 1998, p. 15.

REFERENCIAS BIBLIOGRÁFICAS

BARON, Robert A. y Byrne, Donn. (2005). *Psicología Social*, Madrid, España, Pearson, Prentice Hall.

LÓPEZ PRESA, José Octavio. (1998). *Corrupción y Cambio*, México, FCE.

MANGAS, F. (2016). *Un tren llamado La Bestia*. Recuperado de <http://salamancartvaldia.es/not/107405/un-tren-llamado-la-bestia->.

MÉXICO. Centro de Estudios Migratorios, Instituto Nacional de Migración (2012), *Síntesis 2012, Estadística Migratoria*. Recuperado de <http://www.inm.gob.mx/estadisticas/Sintesis_Grafica/2012/Sintesis2012.pdf>.

MÉXICO. Comisión Nacional de los Derechos Humanos (2009), *Informe Especial sobre los Casos de Secuestro en contra de Migrantes*. Recuperado de <http://www.cndh.org.mx/INFORMES/Especiales/infEspSecMigra.pdf>.

MÉXICO. Red de Documentación de las Organizaciones Defensoras de Migrantes (Redodem). (2014) *Migrantes invisibles, violencia tangible, Informe 2014*. Recuperado de <http://fm4pasolibre.org/pdfs/informe_migrantes%20invisibles_redodem2015.pdf>.

NOTIMEX (18 de noviembre de 2015). *México ha incrementado abusos contra migrantes*. El Economista. Recuperado de <http://eleconomista.com.mx/sociedad/2015/11/18/mexico-ha-incrementado-abusos-contra-migrantes>.

OPALÍN, L. (24 de octubre de 2016). *Desbordado el flujo de migrantes a Europa*. El Financiero. Recuperado de <http://www.elfinanciero.com.mx/opinion/desbordado-el-flujo-de-migrantes-a--europa.html>.

RAMÍREZ, J. (30 de marzo de 2015). *Repunta el secuestro de migrantes; se multiplican por diez los casos*. Excélsior. Recuperado de <http://www.excelsior.com.mx/nacional/2015/03/30/1016260>.

REDACCIÓN TITULARES (2012 a 2015) Reforma. Recuperado de <http://busquedas.gruporeforma.com/reforma/BusquedasComs.aspx>.

SENGUPTA, S. (14 de junio de 2016). *Reports Tell of a Trail of Migrant Deaths Across Deserts and Seas*, The New York Times. Recuperado de <http://www.nytimes.com/2016/06/15/world/reports-tell-of-a-trail-of-migrant-deaths-across-deserts-and-seas.html?_r=0>.

URESTE, M. (2015). *Radiografía de la violencia en México contra los migrantes*. Recuperado de <http://www.animalpolitico.com/2015/07/grafica-radiografia-de-la-violencia-en-mexico-contra-las-personas-migrantes/>.

XICOTENCATL, F. (26 de julio de 2014) *Modernizan la Bestia para acabar con tráfico de migrantes*. Excélsior. Recuperado de <http://www.excelsior.com.mx/nacional/2014/07/24/972727#view-1>.

Título de la película: *La jaula de oro;* Director: Diego Quemada-Diez; Año: 2013; Coproducción México-España.

AMBIGUIDADES DA GUERRA ÀS DROGAS EM *SICÁRIO:* IMPERIALISMO, PODER E CORRUPÇÃO

Samuel Silva da Fonseca Borges[1]

Resumo: O filme *Sicário* (2015) retrata o enfrentamento de um cartel de drogas mexicano da perspectiva norte-americana. Sua narrativa é ambígua, contendo tanto elementos críticos quanto legitimadores da política proibicionista e militarista promovida na América Latina. A partir de uma recapitulação histórica crítica da imposição da guerra às drogas na América Latina, mas notadamente na Colômbia e no México, podemos perceber a importância, omissa no filme, do imperialismo ianque para a configuração social da atual política de drogas, responsável por efeitos nefastos como a intensa violência social, o empoderamento de organizações criminosas e a corrupção desenfreada das instituições estatais e privadas em torno do comércio de drogas ilegais. As semânticas do castigo, aqui, giram em torno da disputa por poder. Seja na disputa entre os chamados cartéis, em que a violência sádica que mutila corpos e assassina crianças com ácido detém uma função racional de intimidação e coerção, seja na repressão violenta por agentes do Estado, quando a cooperação entre traficantes e o governo é interrompida.

---

1. Samuel Silva da Fonseca Borges é Cientista Político e Mestrando em Sociologia pela Universidade de Brasília.

PALAVRAS-CHAVE: Cinema – Violência – Proibicionismo – Cartéis – Geopolítica – América Latina.

Sicário,[2] lançado em 2015 com roteiro de Taylor Sheridan e dirigido por Denis Villeneuve, é mais uma adaptação para o cinema de um recorte da centenária proibição das drogas. O filme retrata uma dimensão internacional do conflito da guerra às drogas, no contexto contemporâneo dos conflitos entre e contra os cartéis no México, responsável por uma espiral de violência e mortes no país que, lamenta-se no ditado popular, está tão longe de Deus e tão perto dos EUA. Tal como na série Narcos (da Netflix), Sícário também narra o proibicionismo na América Latina pela perspectiva de agentes policiais estadunidenses. Os vilões, em ambos os casos, são chefões do tráfico, cabeças da estrutura hierarquizada dos cartéis que concentram os lucros de um mercado multibilionário ao custo da morte de incontáveis pessoas. O filme mobiliza a ideologia repressiva e punitiva de que para solucionar a violência dos cartéis, só os derrotando pela violência.

Pelo menos é assim que a narrativa sobre tal conflito se desenrola, tanto na maioria das adaptações cinematográficas e seriadas quanto nos meios de comunicação de massa hegemônicos ao produzirem notícias sobre drogas, tráfico e polícia. Há, portanto, muita continuidade entre o que seria definido como os "fatos" e a ficção sobre tal questão tão controversa. Um dos pontos fortes de *Sicário*, contudo, é enfatizar as ambiguidades morais e legais existentes nas ações dos agentes estatais, supostamente defensores da legalidade e símbolos do bem no conflito maniqueísta contra o mal. Isso se dá sobretudo pelas representações da corrupção em diversos setores do governo e seu aparato repressor mas também em outras instituições (como bancos), demonstrando a capilaridade e o poder das organizações "narcotraficantes", mas também pelo uso ilegal de força e de tortura como meio para atingir fins supostamente necessários. Contudo, a ambiguidade está intrincada na narrativa, deixando para o espectador a agência interpretativa de entender as cenas como crítica ou legitimação da repressão violenta e ilegal exibida, que pode ser compreendida como um mal necessário em circunstâncias indesejadas. Como Anita Sarkeesian (2014) aponta, simplesmente replicar na mídia um fenômeno social problemático não significa estar sendo crítico dele. Contudo, fornece um produto cultural disponível não só para ser apreciado esteticamente, mas para ser contextualizado historicamente e analisado politicamente.

Dessa forma, esta resenha divide-se em duas partes. Na primeira, apresenta-se a narrativa do filme ao leitor para que, na segunda parte, se

2. *Sicário* (2015). Denis Villeneuve (dir.) Los Angeles, USA: Black Label Media.

historicize a guerra às drogas latino-americana e problematize a influência imperialista e hipócrita dos governos estadunidenses ao sul de sua fronteira, que utilizam do pretexto do proibicionismo para perseguir seus próprios interesses geopolíticos além daqueles de suas elites econômicas e sociais. Intercalado com a crítica ao proibicionismo estão comentários que conectam o histórico de operações ianques "antidrogas" na América Latina assim como da construção dos cartéis como inimigo externo que justifica a intervenção econômica-militar dos EUA com pontos presentes ou omissos no filme. Por fim, se aborda as semânticas do castigo presentes neste conflito por poder e hegemonia.

O FILME

Logo nos primeiros momentos da película, nos deparamos com uma operação policial que, notadamente, deixa seus policiais tensos e nervosos. A viatura em que estão colide frontalmente com uma casa, que é invadida pelos policiais. De imediato, há troca de tiros entre eles e os residentes – armados – que são mortos rapidamente. Por um acaso, uma das balas expõe uma parede falsa que, de forma arrepiante, mostra estar cheia de cadáveres asfixiados com um saco na cabeça. Os efeitos sonoros do filme reproduzem no espectador o sentimento nauseante que aqueles corpos devem provocar naqueles que estão testemunhando o ocorrido. Se a ação policial chama atenção pelo uso de força, o que não falta são evidências criminais que justifiquem a operação incisiva. Este, aliás, é um padrão narrativo que se repete por todo o filme. Somos apresentados a uma cena de uso de força estatal, no limiar da legalidade, para logo em seguida vermos algo que justifique tal força (PALEY, 2016). Afinal, é o que se espera de um confronto com traficantes, por sua natureza violentos e malignos. É o que se confirma na cena seguinte, em que se apresenta a operação realizada como pelo FBI no sul dos EUA (Pheonix, Arizona), em uma das casas pertencentes (mas que relatam não conseguir comprovar a relação) ao Cartel de Sonora, notório pela violência extrema tanto no México quanto nos EUA.

Dali somos introduzidos a uma das protagonistas do filme. Kate Macer é uma jovem policial dedicada, profissional, competente e moralmente íntegra. Junto com seu amigo Reggie Wayne, atua na divisão de sequestros do FBI. Kate é uma mulher em um meio profissional ultra masculinizado. O incidente em Pheonix repercute na mídia nacional, horrorizada pelas dezenas de corpos encontrados e exigindo respostas das autoridades. É exatamente o que passa a ser organizado. Kate, assim, é convidada para integrar uma força-tarefa para derrubar um chefão do Cartel de Sonora, após ouvir que o escopo da investigação e operação foi expandido para integrar diferentes agências estatais. Kate é questionada se é casada e tem filhos, ao que ela responde negativamente, se declarando divorciada. Ela, antes de aceitar, quer saber exatamente qual é o objetivo da missão. Matt Graver, agente da CIA com quem irá trabalhar, responde que é reagir ao incidente nos EUA de forma extremada. Kate quer saber se isso significa pegar os responsáveis pelo incidente. Matt, agora sem o tom debochado e informal que marca seu personagem por quase todo filme, reconhece em Kate genuína entrega e bravura, quando não ingênuo idealismo, na profissão policial, e responde que sim, enfatizando que se trata não mais de enxugar gelo, mas de atuar na raiz do problema – atingir os chefões dos cartéis mexicanos. Guillermo, Manuel Díaz e Fausto Alárcon, do Cartel de Sonora, são os alvos. Está delimitado o inimigo.

Em seguida, somos introduzidos a um personagem novo, um policial mexicano comum, casado e com um filho de cerca de 10 anos, que gosta de futebol. São visivelmente muito humildes e tradicionais, sendo que o policial sustenta a casa pelo trabalho na polícia enquanto sua esposa cuida das tarefas domésticas e de cuidado. Aparentemente distantes da narrativa central do filme, simbolizam aqueles que, apesar de não protagonizar nenhuma frente do conflito, são atingidos por ele. A narrativa é intercalada com cenas dessa família mais algumas vezes, até que vemos uma conexão direta ao fim do filme que também retira o anonimato desse policial.

Passamos à cena em que Kate chega à base militar para sua viagem ao México. Seu amigo e companheiro do FBI, Reggie, é impedido de entrar na base. Ela está em uma operação sigilosa e aparentemente muito importante. Novamente vemos o Matt gozando de um prestígio em seu meio mesmo que se porte de maneira absurdamente informal. Assim como na reunião anterior, está de chinelos e aproveita a viagem para dormir. No avião, somos introduzidos a outro protagonista, parceiro de Matt. Alejandro Gillick é o personagem enigmático do filme, identificado como o "especialista sobre cartéis". Acometido por um pesadelo, suspeitamos já que se trata de uma pessoa perturbada. Kate, curiosa e desconfiada da operação em que se meteu, quer mais informações sobre a missão. Alejandro debocha dela, dizendo que ela quer entender como funciona o relógio, mas deveria, por hora, apenas ficar de olho nos ponteiros. Novamente, deixam ela no escuro, desinformada e desorientada, assim como o espectador, ansioso para descobrir o que está acontecendo. O que nos resta é uma cena de cruzamento da árida fronteira entre México e EUA. Ela é deserta e intimidadora.

No México eles são recebidos por uma força militar especial para essa missão, parte da equipe é a Delta Force, recém-chegada do Afeganistão. Soldados corpulentos e com barba, é implícito que estão lá não como Exército, mas sim como força paramilitar. Sua presença é uma das principais deixas para demonstrar como tal conflito foi militarizado e os "agentes da lei" a interpretam como quiserem. Como no resto do filme, a sala aqui é um ambiente masculinizado, contando também com xerifes e policiais texanos, com um clima de velho oeste. Como Kate, chegamos atrasados na reunião, perdendo informações importantes e permanecendo, novamente, sem entender exatamente o que está em questão. Alejandro, porém, dá algumas pistas sobre ele para Kate. Diferentemente de Kate e Matt, ele não é estadunidense, mas colombiano e já trabalhou como promotor para o Estado mexicano.

Indignada por estar sendo mantida na ignorância, Kate discute com Matt, que "dá uma dura" nela. Justifica suas ações deslegitimando o trabalho de rotina exercido por Kate, que não fazia nem cócegas nos cartéis. Por outro lado, essa força tarefa teria eficiência, fazendo uma diferença relevante. A oportunidade de sair da impotência é o que leva Kate a querer estar na missão.

Eles vão de helicóptero para a cidade de Juarez, na fronteira entre EUA e México, cidade acometida por elevadíssimo índice de homicídios e conflitos entre empreendedores do tráfico e forças de repressão sobretudo por volta de 2010, ano em que o filme se inspirou. Os efeitos sonoros anunciam um ambiente de tensão. Mobilizam-se alguns estereótipos da América Latina como uma "terra sem lei" (subtítulo do filme no Brasil), o que rendeu várias críticas sobre a representação da cidade. Nas ruas, encontramos uma cidade pobre e desigual. Contrastam carros modernos na rodovia e bairros precários no horizonte. Com os protagonistas, nos encontramos em um comboio escoltado por diversas viaturas da polícia mexicana. Tensos, só ouvimos ruídos dos motores e algumas vozes de policiais coordenando a operação extraordinária e perigosa. Kate recebe saudações de boas-vindas a Juarez quando presenciam corpos mutilados expostos publicamente, pendurados em uma ponte. Um agente diz que isso é brilhante, pois transmite um poder de intimidação, autolegitimação e controle social. A mensagem implícita é que não estamos mais em uma civilização, mas num estado de barbárie e violência grotesca, o que justifica a postura agressiva dos agentes da lei nessa missão. Escutamos tiroteios enquanto a rota é recoordenada. O comboio goza de todas as prioridades no trânsito para chegar à uma prisão onde Guillermo, membro do alto escalão do Cartel de Sonora, deve ser retirado em vista da sua extradição aos EUA. No caminho, um carro espião é identificado em uma rua paralela. Mas somos avisados que se houver um ataque (que não é aleatório mas estrategicamente planejado), ele deve ocorrer na área do pedágio, ponto de vulnerabilidade. Alejandro também alerta Kate para desconfiar dos policiais mexicanos, que nem sempre são os bonzinhos. Policiais corruptos podem colocar tudo a perder.

Depois de pegarem Guillermo, o comboio continua sua rota até que nas pistas próximas ao pedágio se deparam com um engarrafamento ocasionado por um acidente. Com isso, eles param. A tensão aumenta com a vulnerabilidade a um ataque. Começam a procurar carros suspeitos. Identificam alguns, não coincidentemente com os estereótipos de homens membros de gangues, de pele mais escura e tatuados. Identificam-se armas. A trilha sonora aumenta a tensão em dos clímaces do filme. Quem ataca primeiro? Após os suspeitos saírem do carro, os membros da força tarefa também saem para interditá-los. Em poucos segundos todos são executados. Kate, nervosa, queria ficar de mãos limpas, mas é alvo de um atirador. Depois de desviar, consegue retaliar com um tiro.

Novamente indignada com o completo descaso com um protocolo de ação, Kate discute com Matt sobre a ilegalidade da situação, recebendo mais uma bronca. Ele a lembra a razão pela qual estão ali: retaliar dramaticamente, criar caos e tornar o chefe do cartel vulnerável. Novamente aqui, a violência policial é justificada como resposta à violência ou ameaça de violência criminal.

O objetivo de capturar Guillermo não era só ser um entreposto até sua deportação, mas sim aproveitar para extrair informações. O responsável pela tortura é Alejandro, enquanto vemos o ralo e escutamos grunhidos. Kate, por sua vez, está crescentemente perturbada desde o incidente no Arizona e volta a fumar. Em Juarez, pipocam explosões e tiroteios pela cidade causados pelo caos promovido pela operação, explicado por um policial pela metáfora da galinha sem cabeça – sem o líder, resta o caos, desorientação e disputa por um novo chefe. Esta é uma das mensagens ambíguas no filme, que já indica o fracasso implícito na estratégia de mirar os líderes do tráfico, pois é claro que estes serão substituídos rapidamente, assumindo o pivô na estrutura praticamente intacta do comércio ilegal de drogas. Após lidarem com Guillermo, Alejandro, Matt e Kate voltam para Pheonix e de lá viajam com Reggie para Tucson, onde imigrantes foram interditados. Reggie, indignado com a falta de informações, demanda esclarecimento de Matt – o objetivo aqui é descobrir a localização de um túnel usado pelo cartel na fronteira entre o México e os EUA, informado pelo Guillermo. De volta para casa, Kate procura imagens da violência relacionada aos cartéis no México. Cada vez mais abalada, Kate está sensibilizada pela situação.

O próximo alvo é Manuel Diaz, chefão do cartel de Sonora nos EUA, subordinado apenas à Fausto Alárcon, o grande chefão. Para provocá-lo, os agentes conseguem mexer nas finanças de Diaz, detectando uma conta com 17 milhões de dólares. A descoberta leva a um embate entre Kate e Matt pois, enquanto Matt quer apenas agitar as coisas e fazer Diaz ser chamado de volta para o México, Kate quer entrar com um processo contra Diaz. Nesse furor, Kate se expõe às câmeras do banco que, implicitamente, contém aliados do cartel. Assim, ela se vulnerabiliza se tornando alvo. Além disso, não consegue seguir o processo pois seu superior no FBI apoia a estratégia de Matt. Ele tranquiliza Kate quanto à legalidade da operação, que é decidida por Washington. Segundo ele, os limites foram alterados especialmente para essa missão.

Kate, então, ainda desorientada e deslocada, acaba sendo vítima de Ted, um policial corrupto apresentado por Reggie que a tinha como alvo depois do episódio do banco. Assim que ela se dá conta que estava em seu apartamento com um policial aliado do cartel, ela entra em um combate físico com ele e perde, sendo estrangulada e quase morta, sendo salva por Alejandro, aparentemente esperando por isso. Muito abalada, ela se indigna com Matt por ser usada como isca, ao que ele é insensível e joga a responsabilidade nela por ter se exposto, sendo que ele apenas se aproveitou disso para conseguir achar mais um possível informante. Novamente, a técnica de investigação adotada contra Ted é da tortura física e psicológica.

No último ato do filme, vemos que a estratégia de Matt está dando certo e Diaz se prepara para voltar para o México para se encontrar com Alárcon, enquanto a força-tarefa se dirige ao túnel utilizado pelo cartel para traficar as drogas. Só então Matt revela à Kate que a função da presença dela é apenas porque, legalmente, a CIA precisa da presença de outra agência nacional para atuar no México. Mesmo sendo usada, o que ela já suspeitava desde o início, Kate quer prosseguir e ver o que está acontecendo com seus próprios olhos. Na quarta cena do policial mexicano corrupto e anônimo, é revelado que ele trabalha como mula para o Cartel de Sonora, transportando drogas na sua viatura. Ao anoitecer, a força-tarefa se aproxima do túnel com seus equipamentos de visão noturna. Em uma das melhores cenas de poesia visual do filme, temos a silhueta dos agentes contrastando com um belo crepúsculo. A incursão no túnel, porém, leva à outro massacre. Alejandro, por sua vez, procura uma rota alternativa, ao que Kate a persegue. Finalmente, Alejandro interpela Silvio, o policial corrupto até então anônimo que estava no túnel para descarregar sua viatura das drogas. Ele interroga Alejandro – "Medellín?" Kate, logo atrás, escuta e questiona Alejandro sobre o que significa Medellín apontando sua arma a ele, ao que é baleada no torso, protegida por seu colete, mas deixando-a prostrada no chão.

Dali, a jornada de Alejandro é esclarecida. Ao questionar Matt sobre o significado de Medellín, Kate escuta que se referia à uma época em que apenas um grupo controlava o negócio das drogas, sendo então muito mais fácil de ser controlado pelos EUA. Enquanto a demanda por psicoativos permanecer forte, argumenta Matt, ter um grupo traficante simpático aos interesses ianques é a menos pior das alternativas. Alejandro, revela-se, é um sicário, um matador de aluguel que a CIA contratou para matar Diaz e Alárcon e retomar a hegemonia do tráfico à Medellín, cartel que representa e que é mais amigável aos interesses estadunidenses. Além disso, Alejandro está em uma empreitada de vingança pessoal contra Alárcon, que no embate entre os cartéis assassinou sua esposa e afogou sua filha em ácido. Assim, entendemos o que leva Alejandro a ser uma pessoa perturbada, traumatizada e dessensibilizada, alguém cuja principal motivação é exercer vingança, retribuindo violência e dor sobre os algozes de seus entes queridos. Para isso, com a frieza de um experiente sicário, ele manipula Silvio até alcançar Diaz. Mata Silvio e torna Diaz seu refém, até alcançar a casa de Alárcon, onde mata eficientemente Diaz e todos os capangas de Alárcon, até chegar à mesa de jantar onde ele estava com sua família. No embate final entre o Sicário de Medellín e o chefão de Sonora, Alárcon está completamente indefeso e lamenta por ter assassinado a família de Alejandro, afirmando não ter sido pessoal. Alejandro responde que para ele foi pessoal, e atira na esposa e nos dois filhos de Alárcon, antes de tomar seu tempo e matar o próprio Alárcon.

Por fim, após Kate ameaçar Matt a contar toda verdade e negar fazer parte dessa armação, ela é visitada por Alejandro para assinar um termo que afirma que toda operação foi legal. Ao que ela se nega, Alejandro coloca seu revólver em sua cabeça e a obriga a assinar, o que ela faz chorando, traumatizada pela sequência de eventos. Na cena final, vemos o filho de Silvio jogando futebol em um campo quando há uma interrupção pelo barulho de um tiroteio, apenas por breves instantes, até que a partida é retomada como se nada tivesse acontecido, demonstrando não só a banalidade da violência quanto a permanência dela a despeito da falsa promessa de que atingir os chefões do Cartel de Sonora resolveria o problema da violência ligado ao tráfico ilegal de drogas. Um final apropriado para um filme tão amargo, sombrio e desesperançoso.

Durante todo o filme, percebe-se a ambiguidade entre uma abordagem crítica e desconfiada das narrativas oficiais sobre o combate aos cartéis e uma abordagem ingênua que legitima o modo de operação hegemônico como o melhor possível. Entretanto, por si só o filme não permite compreender as raízes do problema das drogas na América Latina, tampouco quão determinante foi a política externa – imperialista – dos EUA na exportação e imposição do proibicionismo. Assim, para problematizar melhor o filme e seus temas centrais, como o ambíguo e contraditório combate aos cartéis, é preciso retomar alguns processos históricos que levaram a essa configuração social específica que tem como consequência tantas mortes violentas ao sul da potência ianque. Dialogando o filme *Sicário* com a literatura crítica da guerra às drogas nas Américas se intenta problematizar os ambíguos sentidos presentes no filme e no conflito retratado.

A GEOPOLÍTICA DA GUERRA ÀS DROGAS NA AMÉRICA LATINA

Faz mais de 100 anos que as engrenagens do proibicionismo começaram a funcionar, com destaque ao *Harrison Act* de 1914 nos EUA. De lá para cá, o modelo de política seguiu duas tendências principalmente. Primeiramente, cada lei promovida devia ser mais rigorosa que a anterior, intensificando um modelo repressor-militar de tolerância zero. Em segundo lugar, a política de drogas deveria ser internacional, globalizada, promovida por cada país sob a influência de seu principal promotor, os EUA. Contudo, até o governo de Richard Nixon, a questão das drogas não tinha a importância prioritária de política pública, estando longe de ser considerada o que Nixon denominou de inimigo número um da América. Ainda assim, em seu governo havia mais orçamento e foco em tratar o abuso de drogas como questão de saúde pública do que de segurança pública e nacional. Em contrapartida, Ronald Reagan consolida o paradigma bélico nas políticas de drogas segundo ideais de combate policial e tolerância zero, endurecendo as penas e a violência na repressão a traficantes e usuários.

Desde então, o discurso da geopolítica das drogas propagado externalizou a fonte dos problemas para fora dos EUA na divisão dos países entre produtores e consumidores de drogas, nos quais países norte-americanos e europeus seriam vistos como consumidores, e países latino-americanos e orientais seriam vistos como produtores. Nesta lógica, países como os EUA seriam espécies de vítimas da distribuição das drogas dos países produtores, havendo um pretexto para que se defendam disso, sendo uma questão de segurança nacional. Contudo, tal discurso simplista reproduzia uma dicotomia falsa que servia interesses de Estado. Afinal, EUA e Canadá não são apenas consumidores, mas grandes produtores de maconha, enquanto o Brasil não apenas produz e transporta drogas, mas é grande consumidor de cocaína e maconha. Em outras palavras, o discurso vitimista dos EUA permitia intervenções policiais-militares, com todos seus contornos imperialistas, nos países produtores, que seriam a fonte dos problemas e uma ameaça a sua segurança nacional (*Homeland Security*) (RODRIGUES, 2012, p. 16-8). Aqui podemos analisar como tal discurso, operado no âmbito do senso comum e na política ianque, é reproduzido também por obras do cinema como em *Sicário*. Nele está presente este mesmo discurso vitimista dos EUA, que padeceria dos males provocados por outros países, possuindo justificativa para "reagir". A operação contra o cartel de Sonora seria apenas uma resposta à uma provocação vinda desde o México, o que legitimaria a retaliação ianque, demandada pela imprensa, promovida pela CIA e com aprovação de Washington.

Com tal discurso, a guerra ao chamado narcotráfico voltou-se então para além das fronteiras estadunidenses, havendo intervenção de órgãos nacionais como o DEA (*Drug Enforcement Administration*) e pressão para que cada país atuasse de forma repressiva. Segundo Raúl Zaffaroni, isso partia de uma mudança de estratégia da política externa norte-americana para fabricar novos inimigos do direito penal, substituindo o subversivo comunista típico da Guerra Fria para o traficante ou narcoterrorista, mantendo sua influência militarista e imperialista na América Latina para além das ditaduras que promoveu e apoiou durante o longo século XX (ZAFFARONI, 2007).

Contudo, esse aspecto de influência imperialista estadunidense não pode ser compreendido de forma simplista, como se os países da América Latina mecanicamente se submetessem aos interesses dos estadunidenses. Em vez disso, é mais coerente perceber uma simbiose de interesses entre as elites dos EUA e elites latino-americanas em colocar em movimento as engrenagens bélicas do proibicionismo para reprimir seletivamente grupos já vulneráveis em seus países mas, nem por isso, considerados menos perigosos para o *status quo* e portanto necessitando um controle tanto ideológico quanto coercitivo (RODRIGUES, 2012, p. 23). Com o apoio de elites latino-americanas, os EUA fomentaram a imagem do inimigo externo que legitimaria sua "missão" autoatribuída.

Em *Sicário*, como vimos, é central na narrativa a construção do Cartel de Sonora como a ameaça externa, vilanizada como um mal unidimensional a ser combatido, em uma verdadeira missão, pela força tarefa ianque. A cooperação das elites latino-americanas, por sua vez, é simbolizada pela cooperação de bom grado da polícia mexicana com tal operação contra o "inimigo comum" dos cartéis. Fato é que os Estados Unidos são eficientes em utilizar dessa estratégia da ameaça externa para se unir internamente para enfrentar tais ameaças, sendo o proibicionismo exemplar dessa forma de atuação. Ocorre que o discurso declarado não necessariamente é coerente com a prática concreta, havendo interesses geopolíticos velados que não podem ser explicitados e, inclusive, contrariam seu discurso. Vários são os casos das atuações dos EUA na América Latina que, com o pretexto de combate ao tráfico, levaram adiante "missões" com resultados diferentes.

Um deles é o escândalo Irã-Contras, descoberto na segunda metade da década de 1980. Ele consistia na coordenação de um esquema realizado pela CIA e outros agentes estratégicos para financiar paramilitares de direita na Nicarágua contra o governo sandinista de esquerda lá presente (por isso, apelidados de Contras) através de fundos ilegais, sobretudo o tráfico de drogas e de armas. Um dos aliados protagonistas dessa operação foi o presidente-ditador do Panamá durante esse período, Manuel Antônio Noriega. A articulação com ele era estratégica aos EUA para apoiar os Contras, ainda mais levando-se em conta que Noriega possuía ligações com a CIA desde 1959. Acontece que Noriega era diretamente envolvido com o tráfico de drogas e os EUA sabiam disso (como mostram indícios de 1971 do *Bureau of Narcotics and Dangerous Drugs*), mas abafavam o caso em nome do interesse nacional. Não só foram omissos em relação a essa informação, como fizeram acordos estratégicos permitindo que os carregamentos de drogas vindo do Panamá entrassem com segurança nos EUA em troca de que interesses estratégicos dos EUA também fossem atendidos, como alguns relativos ao Canal do Panamá, de suma importância econômica e, no mandato de Reagan, da ajuda de Noriega aos Contras na Nicarágua. Reagan explicitamente era favorável ao apoio aos Contras, mas era proibido por veto legal (conforme a Emenda *Boland* de 1983) de financiá-los. A saída encontrada foi contar com o apoio do "narcopresidente" e suas conexões ilegais importantes para a articulação das redes de tráfico de armas e drogas para apoiar os Contras. Ele se empenhou a contribuir em dinheiro – vindo do lucro do tráfico – além de fornecer pilotos de sua confiança para transporte de armas e fundos para os Contras (RODRIGUES, 2012, p. 247, 258-261).

> "Após o cancelamento da ajuda oficial aos Contras, o governo estadunidense permitiu (incentivando e/ou sendo conivente) que inúmeras empresas traficantes operassem na América Central, remetendo cocaína para o mercado norte-americano, desde que parte dos lucros fosse remetida às frentes de combate contrarrevolucionárias. Os mesmos aviões

> que trafegavam em segurança, levando cocaína para os Estados Unidos, voltavam abastecidos de dólares e armas." (RODRIGUES, 2004, p. 247)

Contudo, com o desenvolvimento do escândalo, que deixava claro a hipocrisia estadunidense em levar a cabo um proibicionismo seletivo, em que poderiam ser coniventes e até parceiros no tráfico de drogas desde que voltado para uma finalidade estratégica, o que houve foi a incapacidade de manter essa rede de apoio aos Contras e, com isso, a inutilidade de manter Noriega como aliado. Assim, depois de anos como aliado importante dos EUA, tornou-se interessante para os EUA utilizar o caso de Noriega para intensificar a guerra às drogas. Apesar do constrangimento do escândalo, o novo presidente, George H. Bush (que era vice-presidente no mandato de Reagan) anuncia a Operação Causa Justa, que invadiu militarmente o Panamá em 1989, causando milhares de baixas e prendendo e condenando Noriega pelo crime de tráfico e lavagem de dinheiro – do qual eram parceiros! De aliado estratégico à ditador-traficante, os EUA não foram piedosos com Noriega. Alguns membros da administração estadunidense também foram condenados pelo caso, mas receberam perdão presidencial por Bush (RODRIGUES, 2004, p. 262, 278).

Esse caso possui relevante semelhança com a trama de *Sicário*, em que os EUA, também pela atuação da CIA (representado por Matt), se alia a um grupo traficante de Medellín contra um inimigo comum. Alejandro é emprestado à CIA como matador de aluguel para derrubar o Cartel de Sonora, em vista de retomar hegemonia ao cartel colombiano, simpático aos interesses ianques. Talvez aqui esteja o principal argumento crítico do filme, que expõe a conivência e parceria do Estado ianque com uma organização traficante com um objetivo compartilhado. Por detrás do discurso antidrogas, o que prevalece na atuação governamental são os interesses geopolíticos. Se isso significa se aliar com um ou outro cartel, pouco importa, desde que a aliança permaneça oculta. Caso contrário, como ocorreu no caso de Noriega, os EUA não têm problema em rifar o aliado e promover uma invasão militar para "reestabelecer sua coerência".

Após a prisão de Noriega, em 1989, ficou claro a mensagem de que, apesar das hipocrisias envolvidas, o tráfico de drogas era uma questão central na política de segurança nacional dos EUA, inclusive através de enfrentamento militar. O presidente estadunidense, George H. Bush, convocou duas reuniões com chefes de Estados latino-americanos, a de *Cartagena* em 1990 e a de *San Antonio* em 1992, sobre a temática de como os países "produtores" deveriam se engajar na guerra às drogas. Na primeira Cúpula, Bush propôs a criação de uma força militar liderada pelos EUA, mas com soldados dos Estados onde haviam organizações do tráfico de drogas, para seu enfrentamento. Ao explicitar tanto a via militarista quanto a ingerência estadunidense na América Latina, a proposta enfrentou resistência. A subserviência dos presidentes latino-americanos, por mais intensa que fosse, necessitava ser menos explícita, sob pena de enfrentar feroz oposição nacionalista em seus países. Na segunda Cúpula, o militarismo também se manteve presente, mas sem uma intervenção militar direta pelos EUA. Segundo as diretrizes acordadas nessas cúpulas, caberiam aos próprios países latino-americanos dar prosseguimento à política militarista de guerra às drogas. Os EUA também começaram a focar em incentivos econômicos (RODRIGUES, 2003, p. 101-3).

Com Bill Clinton, adotou-se o modelo da *responsabilidade compartilhada* para ser aplicada na diplomacia entre os países americanos, que deveriam cooperar contra o inimigo comum do tráfico de drogas. Criaram-se os processos de certificação, que elencavam metas para os países no combate à produção e tráfico de drogas. Países sem a certificação ficavam ameaçados a perder auxílios econômicos de instituições como o FMI e do próprio EUA. Atuando como uma chantagem econômica, as certificações sofisticaram a exportação do modelo proibicionista estadunidense (RODRIGUES, 2003, p. 103-4).

A incapacidade da Colômbia, considerado país produtor, de alcançar as metas estabelecidas pelos EUA de combate à produção e ao tráfico de drogas a levou a perder a certificação entre 1995 e 1998, acarretou em penalização econômica na perda de empréstimos e restrições à exportação de seus produtos, intensificando seus problemas socioeconômicos. Nesse cenário de subalternização é que a Colômbia solicita "voluntariamente" a ajuda dos EUA na guerra às drogas, o chamado Plano Colômbia (DELMANTO, 2010). O plano previa auxílio de 7,5 bilhões de dólares derivados dos EUA e do Banco Mundial para ser investido na erradicação da produção de drogas e na repressão às organizações envolvidas com ela. Na prática, porém, o tráfico de drogas não foi fortemente abalado e se acusa a aliança entre Colômbia e EUA de mobilizar esse dinheiro para enfrentar guerrilhas de esquerda no território (RODRIGUES, 2003, p. 104-5).

PLANO COLÔMBIA E INICIATIVA MÉRIDA

Elaborado em 1999 e em prática a partir de 2000, o Plano Colômbia consistia de três eixos: militar, legal e humanitário. O eixo militar visava reunir e coordenar informações estrategicamente em vista de minar as rotas do tráfico; no treinamento de membros do sistema penal colombiano, como policiais e promotores; e na fumigação aérea de plantações de coca. O setor militar colombiano recebeu transferências de equipamentos tais quais radares, artilharia pesada e dezenas de helicópteros dos militares ianques. O eixo humanitário consistia na política de substituição de plantações, com incentivos econômicos para plantações legais. O eixo legal, por sua vez, realizou reformas no sistema judicial que podem ser consideradas um retrocesso, por terem dificultado o acesso a justiça. Por exemplo, o acesso a defesa deixou de ser gratuito, os advogados da defesa perderam direito a assistência estatal nas investigações e ao acesso de informações obtidas pelos promotores e, além disso, os júris foram extinguidos, concentrando poder nos juízes. Tais medidas ocorreram em paralelo com um endurecimento penal, mais que dobrando a população carcerária colombiana em 12 anos, de 51 mil em 2000 para 113 mil em 2012[1] (PALEY, 2015, p. 56-8, 71-2).

O aspecto militar do Plano Colômbia é particularmente problemático, visto que diversos estudos apontam que a assistência militar contra os narcóticos foi regularmente desviada para fortalecer organizações paramilitares (DUBE & NAIDOU, 2015) e para destruir as guerrilhas de esquerda no país. Desde 1997 os EUA consideram as Forças Armadas Revolucionárias da Colômbia – Exército do Povo (FARC-EP) um grupo terrorista, o que se intensificou com após os ataques às Torres Gêmeas em 2001, reenquadrando-as como narcoterroristas. A atenção dada as FARCs implica que guerrilhas de esquerda seriam atores centrais no tráfico de cocaína. Contudo, segundo dados do próprio governo colombiano, enquanto cerca de 40% do tráfico de cocaína era controlado por grupos paramilitares de direita,[2] apenas 2,5% eram controladas pelas FARCs.

Por sua vez, o desenvolvimento de grupos paramilitares na Colômbia foi incentivado direta e indiretamente pelo Estado colombiano. Desde 1960, com o surgimento das guerrilhas de esquerda, o governo aprovou legislação que autorizava de grupos de autodefesa voltados à resistirem contra o avanço das guerrilhas e auxiliar operações militares de contrainsurgência, garantindo-os direito ao uso de armas e apoio logístico. A partir de 1980 se tornou impossível para o Estado negar a atuação dos paramilitares como esquadrões da morte e promotores de outros crimes e, no nível retórico, as autoridades prometeram reprimir tais grupos. Contudo, sua atuação era tolerada pelo Estado, pois não apenas elegiam como alvo central as guerrilhas de esquerda, um inimigo em comum, como também reprimiam sindicatos e movimentos sociais da época envolvidos com a esquerda,[3] setores que sabidamente incomodam as elites sociais e governamentais (PALEY, 2015, p. 60).

O nível de violência no país era extremo, havendo entre 1988 e 1994 cerca de 67 mil assassinatos políticos. Segundo a ONU, cerca de 80% das mortes na guerra civil colombiana são de responsabilidade dos paramilitares, 12% das guerrilhas de esquerda e 8% das forças do Estado[4]. Grande parte dos crimes políticos dos paramilitares ocorreram com colaboração ou tolerância do Exército colombiano (RIVERA, 2007), fato admitido inclusive por relatórios

---

1. International Centre for Prison Studies. World Prison Brief. Acesso em 26.10.2017 <http://www.prisonstudies.org/country/colombia>.
2. Carlos Castaño, um dos líderes do principal grupo paramilitar colombiano, as Auto-Defesas Unidas da Colômbia (AUCs) admitiu em televisão que 70% dos fundos de sua organização derivava do tráfico de drogas (VALENCIA, 2005).
3. Jornalistas, professores, camponeses, indígenas e ativistas de direitos humanos em geral foram vítimas preferenciais dos paramilitares.
4. <http://www.ipsnews.net/2008/08/colombia-international-criminal-court-scrutinises-paramilitary-crimes/>. Acesso em 26.10.2017.

do Departamento de Estado dos EUA (CHOMSKY, 2000) e que já levou a condenação do Estado colombiano pela Corte Interamericana de Direitos Humanos[5]. Um dos principais escândalos da atuação conjunta por forças do Estado e paramilitares é o caso dos falsos positivos, no qual soldados capturaram e assassinaram civis (sobretudo jovens pobres) para depois os vestirem como guerrilheiros para mostrar progresso na guerra. Pode-se argumentar, portanto, que havia uma terceirização do controle social do Estado aos paramilitares, este atuando como um braço auxiliar com menos restrições à realizar parte do grosso do trabalho sujo coercitivo, como massacres e extorsões, aos quais foram submetidas vastas parcelas da população colombiana (PALEY, 2015, p. 58, 60).

Apesar dos bilhões de dólares investidos no Plano Colômbia para combater a produção de drogas, dados do próprio governo estadunidense atestam que o fluxo de cocaína da América do Sul aos EUA durante os anos do plano (2000 a 2006) aumentou, assim como o cultivo de coca na Colômbia que em 2006 estava 15% maior do que em 2000, mantendo-a como uma das maiores produtoras do mundo. Contudo, ao invés de ser entendido um estrondoso fracasso, o governo dos EUA minimiza esses resultados, destacando os progressos na área dos negócios e segurança, incluindo a transição do modelo de justiça ao modelo estadunidense e a maior estruturação das forças policiais e militares. Além disso, na sua frente contrainsurgente, é significativa a imposição de derrotas às FARCs-EP, com a morte de líderes como Raul Reyes e a diminuição do contingente de soldados guerrilheiros a menos da metade do que possuía (PALEY, 2015, p. 62, 71).

Apesar de não ter alcançado o efeito de coibir a produção e o tráfico de cocaína da Colômbia aos EUA, o Plano Colômbia intensificou o processo de pulverização dos grupos envolvidos no comércio ilegal das drogas que já ocorria desde o desmantelamento dos "cartéis" de Medellín e Cali na primeira metade dos anos 90. Em situação mais precária, se tornou mais difícil às empresas do tráfico colombiano se conectarem autonomamente às rotas de distribuição internacional, fortalecendo a liderança dos empreendimentos de outros países, notadamente os mexicanos. Isto é, segundo diversos autores, o crescimento dos grupos traficantes do México se deve à debilitação dos seus concorrentes na Colômbia (RODRÍGUEZ LUNA, 2010, p. 40). Esta é a chamada hipótese do desvio, no qual o combate frontal à oferta de drogas em um local transfere sua atuação para outra região, alterando os grupos protagonistas do negócio sem grandes alterações na produção e distribuição das drogas (DELL, 2015). Com a derrota das FARCs na Colômbia, assim como outros sucessos já discutidos, o centro das atenções do problema do tráfico na América Latina se volta para o

5. *Corte Interamericana de Derechos Humanos condena a Colombia por Massacre de Mapiripán.* Acesso em 26.10.2017, <https://www.fidh.org/es/region/americas/colombia/Corte-Interamericana-de-Derechos>.

México, que via seus grupos traficantes em ascensão. Assim, pouco depois de uma vitória eleitoral contestada, o presidente mexicano Felipe Calderón (2006-2012) negocia com George W. Bush um plano de apoio ao México na guerra às drogas (RODRIGUES, 2012, p. 26).

A relação estabelecida em *Sicário* sobre a hegemonia do Cartel de Medellín e o fictício Cartel de Sonora segue essa hipótese do desvio. Contudo, a ideia presente no fim da narrativa sobre como a hegemonia do cartel colombiano era mais benéfica aos EUA do que a hegemonia do cartel mexicano parece arbitrária e servindo apenas interesses do próprio roteiro. Afinal, o proibicionismo colombiano da década de 90 e o mexicano dos anos 2000 parecem se diferenciar, sobretudo, pela posição geográfica e cronológica do que pela sua estrutura de funcionamento, que alterna entre conflito e cooperação com as autoridades governamentais locais e estadunidenses.

Há importantes peculiaridades do contexto mexicano em comparação ao colombiano, como a fronteira física com os EUA, a dispersão e o menor tamanho das guerrilhas de esquerda e a maior consolidação do paramilitarismo. A economia mexicana também é mais complexa, com um PIB em 2013 mais que três vezes maior que a colombiana. Apesar das diferenças, há importantes precedentes no Plano Colômbia que serviu como modelo à Iniciativa Mérida, também chamado de Plano México.[6] A ajuda financeira dos EUA ao México entre 2008 e 2014 totalizou cerca de 2,3 bilhões de dólares, a maioria pelo Plano México, mas não se transferia esta suma de dinheiro para o governo mexicano diretamente, mas sim investia-se na própria indústria bélica estadunidense. Em contrapartida, nota-se o aumento do orçamento de defesa mexicano entre 2006 e 2009, de 2 bilhões de dólares para 9,3 bilhões dólares, tendência que se mantém até mesmo com dificuldades de crescimento econômico. Desta forma, se torna que claro que no México, assim como na Colômbia, facções dominantes no aparato repressivo do Estado tendem a ser beneficiados a partir da cooperação com a superpotência militar global.[7] Parte essencial desses planos de apoio dos EUA se voltam a fortalecer e reestruturar o sistema penal,

---

6. Seus objetivos declarados são atacar o crime organizado, aprimorar o Estado de Direito, criar uma fronteira digna do século 21 e construir comunidades fortes e resilientes, <http://www.usembassy-mexico.gov/eng/merida/emerida_factsheet_fourpillarscooperation.html>. Acesso 17.10.2017.

7. Tal cooperação pode ser benéfica também às facções criminosas indiretamente. Um caso emblemático disso foi o treinamento de um esquadrão de elite militar mexicano (GAFE) nos EUA, pelas suas Forças Especiais, que os treinaram visando combater o narcotráfico e os insurgentes (notadamente os Zapatistas, ELZN). Ironicamente, considerável parte desses militares, mais de mil soldados entre 2000 e 2005, desertaram do Exército para trabalhar como braço armado do Cartel do Golfo, se tornando em 2010 um grupo traficante independente chamados *Los Zetas*. Graças ao seu treinamento, são reconhecidos mundialmente como um dos grupos de extermínio mais sofisticados em tática e estratégia utilizadas e também como os mais cruéis e sádicos.

com maior orçamento, com equipamentos bélicos melhores e maior capacidade de policiamento e encarceramento (PALEY, 2015, p. 31, 87-8).

Ocorre que, ao contrário daquilo em que o discurso dos governos estadunidenses e mexicanos se apoia, e filmes como *Sicário* também mobilizam, isto é, de que maior investimento nas polícias e exército, com uma guerra aos "cartéis", levaria a maior segurança, na realidade a violência social aumenta exponencialmente com a intensificação do proibicionismo. A quantidade de assassinatos no México aumentou de cerca de 10 mil em 2007 para cerca de 27 mil em 2011.[8] A estimativa de mortes desde 2006 varia desde 150 mil pessoas por entidades autônomas até de 60 mil pessoas segundo dados oficiais (PALEY, 2015, p. 25-6).

A escassez de abordagens críticas do proibicionismo na mídia, principalmente as de produção de notícia, se dá, entre outros motivos, devido às dificuldades que o jornalismo investigativo e independente sofre em contextos de conflito militarizado. Por exemplo, fontes podem se recusar a falar devido ao medo de serem torturadas ou mortas, assim como os próprios jornalistas que se engajam na questão. Entre 2007 e 2013, cinquenta jornalistas foram mortos no México, quase o dobro das mortes de jornalistas durante os seis anos anteriores. No mesmo período, mais de 700 agressões e 200 ameaças foram feitas à jornalistas, o que leva a crer que evitar cobrir a questão da violência e militarização social de maneira crítica, desviando da narrativa hegemônica no México e apologética do proibicionismo, seja uma questão de autopreservação para muitos jornalistas (PALEY, 2015, p. 36).

Um infeliz caso emblemático desse tipo de violência foi a que tirou a vida de um casal de jornalistas mexicanos, e de seus filhos, que investigavam as relações entre tráfico, paramilitares e membros do Estado.[9] A chacina se deu seis meses após Yolanda Figueroa lançar seu livro (1996), em que destacava como não é possível que o comércio ilegal de cocaína possa lavar bilhões de dólares ou manter uma organização com centenas de soldados do tráfico sem um sistema político, financeiro e policial de proteção e acobertamento. Por isso, uma perspectiva crítica sobre a guerra às droga deve entender que o Estado e seu aparato repressor não são homogêneos e translúcidos. Enquanto alguns operadores do sistema penal, como policiais e juízes, podem estar tentando coibir corrupção, outros podem estar envolvidos com ela, facilitando o tráfico,

---

<http://www.aljazeera.com/indepth/features/2010/10/201010192124406097 75.html> <http://www.businessinsider.com/how-34-commandos-created-mexicos-most-brutal-drug-cartel-2015-3>. Acessos em 26.10.2017.

8. Alguns defensores da Iniciativa Mérida também sublinham isso, como Shannon O'Neil. Acesso em 26.10.2017, <http://www.cfr.org/mexico/refocusing-us-mexico-security-coope ration/p29595>.

9. Acesso em 26.10.2017, <http://www.nytimes.com/1996/12/07/world/mexican-writers-killed-after-underworld-book.html?_r=0 http://edition.cnn.com/WORLD/9612/06/mexico.murder/index.html?_s=PM:WORLD>.

a lavagem de dinheiro e o assassinato de adversários. As principais rotas do tráfico só podem existir quando há suficiente cooperação com as autoridades necessárias. A violência irrompe sobretudo quando não há cooperação oficial ou esta é interrompida devido à divergências ou disputas internas a cada grupo envolvido (PALEY, 2015, p. 27).

Sicário desponta, então, por sua ambiguidade. Se de um lado foge da narrativa ingênua que coloca as forças policiais como íntegras, sendo os corruptos apenas uma exceção à regra, e demarca a correlação do proibicionismo com o aumento da violência social, que em nome de um objetivo inalcançável deixa incontáveis famílias mutiladas e desestruturadas, *Sicário* também incorre na reprodução da narrativa que constrói os cartéis tanto como a raiz do problema como os principais beneficiários desse estado de coisas, apenas pincelando sua relação íntima tanto com agentes do Estado quanto do setor econômico legal, como os bancos, que protegem e lavam seus lucros. O filme é historicamente omisso, e com isso é omisso em como a violência do proibicionismo latino-americano não surgiu desta forma lá, mas é fruto de uma política externa estadunidense que visa levar seus próprios interesses geopolíticos e econômicos adiante em detrimento de seus impactos sociais nefastos, tanto internamente, mas sobretudo externamente às suas fronteiras.

Uma abordagem crítica da guerra às drogas na América Latina precisa ir muito além e questionar as razões e objetivos declarados de iniciativas como o Plano Colômbia e Plano México de combater a oferta de drogas na América Latina que supostamente prejudica os EUA ao ponto de os motivarem a financiar projetos bilionários com tal finalidade. Com base no que já foi apresentado, deve-se ressaltar como os projetos fomentam a própria economia estadunidense, como a indústria bélica que é subsidiada na cooperação ou suas empresas e o setor financeiro e industrial que se beneficiam das reformas econômicas e judiciais neoliberais e do contexto militarizado que as protege às custas dos direitos das populações afetadas. Indo além, é importante se contrapor ao mito de que os maiores beneficiários do mercado ilegal de psicoativos sejam os "cartéis" latino-americanos. Segundo um relatório da ONU (2010), 86% dos 35 bilhões de dólares do mercado anual de cocaína permaneceu nos EUA, enquanto apenas 13%, ou 4,6 bilhões de dólares, ficaram com os traficantes que cuidaram das etapas do negócio até a distribuição aos EUA, e 1% que ficou com produtores andinos. Apesar de ser, como um todo, um negócio ilegal de alta rentabilidade, a partir dessa estatística se torna nítido que os traficantes latino-americanos se apropriam de recursos que são relativamente pequenos em comparação ao que permanece nos EUA (PALEY, 2015, p. 88-9). Até a divisão de lucros do tráfico segue padrões desiguais, privilegiando os melhores posicionados geopoliticamente e suas elites locais.

A NARRATIVA "CARTELCÊNTRICA" E O CASTIGO COMO PODER

A própria noção de "cartel" merece ser problematizada quando aplicada ao tráfico de drogas. O cartel se configura quando uma pequena quantidade de empresas que vendem um mesmo produto ou serviço se unem para impor o preço de sua mercadoria, o que não necessariamente está presente no tráfico de drogas. Neste, há diversas disputas por maiores taxas de lucros com confrontos violentos pelo mercado e os preços costumam flutuar desmentindo a noção da lógica "cartelizada" (PALEY, 2015, p. 28). Ao invés disso, o circuito do narcotráfico seria dual: o competitivo e o oligopólico. O primeiro se divide, em um extremo, na fase produtiva da droga, como as plantações de folha de coca e seu processamento em pasta-base e, do outro lado, na sua distribuição no varejo ao consumidor. Nesse setor, o que une essas atividades é que nelas há muitos pequenos grupos competindo pelo mercado, com alto potencial dessa disputa ser violenta. Já no setor oligopólico, existiriam poucos grupos fortemente hierarquizados que, por isso, evitariam um confronto direto entre si e controlariam a fase mais lucrativa do empreendimento, como a transformação de dinheiro ilegal em legal através da lavagem de dinheiro no sistema financeiro ou em outras empresas que possuem (RODRIGUES, 2003, p. 56-7).

O mais problemático da noção de cartel, contudo, é implicar que todos estes setores estão submetidos a um poderoso chefão, associado à outros em um cartel[10]. Segundo Rodrigues, essa noção omite a complexidade e fluidez das organizações voltadas a este mercado ilegal e, não inocentemente, difunde a impressão de um "império oculto" que ameaça a sociedade através de suas drogas. Tal simplificação facilita a vilanização de cartéis criminosos superorganizados e consolidados, que demanda repressão estatal violenta (RODRIGUES, 2003, p. 57-8).

Se de um lado é uma ficção este nível de organização em cartéis abrangendo todos os setores do mercado, de outro, é notável que a sobrevivência nas diferentes fases do circuito demanda uma organização capaz de administrar diversos recursos valiosos para um contexto de economia ilegalizada. Rodrigues classifica alguns deles: *recursos financeiros:* necessário para reinvestir no negócio, da infraestrutura até o pagamento de matérias-primas, salários, subornos e reservas caso haja confisco; *recurso à serviços fundamentais:* o empreendimento do tráfico de drogas demanda profissionais e especialistas

---

10. Na prática, nunca houve os cartéis municipais de Medellín ou de Cali. Ambas contaram com diferentes organizações na mesma cidade, em Medellín haviam a chefiada por Pablo Escobar, outra pelos irmãos Ochoa e outra por Gonzalo Rodríguez Gacha. Já em Cali, havia as empresas dos irmãos Rodríguez Orejuela e a de Santacruz Lodoño. Entre essas empresas, em conjunturas específicas, pode haver alianças ou confrontações, mas que na prática apenas reproduzem o impulso capitalista de acumular capital, conquistar mercados e reinvestir no seu negócio como no setor econômico legal (RODRIGUES, 2004, p. 185-7).

em habilidades específicas (advogados, financistas, químicos etc.) e de baixa-qualificação (mulas, motoristas, seguranças etc.); *recursos coercitivos*: como na ilegalidade não há instância legal a se recorrer para se fazer valer acordos, é necessário estar preparado para um confronto violento para resolver disputas caso a negociação falhe (RODRIGUES, 2003, p. 58-60).

Os recursos coercitivos também estão relacionados com a radicalização da violência nos conflitos entre traficantes concorrentes e as forças de repressão do Estado, no qual se busca a imposição de superioridade pela intimidação. De acordo com o antropólogo do proibicionismo Philippe Bourgois, na competição pelo mercado de drogas há um incentivo econômico à violência sádica e insana, dotando-a de uma função lógica e sã. Ao abandonar uma norma moral, visando ser temido, se ganha uma vantagem comparativa sobre seus rivais que possibilita maior controle do mercado. Isto é, se seu grupo é o primeiro a matar os parentes dos seus rivais, inclusive crianças e mulheres grávidas, seu grupo é mais temido e seus inimigos tendem a ceder mais poder ao grupo. Até que a prática se banaliza se tornando prática padrão. Então, é necessário se destacar novamente e sucessivamente pela crueldade, decepando cabeças, estuprando crianças, expondo em público cadáveres mutilados etc., para ganhar tal vantagem relativa ao medo e horror imposto sobre os rivais. Assim, há uma racionalização da crueldade na disputa por hegemonia (HARI, 2015).

É aqui que se destacam as semânticas do castigo e da violência presente em várias cenas em *Sicário*. Desde os corpos pendurados na ponte como forma de mostrar poder, passando por Alejandro torturando Guillermo e Ted não só para obter informações, mas revelando um sadismo e uma disputa (notoriamente de egos masculinos) por superioridade hierárquica, até o assassinato de famílias de rivais como forma de aterrorizar e amedrontar, temos uma disputa por uma vantagem não só mercadológica como de prestígio. Assim, o castigo de corpos torturados, mutilados e corroídos em ácido não se torna uma exceção grotesca, mas parte da lógica interna da disputa por poder, possuindo um caráter regulador das hierarquias instáveis geradas nessa disputa. Afinal, nessa lógica, cada violência gera uma justifica para uma retaliação ao menos tão cruel quanto, gerando uma espiral de massacres e abusos. Isso explica como o proibicionismo fomenta um nível de violência social tão alta como o retratado em *Sicário*.

Através desses diferentes recursos e em uma dinâmica que não pode ser simplificada à narrativa "cartelcêntrica", é fato como alguns setores do tráfico oligopólico conseguem concentrar extrema riqueza. Não em vão Pablo Escobar e Joaquín Guzmán, arquétipos em que personagens fictícios como os do Cartel de Sonora se inspiraram, se constituíram tanto como chefões do tráfico como algumas das pessoas mais ricas de suas épocas. No topo da hierarquia oligopólica, os empresários do tráfico concentram tanto poder econômico quanto territorial e político, rivalizando em poder bélico o Estado. Contudo, poucos são os que chegam a concentrar tanto poder, estando a vasta maioria dos indivíduos no setor competitivo do tráfico ou nos estratos hierarquicamente inferiores do oligopólico, como Silvio no filme. Nesta posição, há uma situação ambígua, combinando as vantagens de um pagamento superior ao que receberiam na economia formal com a vulnerabilidade à violência tanto do sistema penal quanto da coerção do tráfico. E isso é importante ressaltar – a alternativa de ingressar no negócio do tráfico e com todos os riscos que o envolvem não seria tão atraente caso sua contrapartida no nosso sistema capitalista não fosse a superexploração, recebendo um salário de miséria por um trabalho extremamente precário. Assim, é compreensível como tantas pessoas optam, nessa situação de constrangimento por falta de opções, pelos difíceis ganhos fáceis do tráfico (MALAGUTI BATISTA, 2003).

Contudo, mais do que os produtores, transportadores e varejistas das drogas, o setor que concentra vasta parte da riqueza da economia ilegal das drogas está justamente na conversão de dinheiro sujo em dinheiro limpo, através da lavagem de dinheiro sobretudo no sistema financeiro. Apesar de fundamental, tal setor acaba sendo ignorado pela narrativa hegemônica sobre o proibicionismo. *Sicário*, ao menos, possui uma cena em que um banco estadunidense aparece como diretamente ligado ao Cartel de Sonora. Fora da ficção, bancos de renome como HSBC já foram descobertos e condenados por lavar dinheiro de cartéis mexicanos.[11] A pena para eles, contudo, destoa da aplicada aos "acionistas do nada" (ZACCONE, 2007) que apodrecem nos presídios quando não são mortos pela polícia ou por rivais. Para banqueiros, nada de responsabilidade individualizada, basta pagar uma multa e "segue o jogo". Jogo em que permanecem no setor mais privilegiado do circuito ilegal das drogas, imunes e impunes ao sistema penal.

ENTRE NARRATIVAS E SENTIDOS...

Define-se *Sicário* como um filme ambíguo, cujos sentidos interpretados podem ser múltiplos ou contraditórios. Enquanto seu sentido é aberto, uma forma de resolver ambiguidades é prover mais contexto ao fenômeno debatido. *Sicário* tem como proposta ser um filme superficial sobre a guerra às drogas, ignorando os processos históricos e as intercruzadas raízes sociais que a geraram e perpetuam. Ao possuir personagens cujo discurso defende que derrubar chefões de um cartel é solução para a violência relacionada ao proibicionismo, a narrativa segue um caminho ingênuo e enganoso. Quando a narrativa conclui demonstrando objetivos ocultos vinculados à interesses geopolíticos simultaneamente à um fracasso em seus termos declarados, ela ganha em

11. <http://www.huffingtonpost.com/avinash-tharoor/banks-cartel-money-laundering_b_4619464.html>. Acesso 26.10.2017.

criticidade e verossimilhança. Ao mesmo tempo em que é uma narrativa presa ao clichê do combate aos cartéis "malvadões" pelas forças de segurança oficiais, flertando com a abordagem maniqueísta do conflito, ela o ameniza ao mostrar a corrupção entre os que seriam os "bonzinhos" e sua cooperação e conivência com redes do tráfico, além de se engajarem em flagrantemente ilegais ações repressivas, da tortura à execuções sumárias. Apesar de possuir uma narrativa que pode ser lida como legitimadora da repressão do Estado e naturalizadora do proibicionismo, além da superficialidade já debatida, é um filme que abre uma oportunidade de um debate mais crítico sobre a guerra às drogas na América Latina, do papel do imperialismo estadunidense e dos diversos grupos sociais beneficiados com esse estado de coisas, para além do mito dos cartéis como únicos e exclusivos colhedores dos espólios dessa política de guerra.

REFERÊNCIAS BIBLIOGRÁFICAS

CHOMSKY, Noam. *Rogue States: Rule of Force in World Affairs*. South End Press, 2000.

DELL, Melissa. Trafficking Networks and the Mexican Drug War. *American Economic Review*, 105(6): 1738-79, 2015.

DELMANTO, Júlio. *Imperialismo e Proibicionismo: raízes e interesses da proibição das drogas e da suposta guerra ao tráfico*. 2010. Disponível em: <http://neip.info/novo/wp-content/uploads/2015/04/imperialismo-e-proibicionismojlio-delmanto.pdf>. Acesso em: 06.08.2016.

DUBE, Oiendrilla & NAIDOU, Suresh. Bases, Bullets and Ballots: The Effects of US Military Aid in Colombia. *Journal Of Politics*, vol. 77, n. 1. Southern Political Science Association, 2015.

FIGUEROA, Yolanda. *El Capo del Golfo: Vida y captura de Juan Garcia Abrego*. Grijalbo. México D.F., 1996.

HARI, Johann. *Chasing The Scream: The First and Last Days of the War on Drugs*, New York: Bloomsbury, pp. 1-375, 2015.

MALAGUTI BATISTA, Vera. *Difíceis ganhos fáceis: drogas e juventude pobre no Rio de Janeiro*. Instituto Carioca de Criminologia. Rio de Janeiro: Revan, 2003.

UNODC – United Nations Office on Drugs and Crime. *Estimating Illicit Financial Flows Resulting From Drug Trafficking and Other Transnational Organized Crimes*. Viena: United Nations Publication. UNODC – United Nations Office on Drugs and Crime. 2010. *World Drug Report* (United Nations Publication, Sales n. E.10.XI.13). New York, 2011.

PALEY, Dawn. *Sicário Film Review*. Crime, Media and Culture. Vol. 12(3), 2016.

PALEY, Dawn. *Drug War Capitalism*. AK Press (Oakland, Edinburgh, Baltimore), 2014.

PALEY, Dawn. *Militarization & Economic Transformation in Colombia & Mexico: Drug War Capitalism. Against The Current,* Volume 27, Issue 3. pp. 21-26, 2012.

RIVERA, Edgar Jesús Velásquez. *Historia del Paramilitarismo en Colombia.* História, São Paulo, vol. 26, n. 1, p. 134-153, 2007.

RODRIGUES, Thiago. *Narcotráfico e Militarização nas Américas: Vício de Guerra. Contexto Internacional.* Rio de Janeiro, vol. 34, n. 1, jan.-jun. 2012, p. 9-41.

RODRIGUES, Thiago. *Política e Drogas nas Américas.* São Paulo: Educ, Coleção Hipótese, 2004.

RODRIGUES, Thiago. *Narcotráfico: uma guerra na guerra.* São Paulo: Desatino, 2003.

RODRÍGUEZ LUNA, Armando. La Iniciativa Mérida y La Guerra Contra Las Drogas: passado y presente. In: BENÍTEZ MANAUT, R. (Ed.). *Crimem organizado e Iniciativa Mérida en las relaciones México-Estados Unidos.* Cidade do México: CASEDE, 2010. p. 31-68.

SARKEESIAN, Anita. 2014. *Women As Background Decoration.* In: <https://feministfrequency.com/video/women-as-background-decoration-part-2/> Acesso em: 12.10.2017.

SILVA BORGES, Samuel F. *A eficácia invertida da guerra às drogas.* Gestão diferencial das ilegalidades e dominações sociais. Monografia em Ciência Política. Brasília: UnB, 2016.

VALENCIA, Leon. Drogas, Conflitos e os EUA. A Colômbia no início do século. *Revista DEP – Diplomacia, Estratégia e Política,* vol. 1, n. 2, jan. 2005, pp. 78-104.

ZAFFARONI, Raúl E. *O inimigo no direito penal.* Rio de Janeiro: Revan. Coleção Pensamento Criminológico, 2007.

ZACCONE, Orlando. *Acionistas do nada: Quem são os traficantes de drogas.*. Rio de Janeiro: Revan, 2007.

■

25

TERRITÓRIO RESTRITO: O PERTENCIMENTO PRECÁRIO DOS IMIGRANTES NOS ESTADOS UNIDOS

GABRIEL HADDAD TEIXEIRA

RESUMO: *Território Restrito* (*Crossing Over*) é um filme com múltiplas tramas relacionadas à mobilidade humana. O presente artigo concentra-se na questão ilustrada nas histórias das personagens Mireya e Taslima que, embora aparentemente diferentes, convergem ao se jogar luz em um ponto sensível dessa estrutura de controle: a flexibilização de direitos e garantias em nome da segurança da sociedade (coletiva). Neste contexto, o castigo é desvinculado do crime e passa a ser resultante da atribuição do risco ao indivíduo. Dito de outra forma, a punição antes concebida como uma retribuição a um mal decorrente de um crime (teoria absoluta) passa a representar um instrumento de neutralização do risco atribuído a um indivíduo. Assim, para além da convergência de técnicas e estruturas de controle ilustradas em Illégal o filme *Território Restrito* provoca uma reflexão acerca de outra perspectiva da crimigração, na qual a Lei de Imigração é utilizada como uma alternativa mais rápida e menos burocrática para a neutralização de indivíduos considerados como um risco à segurança coletiva. *Território Restrito* sinaliza que o pertencimento precário das personagens – que vivem constantemente sob a ameaça de expulsão – caracteriza, por si só, uma face desse castigo desvinculado do crime. Logo, para além da retirada compulsória do imigrante – que pode ou não ser efetivada, por razões diversas – o castigo também se caracteriza na não inclusão efetiva desses sujeitos, que devem conviver com essa instabilidade.

Palavras-chave: Imigração – *Crimigração* – Controle atuarial – Estados Unidos – *Território Restrito.*

INTRODUÇÃO

Território Restrito (Crossing Over) é um filme com múltiplas tramas relacionadas à mobilidade humana. O escritor Wayne Kramer ilustra a complexidade de uma política de imigração restritiva por meio de uma estrutura multiplot formada por personagens de diferentes nacionalidades que em comum buscam assegurar sua permanência nos Estados Unidos. Gravado em 2007 e lançado em 2009, Território Restrito provoca algumas reflexões sobre o tema imigração e, em especial, sobre o resultado de uma política de recrudescimento do controle sobre a mobilidade humana.

A trama da personagem Mireya Sanchez, mexicana que trabalha irregularmente em uma tecelagem na Califórnia, evidencia os efeitos perversos das deportações instantâneas em nome de uma pretensa efetividade das Leis de Imigração. Mireya é identificada em uma das operações rotineiras da U.S. Immigration and Customs Enforcement (ICE)[1] nas fabricas clandestinas que funcionam explorando a mão de obra de imigrantes em situação irregular. Nota-se que a dinâmica da operação se assemelha àquela das operações criminais – os agentes utilizam coletes com a inscrição police; a manobra de abordagem do local e das pessoas – e isto chama atenção para o fenômeno de convergência entre o controle penal e o controle de imigração, conhecido como crimigração.

A crimigração compreende o processo de criminalização do estrangeiro e sinaliza um movimento de convergência da Lei de Imigração e da Lei Penal (STUMPF, 2012; TEIXEIRA, 2013). Esse conceito evidencia a perspectiva jurídica desse processo de criminalização. Contudo, também é possível observar esse fenômeno a partir de uma perspectiva política-social – no qual a crimigração é observada a partir da construção do desvio e da criminalidade (LEUN; WOUDE, 2012; TEIXEIRA, 2013). O enredo de Território Restrito é propício para se refletir sobre o fenômeno, sobretudo nesse panorama. As histórias das personagens, ao seu modo, evidenciam que o processo de definição do desvio é multifacetado e irregular.

O agente especial da ICE, Max Brogan, é o responsável pela "detenção" de Mireya. Nesta ocasião, ela registra a sua preocupação com o filho (Juan

---

1. A U.S. Immigration and Customs Enforcement (ICE) é a agência do governo federal dos Estados Unidos responsável pela aplicação das Leis de Imigração e controles das fronteiras. A agência conta com um orçamento anual de 6 bilhões de dólares (United States Immigration and Customs Enforcement, 2017).

Sanchez) que ficaria desamparado nos EUA a partir da sua deportação. Irredutível, o agente Brogan dá continuidade à operação e só posteriormente vai perceber que a aplicação da Lei de Imigração não amparou Juan, não obstante as declarações expressas de Mireya quanto a sua existência e condição. A questão das crianças desamparadas também é ilustrada na personagem de Leike, a criança órfã da Nigéria que aguarda detida por 23 meses em um Centro de Detenção da ICE, o acolhimento de uma família substituta.

A trajetória da jovem Taslima Jahangir de 15 anos desperta a atenção para outra questão do controle de imigração: a influência do medo no contexto de uma estrutura de controle atuarial[2] cujo objetivo é gerar um sentimento de segurança e proteção. Taslima tem origem bengali (Bangladesh) e, com apenas 3 anos, migrou com os pais para os Estados Unidos onde nasceram seus irmãos mais novos – Jahanara e Abul. Em que pese a nacionalidade dos irmãos, Taslima e seus pais – Mushin e Rokeya – não possuem autorização para permanência no país. A irregularidade[3] de Taslima e de seus pais não havia sido objeto de preocupação das autoridades de controle de imigração até então. A situação muda quando Taslima apresenta em sua escola um trabalho sobre a Jihad e os atentados terrorista de 11 de setembro.

Ao apresentar esse trabalho escolar, Taslima chama atenção do sistema de controle, ao reproduzir um discurso sobre os atentados de 11 de setembro que foge ao padrão estabelecido. Com efeito, não é possível falar – a partir do discurso de Taslima – que ela defende os atos terroristas praticados. A tentativa de apresentar um discurso diverso do oficial já foi o suficiente para apresentá-la como uma ameaça – ainda que esse discurso, não fosse um apoio ou concordância, senão uma percepção diferente da predominante. Assim, a trama de Taslima ilustra o funcionamento da Justiça Atuarial – que reprograma o sistema de controle (FELLEY; SIMON, 1992) a partir de uma política de gerenciamento dos riscos (ANITUA, 2008), no qual o pertencimento é ponto central da definição do risco.

A história da australiana Claire Shephard e do judeu[4] Gavin Kossef adverte para as questões das fraudes e da exploração a que podem ser submetidos os imigrantes em situação irregular, história essa que também é plano de fundo da personagem Javier Pedroza. O personagem Yong Kim – jovem sul coreano,

---

2. Também conhecida como Justiça Atuarial ou *New Penology* evidencia uma nova programação do controle social. A proposta do modelo disciplinar de tratamento e reabilitação é substituída por um projeto de controle e neutralização dos riscos sociais.
3. No fim fala-se em ilegalidade, contudo, entende-se que o termo adequado é irregularidade. O termo "ilegal" refere a práticas de atos ilegais – o que não é necessariamente o caso dos imigrantes que se estabelecem em outro país sem a devida autorização de permanência. Trata-se tão somente da inobservância de regras administrativas relativos à imigração (TEIXEIRA, 2013, p. 14).
4. A nacionalidade de Gavin não é revelada expressamente. Alguns registros levam a crer que Gavin Kossef seria inglês.

que em breve se naturalizará estadunidense juntamente com a família – retrata a questão do sentimento de pertencimento à cultura "oficial" e remete-se aos estudos sobre delinquência juvenil no contexto da Escola de Chicago.

A Ecologia Humana, desenvolvida no âmbito da Escola de Chicago no contexto do século XX, enfatizou a questão da delinquência juvenil a partir da observação da cidade – em especial de sua dinâmica de crescimento. A cidade de Chicago experimentava um crescimento acelerado, entre outros fatores, decorrente da chegada constante de inúmeros imigrantes. O constante desafio de assimilação dos imigrantes e a desorganização da cidade – decorrente dessa onda de crescimento – foram alguns dos fatores presentes nas pesquisas da escola, conforme pontua Howard Becker (1996, p. 181):

> "Um dos temas considerados mais importantes naquele tempo era o da delinquência juvenil, que afetava especialmente os filhos dos grupos de imigrantes de Chicago, que não eram criados da maneira que a população dominante da cidade considerava apropriada. Muitos deles praticavam pequenos delitos e isso era tido como um grande problema. A questão era considerada, em parte, como um problema de reforma: o que vamos fazer com essas crianças? De outro lado, era tida como um problema de teoria sociológica. Dizia-se que, se concordamos que a sociedade é criada por pessoas socializadas e treinadas nas atividades que farão mover – esse conhecido processo circular -, então o fracasso da sociedade em socializar adequadamente muitas crianças pode ser um presságio de terríveis problemas que ocorrerão, assim como um índice daqueles que já existem."

Ao romper com a perspectiva de que a criminalidade estaria vinculada a fatores puramente biológicos ou genéticos, a Escola de Chicago explorou a ação do ambiente social sobre os comportamentos desviantes (CATÃO; PEREIRA, 2015). Com isso foi possível pensar e compreender a questão sobre outras perspectivas para além da lógica de repressão predominante. E ainda perceber que a exclusão de determinados segmentos promove e reforça os laços de solidariedade entre os excluídos, como recurso para fazer frente a essa exclusão (BARATTA, 2002; CATÃO; PEREIRA, 2015)[5]. Esse fenômeno é ilustrado na história de Yong Kim.

Logo na primeira abordagem dos outros descendentes asiáticos a Yong, fica implícito essa percepção de exclusão compartilhada pelo grupo. Mais adiante, na cena em que o jovem experimenta um terno para cerimonia de naturalização esse sentimento fica explícito. Nesta cena, Yong questiona diretamente o pai quanto à necessidade daquele formalismo, já que para os

5. "Ao contrário, não só as reações típicas de grupos socialmente impedidos do pleno acesso aos meios legítimos para a consecução dos fins institucionais, dão lugar a um pluralismo de subgrupos culturais, alguns dos quais rigidamente fechados em face do sistema institucional de valores e de normas, e caracterizados por fatores, normas e modelos de comportamento alternativos àqueles" (BARATTA, 2002, p. 74).

outros será sempre mais um "china" – ou seja, não há efetivamente inclusão, senão no plano meramente formal. E, em seguida Yong esclarece que a única forma de conseguir respeito efetivamente é com uma arma na mão e coragem – reproduzindo o que aprendera com os demais.

Com efeito, fica evidente a diferença de percepção entre as gerações. Para o pai, a imigração representa uma oportunidade de uma vida melhor e a naturalização concretiza seu pertencimento àquela sociedade. Enquanto que para Yong o pertencimento não é real, senão meramente formal, sem aceitação social ou reconhecimento verdadeiro. Já no século XX, algumas pesquisas apontavam a questão da assimilação cultural como necessária para compreensão da criminalidade entre os imigrantes de segunda geração (MARTINEZ; LEE, 2000).[6]

A questão do pertencimento e da assimilação cultural também está presente na família Baraheri, que foge do Irã após a Revolução Iraniana, quando espalham rumores de que o patriarca da família, Sanjar, seria anti-Khomeini.[7] Zahra, a filha mais nova que nasce nos Estados Unidos, vive em constante conflito com os padrões culturais de sua família. Na véspera da naturalização de seu pai, esse conflito se intensifica.

A história da família Baraheri, em especial do desfecho de Zahra, provoca essa reflexão sobre questões de adaptação cultural, sobre outras perspectivas. O núcleo dramático da família Baraheri estampa um discurso do senso comum que sugere um conflito entre as liberdades do American way of life – neste caso representado na figura da única "americana de fato" na família[8] – e as convicções daqueles que são "acolhidos" no país. Esse discurso de incompatibilidade, a que parece, serve ao propósito de nos eximir de nossa obrigação moral, conforme denuncia Bauman (1999; 2016).

Nesse complexo universo de fatores que envolvem a mobilidade humana, o presente artigo concentra-se na questão ilustrada nas histórias das personagens Mireya e Taslima que, embora aparentemente diferentes, convergem ao se jogar luz em um ponto sensível dessa estrutura de controle: a flexibilização de direitos e garantias em nome da segurança da sociedade (coletiva). Neste

---

6. "These studies generally found that children of immigrants had crime rates higher than their immigrant parents but not higher than native-born children. This suggests that the acculturation to American life of the second generation of immigrants, and not the assumed 'criminal traditions' of immigrant groups, was related to immigrant crime rates" (MARTINEZ; LEE, 2000, p. 496).

7. A Revolução Iraniana – também conhecida como Revolução Islâmica (do Irã) – resultou no fim da monarquia e no estabelecimento de uma República Islâmica liderada pelo Aiatolá Ruhollah Khomeini (ARJOMAND, 1986).

8. No diálogo entre o Agente Especial Max e Zahra que acontece na comemoração da naturalização de Sanjar, Zahra diz que: *"I das born here. I'm the only one in this family who's an actual American."* (KRAMER, 2009).

contexto, o castigo é desvinculado do crime e passa a ser resultante da atribuição do risco ao indivíduo. Assim, o castigo antes concebido como uma retribuição de um mal decorrente de um crime (teoria absoluta) passa a representar um instrumento de neutralização do risco atribuído a um indivíduo.

Assim, para além da convergência de técnicas e estruturas de controle ilustradas em Illégal (TEIXEIRA, 2016), o filme Território Restrito provoca uma reflexão acerca de outra perspectiva da crimigração, na qual a Lei de Imigração é utilizada como uma alternativa mais rápida e menos burocrática para a neutralização de indivíduos considerados como um risco à segurança coletiva. Ou, dito de outra forma, a Lei de Imigração propicia um meio descomplicado ou mais fácil para a imposição de um castigo – que nesse contexto também é redefinido. Território Restrito sinaliza que o pertencimento precário das personagens – que vivem constantemente sob a ameaça de expulsão – caracteriza, por si só, uma face desse castigo desvinculado do crime. Logo, para além da efetiva retirada compulsória do imigrante – que pode ou não ser concretizada, por razões diversas – o castigo também se caracteriza na não inclusão efetiva desses sujeitos que devem conviver com essa instabilidade.

Resulta do enredo de Território Restrito a seguinte questão: a política de imigração dos EUA apresenta-se como uma alternativa mais rápida para a neutralização de determinados indivíduos? Em outras palavras, busca-se, por meio da Lei de Imigração, estabelecer meios de controle social mais ágeis, ainda que em detrimento de direitos e garantidas individuais?

Considerando algumas propostas de mudança da política de imigração nos EUA, acredita-se incialmente que a Lei de Imigração tem se apresentado como uma alternativa de controle social desembaraçado – isto é, sem o limite das liberdades e garantias individuais. O discurso de permanente tensão e conflito – seja atual, como no caso de Taslima, ou potencial como retratado na história de Yong ou da família Baraheri – corrobora a atribuição de risco à mobilidade humana. Assim, não apenas se legitima essa estratégia de controle, como também se inviabilizam respostas alternativas à neutralização por meio do modelo punitivo e repressivo.

A fim de compreender essa perspectiva, inicia-se retomando as bases dessa estrutura de controle orientada para o gerenciamento dos riscos – conhecida como justiça atuarial ou New Penology. E, em seguida, passa-se a uma breve análise de algumas propostas de revisão da política de imigração nos Estados Unidos; em especial da proposta de reforma apresentada e deliberada pelo congresso em 2015 – H.R. 4038; e, das diretrizes apresentadas por meio de Executive Order (EO) no início de 2017 – EO 13767, EO 13768, EO 13769 e EO 13780.

AS BASES DA ESTRUTURA DE UM CONTROLE ATUARIAL DA IMIGRAÇÃO

As facilidades para a circulação de bens, pessoas e capitais advindas do processo de desenvolvimento técnico-científico – bem como do fenômeno da globalização – são notórias. Os custos econômicos e o tempo de deslocamento foram significativamente reduzidos em face do avanço das tecnologias de transporte. Essas transformações, entre outros fatores, desafiam a lógica do controle de imigração até então estabelecido. As técnicas e práticas de controle precisam dar conta de um fluxo diário de candidatos a entrada e permanência por vias regulares e irregulares.[9] Além disso, considerando o caráter político das imigrações internacionais, percebe-se que o controle da mobilidade humana desafia a lógica clássica do monopólio da soberania nacional. E, neste cenário, embora a rigor não seja possível falar em um direito de imigrar (TEIXEIRA, 2013), há uma constante ponderação entre a soberania de controle sobre as fronteiras e a autodeterminação dos indivíduos (CAVARZERE, 2001).

Em paralelo, o modelo correcional – cujo objetivo era a produção de indivíduos disciplinados e que é norteado pelo paradigma etiológico (ANITUA, 2008; BATISTA, 1999) – encontra-se saturado (DE GIORGI, 2005). Isto conduz a uma reprogramação do controle social que implica em uma reorientação do discurso, dos objetivos e das técnicas utilizadas (FELLEY; SIMON, 1992). De modo resumido, essa reestruturação conduz ao estabelecimento de uma política de gerenciamento dos riscos a partir de um método racional (atuarial) que proporcionará o aumento do controle social e a redução dos custos de sua operação (ANITUA, 2008). Esse objetivo de manutenção dos riscos em níveis toleráveis pela sociedade (BARATTA, 2000; DE GIORGI, 2005) conduz à incapacitação seletiva.[10]

Esta lógica de controle favorece a atribuição de risco à imigração e ao imigrante, uma vez que o controle se faz com base nos laços sociais, na interação ou, em outras palavras, na inserção social (DE GIORGI, 2005). A definição dos riscos no contexto da Sociedade de Risco não fica mais restrita à

---

9. "Nossos refinados filtros, detectores e captores high-tech, planejados e produzidos para atender aos 'visitantes ocasionais' que vêm e vão, foram desacreditados e logo proclamados defasados e inúteis por serem reconhecidamente inábeis em realizar a tarefa de filtrar, detectar e capturar, ao se confortar com dezenas, centenas de milhares de 'remanescentes'." (BAUMAN, 2016).

10. "Hablar de incapacitación selectiva significa, por una parte, teorizar sobre el abandono definitivo de toda finalidad rehabilitadora socialmente fundada y, por otra parte, atribuir a la pena una función de pura eliminación del sujeto del contexto social. Se trata de identificar, entre la masa de desviados, a la limitada porción de delincuentes irrecuperables para los cánones de conformidad: los teóricos de la incapacitación selectiva proponen adoptar medidas tendencialmente definitivas respecto a los sujetos cuyos comportamientos desviados tan sólo pueden ser contrarrestados mediante el internamiento" (DE GIORGI, 2005, p. 57).

racionalidade científica. A objetividade científica compartilha essa função com a racionalidade social – que compreenderá as percepções dos diversos atores sociais (BECK, 1998). Neste cenário, o imigrante, por essência, representa o diferente, sobre quem pouco se sabe ou pouco se pode prever (BAUMAN, 2009), sendo essa condição fator determinante para produção de ansiedade e medo (BAUMAN, 2016).[11] Nota-se na fala da Agente Phadkar (racionalidade social) essa característica em relação à personagem de Taslima – que, não obstante o tempo de convivência, não está inserida e não parece ser passível de inserção.

Com isso, intensifica-se o fenômeno da crimigração – a convergência entre as Leis Penais e Leis de Imigração. Em última instância, a crimigração importa em transferir para a esfera da responsabilidade penal questões da mobilidade humana que até então estavam restritas à esfera cível e administrativa. A utilização de dados penais para tomada de decisão sobre admissão de não nacionais é uma das características desse fenômeno (STUMPF, 2012). A convergência entre as técnicas e práticas de controle penal e controle migratório também pode ser observada em Território Restrito – como nas abordagens às tecelagens ou na estrutura do centro de detenção para estrangeiros, que abriga inclusive crianças. Contudo, procura-se a partir desse enredo observar outra vertente desse processo de convergência: a utilização das Leis de Imigração como ferramenta mais ágil para incapacitação seletiva das "pessoas redundantes".[12]

Não obstante o elevado nível de risco atribuído aos imigrantes e à mobilidade humana, o controle penal nem sempre se apresenta como um meio eficaz para neutralização desses sujeitos, uma vez que, em um Estado Democrático de Direito, encontrará limites que o impedirão de atender a ansiedade e o medo social. Deste modo, o controle penal não seria capaz de neutralizar da mesma forma Mireya e Taslima. A ausência da prática de fato típico ou ainda a idade – no caso específico de Taslima – dificultaria a atuação desse sistema que não seria capaz de reagir com a mesma velocidade.

Essa vertente de incapacitação por meio das Leis de Imigração – impulsionado e legitimado no discurso da racionalidade social movida pelo medo e pela ansiedade diante do diferente – atribui ao castigo/sanção outras

---

11. "Sobre os estranhos, porém, sabemos muito pouco para sermos capazes de interpretar seus artifícios e compor nossas respostas adequadas – adivinhar quais possam ser suas intenções e o que farão em seguida. E a ignorância quanto a como proceder, como enfrentar uma situação que não produzimos nem controlamos, é uma importante causa de ansiedade e medo" (BAUMAN, 2016).

12. "Já que nosso 'modo de vida moderno' inclui a produção de 'pessoas redundantes' (localmente 'inúteis', excessivas ou não empregáveis, em razão do progresso econômico; ou localmente intoleráveis, rejeitadas por agitações, conflitos e dissensões causadas por transformações sociais/políticas e subsequentes lutas por poder)" (BAUMAN, 2016).

dimensões. Pois, a partir dessa lógica de gerenciamento, o castigo é desvinculado do desvio e atrelado ao risco. E, neste contexto, a punição não se restringe aos mecanismos formais de retirada dos estrangeiros ou aos outros instrumentos formais de sanção eventualmente aplicáveis. Para além dessa vertente formal, a inclusão precária desses indivíduos nas sociedades – ou em outras palavras, o pertencimento meramente formal que a qualquer momento pode se romper – configura outra perspectiva desse castigo atrelado ao risco. Esta vertente é que se procura explorar, a partir do enredo de Território Restrito, em algumas propostas recentes de reforma do controle da mobilidade humano nos Estados Unidos.

UM BREVE OLHAR SOBRE ALGUMAS PROPOSTAS DE CONTROLE DA IMIGRAÇÃO NOS ESTADOS UNIDOS

Logo após assumir a presidência em 2017, o Presidente Trump emitiu Executives Orders sobre o tema da imigração e refúgio que chamaram a atenção global. Contudo, muito antes das eleições que o levaram ao cargo, já se debatiam nos Estados Unidos reformas no sistema de controle de imigração visando à segurança nacional, com propostas muito parecidas àquelas estampadas em suas ordens executivas. Neste contexto, em novembro de 2015 o deputado republicano Michael T. McCaul[13] apresentou a proposta de lei H.R. 4038, intitulado de American Security Against Foreign Enemies Act of 2015 (Lei Americana de Segurança contra Estrangeiros Inimigos de 2015) ou também conhecido como American SAFE act of 2015.

A proposta de lei requer a implementação de certificação adicional e de pesquisa de antecedentes antes da admissão de determinados estrangeiros como refugiados ou para outros propósitos. Nos termos do American SAFE act of 2015 determinados pedidos de refúgio nos Estados Unidos passariam a depender de certificação do diretor do Federal Bureau of Investigation (FBI) e do Director of National Intelligence (DNI). Essas certificações seriam adicionais à triagem já realizada pelo Department of Homeland Security (DHS) e precedidas de investigações necessárias para determinar que o solicitante de refúgio não representa uma ameaça à segurança dos Estados Unidos (MCCAUL, 2015).

Essas medidas seriam aplicadas aos pedidos de refúgios de: (i) residentes ou nacionais do Iraque ou da Síria; (ii) apátrida cuja residência anterior era no Iraque ou na Síria; (iii) daquele que esteve no Iraque ou na Síria a qualquer momento depois de 1.º de março de 2011. Nestes casos, a H.R. 4038 estabelece a necessidade de unanimidade entre o secretário do DHS, o diretor do FBI e o DNI no sentido de que o solicitante não representa uma ameaça à segurança

13. Michael T. McCaul é representante pelo estado do Texas e compõe a *House of Representatives* desde 2005 até o presente momento (2017). Para saber mais: <http://mccaul.house.gov>.

nacional. Além disso, o SAFE Act estabelece que as certificações realizadas por essas agências sejam submetidas a uma revisão anual de risco pelo inspetor Geral do DHS (MCCAUL, 2015).

A ideia de aprimoramento do controle por meio de uma suposta utilização racional dos recursos disponíveis – com a concentração nos elementos de risco à segurança nacional – é bastante evidente na redação do SAFE act. Nota-se a utilização de termos atuariais como "risk-based review" ou "treat to the security of the United States" (MCCAUL, 2015). A percepção de controle de risco também fica bastante evidente no testemunho apresentado por Leon Rodrigues, Diretor da U.S. Citizenship and Immigration Service (USCIS) quando da apreciação da proposta no Subcommittee on Immigration and Border Security do House Committee on the Judiciary. Na ocasião, ao apresentar o programa de refúgio dos Estados Unidos, Leon esclarece que:

> "An integral part of this mission is to ensure that refugee resettlement opportunities go to those who are eligible for such protection and who do no present a risk to the safety and security of our country." (RODRIGUES, 2015)

Ressalta-se que a preocupação dos Estados Unidos com a segurança nacional é legítima. Com efeito, a Convenção relativa ao Estatuto dos Refugiados de 1951 – também conhecida como Estatuto dos Refugiados ou Convenção de Genebra de 1951 – se preocupa em não permitir que o instrumento seja utilizado para propósitos contrários à paz e segurança global.[14] Contudo, questiona-se a ausência de estabelecimentos claros relacionados à composição do risco na proposta HR 4038. A ausência desses elementos dificulta, ou até impossibilita, a revisão e limitação desse controle e pode se transforma em uma alternativa para neutralização de indivíduos indesejados em violação aos princípios constitucionais e aos Direitos Humanos.

A H.R. 4038 foi aprovada sem alterações na House of Representatives no dia 19 de novembro de 2015, quando foi encaminhada para apreciação do Senado onde foi rejeitada.[15] Na ocasião da votação, o Senador democrata Patrick Leahy coloca em questão a capacidade da proposta de promover a segurança nacional, e ressalta seu caráter xenofóbico:

---

14. "Art. 1º F. As disposições desta Convenção não serão aplicáveis às pessoas a respeito das quais houver razões sérias para pensar que:
a) elas cometeram um crime contra a paz, um crime de guerra ou um crime contra a humanidade, no sentido dos instrumentos internacionais elaborados para prever tais crimes;
b) elas cometeram um crime grave de direito comum fora do país de refúgio antes de serem nele admitidas como refugiados;
c) elas se tornaram culpadas de atos contrários aos fins e princípios das Nações Unidas" (ASSEMBLEIA GERAL DA ONU, 1951).

15. 55 votos a favor, 43 contrários e 2 abstenções. Não alcançou o quórum de 3/5 dos Senadores. (UNITED STATES SENATE, 2016).

> "The bill the Republican leader is asking us to consider will not make America safer. In fact, it is a dangerous distraction that plays into the hands of the ISIS propaganda machine. Instead of demonizing refugees, who are the most thoroughly screened group of people who enter the United States, we should take up and pass the Defeat ISIS and Protect and Secure the United States Act of 2015. That bill offers a comprehensive strategy to counter ISIS propaganda and violent extremism in the United States and abroad. It offers real solutions that will keep us safe rather than scapegoating refugees who are fleeing war and torture. In contrast, the bill we are asked to consider has put forward fresh fodder for the false narrative that we are at war with Islam." (UNITED STATES SENATE, 2016)

A preocupação com a "falsa narrativa" de uma suposta "guerra contra o Islã" remete ao papel da racionalidade social na definição dos riscos (BECK, 1998, p. 107). Trata-se de um elemento central de reflexão sobre esse modelo de controle, dado que a racionalidade social levará em consideração o medo difuso (BAUMAN, 2016) e tendo em vista que as estruturas de controle passam a adotar técnicas de gerenciamento dos grupos de risco (FELLEY; SIMON, 1992, p. 450). A influência da racionalidade social está bem marcada na personagem de Taslima, cuja detenção é justificada pela agente Phadkar em face dos indícios de ameaça que ela representaria aos Estados Unidos.[16] Em resposta, sua defensora esclarece que os indícios apresentados só podem ser interpretados como ameaça "quando vistos pelas lentes distorcidas de nossas próprias paranoias".[17] Também é possível inferir uma influência dessa racionalidade social – que atribui risco aos imigrantes muçulmanos – nas Executives Orders[18] emitidas no início de 2017, que, de certa forma, retoma o debate da HR 4038.

A Executive Order n. 13767, emitida no dia 25 de janeiro de 2017, foi intitulada de Border Security and Immigration Enforcement Improvements e destina-se a garantir a segurança e integridade do território nacional. Nos termos da ordem executiva, os estrangeiros que entram nos Estados Unidos sem a devida verificação representam uma ameaça à segurança nacional e pública, pois entre os que entram "ilegalmente" estão sujeitos que querem ofender os estadunidenses com atos de terrorismos e crimes (UNITED STATES PRESIDENT, 2017a). Assim, a ordem estabelece que as agências de controle devem focar seus esforços e recursos na fronteira sul dos Estados Unidos, a fim

---

16. "Officially, she's being held for an unlawful presence in the United States. Unofficially... and I'll never repeat this outside this room... she's being detained for presenting an imminent threat to the security of the United States, based upon evidence that she planned to be a suicide bomber" (KRAMER, 2009).

17. "Only when viewed through the distorted looking glass of your own paranoias" (KRAMER, 2009).

18. As *Executives Orders* são emitidas pelo Presidente e representam a orientação para atuação das agências vinculadas ao poder executivo. Em outras palavras, são uma determinação de como devem ser alocados os recursos das agências (BLAKE, [s.d.]).

de evitar a entrada irregular de estrangeiros e para deportar, rapidamente, os imigrantes irregulares.[19]

Entre as medidas a serem adotadas para esse propósito destacam-se: (i) construção de um muro na fronteira; (ii) detecção de indivíduos suspeitos de violar leis federais – em especial a Lei de Migração – que aguardam outros procedimentos relativos a essa violação; (iii) remoção imediata daqueles indivíduos cujos requerimentos de permanência ou revisão tenham sido negados; (iv) investimento no aparato de controle – inclusive em instalações de detenção para imigrantes; (v) contratação de 5000 agentes de controle de fronteiras. (UNITED STATES PRESIDENT, 2017a)

Nota-se que a Executive Order n. 13767 está diretamente ligada ao drama da personagem Mireya Sanchez. A ordem percebe os imigrantes irregulares apenas como elementos de risco que ameaçam a segurança nacional. O documento desconsidera a realidade de imigrantes como Mireya Sanchez cuja ambição está apenas em obter melhores condições de vida e de promover melhores oportunidades ao seu filho. Assim, novamente, verifica-se a preponderância da racionalidade social na atribuição de risco à imigração. Com efeito, independentemente dos levantamentos empíricos apresentados pela racionalidade científica, observa-se uma presunção sobre os não-nacionais no sentido de que estes cometerão crimes ou atos atentatórios à segurança coletiva (NOFERI, 2016, p. 218). Este contexto proporciona a possiblidade de se negar a liberdade de movimento (BAUMAN, 1999)[20] e de desconsiderar os resultados perversos de uma política de deportação instantânea – a exemplo do que se passou com Mireya e Juan.

Assim, as medidas judiciais para reduzir os danos da deportação em massa nem sempre são vistas com bons olhos, conforme se infere da Executive Order n. 13768, também emitida em 25 de janeiro de 2017. A ordem, que foi denominada Enhancing Public Safety in the Interior of the United States,

---

19. "The purpose of this order is to direct executive departments and agencies (agencies) to deploy all lawful means to secure the Nation's southern border, to prevent further illegal immigration into the United States, and to repatriate illegal aliens swiftly, consistently, and humanely" (UNITED STATES PRESIDENT, 2017a).
20. "O desejo dos famintos de ir para onde a comida é abundante é o que naturalmente se esperaria de seres humanos racionais; deixar que ajam de acordo com esse desejo é também o que parece correto e moral à consciência. É por sua inegável racionalidade e correção ética que o mundo racional e eticamente consciente se sente tão desanimado ante a perspectiva da migração em massa dos pobres e famintos; é tão difícil negar aos pobres e famintos; é tão difícil negar aos pobres e famintos, sem se sentir culpado, o direito de ir onde há abundância de comida; e é virtualmente impossível propor argumentos racionais convincentes provando que a migração seria para eles uma decisão irracional. O desafio é realmente espantoso: negar aos outros o mesmíssimo direito à liberdade de movimento que se elogia como máxima realização do mundo globalizante e a garantia de sua crescente prosperidade..." (BAUMAN, 1999, p. 84).

determina aos agentes federais responsável pelo controle de fronteiras o emprego de todos os meios legais necessários para aplicação da Lei de imigração. Novamente, assinala-se que a ordem percebe os imigrantes irregulares apenas como elementos de risco e neste contexto entende o exercício da jurisdição no tema como uma tentativa proposital de proteger os irregulares em detrimento da lei federal.[21]

A Executive Order n. 13769, Protecting the Nation From Foreign Terrorist Entry Into the United States é a mais polêmica das 3 ordens emitidas em janeiro de 2017. A ordem objetiva evitar que sejam admitidos estrangeiros hostis e contrários aos princípios fundamentais do país.[22] Assim, a ordem determina medidas para aprimorar as práticas para admissão de estrangeiros– inclusive no contexto da política de refugiados, conhecida como United States Refugee Admissions Program (USRAP). Para viabilizar a revisão dos procedimentos de admissão, a medida impõe a suspensão, por 90 dias, da admissão de nacionais do Iémen, Iran, Iraque, Líbia, Síria, Somália e Sudão; além da suspensão por 120 dias do USRAP – que resulta na suspensão da admissão de refugiados. (UNITED STATES PRESIDENT, 2017c)

A ordem foi temporariamente suspensa por meio de uma ordem judicial em 30 de janeiro de 2017. Alegou-se que a Executive Order n. 13769 poderia resultar em prejuízos aos estados federados, visto que estes possuem liberdade na alocação de recursos da educação. Neste contexto, a ordem executiva impediria o prosseguimento de programas dos estados federados envolvendo os estrangeiros elencados em seu texto. Ademais, registrou-se uma preocupação no sentido de que a Executive Order n. 13769 representaria um ato de banimento de muçulmanos (UNITED STATES DISTRICT COURT, [s.d.]). Em sede de recurso, a ordem foi mantida. Na ocasião do recurso foi dado especial atenção ao ônus dos apelantes em comprovar que não há motivações discriminatórias na ordem executiva – em outras palavras, que há fundamentos racionais que justificam a medida (UNITED STATES COURTS OF APPEALS FOR THE NINTH CIRCUIT, [s.d.]).

---

21. "Sanctuary jurisdictions across the United States willfully violate Federal law in an attempt to shield aliens from removal from the United States. These jurisdictions have caused immeasurable harm to the American people and to the very fabric of our Republic" (UNITED STATES PRESIDENT, 2017b).

22. "In order to protect Americans, the United States must ensure that those admitted to this country do not bear hostile attitudes toward it and its founding principles. The United States cannot, and should not, admit those who do not support the Constitution, or those who would place violent ideologies over American law. In addition, the United States should not admit those who engage in acts of bigotry or hatred (including 'honor' killings, other forms of violence against women, or the persecution of those who practice religions different from their own) or those who would oppress Americans of any race, gender, or sexual orientation" (UNITED STATES PRESIDENT, 2017c).

Em 6 de março de 2017, foi emitida a Executive Order n. 13780 que expressamente revoga a EO 13769, mas estabelece diretrizes semelhantes. A ordem reforça que o propósito da norma é evitar ataques e atos de terrorismo, inclusive aqueles cometidos por estrangeiros. Em relação aos critérios para seleção dos 7 países elencados na ordem anterior, foi esclarecido que o critério segue o determinado na sessão 17(a)(12) da lei de imigração dos Estados Unidos, conhecida como Immigration and Nationality Act (INA) que desautorizou o programa de isenção de visto (Visa Waiver Program) para nacionais do Iraque e da Síria; de países[23] declarados pelo Secretary of State como financiador do terrorismos; e, de países[24] designados como preocupantes pelo Secretary of Homeland Security após consulta ao Secretary of State e ao Director of National intelligence. Assim, a ordem executiva pretendeu esclarecer que há uma escolha racional e legal para a escolha destes 7 países – inclusive, compartilhando com o Congresso o critério de escolha dos países.

Neste contexto, procura-se esclarecer que a proibição de entrada destes nacionais e a suspensão do programa de refúgio – por um período de 90 e 120 dias respectivamente – objetiva tão somente viabilizar uma revisão das práticas e protocolos para admissão destes estrangeiros. Não haveria prejuízos durante estes períodos, uma vez que ficou assegurada a possibilidade de análise de casos excepcionais durante estes períodos. Nos termos da ordem executiva, esses países afetados perturbados pelo terrorismo não estariam em condições de prover informações fidedignas sobre os seus nacionais que pretendem entrar nos Estados Unidos (UNITED STATES PRESIDENT, 2017d), e, por isso, tais medidas seriam necessárias.

A ordem executiva procura ainda explicar que a medida não está relacionada, de modo algum, à discriminação religiosa. A EO 13679 estabelecia que a política de refúgio do país deveria priorizar pedidos de refugiados de minoria religiosa. Neste sentido, esclareceu-se que a pretensão é de assegurar o exercício da liberdade religiosa, e que nesse contexto a ordem poderia fundamentar qualquer religião minoritária em qualquer região ou país – inclusive, onde o Islã é religião minoritária (UNITED STATES PRESIDENT, 2017d).

Neste cenário, a Executive Order n. 13780 restabelece a suspensão de entrada dos nacionais destes 7 países por um período de 90 dias e suspende o programa de refugiados por um período de 120 dias, nos quais deverão ser adotadas medidas de revisão das políticas e práticas de admissão e controle. A fim de evitar novos questionamentos judiciais, a ordem executiva estabelece critérios mais detalhados sobre o alcance destas medidas – procurando assim

23. Irã, Síria e Sudão entrariam nessa categoria.
24. Líbia, Somália e Iémen.

contornar os argumentos que levaram à suspensão judicial da ordem anterior (UNITED STATES PRESIDENT, 2017d).[25]

É importante esclarecer que em momento algum questiona-se o direito soberano dos Estados Unidos de estabelecer uma política de imigração ou de controlar os fluxos de entrada em seu país. Contudo, questiona-se o impacto dessas medidas no fomento de práticas de ódio e segregação e na construção de bodes expiatórios nos quais são colocadas as frustrações e as responsabilidades pelo fracasso de determinadas políticas e modelos. Em outras palavras, é preciso questionar os propósitos reais dessa securitização, conforme salientou Bauman:

> "Os governos não estão interessados em ativar as ansiedades de seus cidadãos. Estão interessados, isto sim, em alimentar a ansiedade que nasce da incerteza quanto ao futuro e do constante e ubíquo sentimento de insegurança, desde que as raízes dessa insegurança possam ser ancoradas em lugares que forneçam amplas oportunidades fotográficas para os ministros tencionarem seus músculos, ao mesmo tempo em que ocultam os governantes proseados diante de uma tarefa que são fracos demais para levar a cabo. A "securitização" é um truque de mágica, calculado para ser exatamente isso. Ela consiste em desviar a ansiedade, de problemas que os governos são incapazes de enfrentar (ou não têm muito interesse em fazê-lo), para outros, com os quais os governantes – diariamente e em milhares de telas – aparecem lidando com energia e (por vezes) com sucesso." (BAUMAN, 2016, p. 287)

Nesse contexto, a ordem executiva exalta apenas o risco decorrente da entrada destes estrangeiros,[26] novamente negligenciando que a mobilidade humana, historicamente, está relacionada a outros propósitos. A constituição da imigração como um elemento de risco e ameaça inibe relações de identificação e empatia com os imigrantes e refugiados. Com efeito, a solidariedade é passageira e limitada aos momentos midiáticos dos dramas dos estrangeiros (BAUMAN, 2016) – configurando um pertencimento precário desses indivíduos.

---

25. Novamente a ordem foi questionada judicialmente, contudo em 26 de junho de 2017 a Suprema Corte dos Estados Unidos autorizou preliminar a execução parcial da *Executive Order*, a medida definitiva deve ser tomada ainda em 2017 após o recesso da corte. (G1, 2017)

26. "(f) In light of the conditions in these six countries, until the assessment of current screening and vetting procedures required by section 2 of this order is completed, the risk of erroneously permitting entry of a national of one of these countries who intends to commit terrorist acts or otherwise harm the national security of the United States is unacceptably high. Accordingly, while that assessment is ongoing, I am imposing a temporary pause on the entry of nationals from Iran, Libya, Somalia, Sudan, Syria, and Yemen, subject to categorical exceptions and case-by-case waivers, as de- scribed in section 3 of this order" (UNITED STATES PRESIDENT, 2017d).

Esse cenário também impossibilita uma compreensão humanitária da questão e reduz o debate à questão do controle, da ameaçam e da repressão. Nota-se que Taslima não defendia os terroristas ou os atos terroristas e também não reproduziu o discurso punitivo de repressão e neutralização. Com efeito, Taslima começa a trabalhar um discurso de enfrentamento que escapa a essa lógica – isto é o bastante para torná-la automaticamente simpatizante ao terror. Por conseguinte, Taslima acaba sendo retirada compulsoriamente do país e por se tratar de adolescente, deve ser acompanhada por um responsável. Assim, a família é separada: o pai – em situação irregular – fica com os irmãos (estadunidenses) enquanto Taslima, acompanhada de sua mãe, é deportada em um processo direto que não lhe permite sequer se despedir do pai ou de outros familiares e amigos.

Mireya, de igual modo, é retirada por meio de um procedimento sumário que não lhe dá a oportunidade de se manifestar. Assim, Mireya é deportada sem a possibilidade de resgatar o seu filho – não obstante as inúmeras tentativas de esclarecer a situação durante a apreensão. As histórias de Mireya e Taslima ilustram algumas vertentes da prevalência desse discurso de incapacitação seletiva no controle da mobilidade humana que prejudica o enfrentamento da questão de forma não violenta.

Além da punição formal – caracterizada na retirada compulsória das personagens – o filme evidencia que o pertencimento dessas personagens na sociedade é absolutamente precário. No caso de Mireya, a precariedade desse pertencimento é aparente nas condições de trabalho em que ela está inserida e ainda na rede informal de serviço que ela busca para cuidar de seu filho. Diferentemente de Taslima, que frequenta a rede de ensino regular e cujos pais aparentemente possuem postos de trabalho no mercado formal. Ainda assim, ao final, as histórias evidenciam que a presença das personagens era apenas tolerável. Neste contexto, as personagens devem conviver constantemente com esta instabilidade e com a ameaça de retirada, que configura um castigo a parte.

CONCLUSÃO

A tendência de incapacitação seletiva por meio das Leis de Imigração é bem ilustrada no enredo de Território Restrito. Assim, é importante esclarecer que reconhecer ou denunciar essa tendência do controle migratório não constitui uma afronta à soberania do Estado. Em outras palavras, não se pretende inviabilizar o direito soberano do Estado de realizar o controle sobre suas fronteiras. Tampouco, simboliza uma tentativa de impor a aceitação irrestrita de imigrantes e refugiados. Contudo, os dramas das personagens – em especial de Mireya e Taslima – evidenciam a necessidade de se observar outros aspectos desse controle. Trata-se de um olhar para além das questões de risco e ameaça que são determinadas a partir do medo na presença do estranho e da ansiedade face às frustrações sociais.

Com efeito, a mobilidade humana, majoritariamente, relaciona-se a busca de melhores condições ou oportunidades. Limitar a questão apenas na perspectiva de risco e ameaça resulta em consequências perversas, como separação de famílias, crianças desamparadas ou interrupções de programas de fomento e pesquisa. Além disso, reforça sentimentos e discursos de ódio e estabelece bodes expiatórios sobre os quais recai a culpa pela falta de sucesso de determinadas políticas sociais. Esses elementos reforçam a tendência ao controle, uma vez que intensificam a atribuição de risco aos imigrantes e à mobilidade humana. Em outras palavras, essa tendência favorece apenas aqueles que se valem do "truque de mágica da securitização".

Dessa forma, é preciso ficar atento para que o controle sobre a mobilidade humana seja realizado de forma apropriada. Isto importa em não restringir o debate à lógica da punição, da ameaça constante, em evitar a "desumanização dos imigrantes" e a incapacitação seletiva dos indivíduos. Também é preciso compreender a questão para além das punições formais estabelecidas, e perceber que a instabilidade decorrente do pertencimento precário a que esses indivíduos estão submetidos, configura uma vertente desse castigo.

O enredo de *Território Restrito* ressalta que é preciso refletir sobre os efeitos colaterais que podem decorrer do controle legítimo das fronteiras – como o fomento a discursos de ódio ou a violação de direitos. Assim torna-se indispensável pensar em contramedidas para conter a ação do medo e da ansiedade social e em políticas públicas sobre a mobilidade humana que viabilizem uma inclusão efetiva dos imigrantes.

REFERÊNCIAS BIBLIOGRÁFICAS

ANITUA, Gabriel I. *Histórias dos pensamentos criminológicos*. Rio de Janeiro: Revan, 2008.

ARJOMAND, Said A. Iran's Islamic Revolution in Comparative Perspective. *World Politics*, vol. 38, n. 3, p. 383-414, abr. 1986.

ASSEMBLEIA GERAL DA ONU. *Convenção de 1951, relativa ao Estatuto dos RefugiadosSérie de Tratados da ONU*, 28.07.1951. Disponível em: <http://www.acnur.org/t3/fileadmin/Documentos/portugues/BDL/Convencao_relativa_ao_Estatuto_dos_Refugiados.pdf?view=1>.

BARATTA, Alessandro. *O conceito de segurança na Europa*. Rio de Janeiro: UCAM, 2000.

_____. *Criminologia crítica e critica do direito penal*. 3. ed. Rio de Janeiro: Revan, 2002.

BATISTA, Vera M. *Introdução crítica e crítica do direito penal*. 3. ed. Rio de Janeiro: Revan, 1999.

BAUMAN, Zygmunt. *Globalização*. Rio de Janeiro: Zahar, 1999.

_____. *Confiança e medo na cidade*. Rio de Janeiro: Zahar, 2009.

_____. *Estranhos a nossa porta*. Rio de Janeiro: Zahar, 2016.

Beck, Ulrich. *La sociedad del riesgo*. Barcelona: Paidós, 1998.

Becker, Howard. A Escola de Chicago. *MANA*, vol. 2, n. 2, p. 1-12, out. 1996.

Blake, Aaron. *What is an executive order? And how do President Trump's stack up?* Disponível em: <https://www.washingtonpost.com/news/the-fix/wp/2017/01/27/what-is-an-executive-order-and-how-do-president-trumps-stack-up/>. Acesso em: 01.05.2017.

Catão, Marconi D. Ó.; Pereira, Mariana C. Juventude e criminalidade sob a perspectiva da Escola de Chicago. *Revista da Faculdade de Direito UERJ*, n. 28, dez. 2015.

Cavarzere, Thelma T. *Direito internacional da pessoa humana*. 2. ed. Rio de Janeiro: Renovar, 2001.

De Giorgi, Alessandro. *Tolerancia Cero*. Barcelona: Virus, 2005.

Felley, Malcolm M.; Simon, Jonathan. The New Penology. *Criminology*, vol. 30, n. 4, p. 449-474, nov. 1992. Disponível em: <http://onlinelibrary.wiley.com/doi/10.1111/crim.1992.30.issue-4/issuetoc>

G1. *Suprema Corte permite que decreto imigratório de Trump entre parcialmente em vigor*. Disponível em: <http://g1.globo.com/mundo/noticia/trump-vai-falar-na-suprema-corte-sobre-restricao-a-entrada-de-muculmanos-nos-eua.ghtml>. Acesso em: 30.06.2017.

Kramer, Wayne (ED.). *Território Restrito (Crossing Over)*, 2009.

Leun, Joanne V. D.; Woude, Maartje V. D. Uma reflexão sobre a Crimigração na Holanda. In: Guia, M. J. et alii (Eds.). *A Emergência da Crimigração*. O complexo da segurança cultural e o impacto do enquadramento. Coimbra: CINETS – Crimmigration Control International Net of Studies, 2012. p. 103-144.

Martinez, Ramiro; LEE, Matthew T. On immigration and Crime. *Criminal Justice 2000*, vol. 1, p. 486-524, 2000. Disponível em: <https://www.ncjrs.gov/criminal_justice2000/vol1_2000.html>.

Mccaul, Michael T. American Security Against Foreign Enemies Act of 2015. 19.11.2015, p. 1-6.

Noferi, Mark. Mandatory Immigration Detention for U.S. Crimes. In: Guia, M. J.; Koulish, R.; Mitsilegas, V. (Eds.). *Immigration detention, risk and human rights. The noncitizen presumption of Dangerousness*. New York: Springer International Publishing, 2016. p. 215-250.

Rodrigues, Leon. *The Syrian Refugee Crisis and Its Impact on the Security of the U.S. Refugee Admissions Program*. Disponível em: <https://www.dhs.gov/news/2015/11/19/written-testimony-uscis-director-house-judiciary-subcommittee-immigration-and-border>. Acesso em: 22.04.2017.

STUMPF, Juliet. A crise da imigração. In: STUMPF, J. et alii (Eds.). *A Emergência da Crimigração*. Coimbra: CINETS – Crimmigration Control International Net of Studies, 2012. p. 11-102.

TEIXEIRA, Gabriel Haddad. *Crimigração e Controle Migratório no contexto da Justiça Atuarial*. 2013. 134 f. Dissertação (Mestrado) – Curso de Direito, Instituto CEUB de Pesquisa e Desenvolvimento (ICPD), Centro Universitário de Brasília (UniCEUB), Brasília, 2013.

TEIXEIRA, Gabriel Haddad. Illégal: Observações sobre o processo de Crimigração no contexto europeu. In: MACHADO, B. A.; ZACKSESKI, C.; DUARTE, E. P. (Eds.). *Criminologia e Cinema*. São Paulo: Marcial Pons; Brasília: FESMPDFT – Fundação Escola Superior do Ministério Público do Distrito Federal e Territórios, 2016. p. 390-410.

UNITED STATES. Courts of Appeals for the Ninth Circuit. *State of Washington; State of Minnesota vs. Donald J. Trump, President of the United States* et alii [s.l: s.n.]. Disponível em: <http://cdn.ca9.uscourts.gov/datastore/general/2017/02/03/17-141_TRO_order.pdf>. Acesso em: 22.04.2017.

UNITED STATES. District Court. State of Washington, et al. vs. Donald J. Trump, et al. [s.l: s.n.]. Disponível em: <https://cdn.ca9.uscourts.gov/datastore/opinions/2017/02/09/17-35105.pdf>. Acesso em: 22.04.2017.

UNITED STATES. Immigration and Customs Enforcement. *Who We Are*. Disponível em: <https://www.ice.gov/about>. Acesso em: 21.04.2017.

UNITED STATES. President. *Executive Order 13767 of January 25, 2015*. Federal Register: vol. 82, n. 18. Disponível em: <https://www.federalregister.gov/documents/2017/01/30/2017-02095/border-security-and-immigration-enforcement-improvements>. Acesso em: 22.04.2017.

UNITED STATES. President. *Executive Order 13768 of January 25, 2017*. Federal Register: vol. 82, n. 18. Disponível em: <https://www.federalregister.gov/documents/2017/01/30/2017-02102/enhancing-public-safety-in-the-interior-of-the-united-states>. Acesso em: 22.04.2017.

UNITED STATES. President. *Executive Order 13769 of January 27, 2017*. Federal Register: vol. 82. n. 18. Disponível em: <https://www.federalregister.gov/documents/2017/02/01/2017-02281/protecting-the-nation-from-foreign-terrorist-entry-into-the-united-states>. Acesso em: 22.04.2017.

UNITED STATES. President. *Executive Order 13780 of March 6, 2017*. Federal Register: vol. 82, n. 45. Disponível em: <https://www.federalregister.gov/documents/2017/03/09/2017-04837/protecting-the-nation-from-foreign-terrorist-entry-into-the-united-states>. Acesso em: 22.04.2017.

UNITED STATES. Senate. *Congressional Record January 20, 2016*. [s.l: s.n.]. Disponível em: <https://www.congress.gov/crec/2016/01/20/CREC-2016-01-20-pt1-PgS111-2.pdf>. Acesso em: 22.04.2017.

■

PLASTICIDADE DESTRUTIVA E CANCELAMENTO DO FUTURO EM *TAXI DRIVER*

MOYSÉS PINTO NETO[1]

RESUMO: *Taxi Driver* é uma expressão de várias questões do fim dos anos 70. O filme coagula um cenário turbulento onde o personagem insone dirige pela cidade como um fantasma, incapaz de pensar ou sentir qualquer coisa, e concentra a incapacidade de agir em direção a um fim violento e punitivista. O ensaio busca relacionar isso com o "cancelamento do futuro" e a plasticidade destrutiva que cai sobre o personagem, liberando fluxos fascistas.

PALAVRAS-CHAVE: *Taxi Driver* – Plasticidade destrutiva – Violência – Fascismo – Futuro.

1. *Taxi Driver* mostra o solo fértil no qual o fascismo germina. Travis, sujeito comum, sem maior formação educacional, com uma insônia que parece sinal de um certo sonambulismo vital no qual não encontra nenhum projeto que lhe dê apreço, é a figura que encarna esse estado. Ex-militar, Travis vive entregue a uma rotina insossa na qual trabalha como taxista para uma empresa que lhe cede o veículo e, perambulando livremente pelos diversos bairros de Nova York, só consegue visualizar sujeira por onde passa. Ao longo de toda película (fazendo um biscate, segundo ele próprio), a forma quase única de se referir ao mundo é fazendo menção à imundície da cidade em que vive, repleta

1. Doutor em Filosofia (PUCRS). Professor da ULBRA; *e-mail:* moysespintoneto@gmail.com.

de prostitutas, viciados, maconheiros, cafetões, corruptos e insanos. Ele sonha com a chuva que finalmente irá limpar a cidade de tanta sujeira.

Travis perambula nas noites pela textura escura do filme, com pequenas explosões luminosas ligadas à publicidade e à era do *showbizz*, trabalha cada vez mais horas e alterna com momentos durante o dia em que se dedica a observar sua platônica amada, Betsy, e ir ao cinema para ver filmes pornográficos. Seu cotidiano é permeado de duas condições complementares que não cansam de se alternar: o fracasso no contato interpessoal com quem quer que seja ("não dou a mínima"), reduzindo-o a uma condição de solitário e silencioso, e a absoluta indiferença em relação a tudo e a todos, sem inclusive manifestar um apreço libidinoso pelos filmes que assiste no cinema. O olhar observa, contudo, os casais com uma inveja enrustida e a relação com as mulheres – no seu reiterado fracasso de abordagem – aparecerá em muitos outros momentos da película.

Quando finalmente consegue fazer contato com Betsy, Travis, após uma abordagem e uma conversa em um café bem-sucedida, acaba levando-a ao cinema pornográfico, onde fica patente a diferença cultural entre ambos e a própria incapacidade de sentir onde estava – e quais os afetos envolvidos – da sua parte. O filme, então, aumenta a tensão com a ruptura, levando Travis a voltar a uma rotina de disciplina, provavelmente reminiscência da sua época militar, e aprofundando o fosso que o separa do resto. Travis então fantasia uma certa condição de agente secreto, como se estivesse encarregado de uma atribuição sigilosa, e anda armado para enfrentar criminosos e vagabundos que povoam as ruas. No último ato, lustra e faz marcas especiais nas botas, queima as flores que comprara para a amada, ajusta a camisa e raspa o cabelo para um visual moicano, vestindo a jaqueta militar. Depois de fracassar em assassinar o candidato liberal, vai até a zona de prostituição e mata o cafetão que mantinha, numa condição dúbia, uma adolescente como prostituta.

O ponto desse texto é cotejar o filme com o momento histórico em que está situado, com algumas semelhanças em relação ao presente, e em torno ao modo de subjetivação que produzirá certos efeitos políticos. A película, dirigida por Martin Scorcese, foi lançada em 1976, em pleno ciclo de declínio do Estado de bem-estar social e das contraculturas dos anos 60 (HIGH, 2015, p. 376).

2. O epicentro do filme é, portanto, o cenário descrito por Loïq Wacquant em torno à conquista de hegemonia do pensamento punitivo neoconservador sobre os *liberals*[2] que dá início ao novo ciclo de controle social a partir das

2. Wacquant não nomina *liberals* aqueles a quem o pensamento neoconservador ataca, talvez por ser um intelectual europeu para quem o termo tem outra conotação – e apesar de professor nos EUA. É fácil, no entanto, se verificar que a ideia de "permissividade" e "condescendência" era sempre associada, naquele momento, aos liberais no sentido

décadas de 80 e 90. Segundo Wacquant, esse novo pensamento postularia "uma cesura nítida e definitiva entre as circunstâncias (sociais) e o ato (criminoso), as causas e as consequências, a sociologia (que explica) e o direito (que legisla e pune)". Assim, serviria para "desvalorizar o ponto de vista sociológico, implicitamente denunciado como desmobilizador e 'desresponsabilizante' – portanto infantil e mesmo feminilizante –, para substituí-lo pela retórica viril da retidão e da responsabilidade *individual*" (WACQUANT, 2001, p. 61). Garland assim descreve o cenário:

> "O crime – junto com comportamentos associados à ralé como abuso de drogas, gravidez na adolescência, uniparentalidade e dependência do Estado (de bem-estar) – funcionaram como legitimação retórica das políticas públicas sociais e econômicas que efetivamente puniram os pobres e como justificação do desenvolvimento de um Estado disciplinar forte. Durante esse período, motivações sociais do crime vieram a ser completamente desacreditadas. Essas motivações, era dito, negavam a responsabilidade individual, desculpavam as faltas morais, enfraqueciam a punição, encorajavam o comportamento ruim e a esse respeito eram emblemáticas de tudo que era ruim no Estado de bem-estar. O crime passou a ser visto em vez disso como um problema de indisciplina, falta de autocontrole ou controle social, um problema de indivíduos perversos que precisavam ser detidos ou mereciam ser punidos." (GARLAND, 2001, p. 102[3])

Nascido no ambiente de decadência, esse pensamento tende a visualizar na "permissividade" liberal a raiz dos problemas da cidade deteriorada. Segundo Garland, o "conservadorismo moral era implacavelmente oposto à cultura liberal dos anos 60, e aos temas democratizadores e libertários da 'era permissiva', que eram culpados por todos os malefícios sociais e econômicos da década subsequente" (GARLAND, 2001, p. 99). Jock Young assim descreve o declínio: "crescimento do desemprego, colapso da comunidade, desintegração da família nuclear tradicional, ausência de respeito, rebaixamento dos padrões, predomínio da desordem e, notadamente, aumento da criminalidade em si" (YOUNG, 2002, p. 80). A causa, segundo o conselheiro político de Nixon e Reagan, James Wilson, "é uma cultura que enfatiza gratificação imediata, auto-expressão e pouco controle do impulso" (idem, p. 80). Com isso, demanda-se a "volta ao básico", para restaurar a responsabilidade individual e os "valores familiares", retomando um sentido de disciplina aplicável à arte, cultura, sexualidade e outros temas gerais (GARLAND, 2001, p. 99).

---

norte-americano. Garland expressa isso melhor: "With a surprising speed, a liberal progressive ideal came do appear reactionary and dangerous to very groups that had previously championed it" (GARLAND, 2001, p. 54). Ou ainda: "This criticism was made most tellingly by the conservative writer James Q. Wilson who publicly despaired of criminology's inability to overcome its (left-liberal) ideological preoccupations (...)" (idem, p. 62).

3. Tradução livre, assim como todas as demais menções ao livro.

Há um contraste entre uma atitude considerada de condescendência liberal – como a situação arrolada por Young, quando as demandas do relacionamento gay, por exemplo, eram "toleradas" em nome de uma suposta patologia – e a dureza neoconservadora. Nesse sentido, é preciso diferenciar a atitude *liberal* (sempre no sentido estadunidense) da multiplicidade revolucionária constitutiva, por exemplo, da paleta de movimentos contraculturais de 1968 pelo mundo inteiro. Ao pensarmos nas fontes intelectuais dos movimentos, como Guy Debord, Erich Fromm e Herbert Marcuse, ou nas referências estéticas, como Jean-Luc Godard, Michelangelo Antonioni, os Rolling Stones, Janis Joplin e Jimi Hendrix, há uma diferença significativa em relação a essa condescendência da "Grande Sociedade" que rasteja, no final da década de 70, seus últimos momentos apenas sob o signo da nostalgia ou de um conservadorismo fraco. Ainda seguindo Young no exemplo dos usuários de maconha, estes nunca foram vistos como associados a uma cultura da diferença – a nova boemia emergente. Na realidade, o consumo de maconha era visto como "pessoas 'como nós', só que fumam maconha em vez de beber cerveja'" (YOUNG, 2002, p. 101). A "inclusividade radical" apenas normalizava grande parte do "problema", apresentando somente uma parte minoritária como problemática sob um olhar condescendente.[4] No interior do campo que se opunha à ascensão neoconservadora e neoliberal, trata-se do contraste entre políticos em descrédito, envolvidos em redes de corrupção, vazios de ideias e incapazes de movimentar os arranjos e compromissos constituídos nos últimos 30 anos, e a proliferação de formas estético-políticas que experimentavam a cauda longa dos anos 60, como os punks e o nascente hip hop. A série *The Get Down* (Dir. Baz Lurhmann, 2016), recentemente veiculada, relata esse ambiente de desagregação que envolvia simultaneamente uma explosiva energia criativa, relações quase totalmente desreguladas e completa incapacidade de segmentos progressistas se diferenciarem da burocracia corrupta ou oportunista.

Os neoconservadores, aproveitando a brecha misógina, atribuíam à falta de masculinidade ("cultura matriarcal") a situação de decadência urbana. Assim, em um sentido bem diverso daquele adotado pela palavra no Brasil, os neoconservadores utilizam a ideia do "Estado paternalista": esse "projeto não requer a destruição do Estado como tal, para substituí-lo por uma espécie de Éden liberal do mercado universal, mas a *substituição de um Estado-providência 'materialista' por um Estado punitivista 'paternalista'*" (WACQUANT, 2001, p. 44).[5] A insatisfação contra ambientes públicos

---

4. Ver também a comparação similar de Jock Young sobre a formação da *underclass* segundo liberais e conservadores (YOUNG, 2002, pp. 127-128).

5. Tentarei, em outro espaço, explorar essa relação com a recente emergência da alt-right a partir do excelente livro de Angela Nagle (2017). A diferença mais significativa, no entanto, é que o discurso misógino se articulava a partir da figura maternal – a mãe irresponsável sustentada pelo sistema de assistência social – e a contraestética era neoconservadora, enquanto no momento atual trata-se de uma oposição entre o ativismo feminista (*tumblr*

decadentes sob uma estagflação econômica acaba condensando a indignação e raiva para o punitivismo, agravando tensões raciais e de classe.

3. As políticas punitivistas defendidas no período tinham como característica potencializarem o ressentimento social. Como afirma Jock Young, estimula-se o sentido de "privação relativa", a partir do qual a sensação de estar cada vez mais prejudicado aumenta, e não diminui, com a diminuição da desigualdade (YOUNG, 2002, p. 79). Esse ressentido, como diz Maria Rita Kehl, "deseja a ordem – por isso é compatível com o conservadorismo – contanto que possa beneficiar-se dela, nem que seja na condição de vítima" (KEHL, 2004, p. 210). E não por acaso a posição de vítima é aquela privilegiada no discurso punitivista. David Garland percebe o papel central que esse discurso desempenhou naquele momento:

> "(...) a figura simbólica da vítima criou vida própria e desempenha um papel-chave no debate político e justificação das políticas públicas. A vítima do crime não é mais representada por um cidadão desafortunado que estava no fim da cadeia de uma ofensa criminosa. Seus ou suas preocupações não são mais subsumidas no 'interesse público' que guia a persecução e as decisões penais. Em vez disso, a vítima do crime é agora, em um certo sentido, um *personagem representativo* cuja experiência é assumida como coletiva e comum, no lugar de individual e atípica. (...) O Partido Trabalhista Britânico (...) alertou que "todo mundo é uma vítima" e prometeu uma política de acordo com essa nova realidade." (GARLAND, 2001, p. 144)

A vitimização alimenta o ressentimento. O sentimento de uma ofensa difusa que transfere a responsabilidade dos problemas para o resto do mundo e coloca-se numa condição de ferido alastra o desejo de vingança (castigo) reprimido. Ou, como diz Maria Rita Kehl, "a manutenção *ativa* do ressentimento faz par com a posição *passiva* que ele ocupa diante do Outro; com isto, a suposta vítima obtém o ganho secundário de desincumbir-se moralmente de qualquer responsabilidade pela situação que o ofendeu" (2004, p. 19). Ainda com a psicanalista:

> "O conceito de recalcamento indica que um impulso foi impedido de se efetivar. O que ocorre no ressentimento é que o ofendido não se atreve, ou não se permite, responder à altura da ofensa recebida. O 'envenenamento psicológico' a que se refere o autor produz-se a partir da reorientação para o *eu* dos impulsos agressivos impedidos de descarga, gerando uma disposição passiva para a queixa e a acusação, assim como a impossibilidade de esquecer o agravo passado." (KEHL, 2004, pp. 12-13)

---

liberals), de verniz acadêmico e "politicamente correto", e os *trolls* que reivindicam para si uma estética punk, irônica e autodestrutiva (em contraponto ao *empowerment*), rompendo com o neoconservadorismo.

As queixas de Travis contra a "sujeira das ruas" compõem, até certo ponto, esse tipo de subjetivação. Nosso taxista é o personagem que reflete essa ausência de horizonte cumulada com uma indignação difusa contra um sistema social em decomposição. Sua condição é de se colocar como vítima "inocente de uma injustiça, uma ofensa, um complô" e por isso "sua posição não é tão ética quanto ele pretende, pela simples razão de que ela sustenta a recusa do sujeito em responsabilizar-se por suas escolhas" (KEHL, 2001, p. 22). A cena de algo como um antiácido borbulhante no copo parece ser a condensação dessa raiva contida, mas prestes a explodir, que permeia o personagem. O misto entre indiferença e indignação autovitimizante acaba desaguando na inveja, pois a

> "(...) igualdade democrática propicia a comparação entre supostos iguais; entre esses, quaisquer diferenças, por menores que sejam, são percebidas como injustas. A comparação mais dramática é a que se dá entre pessoas de condição social semelhante, caso em que qualquer desigualdade é considerada muito mais injusta do que a distância que os separa dos que estão no topo da hierarquia social. É quando o sentimento de injustiça se confunde com a inveja." (KEHL, 2004, p. 212)

Fracassado nos seus contatos interpessoais, especialmente com a frustração em relação às mulheres, Travis culpa os *hips* como responsável pelos seus problemas. Cafetões, prostitutas e criminosos seriam os responsáveis pela sujeira que infesta a cidade. Quando Betsy o rejeita, responde: "você é igual a todas as outras!", em contraste com a imagem angelical anteriormente levantada. Indo ao encontro de Iris, quer se desvencilhar da imagem de policial ou caipira e se passar por descolado, mas tampouco logra sucesso. Seus contatos sempre acabam de forma diversa do imaginado (HIGH, 2015, pp. 385-386). Como no recente universo da alt-right, a frustração diante da "mulher empoderada" acaba por empurrar a autoestima do sujeito para o desfiladeiro, tornando-o inaptado para desempenhar os principais papéis típicos da masculinidade no cenário tradicional: o playboy com seu apartamento de solteiro ou o assalariado com mulher e filhos (BERAN, 2017). Com Travis, é nítida a completa inadequação: comparando-se diante dos dois principais rivais, o colega mais ou menos liberal-hippie de Betsy e o cafetão de Iris, Travis vê-se sempre derrotado na corrida masculina por reconhecimento, na "fragilidade masculina" a que se refere Dale Beran para citar os "Anons" – hoje *gamers/trolls* recolhidos e isolados nos porões das casas das suas mães – e que Travis de certo modo antecipa na sua solidão e no vazio do seu apartamento.

Assim, o desejo de que o problema se resolva – vigente até o último ato, em que o personagem passa ao *acting out* – é essa espécie de vingança em banho-maria. No próprio diálogo com seu colega taxista, admite estar com "pensamentos ruins". O diálogo com o "Mago" tem como resposta deste a mesma atitude que o universo da alt-right costuma cultivar, ainda segundo a acurada descrição de Dale Beran:

> "Estamos acostumados a ver os políticos brandindo o mesmo retrato desbotado de 65 anos atrás sempre que voltam seu olhar para o eleitorado americano.
>
> Mas, se colocarmos de lado essa velha fotografia, qual é a cara real do eleitorado americano? Após décadas de declínio, como mudou aquela imagem de um pequeno empresário dos anos 1950 que tem sua cada própria nos subúrbios?
>
> Para as gerações mais jovens, que nunca tiveram os mesmos empregos, mas apenas a mitologia dos empregos, essa parte da narrativa é clara. A América, e talvez a própria existência, é uma cascata de promessas e anúncios vazios.
>
> Assim, esses partidários de Trump têm uma ideologia diferente. Não um pensamento de 'quando meu cavalo vai ganhar', mas um trollador e autodepreciativo 'sei que meu cavalo nunca vai ganhar'." (BERAN, 2017)

O desejo de castigar oriundo do ressentimento, portanto, vai se acumulando diante da frustração que não consegue encontrar canal para descarga. A atitude irônica que Beran (2017) e Nagler (2017) descrevem nos *trolls*, prontos a deixar que ironia e sarcasmo expliquem seu próprio fracasso pessoal (a "sabedoria" do Mago), não cabe no personagem em ebulição que é Travis, que a rejeita explicitamente como uma imensa bobagem. Retomando aquilo que aprendeu no treinamento militar, a autodisciplina e a virilidade, dissolve a atitude cínica do Mago e passa à condição de justiceiro nas ruas, castigando os delinquentes e os responsáveis pela condição atual "imunda" da cidade.

Na mesma trilha inspirada na *Genealogia da Moral* de Nietzsche, Salo de Carvalho relaciona a lógica punitiva do castigo com o ressentimento. Segundo ele,

> "(...) os rituais punitivos, sobretudo os procedimentos criminal e religioso, adquirem papel privilegiado na mnemônica de eternização dos vínculos obrigacionais. O sistema de punitividade, neste quadro, manteria presente na humanidade a necessidade de satisfação das dívidas e da culpa moral. O castigo, instrumento de moralização e normalização, através da mnemotécnica ritualizada dos processos de culpabilização, faz presente e eterno o delito no delinquente." (CARVALHO, 2008, p. 173)

O desejo de punir, portanto, está diretamente conectado com uma vontade vingança diante da ofensa difusa de não ser reconhecido, sobretudo pelas mulheres, de acordo com seus desejos.

4. Segundo Franco Bifo Berardi, o ano de 1977 – apenas um depois do lançamento do filme (1976) – marca simbolicamente o "cancelamento do futuro" pra os jovens no Norte. No auge do punk, o contexto de dissolução do futuro é anunciado pelos Sex Pistols em "God Save the Queen" (NO FUTURE for us!, canta Johnny Rotten), do álbum "Never Mind the Bollocks, Here's the Sex Pistols".

Todas as variantes filosóficas anteriores envolviam uma certa utopia encetada no tempo do progresso. Nosso pós-futurismo, ao contrário "é baseado na consciência de que o futuro não será brilhante, ou ao menos duvidamos que futuro significa progresso" (BERARDI, 2011).[6] Bifo vê esse anúncio desde o relatório do Clube de Roma, *The limits of growth*, em 1972, tomado como primeiro sinal da exaustão. A partir de 1973, com a ofensiva da Síria e Egito sobre Israel, segue-se uma guerra que irá fazer disparar o preço do petróleo, preparando o *crash* de 1977. A Grã-Bretanha, com o *punk* e a *new wave*, e a Itália, com o autonomismo, incubariam essa nova sensibilidade cultural que envolvia experimentação artística, movimento social e ativismo político. "Havia raiva no ar", diz o autor, "não apenas porque 15% da população, especialmente pessoas jovens, estavam desempregadas. Havia um tipo de raiva existencial, uma onda de insubordinação, porque os *baby boomers* pelo mundo inteiro foram atingidos pela premonição que o *welfare state* iria ser desmantelado, e o horizonte moderno estava desenhando sua dissolução" (BERARDI, 2011).

É interessante comparar os trabalhos de Bifo Berardi e Jonathan Crary em torno aos efeitos desse novo contexto social. Para ambos, haveria uma aceleração do tempo relacionada com a dinâmica do sistema econômico que não pode ser simplesmente reproduzida pelo corpo. Bifo afirma que o "semiocapital coloca as energias neurofísicas para trabalhar e as submete à velocidade da maquinaria eletrônica". Segundo ele, no entanto, o

> "(...) ciberespaço sobrecarrega o cibertempo, porque o ciberespaço é uma esfera sem limites, cuja velocidade não pode acelerar sem limites. Mas o cibertempo (o tempo da atenção, memória e imaginação) não pode acelerar além de um limite. De outro modo, quebra. E está realmente quebrando, colapsando no estresse da hiperprodutividade. Uma epidemia de pânico está espalhando-se pelos circuitos do cérebro social. Uma epidemia de depressão está seguindo a eclosão do pânico." (BERARDI, 2011)

E Crary:

> "A despeito de sua falta de substância e de sua abstração – afinal é um slogan –, o caráter inexorável do 24/7 repousa em sua temporalidade impossível. É sempre uma reprimenda e uma depreciação da fraqueza e da inadequação do tempo humano, com suas tessituras confusas e irregulares." (CRARY, 2014, p. 39)

Ainda seguindo os dois autores, o que se perderia por meio dessa aceleração abstrata do tempo seria a própria *experiência*, que para Bifo ficaria reduzida a uma função sintática e incapaz de dar conta do nível gestual (fora do código binário cibernético *input/output*). O aspecto que envolve o corpo enquanto estrutura de sensibilidade é simplificado por "redutores de complexidade" como dinheiro, informação, estereótipos ou interfaces de redes digitais,

6. Tradução livre, assim como todas as seguintes do mesmo livro.

acelerando e intensificando os estímulos nervosos e encurtando a sensibilidade (BERARDI, 2011). Para Crary, no mesmo sentido, "habitamos em um mundo onde a antiga ideia de experiência compartilhada está se atrofiando, e ao mesmo as gratificações ou recompensas prometidas pelas opções tecnológicas mais recentes jamais serão alcançadas" (idem, p. 41).

É sob esse tempo sonâmbulo, ininterrupto e insone que vive nosso personagem, Travis. Segundo Crary, "o regime 24/7 mina paulatinamente as distinções entre dia e noite, claro e escuro, ação e repouso. É uma zona de insensibilidade, de amnésia, de tudo que impede a possibilidade de experiência" (CRARY, 2014, p. 26). No trabalho ininterrupto de noites não-dormidas, Travis vive como espécie de zumbi ou sonâmbulo, testemunhando dentro da maquinaria do automóvel uma cidade em decomposição. Sua insônia, como diz Crary, "é o estado no qual produção, consumo e descarte ocorrem sem pausa, apressando a exaustão da vida e o esgotamento dos recursos" (2014, p. 27). E busca, sempre com fracasso, experiências.

Depois da experiência de amor platônico mal-sucedida, Travis vai se aconselhar com o Mago e afirma: "estou mudando". A transposição para uma disciplina armada e indecisa quanto ao seu foco corresponde ao "despertar político" de que fala Crary: "o despertar – perturbação epifânica da insipidez entorpecida da existência rotineira – recupera a autenticidade, em oposição ao ócio entorpecido do sono" (2014, p. 33). Diz Travis: "quero fazer alguma coisa". A aurora desperta (que Crary considera inexistente no mundo 24/7), no entanto, liga-se às demandas neoconservadoras contra a "sujeira da cidade", firmando-se no universo hipermasculino da arma e do guerreiro. Diante da desconstrução da solidez do mundo romântico que Travis, timidamente e de modo muito pobre, parece cultivar, a restauração por meio do combate às duas forças sociais que sintetizam a corrupção do momento, o político liberal e o cafetão hippie – respectivamente, os rivais controladores das duas mulheres a que Travis visa (primeiro, a militante liberal Betsy, adepta do candidato que ele buscará assassinar sem sucesso; depois, a menina Iris). Como afirma High citando Amy Taubin, "a derrota dos Estados Unidos no Vietnã, o colapso do movimento contracultural e a falência da masculinidade hegemônica estrutura não apenas o momento histórico do filme, mas os próprios julgamentos do personagem" (HIGH, 2015, p. 380).

A mesma tensão deixou suas sequelas no ressentimento da classe trabalhadora devido à participação na Guerra do Vietnã em relação aos militantes liberais e os pacifistas dos anos 60. É como se Travis fosse a imagem de uma vingança desejada por esse período: de volta da Guerra, o *mariner* assassina o político liberal corrupto e o hippie parasita, ambos autores da ferida cravada naquele momento em relação ao herói de guerra que não é reconhecido.

5. Travis liga-se à energia raivosa do *punkI*,[7] recusando de vez figurar como *hip (hip, hippie, hipster)*, e figura um gesto heroico redentor como saída desse estado de permanente sonambulismo que vive em seu trabalho. Há, portanto, uma metamorfose com a qual já estamos lançados desde o começo que atinge o personagem: como alguém que passa por um acidente biológico que perfura sua própria camada psíquica, ele se desconstitui enquanto taxista indiferente e engaja-se numa espécie de *acting out* (HIGH, 2015, pp. 390-391). Aliás, a própria atmosfera *punk* estava banhada da ambiguidade do ressentimento e exatamente por isso carrega os riscos que o filme evidencia. Na clássica obra *Mate-me por favor*, Ed Sanders afirma:

> "Há um problema quando você abre sua obra pra sarjeta. Quer dizer, é como flertar com satanismo ou experimentar certos estilos de vida, ou certos tipos de droga que te abrem – você sabe, não sou uma pessoa religiosa, mas você abre aquela fenda, ela pode te engolir. Então é preciso ter cuidado.
>
> O problema com os hippies foi que se desenvolveu uma hostilidade dentro da contracultura entre aqueles que tinham o equivalente a um fundo de crédito – uma espécie de poupança familiar – e aqueles que tinham que se virar sozinhos. É verdade, por exemplo, que os negros já estavam um pouco ressentidos com os hippies lá pelo Verão do Amor, em 1967, porque, pela ótica deles, aqueles garotos estavam desenhando figuras espirais em seus blocos, queimando incenso e tomando ácido, mas poderiam cair fora a hora que quisessem.
>
> Eles podiam voltar pra casa. Podiam ligar pra mamãe e dizer: "Me tira daqui". Ao passo que alguém criado num conjunto habitacional da Rua Columbia e que estava se arrastando em volta de Tompkins Square Park não podia escapar. Aqueles garotos não têm para onde ir. Não podem voltar para a Caipirolândia, não podem voltar pra Connecticut. Não podem voltar pro internato em Baltimore. Estão encurralados.
>
> Assim, surgiu um outro tipo de hippie lúmpen, que vinha de uma verdadeira infância de maus-tratos – com pais que o odiavam, pais que o haviam rejeitado. (...) E esses garotos se transformaram num tipo hostil de gente de rua. Tipos punks." (McNEIL & McCAIN, 2010, pp. 37-38)

Mas é possível avançar uma hipótese diversa que nos conduziria a outro olhar sobre o filme. Existem vários textos que suscitam a hipótese de um stress

7. O punk ainda não era reconhecido exatamente como tal no momento. Na verdade, a inspiração de Scorcese, segundo consta em algumas reportagens, era a própria Guerra do Vietnã. No entanto, a adoção do corte moicano antes mesmo de se tornar tendência entre os *punks* expressa bem a coagulação social do fenômeno no final dos anos 70. Ver, por exemplo, <http://www.bfi.org.uk/news-opinion/sight-sound-magazine/comment/festivals/filth-fury-taxi-driver-scorsese-ramones-spirit-1976> e <http://www.quarterrockpress.com/index.php/qrp-files/item/678-taxi-driver-el-nacimiento-del-punk>. Acessos em 09.08.2017. Sobre o punk e o cenário, ver (PINTO NETO, 2011, pp. 119-125).

pós-traumático (PTDS) causado pela experiência de guerra.[8] Se lembrarmos a descrição do quadro como um estado de indiferença ao mundo, Travis, ao narrar seu trajeto nos primeiros minutos, não faz mais que revelar esse estado de completa desafetação. Segundo Michael High, poderíamos ler sua condição tanto como de vítima quanto de vitimizador, havendo uma resultante dialética de impotência e poder, fracasso e sucesso, advinda da experiência da Guerra do Vietnã (HIGH, 2015, p. 374). A condição traumática, que envolveria a "inabilidade para falar e a necessidade de falar", aproximaria a condição de Travis do PTDS (idem, p. 375).

Talvez o punk, antecipado no moicano de Travis, já expusesse essa resposta:

> "Comparado ao que estava acontecendo no mundo real, decadência parecia meio antiquado. Assim, o punk não tinha a ver com decadência, o punk tinha a ver com o apocalipse. Punk tinha a ver com aniquilação. Nada deu certo, então vamos direto pro Armagedon. Sabe como é, se você descobrisse que os mísseis estavam a caminho, provavelmente iria começar a dizer o que sempre quis." (LEGS McNEIL in McNEIL & McCAIN, 2011a, pp. 42-43)

Assim, poderíamos pensar, com Catherine Malabou, que Travis passa por uma transformação explosiva que o conduz a um "personagem novo, sem precedente", "um personagem irreconhecível, cujo presente não provém de nenhum passado, cujo futuro não tem porvir, uma improvisão existencial absoluta. Uma forma nascida do acidente, nascida por acidente, uma espécie de acidente. Uma estranha raça" (MALABOU, 2014, p. 11). Para a filósofa, essa seria a nova modalidade de traumatismos, e seus feridos, típica da sociedade contemporânea. Descrevendo mesmo os veteranos do Iraque e do Vietnã, Malabou identifica essa metamorfose da identidade que carrega uma "frieza afetiva", uma "deserção" ligadas ao choque (MALABOU, 2007, p. 19). Indo mais longe que Bifo e Crary, a filósofa permite pensar a figura sonâmbula de Travis como afetado pelo choque traumático, vivendo num estado de indiferença e desafetação que tenta se acordar primeiro na tentativa fracassada de romance, onde o componente social acaba sendo determinante, quanto nos homicídios que comete posteriormente com vistas à redenção, à "limpeza" da "imundície" da cidade em que vive. Ela nomeia o fenômeno, em contraponto à plasticidade formativa e receptiva do cérebro, de plasticidade destrutiva, entendida como a própria maneira de reorganização que ganham as formas danificadas enquanto uma nova identidade sem restos da anterior.

Essa plasticidade destrutiva pode ser comparada àquilo que Deleuze e Guattari, em sintonia com a "danação sem retorno" de que falará

---

8. Por exemplo: <https://www.filminquiry.com/ptsd-in-taxi-driver-disorder/≥. Acesso em 09.08.2017.

Malabou, nomeavam simplesmente de *o maior dos perigos*: no processo de desterritorialização, a própria desterritorialização se desprende de qualquer plano e torna-se *paixão por abolição*. Dizem os autores de *Mil Platôs*, descrevendo: "*Viva a morte!*, até no nível econômico onde a expansão do rearmamento substitui o aumento do consumo, e onde o investimento se desloca dos meios de produção para os meios de pura destruição" (DELEUZE e GUATTARI, 1996, p. 114). Mais do que os empresários morais da Lei e Ordem na mídia, na academia e na política, Travis encarnaria um lado ainda mais obscuro da cultura do castigo, um fascismo que iria além até mesmo da forma totalitária de Estado. Ou seja, o choque traumático que incide sobre Travis não o alinha na figura do policial ou mesmo do militar que se prende ao discurso reacionário: sua adesão é meramente casual. Desterritorializado da subjetivação soldado – funcionário do Estado – torna-se uma máquina de guerra. A linha de fuga que Travis desenvolve se intensifica e transforma em linha de destruição e abolição puras (DELEUZE e GUATTARI, 1996, p. 113).

Essa máquina de guerra não vê outra função senão a própria guerra, tornando-se um cancelamento integral, um niilismo molecular e suicidário. Sua errância no alvo a destruir não é ocasional, porque o alvo, a rigor, é irrelevante. A ideologia e o discurso são o menos importante. Para além do controle político que se baseia no castigo como cerimônia de purgação e sacrifício do bode expiatório que apazigua o ressentimento social, dispara-se, nesse instante, uma linha incontrolável que já não se guia mais por nenhum sentido que não seja o simples desejo de aniquilação de todo sentido. Um além do castigo. É preciso lembrar que, após se despedaçar em múltiplos pedaços de si em meio a essa indiferenciação dissolvida na "cidade imunda" e mesmo após salvar a menina do cafetão, Travis termina emblematicamente apontando a arma para sua própria cabeça e simulando um disparo. Sua missão, a destruição integral – inclusive de si próprio – teria se consumado.

Nessa cena, congelada enquanto seu corpo desmaia em frente aos policiais, temos o capítulo final da metamorfose – a própria destruição ganhando forma.

REFERÊNCIAS BIBLIOGRÁFICAS

BERAN, Dale. Trump, os nerds do 4Chan e a nova direita dos Estados Unidos. Trad. Clara Allain. *Folha de S.Paulo*, edição de 19.03.2017.

BERARDI, Franco. "Bifo". *After the future*. Chico, CA: AK Press (edição digital), 2011.

CARVALHO, Salo de. *Antimanual de Criminologia*. Rio de Janeiro: Lumen Juris, 2008.

CRARY, Jonathan. 24/7: capitalismo tardio e os fins do sono. Trad. Joaquim Toledo Jr. São Paulo: Cosac Naify, 2014.

DELEUZE, Gilles & GUATTARI. *Mil Platôs: capitalismo e esquizofrenia*, vol. 3. Trad. Aurélio Guerra et alii. Rio de Janeiro: Editora 34, 1996.

GARLAND, David. *The culture of control: crime and social order in contemporary society*. Chicago: Chicago University Press, 2001.

HIGH, Michael. *Taxi Driver and Veteran Trauma*. In: A Companion to Martin Scorcese. Malden: Blackwell, 2015.

KEHL, Maria Rita. *Ressentimento*. São Paulo: Casa do Psicólogo, 2004.

MALABOU, Catherine. *Les nouveaux blessés: de Freud à la neurologie, penser les traumatismes contemporains*. Paris: Bayard, 2007.

_____. *Ontologia do Acidente: ensaio sobre a plasticidade destrutiva*. Trad. Fernando Scheibe. Desterro: Cultura e Barbárie, 2014.

MCNEIL e MCCAIN. *Mate-me por favor*. vol. 1. Trad. Lucia Brito. Porto Alegre: LP&M, 2010.

_____. *Mate-me por favor*. vol. 2. Trad. Lucia Brito. Porto Alegre: LP&M, 2010a.

NAGLER, Angela. *Kill All Normies: Online Culture Wars From 4Chan And Tumblr To Trump And The Alt-Right*. London: Zero Books (edição digital), 2017.

PINTO NETO, Moysés. *Esquecer o neoliberalismo: o aceleracionismo como terceiro espírito do capitalismo*. Cadernos IHU Ideias, vol. 14, n. 245, 2016.

_____. "Itinerários errantes do rock". *Criminologia Cultural e Rock* (com Salo de Carvalho, Marcelo Mayora e José Linck). Rio de Janeiro: Lumen Juris, 2011.

WACQUANT, Loïc. *As prisões da miséria*. Trad. André Telles. Rio de Janeiro: Jorge Zahar, 2001.

YOUNG, Jock. *A sociedade excludente*. Trad. Renato Aguiar. Rio de Janeiro: Revan, 2002.

■

27

LOS SISTEMAS DE RESPONSABILIDAD PENAL ADOLESCENTE EN AMÉRICA LATINA Y *LOS 400 GOLPES* DE FRANCOIS TRUFFAUT: ALGUNAS REFLEXIONES CRIMINOLÓGICAS DESDE EL CURSO *CINE Y DERECHO PENAL* EN VALPARAÍSO

MARCELA AEDO RIVERA[1]

SILVIO CUNEO NASH[2]

"Un niño que haya recibido el cariño y la educación normales no siente ningún deseo de martirizar a otro niño o a un animal. No hay niños nazis, fanáticos, terroristas, fascistas, y como son niños, son inocentes."

(TRUFFAUT, 1999:281)

1. Doctora en Derecho por la Universidad Autónoma de Barcelona. Investigadora del Centro de Investigaciones de Filosofía del Derecho y Derecho Penal, Escuela de Derecho, Universidad de Valparaíso, Chile <http://cifde.cl/>. Correo electrónico: marcela.aedo@uv.cl.

2. Doctor en Derecho por las Universidades Pompeu Fabra y Degli Studi di Trento. Máster en Derecho por la Universidad Pompeu Fabra. Profesor del departamento de Derecho penal de la Universidad de Valparaíso, Chile. Correo electrónico: silviocuneo@gmail.com.

RESUMEN: En el presente artículo contaremos la experiencia de vincular cine y derecho penal en la Escuela de Derecho de la Universidad de Valparaíso, Chile y los buenos resultados que hemos conseguido con ello. Luego, nos detendremos en un análisis particular de "Los 400 Golpes" de Francois Truffaut, y reflexionaremos, desde una perspectiva criminológica, sobre las imágenes y discursos que emergen en relación a la desviación juvenil y su castigo. Se abordará– desde un contexto latinoamericano– la conocida "transición" de un modelo tutelar a uno de responsabilidad, y se analizarán los últimos datos que se manejan en relación al uso de la pena privativa de libertad como castigo. Ello nos enfrentará a las siguientes preguntas: ¿efectivamente la "transición" hacia el modelo de responsabilidad ha implicado un avance en el reconocimiento de los derechos de los/as niños/as y adolescentes infractores? ¿Y qué implicancias tiene el creciente uso de la pena privativa de libertad en los Sistemas de Responsabilidad Penal en América Latina (SRPA)?. ¿Estamos nuevamente frente a *Los 400 golpes*?

PALABRAS-CLAVE: Cine – Derecho penal – Castigo – Privación de libertad – Responsabilidad penal adolescente

1. INTRODUCCIÓN

Vincular cine y derecho penal es ya una tradición en la Escuela de Derecho de la Universidad de Valparaíso. El segundo semestre académico de 2005, se organizó en dicha unidad académica un curso taller titulado *Cine y Derecho penal*.[3] Ya antes, el año 2002, presentamos en un congreso de Derecho penal y criminología una exposición que vinculaba la obra de Kubrick a las teorías sobre el fin de la pena.[4] En ambas oportunidades nos sorprendimos por la buena acogida que tuvieron entre los alumnos los trabajos que trataban sobre cine y Derecho penal, y decidimos presentar un curso electivo en la carrera de Derecho de la Universidad de Valparaíso, el que desde el 2008 se viene dando con una óptima recepción por parte de los estudiantes. Como resultado de estas relaciones entre el séptimo arte y el derecho penal, el año 2010, bajo el sello editorial de la Universidad de Valparaíso, se publicó el libro *Cine y Derecho penal* de autoría de Silvio Cuneo Nash, con prólogo de Raúl E.

3. Los organizadores de dicho curso fueron los profesores Enrique Aldunate, Sebastián Cabezas, Silvio Cuneo y Carlos Silva.
4. El trabajo se titula "Stanley Kubrick y las doctrinas preventivistas" y está publicado en el libro de ponencias del mismo congreso y es también un capítulo del libro "Cine y Derecho penal" (Universidad de Valparaíso, 2010).

Zaffaroni, Epílogo de José Luis Guzmán Dálbora y un apéndice de la profesora de derecho laboral, Daniela Marzi Muñoz, que se refería justamente al film que comentaremos en este artículo.[5]

Por otro lado, entre los años 1999 y 2003, financiados por la Universidad Católica de Valparaíso, junto a un grupo de estudiantes de las universidades de Valparaíso y Católica de Valparaíso, exhibimos diversas películas a los internos de la Cárcel de Valparaíso en las que se debatía sobre cine y delincuencia.

Las posibilidades de relacionar cine y derecho penal son enormes. Las películas que se aproximan al mundo de los delitos y de las penas son múltiples y tan diversas que incluso podríamos hacer varias subclasificaciones: cine y juicios penales; la cárcel en el cine; la pena de muerte y el cine; delitos y cine; genocidio y cine; denuncia de condiciones sociales miserables y su relación con el cine; tráfico de drogas y cine; migración, violencia contra las mujeres, delincuencia y cine; etc.

De nuestra propia experiencia podemos concluir que la película que ha tenido mejor efecto en los espectadores (que pertenecen a mundos completamente distintos e incluso opuestos) ha sido *Los 400 Golpes*.[6] Resulta al menos curioso que habiendo consultado a los presos de la cárcel de Valparaíso y a los estudiantes de derecho de la Universidad por la película que más les había gustado, la respuesta fue, en ambos casos, la misma. Algo tiene el primer largometraje de Truffaut que logra cautivar tanto a los presos de la miseria de la cárcel porteña como a los jóvenes más acomodados de una facultad de derecho. Visiones distintas, experiencias diferentes del mundo y de la vida, coinciden en la admiración por esta película.

Quizás sea el carácter autobiográfico de *Los 400 Golpes* el que otorga una fuerza estremecedora logrando transmitir de manera real y empática el sufrimiento de un niño carente de afectos. Truffaut se desnuda y muestra el lado más triste de su vida. Las vivencias del protagonista inspiran lástima y sorprende, como un milagro, la vida y los triunfos que pudo adquirir en el futuro el autor (y verdadero protagonista) de la misma. Tras el estreno de la película en 1959 la madre de Truffaut, no sabemos si por culpa o por rabia (quizá por ambas), no quiso volver a hablar nunca más con su hijo. Posiblemente una extraña negación la hacen consciente de su responsabilidad por los duros golpes que debió sufrir su hijo en su primera adolescencia.

---

5. En varios puntos seguimos la estructura planteada por la profesora Marzi en el texto citado precedentemente.
6. Filme de 1959 dirigido por Francois Truffaut e interpretado por Jean-Pierre Lèaud, quien entonces tenía 13 años. El título es una clara alusión (más literal que metafórica) de los múltiples golpes que tuvo que recibir el protagonista.

Tras lo mostrado anteriormente por el neorrealismo italiano[7] (que además de preceder cronológicamente a la *Nouvelle Vague*, también se refiere en general a un período anterior) el sufrimiento de Antoine Doinel, parece menor. Pero se trata de un sufrimiento más evitable puesto que no se debe a carencias materiales, sino a falta de afectos. A Antoine intentan despojarle de su esencia infantil. Las vivencias sugieren que Antoine debe hacerse grande, pero Antoine sólo sabe ser un niño. Con una lógica irrefutable aprende a defenderse de quien lo acusa de mentir constantemente. *A veces no me creen tampoco cuando digo la verdad*, sentencia Antoine.

Como en el neorrealismo italiano el final del filme es abierto. Antoine se escapa del reformatorio hasta llegar al mar. La metáfora de la libertad parece evidente. Del encierro de una especie de prisión juvenil a la inmensidad del mar. Sin embargo, en la última toma la cámara se vuelve hasta mostrarnos el rostro perdido del protagonista que impresionado ante la infinitud del mar teme el desconocido futuro que le espera.

Fue Andrè Bazin (a quien está dedicado el film) el joven amigo que ayudó a Truffaut.[8] Con el cine club y con una de las mejores experiencias de la historia del cine mundial, un grupo de jóvenes dieron vida a lo que sería la *Nouvelle Vague*, que más que un movimiento se tradujo en distintos autores con distintas maneras de contar la vida. Estéticamente *Los 400 Golpes* es un film muy tradicional. El montaje invisible permite que la historia se desarrolle omitiendo cualquier exageración estilista que pudiera separarnos del problema. Imágenes notables como las caras de los niños nos muestran un realismo total (no podría ser de otra manera, toda vez que ni los niños sabían que se los estaba filmando).

Si analizamos los filmes posteriores de la misma saga (*Antoine y Collette*; *Besos robados*; *Domiclio conyugal* y *El amor en fuga*, todos protagonizados por Jean-Pierre Lèaud) veremos que todos mantienen un carácter autobiografico en lo esencial, pero fantasean sobre la hipotética vida de Truffaut (o Doinel) sin el cine y el éxito. Nuevamente las carencias no son materiales, aunque el protagonista tenga una vida precaria. Ahora es él quien sólo sabe amarse a sí mismo. Las divertidas escenas de los filmes ya citados, ocultan la triste vida de un hombre incapaz de amar (paradojalmente otro film de Truffaut se titula *El hombre que amaba a todas las mujeres*). El realismo de la *Nouvelle Vague* desde afuera hacia adentro se centra en las emociones y en un coherente perfil psicológico de los personajes.

---

7. Entre los títulos más conocidos del neorrealismo italiano se encuentran: "Ladri di Biciclette" de Vittorio de Sica, "Ossessione" de Luchino Visconti, "Roma, cittá aperta" de Roberto Rossellini etc.
8. Andre Bazín fue uno de los teóricos más importantes del cine francés y creador de una de las revistas cinematográficas más influyentes de la historia: La *Cahiers du Cinéma*, donde trabajó con diversos directores como Truffaut, Godard, Rhomer y Chabrol.

Antes de entrar en el análisis criminológico y jurídico penal de la obra, digamos algunas cosas sobre Truffaut. Su cine (con clara influencia del cine italiano, especialmente de uno de sus maestros: Roberto Rossellini), brinda una especial atención a los niños a quienes -según el propio Truffaut- debía filmárselos con el mayor de los respetos (1999: 116).

Como habíamos anticipado, la obra de Truffaut se enmarca dentro de la *Nouvelle Vague*, que corresponde en términos generales a un grupo de cinéfilos que terminaron siendo o críticos o cineastas, quienes fundaron en 1951 la revista *Cahiers du cinéma* bajo la dirección del mentor del grupo: André Bazin. En realidad, la *Nouvelle Vague*, más que un movimiento coherente y reglado de cine "nunca llegó a ser nada más que una asociación inestable de directores que coincidieron en una época crítica" (INGRAM, Robert y, DUNCAN, Paul 2004:30).

Se trata de un cine que responde a un cine francés que lo antecedía, autoproclamado cine de calidad, que buscaba llevar a la pantalla grandes obras de la literatura con costosos elencos que aseguraban una buena taquilla. Los diversos integrantes de la *Nouvelle Vague* suman al trabajo grupal, la investigación y los referentes que cada uno consideraba esenciales. Hitchcock aparece como referente obligatorio. Importa recordar que hasta la *Nouvelle Vague*, la obra de Alfred Hitchcock no contaba con el prestigio de los amantes del llamado cine de autor, puesto que la taquilla del norteamericano parecía espantar a los intelectuales. Fue este grupo de franceses, especialmente Truffaut, los que pusieron en el pedestal merecido al cine de Hitchcock.

Sobre el particular conviene recordar un diálogo entre Truffaut y el maestro del suspenso que explica uno de los elementos esenciales del cine del primero:

> *Francois Truffaut:* Comprendo muy bien su reacción porque es cierto que generalmente los críticos tienden a valorar más la calidad literaria de una película que su calidad cinematográfica.
>
> Sus escrúpulos con respecto a O'Casey explican su repugnancia a adaptar las obras maestras de la literatura. Hay un gran número de adaptaciones en su obra, pero se trata casi siempre de una literatura estrictamente recreativa, de novelas populares que usted reelabora a su manera hasta que se convierten en películas de Hitchcock. Entre las personas que le admiran, algunas desearían que hiciese adaptaciones de obras importantes y ambiciosas, *Crimen y castigo* de Dostoievski, por ejemplo.
>
> *Alfred Hitchcock:* Sí, pero no lo haré nunca porque Crimen y castigo es precisamente la obra de otro. A menudo se habla de los cineastas que, en Hollywood, deforman la obra original. Mi intención es no hacerlo nunca. Yo leo una historia sólo una vez. Cuando la idea de base me sirve, la adopto, olvido por completo el libro y fabrico cine... Lo que yo no comprendo es

que alguien se apodere realmente de una obra, de una buena novela cuyo autor ha empleado tres o cuatro años en escribir y que constituye toda su vida. Se manipula el asunto, se rodea uno de artesanos y de técnicos de calidad y ya tenemos candidatura a los 'oscars', mientras que el autor se diluye en segundo plano. No se piensa más en él.

F.T.: Esto explica que usted no rodará Crimen y castigo.

A.H.: Y añado que si rodara Crimen y castigo no sería necesariamente bueno.

F.T.: ¿Por qué?

A.H.: Si coge usted una novela de Dostoievski, no sólo Crimen y castigo sino cualquiera, hay muchas palabras en ella y todas tienen una función.

F.T.: ¿Y una obra maestra es, por definición, algo que ha encontrado su forma perfecta, su forma definitiva?

A.H.: Exactamente. Y para expresar lo mismo de una manera cinematográfica, sería preciso sustituir las palabras por el lenguaje de la cámara y rodar una película de seis o de diez horas, en otro caso no sería serio.

F.T.: Creo también que su estilo y las necesidades del suspense le obligan constantemente a jugar con la duración, a comprimirla a veces, pero con mayor frecuencia todavía a dilatarla, y por ello la labor de adaptación de un libro es mucho más diferente para usted que para la mayoría de los cineastas.

A.H.: Sí, pero comprimir o dilatar el tiempo, ¿no es la primera labor del director? ¿No cree usted que el tiempo del cine nunca debería tener relación con el tiempo real?

F.T.: Desde luego, es un elemento esencial, pero esto sólo se puede descubrir al rodar la primera película." (TRUFFAUT, 1974:57-58)

Conviene insistir en la importancia que le da Truffaut a la infancia. Además de *Los 400 Golpes*, filmes como *El pequeño salvaje* (1969), *La piel dura* (1976), son también protagonizadas por niños o adolescentes. Al respecto las palabras de Truffaut resultan muy ilustrativas:

"En algunas películas el niño se ve traicionado por un vicio de forma del guión, es decir, se le arrincona en beneficio de un elemento considerado poético de entrada, un objeto, a veces un animal. Como los niños traen automáticamente consigo la poesía, creo que se ha de evitar introducir elementos poéticos en una película infantil... Para ser más concreto, yo encontraría más poética una secuencia en la que apareciera un niño secando platos que otra en la que el mismo niño vestido de un traje de terciopelo cogiera flores en un jardín con música de Mozart de acompañamiento... Una sonrisa de un niño en la pantalla y ya está todo ganado. Sin embargo, precisamente lo que salta a la vista cuando se observa la vida es la gravedad del niño en comparación con la futilidad del adulto. Por eso creo que es más real filmar no sólo los juegos de los niños sino también sus dramas, que son grandísimos y nada tienen que ver con los conflictos de los adultos." (TRUFFAUT, 1999:34)

"Siempre me ha irritado ver intelectuales interesados por la película protagonizada por niños que expresa, ante todo, 'la crueldad de la infancia'. La crueldad de la infancia es un tema literario magnífico, pero no existe. Y si existe no es más que el reflejo caricaturesco de la crueldad de los adultos. Un niño que haya recibido el cariño y la educación normales no siente ningún deseo de martirizar a otro niño o a un animal. No hay niños nazis, fanáticos, terroristas, fascistas, y como son niños, son inocentes... Una película con niños se puede limitar a mostrar acontecimientos sencillos, puesto que el drama infantil nace del día a día. Lo más importante es no utilizar al niño como un actor a quien se le da un texto, sino como un colaborador a quien se le pide que aporte la vida, la plausibilidad, la fantasía." (TRUFFAUT, 1999:281)

2. ALGUNAS IMÁGENES Y DISCURSOS SOBRE LA INFANCIA[9] Y SU CONTROL SOCIO-PENAL[10] EN *LOS 400 GOLPES*: UNA MIRADA DESDE LA PERSPECTIVA CRIMINOLÓGICA.

Al revisar las diversas perspectivas que analizan la infancia, en nuestro análisis prevalece aquella de carácter histórico que considera a la misma como una realidad que se ha construido bajo la influencia del contexto social, cultural y económico que le ha cobijado (GARCÍA MÉNDEZ, Emilio, 1998: 57; CORTÉS, Julio, 2001:7).

---

9. En la categoría infancia, en términos generales, comprendemos a niños, niñas y adolescentes. En este sentido seguimos el criterio de la Convención Internacional sobre los Derechos del Niño (1989) que en su artículo 1 señala: "Para los efectos de la presente Convención, se entiende por niño todo ser humano menor de dieciocho años de edad, salvo que, en virtud de la ley que le sea aplicable, haya alcanzado antes la mayoría de edad".
En el presente artículo, la distinción entre niño/a y adolescente cobra particular relevancia en la regulación de la responsabilidad penal, cuestión que se abordará más adelante.

10. Utilizamos el concepto de control socio-penal, con el fin de comprender tanto el concepto de control social y el de control penal, ya que entendemos que junto al control social de los niños/as y adolescentes, se construyeron formas de control penal, ejercidas por el derecho penal y las instancias propias del sistema (RABOSSI, Andrea 2002:9). En este sentido seguimos la distinción que desde fines de 1990 realizó el profesor Roberto Bergalli, quien llama la atención sobre la necesidad de deslindar el concepto de social control, cuyos orígenes se ubican en la tradición sociológica norteamericana de principios del siglo XX (Park 1921), y distanciarlo de la categoría control jurídico- penal, que realiza el sistema penal (1996; 1998; 2003). En este sentido Bergalli señala: "Si bien el control social descuenta una cierta coerción el control punitivo es por naturaleza el más coercitivo y su aplicación conlleva la violencia, en el caso que tenga que ser cumplido contra la voluntad del/los controlado/s. Y este procedimiento está legitimado porque su ejercicio corresponde a la propia esencia de los sistemas penales [...]" (2001:112).

Asumir que en cada contexto social e histórico existe una cierta representación imaginaria de la infancia, “a la vez que condiciones reales de vida de los niños [y las niñas], es un punto de partida que nos permite desmitificar y deconstruir las imágenes de la infancia que predominan en cada momento, además de estudiar críticamente las formas en que el Derecho se han ido plasmando tales concepciones de la infancia, entendiendo al derecho y a lo jurídico no como algo inscrito en el plano de las abstracciones, sino como un hecho social que a la vez que es determinado en gran medida por condiciones materiales e históricas, influye correlativamente en las vidas concretas de niños [y niñas] individual y colectivamente considerados” (CORTÉS, Julio, 2001:7).

Y en este devenir histórico la infancia aparece indisolublemente vinculada a su control. Es así como la escuela en el siglo XVIII se transformó en un espacio privilegiado de control y disciplina infantil (RODRÍGUEZ PASCUAL, Iván, 2002:20; GARCÍA MÉNDEZ, Emilio, 1998:26). Y “si el siglo XVIII ‘descubre’ la escuela como el lugar de producción de orden y homogenización de la categoría niño, el siglo XIX se abocará a la tarea de concebir y poner en práctica aquellos mecanismos que recojan y ‘protejan’ a quienes han sido expulsados o no han tenido acceso al sistema escolar” (GARCÍA MÉNDEZ, Emilio, 1998:26-27).

Y todo ello queda de manifiesto en el filme, ya que el control se transforma en un elemento clave en el transcurso del mismo. Tanto las imágenes como los discursos que emergen –desde el mundo adulto– sobre los niños (y las niñas) nos hablan de sujetos necesitados de control.

A estos chicos no hay modo de detenerlos ni en pintura... Son unos estúpidos maleducados, señala un profesor en la primera parte del film. *¡Pequeños demonios!* les grita un sacerdote con el que se topan Antoine y su amigo en la vía pública.

Asimismo, el orden de los cuerpos y los castigos en la Escuela, luego la disciplina en las tareas del hogar y finalmente el control penal y sus rituales que van desde una rápida declaración a los golpes en el Centro de Observación, marcan la propia historia de Antoine.

El control socio penal, la censura al comportamiento definido como desviado, emerge desde las primeras imágenes del film.

Aquí sufrió el pobre Antoine Doinel castigado injustamente por un pequeño dibujo de una modelo que vino del cielo, escribe el niño en la pared de la sala de clases y agrega *aplicaré el ojo por ojo diente por diente.*

De esta manera comienza el camino de golpes que vivirá el niño, pasando desde los gritos y bofetadas de los padres hasta su institucionalización en un Centro para Menores Delincuentes.

La caracterización que hace Truffaut de la Justicia de Menores y el Centro de Observación (léase de privación de libertad) al que es destinado Antoine, nos enfrenta a dos de las instituciones paradigmáticas en la historia del control socio penal de la infancia.

Cabe recordar que estas instituciones destinadas al control socio-penal de "menores abandonados y delincuentes", en la forma en que hoy todavía existen surgen en el contexto de profundas transformaciones sociales y económicas. De hecho su primera tímida aparición tiene lugar en el mismo siglo que en Europa comienza a afirmarse el capitalismo, "no sólo como nuevo modo de producción, sino también como centro motor de una profunda reorganización de las instituciones, del poder y de la sociedad" (DE LEO, 1985:22).

La miseria de la época aparejada al creciente desarrollo industrial se encuentra estrechamente vinculada al proceso de desintegración familiar, cuyas bases resultan seriamente afectadas por el modo de vida que el nuevo orden socio-económico impone a gran parte de la población. Con este modelo de familia decae también un poderoso mecanismo de integración y de control social, propio de la sociedad pre-industrial. En este sentido Gaetano De Leo señala que: "antes de la revolución industrial, la familia amplia, campesina o artesana, podía afrontar perfectamente la corresponsabilización directa del niño, porque éste era un miembro tan profundamente integrado en el grupo que se confundía con él; con el desarraigo, la urbanización y la nuclearización de la familia, el niño se convertía también en individuo separado y la familia ya no se hallaba en disposición de responder desde un punto de vista estructural y funcional, ni de hacerse cargo, desde el punto de vista penal, de su comportamiento" (1985:34).

En este contexto, resulta innegable que, en muchos casos, ese espíritu de asistencia que impregna el nacimiento de las instituciones para *menores*, "parece más un espíritu de resistencia ante las consecuencias que podían derivar de una inadecuada socialización de los mismos. Por ello se señala con frecuencia el hecho de que bajo el humanismo pretendidamente reformista que mueve este tipo de instituciones encontramos una clara necesidad de vigilar (...) un colectivo potencialmente peligroso, muy alejado de los niños que presenta el modelo familiar típicamente burgués, asentado sobre un predominio afectivo y el espacio cerrado del hogar" (RODRÍGUEZ PASCUAL, Iván, 2002: 21).

Siempre vinculado con lo anterior, aunque desde otro punto de vista, en especial desde las teorías criminológicas que han explicado el fenómeno de la delincuencia juvenil y su control, se afirma que la falta de supervisión y control constituye uno de los principales factores de riesgo.[11]

---

11. En un estudio realizado por Wilson se concluye que de todas las variables examinadas, la escasa supervisión de los padres era la más fuertemente relacionada con la delincuencia" (VÁZQUEZ, Carlos 2003)

En este sentido parecen ilustrativas algunas de las conversaciones que tienen lugar entre los padres y entre éstos y las autoridades policiales y judiciales.

Así por ejemplo cuando el padre ingresa a Antoine a la Comisaría le señala al Sr. Comisario: *Le dimos demasiada libertad. Pero como en casa trabajamos los dos, usted sabe.*

Y luego tiene lugar una interesante conversación entre la madre y el Juez.

"Madre: *¡no tenemos ninguna autoridad sobre él!*

Juez: *Quizás ustedes intentaron ejercerla sólo de un modo intermitente. Dígame, ¿es cierto que el muchacho ha estado todo un fin de semana sólo en casa?*

Madre: *Mi marido pertenece a un Club de Carreras de autos y eso nos obliga a tener que dejarlo alguna vez en casa. Además él detesta los deportes. Prefiere encerrarse horas en el cine, con perjuicio de su vista.*

Juez: *¿y qué dice su marido de todo esto?. Al fin y al cabo, es su hijo.*

Madre: *Pues...no precisamente. Nos casamos cuando el pequeño acababa de nacer.*

Juez: *¡Una actitud muy honorable!*

Madre: *No debería haber dicho esto...*

Juez: *¿Por qué no? Todo lo contrario. Mi reflexión es que conviene enviar al muchacho en observación a un Centro.*"

Retomando la historia del control socio penal de la infancia, cabe señalar que ésta tiene una fecha clave, 1899, año en que se dicta la ley para tribunales de menores de Illinois, Estados Unidos.

Sobre este nuevo estatuto jurídico y su aplicación es importante destacar que:

a) Se presentaba a los "delincuentes" como necesitados de un severo control y restricción para que su reforma tuviera éxito.

b) Aunque el movimiento que impulsó esta Ley afirmaba el valor del hogar y la familia, facilitaba el alejamiento de los/as niños/as de un hogar que no cumple su función debida. Y sólo las familias de clase baja eran evaluadas en cuanto a su idoneidad.

c) Se consideraba que la dependencia era el estado natural del niño/a y era misión de los nuevos tribunales para menores castigar la "prematura independencia infantil y restringir la autonomía juvenil.

d) De este modo el tribunal de menores era una corte especial creada para determinar la categoría jurídica de los niños "problema", y su fundamento descansaba en el concepto de *parens patriae*, en virtud del cual los tribunales eran autorizados, sin mayor formalidad, a usar de amplia discreción al resolver los problemas de "sus ciudadanos menos afortunados", todo ello en la idea de no acusar a un niño de un delito sino de ofrecerle ayuda y guía.

e) Los estatutos originales del tribunal para menores de Illinois permitían a las cortes investigar una gran variedad de necesidades y de mal comportamiento de los menores, contemplando incluso como definición estatutaria de delincuencia, las transgresiones de conceptos generales vagamente definidos, como comportamiento "vicioso" o "inmoral", "incorregibilidad", "holgazanería", "lenguaje blasfemo o indecente", "ser un vago", "vivir con una persona viciosa o de mala fama" etc. (PLATT, Anthony, 1982: 152-53).

f) Se alentaba una formalidad mínima de procedimiento y una dependencia máxima de los recursos extralegales, en virtud de los cuales los jueces estaban autorizados para invadir la vida privada del "menor" al poder investigar el carácter y los antecedentes sociales tanto de los niños "delincuentes" como de los "pre-delincuentes" (PLATT, Anthony, 1982: 156).[12]

Las características señaladas, propias de un modelo tutelar, son muy bien ilustradas por Truffaut en la parte final del film.

Ante los comportamientos "incorregibles" de Antoine los padres ven en la "Justicia" una solución a su "falta de autoridad".

Por ello cuando el padre conduce al niño a la Comisaría, le señala: *te harán sentar la cabeza. Ya fue suficiente. Si a tu edad yo le hubiera hecho esto a mi padre, me mataba.*

Y luego afirma ante el señor Comisario: *Lo intentamos todo... dulzura, persuasión, castigos, pero pegarle nunca, se lo puedo decir.*

Luego la madre le solicita al juez: *si al menos consiguiera usted impresionarlo señor Juez... no tenemos ninguna autoridad sobre él.*

Posteriormente cuando el juez solicita que se haga el ingreso "formal" del niño, señala como "cargos": vagabundeo y robo. Y luego de una breve conversación con el padre ordena su internación en un Centro de Observación. Antoine es detenido en un calabozo con adultos y posteriormente conducido en un carro a una nueva dependencia. El niño siente frío y dolor, sus lágrimas emergen avergonzadas en la penumbra de este nuevo golpe.

---

12. La ley de tribunales para menores de 1899 fue favorablemente acogida por la judicatura y el foro y pronto fue considerada un prototipo para la legislación de los otros estados y para 1928 todos los estados, salvo dos, habían adoptado su sistema de tribunales para menores.
Además este movimiento sobrepasó sus fronteras y también proliferó en Europa. Así y a modo de ejemplo, en Francia el primer Tribunal de Menores se creó en 1912, en Italia, la Ley de Menores data de 1934 y la Ley que implantó en España el Tribunal de Menores, fue la Ley de Bases del 2 de agosto de 1918.

A continuación de los ritos propios del sistema de ingreso, el juez determina que el niño: *estará* –en el Centro de Observación de Menores Delincuentes– *de dos a tres meses, lo necesario para investigar el caso y luego tomar una decisión.*

Una vez que Antoine entrega sus pertenencias, es fotografiado como un "delincuente" y registra sus huellas dactilares, es literalmente empujado al Centro de Menores Delincuentes. La etiqueta ha comenzado su acción. El aprendizaje de nuevos comportamientos delictivos, los golpes y la rígida disciplina no parecen ser la solución.

Al final del film la mirada un tanto extraviada de Antoine, emerge como una pregunta o una rogativa: ¿los 400 golpes han finalizado?

3. LOS SRPA EN AMÉRICA LATINA, DESDE UN MODELO TUTELAR A UNO DE RESPONSABILIDAD: ¿UN AVANCE?

Habrá que aguardar hasta la aprobación de la CDN, para que un instrumento internacional de carácter vinculante reconozca por primera vez a los niños, niñas y adolescentes como sujetos de pleno derecho, cuestión que ha marcado un hito en la historia de la infancia-adolescencia. Se trata de una "nueva concepción que ha producido cambios en la teoría jurídica de la infancia, y que ha supuesto importantes transformaciones legislativas y avances normativos en el reconocimiento de los derechos de la niñez" (GUILLÓ, Juan, 2006:11).

Respecto del contexto latinoamericano, la CDN tuvo un particular impacto, así por ejemplo permitió la construcción de nuevos marcos conceptuales: de la doctrina de la "Situación Irregular" a la doctrina de la "Protección Integral". En efecto, las legislaciones latinoamericanas antes de la Convención se inspiraban en la conocida como Doctrina de la Situación Irregular, que en pocas palabras significó –y significa aún hoy en ciertas legislaciones– legitimar una potencial acción indiscriminada sobre los niños/as y adolescentes en situación de dificultad; centra su mirada en la infancia "minorizada", es decir, aquella infancia pobre, tradicionalmente excluida de las formas convencionales de socialización, tales como la familia y la escuela; y que privilegia la institucionalización ante la falencia de adecuadas políticas públicas para la infancia (AEDO, Marcela 2014).

Sin embargo, a partir de la aprobación de la CDN se produce un cambio en el paradigma, es decir, "un cambio profundo de la mentalidad, los conceptos y los valores que forman una visión de la realidad de la infancia-adolescencia" (CONTRERAS, Consuelo, 2002:16). Probablemente el más importante en la historia de los derechos de la infancia, ya que ha determinado un cambio en la consideración de los niños y las niñas al reconocerles como sujetos plenos de derechos.

En esta línea de ideas –y en el contexto latinoamericano– se comenzará a expandir la expresión protección integral recogida por primera vez en el artículo 3 del Estatuto del Niño y del Adolescente en Brasil (1990).[13]

Sin embargo una de las consecuencias más destacadas de la aprobación y ratificación de la CDN en América Latina dice relación con la creación de los "nuevos" sistemas de responsabilidad penal adolescente, que marcan el paso –al menos en lo formal– de un modelo tutelar a uno de responsabilidad.

En síntesis, el modelo tutelar (que se presenta al final del film) se caracterizaba por considerar a los niños, las niñas y jóvenes más como sujetos débiles y enfermos que como culpables. Asimismo los jueces contaban con amplias facultades de intervención penal, no sólo con ocasión de un delito sino que a propósito de un amplio abanico de conductas "irregulares o peligrosas". Y la reacción jurídica – es decir el castigo– ya no consistía en una pena, es decir en un mal, sino en una medida educativa y tutelar, es decir en un bien,[14] con el fin de obtener la corrección moral del niño o la niña. Lo anterior no impedía medidas particularmente severas. Cuello Calón, por ejemplo, justificó el carácter educativo de los "azotes", siempre y cuando, eso sí, se aplicaran con la finalidad paternal, como "derecho de corrección". Y por último, cabe destacar, la indeterminación de la medida/sanción, una de las mayores vulneraciones a las garantías procesales, con el único límite de superar la mayoría de la edad civil (RIVERA, Iñaki, 2011:46-47).

Como forma de superar este modelo, y en el marco de la CDN y otros instrumentos internacionales, desde mediados de los años noventa del siglo XX se diseñaron e implementaron sistemas de respuesta a las infracciones a la ley penal cometidas por adolescentes, con soluciones propias cuya calidad formal y sustancial se ha ido perfeccionando en la medida que los países dictan nuevas legislaciones y aprenden de los errores de los otros (BELOFF, Mary, 2001:35; 2007:213).

El nuevo modelo descansa en la consideración de que los/as adolescentes son responsables por las infracciones penales que cometen. Como señaló Gaetano de Leo: "(...) reconocer que los(as) menores son en principio responsables significa reconocer que sus acciones le pertenecen y que están dotadas de

13. El artículo 3º del Estatuto señala que: "El niño y el adolescente gozan de todos los derechos fundamentales inherentes a la persona humana, sin perjuicio de la protección integral de que trata esta Ley, asegurándoles, por ley o por otros medios, todas las oportunidades y facilidades, con el fin de facultarles el desarrollo físico, mental, moral, espiritual y social, en condiciones de libertad y dignidad".

14. Sobre el carácter "bondadoso" de estas medidas es muy pertinente la observación que hace Nils Christie en sentido de reparar que el "beneficio de la salud del cliente considera poco apropiado preguntar si la cura lastimaba" (1984:47, en BERNÚZ BENEITEZ, María José, 1999:131).

sentido y de valor para ellos y para los demás (...) de este modo considerarlos responsables formaría parte del proceso educativo" (1985).

En términos generales, el modelo de responsabilidad coloca a quienes tienen menos de 18 años fuera del sistema de justicia penal de adultos, asimismo en su calidad de sujetos de derechos y responsabilidades, los y las adolescentes gozan de todas las garantías procesales y sustantivas de que goza un adulto en un Estado de derecho frente al aparto coactivo del Estado, más de derechos particulares. La atribución de responsabilidad en función de la particular condición de sujeto que está creciendo se expresa en consecuencias jurídicas diferentes. Y la privación de la libertad constituye una sanción alternativa, excepcional, al ser aplicada eventualmente en casos de delito muy grave, limitada en el tiempo y breve.

De este modo, cada una de las arbitrariedades que se cometían en el contexto del modelo tutelar, y que se observan en el film, eran llamadas a ser superadas en virtud del nuevo marco jurídico de la CDN, fundamentalmente los artículos 37 y 40. En particular, en virtud del corpus iuris de la infancia adolescencia,[15] se deberían evitar las respuestas formales/penales y la privación de libertad como respuesta debe ser siempre la *ultima ratio*.

Sin embargo, la realidad latinoamericana da cuenta de luces y sombras que hablan de un modelo tutelar que no acaba de morir, y un modelo de responsabilidad cuya especialidad se ve muy debilitada tanto por cuestiones de diseño legislativo como de implementación institucional.

En relación al modelo de responsabilidad, cabe señalar que con el paso de los años ha entrado en crisis, fundamentalmente por su creciente identificación con un modelo punitivo, lo que para algunos autores, en el contexto europeo y estadounidense, obedece "fundamentalmente a una serie de graves y violentos sucesos" que han generado "alarma social" y, por ende, una "demonización" de la juventud (VÁZQUEZ, Carlos, 2007:175). Y entre los aspectos que se destacan de este giro hacia un modelo más represivo, se pueden mencionar los siguientes: disminución de la edad mínima para exigir responsabilidad penal, exclusión genérica de la aplicación de la jurisdicción de menores a los/as jóvenes semiadultos entre 18 y 21 años, ampliación de los supuestos en los que se priva de la libertad, aumento de la duración de la pena privativa de libertad y

15. En la materia fundamentalmente, las Reglas Mínimas de las Naciones Unidas para la Administración de la Justicia Juvenil o Reglas de Beijing (1985), las Reglas Mínimas de las Naciones Unidas para la Protección de los Menores Privados de Libertad o Reglas de la Habana (1990), las Directrices de las Naciones Unidas para la prevención de la Delincuencia Juvenil o Directrices de la RIAD (1990) y las Reglas de las Naciones Unidas para el tratamiento de las reclusas y medidas no privativas de libertad para las mujeres delincuentes o Reglas de Bangkok (2010), en particular el apartado relativo a las adolescentes infractoras de la ley penal.

fortalecimiento de la posición procesal de las víctimas en el proceso penal ante menores delincuentes (VÁZQUEZ, Carlos 2007:178-180).

Estas modificaciones son sólo una expresión del peligroso rumbo que puede adoptar la legislación penal juvenil. En este sentido, Miguel Cano – con ocasión de las modificaciones operadas en el derecho penal adolescente español– señala que: "el continuo cambio al que se viene sometiendo al Derecho penal de menores contenido en la LORPM no constituye desde luego un fenómeno aislado, sino que se inscribe en las orientaciones político-criminales que se han ido conformando como consecuencia de la globalización económica y las estrategias de seguridad que han venido a caracterizar la nueva sociedad como sociedad del riesgo" (2011:49).

Y en el caso de América Latina la situación es similar. Con el fin de graficar lo anterior presentaremos algunas características generales de su implementación a la luz de los parámetros de la CDN e instrumentos internacionales pertinentes en la materia.

La mayoría de los Estados de la región cuentan con un marco legal especial en materia de justicia juvenil que, en muchos casos, se adecúa a los estándares internacionales sobre el particular. Asimismo algunos países se han esforzado por adecuar sus prácticas, instituciones e instalaciones relacionadas con la justicia juvenil a los estándares internacionales sobre la materia (CIDH, 2011:§6).

A pesar de ello, estos sistemas muestran una serie de debilidades y en algunos casos los Estados han impulsado políticas regresivas que vulneran los principios de Derecho Penal Mínimo. En particular, se aprecia una importante distancia entre el discurso normativo de los Estados y la realidad que enfrentan los niños, niñas y adolescentes acusados de haber infringido la ley penal. Cuestión que ha llevado a la concluir en un reciente informe elaborado por la Comisión Interamericana de Derechos Humanos respecto de estos sistemas en Las Américas que: "(…) con excepción de algunos pocos ejemplos de buenas prácticas, los sistemas de justicia juvenil del continente se caracterizan por la discriminación, la violencia, la falta de especialización y el abuso de las medidas de privación de libertad" (CIDH, 2011:§7).

Respecto de las políticas regresivas, cabe señalar que recientes informes (CIDH, 2011; REDALMYC, 2009) han identificado diversas reformas legales regresivas en relación a los buenos estándares logrados en los años noventa, en leyes y normas específicas, ligadas a un retroceso general de la región en torno a los derechos humanos. Ejemplos de ellas son las propuestas para la rebaja en la edad penal, como por ejemplo Panamá, donde a finales del 2010 el Estado aprobó una reforma legal a su sistema de justicia juvenil que, entre otras cuestiones, disminuyó la edad mínima para responsabilizar a los niños, niñas y adolescentes ante el sistema de justicia juvenil de 14 a 12 años o el caso de

Ecuador o Brasil donde recientemente se ha debatido la propuesta de rebajar la edad de responsabilidad penal (que lleva en trámite desde el año 1993). Se trata de un proyecto de Enmienda Constitucional (PEC) que reduce de los 18 a los 16 años la mayoría de edad para autores de crímenes graves, como homicidio y violación.

Otros ejemplos son la implantación de toques de queda (por ejemplo, en Colombia), planes de mayor control sobre los niños como el "Plan Mochila Segura" llevado adelante en escuelas mexicanas bajo el pretexto del control del consumo de drogas, o la "Ley de Cultura Cívica" del D.F. de México, que persigue a las poblaciones callejeras (REDLAMYC, 2009:48).

Mención especial merece el desarrollo de movimientos regresivos en "Centroamérica, particularmente en El Salvador, Honduras y Guatemala. En los dos primeros países, un fenómeno real como es el de las 'maras', tal vez una forma primaria y espontánea de asociación de jóvenes pobres, ha servido de detonador para la aprobación a fines del 2003, de leyes 'antimaras', que (...) pretenden dejar sin efecto toda la normativa relativa a la responsabilidad penal juvenil, pacientemente construida a partir de la Convención" (UNICEF, 2004:37-40). Y en Guatemala se ha vuelto a plantear – desde algunos sectores- la necesidad de instaurar la pena de muerte y la ley antimaras.[16]

En Uruguay, "un país con diferencias importantes en relación a la realidad centroamericana por ejemplo salvadoreña (sin fenómeno de pandillas, con una población envejecida, y niveles de desigualdad social mucho menores, entre otras diferencias) también en los primeros años del siglo XXI y en plena crisis económica se incrementó la judicialización de los niños en entornos cercanos al 165 %, según investigaciones de DNI-Uruguay y Unicef (2004), bajo un fuerte discurso de que la inseguridad aumentó como consecuencia de la acción de niños cada vez más pequeños y más violentos" (REDLAMYC, 2009:140).

Por otra parte, a pesar de que la normativa internacional exige que para los niños, niñas y adolescentes se apliquen alternativas a los procedimientos judiciales siempre que sea posible, el informe de la CIDH (2011) da cuenta de que este tipo de alternativas se utilizan muy poco en la mayoría de los Estados de la región.

---

16. La Ley Antimaras, presentada por el Bloque parlamentario Todos, busca "endurecer las penas a pandilleros y homologarlas con El Salvador y Honduras", según dijera el diputado de Todos Felipe Alejos. Y la propuesta de la bancada Todos fue presentada en mayo de 2017, y el dictamen favorable fue presentado el 8 de agosto. Consiste en reformas al Código Penal, que penalizan la pertenencia a estas pandillas, modificando el delito de terrorismo, aumentando las penas de cárcel y las multas (<http://www.elsoca.org/index.php/america-central/guatemala/4476-guatemala-no-a-la-pena-de-muerte-no-a-la-ley-antimaras>. Última visita el 11.09.2017).

Asimismo, aunque la privación de libertad de niños, niñas y adolescentes debería ser utilizada como último recurso y durar el menor tiempo posible, el informe de la CIDH permite concluir que la prisión es la respuesta más común en la mayoría de los sistemas de justicia juvenil de las Américas, tanto antes del juicio como con posterioridad a la sentencia. Principios que deben regular la adopción de sanciones, como el principio de proporcionalidad, son a menudo vulnerados en favor de la adopción de sanciones prolongadas que se considera ayudan a la "rehabilitación" de los niños, niñas y adolescentes (2011: párr. 12). E incluso en algunos países, como Argentina, se observa que los niños, niñas y adolescentes son privados de libertad por razones meramente asistenciales sin tenerla en cuenta como último recurso (Colectivo de Derechos de Infancia y Adolescencia Argentina, en REDLAMYC, 2009:49).

Por último, en cuanto a la garantía de los derechos humanos de los niños, niñas y adolescentes que son privados de su libertad, el Informe de la CIDH señala que las condiciones de los centros de privación de libertad de niños, niñas y adolescentes, en general, son inadecuadas y, a menudo, estas condiciones dan lugar a situaciones de violencia entre los mismos niños, niñas y adolescentes o por parte de las autoridades de los Estados. Asimismo, las condiciones de detención no siempre garantizan adecuadamente otros derechos de los niños, niñas y adolescentes que no tienen por qué ser restringidos durante la privación de libertad, como los derechos a la vida, a la integridad personal, a la salud, a la alimentación, a la educación y a la recreación (2011:§13).

Por ello es que la Comisión estima que más allá de situaciones concretas de violencia, el entorno en que se desarrolla la privación de libertad en las Américas constituye una forma de violencia estructural que atenta en contra de la finalidad del sistema (Prevención Especial Positiva), que genera aún más deterioro y que perjudica seriamente las posibilidades de integración de los/as adolescentes privados de libertad.

En síntesis, es posible concluir que existe un retorno al asistencialismo y represión, especialmente en lo vinculado con los/las niños/as en conflicto con la ley y en situación de calle, que se identifica como uno de los aspectos en los cuales se está siendo regresivo en la región con respecto a lo alcanzado (REDLAMYC, 2009:49).

4. EL CASTIGO Y LA PENA PRIVATIVA DE LIBERTAD EN LOS SRPA EN AMÉRICA LATINA: ¿LOS NUEVOS "400 GOLPES"?

Tal como lo ha señalado la Comisión Interamericana de Derechos Humanos (2011) y un reciente Informe de Unicef (2014), una de las consecuencias más evidentes del endurecimiento de la justicia penal juvenil es el crecimiento de la población privada de libertad.

> "Si bien dicho aumento tiene relación con la implementación de las reformas mencionadas, no sería razonable expresar que es únicamente consecuencia de éstas. La utilización de la privación de libertad en condiciones inadecuadas y las deficiencias de los dispositivos orientados a la reinserción, favorecen el crecimiento de las intervenciones de la justicia juvenil y en especial lo que refiere a la aplicación de la privación de libertad." (UNICEF, 2014)

A pesar de los límites señalados en la CDN y de todo el corpus iuris de la infancia adolescencia, la realidad se muestra implacable.

Sobre este punto Goldson ha señalado: "Existe una tensión manifiesta entre las normas internacionales de derechos humanos y las realidades prácticas de la prisión infantil. Si bien se reconocen las potencialidades vitales de los estándares de derechos humanos –para apaciguar los excesos más problemáticos de la prisión infantil– también somos conscientes de sus limitaciones prácticas y reservamos un sentido de escepticismo con respecto al concepto de 'enfoques basados en los derechos' en la detención penal de niños. En última instancia, cuestionamos la legitimidad de la prisión infantil y recomendamos su abolición" (2009).

En un sentido crítico de la realidad latinoamericana Emilio García Méndez[17] ha señalado muy recientemente que en esta materia hace bastante tiempo nos encontramos en una especie de larga onda de involución autoritaria, y que ha cambiado de signo y se ha manifestado en una forma que denomina clásica, es decir, aquella fácilmente reconocible por dos características: la baja de edad de la imputabilidad y el aumento de las penas. Entiende además que en los últimos años la involución autoritaria se manifiesta en muchos países de la región en una forma un poco más sutil y difícil de reconocer. Es decir ya no se trata del aumento de las penas y de la baja de edad de la imputabilidad, sino que uno de los motivos importantes de preocupación es la disminución de las garantías. ¿Por qué se hace esto?, se pregunta. Ello –continúa– nos coloca en una disyuntiva sobre las funciones que deben cumplir los sistemas de responsabilidad penal juvenil en América Latina. Y considera que estos sistemas se encuentran en una encrucijada: o los utilizamos como se debe, es decir, como una respuesta seria y legítima del Estado frente a los delitos graves que cometen los menores de edad –este es el mensaje de la convención–, o usamos los sistemas penales –y aquí señala está el peligro– como una especie de política social reforzada para los adolescentes pobres de las periferias urbanas. Agrega por último que esta tendencia ha servido de coartada para

17. Se trata de una presentación realizada el 08.08.2017 ante la Cámara de Senadores del Congreso de la República del Uruguay con ocasión de la discusión de modificaciones al Código de la Niñez y la Adolescencia (Ley 17.823, de 07.09.2004). Disponible en <https://legislativo.parlamento.gub.uy/temporales/S201714612067686.HTML#> (última visita el 11.09.2017).

cubrir las ineficiencias tanto de los sistemas policiales como de los judiciales. Es decir, que lo que no se puede resolver en la realidad se estaría resolviendo ideológicamente, a través de la disminución de las garantías, justamente, para hacer una sobreutilización o una utilización indebida de la privación de libertad entendiéndola, más que como una respuesta seria, como una política social reforzada (2017).

Y en este sentido el caso de Chile es paradigmático. Un reciente estudio señala que con posterioridad a la entrada en vigencia de la Ley 20084 que regula la responsabilidad penal de los adolescentes (RPA), han aumentado tanto el número total de jóvenes privados de su libertad como la tasa relativa y la proporción de adolescentes privados de su libertad en comparación con los adultos. El estudio concluye que la reforma de la justicia penal juvenil, en su funcionamiento actual, probablemente ha contribuido a estos resultados. En sentido, el principio de mínima intervención se ha aplicado menos estrictamente luego de la introducción de la Ley RPA (LANGER y LILLO, 2014).

El mismo estudio en sus conclusiones indica que:

> "Entre aquellos que apoyaron la reforma esperando que llevara a una persecución penal más eficiente de los jóvenes infractores, habrá muchos que estarán satisfechos con el aumento de la tasa de privación de libertad de jóvenes en los términos descritos. Entre aquellos que apoyaron la reforma porque creyeron que disminuiría las tasas absolutas y relativas de adolescentes privados de su libertad, este resultado será desalentador. Pero parte de este grupo tal vez todavía defienda la reforma a la justicia penal juvenil argumentando que ha mejorado el tipo de privación de libertad de adolescentes porque ya no se coloca a adolescentes en establecimientos carcelarios para adultos, que se ha reducido el margen para decisiones arbitrarias por parte de los jueces, y que a los jóvenes se les otorga ahora mayores garantías procesales que antes." (LANGER y LILLO, 2014: 736-737)

En este sentido, a pesar de ciertas esperanzas cifradas en la CDN como un instrumento que nos permitiría construir una mejor respuesta al problema de la desviación juvenil, la implacable realidad (de criminalización, pobreza y desigualdad) nos enfrenta a un profundo cuestionamiento del sistema y al uso político e ideológico que se ha hecho de la Convención.

> "La justicia [juvenil] es ahora más vulnerable a los cambios de ánimo público y reacción política... Casi inevitablemente la demanda es para un control penal más efectivo... Lo que esto supone es una especie de represalias legislativas, actuando los impulsos punitivos y controlando las ansiedades de la justicia expresiva. Sus principales objetivos son apaciguar la indignación popular, tranquilizar al público y restaurar la 'credibilidad' del sistema, todo lo cual es una preocupación política más que penológica." (GARLAND, 2001: 172-17, en GOLDSON y MUNCIE 2006)

En relación a los sistemas de responsabilidad penal adolescente en América Latina, podríamos calificarlos como una "victoria pírrica".[18] En efecto, si tomamos en cuenta las tendencias que dan cuenta de un giro del modelo de responsabilidad hacia uno más punitivo o de control de riesgos,[19] es posible concluir desde una óptica crítica, que las reformas básicamente han significado básicamente criminalizar con garantías.[20] Lo que marca un signo de interrogación sobre el carácter positivo de esta regulación jurídico penal.

En la actualidad los sistema de responsabilidad penal adolescente en nuestra región carecen de una profunda deslegitimación, en particular porque los niños y niñas no cuentan con una adecuada garantía de sus derechos, lo que constituye el mínimo ético para sostener – al menos discursivamente- que los niños, niñas y adolescentes son ciudadanos en los términos de la CDN, sujetos de derechos y por tanto de obligaciones.[21] Es decir, previo a la decisión político criminal de castigar a los y las adolescentes, un Estado respetuoso de su infancia, debe cumplir las exigencia de los tratados internacionales y demás normas internacionales sobre el tema –en particular la CDN– y de este modo –aunque sea de modo indirecto– primero debe evitar la criminalización de los niños y niñas mediante la prevención de los delitos, es decir asegurando la protección de sus derechos básicos, tales como la salud y educación (BELOFF, 2011).

Volvemos a Antoine: en los últimos minutos del film lo vemos en su celda con frío y luego abofeteado por quien aparentemente es el Director del Centro de Observación. Golpes, golpes, y más golpes.

Los artículos 37 y 40 de la CDN contemplan una política criminal como respuesta a la desviación juvenil. Y consagra que la pena privativa de libertad, será siempre la *ultima ratio*.

La realidad que ilustró magistralmente Truffaut, persiste en la actualidad y la institucionalización del sistema penal "especial" para adolescentes se ha transformado en la política criminal preponderante.

A pesar de ciertos "avances", tales como la reducción de las arbitrariedades judiciales, la creciente punitividad del sistema y los datos señalados en el contexto latinoamericano nos confirman lo siguiente: "La historia de las instituciones penitenciarias para los niños se caracteriza por un catálogo de fracasos, miseria, escándalo, sufrimiento humano, abuso y violencia" (GOLDSON, 2009).

---

18. Sobre la relación entre los niños y los derechos económicos, sociales y culturales, y una posible victoria pírrica de los derechos de la niñez ver: BELOFF, Mary (2008).
19. Sobre la gestión de la delincuencia juvenil como riesgo ver: BERNÚZ, María José (2008).
20. Sobre una crítica al modelo de responsabilidad en Chile ver: CORTÉS, Julio (2009).
21. Sobre la ciudadanía de los niños y las niñas ver: BARATTA, Alessandro (1999).

Los 400 golpes continúan para miles de *Antoine*. Y sus rostros desconocidos probablemente reflejan la misma interrogante que plantea el fin del film: ¿esperanza o extravío?

REFERENCIAS BIBLIOGRÁFICAS

AEDO, Marcela (2014). *Las adolescentes y el sistema penal: cuando la invisibilización tiene género*. Universidad Autónoma de Barcelona. Tesis doctoral. No publicada.

BARATTA, Alessandro (1999): "Infancia y democracia", en GARCÍA MENDEZ, Emilio y BELOFF, Mary (compiladores), *Infancia, ley y democracia. Análisis crítico del panorama legislativo en el marco de la Convención Internacional sobre los Derechos del Niño*. Santa Fe de Bogotá-Buenos Aires: Editorial Temis/ Depalma, pp. 31-68.

BELOFF, Mary (2001): "Algunas confusiones en torno a las consecuencias jurídicas de la conducta transgresora de la ley penal en los nuevos sistemas de justicia juvenil latinoamericanos", en GARCÍA MENDEZ, Emilio (compilador), *Adolescentes y Responsabilidad Penal*. Buenos Aires: Editorial Ad Hoc, pp. 29-70.

_____ (2007): "Los nuevos sistemas de justicia juvenil en América Latina (1989-2006)", en *Justicia y Derechos del Niño,* Revista Unicef, n. 9, pp. 177-217.

_____ (2011): "La traducción latinoamericana de la Convención sobre derechos del niño", en FLAH, Lily (coord.) *Los desafíos del derecho de familia en el siglo XXI: derechos humanos, bioética, relaciones familiares, problemáticas infanto-juveniles: homenaje a la Dra. Nelly Minyersky*, pp. 17-38.

BERGALLI, Roberto (1996): "Introducción: Control Social y Sistema Penal", en BERGALLI, Roberto, *Control social punitivo. Sistema penal e instancias de aplicación (Policía, Jurisdicción y Cárcel).* Editorial María Jesús Bosch, Barcelona, pp. 1-6.

_____ (1998): "Introducción: Derecho y Control Social", en AÑÓN, María José; BERGALLI, Roberto y CASANOVAS, Pompeu (coordinadores), *Derecho y Sociedad.* Editorial Tirant lo Blanch, Valencia, pp. 417-423.

_____ (2001): "Globalización y control Social: post-fordismo y control punitivo", en *Sistema, Revista de Ciencias Sociales*, n. 160, Madrid, pp. 107-124.

BERNUZ, María José (1999): *De la Protección de la Infancia a la Prevención de la Delincuencia. Nuevas Perspectivas de la Investigación Socio-Jurídica.* Edición El Justicia de Aragón, Zaragoza.

_____ (2008): "La gestión de la delincuencia juvenil como riesgo", en *Revista Electrónica de Ciencia Penal y Criminología*, n. 10-13, pp. 13:1-13:20.

CANO, Miguel Ángel (2011): "¿Supresión, mantenimiento o reformulación del pensamiento educativo en el derecho penal juvenil? Reflexiones tras diez años de aplicación de la Ley Penal del Menor", en *Revista Electrónica de Ciencia Penal y Criminología* (en línea), n. 13, pp. 13:1-13:55.

Comisión Interamericana de Derechos Humanos (Relatoría sobre los derechos de la niñez) (2011): *Justicia Juvenil y Derechos Humanos en las Américas*. Organización de Estados Americanos, San José de Costa Rica.

Contreras, Consuelo (2002): "Hacia un Diagnóstico para el Ejercicio de la Ciudadanía", en Corporación Opcion, *De la Tutela a la Justicia. Documento de Estudio*. Corporación Opcion, Santiago de Chile, pp. 9-31.

Cortés, Julio (2001): "Infancia: Construcción, Historia y Control", en Corporación Opcion, *Infancia y Derechos Humanos: Discurso, realidad y perspectivas. Documento de Estudio*. Corporación Opcion, Santiago de Chile, pp. 7-46.

_____ (2009): "La ley de responsabilidad penal de adolescentes dentro de las transformaciones de largo plazo en el ámbito del control social punitivo", en *Revista El Observador*, n. 5, Edición Especial, diciembre.

Cuneo, Silvio (2010): *Cine y derecho penal*, (con Prólogo de Raúl Zaffaroni, Apéndice de Daniela Marzi y Epílogo de José Guzmán), Editorial de la Universidad de Valparaíso, Valparaíso.

De Leo, Gaetano (1985): *La Justicia de Menores*. Editorial Teide, Barcelona.

García Méndez, Emilio (1998): *Infancia. De los Derechos y de la Justicia*. Editores Del Puerto, Buenos Aires.

Garland, David (2001): *The culture of control*. Oxford: Oxford University Press.

Goldson, B. (2009). Child Incarceration: Institutional Abuse, the Violent State and the Politics of Impunity. In P. Scraton, & J. Mcculloch (Eds.), *The Violence of Incarceration*. London: Routledge.

Goldson, B. y Muncie, J. (2006): *Comparative Youth Justice: Critical Issues*. London: Sage.

Guilló, Juan (2006): "Niños, niñas y adolescentes: nuevos ciudadanos", en Villagras, Carlos y Ravetllat, Isaac (coordinadores), *El desarrollo de la Convención sobre los Derechos del Niño en España*. Barcelona: Editorial Bosch, pp. 11-22.

Ingram, Robert y Duncan, Paul (Ed.) (2004): *Francois Truffaut: filmografía completa*, Madrid: Taschen.

Langer, Máximo y Lillo, Ricardo (2014): "Reforma a la justicia penal juvenil y adolescentes privados de libertad en Chile: Aportes empíricos para el debate", en *Política Criminal,* vol. 9, n. 18 (Diciembre 2014), Art. 13, pp. 713-738. Disponible en <http://www.politicacriminal.cl/Vol_09/n_18/Vol9N18A13.pdf> (última visita 11.09.2017).

Platt, Anthony (1982): *Los Salvadores del Niño o la Invención de la Delincuencia*. México: Editorial Siglo Veintiuno.

RABOSSI, Andrea (2001): *Infancia y Ciudadanía: Un abordaje a partir de la Convención Internacional sobre los Derechos del Niño en el ámbito de América Latina.* Tesis de Maestría (inédita), Universidad de Barcelona.

REDLAMYC, Red latino americana y caribeña por la defensa de los derechos de los niños, niñas y adolescentes (2009): *Estudio de balance regional sobre la implementación de la Convención sobre los Derechos del Niño en América Latina y el Caribe.* Impacto y retos a 20 años de su aprobación. Disponible en <http://www.redlamyc.info/images/stories/Estudio_de_Balance_Regional_sobre_implementacin_de_la_CDN_en_LAC_1.pdf> (última visita 10.09.2017).

RIVERA BEIRAS, Iñaki (2011): "Los presupuestos ideológicos de una justicia penal de/para los jóvenes", en BOMBINI, Gabriel (Director), Juventud y Penalidad. Sistema de responsabilidad penal juvenil, Mar del Plata: Eudem, pp. 33-50.

RODRÍGUEZ PASCUAL, Iván (2002): "¿Sociología de la Infancia? Aproximación a un campo de estudio difuso", en Revista El Observador, n. 21, Santiago de Chile: Edición SENAME, pp. 11-44.

TRUFFAUT, Francois (1974): *El cine según Hitchcock*, Madrid: Alianza editorial.

_____ (1999): *El placer de la mirada*, Barcelona: Ediciones Paidós.

UNICEF (2004): "La Convención sobre los Derechos del niño. Quince años después, América Latina", UNICEF/ Oficina Regional para América Latina y el Caribe. Disponible en <http://www.unicef.org/lac/cdn_15_anos_Espfull(1).pdf> (última visita 11.09.2017).

UNICEF (2014): "Justicia Penal Juvenil Situación y perspectivas en América Latina y el Caribe", UNICEF/ Oficina Regional para América Latina y el Caribe. Disponible en <https://www.unicef.org/lac/UNICEF_LACRO_Justicia_Penal_Juvenil_2014.pdf> (última visita 11.09.2017).

VÁZQUEZ, Carlos (2003): *Delincuencia juvenil: consideraciones penales y criminológicas.* Madrid: Editorial Colex, Constitución y Leyes.

_____ (2007): "Modelos de Justicia Penal de Menores", en VÁZQUEZ, Carlos y SERRANO, María Dolores (editores), *Derecho Penal Juvenil.* Madrid: Dykinson, pp. 103-151.

■

CINEMA E DIREITOS HUMANOS: A CONSTRUÇÃO SOCIAL DO HUMANO E A SEMÂNTICA DO CASTIGO EM *O VENTO SERÁ TUA HERANÇA* (*INHERIT THE WIND*)

José Geraldo de Sousa Junior[1]

Resumo: A relação entre cinema e direito e mais especificamente entre cinema e direitos humanos, não é novidade. Neste texto, em parte inspirando no exercício narrativo proposto pela Coleção Direito, Transdisciplinaridade & Pesquisas Sociojurídicas, aspectos instigantes dessa relação serão postos em relevo, abrangendo nexos e interseccionalidades, em vertentes que valorizam mediações epistemológicas (*O Ponto de Mutação*), pedagógicas (*Ao Mestre com Carinho, Sociedade dos Poetas Mortos, O Mestre dos Mares, O Sorriso da Monalisa, O Mestre da Música*), psicológicas (*Gênio Indomável*), político-institucionais (*Estado de Sítio, Z, Sessão Especial de Justiça*), ético-profissionais (*O Advogado do Diabo, O Homem que Fazia Chover*), técnico-funcionais (*Julgamento em Nuremberg, Testemunha de Acusação, Doze Homens e uma Sentença,* Erin *Brockovich, Amistad*). Um filme entre tantos, combina todos esses elementos. Interpela o conhecimento, politiza o agir pedagógico e a função da escola, sobretudo se pensarmos hoje como então, nos paroxismos fundamentalistas e nas disputas sobre a apropriação ideológica da educação, atualizando as teses do conhecimento

---

1. Professor da UnB e seu ex-Reitor (2008-2012). Coordenador do projeto *O Direito Achado na Rua.*

acrítico e despolitizado (Escola sem Partido, Educação sem Ideologia de Gênero ou de Raça etc.), exibe a técnica e as habilidades ético-funcionais da advocacia, da magistratura e do ministério público, teatraliza a arquitetura do desempenho judicial, expõe as relações entre direito e política, sociedade e institucionalidade, ciência e religião e instaura uma semântica com a qual pena e castigo circunscrevem e afetam o agir político e a autonomia critica do pensamento. Trata-se de filme de 1960 (USA), com o título *Inherit the wind* (O vento será tua herança), magistralmente dirigido por Stanley Kramer, com o roteiro de Harold Jacob Smith e Nedrick Young, segundo a peça teatral de Jerome Lawrence e Robert E. Lee. O argumento remete ao caso ocorrido em 1925, no estado americano do Tennessee, quando o professor John Thomas Scopes foi julgado criminalmente por ensinar a teoria da evolução de Darwin numa escola pública. ''O Julgamento do Macaco'' (*Monkey Trial*), como ficou conhecido, teve repercussão mundial pela batalha travada pelos advogados de acusação e defesa. Durante o julgamento, que durou onze dias e foi o primeiro a ser transmitido por rádio, a defesa foi impedida pelo juiz de apresentar cientistas como testemunhas em favor da teoria da evolução. O filme, captando dimensões complexas de interditos e sanções sociais, traduz com vivacidade a semântica do castigo que se insere nas entrelinhas discursivas de sua função jurídico-política, não porque "restabelece justiça", mas porque "reativa o poder" (Evandro Lins e Silva).

PALAVRAS-CHAVE: Cinema e Direitos Humanos; Semântica do Castigo; O Vento Será Tua Herança; Construção Social do Humano; O Direito Achado na Rua.

A relação entre cinema e direito e mais especificamente entre cinema e direitos humanos, não é novidade.[2] Neste texto, em parte inspirando no exercício narrativo proposto pela Coleção Direito, Transdisciplinaridade & Pesquisas Sociojurídicas,[3] aspectos instigantes dessa relação serão postos em relevo, abrangendo nexos e interseccionalidades, em vertentes que valorizam

2. Tratei dessa relação em texto elaborado em coautoria com Nair Heloisa Bicalho de Sousa, conforme SOUSA JUNIOR, J. G. de; SOUSA, N. H. B. de. Cinema e direitos humanos. In: PULINO, L. H. C. Z.; et alii. *Educação, Diversidade Cultural e Direitos Humanos: Perspectivas Críticas.* Biblioteca Educação, Diversidade Cultural e Direitos Humanos, vol. IV. Brasília: Paralelo 15, no prelo, 2017.

3. Por todos cito MACHADO, Bruno Amaral; ZACKSESKI, Cristina e DUARTE, Evandro Piza (coordenadores). *Criminologia e Cinema. Narrativas sobre a violência.* São Paulo: Marcial Pons e Fundação Escola Superior do Ministério Público do Distrito Federal e Territórios, 2016.

mediações epistemológicas (O Ponto de Mutação), pedagógicas (Ao Mestre com Carinho, Sociedade dos Poetas Mortos, O Mestre dos Mares, O Sorriso da Monalisa, O Mestre da Música), psicológicas (O Gênio Indomável), político-institucionais (Estado de Sitio, Z, Sessão Especial de Justiça), ético-profissionais (O Advogado do Diabo, O Homem que Fazia Chover), técnico-funcionais (Julgamento em Nuremberg, Testemunha de Acusação, Doze Homens e uma Sentença, Erin Brockovich, Amistad).

As indicações apenas enunciativas se completam com listas muito interessantes e sofisticadas, alcançando amplos recortes orientadores, a exemplo do rol sugerido por Capella,[4] sempre no sentido de suprir insuficiências epistemológicas, científicas em sentido estrito, buscando, como se verá adiante, outros modos de conhecer e de designar o jurídico, oferecendo "outra possibilidade, a de pensar a violência (e eu diria, o Direito) como uma narrativa, ao invés de inscrevê-la apenas num regime objetivo de verdade da ciência".[5]

Um filme entre tantos, combina todos esses elementos. Interpela o conhecimento, politiza o agir pedagógico e a função da escola, sobretudo se pensarmos hoje como então, nos paroxismos fundamentalistas e nas disputas sobre a apropriação ideológica da educação, atualizando as teses do conhecimento acrítico e despolitizado (Escola sem Partido, Educação sem Ideologia de Gênero ou de Raça etc.), exibe a técnica e as habilidades ético-funcionais da advocacia, da magistratura e do ministério público, teatraliza a arquitetura do desempenho judicial, expõe as relações entre direito e política, sociedade e institucionalidade, ciência e religião e instaura uma semântica com a qual pena e castigo circunscrevem e afetam o agir político e a autonomia critica do pensamento.

Refiro-me ao filme de 1960 (USA), com o título *Inherit the wind* (O vento será tua herança), magistralmente dirigido por Stanley Kramer, com o roteiro de Harold Jacob Smith e Nedrick Young, segundo a peça teatral de Jerome Lawrence e Robert E. Lee.

Com o desempenho notável de atores extraordinários: Spencer Tracy (Henry Drummond, advogado da defesa), Fredric March (Matthew Harrison Brady, advogado da acusação), Gene Kelly, o ator de Dançando na Chuva e de outros musicais, surpreendente em papel dramático (E. K. Hornbeck, o jornalista), Dick York (Bertram Cates, o professor), Claude Akins (o pastor), além de Florence Eldridge, Donna Anderson, Harry Morgan e Elliot Reid.

---

4. CAPELLA, Juan Ramon. *El Aprendizaje Del Aprendizaje. Fruta Prohibida. Una introducción al estúdio Del Derecho.* Madrid: Trotta, 1995, p. 110-111. Além de filmes Capella oferece igualmente, uma excelente discografia, útil aos estudiosos do Direito, p. 111-114.
5. MACHADO, Bruno Amaral; ZACKSESKI, Cristina e DUARTE, Evandro Piza (Coordenadores). Op. cit., 2016, p. 22.

Há uma versão mais recente (1999), com boa direção e bom roteiro, além de excelentes atores, mas a meu ver sem a força interpelante da versão original em preto e branco, que realça a fonte remota do argumento, claramente retirado da Bíblia (Provérbios, 11, 29: "quem perturba sua casa receberá o vento como herança").

O argumento remete ao caso ocorrido em 1925, no estado americano do Tennessee, quando o professor John Thomas Scopes foi julgado criminalmente por ensinar a teoria da evolução de Darwin numa escola pública. ''O Julgamento do Macaco'' (*Monkey Trial*), como ficou conhecido, teve repercussão mundial pela batalha travada pelos advogados de acusação e defesa. Durante o julgamento, que durou onze dias e foi o primeiro a ser transmitido por rádio, a defesa foi impedida pelo juiz de apresentar cientistas como testemunhas em favor da teoria da evolução.

Não se trata apenas de educar na liberdade e na tolerância, como prescreve o artigo 18 da Declaração universal dos Direitos Humanos, segundo o qual toda pessoa tem direito à liberdade de pensamento, de consciência e religião, expondo a toda evidência o direito de cátedra atualmente sob forte ataque obscurantista. O filme põe em causa uma tensão, que parecia ultrapassada e relegada à pré-história do avanço do conhecimento. A tensão entre *Evolucionismo* (Darwin) e *Criacionismo* (Princípio Adâmico da criação conforme o Livro Bíblico do *Gênesis*). Assistimos hoje, no Brasil e em várias partes do mundo o retorno dessa tensão, mobilizando além de posições teológicas, o engajamento de prosélitos, instalados na institucionalidade que se acreditava tivesse alcançado o patamar da laicidade.

O professor de Biologia foi preso porque estava ensinando "darwinismo e evolucionismo" aos alunos, infringindo uma lei local que dizia que os funcionários públicos não poderiam questionar o "criacionismo" ou trabalhar com os preceitos darwinistas. Ele é preso e o seu caso ganha dimensão nacional, principalmente pela escolha do advogado da defesa e da acusação, polêmicos e famosos.

O filme realça uma dramaturgia que exacerba os posicionamentos, densos e teatrais, não só dos personagens com papel discursivo na trama, mas em todo o entorno do tribunal, da comunidade e do país. Aí a arte rende tributo à performance – qualidade dos atores – mas desnuda o drama que não fica reduzido ao recinto do tribunal, opondo cientistas e exegetas bíblicos. O veredito, unânime, pela condenação do professor, salvaguarda a tradição inscrita na cultura da comunidade de Hillsboro, mas já não camufla o mal-estar que essa cultura, tradicionalista e obscurantista carrega, fechada aos apelos de novos modos de pensar o mundo.

Embora se reconheça com Von Ihering que "a história da pena é a história de sua constante abolição",[6] o filme captando dimensões complexas de interditos e sanções sociais, traduz com vivacidade a semântica do castigo que se insere nas entrelinhas discursivas de sua função jurídico-política, desvendando o que ao fim e ao cabo, realiza, lembra Evandro Lins e Silva, uma espécie de "aterrorizante cerimônia punitiva" (a mobilização comunitária e a sessão de julgamento), não porque "restabelece justiça", mas porque "reativa o poder".[7]

Não é coincidência que o argumento do filme, pois, se projete em atualidade para desvendar no presente as recalcitrâncias da intolerância e da vocação autoritária na política e no pensamento. Em tempos de fascismo social, lembra Sotelo, "então este será o tempo da resistência. A resistência dos democratas que não renunciarão a nenhuma forma de luta e que tem, como o advogado iluminista do filme, o imenso poder libertador e iluminador da razão contra o obscurantismo dos que não aceitam uma sociedade justa, igualitária e solidária em que todos tenham o direito de pensar, manifestar-se, reivindicar e exercer a autonomia sem a qual a condição humana se perde". Para admoestar: "fascista, o vento será tua herança".[8]

Chamei a atenção parta considerar que a relação entre cinema e direito e, mais precisamente, entre cinema e direitos humanos[9] é estreita e emblemática. Não se trata apenas do vínculo político-epistemológico que e fortemente discutido neste trabalho, adiante. Trata-se de constatar que a estética tem se constituído como uma das dimensões estruturantes da consciência social sobre valores e o modo como o humano se representa a partir dessa consciência e essa linguagem ganhou relevo para traduzir essa representação.

Não é por outra razão que as políticas e os projetos nesse campo, cuidam, invariavelmente, de buscar o rico acervo cultural que resguarda experiências do projeto humano, não apenas para fazer da memória um referencial para avaliar o percurso civilizatório, e nele, "o modo como a memória coletiva constrói-se em cada sociedade".[10]

---

6. Apud SILVA, Evandro Lins e; De Beccaria a Filippo Gramática (Uma visão global da história da pena). Edição do Autor, 1991, p. 1.
7. Idem, ibidem.
8. SOTELO FELIPPE, Márcio. Fascista, *O Vento Será Tua Herança*, Justificando: <http://justificando.cartacapital.com.br/2016/05/14/fascista-o-vento-sera-tua-heranca/≥, acesso em 23.08.2017.
9. SOUSA JUNIOR, J. G. de; SOUSA, N. H. B. de. Cinema e direitos humanos. In: PULINO, L. H. C. Z.; et alii. *Biblioteca Educação, Diversidade Cultural e Direitos Humanos*, vol. IV. Brasília: Paralelo 15, 2017.
10. SOUSA JUNIOR, José Geraldo de; SOUSA, Nair Heloisa Bicalho de. Justiça de Transição: Direito à memória e à verdade. In SOUSA JUNIOR, José Geraldo de, et alii (Orgs.). *O Direito Achado na Rua*, vol. 7, Introdução Crítica à Justiça de Transição na América Latina. Brasília, DF: UnB, 2015, p. 26.

Por essa razão, "marcas da memória" é como a Comissão de Anistia, do Ministério da Justiça, procurou estabelecer uma estética para fundamentar "projeto de memória e de reparação coletiva no Brasil", inserindo em sua fundamentação uma caracterização que lhe confere a singularidade, de que a política de anistia não se contenha apenas na "reparação individual, promovendo o aprendizado coletivo". Mas que vá além, "fomentando múltiplos olhares sobre a repressão ditatorial, [para o que]o projeto convida a sociedade a conhecer o passado de exceção para dele extrair lições para o presente e futuro". Para tanto, executa ações em várias frentes culturais, entre elas: "Chamadas Públicas de fomento a iniciativas da Sociedade Civil: (...) nas áreas de preservação, memória, divulgação e difusão, inclusive documentários, publicações, exposições artísticas e fotográficas, palestras, musicais, restauração de filmes, preservação de acervos, locais de memória, produções teatrais e materiais didáticos".

Já é significativo o acervo cinematográfico, com edições inclusive premiadas, que esse projeto fomenta, e que se presta, enquanto política, a conferir um alcance pedagógico de aprendizado democrático e de fortalecimento da cidadania: "Se a reparação individual é um meio de reconciliar cidadãos cujos direitos foram violados por ações do Estado e de seus agentes, as reparações coletivas, projetos de memória e as ações para a não repetição permitem à sociedade conhecer, compreender e repudiar tais ações. A afronta aos direitos fundamentais de qualquer cidadão ou cidadã ofende a toda a humanidade e é por isso que essas violações não podem ser esquecidas. Esquecer a barbárie é se desumanizar".[11]

Na medida em que os direitos humanos, com a institucionalização em 1996, do primeiro Programa Nacional de Direitos Humanos (PNDH1), passaram a garantir na agenda do Estado brasileiro, um lugar estratégico e transversal a todas as políticas públicas, configurando-se como real eixo educador que mais ainda se definiu com a aprovação do PNDH3,[12] muitas iniciativas culturais passaram a se incluir nessa agenda, principalmente por meio do cinema, em projetos de produção e em mostras.

Assim, por exemplo, entre outras iniciativas, foi criada em 2006 como uma das ações estratégicas da Secretaria de Direitos Humanos da Presidência da República (SDH/PR) para celebrar o aniversário da Declaração Universal de Direitos Humanos, proclamada pela Assembleia Geral das Nações Unidas

---

11. COMISSÃO DE ANISTIA DO MINISTÉRIO DA JUSTIÇA, Marcas da Memória da Comissão de Anistia: Um projeto de memória e de reparação coletiva para o Brasil, in: SOUSA JUNIOR, José Geraldo de, et alii (Orgs). *O Direito Achado na Rua*, vol. 7, Introdução Crítica à Justiça de Transição na América Latina. Brasília, DF: UnB, 2015, p. 17-18.
12. SOUSA JUNIOR, José Geraldo de; SOARES, Maria Victoria Benevides. O Eixo Educador do PNDH-3. *Revista Direitos Humanos* n. 5. Brasília: Secretaria de Direitos Humanos da Presidência da República, abr. 2010, p. 22-25.

em 10 de dezembro de 1948, a Mostra Cinema e Direitos Humanos depois expandida para atualmente, realizar-se em todas as capitais federais do Brasil. A Mostra[13] é uma das estratégias do Governo Federal para consolidação da cultura e da educação em Direitos Humanos, ampliando espaços de debate e discussão por meio da linguagem cinematográfica e contribuindo para a formação de uma nova mentalidade coletiva para o exercício da solidariedade, do respeito às diversidades e da tolerância. Em dez anos, a Mostra expandiu em alcance e em escopo – da América do Sul para o Hemisfério Sul, e na 10ª Edição (2015), realizou-se como Mostra Internacional que, além de contar, pelo terceiro ano consecutivo, com cerca de 1.000 pontos de difusão pelo país, assumiu um caráter, pretendem os seus organizadores, descentralizador e democrático.

Isso que se configura como importante vínculo que os direitos humanos estabelecem com o cinema, encontra consistente justificação em leituras qualificadas e já identificadas num bom repositório de análises, interpretações e fundamentação.

Inclui-se entre as abordagens valiosas sobre esse tema, o livro organizado[14] por Carmela Grüne, a inquieta e diligente presidenta do Instituto Cultural Estado de Direito – ICED, também Diretora do já consolidado Jornal Estado de Direito, editado em Porto Alegre, sede de vários e destacados projetos culturais que têm contribuído para estreitar as relações entre arte, cidadania e direito.[15]

Trata-se do livro *Direito no Cinema Brasileiro*, e o prefácio da obra, reporta-se a "O Direito Achado na Rua",[16] algo que a organizadora mesma pediu para que fosse considerado, uma vez que "tem tudo a ver", diz ela, "com a ideia do livro, [ou seja] demonstrar formas de sensibilizar o conhecimento – o encontro do direito com a sétima arte – para o aumento do protagonismo e do empoderamento social".

Localiza-se já aí uma nota de singularidade nessa obra, excelente ponto de partida para discutir o tema. Com efeito, ela não inaugura uma vertente de interesse para o conhecimento do Direito e suas formas de difusão, incluindo o ensino e a educação jurídicos e os direitos humanos. As relações entre Direito, Arte, Literatura, Teatro e Cinema formam uma Paidéia em alcance clássico e dispõem de um catálogo expressivo para confirmá-la.

---

13. Conferir em <http://mostracinemaedireitoshumanos.sdh.gov.br/2015/>, acesso em 05.02.2016.
14. GRÜNE, Carmela (Org.). *O Cinema no Direito Brasileiro*. Porto Alegre: Nuria Fabris, 2016.
15. SOUSA JUNIOR, José Geraldo de. Prefácio, in GRÜNE, Carmela (Org.). *O Cinema no Direito Brasileiro*. São Paulo: Saraiva, 2017 (no prelo). Muito do que se desenvolve a partir de agora, neste texto, deriva desse Prefácio.
16. Conferir mais informações sobre o projeto no blog *O Direito Achado na Rua*. Disponível em: <http://odireitoachadonarua.blogspot.com.br/>. Acesso: 19.01.2016.

No plano epistemológico, a propósito, tem sido estimulante a vertente que trabalha a interlocução interdisciplinar e complexa para acentuar o diálogo entre saberes, demonstrando que o conhecimento não se realiza por uma única racionalidade, mas, ao contrário, pela integração entre diferentes modos de conhecer que nos habilitem a discernir o sentido e significado da existência e a elaborar sínteses interpretativas que além de nos permitir compreender o mundo, contribuam para transformá-lo, conforme, entre todos, sustenta Boaventura de Sousa Santos. Trata-se, como acentua Roberto Lyra Filho[17], de operar padrões de esclarecimento, recusando o monólogo da razão causal explicativa, para abrir-se a outras possibilidades de conhecimento: o fazer, da atitude técnica; o explicar e compreender, da atitude científica; o fundamentar, da atitude filosófica; o intuir e mostrar, da atitude artística; o divertir-se, da atitude lúdica; o revelar, da atitude mística.

Tem razão Eduardo Lourenço, não só em sustentar a unidade da poesia fernandiana (Fernando Pessoa), mas em suscitar a totalidade que abarca os seus aparentes fragmentos heterônimos, para indicar que nesse processo o problema central continua a ser o do conhecimento. Para Lourenço,[18] os avatares de Pessoa "representam uma tentativa desesperada de se instalar na realidade".

Marx não havia ainda com O Capital analisado a estrutura econômica para, num certo modo de produção explicar a formação da mais-valia, e bem antes o Padre Vieira, artisticamente, a exibiu tal como está no Sermão XIV do Rosário: "Eles mandam e vós servis; eles dormem, e vós velais; eles descansam, e vós trabalhais; eles gozam o fruto do vosso trabalho, e o que vós colheis deles é um trabalho sobre outro. Não há trabalhos mais doces que o de vossas oficinas; mas toda essa doçura para quem é? Sois como as abelhas, de quem disse o poeta: "*sic vos non vobis melificatis apes*" (assim como vós, mas não para vós, fabricais o mel abelhas)".

No plano das habilidades, que é o que remete mais imediatamente à constituição de perfis profissionais, a alusão a uma justiça poética quer mais designar a categoria subjetividade, como própria ao afazer do jurista para interpretar criativamente e com imaginação as relações do homem com o mundo e com o outro. É com este sentido que Martha Nussbaun fala em poesia e imaginação[19], ou seja, para caracterizá-las como "ingrediente indispensável ao

---

17. LYRA FILHO, Roberto. *A concepção do mundo na obra de Castro Alves*. Rio de Janeiro: Borsoi, 1972; LYRA FILHO, Roberto. Filosofia geral e filosofia jurídica, em perspectiva dialética. In: PALACIO, Carlos (Coord.). *Cristianismo e história*. São Paulo: Loyola, 1982.
18. LOURENÇO, Eduardo. Tempo e Melancolia em Fernando Pessoa. In: LOURENÇO, Eduardo. *Mitologia da saudade: seguido de Portugal como destino*. São Paulo: Companhia das Letras, 1999.
19. NUSSBAUN, Martha. *Justicia Poética: la imaginación literaria y la vida publica*. Tradução de Carlos Gardini. Barcelona/Buenos Aires/México D.F./Santiago do Chile: Editorial Andrés Bello [1997].

pensamento público, com condição de criar hábitos mentais que contribuam para a efetivação da igualdade social".

Aplicadas aos operadores do Direito, essas categorias traduzem as expectativas de mediação humanística entre visão de mundo e consciência social, de modo a traduzir aquela exigência funcional destacada por Bistra Apostolova:[20] "a habilidade de ver o outro como diferente e saber colocar-se no lugar dele, e desse modo, desenvolver a capacidade de imaginar e de compreender, essencial na formação do bacharel".

O antropólogo Pierre Clastres, em seu livro *A Sociedade Contra o Estado – Investigações de Antropologia Política*,[21] mostra que a lei encontra espaços inesperados para se inscrever, indicando uma relação entre lei, escrita e corpo como eixo essencial relativamente ao qual se ordena, na sua totalidade, a vida social e comunitária.

É certo que Clastres transporta a sua percepção para a dimensão antropológica em cuja análise se deteve, ou seja, o estudo das sociedades antigas e os ritos de iniciação que nelas, fazem do corpo o espaço que a sociedade designa "como único espaço propício a transportar o sinal de um tempo, a marca de uma passagem, o cumprimento de um destino", transformando o corpo do indivíduo em veículo de uma operação social de aprendizado, de identidade e de norma cultural.

Para Clastres, o ritual iniciático é uma pedagogia que vai do grupo ao indivíduo, da tribo aos jovens e por meio dele "a sociedade dita a sua lei aos seus membros, ela inscreve o texto da lei sobre a superfície dos corpos porque a ninguém é permitido esquecer a lei que funda a vida social da tribo".

Em suas considerações, Clastres evoca a passagem de Kafka em *A Colônia Penal*,[22] na qual o oficial explica ao viajante o funcionamento da "máquina de escrever a lei": "a nossa sentença não é severa. Gravamos simplesmente com a ajuda do ferro o parágrafo violado sobre a pele do culpado".

Aliás, trazendo essas considerações para o campo da imagem e do cinema, vale pontuar o belo vídeo produzido pelo Centro de Produção Cultural e Educativa – CPCE, da Universidade de Brasília, a UnB: *Pintura Corporal*,[23] interessante trabalho de pesquisa e de direção de Devair Montagner. Em seu roteiro traz grafismos, desenhos, cores, pinturas corporais das culturas

20. APOSTOLOVA, Bistra. Perfil e habilidades do jurista: razão e sensibilidade. *Notícia do Direito Brasileiro*, Brasília, n. 5, 1998, p. 117-132.
21. CLASTRES, Pierre. *A sociedade contra o estado: investigações de antropologia política*. Porto: Afrontamento, 1984.
22. Conferir: KAFKA, Franz. *Na colônia penal*. Tradução de Carol Bensimon. São Paulo: Companhia das Letras, 2011.
23. *Pintura Corporal: uma pele social*. Direção: Devair Montagner. Vídeo Cor, HI-8/ Betacam SP, 20 min, 1994. Pord.: CPCE.

Yanomami de Demini (AM), Kayapó de Kriketum (PA) e Marubo (AM), revelando significados sociais e simbólicos, que justificam o subtítulo do vídeo: – *Uma Pele Social.*

Tomando, pois, como referência a metáfora da "pele social", é possível conceber a constituição de discursos sociais de normatividade para além dos lugares usuais e obrigatórios da jurisdição: o Estado, as classes sociais, os grupos de poder, revelando-se em seus significados rebeldes ao "discurso da arrogância" de que fala Barthes, sempre que de um lugar "autorizado" se reivindique o monopólio do dizer o direito.

Ao assinalar a necessidade deste deslocamento de percepção, é importante ter em mente a advertência de Carlos Cárcova[24] de que o direito, enquanto dimensão ontológica da normatividade social, deve ser pensado como "uma prática social específica que expressa e condensa os níveis de conflito social em uma formação histórica determinada". Mas esta prática, ele completa, "é uma prática discursiva no sentido que a língua atribui a esta expressão, isto é, no sentido de um processo social de produção de sentidos", processo conforme indica Enrique Marí, de "formação, decomposição e recomposição no qual intervém outros discursos que, diferentes por sua origem e função se entrecruzam".

Do que se cuida é fecundar a inquietação enquanto atitude capaz de operar sínteses de esclarecimento que rejeitem o monólogo da razão sobre as formas possíveis de conhecer e de compreender o mundo: o fazer, da atitude técnica; o explicar e compreender, da atitude científica: o fundamentar, da atitude filosófica; o intuir e mostrar, da atitude artística; crer, da atitude mística; o divertir-se, da atitude lúdica; lembrando aqui estas expressões indicadas por Roberto Lyra Filho.

Não é a Justiça a resultante de um diálogo que liga os Atos dos Apóstolos ao Manifesto Comunista de 1848? Entre nós, no Brasil, quem disso se apercebeu, em síntese político-jurídica evidente foi o político e jurista João Mangabeira: "a fórmula da Justiça não deve ser mais a que se resume em 'dar a cada um o que é seu'. Aplicada em toda a sua inteireza, a velha norma é o símbolo da descaridade, num mundo de espoliadores e de espoliados. Porque se a Justiça consiste em dar a cada um o que é seu, dê-se ao pobre a pobreza, ao miserável a miséria e ao desgraçado a desgraça, que isso é o que é deles. A regra da Justiça deve ser: a cada qual segundo o seu trabalho, enquanto não se atinge o princípio de 'a cada um segundo a sua necessidade'".

De outro modo, não podendo às vezes ultrapassar o disciplinado esforço de fundamentação próprio dos estudos lógicos sobre o enunciado dialético da

---

24. CÁRCOVA, Carlos María. Notas acerca de la teoría crítica del derecho. In: COURTIS, Christian (Comp.). *Desde otra mirada.* Buenos Aires: Eudeba, 2009. p. 30.

contradição, pode o discurso artístico suprir o labor filosófico e num delírio declamatório dizer o indizível: "É sempre bom lembrar que um copo vazio está cheio de ar", na música de Gilberto Gil[25]; ou no poema de Alberto Caieiro:" O Tejo é mais belo que o rio que corre pela minha aldeia,/ Mas o Tejo não é mais belo que o rio que corre pela minha aldeia/ Porque o Tejo não é o rio que corre pela minha aldeia./"[26]

Quase 50 anos após a conferência de Sutherland lançando a tese do *white collar* crime o debate chega a nossa consideração criminológica sob o impulso de uma delinquência político-institucional. Todavia, a declamação antecipadora dos versos inquietos de Chico Buarque e Francis Hime, cantava os desvarios de nossas elites entreguistas e predadoras: "Dormia/ A nossa pátria mãe tão distraída/ Sem perceber que era subtraída/ Em tenebrosas transações./".

Em seu livro *Literatura & Direito. Uma outra leitura do mundo das leis*,[27] Eliane Botelho Junqueira trata dessa relação, acentuando vários aspectos dos vínculos entre as ciências sociais e a literatura para ampliar as percepções da realidade social. Ela põe em relevo nesse campo a disputa de diferentes análises sobre o direito desenvolvidas na academia, sobretudo norte-americana a partir do movimento direito e sociedade e direito e desenvolvimento para estabelecer esse novo campo de relações: "As correntes *Law and economics, Law and society, critical legal studies, critical race theory e feminist jurisprudence*, dentre outras, sem dúvida são conhecidos exemplos dessa efervescente produção acadêmica. Mais recentemente, o 'movimento' *Law and literature* conquistou importante espaço institucional".[28] A partir daí ela estabelece uma interessante distinção de tendências, a primeira denominada *literature in Law*, segundo ela, "tendo como origem remota os trabalhos de Benjamin Cardozo, (que) defende a possibilidade dos textos jurídicos – aqui incluindo-se leis, decretos, contratos, testamentos, contestações, sentenças etc. – serem lidos e interpretados como textos literários";[29] e a segunda tendência, "conhecida como *Law in literature*, voltada para trabalhos de ficção que abordem questões jurídicas".[30]

Essas tendências continuam fecundantes na cultura jurídica latino-americana, dotada de um imaginário que não se comporta apenas na racionalidade instrumental, mas que aspira a uma razão sensível, afetiva, para assimilar o alcance sugerido por Maffesoli. Ainda mais num ambiente nutrido pelo extraor-

---

25. GIL, Gilberto. *Copo vazio*. 1973. Intérpretes: Chico Buarque; Gilberto Gil.
26. CAIEIRO, Alberto. Pelo Tejo vai-se para o mundo. In: *O guardador de rebanhos*. Poema XX. Heterônimo de Fernando Pessoa.
27. JUNQUEIRA, Eliane Botelho. *Literatura & Direito: uma outra leitura do mundo das leis*. Rio de Janeiro: Letra Capital /IDES – Instituto Direito e Sociedade, 1998.
28. Idem, p. 21.
29. Idem, p. 22.
30. Idem, p. 23.

dinário favorável a nos permitir adentrar no realismo. Não sei se procede do Gabo (Gabriel Garcia Marques) a anedota do professor que interpelando seu aluno sobre ele ter lido a *Crítica da Razão Pura* de Imanuel Kant, recebeu a resposta imediata, "não, mas assisti ao filme".

Anote-se aqui, o cuidado editorial, por exemplo, do *Ministerio de Justicia y Derechos Humanos*, da Argentina, no sentido de preservar esse imaginário e procurar inculcar na cultura jurídica dos operadores do direito e da justiça portenhos a exigência do enlace entre direito e literatura. Indico a importância da leitura do livro organizado por Alicia E. C. Ruiz, Jorge E. Douglas Price e Carlos María Cárcova, "*La letra y la ley. Estudios sobre derecho y literatura*".[31] Na Introdução ao livro, coincidente com as tendências marcadas por Eliane Junqueira, Carlos Cárcova[32] para além de reafirmá-las, ainda acresce: "*Se trata de otro tipo de articulación, una articulación 'interna' [...] que permite descubrir notables analogias en el proceso de produción discursiva del derecho, por una parte y en el de la literatura en sentido amplio, por outra.*" (p. IX).

Volte-se ao livro de Eliane, para dizer que nele, uma nota de precedência é encontrada, quando ela acentua que a inspiração para a edição que preparou, decorreu dos "ciclos sobre Direito e Teatro e Direito e Cinema organizados por Nilo Batista na Seccional Rio de Janeiro da Ordem dos Advogados do Rio de Janeiro, em 1986".[33]

Portanto, ao interesse que o teatro sempre proporcionou para o conhecimento do direito e para a pedagogia da vida pública e da cidadania e que aparece de forma expressa e razão de fundo nas obras de Georg W. Friedrich Hegel (valendo-se da "Antígona"), de Rudolf von Jhering[34] (utilizando o "Mercador de Veneza") e que se transforma em método no trabalho político de Augusto Boal (Teatro do Oprimido, Teatro Fórum), hoje registro didático difundido no ensino jurídico, ganhou o cinema esse lugar destacado, que a filosofia soube tão bem utilizar. No ensino jurídico aludo às excelentes estratégias encontráveis um pouco nos melhores cursos.

Na UnB, berço de muitas e relevantes experiências, distingue-se os projetos combinando ensino, extensão e pesquisa desenvolvidos pelos

---

31. RUIZ, Alicia E. C.; PRICE, Jorge E. Douglas; CÁRCOVA, Carlos María. *La letra y la ley: estudios sobre derecho y literatura.* Buenos Aires: Infojus, 2014. Disponível em: <http://www.infojus.gob.ar/docs-f/ediciones/libros/La_letra_y_la_ley_completo.pdf>. Acesso: 19.01.2016.

32. CARCOVA, Carlos M. Prologo. In: RUIZ, Alicia E. C.; PRICE, Jorge E. Douglas; CÁRCOVA, Carlos María. *La letra y la ley: estudios sobre derecho y literatura.* Buenos Aires: Infojus, 2014. Disponível em: <http://www.infojus.gob.ar/docs-f/ediciones/libros/La_letra_y_la_ley_completo.pdf>. Acesso: 19.01.2016. p. IX.

33. JUNQUEIRA, Eliane Botelho. Ob. cit., 1998. p. 17.

34. VON IHERING, Rudolf. *A Luta pelo Direito.* Tradução de João Vasconcelos. São Paulo: Forense, 2006.

professores e pelas professoras Gloreni Machado (teatro), Bistra Apostolova (teatro), Alexandre Bernardino Costa (cinema) e Cristiano Paixão (cinema). É um desafio desenvolver estratégias pedagógicas a partir das intersecções entre Direito e Arte. No grupo de pesquisa *O Direito Achado na Rua*, têm sido introduzidos elementos da sétima arte e técnicas teatrais, tais como as aqui referidas – nas mais diferentes ações universitárias sob a responsabilidade de seus integrantes. Na dimensão do ensino, destaque-se a introdução de técnicas do Teatro do Oprimido – ou "Oprimida", como recentemente trabalhado junto às e aos estudantes da Pós-Graduação – em disciplinas curriculares (sociologia, pesquisa jurídica, prática e atualização em direito, *O Direito Achado na Rua*, introdução crítica ao direito à comunicação e à informação). Já na dimensão da extensão, é digno de nota a ampla filmografia que vem se desenvolvendo na Série *O Direito Achado na Rua*, com premiações que as distinguiram: *O Direito Achado na Rua* (Programa Estação Ciência e Rede Manchete e 14º Festival Guarnicê de Cinema, Maranhão e TV Saúde/Fiocruz) sendo a expressão mais atual desse empenho o recém elaborado documentário "Justiça de transição: O Direito Achado na Rua", produzido pela UnBTV.

Chama-se a atenção, ainda, para o trabalho que está sendo atualmente desenvolvido pela professora de origem argentina Alejandra Leonor Pascual: "Produção cinematográfica para direitos humanos", para estudantes de Graduação e de Pós-Graduação em Direito e outros cursos da UnB.

Conforme nota por ela elaborada, a professora Alejandra salienta que a rica experiência de ensino e implementação do uso de produção cinematográfica em disciplinas de Graduação e de Pós-Graduação começou durante o primeiro semestre de 2011, na Faculdade de Direito da UnB, quando ministrava disciplinas que abordam temáticas de direitos humanos.

Em suas palavras:

> "Com essa metodologia os/as alunos/as aprendem a realizar filmes de forma profissional para a realização de seus trabalhos acadêmico-científicos, em cada uma das etapas de produção de um filme; aprendem a trabalhar em equipe já que o produto final dessa metodologia será a realização de um filme, pensado, elaborado, discutido, ambientado, protagonizado, musicalizado e editado pelos próprios estudantes. A ideia de incorporar o ensino e uso de produção cinematográfica no ensino começou em 2010 quando estava realizando um Pós-Doutorado em Filosofia Política na cidade de México. Durante a minha permanência naquela cidade comecei a frequentar cursos sobre produção cinematográfica, que incluíam o domínio de técnicas de pré-edição de filmes (linguagem cinematográfica, elaboração dos personagens, história e argumento cinematográficos, elaboração de roteiro, story-bord, planilhas e plantas de filme), edição de filmes (uso de cores e sons, uso das câmeras e iluminação, como filmar, realização de diálogos, etc.) e pós-edição de filmes. Depois de ter realizado vários cursos naquela cidade ainda realizei um último, sobre metodologia de autoconhecimento

> para produção cinematográfica, com a cineasta mexicana Carolina Rivas, que foi de fundamental importância para possibilitar a sistematização de uma metodologia apropriada para organizar e incorporar o conhecimento obtido nos cursos sobre produção cinematográfica no intuito de aplica-la como proposta didático-metodológica no Curso de Direito da Faculdade de Direito da UnB."[35]

A experiência foi objeto de comunicação no *I Encuentro Internacional de estudios visuales latinoamericanos 2014*, organizado pela *Universidad Nacional de Hidalgo* e realizado em Pachuca, Hidalgo, México, em julho de 2014 sob o título *"Enseñanza de producción cinematográfica para la realización de trabajos académico-científicos sobre derechos humanos en América Latina"*.

Além disso, em 2015 a professora recebeu *Menção Honrosa* na primeira Edição do Prêmio Esdras Borges de Ensino do Direito,[36] sobre qualidade da dinâmica de ensino do Direito, da Escola de Direito de São Paulo da Fundação Getúlio Vargas – FGV Direito, pelo trabalho que desenvolve com o ensino de produção cinematográfica em direitos humanos na Universidade de Brasília – UnB.

Uma nota especial vale, entretanto, para a vertente filosófica de conhecer pelo cinema por meio do precioso livro do colega de UnB, o também argentino Julio Cabrera *Cine: 100 años de filosofía. Una introducción a la filosofia a través del análisis de películas.*[37] Na obra Cabrera faz uma advertência para a qual já se apontou antes:

> "Decir que el sentido del mundo debe abrirse para uma racionalidad exclusivamente intelectual, sin ningún tipo de elemento emocional y sensible, es, por lo menos, una tesis metafilosófica que necesita de justificación. Tal vez el sentido del mundo solo sea captable a través de uma combinación – estratégica y amorosa – de sense y sensibility, como diria la profesora Emma Thompson. En este sentido, se habla aqui de una 'razón logopática', de uma racionalidad que es lógica y afectiva al mismo tiempo, y que se encontraria presente en la literatura, en la filosofia de los mencionados 'rebeldes', y, ciertamente, em el Cine."[38]

Também no ensino do Direito, desde há muito, percebe-se a preocupação didático-pedagógica e também epistemológica, de abrir o conhecimento do

---

35. PASCUAL, Alejandra. Informação oral.
36. Conferir os resultados e outras informações sobre a primeira edição do Prêmio Esdras Borges da Costa de Ensino do Direito no sitio eletrônico da Fundação Getúlio Vargas. Disponível em: <http://direitosp.fgv.br/premio-esdras>. Acesso: 19.01.2016.
37. CABRERA, Julio. *Cine: 100 años de filosofía. Una introducción a la filosofia a través del análisis de películas.* Barcelona: Gedisa, 1999.
38. Idem, p. 9.

jurídico para outros modos de apreensão de seu objeto, em diálogos estético -expressivos mediados por diferentes racionalidades.

Essa preocupação transparece dos esforços indutores que a Comissão de Educação Jurídica, na origem (1991), Comissão de Ciência e Ensino Jurídico, do Conselho Federal da Ordem dos Advogados do Brasil – OAB, procurou imprimir em seu protagonismo para o aperfeiçoamento dos cursos de Direito, sua atualização curricular e sua avaliação. Em balanço crítico de um de seus mais destacados presidentes, influente no estabelecimento de padrões para a implementação desses objetivos,[39] com experiência docente "enriquecida com o trabalho que o autor desenvolveu, ao longo de seis anos, na presidência da Comissão Nacional de Ensino Jurídico da OAB",[40] constata-se o tempero que a literatura proporciona para a formação jurídica. De fato, ele procura mostrar,[41] "como algumas obras essencialmente literárias podem ser úteis no ensino do direito". Ele acrescenta:

> "À guisa de motivação para as aulas ou, até mesmo, como método destinado a ilustrar o estudo de determinados institutos, o professor de direito pode valer-se, com proveito, da literatura. Isso já não constitui novidade, nas Faculdades de Direito, de tal forma esse enfoque vem sendo difundido em trabalhos teóricos e adotado na prática docente. Livros e revistas especializadas têm contribuído significativamente para despertar o interesse pela literatura, servindo como elementos auxiliares do ensino jurídico. Além do que o gosto literário amplia a formação humanística e esta é indispensável ao profissional do direito. O senso jurídico, que Ferrara dizia ser tão importante para o jurista quanto o ouvido musical para o músico, só pode ser apurado pelas boas leituras e pela experiência da vida. Até mesmo a poesia tem papel de relevo na formação do senso jurídico. Não é por outra razão que Couture salientava que sentença deriva de sentir. O juiz que conhece apenas o direito tende a isolar-se numa torre de marfim. Ele necessita obter isso que as escrituras chamam de sal da terra, como forma de prevenir-se contra as impurezas do espírito humano e os vícios de interpretação que podem causar. Da mesma forma o advogado não deve adstringir-se às leis. Carlos Drummond nos advertia, em belo poema, que as leis não bastam / os lírios não nascem das leis. Daí o lugar de destaque conferido à literatura no ensino jurídico."[42]

Em seu instigante livro *El aprendizaje del aprendizaje. Fruta Prohibida. Una introducción al estúdio del Derecho,* Juan Ramón Capella[43] mostra a preo-

---

39. MEDINA, Paulo Roberto de Gouvêa. *Ensino Jurídico, Literatura e Ética*. Brasília: Conselho Federal da OAB. 2014.
40. Idem, p. 9.
41. Idem, ibidem.
42. MEDINA, Paulo Roberto de Gouvêa. *Ensino Jurídico, Literatura e Ética*. Brasília: Conselho Federal da OAB, 2014, p. 9-10.
43. CAPELLA, Juan Ramón. *El aprendizaje del aprendizage. Fruta Prohibida. Una introducción al estúdio del Derecho*. Madrid: Trotta, 1995.

cupação de que o estudo do Direito não se torne uma tarefa fatigante, "*desligado dos temas que andavam pelas ruas*", para assinalar o desalento, lembra Roberto Lyra Filho, do estudante de direito Castro Alves ("Pego o compêndio – inspiração sublime/ P'ra adormecer inquietações tamanhas./ Violei à noite o domicílio – ó crime!/ Onde dormia uma nação de aranhas".) e sugere metodologias alternativas de modo a "*aprender de material no jurídico: de los relatos cinematográficos, de la pintura, de cursos o conferencias de otras facultades. Sobre todo, de la lectura; y del saber estar en soledad*".[44]

Ao final de seu livro cuida de oferecer a título de bibliografia um elenco amplíssimo incluindo discografia e um catálogo de "*cines*", registrando, que "*no puedes perderte...*".[45] São filmes que envolvem a prática e a performance jurídicas, as dimensões da pedagogia (método e didática) e o próprio conhecimento, inclusive do Direito.

Com esse mesmo intuito vale mencionar os trabalhos de Luis Carlos Cancellier de Olivo e Renato de Oliveira Martinez.[46] Vale à pena consultar esses dois registros, para localizar alguns trabalhos que contribuem para o tema e usufruir de um excelente levantamento bibliográfico, dentro de um campo de estudo, assinalam os autores, que "corresponde a uma área de investigação que compartilha o interesse por um mesmo tema, e que se desenvolve por meio de um conjunto inter-relacionado de práticas, técnicas, informações e experiências".[47]

Próximo ao desenho elaborado por Cabrera para a Filosofia, mas com pretensão focalizada em relacionar "filmes para discutir conceitos, teorias e métodos", localiza-se o livro *Direito e Cinema*,[48] organizado por Verônica Teixeira Martins Marques, Ilzver de Matos Oliveira e Waldimeiry Corrêa da Silva. Tomo alentado de 543 páginas se presta aos objetivos dos organizadores com o apoio dos seus colaboradores autores e autoras de oferecer à didática do ensino jurídico, a abordagem de "relações instigantes entre filmes e

---

44. Idem, p. 97.
45. Idem, p. 110 -111.
46. Sobre os trabalhos dos autores, conferir: "Direito & Cinema no Brasil: experiências didático-pedagógicas". Disponível em: <http://emporiododireito.com.br/direito-cinema-no-brasil-experiencias-didatico-pedagogicas-por-luis-carlos-cancellier-de-olivo-e-renato-de-oliveira-martinez/>. Acesso: 12.01.2016. E, ainda: "Direito & Cinema no Brasil: um campo de estudo em formação". Disponível em: <http://emporiododireito.com.br/direito-cinema-no-brasil-um-campo-de-estudo-em-formacao-por-luis-carlos-cancellier-de-olivo-e-renato-de-oliveira-martinez/>. Acesso: 12.01. 2016.
47. OLIVO, Luis Carlos Cancellier; MARTINEZ, Renato de Oliveira. Direito & Cinema no Brasil: experiências didático-pedagógicas. In: Emporio do Direito. *Colunas e Artigos. Online*. Publicado aos 12 de julho de 2015. Disponível em: <http://emporiododireito.com.br/direito-cinema-no-brasil-experiencias-didatico-pedagogicas-por-luis-carlos-cancellier-de-olivo-e-renato-de-oliveira-martinez/>. Acesso: 12.01.2016.
48. MARQUES, Verônica Teixeira; OLIVEIRA, Ilzver de Matos; SILVA, Waldimeiry Corrêa (orgs.). *Direito e Cinema: filmes para discutir conceitos teorias e métodos*. Salvador: EDUFBA, 2014.

conceitos – dos filmes hollywoodianos à poesia de metáforas sensíveis – onde o cinema registra a condição de nossa existência com o poder de imagens, sonhos e ideais, de maneira que uma teoria árida ou o caráter de neutralidade dos métodos científicos se tornem acessíveis a partir do poder de imaginação provocado pelo cinema".[49]

No livro – *Direito no Cinema Brasileiro* – reconhece-se a força de todas as intencionalidades que se procurou demarcar, em consonância com as aproximações narrativas colecionadas no texto.

Recorte-se as ricas e plurais contribuições coligidas no livro, com temas que trazem ainda a vinculação em algumas abordagens, também da questão política, por exemplo, a vivida sob a sombra do autoritarismo obscurantista, que resultou em censura, em tortura, em exílio, em assassinato político. No recém-lançado volume, o n. 7, da Série *O Direito Achado na Rua: Introdução Crítica à Justiça de Transição na América Latina*,[50] tem relevo texto do cineasta, expoente do documentarismo brasileiro, professor da UnB, Vladimir Carvalho ("A Resistência em Brasília – um breve testemunho"), exemplar a esse propósito:

> "Neste mesmo ano de 1971, por mais que tentasse evitar, confrontei-me com o esquema de repressão do Estado discricionário: meu primeiro longa-metragem, *O País de São Saruê*, foi liminarmente proibido pela Censura e mais do que proibido, interditado em todo o território nacional. O veredito dos censores, como está no Diário Oficial da União, incluía uma justificativa afirmando que o documentário, imaginem, 'feria a dignidade e os interesses nacionais'. Decidi, então, que não iria desistir e inscrevi o filme na competição do Festival de Brasília; para minha surpresa, ele foi selecionado. Entretanto, para purgar os meus pecados, a direção da Fundação Cultural, que tinha como presidente do seu Conselho José Pereira Lira, ex-chefe de polícia no Governo do general Eurico Dutra, foi taxativa, e, dias depois, recusou a decisão da Comissão de Seleção. Ficava o dito por não dito. ... apelei e fui sozinho e contrafeito ao velho Pereira Lira, homem tosco, servil aos poderosos, herdeiro dos coronéis do Piancó, na Paraíba. Disse-me, seco como uma múmia, despachando-me: 'Se esse seu filme fosse boa coisa, não teria sido preso na Censura'. Ainda insisti, indo bater na porta do gabinete de Rogério Nunes, manhoso e sibilino chefe da Censura Federal. E aí foi a vez da mais descarada farsa. Apanhou o meu processo e foi despachar com o general Canepa, o temível chefão da Polícia Federal; duas horas depois, voltou dizendo que o Ministro Alfredo Buzaid estava muito preocupado com o que lera na imprensa e, temendo pelo festival, desaconselhara qualquer liberação. Resumo da ópera: *O País de*

49. Idem, p. 10.

50. SOUSA JUNIOR, José Geraldo de, et alii (orgs.). *Introdução crítica à justiça de transição na América Latina*. Brasília: Centro de Educação a Distância – CEAD/NEP/UnB; MJ/Comissão de Anistia, 2015. (Série *O Direito Achado na Rua*, vol. 7).

São Saruê foi substituído por uma xaropada esportiva chamada Brasil Bom de Bola, para adular o ditador Médici, que havia recebido em praça pública os vencedores da Copa de 70, objeto do documentário."[51]

Vale a leitura completa do texto de Vladimir Carvalho, conforme a referência indicada, em tudo ilustrativo do quadro hostil que o autoritarismo esboça para escapar ao modo artístico de fazer a leitura simbólica do social, do político e do jurídico. E, no ambiente universitário, também afetado por essas interferências, de que modo o conhecimento crítico, nas suas múltiplas expressões, se preserva gerando formas sutis de resistência. Assim também em relação ao cinema. De fato, conforme ele conclui o seu texto:[52] "Foi no clima dessa reconstrução (da Universidade de Brasília) e como pedagogia para a superação do período autoritário, que realizei *Barra 68 – Sem perder a ternura*".

Realce-se o rol dessas contribuições que o livro *Direito no Cinema Brasileiro* reúne: "Esta noite encarnarei no seu cadáver: a arte *sub judice* nos filmes de Zé do Caixão" de Gisele Mascarelli Salgado; "O filme *Doméstica* e a problemática regulamentação do trabalho doméstico no Brasil", de Synara Veras de Araújo; "Você nunca disse 'eu te amo'", de Tatiana Ribeiro de Souza; "Levanta os braços, olha pra mim e não faz porra nenhuma": a guerra particular de *Tropa de Elite* como um dispositivo do Estado de Exceção" de Marcus V. A. B De Matos; "*Cidade de Deus* – Um retrato do Preconceito", de Álvaro de Azevedo Gonzaga e Maria Fernanda Borio; "*Terra Vermelha*: a realidade dos Guarani-Kaiowá", de Tédney Moreira da Silva; "O prisioneiro da grade de ferro", de Stéfanis Caiaffo; "*O Alienista* – Literatura, cinema, poder e ideologia", de José Luiz Quadros de Magalhães; "A cortina de fumaça do proibicionismo", de Marcelo Semer; e, "*Bendito fruto*: Minorias, ética dialógica e dignidade da pessoa humana", de Afonso Soares de Oliveira Sobrinho.

Descobre-se em algumas delas, para além das dimensões a que já referidas, ainda uma outra influência que talvez possa ser considerada a mais notável difundida no Brasil. Alude-se a que deu origem, sob a baliza dos dois manifestos "do Surrealismo Jurídico" e da "Ecologia dos Desejos", ao movimento da Cinesofia, criado por Luís Alberto Warat.

Consulte-se, a propósito, os anais da 3ª Semana Nacional de Cinesofia,[53] coordenada pelo grande pensador e que aconteceu na Chapada dos Guimarães, em Mato Grosso, em novembro de 2000, para indicar a existência de um achado memorial dessa rica experiência pedagógica. Mas, pra esclarecê-la trago as pala-

---

51. CARVALHO, Vladmir. A Resistência em Brasília – um breve testemunho. In: SOUSA JUNIOR, José Geraldo de, et alii (orgs.). *Introdução crítica à justiça de transição na América Latina*. Brasília: Centro de Educação a Distância – CEAD/NEP/UnB; MJ/ Comissão de Anistia, 2015 (Série *O Direito Achado na Rua*, vol. 7) p. 69-70.
52. Idem, p. 71.
53. *ANAIS [da] 3ª Semana Nacional de Cinesofia*. Cuiabá: Entrelinhas, 2000.

vras do próprio Warat, em "*La Cinesofia y Su Lado Oscuro. La infinita posibilidad surrealista de pensar com la cinesofia*":[54]

> "Siempre pensé que los suenos liberadores se expresan en un lenguaje esencialmente poético. Esa es mi proximidad con e! surrealismo. Eso me lleya a pensar en e! sueno-poesía como antídoto para una sociedad finisecular que solo conserva e! desencanto como valor. Bajo estas condiciones, la poesía reabre la posibilidad de una fuerza creadora, nos devuelve la capacidad mágica de ilusionamos. La poesía funcionando, en situación de transferencia, como disparador.
>
> Lo que finalmente me quedó como saldo: Para la cinesofia, e! cine es una experiencia poética, ética, política y psicoanalíticamente orientada: una poesia para descifrar. También es una cartografía de la subjetividad y de las relaciones intersubjetivas en la condición trasmoderna. La idea de una metafísica constitutiva que enfrente, poéticamente, los abismos de la existencia. La cartografía que busca otro niveles de subjetivación. La cartografía que busca a constitución del mundo y sus saberes con la misma disponibilidad que puede tener e! analista con su paciente, tan diferente a la postura rigida para con e! otro que presenta la academia iluminada (la falsa metafísica de los que sienten la necesidad de ser sabios). Una forma de tiramos a una pile ta de aguas explosivas, para que nos ayude a viabilizar la construcción del futuro. La fuga hacia los lugares que no hacen sentido, para la composición de lo nuevo. (...)."[55]

Notável o sentido libertário em Warat porque ele é o autor que mais intensamente interpelou o novo pela imaginação e até pelo sonho e ofereceu condições para construir mediações acessíveis para o futuro. E porque, entre essas mediações, sugeriu estratégias dialógicas, entre elas o cinema, aptas, lembrei em um trabalho meu[56] "a constituir um trabalho de reconstrução simbólica, imaginária e sensível, com o outro do conflito e de produção com o outro, das diferenças que permitam superar as divergências e formar identidades culturais".[57]

Conforme o próprio Warat nos legou, tal como ficou registrado em sua entrevista concedida a Marta Regina Gama Gonçalves para o Observatório da Constituição e da Democracia (aliás, a última entrevista, antes de aposentar-se na UnB instalar-se na UFRJ, até o momento de regressar a Buenos Aires e logo falecer):

---

54. WARAT, Luis Alberto. La Cinesofia y Su Lado Oscuro. La infinita posibilidad surrealista de pensar com la cinesofia. In: WARAT, Luis Alberto. *Territórios desconhecidos: a procura surrealista do abandono do sentido e da reconstrução da subjetividade.* Florianópolis: Fundação Boiteux, 2004, vol. 1, p. 549-562.
55. Idem, ibidem.
56. SOUSA JUNIOR, José Geraldo. *Direito como Liberdade. O Direito Achado na Rua.* Porto Alegre: Sergio Antonio Fabris, 2011.
57. Idem, p. 60.

> "A arte me mostra que é o melhor caminho para a inclusão social dos excluídos. A recuperação da autonomia, a descoberta de um sentido para a vida é sempre através da arte, porque não pode haver outro modo de fazê-lo que através da poesia. Evidentemente, uma nova concepção do Direito deve ser transdisciplinar, porém de uma transdisciplinariedade que seja mais que uma simples interseção, que habilidades oriundas de diferentes lugares de saber. Precisamos falar de um lugar 'trans' que agregue uma nova dimensão no espaço pedagógico: o espaço da sensibilidade e das artes. Assim, a arte nos abre uma infinidade de mundos e ajuda a encontrarmos nosso sentido de vida. Nosso lugar na vida como sentido. A arte nos ajuda a construir um caminho pessoal e único. Creio que a arte também tem um papel muito importante no processo de construção da emancipação individual e coletiva. Na verdade, penso que a única forma de fazermos uma revolução existencial é através da arte. A única forma de fazermos as revoluções moleculares no século XXI."[58]

Deter-se um pouco mais no esquadrinhamento do pensar waratiano obedece à necessidade de reconhecer, que a sua influência está presente numa das mais fecundas abordagens atuais sobre as intersecções epistemológicas, pedagógicas e políticas que se desenvolvem, institucionalmente, no Brasil e que é assumida num dos trabalhos que integram o livro. Aliás, retira-se desse texto, que identifica essas intersecções integralmente, uma nota de filiação, que confirma a localização dessa identidade:

> "Possivelmente, a pesquisa mais detalhada realizada no Brasil sobre as diversas intersecções e possibilidades de abordagens investigativas entre Direito e Cinema seja a desenvolvida pelo 'Grupo de Pesquisa em Direito e Cinema', que atualmente integra o Laboratório de Direitos Humanos da UFRJ – LADIH. Nesse sentido, ver: MAGALHÃES, J. N.; PIRES, N.; MENDES, G. et alii (org.). Construindo memória: seminários direito e cinema. Rio de Janeiro: Faculdade Nacional de Direito, 2009. E também: DE MATOS, Marcus V. A. B. 'Direito e cinema: os limites da técnica e da estética nas teorias jurídicas contemporâneas'. *Revista da Faculdade de Direito da UFMG*, Belo Horizonte, n. 60, p. 231 a 267, jan.-jun. 2012."

Trata-se, salienta o autor –, Warat certamente é uma referência para a coordenação desse projeto, referindo-me a Juliana N. Magalhães – de percorrer o caminho no qual, a senda mais promissora continua a ser a que permite "falar da relação entre 'cinema e direito' – num modo que – requer, de antemão, rever a 'concepção tradicional, normativista de direito', e abrir espaço para outras formas simbólicas de manifestação do Direito".

Esse parece o modo que orienta, de fato, a melhor abordagem nesse tema e que a preside o enfoque qualificado e instigante que se apresenta no livro *Direito no Cinema Brasileiro*.

---

58. WARAT, Luis Alberto. *Entrevista. Constituição e da Democracia (C & D)*, n. 8, out. 2006, UnB/FD, Brasília, p. 12-13.

Carmela Grüne, que inspira e organiza a obra, havia pedido um esforço de consideração a *O Direito Achado na Rua*, sua concepção e prática, distanciado do reconhecimento que as contribuições do livro pretendem oferecer, ela acentuou, para o "aumento do protagonismo e do empoderamento social". Sua expectativa se refere aos desafios e às tarefas atuais que se colocam para esse modo de conhecer e de realizar o Direito, tal como procurou-se acentuar em livro também recentemente lançado, intitulado *O Direito Achado na Rua: concepção e prática*.[59] Cuida-se, nessa obra que conta com um coletivo de pesquisadores do Grupo de Pesquisa com a mesma denominação, de por em relevo, pensamento e ação de operadores que sabem exercitar a compreensão plena do ato de realizar o Direito, rejeitando a falsa oposição entre o político e o jurídico, ao entendimento de que, para se realizar, "a justiça não deve encontrar o empecilho da lei". É aí que reside o protagonismo dos provedores de uma justiça poética, capazes de apreender o Direito a andar pelas ruas porque, "quando anda pelas ruas, colhe melhor a vida nos seus contrastes e se prolonga pela clarividência da observação reduzida a aresto", como já se disse certa feita em homenagem a essa estirpe de juristas.[60]

O chamamento à resistência a que convoca Sotelo [61] se dirige também ao desafio de rever a semântica que reveste o reativamento de recalcitrâncias punitivas, tão próprias dos fascismos,[62] não perdendo jamais de vista a recomendação de Immanuel Kant, tal como aparece em um trecho de sua resposta à pergunta: "o que é o Esclarecimento"?: "Quando, portanto, a natureza libertou de seu duro envoltório o germe sobre o qual ela vela mais ternamente, isto é a inclinação e a vocação para pensar livremente, então essa inclinação age por sua vez sobre a sensibilidade do povo (graças a qual este se torna cada vez mais capaz de ter a liberdade de agir) e finalmente, também sobre os princípios do governo, que encontra o seu próprio interesse em tratar o homem, que doravante é mais do que uma máquina, na medida de sua dignidade".[63]

No filme, a morte do advogado de acusação, por um ataque cardíaco fulminante é um recurso dramático do roteiro, para traduzir o fim de uma era, de abertura para o diálogo entre culturas, entre ciência e fé, com liberdade e

---

59. SOUSA JUNIOR, José Geraldo de (coord.). *O Direito Achado na Rua: concepção e prática*. Rio de Janeiro: Lumen Juris, 2015.
60. MARINHO, Josaphat. Professor Victor Nunes Leal "Láurea Justa". In: *UnB: homenagem a Victor Nunes Leal*. Brasília: UnB/Edição Comemorativa – Outorga do Titulo de Professor Emérito a Victor Nunes Leal, 1984.
61. SOTELO FELIPPE, Márcio. Fascista, *O Vento Será Tua Herança*, Justificando: <http://justificando.cartacapital.com.br/2016/05/14/fascista-o-vento-sera-tua-heranca/>, acesso em 23.08.2017.
62. "É preciso fazer esse cérebro para de pensar por 20 anos", sentenciou Mussolini em seguida à condenação de Gramsci (sem embargo de que a obra mais relevante desse pensador seja ironicamente *Os Cadernos do Cárcere*).
63. KANT, Immanuel. *Resposta à Pergunta: O Que É O Esclarecimento?* Brasília: Casa das Musas, s/d, p. 38.

tolerância, um chamado ao esclarecimento, traduzida no epitáfio sugerido para marcar um tempo que também começava a morrer: "Aquele que perturba a sua própria casa herdará o vento". É o que afirma, num campo onde mais se armara a cidadela metafísica da condição do transcendente, o Papa Francisco, convocando para dialogo, fé, razão e ciência: "Quando o progresso das ciências, mantendo-se com rigor acadêmico no campo do seu objeto específico, torna evidente uma determinada conclusão que a razão não pode negar, a fé não a contradiz".[64] Ainda que se apresente a esse enlace, como um desafio, compreender que o humano carrega se faz em percurso que lhe realça a incompletude e que o humanizar-se seja um processo mais político que biológico, porquanto, não nascemos homens ou mulheres plenos, nos tornamos homens e mulheres como experiência na história.[65]

REFERÊNCIAS BIBLIOGRÁFICAS

Anais *[da] 3ª Semana Nacional de Cinesofia.* Cuiabá: Entrelinhas, 2000.

Apostolova, Bistra. Perfil e habilidades do jurista: razão e sensibilidade. *Notícia do Direito Brasileiro,* Brasília, UnB/Faculdade de Direito, n. 5, 1998.

Cabrera, Julio. *Cine: 100 años de filosofia. Una introducción a la filosofia a través del análisis de películas.* Barcelona: Gedisa, 1999.

Capella, Juan Ramón. *El aprendizaje del aprendizage. Fruta Prohibida. Una introducción al estúdio del Derecho.* Madrid: Trotta, 1995.

Carcova, Carlos M. Prologo. In: Ruiz, Alicia E. C.; Price, Jorge E. Douglas; Cárcova, Carlos María. *La letra y la ley: estudios sobre derecho y literatura.* Buenos Aires: Infojus, 2014. Disponível em: <http://www.infojus.gob.ar/docs-f/ediciones/libros/La_letra_y_la_ley_completo.pdf>. Acesso: 19.01. 2016.

Carvalho, Vladmir. A Resistência em Brasília – um breve testemunho. In: Sousa Junior, José Geraldo de et alli (orgs.). Introdução crítica à justiça de transição na América Latina. Brasília: Centro de Educação à Distância – CEAD/NEP/UnB/MJ/Comissão de Anistia (Série *O Direito Achado na Rua*, vol. 7), 2015.

Clastres, Pierre. *A sociedade contra o estado: investigações de antropologia política.* Porto: Afrontamento, 1984.

Comissão de Anistia do Ministério da Justiça, Marcas da Memória da Comissão de Anistia: Um projeto de memória e de reparação coletiva para o Brasil. In. Sousa Junior, José Geraldo de et alii (orgs.). *O Direito Achado na Rua*, vol. 7, Introdução Crítica à Justiça de Transição na América Latina. Brasília, DF: UnB, 2015.

64. PAPA FRANCISCO. *Evangelii Gaudium (A Alegria do Evangelho). Exortação Apostólica.* Brasília: CNBB/Documentos Pontifícios 17, 2013, p. 140.

65. ESCRIVÃO FILHO, Antonio e SOUSA JUNIOR, José Geraldo de. *Para um Debate Teórico-Conceitual e Político sobre os Direitos Humanos.* Belo Horizonte: D'Plácido, 2016.

Escrivão Filho, Antonio e Sousa Junior, José Geraldo de. *Para um Debate Teórico-Conceitual e Político sobre os Direitos Humanos*. Belo Horizonte: D'Plácido, 2016.

Gil, Gilberto. *Copo vazio*. Intérprete: Chico Buarque, 1973.

Grüne, Carmela (org.). *O Cinema no Direito Brasileiro*. São Paulo: Saraiva (no prelo), 2017.

Von Ihering, Rudolf. *A Luta pelo Direito*. Tradução de João Vasconcelos. São Paulo: Forense, 2006.

Junqueira, Eliane Botelho. *Literatura & Direito: uma outra leitura do mundo das leis*. Rio de Janeiro: Letra Capital /IDES – Instituto Direito e Sociedade, 1998.

Kafka, Franz. *Na colônia penal*. Tradução de Carol Bensimon. São Paulo: Companhia das letras, 2011.

Kant, Immanuel. *Resposta à Pergunta: O Que É O Esclarecimento?* Brasília: Casa das Musas, s/d.

Lourenço, Eduardo. Tempo e Melancolia em Fernando Pessoa. In: Lourenço, Eduardo. *Mitologia da saudade: seguido de Portugal como destino*. São Paulo: Companhia das letras, 1999.

Lyra Filho, Roberto. *A concepção do mundo na obra de Castro Alves*. Rio de Janeiro: Borsoi, 1972.

Lyra Filho, Roberto. *Filosofia geral e filosofia jurídica, em perspectiva dialética*. In: Palacio, Carlos (coord.). *Cristianismo e história*. São Paulo: Loyola, 1982.

Machado, Bruno Amaral; Zackseski, Cristina; e Duarte, Evandro Piza (Coords.). *Criminologia e Cinema. Narrativas sobre a violência*. São Paulo: Marcial Pons; Brasília: Fundação Escola Superior do Ministério Público do Distrito Federal e Territórios, 2016.

Marinho, Josaphat. Professor Victor Nunes Leal "Láurea Justa". In. *UnB: homenagem a Victor Nunes Leal*. Brasília: UnB/Edição Comemorativa – Outorga do Titulo de Professor Emérito a Victor Nunes Leal, 1984.

Marques, Verônica Teixeira; Oliveira, Ilzver de Matos; Silva, Waldimeiry Corrêa (orgs.). *Direito e Cinema: filmes para discutir conceitos teorias e métodos*. Salvador: EDUFBA, 2014.

Medina, Paulo Roberto de Gouvêa. *Ensino Jurídico, Literatura e Ética*. Brasília: Conselho Federal da OAB, 2014.

Montagner, Devair. *Pintura Corporal: uma pele social*. Direção: Devair Montagner. Vídeo Cor, HI-8/Betacam SP, 20 min, Prod.: CPCE, 1994.

Mostra Cinema e Direitos Humanos, em <http://mostracinemaedireitoshumanos.sdh.gov.br/2015/>, acesso em 05.02.2016.

Nussbaun, Martha. *Justicia Poética: la imaginación literaria y la vida publica*. Tradução de Carlos Gardini. Barcelona/Buenos Aires/México D.F./Santiago do Chile: Andrés Bello, 1977.

Olivo, Luis Carlos Cancellier; Martinez, Renato de Oliveira. Direito & Cinema no Brasil: experiências didático-pedagógicas. In: *Emporio do Direito*.

Colunas e Artigos. Online. Publicado aos 12.07.2015. Disponível em: <http://emporiododireito.com.br/direito-cinema-no-brasil-experiencias-didatico-pedagogicas-por-luis-carlos-cancellier-de-olivo-e-renato-de-oliveira-martinez/>. Acesso: 12.01.2016.

Papa Francisco. *Evangelii Gaudium (A Alegria do Evangelho). Exortação Apostólica.* Brasília: Edições CNBB/Documentos Pontifícios 17, 2013.

Pessoa, Fernando. Obra Poética. Caieiro, Alberto. Pelo Tejo vai-se para o mundo. In: *O guardador de rebanhos.* Poema XX. Rio de Janeiro: Nova Aguilar, 1981.

Ruiz, Alicia E. C.; Price, Jorge E. Douglas; Cárcova, Carlos María. *La letra y la ley: estudios sobre derecho y literatura.* Buenos Aires: Infojus, 2014. Disponível em: <http://www.infojus.gob.ar/docs-f/ediciones/libros/La_letra_y_la_ley_completo.pdf>. Acesso: 19.01.2016.

Silva, Evandro Lins e. *De Beccaria a Filippo Gramática (Uma visão global da história da pena).* Edição do Autor, 1991.

Sousa Junior, J. G. de; Sousa, N. H. B. de. Cinema e direitos humanos. In: Pulino, L. H. C. Z.; et alii. *Educação, Diversidade Cultural e Direitos Humanos: Perspectivas Críticas. Biblioteca Educação, Diversidade Cultural e Direitos Humanos*, vol. IV. Brasília: Paralelo 15. No prelo, 2017.

Sousa Junior, José Geraldo de (coord.). *O Direito Achado na Rua: concepção e prática.* Rio de Janeiro: Lumen Juris, 2015.

Sousa Junior, José Geraldo de, et alii (orgs.). *Introdução crítica à justiça de transição na América Latina* (Série *O Direito Achado na Rua*, vol. 7). Brasília: Centro de Educação a Distância – CEAD/NEP/UnB; MJ/Comissão de Anistia, 2015.

Sousa Junior, José Geraldo de. *Prefácio*, in Grüne, Carmela (org.). *O Cinema no Direito Brasileiro.* São Paulo: Saraiva (no prelo), 2017.

Sousa Junior, José Geraldo de; Soares, Maria Victoria Benevides. O Eixo Educador do PNDH-3. *Revista Direitos Humanos,* n. 5. Brasília: Secretaria de Direitos Humanos da Presidência da República, abr. 2010.

Sousa Junior, José Geraldo. *Direito como Liberdade. O Direito Achado na Rua.* Porto Alegre: Sergio Antonio Fabris Editor, 2011.

Sotelo Felippe, Márcio. Fascista, O Vento Será Tua Herança. In. *Justificando*: <http://justificando.cartacapital.com.br/2016/05/14/fascista-o-vento-sera-tua-heranca/>, acesso em 23.08.2017.

Warat, Luis Alberto. La Cinesofia y Su Lado Oscuro. La infinita posibilidad surrealista de pensar com la cinesofia. In: Warat, Luis Alberto. *Territórios desconhecidos: a procura surrealista do abandono do sentido e da reconstrução da subjetividade.* Florianópolis: Fundação Boiteux, 2004.

Warat, Luis Alberto. Entrevista. *Constituição e Democracia (C & D),* n. 8, Brasília: UnB/FD, out. 2006.

■